Gustav Kawerau

Der Briefwechsel des Justus Jonas

Zweite Hälfte

Gustav Kawerau

Der Briefwechsel des Justus Jonas

Zweite Hälfte

ISBN/EAN: 9783959135153

Auflage: 1

Erscheinungsjahr: 2017

Erscheinungsort: Treuchtlingen, Deutschland

Literaricon Verlag UG (haftungsgeschränkt), Uhlbergstr. 18, 91757 Treuchtlingen. Geschäftsführer: Günther Reiter-Werdin, www.literaricon.de. Dieser Titel ist ein Nachdruck eines historischen Buches. Es musste auf alte Vorlagen zurückgegriffen werden; hieraus zwangsläufig resultierende Qualitätsverluste bitten wir zu entschuldigen.

Printed in Germany

Cover: Hugo Bürkner, Porträt von Justus Jonas der Ältere, 1854, Abb. gemeinfrei

Joannis cap. 1.

Vnd das WORT, Gottes Sohn, ward
fleisch, vnd wonet vnter vns.

diße kortze predigt Johannis ist die
güldene glosa, der kern der schrifft
vnd gantzen bibell zuverlangen,
recht zu schmerken, vnnd alt vnd
new testament, mitt nutz, großer freüd,
lust, vnd freüde zu lesen, daß
wer diße wort, mitt dem glauben
fasset, das Gott der ewigen maiestet,
an vnßer schlecht so hoch vnd viell gel-
legen ist, das, er vmb vnßers heils willn
das ewige WORT, sein Einigen sohn, von
himel vf erden ins fleisch gesant, hat,
dem ist ewig an leib vnd seel geholffen,

Der Briefwechsel
des
JUSTUS JONAS.

Gesammelt und bearbeitet

von

D. GUSTAV KAWERAU,
Professor und geistl. Inspektor am Kloster U. L. Fr.
zu Magdeburg.

Herausgegeben

von der

Historischen Commission der Provinz Sachsen.

ZWEITE HÄLFTE.
Mit Portrait und Facsimile.

HALLE,
Druck und Verlag von Otto Hendel.
1885.

Vorwort.

Dem II. Bande, durch welchen nunmehr die Sammlung des Briefwechsels des J. Jonas ihren Abschluss findet, muss ich eine kurze Vorbemerkung vorausschicken. Es gilt zunächst ein Wort des Dankes den werten Herren und Freunden zu sagen, die mir auch für diesen zweiten Band ihre Hülfe bereitwilligst haben zuteil werden lassen. Aus ihren Sammlungen haben die Herren DD. Enders, Knaake und Kolde freundlichst Beiträge zur Vervollständigung meiner Arbeit beigesteuert: die Recensionen, welche über Band I von Enders, Krause und Buchwald veröffentlicht worden waren, sind von mir für die Berichtigungen, welche ich am Schluss dieses zweiten Bandes beigefügt habe, dankbarlichst verwertet worden. Besonderen Dank schulde ich Herrn Dr. A. v. Druffel in München, der sich freundlichst der Mühwaltung unterzogen, mir für diejenigen Briefe, welche Nachrichten über das Tridentiner Concil enthalten, sachkundige Erläuterungen zu geben. (Vrgl. II. S. 141.) Unermüdlich hat sich ferner Herr Archivrat Prof. Kindscher um das Zustandekommen dieses II. Bandes bemüht, indem er nicht nur bei allen von mir dem Zerbster Haus- und Staatsarchive entnommenen Briefen eine Vergleichung mit den Originalen angestellt und somit für die Herstellung eines korrekten Textes Sorge getragen, sondern indem er auch was ihm irgend von Materialien, die auf Jonas Bezug haben, bei seinen Forschungen im Zerbster Archiv aufstiess, mir noch nachträglich zur Verfügung gestellt hat. Die in den Nachträgen des II. Bandes zur Veröffentlichung gelangenden Servestana verdanke ich seinen angestrengten Bemühungen.

Ich selbst befand mich bei der Drucklegung wie schon des I., so noch in erhöhtem Masse bei der des II. Bandes in schwieriger Lage. Im Januar des vergangenen Jahres, als Band I sich im Druck befand, wurde ich zur Mitarbeit an der kritischen Weimarer Lutherausgabe berufen, und die Verhältnisse forderten von mir unabweislich, dass ich mit voller Kraft alsbald in diese neue Arbeit eintreten musste. Der von mir seitdem bearbeitete Band III dieses Werkes ist vor wenigen Wochen veröffentlicht worden. Es blieben mir daher für die Vollendung des Briefwechsels des J. Jonas nur wenige, mühsam abgesparte Stunden übrig, und ich habe die Zwangslage, zwei grosse Arbeiten zu gleicher Zeit im Druck zu haben, bezw. für den Druck fertig stellen zu müssen, in diesem letzten Jahre oft schwer empfunden. Ich verhehle mir nicht, dass ich nicht die Kraft an die Vollendung dieser Briefsammlung habe wenden können, die ich unter günstigeren Verhältnissen einzusetzen im stande gewesen wäre. Namentlich war ich nicht mehr in der Lage, einzelnen seltenen Drucken, von denen ich annehmen darf, dass sie auch noch Widmungsbriefe enthalten, mittels ausgedehnter Correspondenz weiter nachzuspüren. Es bleiben einige mir wohl bewusste Lücken, deren Ausfüllung ich späterer eigner oder fremder Nachlese überlassen muss. Andrerseits darf ich freilich auch versichern, dass die gleichzeitige Arbeit für die Weimarer Lutherausgabe indirekt dieser Sammlung der Jonas-Correspondenz nicht unerheblich zu statten gekommen ist. Denn da mich jene Arbeit zu längeren Studien auf der Wolfenbüttler Bibliothek veranlasste, so war mir Gelegenheit geboten, auch für Jonas manche Materialbereicherung gelegentlich dort zu gewinnen. Die Nachträge 76a, 481a, 530a, 581a, 911a, 919a seien als Beispiele hierfür angeführt.

Das diesem Bande beigefügte Porträt ist Nachbildung des in der Marienkirche zu Halle befindlichen Gemäldes; das Facsimile ist einer am 2. Dec. 1548 in eine deutsche Folio-Bibel von Jonas eingeschriebenen Aufzeichnung entnommen. Betr. Bibel gehörte einem Schwager des Jonas und befindet sich jetzt in Wolfenbüttel.

Magdeburg, 5. Juli 1885. D. G. Kawerau.

Einleitung.[1]

Jodocus (Jobst) Koch, so lautet der ursprüngliche Name des Mannes, den die Reformationsgeschichte unter dem Namen Justus Jonas kennt und ehrt. Diesen Namen bezeugt uns Jonas selbst (siehe Bd. II S. 7. 8. 10), und seine Gegner schleudern ihm denselben mehr als einmal ins Gesicht in dem Bewusstsein, ihn damit an etwas ihm nicht ganz Angenehmes zu erinnern. So lässt G. Witzel im Jahre 1534 eine Streitschrift ausgehen „wider Jodocum Koch, der sich nennet Justum Jonam." In seinen Briefen nennt derselbe ihn gelegentlich mit unverkennbarer Verächtlichkeit „Jodocus ζωμοποιός", den „Suppenmacher"[2]; in seiner Schrift „Antwort auff Martin Luthers letzt bekennete Artickel" Leipzig 1538 Bl. Hij redet er in gleicher verletzender Absicht von Jonas als dem „meister Jobst Garkoch." Und in gleicher Weise sagt Joh. Eck in seiner „Schutzred" 1540 von ihm: „Jobst Koch nent sich Justum Jonam."[3] Es scheint mir danach durchaus wahrscheinlich, dass des Vaters Name, wie so viele damaliger Zeit, noch direkt der Beschäftigung desselben entlehnt war, „Koch" also nicht als Familienname im eigentlichen Sinn des Wortes aufgefasst werden darf. Und wenn Jonas gelegentlich hervorhebt, dass der Vater den Grafen von Honstein und

---

[1] Es konnte nicht Aufgabe der nachfolgenden Einleitung sein, eine vollständige Biographie des Jonas darzubieten. Im Allgemeinen muss auf die bekannten und leicht zugänglichen Arbeiten verwiesen werden, die wir über ihn bereits besitzen. Es seien hier nur genannt (mit Übergehung älterer Schriften): Laurent Reinhard (Conrektor in Weimar), Commentatio historico-theologica de vita et obitu Iusti Ionae. Altenburg 1731. G. Chr. Knapp, Narratio de Iusto Iona, Hal. Sax. 1817, (auch verbessert und vermehrt in den Scripta var. arg. Hal. 1823 II 573 sq.) Karl Chr Lebr. Franke, Geschichte der Hallischen Reformation. Halle 1841 S. 253—289. H. G. Hasse, Justus Jonas Leben (in Meurer, Leben der Altväter der luth. Kirche II. 2.) Leipzig 1862. Th. Pressel, Justus Jonas. Elberfeld 1862 (in Leben und ausgewählte Schriften der Väter und Begründer der luth. Kirche. VIII.) Ferner die Artikel von H. A Erhard in Ersch und Gruber Th. XXII. 1843, von Schneider in Herzogs Real-Encyclopädie, 1. Aufl. Bd. VII, von Oswald Schmidt in 2. Aufl. Bd. VII. von G. Frank in Allg. deutsche Biographie Bd. XIV Meine Absicht ist hier nur einmal auf die Bereicherung aufmerksam zu machen, welche der Biographie des Jonas aus dem nunmehr gesammelten Nachlass seiner Korrespondenz erwächst, und ferner eine Nachlese zu den früheren Darstellungen seines Lebens zu geben, indem ich auf Quellenmaterial aufmerksam mache, das bisher mehr oder weniger unbenutzt geblieben ist.

[2] Epistolae Lips. 1537 Bl. II h iij^b.

[3] Wiedemann, Joh. Eck. S. 390.

ebenso den Stolberger Grafen bekannt gewesen und an ihnen gnädige Herren gehabt[1], so darf das vielleicht mit dem Gewerbe des Vaters in nahe Verbindung gebracht werden. Jedenfalls war er ein vermöglicher und angesehener Mann geworden, gehörte in Nordhausen dem geachteten und zu Ehrenämtern aufsteigenden Teile der Bürgerschaft an: in den Jahren 1473—1502 finden wir ihn verschiedentlich als Ratsmeister dieser Stadt in Urkunden erwähnt.[2] Melanchthon, der ihn selber nicht gekannt, hat auf Grund der Zeugnisse seiner Landsleute wiederholt seine Gaben gerühmt: „audimus [eum] summam autoritatem propter eloquentiam et civilem prudentiam in patria consecutum esse, qui, ut illa tempora ferebant, non indoctus fuit et studiosus imprimis, ne deessent in oratione nervi."[3] „Saepe audivi ... consulem Northusanum consilio et dicendi facultate diu sustinuisse gubernationem et principes viros saepe eum deliberationibus gravissimis adhibuisse."[4] Er rühmt die Familie des Jonas als eine „oratoria familia", wie auch Luther die hervorragenden Gaben, insbesondere die Beredtsamkeit des Sohnes als „haereditaria dona" bezeichnet.[5] Der Tod jenes fiel noch in die Knabenjahre des Sohnes: derselbe schreibt i. J. 1554, sein Vater sei nun schon 40 oder 50 Jahre im Grabe.[6]

In Nordhausen hatte Jonas am 5. (6.?) Juni 1493 das Licht der Welt erblickt. Paul Eber bemerkt in seinem Calendarium historicum zum 5. Juni: „Hoc die natus est in oppido imperiali Northausen dominus Iustus Ionas sacrae theologiae doctor, triente horae post quintam matutinam anno 1493."[7] Dasselbe Datum giebt das alte Kalendarium an welches Sincerus veröffentlicht hat.[8] Die Angaben, welche Jonas in seinen Briefen gelegentlich über sein Alter macht, schwanken zwar und sind nicht frei von Ungenauigkeiten, doch dient namentlich die Angabe, die er am 27. Juni 1548 über sich macht, dass er sich nämlich jetzt im „annus climacterius 56" befinde, zur Bestätigung der Ansätze in den Kalendarien: diese Aussage will ja genau sein; sie spricht für 1493. Wegen des Geburtstages ist II 199 zu vergleichen, wo, wenn ich recht sehe, Melanchthon den 6. Juni als solchen bezeichnen will.

---

[1] I 443. II 273.
[2] Förstemann, Nordhusana S. 22.
[3] Corp. Ref. III 535.
[4] Corp. Ref. VIII 936.
[5] de Wette V 105.
[6] Predigt von den 40 Tagen 1554 Bl. 23ᵇ.
[7] Ed. Witeb. 1566 p. 215.
[8] Neue Sammlung 1733 S. 94 fg.

Einleitung.

Wir erfahren von einer älteren, in Nordhausen verheirateten Schwester, deren Söhne Franz und Lorenz Rebeis in den Jahren 1518 und 19 in Erfurt immatriculiert wurden. Ebenso hören wir von einem Bruder Berthold, der ihm später viel Verdruss bereitet hat und über dessen Nachlass er hernach noch mit seinen Verwandten in ärgerlichen Streit geriet. Aus seiner Jugend ist nur eine Sage von wunderbarer Lebenserrettung aufbewahrt, für die jedoch kein älterer Gewährsmann, als der 1617 verstorbene Georg Weinrich in seiner Schrift „geistlicher Bisem-Knopff" S. 51 angeführt werden kann.[1]

Als 13jähriger Knabe bezog er bereits die Erfurter Universität, in deren Matrikel er im S.-S 1506 als „Jodocus Jonas de Northusen" eingetragen ist.[2]

Dass er in seinen jungen Jahren wirklich sich den Studien der Universität schon gewachsen fühlte, ergiebt sich daraus, dass er bereits im nachfolgenden Jahre bacularius und 1510 magister artium daselbst wurde. Die bekannten Erfurter Unruhen der Jahre 1509 und 1510, vielleicht auch die Uebersiedelung des berühmten Juristen Henning Goede an die Wittenberger Hochschule, gaben ihm Anlass im Sommer 1511 nach der jungen Universität an der Elbe zu wandern, wo er sich juristischen Studien hingab. Aus diesem seinem ersten Erfurter Aufenthalte ist nur wenig bekannt. Aus seinem Schreiben Bd. I. S. 254 geht hervor, dass er bereits in seinem 15. Lebensjahre Freundschaft mit dem berühmten Dichter und Haupt des Erfurter Humanistenkreises Eoban Hess geschlossen hatte. Die zwei Gedichte, welche uns aus diesem Zeitraum (1509 u. 1510) bekannt geworden sind, bezeugen an ihrem Teile seinen Anschluss an die humanistische Bewegung. Das erstere verdankt der Freundschaft mit Hess seinen Ursprung, das andere gewährt einen Einblick in das muntere Treiben der Erfurter Poetenschar: in launigen Versen verspottet der Jüngling einen Erfurter Genossen, der pathetisch der Frauenliebe für immer entsagen zu wollen erklärt hatte.[3] An fröhlichen Zechgelagen liessen die jungen Poeten es nicht fehlen; wie weit jedoch Jonas von dem unter allen Umständen übertriebenen Vorwurf getroffen wird, den später Georg Witzel gegen ihn erhoben, dass er in Erfurt sein väterliches Erbteil vertrunken habe

---

[1] vgl. Adami, vitae theologorum editio III. Frankfurt a. Main 1705. pag. 125.
[2] Weissenborn, Acten der Erfurter Universität, II 241. Doch ist zu bemerken, dass sein Name in dem einen Exemplar der Matrikel nicht Jonas, sondern Hane lauten soll, und dass auch in dem andern Exemplar die ursprüngliche Eintragung ausradiert und dann erst der Name Jonas hineingesetzt ist.
[3] vgl. Bd. I S. 1 u. 2.

(„possim tibi, Jona, degulatum patrimonium obiicere"),[1] wird sich nicht mehr entscheiden lassen. Mit Luther, welcher seit dem Sommer 1505 dem Erfurter Augustiner-Kloster angehörte, aber bereits 1508 nach Wittenberg versetzt wurde, wird er damals noch nicht in Beziehungen getreten sein. Auch seine persönliche Bekanntschaft mit dem Gothaer Kanonikus Mutian gehört wohl erst der Zeit seines zweiten Erfurter Aufenthaltes an.

Im Sommersemester 1511 wurde er in Wittenberg als „Jodocus Jonas de Northusen, artium magister, Erfordien. Magunt dioc." inscribiert. Hier betrieb er seine juristischen Studien und erwarb die Würde eines baccalaureus juris utriusque. Über diese Zeit fehlt es uns fast gänzlich an Nachrichten. Ein Brief Spalatins an ihn[2] beweist, dass er mit diesem Freunde Luthers in freundschaftliche Berührung gekommen war. Aus einem späteren Briefe an den Augustiner Wenzel Link ist zu ersehen, nicht nur, dass er auch mit diesem Bekanntschaft geschlossen, sondern auch, dass er ein eifriger Zuhörer bei den „evangelischen" Predigten gewesen war, welche dieser im Jahre 1512 in dem schlichten Interimskirchlein der Wittenberger Augustiner gehalten hatte.[3]

Im Frühjahr 1515 begegnen wir Jonas wieder in Erfurt.[4] Wann er dorthin zurückgekehrt, lässt sich genauer nicht angeben. Sein zweiter Erfurter Aufenthalt fällt in die denkwürdigen Jahre der höchsten Blüte des Erfurter Humanismus. Und alle Zeugnisse aus dem Kreise desselben stimmen darin überein, dass Jonas ein hervorragendes Glied in dem Freundesbunde gewesen, welcher hier in Eoban Hess seinen „König", in Konrad Mutian den allverehrten väterlichen Freund, in dem berühmten Erasmus aber den mit schwärmerischem Kultus vergötterten Vorkämpfer feierte. In der Schilderung, welche Joachim Camerarius in seiner „narratio de Helio Eobano Hesso" aus eigner Anschauung von der Erfurter Freundesschar entworfen hat, heisst es von Jonas: „facile inter omnes amicos Eobani principem locum tenebat. Itaque vivebant coniunctissime familiarissimeque, una crebro deambulabant, crebro domi confabulabantur, crebro etiam coenitabant", und er schildert uns Jonas als „ingenii bonitate et assiduitate studii, virtute doctrinaque et humanitate excellens."[5] Hess selbst hat gelegentlich

---

[1] Wicelii epistolae. Lipsiae 1537 Bl. Zz 4.
[2] Bd. I, S. 3.
[3] Bd. I, S. 318.
[4] Bd. I, S. 5.
[5] Ausgabe von Kreyssig Meissen, 1843, p. 23 u. 24. Vgl. auch Camerarii Libellus alter. Lipsiae 1557 Bl. A3.

Einleitung.

sein Freundschaftsverhältnis zu Jonas, Johann Lang und Johann Draco als einen „egregium amicorum quaternionem" gerühmt; ein ander Mal von Jonas und Petreius uns berichtet, dass sie „summa amicitia ac familaritate coniuncti erant iuvenes inveni Eobano."[1] Es ist nicht erforderlich, auf das Leben dieses Humanistenkreises hier des näheren einzugehen, da es neuerdings durch Krause, Eobanus Hessus Bd. I. 281 flg., eine so eingehende und liebevolle Schilderung gefunden hat. Die Stellung, welche Mutian in Gotha in diesem angeregten Treiben eingenommen, ist in jüngster Zeit durch die Einleitung, welche Krause dem von ihm gesammelten „Briefwechsel des Mutianus Rufus, Cassel 1885" vorangeschickt hat, nach den verschiedensten Seiten eingehend beleuchtet; auch auf die Arbeit von Einert über „Johann Jäger aus Dornheim" Jena 1883 darf hier verwiesen werden.

Mutian steht seit 1515 mit Jonas in Correspondenz; er richtet eindringliche Mahnungen an ihn, dass er sich nicht wolle verleiten lassen, ein Jurist gewöhnlichen Schlages zu werden: nicht Ruhm und Gewinnsucht sollen ihn leiten, sondern die Wissenschaften und sittliche Integrität sollen sein Schmuck sein. Durch allen Scherz seiner Briefe zieht sich der ernste Hinweis auf jene „humanitas" hindurch, wie sie durch das Studium der schönen Wissenschaften, durch die liebevolle Beschäftigung mit den alten Klassikern gewonnen wird, daneben auch der Hinweis auf die „norma Christi", die schlichte Lehre des Evangeliums (die freilich nur als Sittenlehre gedacht ist), und damit der Gegensatz gegen die Unwissenschaftlichkeit der alten Schule, wie gegen die Veräusserlichung und den Mechanismus des gewöhnlichen Kirchentums. Aus den uns erhaltenen Briefen des Jonas an seinen Nordhäuser Freund, den sonst fast unbekannten Melchior von Aachen, ersehen wir, wie er die erworbene Rechtskunde praktisch als Sachwalter verwertet; nebenbei erfahren wir, dass er in Erfurt jetzt auch noch zum Licenziaten beider Rechte[2] promoviert. Er schlägt den bei Juristen häufigen Weg ein, zugleich kirchliche Weihen nachzusuchen, um damit den Zugang zu einem Canonicat zu erwerben. Er hat später das Jahr 1516 als dasjenige bezeichnet, in welchem er zum ersten Male gepredigt habe.[3] Im Jahre 1518 sehen wir ihn sich um eine Stelle als Canonicus am Stifte St. Severi in Erfurt bemühen,[4] die ihm dann auch bald zuteil wird.

---

[1] Krause, Eoban Hessus, Gotha 1870 Bd. I 281. u. Hessi Farragines duae Francofurti 1504 p. 20.

[2] vgl Bd. I, S. 14 u. 15.

[3] Bd. II, S. 360.

[4] Bl. I, S. 13—15.

Die Verehrung, welche der Erfurter Humanistenkreis dem grossen Erasmus zollte, führte im Jahre 1518 bekanntlich zu einer Wallfahrt des Eoban Hess nach den Niederlanden; dabei fand Jonas Gelegenheit, zum ersten Male brieflich den wie ein höheres Wesen Gefeierten zu begrüssen, und er hatte auch die Freude, einer Antwort gewürdigt zu werden.[1] Mit überschwenglichem Jubel verkündete er dem Freunde in Nordhausen diese Gunstbezeugung,[2] und er ruhte nicht, bis auch er der brieflichen Bekanntschaft die persönliche hinzugefügt. Im nächsten Frühjahr zog er, begleitet von Caspar Schalbe, gleichfalls nach den Niederlanden. In Antwerpen traf er Erasmus, und so flüchtig die Begegnung beider nur gewesen war, so hatte doch der berühmte Gelehrte an dem jugendlichen, schwärmerischen Verehrer ein gewisses Interesse gefunden, das sich hernach besonders darin äusserte, dass er erhebliche Anstrengungen machte, den völligen Anschluss des Jonas an die Sache Luthers zu verhindern. Jonas selbst, den wir Ende Juni 1519 wieder in Erfurt antreffen, war hochbeglückt, und, was wohl zu beachten ist, er preist Erasmus fortan als seinen „Vater in Christo."[3] Wir erkennen daraus, dass es nicht allein die Begeisterung für die humanistischen Studien gewesen war, die ihn zu Erasmus getrieben, sondern zugleich das warme Interesse für die von Erasmus ausgehende Belebung der biblischen Studien und für jene neue Weise die Theologie zu betreiben, im Gegensatz gegen die Scholastik, in Rückkehr zu dem Grundtext des neuen Testamentes und zu den älteren Kirchenlehrern. Während der anderthalb Monate, die er von Erfurt fern gewesen war, waren an der Universität bedeutende Veränderungen eingetreten. Er selbst war in seiner Abwesenheit zum Rector erwählt worden, und darin war der Sieg des Humanismus zum Ausdruck gekommen. Eine Reform der Universität war die nächste Folge davon. Es wurden acht Docenten mit dem Unterricht in lateinischer und griechischer Sprache, sowie in der „wahren Philosophie" betraut. Die Artistenfakultät hatte damit das Uebergewicht über die bisher dominierende theologische erlangt, sie konnte sich stolz als „prora et puppis totius gymnasii" bezeichnen lassen. Auch sonst wollte man reformieren und beseitigte die zahlreichen, officiellen Gastmähler, an deren Stelle man ein einziges „prandium generale" einführte.[4] Eoban Hess selbst hielt Vorlesungen über die Schrift des Erasmus „Enchiridion militis Christiani", in welcher

---

[1] Bd. I, S. 16.
[2] Bd. I, S. 16 u. 17.
[3] Bd. I, S. 21.
[4] Weissenborn, Bd. II, S. 306—308. Briefwechsel I, 25.

jene „wahre Philosophie und echte Theologie", für welche man schwärmte, ihren klassischen Ausdruck gefunden hat. Jonas begann Vorlesungen über die Briefe Pauli an die Korinther.[1] Dieser Umschlag des Humanismus in eine neue Art, die Theologie zu betreiben, hatte sich in Erfurt ohne direkte Einwirkung Luthers vollzogen. Es ist bemerkenswert, dass trotz der intimen Freundschaft, welche Luther mit einzelnen Gliedern des Erfurter Kreises verband, nach welcher auch selbstverständlich angenommen werden muss, dass er unserm Jonas wohlbekannt war, es doch an Spuren davon fehlt, als hätten Luthers Auftreten gegen den Ablasshandel und die daran sich anschliessenden Streitverhandlungen des Jahres 1518 bei den Erfurter Humanisten einen tieferen Eindruck hervorgebracht. Was bisher dort an neuem, religiösem Leben und theologischem Interesse bemerkbar ist, das scheint viel mehr auf den Einfluss des Erasmus als auf den Luthers zurückgeführt werden zu müssen. Luther selbst erwähnt des Jonas zum ersten Male in einem Briefe vom 13. April 1519 an Johann Lang, in einer Weise, welche wohl darauf hindeutet, dass erst neuerdings nähere Beziehungen [zwischen ihnen angeknüpft worden waren. Erst seit der Leipziger Disputation änderte sich dieses Verhältnis. Johann Lang hatte persönlich dem Redekampfe daselbst beigewohnt; durch ihn gelangten die Akten der Disputation in einer Erfurter Druckerei zur Veröffentlichung.[2] Der berühmte Leipziger Humanist Petrus Mosellanus, den die Disputation zu einem eifrigen Verehrer Luthers gemacht, kam bald darauf zum Besuch nach Erfurt hinüber, und seit jenen Tagen sehen wir die Erfurter Humanistenschar an Luthers Seite stehen; waren doch seine Gegner die gleichen, wie die des grossen Erasmus. Die Parteinahme für diesen ist fortan erweitert zu einer Parteinahme für das Doppelgestirn Erasmus-Luther.

Jonas sollte freilich bald in die allerengsten persönlichen Beziehungen zu dem Wittenberger Reformator treten. Je entschiedener seine Neigungen sich der Rechtswissenschaft ab und dem Bibelstudium zuwandten, um so mächtiger wurde auf ihn der briefliche Einfluss Luthers, wie der durch seine Schriften geübte. Das Studium der griechischen Sprache, dem sich Jonas mit Eifer zuwandte, war offenbar in der Absicht betrieben, das neue Testament in der Grundsprache verstehen zu können. Nirgend tritt uns in seinen Briefen ein hervorragendes Interesse an dem klassischen Altertume selbst entgegen; er steht in

---

[1] Bd. I, S. 35 fg. u. 40 fg.
[2] Luthers Werke, Weimarer Ausgabe Bd. II, 253. Heumanni documenta litteraria p. 248.

dieser Beziehung hinter einem Mutian, Hess, Camerarius weit zurück. Was ihn beschäftigt, das ist mehr und mehr die Frage nach der besten „ratio proveniendi ad cognitionem divinarum scripturarum." Die Zustände der Kirche, die Verweltlichung ihrer Geistlichen, das Darniederliegen der biblischen Wissenschaften, das sind die Dinge, die seine Seele bedrücken. Unklar mischt sich zwar noch bei ihm die Klage über das Darniederliegen der Sprachstudien mit der über die Verachtung des Evangeliums, aber immer lebhafter tritt die religiöse Frage in den Vordergrund.

Am 21. Juni 1520 schrieb ihm Luther einen Glückwunsch um deswillen, dass er sich „in den Hafen der heiligen Schrift geflüchtet aus dem sturmbewegten Meere der Juristerei."[1] Als Luther dann seine Reise nach Worms antrat, kam durch sie die entscheidende Stunde für die weitere Entwickelung des Jonas. Schon wenige Monate vorher hatte man diesen für eine Berufung nach Wittenberg ins Auge gefasst. Am 21. Januar 1521 war des Jonas alter Lehrer Henning Goede in Wittenberg verstorben. Ein Ordinariat bei der juristischen Fakultät und zugleich die Propstei am Stifte Allerheiligen in Wittenberg kam dadurch zur Neubesetzung. Es handelte sich dabei um die Lektion des kanonischen Rechtes. Mit einer gewissen Unverschämtheit hatte Karlstadt sofort auf sich selbst aufmerksam gemacht, als auf einen, der mit einem der erledigten Lehen Goedes versorgt zu werden wünschte.[2] Spalatin aber benutzte die Gelegenheit alsbald, seinen kurfürstlichen Herrn auf Jonas als auf einen geeigneten Nachfolger Goedes aufmerksam zu machen. Er empfahl ihn als einen „jungen Mann und frommen, gelehrten Priester und in beiden Sprachen, lateinischer und deutscher, wunder wohlberedt," dazu als einen feinen jungen Juristen, der ausserdem auch in theologia lesen und predigen könne. Der in Worms weilende Kurfürst bot die Stelle zunächst dem Gothaer Mutian an, wohl nur um diesem eine Aufmerksamkeit zu erweisen. Dieser lehnte ab und empfahl gleichfalls Jonas als den geeigneten Mann. So weit waren die Verhandlungen gekommen, als Luther auf seinem Wege nach Worms in Erfurt rastete. Mit Begeisterung begrüsste die Humanistenschar den Reformator, und schnell entschlossen gesellte sich Jonas dem Weiterreisenden bei: ein Entschluss, der ihm den Beifall und die Freundschaft Ulrichs von Hutten eintrug. Am 1. Mai war er wieder nach Erfurt zurückgekehrt und sorgte hier für den Druck der Wormser Rede Luthers.[3] Von Worms

---

[1] de Wette I, S. 456.
[2] Bd. I, S. 49.
[3] Bd. I. S. 50–54.

her datiert auch seine Bekanntschaft mit einem Manne, dem er später oft im Kampfe gegenüber gestanden, mit Johann Cochleus.[1]

Mit entschiedener Missbilligung hatte Erasmus vernommen, dass sein junger Verehrer in Worms an Luthers Seite gestanden. In langem Schreiben warnte er ihn, indem er auf das Tumultuarische und die öffentliche Ruhe Störende in den Schriften Luthers hinwies und ihn daran erinnerte, dass Christi Geist ein Geist der Versicht, der Wohlanständigkeit und Sanftmut sei. Luther werde nur dann im Segen arbeiten, wenn er seine stürmische und rücksichtslose Art ablege.[2] Den Anschluss an Luthers Sache konnte er damit nicht mehr aufhalten; war auch Luther selbst einstweilen wie spurlos vom Schauplatze verschwunden, so wurde doch des Jonas Berufung nach Wittenberg wenige Wochen danach Thatsache, er siedelte dorthin über, um fortan in der vordersten Reihe mit für die Sache des Evangeliums zu kämpfen. Denn „aus Wittenberg ist erschollen die Wahrheit Gottes und das Wort des Herrn ist kommen aus und von den Sachsen;" und er war entschlossen, an seinem Teile zu helfen, „dass der evangelischen Sache und Handlung, die in Wittenberg so seliglich angefangen und aufgegangen ist, auch der allerreinsten und allerklarsten Glorie und Ehre der Wahrheit und unsers Herrn und Seligmachers Christi kein Abbruch geschehe."[3]

Am 6. Juni 1521 wurde Jonas in seine Stellung als Propst in Wittenberg installiert; ehe er jedoch mit all seinen Sachen hieher übersiedelte, galt es für ihn eine Frage zu erledigen, die ihm Gewissenssache geworden war. War er doch in Erfurt von der Jurisprudenz zur Theologie übergegangen; sollte er nun wieder in Wittenberg zu der verlassenen Wissenschaft zurückkehren? Und sollte ihm zugemutet werden, das kanonische Recht zu lehren, die Dekrete der Päpste auszulegen, die zwar bis vor kurzem als höchste Autorität in allen Fragen der Kirchenverfassung, der Disciplin, des Eherechts und dergl. gegolten, aber jetzt seit dem Erscheinen von Luthers Schrift an den christlichen Adel und der daran sich anschliessenden Reformationslitteratur um all ihr Ansehen gekommen waren, ja, wie es nur zu begreiflich ist, in der ersten Erregung von einer unverdienten Geringschätzung getroffen wurden? War es ausserdem nicht die undankbarste Stellung, jetzt in Wittenberg kanonisches Recht zu lehren, wo doch die Studentenscharen, die aus ganz Deutschland dorthin strömten, nur das neu erstandene Evangelium und ausserdem nur etwa noch die für das Bibelstudium

---

[1] II, S. 346 fg.
[2] I, S. 54—61.
[3] I, S. 63.

erforderlichen Grundsprachen zu lernen begehrten? Es war von Wichtigkeit, dass Spalatin, als er Jonas für die Propstei empfohlen hatte, alsbald dem Kurfürsten den Rat gegeben: wenn dieser den Jonas in theologia lesen lassen und dafür die juristische Lektion einem andern Docenten übertragen wollte, dann werde er an jenem einen rechten Mann gefunden haben. Auf dieser Basis und in diesem Sinne begann Jonas jetzt mit dem Kurfürsten zu unterhandeln. Eine ganze Reihe von Aktenstücken, durch welche der Gang der Verhandlungen erläutert wird, sind Bd. 1, S. 62—74 zur Mitteilung gekommen. Das Resultat war, dass Kurfürst und Universität sich seinem Wunsche fügten; einen kleinen Teil seines Einkommens sollte er an den Juristen abgeben, der in die von ihm verweigerte lectio decretalium eintrat[1], er selbst aber behielt seine Propstei und trat gänzlich in die theologische Fakultät über. Zu diesem Zwecke erwarb er am 24. September die licentia theologica und wurde am 14. Oktober zusammen mit seinem Freunde Tilemann Plettener zum Doktor der Theologie promoviert.[2]

Über seine Thätigkeit als Docent liegen uns verhältnismässig nur wenige Nachrichten vor. Wir besitzen noch die Thesen von Disputationen, die er in den Jahren 1522 und 1523 entweder selbst gehalten, oder bei denen er den Vorsitz geführt hat.[3] Wir erfahren, dass er mit Vorlesungen über den Römerbrief begonnen; aus Vorlesungen, die er nachher über die Apostelgeschichte gehalten, gingen seine 1524 erschienenen annotationes in acta apostolorum hervor.[4] 1529 las er über die Psalmen.[5] In den Jahren 1523—1525 verwaltete er das Dekanat der theologischen Fakultät und behielt diese Würde dann bei bis zum Jahre 1533.[6] Dreimal verwaltete er das Rektorat, im S. S. 1526, in den W. S. S. 1531/32 und 1536/37. Auch sind noch zwei akademische Reden uns erhalten, die Jonas bei feierlichen Gelegenheiten gehalten. Die erste derselben, am 17. Juni 1533 bei der Doktorpromotion von Cruciger, Bugenhagen und dem Hamburgischen Superintendenten Johann Aepinus gehalten, handelt „de gradibus in Theologia." Wahrscheinlich ist Melanchthon Verf. dieser Rede; sie hat wenigstens unter seinen Decla-

---

[1] 1523 versah Joh. Apel für Jonas dieses Amt, Bd. 1, S. 89.
[2] Bd. I, S. 74. Liber decanorum, pag. 25 u. 26.
[3] Bd. I, S. 84—86, II, S. 247—248.
[4] Bd. I, S. 85, 91 u. 92. Die Originalausgabe ist: ANNO- | TATIONES IVSTI IONAE, IN AC- | TA APOSTO|LORVM ‖ WITTEMBERGAE. | MDXXIIII. Randl. 8. Ende k. 8ª ohne Druckangabe. (Stadtbibl. Breslau.)
[5] Mathesius, Historie von M. Luther. 7. Predigt, Nürnberg 1592, Bl. 63ᵇ.
[6] Liber decanorum pag. 28—30.

mationes Aufnahme gefunden.[1] Die zweite Rede stammt aus dem Jahre 1539 und handelt „de studiis theologicis." Einen Auszug aus ihr giebt Pressel S. 48—52.[2] Seine Wirksamkeit als Docent trat mehr und mehr in den Hintergrund gegenüber der umfassenden Thätigkeit, die er auf dem Gebiete der kirchlichen Verfassung entfaltete. Es ist ein harter und wohl auch unbilliger Vorwurf, den Kanzler Brück im Jahre 1544 gegen ihn erhoben, dass er mit „Lesen und sonst in der Universität unfleissig" gewesen sei.[3] Begabung, Neigung und Zeitverhältnisse wiesen ihm ein anderes Feld für seine Arbeitskraft zu.

Die Briefe, die aus der ersten Zeit seines Wittenberger Aufenthaltes erhalten sind, enthalten wertvolle Nachrichten über den Fortschritt der Reformation, wie in Wittenberg, so in den umliegenden Ortschaften; ebenso wertvoll sind sie als Ausdruck der Kampfesfreudigkeit, mit welcher er an Luthers Arbeit fortan teilnahm. Die ersten Verehelichungen von evangelischen Geistlichen in Kemberg, Lochau und Schmiedeberg ermutigten ihn, gleichfalls den Zwang des Cölibatsgelübdes abzuwerfen. Nachdem er am 8. Januar 1522 vertraulich dem Freunde Johann Lang von seinen Anfechtungen geschrieben und ihn zu dem Gebete aufgefordert, dass der Herr den Priestern zu christlichen Ehefrauen verhelfen wolle,[4] konnte Melanchthon schon am 5. Februar davon berichten, dass Jonas eine Gattin gefunden in der Wittenbergerin Katharina Falk.

In welchem Umfange Jonas zugleich Predigtthätigkeit in Wittenberg ausgeübt, darüber fehlen genauere Nachrichten. Mathesius nur erzählt uns, dass, als er 1529 nach Wittenberg gekommen, er erstlich den Katechismum neben viel tröstlichen Lehren von D. Justo Jona im

---

[1] Corp. Ref. XI, 227—231. Liber decanorum pag. 28—30. [danach ist der 17., nicht mit Corp. Ref. XI, 227 der 18. Juni, für den Tag der Rede zu halten]. Köstlin II[2] 288. Mitteilungen des Vereins für Hamburgische Geschichte. VIII. 1885. Juniheft. (An dieser Stelle ist soeben auch ein Brief der „Diaken unde vorordenten Borger der Stadt Hamborch" an Luther, Jonas und Melanchthon vom 3. Juni 1533 publiziert worden in Sachen der Promotion des Aepinus. In unsre Briefsammlung konnte derselbe nicht mehr aufgenommen werden. Er würde unter Nr. 234a seine Stelle finden müssen.)

[2] „ORATIO | IVSTI IONAE. DO- | ctoris Theologiae, de studijs | theologicis. | DECLA | MATIO SCRIPTA A VI- | ito [so!] VVinsemio, in qua recitatur histo ria quomodo Guelfus dux Bauariae | liberatus sit periculo.... | Vitebergae. Anno | M. D. XXXIX. ||" 8. Bl. D 3a: Impressum Vitebergae apud Josephum Klug. Die Rede des Jonas auf Bl. A ij — B iiij. (Univ.-Bibl., Kiel.) Auch diese ist übrigens unter den Declamationes Melanchthons, Tom. I, pag. 31 flg., mit abgedruckt. Die des Winsheim steht auch Corp. Ref. XI, 466 flg.

[3] Bd. II. S. 122.

[4] I, S. 83. II, S. 109.

Schloss [der Stiftskirche] und den drei Diakonen Mag. Georg Rörer, Johann Mantel und Mag. Sebastian Fröschel habe auslegen hören."[1] Seine Zeitgenossen haben ihn den hervorragenden, mit ausgezeichneter Beredsamkeit ausgestatteten Predigern zugezählt.[2] Als Propst der Stiftskirche war er bei den Bemühungen, aus dem Stiftsgottesdienst den Papst auszutreiben, eifrig betheiligt. Sein darauf bezügliches Gutachten ist Bd. I., S. 88, 89 mitgetheilt. Ueber noch frühere Verhandlungen zwischen Universität und Kurfürsten, bei denen Jonas gleichfalls betheiligt war, vergl. Jen. Ausg. Opp. lat. II 471—477. Danach übersandten Jonas, Melanchthon, Amsdorf und Joh. Döltz dem Kurfürsten (Jan. 1522?) die bekannten Beschlüsse der Wittenb. Augustiner, rechtfertigten dieselben nicht nur, sondern baten auch den Kurfürsten, ohne Furcht vor dem Ketzernamen dahin zu wirken, „ut talis missarum profanatio in ecclesiis C. V. prorsus aboleatur." Der Kurfürst liess ihnen darauf durch Beyer antworten: „cum haec sit res ardua magnique momenti et quae ad universae Ecclesiae deliberationem pertinet, non esse festinatione praepropera consilium praecipitandum, sed cunctanter agendum." Erst müsse die Zahl der Anhänger des Evangeliums grösser werden. Er wünsche aber Belehrung über die Geschichte der römischen Messe. Diese empfing er in dem darauf abgegebenen Gutachten der Wittenberger: sie hoben die Hauptanstösse, die Verwandlung des sacramentum in ein sacrificium für Lebende und Todte, sowie das Unrechtmässige der Kelchentziehung hervor, erinnerten auch daran, dass in der Kirche des Herrn nicht auf Majoritäten zu bauen wäre; sollten aus einem kräftigem Vorgehen des Kurfürsten Tumulte entstehen, so trügen die allein die Verantwortung, die von Gottes Wort abgewichen seien.[3] Bald fand sich auch für Jonas Gelegenheit, thätig in den literarischen Kampf mit einzugreifen. Johann Faber, Weihbischof von Kostnitz, ein ursprünglich dem Humanismus zugehöriger und der Reformation eine gewisse Sympathie entgegenbringender Theologe, hatte im Jahre 1522 in unerwartet schneller und verdächtiger Wandlung sich dem Papsttume zur Verfügung gestellt und von Rom aus ein umfängliches Werk unter dem Titel: „Opus adversus nova quaedam et a christiana religione prorsus aliena dogmata Martini Lutheri" ausgehen lassen (die Schrift ist bekannter unter dem Namen „Malleus in haeresim Lutheranam", welchen sie in der Ausgabe

---

[1] Mathesius 7. Predigt, Bl. 63.
[2] Vergl. Wilh. Beste, Kanzelredner der luther. Kirche des Ref.-Zeitalters, Leipzig 1856, I, 149—162.
[3] Diese interessanten Aktenstücke fehlen im Corp. Ref. und sind daher, soweit ich sehe, von den Reformationshistorikern übersehen worden.

von 1524 führt).[1] Besonderes Aufsehen erregte und zu besonders lebhaftem Widerspruche reizte die darin unternommene Verteidigung des Priestercölibats. Es war in der That eine ebenso für Faber, wie überhaupt für die theologische Impotenz jener ersten Gegner Luthers charakteristische Schutzrede. Faber kramt zwar eine ziemlich breite Gelehrsamkeit darin aus,[2] eine Fülle von Citaten aus der klassischen Litteratur wird vorgeführt, zunächst zur Beantwortung der Frage, ob es für einen weisen Mann, einen Philosophen und Gelehrten ratsam sei zu heiraten, und die Antwort lautet verneinend. Denn die Ehe ist den Studien hinderlich, die Frauen sind unersättlich in ihrem Verlangen nach Kleidern, Schmuck und Hausrat, sie sind eifersüchtig und misstrauisch, hindern den Verkehr mit gelehrten Freunden und wissenschaftliche Reisen, dazu ist kein Verlass auf ihre eheliche Treue; was sie für Fehler und Gebrechen an sich haben, bekommt der Mann erst nach der Hochzeit zu erfahren. Die arme Xanthippe muss herhalten, um das Elend der Ehe zu illustrieren; ja die Ehe ist geradezu lebensgefährlich, denn wie viele Weiber haben nicht schon ihre Männer umgebracht! Soweit redet der Humanist in jener geringschätzigen Weise, wie auch andre aus jenem Poetengeschlecht damals in der Freude an einem ungebundenen Leben die Ehe gelästert haben.[3] Doch hat Faber gelegentlich auch eine seltsame Probe rabbinischer Weisheit mit eingemengt, des Inhalts, dass der Tod einer Ehefrau nur als ein mässiges Übel zu betrachten sei. Aber plötzlich besinnt sich der päpstliche Theologe darauf, dass er eben Theologe sei; wie könnte er die Ehe an sich verdammen, die ja als Sakrament seiner Kirche gezählt und von der Bibel, wie von dem Concil zu Gangra heilig gehalten wird? Er will also nur die Frage beleuchten, ob einem Priester gestattet sei, verheiratet zu sein. Zur Beantwortung dieser schwierigen Frage ruft er nun seine Autoritäten, die Concilien, die Väter, die Päpste auf. Mit der Bibel wird er leicht fertig. Beruft man sich auf das „crescite et multiplicamini" des Schöpfungsberichtes, so antwortet er: „Die Ehe bevölkert zwar die Erde, aber der Cölibat den Himmel." Verweist man auf Priester und Leviten des alten Testamentes, die doch verheiratet waren, so wendet er ein, dass diese nur einen kleinen Teil

---

[1] Über die verschiedenen Ausgaben des Buches vergl. Adalbert Horawitz, Johann Heigerlin (genannt Faber). Wien 1881 S. 32. 51. 52.

[2] Er versagt sich sogar nicht, einige Brocken Äthiopisch einzumengen, nur dass er harmlos dieses für die Sprache der indischen Thomaschristen ausgiebt.

[3] Vergl. die Bemerkungen hierüber in F. v. Bezolds vortrefflichem Aufsatz über Conrad Celtes in histor. Zeitschrift Bd. 49, 1883.

des Jahres ihres Amtes warteten und um der vielen Musse willen der Ehe bedurften. Erinnert man an Pauli Forderung, dass die Bischöfe verheiratet sein sollten, so war das nach seiner Meinung mehr ein durch die Zeitverhältnisse gebotenes Zugeständnis, als eine allgemein gültige Norm. 1. Cor. 9 rede Paulus nicht von einer Ehefrau, sondern von einer Schwester. Fragt man: Wie kann die Kirche eine Last auflegen, die der Herr selbst nicht aufgelegt hat? so giebt er die klassische Antwort: „Wenn doch die Juden selbst die Zusätze, welche ihre Sanhedristen zu den göttlichen Geboten gemacht, gehorsam annehmen, wie viel mehr sollen wir dann festhalten an den Satzungen so hoher Väter und so frommer Concilien!" Hat Paulus Galater 5 die Beschneidung, die doch göttliches Gebot war, verboten, warum soll nicht auch, was die Bibel von der Priesterehe lehrt, von den Machthabern der Kirche abgeändert werden? „Denn das war stets das Vorrecht der Propheten und Priester, dass sie das Gesetz des Herrn interpretieren durften." Weist man aber auf die offenbaren Schäden des Cölibatszwanges hin, so muss er zwar das Übel in seiner Grösse anerkennen, aber er bleibt trotzdem dabei, dass die Ehre und Würde des Priesteramtes die Ehelosigkeit fordert, denn „niemand kann zween Herren dienen" und „die Priester Gottes müssen reiner sein als die übrigen Christen." Das Messopfer muss wie mit reinen Händen, so auch mit reinen Herzen d. h. von Cölibatären gehandhabt werden.

So Faber, dem sein Eifer in der Bekämpfung der Protestanten das Bistum von Wien eingebracht hat. Luther aber verzichtete darauf, persönlich diesem Theologen zu antworten. Er forderte Jonas, der ja als verehelichter Priester vor anderen dabei interessiert war, auf, die Abfertigung zu übernehmen, und dieser unterzog sich solcher Aufgabe mit einer in diesem Falle erquicklichen Grobheit und mit einem biblischen Rüstzeuge, welches den Gegner gründlich aus dem Felde schlug.[1] In beissender Ironie ruft er dem Gegner zu, er habe glücklich erreicht, was weder dem Papste noch so vielen Universitäten gelungen sei: Luther schweigt. Freilich „non omnibus tacet Lutherus"! In frischer Begeisterung preist er die Offenbarung des Evangeliums, die jetzt in solcher Klarheit geschehen sei, wie seit den Tagen der Apostel nicht mehr. Jetzt ist klar geworden, warum Gott die göttliche Kunst des Bücherdrucks hervorgebracht hat: sie sollte der Verbreitung des Evangeliums dienen, ebenso wie das Aufblühen der Sprachwissenschaften. „Die Barbarei ist beseitigt, die Sophisten sind aus den Schulen der Theologen vertrieben, von Tage zu Tage schreitet die Verkündigung

---

[1] Vgl. Bd. I, S. 87. 88. Horawitz S. 44 fg.

einer echten Theologie und der Reinheit des Evangeliums weiter vor. Der äussere Ceremoniendienst weicht und mit der Geisteswissenschaft zugleich erblühen geistliche Übungen der Frömmigkeit." Jonas findet es bedenklich, dass gerade ein Weihbischof, der von Amts wegen so viel mit den Sünden der Priestercölibatäre zu schaffen habe, für die Erhaltung dieses Zwanges eintrete. Zudem wisse Faber gewiss genau, wie es bei den Domstiften mit der Keuschheit gehalten werde.[1] Citiert jener so viel heidnische Autoren zur Verunehrung der Ehe, so könnte man wohl leicht eine ähnliche Zeugnisreihe über den Segen des Ehestandes entgegenstellen. Aber nicht jene Autoren, sondern die Zeugnisse der Bibel sind für den Christen die entscheidende Instanz. Nach Genes. 1 ist die Ehe unzweifelhaft eine Schöpfungsordnung Gottes, und wer daran deuten will, beleidigt seinen Schöpfer. Wohl lehrt die Bibel, dass es Personen gebe, welche die Gabe der Ehelosigkeit besitzen, aber es ist eben eine seltene Gabe, und daher ist es ein Unfug, dieselbe von grossen Klassen von Menschen ohne Unterschied zu fordern. Es ist eine schmähliche Verunehrung des Ehestandes, wenn Faber einen unsauberen Cölibatär für würdiger erklärt das Abendmahl zu verwalten, als einen beweibten Priester. Sehr schön hebt Jonas hervor, wie der Geistliche, der seiner Gemeinde ein Ratgeber in allen Lebenslagen sein soll, hiebei der Erfahrungen im eigenen Hausstande kaum entraten könne. „Ihr müssigen, wohlgenährten, unreinen Cölibatäre habt keine Ahnung von den Erfahrungen, welche fromme Eheleute machen" u. s. w. — Dieses erste literarische Eintreten in den grossen Kampf der Zeit hat Jonas den Dank der Zeitgenossen erworben. Cyriacus Spangenberg hat in seiner „17. Predigt von Dr. M. Luther" den Vorgang rühmend in Erinnerung gebracht: „Da D. Luther bald im Anfang unserm HerrGott auf seinem Berge einen guten Schacht zu bauen das Gedinge hatte angenommen und die Arbeit .... schwer vorfiel, da sah er sich nach guten Knechten um, legte die an, Herrn Joh. Brismann wider den Caspar Schatzgeier, Doct. Jonam wider den Fabrum, u. drgl. wider andere zu schreiben, und gab ihnen gute Anleitung, wie sie die Arbeit verrichten sollten. Dazu gab Gott auch Gnade und Segen, dass es wohl brach und abging." Auch Jonas selbst hat später noch gern an diesen seinen ersten Waffengang im Dienste der Reformation sich erinnert.[2]

---

[1] Betreffs der argen Zustände in der Kostnitzer Diöcese vgl. die Urkunden von 1507 u 1517 bei Theiner, die Einführung der erzwungenen Ehelosigkeit. II. 2. 733 flg. 736 flg. Ferner ebendaselbst S. 824. 826. Man rechnete 1500 Pfaffenkinder, die jährlich in diesem Bistum geboren werden sollten, und daher eine jährliche Einnahme von 6000 Gldn. Strafgeldern für den Bischof.

[2] Vgl. Bd. I S. 241.

Eine ganz bedeutende Thätigkeit entwickelte Jonas als Übersetzer von Schriften der Zeitgenossen, indem er teils lateinisch geschriebene Werke durch Übertragung ins Deutsche weiteren Kreisen des Vaterlandes zugänglich machte, teils durch Übersetzung deutsch geschriebener Schriften ins Lateinische für das Bedürfnis der Evangelischen ausserhalb Deutschlands Sorge trug. Mit diesen seinen Arbeiten hat er den lebhaftesten Dank der Zeitgenossen sich erworben. Hieronymus Weller rühmt an ihm „die bewundernswerte Geschicklichkeit, die er beim Übersetzen deutscher und lateinischer Schriften Luthers bewiesen. Es gab niemand, der ihm hierin gleichgekommen wäre: er hat einen vortrefflichen und nützlichen Dienst der Kirche hiemit geleistet und um späte Geschlechter sich hoch verdient gemacht."[1] Veit Dietrich hat uns den Ausspruch Melanchthons aufbewahrt, Jonas wisse sich viel gewandter in deutscher Sprache auszudrücken, als er selbst es vermöge. Wir wissen ferner, dass Melanchthon deutsche Schriftstücke, die er zu verfassen hatte, gelegentlich an Jonas „ad expoliendum et illuminandum" übergab, denn er rühmte des Freundes „δεινότης καὶ μεγαλοφωνία vere oratoria." Hiezu, so meinte er, sei des Freundes Talent von Gott selbst ausersehen, dazu habe ihn Gott zur Teilnahme an den Kämpfen der Reformation berufen.[2] Und Luther selbst setzte in die Fähigkeit seines Freundes nach dieser Seite ein unbegrenztes Vertrauen und bat ihn, was er selbst in „barbarischer und rauher Sprache" geschrieben, in seine „gewandte und glänzende" Sprache zu übertragen.[3] So ermächtigte er ihn auch, von der völligen Übereinstimmung ihrer Gedanken überzeugt, bei seinen Übersetzungen in der freiesten Weise zu verfahren: „ut sis memor canonis mei, quo te rogavi, ut libere sententiam meam reddas."[4]

Es ist eine überraschende Menge von Arbeiten dieser Art, die es hier zu verzeichnen gilt. Ein absolut vollständiges Register aller Übersetzungen des Jonas aufzustellen, möchte jedoch sehr schwierig sein, da in den Katalogen unserer Bibliotheken derartige Arbeiten meist nur unter dem Namen des ursprünglichen Verfassers, nicht zugleich unter

---

[1] Bd. II S. 343, 344.
[2] Corp. Ref. III 308, XXII 11.
[3] Bd. I 435.
[4] de Wette IV, pag. 535. Ähnlich Melanchthon 1546: „libellum vertas, sed ita, ut te germanice loqui audiam, nec superstitiose nostram phrasin et maciem effingas." Corp. Ref. VI 208 Seine Übersetzung der Summaria in Psalmos schliesst Jonas mit den Worten: „Summaria ita translata sunt, ut permittente d. Luthero quibusdam locis sententiae et res, de quibus autor sentit, pro piis lectoribus prolixius sint traditae."

dem des Übersetzers verzeichnet sind. Pressel hat bereits in seiner Biographie des Jonas S. 130—132 27 Übersetzungen des Jonas zusammengetragen;[1] wir werden das Register noch um etliche Nummern vermehren können.[2]

1. Der deutsche Text der 95 Thesen Luthers wird in den späteren Gesammtausgaben der Werke auf eine Übersetzung des Jonas zurückgeführt. Die Jenenser Ausgabe 1 Bl. 7ᵇ nennt noch nicht Jonas als den Uebersetzer.) Eine alte Separatausgabe dieser Übersetzung ist jedoch noch nirgend nachgewiesen; vielleicht hat Jonas erst, als man zur Sammlung der Werke Luthers schritt, diese Verdeutschung vorgenommen, sicherlich nicht schon im Jahre 1517. Die verschiedenen Drucke dieser Übersetzung stehen verzeichnet Weimarer Ausgabe 1, S. 232.

2. „Von denn | geystlichen | vnd kloster | gelubden | Martini | Luthers | vrteyll. | " 4⁰ Bl. dd 4: „Gedruck tzu Wittemberg. | Vnd verdeuscht durch den ehrwirdigen Doctor Just | Jona Probst tzu Wittemberg. Anno M. D. XXij." (Stadtbibliothek Magdeburg).[3]

3. „PRAEFA- | TIO METHODICA TO- | TIVS SCRIPTVRAE IN Epistolam Pauli ad Romanos | e uernacula Mar. L. in la- | tinum uersa per Iustū | Ionam. | ⁎⁎⁎ | ANNO M. D. XXIII. | " 16 Bl. 8. letzte Seite leer. (Wolfenb. 1197. 3 Th.) Es ist Luthers Vorrede zum Römerbrief, Erl. Ausg. 63, 119 fg.[4]

4. „Libellus Martini Lutheri Christum Iesum verum Iudaeum et semen esse Abrahae." Titel und Widmungsbrief s. Bd. 1 S. 92 u. 93.

5. „Das der freie wille nichts sey, Antwort D. Martini Luther an Erasmum Roterdam." Titel und Widmungsbrief s. Bd. 1 S. 95. Es existiert von dieser Schrift auch ein Nürnberger Nachdruck von 1526 in 4⁰. Eine dritte Ausgabe wurde Regensburg 1559 von Nicolaus Gallus besorgt. Ein Druck Frankfurt 1602 bei Rotermund S. 414. Dass Jonas sich der Übersetzung dieser Streitschrift Luthers unterzog, ist

---

[1] Franke giebt in seiner „Geschichte der Hallischen Reformation", Halle 1841 S. 287. 288 eine Zusammenstellung von 19 Übersetzungen.

[2] Die in nachfolgendem Register mit einem * bezeichneten Schriften sind mir unzugänglich gewesen. Es kann daher für die Genauigkeit ihrer Titel eine Garantie nicht übernommen werden.

[3] In einer handschriftlichen Randbemerkung in dem Wittenberger Exemplar der Augustana und Apologie erinnert Jonas daran (1542), dass diese von ihm vor 20 Jahren übersetzte Schrift es gewesen sei, die so viel Klöster entvölkert habe.

[4] Eine Ausgabe Argentorati „Iohannes Cnoblochus excudebat, apud turturem, mense Novembri anno M. D. XXIII." (Wolfenb. 92. 1. Th.) 16 Bl. 8. Vgl. Rotermund Geschichte des Augsburger Glaubensbekenntnisses. Hannover 1829 S. 413.

ein deutlicher Beweis dafür, dass er in dem Streit zwischen dem alten Humanistenhaupte und dem Reformator endgültig und mit voller Entschiedenheit zur Partei des letzteren übergetreten war.[1] Diese Entschliessung war ihm nicht leicht geworden. Ja er hatte anfangs zwischen beiden Männern zu vermitteln gesucht. Erzählt doch Luther i.J. 1527: „Mein lieber Herr Doctor Justus Jonas liess mir keinen Frieden mit Anhalten, ich sollte Erasmum ja ehrlich angreifen und demütiglich gegen ihn schreiben. Domine Doctor, sprach er, Ihr glaubt nicht, wie ein feiner venerabilis senex er ist. Desgleichen thät auch der feine Mensch Wilhelm Nesenus. Ach wie zerlobten mir die zween den Erasmum, wie gar eitel engelisch Ding musst ich hören und gläuben!"[2]

6. „Libellus Doc. Martini Lutheri, de Sacramento Eucharistiae, ad Waldenses fratres." Titel und Widmungsbrief s. Bd. I, S. 102. 103.

7. „Vnterricht Philip. Melan. Wider die Lere der Widerteuffer aus dem latin verdeudschet, durch Just. Jonas Wittemberg MDXXVIII." Titel und Widmungsbrief s. Bd. I S. 118.

8. „Die Epistel S. Pauli zum Colossern, durch Philippum Melanchton, ym latein zum andern mal ausgelegt. 1529." Titel und Widmungsbrief s. Bd. I S. 139. 140.

9. „Enarrationes Novae D. Martini Lutheri in Ionam prophetam Haganoae 1530." 8⁰. Titel und Widmungsbriefe s. Bd. I S. 434 - 443. Auch in der Wittenb. Ausgabe Tom. IV 539ᵇ flg. Daselbst ist auch Luthers Brief an Jonas Bl. 539ᵇ – 541ᵇ abgedruckt.

10. Die deutschen Ausgaben der Apologie der Augsburger Confession 1531 ff. Siehe die Litteratur im Corp. Ref. XXVIII. p. 7 ff. 37 ff.

11.* In Psalm. LXXXII. de Magistratibus, enarratio M. Luth. e germ. lat. redd. per J. J. Witteb. 1531. Pressel S. 131. Kordes, M. Johann Agricolas Schriften, Altona 1817 S. 217.

12.* „Auslegung | D. Mart. Luthers, | vber das Lied Mose | am Zwey vnd dreissigsten | Cap. Deutero. Vordeud- | schet aus dem La- | tin, durch | Justum Jonam. | .. Wittemberg, G. Rhaw, 1532. 4. 30 Bl." Weigel, Thesaurus libellorum, Leipzig 1870, Nr. 1713; ebendaselbst

---

[1] „Ob wol Erasmus sonst ein theurer hoher Mann ist, so ist doch solch Schreiben vom freien Willen ärgerlich und wider das Evangelium." Bd. I S. 95. Viel schärfer und erbitterter im Briefe vom 17. Okt. 1527, wo Jonas ihn einen „senem vulpinum et ubique dolis atqu. arte Pelasga instructum" nennt. I S. 110. Eine beachtenswerte Äusserung aus dem Jahre 1512 siehe II S. 68: hier tritt ein Bewusstsein davon zu Tage, dass das Auftreten des Erasmus auf wissenschaftlichem und auch auf kirchlichem Gebiet befruchtend gewirkt habe.

[2] Erlanger Ausgabe, Deutsche Schriften Bd. 30 S. 6.

Nr. 1744 ein Nürnberger Nachdruck von 1532. Bei Rotermund S. 416 eine Ausg. „Nürnberg ohne Jahr."

13. „Ecclesiastes, odder prediger Salomo, ausgelegt durch D. M. Luth. aus dem latin, verdeudschet durch Justum Jonam. Wittemberg. 1533. 8⁰. Georg Rhaw." Titel und Widmungsbrief s. Bd. I. S. 194—196. Pressel verzeichnet S. 131 eine mir unbekannte Ausgabe von 1538. Noch im Jahre 1560 erschien ein neuer Abdruck in Wittenberg bei Hans Lufft. Rotermund S. 414 nennt Ausgaben Wittenb. 1533. 8. Nürnberg 1538. 8. Wittenb. 1563. 8.

14. „Summaria D. Mar. Lutheri In Psalmos Dauidis e germa. latine reddita per Justum Jonam Vitebergae 1534." Titel und Widmungsbrief s. Bd. I S. 201, 202 und Bd. II S. 351—353. Auch in der Wittenb. Ausg. Tom. III 398^b flg.

15. „De Missa Privata, et Unctione Sacerdotum libellus D. Mar. Lutheri e Germanico in Latinum translatus, per Just Jonam. Vitebergae 1534." Siehe Bd. I S. 203 und den Halle 1883 erschienenen Neudruck der Schrift „Von der Winkelmesse und Pfaffenweihe" Einleitung S. IX. u. X.

16. Melanchthons Loci communes wurden von Jonas 1536 in deutscher Uebersetzung ediert. Vgl. Bd. I S. 236. Die Ausgaben finden sich beschrieben Corp. Ref. XXII. p. 13 ff. Es werden dort 9 Ausgaben dieser Uebersetzung nachgewiesen. Melanchthon war jedoch mit dieser Arbeit des Freundes nicht ganz einverstanden und liess sie daher seit 1542 in einer von ihm selbst „durchgesehenen und gebesserten" Ausgabe ausgehen. „In priore versione", schreibt er, „Justus Jonas multa negligenter reddidit, quae a me ipso jam majori cum diligentia recognita sunt."[1] Die Hauptsache war jedoch, dass er sachlich am Texte Veränderungen vornehmen wollte. Betreffs der weiteren Geschichte dieser Ausgabe muss auf Bindseil's Einleitung im Corp. Ref. XXII verwiesen werden.

17. „Vrsprung des Turkischen Reichs, ... durch d. Paulum Jovjum. ... Verdeutschet durch Justum Jonam." (1538). Titel und Widmungsbrief s. Bd. I S. 269—272.[2]

18. „Liber Jesu Sirach Ex Germanica Translatione D. Martini Lutheri latine redditus, Per Justum Jonam (1538)." Verschiedene Aus-

---

[1] Corp. Ref. IV. 831.
[2] Vgl. auch Erl. Ausg. 65, 248. Auf Misverständnis beruht Frankes Angabe S. 288: „Auch übersetzte Jonas 1530 ins Deutsche die Schrift eines unbekannten Verfassers: De religione Turcorum, welche Luther mit einer Vorrede begleitete." — Rotermund erwähnt S. 411 eine Ausgabe von Nr. 17. Augsburg 1538. 4. 6 Bg. (?)

gaben, sowie den Widmungsbrief s. Bd. I. S. 283—288. In Wolfenb. (913. 2. Th.) befinden sich auch die Ausgaben Frankf. a. M. 1564, besorgt von Mag. Lucas Geyerberg (ohne den Widmungsbrief), und Leipzig 1582 (mit dem Widmungsbrief).

19. „Epistola D. Mart. Luther. Contra Sabbatarios, Aucta iam ab ipso, — & e Germanico Latine reddita per Justum Jonam. VVittembergae 1539." Titel und Widmungsbrief s. Bd. I S. 322—325; Bd. II S. 365, wonach Jonas seine Uebersetzung bereits am 1. Juni 1538 vollendet hatte.

20. „Des Durchleuchtig- | sten, Grosmechtigsten Herrn | herrn Heinrichs des achten, Königs zu Enge- | land vnd Franckreich etc. Schrifft, an Keisere | liche Maiestet, an alle andere Christliche Kö- | nige vnd Potentaten, jnn welcher der König vrsach anzeigt, warumb er gen Vincentz | zum Concilio (welchs mit falschem ti- | tel, general genent) nicht komen | sey, Vnd wie fehrlich auch den | andern allen sey, welche das | Euangelium Christi an | genomen, da zu er- | scheinen, Aus | dem Latin | verdeutscht durch || Justum Jonam. || 1539. " 4⁰. 10 Bl. Am Schluss: „Gedruckt zu Wittemberg, | durch Joseph Klug. | 1539. " (Zerbst, Staatsarchiv).

21.* „Catechismus pro pueris et inventute in ecclesiis Marchionum Brand. et senatus Norimb. conscriptus et latine redditus. Addita epistola de laude decalogi. Vitebergae 1539." Vgl. Bd. I S. 298. Eine Ausgabe Wittenb 1543 S. bei Rotermund S. 415.

22. „Ein kleglich ansuchen des ausschus der V. Nider Osterreichischen lande belangend die grosse jtzige fahr des Türcken halben. Wittemberg. Anno. M D. XL." 4⁰. Joseph Klug. Titel und Widmungsbrief s. Bd. II S. 368—370.

23. „Epistel. | An den Landgra- | uen zu Hessen etc. | Philippi Melanth. Ver- | deutscht durch. | Justum Jonam. | Wittemberg. | 1540. |". Randl. 4⁰. 11 Bl. In demselben Jahre erschien noch ein Nachdruck 8 Bl. 4⁰. ohne Randl. Vgl. auch Corp. Ref. III 896.

24. „Von der Kirchen, vnd alten Kirchenlerern. Philippus Melanchthon. Verdendtschet durch Justum Jonam." Wittenberg 1540. Vgl. Bd. II S. 380.

25. „Lazari Klage für des ' Reichen Thür, das | ist, wie die armen Pfarher, die Kirchen vnd Schuelen ir not vnd elend | klagen vnd beweinen. Wider die uns, sigen heuchler Thumhern etc | Aus latin P. S. verdeutscht | durch. | Justum Jonam. || Wittemberg. | Anno. M. D X. L I." 4⁰. 18 Bl. Am Schluss: „Gedruckt zu Wittemberg, | durch Joseph Klug. / Anno. M. D. X. L. I." (Bibliothek zu Wernigerode.) Den Widmungsbrief s. Bd. I. S. 415. 416. Ebendaselbst der Nach-

weis, dass diese Schrift Verdeutschung einer Declamatio Melanchthons[1] ist.

26. „Eine Schrifft Phi- | lip. Melanth. new- | lich latinisch gestellet, Wid- der den vnreinen Bapsts | Celibat, vnd verbot der Priester- | ehe. Verdeudtschet durch | Justum Jonam. || Wittemberg || Anno. M. D. XLI. " 36 Bl. 4⁰. Bl. Jiij^b: „Gedruckt zu wittemberg, | durch Joseph Klug.|" (Bibliothek zu Wernigerode). · Von dieser Schrift veranstaltete Jonas eine neue Ausgabe Halle 1543, deren Titel und Widmungsbrief Bd. II. S. 109 mitgeteilt sind.

27. „Ein kurtze Schrifft d. Philip. Melan. Von rechter Vergleichung vnd friedshandlung, in der Religion sachen, Aus dem Latin verdeudscht, Durch D. Justum Jonam Wittemberg 1541." 4. Titel und Widmungsbrief s. Bd. II S. 373 - 375. Ueber die Ausgaben Erf. 1541. 4. Witt. 1557. 8. vgl. Pressel. S. 131.

28*. Am 22. März 1543 schreibt Jonas: „Libellus contra Judaeos iam est absolutus a me latine; wird gedruckt zu Frankford am Main, vM exemplar hat Moritz Goltz buchhendeler bestellet, wird, gn. f. vnd h., vf Petri Pauli aussgehen, in Italien vnd Galliam dy meysten exemplar geschickt werden." B. II S. 98. vgl. 118. 380). Ein Exemplar dieser Uebersetzung von Luthers „Von den Juden und ihren Lügen" ist mir nicht bekannt geworden. Rotermund citiert S. 416: „Mart. Luther de Judaeis et eorum mendaciis e Germ. lat. reddit. per Jonam, Francof. 1544. 4⁰."

29*. „Verantwortung: | ... | auff der Cölnischen vnter Clerisey Schrifft, widder Ern | Martin Bützern | aus gangen | mit der | Vorrhede D. Doc. Mar. | Lutheri, Aus dem Latin | verdeudscht | ... Wittemberg, Jos. Klug, 1543." 4. 60 Bl. Weigel, Thesaurus libellorum 1870 Nr 1942, vgl: auch Strobel, Bibliotheca Melanchthonis Nr. 174. Wittenberger Ausgabe der Opera Melanchthonis II p. 95 ff (Wenn Pressel eine Ausgabe „Halle 1543" citiert, so beruht das wohl auf einem Versehen.)

30. „Contra Papatum Romanum, a diabolo inventum, D. Doct. Mar. Luth. e germa. latine redditum, per Justum Jonam 1545." Vgl. Bd. II S. 153. 161. 186. Bei Rotermund S. 415 eine Ausg. von 1546.

31. „Vrsachen, warumb die Kirchen, welche reine, Christliche, lehr bekennen, die selbige lehr angenomen, ... Aus dem Latin verteutscht, Durch Justum Jonam, Doctor. Witteberg, 1546." 4⁰. Wittemberg, Joseph Klug 1546. Titel und Widmungsbrief s Bd. II S. 205, 206; vgl. 204.

---

[3] Irrig vermutete Döllinger (die Reformation II 116) Paul Speratus als Verf. der Schrift.

32. „Der Prophet Da- | niel, ausgelegt, | Durch D. Philip. Me- | lan- thon. | Aus dem Latin verdeudscht, | Durch Justum Jonam. | Mit einer Vorrede an Chur- | fürsten zu Sachs- | sen etc. | Wittemberg. | 1546. |" 4° — „Gedruckt zu Wittemberg, durch Nickel Schirlentz. MD XLVI." Wolfenb. 251. 38. Th. Vgl. Corp. Ref. XIII 823. Bd. II, S. 118. 189. Darin folgender hier noch nachzutragender Brief:

793a. Jonas an Kurfürst Johann Friedrich. Halle 1546. Vor dem 24. März.[1]

Stets hat die Mehrzahl der Fürsten der Kirche Gottes feindlich entgegengestanden; um so mehr sollen die Christen für die Fürsten beten, welche die reine Lehre fördern. Jene wird Gott zu Boden stürzen, diesen den Sieg verleihen.

Gnade vnd friede Gottes durch Christum. Durchlenchtigster hochgeborner fürst. E. k. g. sind mein vnterthenige, willige, gehorsame dienst zuvor.

Gnedigster herr, wie der euangelist meldet Lucä 2. cap., das der son Gottes Jhesus Christus, vnser heiland, als er von Maria geborn, in der krippen arm vnd elend ligt vnd kaum ein klein ort im stall haben mag, da er sampt Maria. seiner mutter, herberg hat: also ist es fur vnd fur mit der waren kirchen Gottes auff erden gangen, das die grossen, hohen, gewaltigen königreiche, monarchien, dieser welt potentaten vnd herrschaften das heilig wort Gottes, reine göttliche lere vnd die kirchen Gottes wenig geacht, vnd haben der grösser teil Gott, sein heiliges wort vnd kirchen (vmb welcher willen sie doch alle erhalten werden) gantz schrecklich gehasset, gelestert vnd feindlich verfolget, das on zweivel alle heilige engel vnd gottfürchtige menschen ein schrecklich specktakel daran haben, das so viel hoher, grosser, trefflicher leute, begabet mit grosser weisheit vnd tewren tugenden, als Alexander, Antigonus, Julius[2], Pompejus, Augustus vnd viele andere also dahin geworffen sind, das alle jre weisheit, tugent, arbeit eitel vngnad, zorn Gottes vnd verworffen ding ist, vnd das der grösser teil so vieler herrschafften vnd menschen von Gott ewig verworffen sind.

Dargegen aber wil Gott nicht, das der stand der regenten, von jm erstlich geordent, gantz vnnütz, nichtig vnd verdampt sein sol, sondern wohlet allzeit etliche könige, fürsten, die jn erkennen vnd in jren landen vnd herrschafften der kirchen Gottes herberg geben vnd ein ortlin (wie die krippen Christi) einthun, da die arme jungfraw Maria, nemlich die heilig kirche, jr schwache kindlin durch erkentnis Christi einwickele, neere vnd auffbringe.

[1] Wegen des Datums vgl. Bd. II S. 189.
[2] Caesar.

Vnd dieweil diese könige, fürsten vnd herrn von wegen dieser herberg vnd krippen (so sie Christo gönnen) allerley grosse, geschwinde ferligkeit vnd anfechtunge haben, so helt Gott der herr mit seinen wunder gottswercken gewaltiglich ob jnen, das sie in eigener erfarung vnd sichtiglich befinden vnd lernen, das nutzliche, gute vnd selige regimente allein Gottes werck vnd nicht menschlicher weisheit sind, das auch Gott in sonderheit bey diesen regenten ist, die Gottes ehre vnd warheit hertzlich lieben vnd gedencken, ernstlich rechte gotteserkentnis, lebendige krefftige Gottesanrufung, item die religion vnd gottesdienste (welche Gott tewer befohlen vnd jm gewis gefallen) auf die nachkomen zu erben.

Solche regenten werden erleucht vnd regiert[2] von Gott, das jr weisheit, verstand vnd rat der höchsten leute vnter den heiden klugheit weit vnd hoch vbertrifft, sofern sie in diesem rechten wege bleiben.

Denn Gott dem herren in leben, sterben hertzlich vertrawen vnd gleuben, Gottes gegenwertigkeit, gnad vnd hülff sehen, mercken vnd befinden vnd in so hochwichtigen sachen, in höchsten nöten, wissen zu Gott zuflucht zu haben, ist weit, weit uber Pisistrati, Themistocles, Lysandri vnd ander dergleichen tewrer leut, hochverstendiger regenten vermögen vnd weisheit.

Vnd zu dem, das sie selb ewige seligkeit erlangen, so dienen sie auch vielen menschen zur seligkeit vnd sind also Vasa misericordiae, das ist werckzeuge, die Gott gnediglich jnen selb vnd andern zur seligkeit gebrauchet.

Diese grosse vnaussprechliche gabe Gottes sollen billich die herrn selbs vnd alle gottfurchtige vnterthanen mit ernst betrachten, Gott dafur von hertzen dancken vnd fur vnd fur bitten, das er solche regenten gnediglich regieren vnd bewaren wolle vnd wolte sein gegenwertigkeit in dieser herberg Marie beweisen, wie er allzeit darin bewiesen hat, als bey David, Josaphat, Ezechia, Daniel, Cyro, Matathia etc.

Die welt sihet auff grosse güter, macht vnd wollust, betrachtet nicht, was die regiment sind, wo Gott gegenwertig sein wolle, was die ewige kirche (so Gott durch das euangelium samlet) sey, was der reichtumb sey des herrlichen erbes aller heiligen Ephe. 1. cap., vnd was die vnvergenglichen ewige güter vnd schetze im himmel sind.

Wir aber sollen bedencken, wie ein gros vnd vnermeslich vnterscheid ist zwischen diesen zweien Vasa misericordiae vnd Vasa irae, welche herrn vnd menschen Gott gnediglich zu gutem vnd jrer, auch ander seligkeit brauchet, wie er Samuel, David etc. gebrauchet, vnd da gegen, welche er zum zorn vnd ewigen verterben gebrauchet, als so viel weiser, hoher leute, die gute regiment umbgekeret haben, als Pericles, Alcibiades,

---

[1] reregiert.

Julius, Pompeius vnd viel andere, fur welchem wir erschrecken sollen vnd zu Gott flihen vnd schreien, das er vns nicht fallen lasse, sondern leite vnd füre vns, das wir seien vnd bleiben werckzeuge der gnaden, das alles vnser leren, regieren vnd arbeiten zu Gottes ehre vnd vns, auch andern, zur seligkeit diene.

Diese vnterscheid der regenten ist in allen historien vns zu erinnerung furgemalet, das wir den abgöttischen, verworffen, verdampten hauffen, Cainiten, Baalsdiener, jtzt papisten vnd jr banierfürer flihen vnd Gott bitten, das er vns in die gnadenzal annemen, erhalten vnd regieren wolle. Vnd ist in sonderheit dieses in Daniele schön furgemalet, darinne angezeigt, wie Gott der HERR die hohen gewaltigen regiment zu bodem gestossen, so sie wider Gott gewütet, vnd dagegen andere auffgerichtet, wie er auch etliche herrn in hoher regierung zu seinem euangelio vnd der kirchen zu dienen berufft vnd seine gegenwertigkeit bei jnen gewaltiglich anzeigt. Vnd ist dabey viel mehr vnd mancherley nutzliche lere zu mercken, wie hernach an jedem ort angezeigt wird.

Dieweil denn Gott in diesen letzten zeiten (davon Daniel furnemlich weissaget) seiner kirchen zu gut auch eine herberg vnd ort in e. k. g. landen gnediglich bestellet vnd dazu e. k. g. gnedig beruffen, das e. k. g. selb Gottes wort lieben vnd jm mit rechter lebendiger anruffung vnd pflantzung rechter lere, auch mit christlicher regierung dienen, zeigt das werck an, durch Gottes gnade, das e. k. g. auch derselbigen regenten einer sind, welche Gott der kirchen Gottes zu guten vnd jre vnd andern zur seligkeit brauchet. Darumb wir alle Gotte für solche gnade dancken sollen, sind auch schuldig, fur e. k. g. in sonderheit mit grossem ernste zu bitten, das er vmb seines namens willen e. k. g. gnediglich regiern vnd bewaren wolle vnd seine gegenwertigkeit bey e. k. g. erzeigen, wie er bey dergleichen regenten, Josaphat, Ezechia erzeigt hat, vnd wolle seiner kirchen herberg schützen, das nicht die gottlosen rhümen vnd sagen: Wo ist nu jr Gott?

Nu bekenne ich mich auch ein gliedmas dieser kirchen, so Gott in e. k. g. landen gnediglich beruffen, habe als ein vnwirdiger diener des euangelii die reine lere Christi bey leben des cardinals Mentz auch hie zu Halle in Sachssen gar nahe in das sechste jare ausgebreitet, in allerley widerstand, vnd wider die gottlosen mönche vnd nonnen, pfaffheit vnd iren anhang geleret, vnd diene in der reinen[1] lere der kirchen Wittenberg nu etliche viel jar vnd weis, das diese lere, so in e. k. g. landen, auch hie gepredigt wird, die einige, ewige, warhafftige christliche lere ist, dadurch jm Gott allzeit, von Adam her, seine ware kirchen versamlet hat vnd noch versamlet, das sie jnen ewig im himmel lobe und preise. Darumb ich in predigen, schreiben vnd verdeudschung nutzlicher latinischer

---

[1] reine.

bücher d. doctoris Martini vnd d. Philippi diese lehr, so viel mir Gott verleihet, auszubreiten vleis gern furwende, und habe diese translation aus dem latein e. k. g. zugeschrieben, mein vntertheniigkeit e. k. g. hiemit anzuzeigen vnd dabey den christlichen leser zu erinnern, wie man vnterscheid der herrschaften betrachten solle, welche gott gefellig sind oder nicht, vnd das ein jeder schuldig sey, fur solche herrschafft zu bitten vnd derselbigen nutz vnd guts zu fodern, die Gott in diesem heiligen werck dienen, das Gottes wort, das heilig euangelium trewlich gepredigt vnd gepflantzet werde.

Denn wie vnser heiland Christus Jhesus am creutz Johanni seine mutter befohlen, also sollen wir alle wissen, das vns allen dergleichen vnser mutter, die rechte, warhafftige, christliche kirche auch befohlen ist, wie der Psal. cxxij spricht: 'Wunschet Jerusalem gluck, es musse wolgehen allen, die dich lieben.' Vnd befelh hiemit, gnedigster herr, mich e. k. g., bitte gantz vntertheniig, e. k. g. wolle mich vnd auch die kirche zu Halle in gnedigstem befelh haben. Der allmechtige Gott, der vater vnsers heilands Jhesu Christi, regier vnd bewar e. k. g. allzeit gnediglich zu jrer seligkeit vnd vieler christen schutz vnd trost. Amen.

E. kf. g.   vntertheniger diener
                                    Justus Jonas doctor.

Dem durchlenchtigsten, hochgebornen fürsten und herrn,
herrn Johans Friderichen u. s. w

33.* „Vorrede inn die gantz Bibel, Wie die ware Kirche Gottes auff Erden iren anfang gehabt Außm Latin verd. d. J. J. Erf. 1548. 4." (Gewidmet unter dem 5. Nov. 1547 dem Herrn Beroard zu Hildesheim.) So Pressel S. 131.

34. „Welchs die Einig Recht, Kirche Christi sey. Wo sie gewiß zu finden, Welchs die falsch Kirch sey. Auß latin Phi. Mel. verdentschet durch Justum Jonam Doct. Gedruckt zu Regenspurg durch Hansen Khol. MDLIII." 4°. 26 Bl. Titel und Widmungsbrief s. Bd. II S. 323. 324.

35. „De conciliis et ecclesia liber, germanice scriptus iam olim a reverendo patre D. D. Martino Lutero: nuper vero latine redditus per D. Iustum Ionam. Basileae (1556)." Titel und Widmungsbrief s. Bd. II S. 337—343. (Rotermund S. 416 hat irrtümlich eine Ausg. Basileae 1551.)

Anhangsweise sei zugleich bemerkt, dass man gewisse Schriften bisher mit Unrecht hie und da dem Jonas beigelegt hat, und dass diese unbedingt aus den Aufzählungen seiner Werke getilgt werden müssen. So zunächst das in vielen Auflagen verbreitete Schriftchen „Der Leyen Biblia" (1525 ff.); vgl. Veesenmeyer, Nachrichten von einigen evangelischen katechetischen Schriften, Ulm 1830 S. 17 und Th. Schneider, Kritische. Ausgabe des Lutherschen Katechismus, S. 77 ff; dagegen vgl. Studien und Kritiken 1879 S. 47, 48. Ebenso unbegründet ist die noch von Pressel S. 130 wiederholte und wenigstens nicht zurückgewiesene Annahme, dass Jonas Verfasser der gleichfalls häufig wieder aufgelegten Streitschrift „Vom alten und neuen Gott, Glauben und Lehre" (Wittenberg 1526 ff.) gewesen sei. Es fehlt an jedem Anhaltspunkte für diese Vermutung, und auch der jetzt vorliegende Briefwechsel lässt jede dafür sprechende Angabe vermissen. Dass endlich Jonas auch mit der Schrift „Ad Apologiam Ioannis Croti Rubeani responsio" (1532) nichts zu thun hat, wie oftmals behauptet worden ist, bedarf seit Böcking's Schrift: „Drei Abhandlungen über reformationsgeschichtliche Schriften" (Leipzig 1858, s. 67 ff.) nicht mehr des näheren Nachweises.

Neben jener angestrengten Thätigkeit als Übersetzer, von welcher ein bedeutender Teil in die Jahre seines Wittenberger Aufenthaltes fällt, blieb Jonas verhältnismässig nur wenig Zeit übrig für selbständige schriftstellerische Arbeit. Aus der Zeit bis zum Augsburger Reichstage bleibt uns von einer solchen nur zu erwähnen übrig seine im Jahre 1529 angesichts der dem Reiche drohenden Türkengefahr verfasste Schrift: „Das sie- | bend Capitel Da | nielis, von des Türcken | Gottes lesterung vnd | schrecklicher mor- | derey, mit vn- | terricht | Justi Jonae ‖ Wittemberg. | "[1] Er sieht in den drohenden Zeichen der Zeit den furchtbaren Ernst Gottes, der dem Satan gestattet, den Türken gegen die Christenheit zu erwecken; ist doch der Muhammedanismus die gräulichste Ketzerei, die ärgste Zerrüttung der Ehe und aller Zucht. Das ist Gottes Zorn, dass so viel tausende von Menschen in die türkischen Irrlehren verstrickt sind und nun so viel Länder durch sie verwüstet werden. Die türkische Religion steht nicht auf einer Linie mit dem Heidentum der Griechen oder Römer, sondern ist als Lästerung Christi zu beurteilen. Aber eben in Rücksicht auf diese schweren Heimsuchungen Deutschlands durch die Türken hat Gott jetzt sein Evangelium in dieses Land gesendet, wie er stets, ehe er ein Volk strafte, Propheten erweckte, um wenigstens etliche zu erretten. Denn seine Kirche darf nicht untergehen. Daher handelt es sich jetzt für

---

[1] S. Titel und Widmungsbrief Bd. I. S. 140. 141. Diese Schrift hat auch Aufnahme gefunden in die Wittenb Ausgabe der Werke Luthers, deutsche Schriften Bd. II (1551) Bl. 561ᵇ—579: auch der Widmungsbrief ist abgedruckt, nur dass er in ein Schreiben an den christl. Leser umgewandelt ist.

Deutschland um die Frage: Wie stellt es sich zum Evangelium? Jonas klagt über die Einen, dass sie die Wahrheit verfolgen und verdammen, über die Andern, dass sie zwar das Evangelium annehmen, aber nur um fleischlicher Freiheit willen. Anstatt die Frucht des Glaubens folgen zu lassen, gehen sie ruchlos ohne Gottesfurcht und Zucht dahin, sind der Predigt überdrüssig und verachten ihre Prediger. Überdem verachten Bauern und Bürger die guten Künste und Schulwissenschaften, weigern sich, die Schulen zu erhalten, für die sie früher bereitwillig ihre Güter gegeben. Der gemeine Mann wird so roh, als wäre das Evangelium, welches doch mit grossem Ernste ein ehrbares Leben fordert, nur dazu da, dass es losen Buben Freiheit zum Sündigen verschaffe.[1] Allen diesen ruft Gott durch die Türkengefahr zu: Es ist Zeit aufzuwachen aus dem Schlaf! Jonas versucht dann aus Daniel VII den Schriftbeweis zu erbringen, dass in dem Aufkommen der Türken Gott seinen Zorn zu erkennen gebe; die Türken sind nämlich nach seiner Exegese das „kleine Horn", von welchem Daniel redet. Er legt den Trost dar, den solche Vorherverkündigung frommen Christen bietet und weist darauf hin, dass ja dieselbe Schrift, welche ihr Aufkommen geweissagt, auch Ziel und Ende ihrer Herrschaft vorherverkündigt habe. Er schliesst mit der Ermahnung, zum lebendigen Gotte zurückzukehren und vor allem für die Obrigkeit ernstlich zu beten. Diese aber möge ihrer Pflicht eingedenk sein, den Landfriedensstörer getrost anzugreifen, und die Unterthanen mögen willig in solchen Streit ziehen, als zu einem Gott wohlgefälligen Werke. Das soll alle Herzen stärken, dass sie bedenken: der Feind, gegen den wir ziehen, ist auch Gottes Feind, Gott aber wird seinen Namen nicht lassen zu schanden werden.

Auf die Beteiligung des Jonas an allen wichtigeren Momenten der Reformationsverhandlungen jener Jahre kann hier nicht näher eingegangen werden. Es sei nur erinnert an seine Teilnahme am Marburger Colloquium 1529[2], sowie an seine Anwesenheit in Augsburg während des berühmten Reichstages von 1530. Die Bd. I, S. 145—178 zusammengestellten Briefe des Jonas aus jenen Tagen, besonders seine zahlreichen Berichte an Luther, werden eine wichtige Quelle für die Geschichte jener Tage bilden. Bei den im evangelischen Lager auftretenden

---

[1] Diese Stelle, soweit sie die Evangelischen betrifft, hat sich Janssen, Gesch. des deutschen Volkes Bd. III (9. Aufl.) S. 66 — oder eigentlich sein Gewährsmann Döllinger, die Reformation II S. 115 — nicht entgehen lassen, um daraus zu beweisen, dass unter den Lutheranern die Zustände immer ärger geworden seien.
[2] Bd. I, S. 129, 130.

Streitigkeiten und Parteiungen, namentlich bei den Auseinandersetzungen mit den Schweizern, stand er, wie nicht anders zu erwarten, mit grosser Entschiedenheit auf Seiten Luthers. Als Caspar Schwenkfeld gegen Ende des Jahres 1525 nach Wittenberg kam, um sich mit den dortigen Theologen über seine Auffassung der Worte „Das ist mein Leib" zu verständigen, da überbrachte er dem Jonas Briefe von Valentin Krautwald, die ihm dieser „als seinem alten Bekannten" geschrieben. Schwenkfeld rühmt die Freundlichkeit, mit der er von Jonas im Privatgespräch behandelt worden. Er erwähnt namentlich, dass dieser das Bekenntnis abgelegt, in Glaubenssachen sei ihm an der Person Martin Luthers nichts gelegen, denn er müsse seines Glaubens für sich selbst gewiss sein; doch habe er auch an Krautwalds Schreiben gemissbilligt, dass dieser Luther als einen „störrigen" Menschen verdächtigt habe.[1]

Eine ganze Reihe wichtiger Aufschlüsse gewährt unsere Briefsammlung für die Geschichte der Visitationen. Aus den Tagen der ersten Visitation des Kurkreises (22. Okt. 1528 bis Ostern 1529) kommen die Briefe Nr. 124 und 125 in Betracht. Wir ersehen aus denselben, dass Jonas auch schon bei der Bereisung der Kreise Wittenberg und Bitterfeld an Luthers Seite gestanden und hernach, als Luther krankheitshalber und mit Rücksicht auf die Universität dem Werke fernbleiben musste, an seiner Stelle das Werk fortgesetzt hat. Als es sich dann weiter um die Visitation in Meissen handelte, sehen wir auch hier Jonas in voller Thätigkeit. Vgl. Nr. 129, 133, 137. Besonders lehrreich scheint mir aber zu sein, dass wir jetzt aus einer ganzen Reihe von Schreiben des Jonas ersehen können, wie auch nach Beendigung der Visitationsreise die vom Kurfürsten bestellten Visitatoren für den ihnen zugewiesenen Kreis gewissermassen in Permanenz blieben als eine primitivste Art von evangelischem Consistorium. Wir finden nämlich eine ganze Reihe von Verfügungen und Korrespondenzen der Visitatoren, welche von Wittenberg aus datiert sind (Nr. 143, 146, 149, 150, 152). Und selbst jene nur von Jonas allein unterzeichneten Schreiben an Wolfgang Fues zeigen, wie sich auf Grund der Visitation das Verhältnis so gestaltete, dass die von den Visitatoren eingesetzten Superattendenten an den theologischen Visitator in schwierigeren Fällen, mit Beschwerden u. dergl., als an eine höhere Instanz recurrierten. Rechtskräftige Verfügungen konnten allerdings, wie aus Nr. 162 erhellt, nur von den Visitatoren in ihrer Gesamtheit erlassen werden.

---

[1] Vgl. Caspar Schwenckfeld: „Das 2. Buch des andern Teils des Epistolars" 1570 p. 39 ff.

Wie Jonas an diesem kirchlichen Verfassungswerke eifrig Anteil nahm und daher auch, als es i. J. 1588 zur Einrichtung eines ständigen Consistoriums kam, in diesem seinen Platz fand,[1] so war er auch sonst mannigfach in Anspruch genommen mit seinem Rat und Gutachten, besonders in den verwickelten Ehestreitigkeiten, welche von den Pfarrern nach Wittenberg berichtet wurden. Aus der Sammlung der Briefe erhellt ferner, dass Jonas von Wittenberg aus um die Entwickelung des evangelischen Kirchenwesens verschiedener Städte der Nachbarschaft sich Verdienste erworben hat. So finden wir ihn im Sommer 1536 eine Zeit lang in Naumburg, wo er thätig war durch eigene Predigt wie rch Ordnung der kirchlichen Verhältnisse, der Reformation eine gesicherte Stätte zu schaffen. Die Domherren scheinen seinen Bemühungen manches Hindernis in den Weg gelegt zu haben.[2] Ebenso finden wir ihn, seitdem er mit den anhaltinischen Fürsten, den Brüdern Georg, Johann und Joachim in nahe Beziehung getreten, häufig in Dessau, wo er mehrfach in den Feiertagen als Festprediger eintritt, und dann eine längere Zeit in Zerbst, welche Stadt durch ihn ein Kirchenordnung empfängt. Seit dem November 1532 sehen wir ihn in Korrespondenz mit den eben genannten anhaltinischen Fürsten. Der Vermittler dieser Beziehungen war Mag. Georg Held aus Forchheim gewesen, der einst 1518 die jungen Fürsten Georg und Joachim in ihren Studien auf der Leipziger Universität beaufsichtigt und seitdem unauflöslich diesem Fürstengeschlechte verbunden geblieben war.[3] Mit diesem innig befreundet trat Jonas auch zu den Fürsten in ein ganz eigenartiges Verkehrsverhältnis. Er übernahm es zunächst, ihnen als Korrespondent zu dienen, durch den sie über die in Wittenberg einlaufenden Neuigkeiten kirchlicher wie politischer Art fortlaufend in Kenntnis gesetzt wurden. Aber bei diesem Korrespondentendienste blieb es nicht. Es entwickelte sich daraus jenes eigenartige vertrauliche Verhältnis, wie es im 16. Jahrhundert zwischen Fürsten und Theologen mehrfach bestanden hat. Es sei zum Vergleich vor allem an die herzliche Korrespondenz zwischen Bugenhagen und König Christian III. von Dänemark erinnert. So lässt sich auch Jonas nicht genügen an der Mitteilung von Neuigkeiten; bald sendet er litterarische Novitäten, bald an ihn selbst gerichtete Briefe anderer Theologen; er plaudert nicht allein von seinen litterarischen Arbeiten, sondern auch von seinen häuslichen Verhältnissen, seinen Krankheiten, seinen Kin-

---

[1] Vgl. Bd. 1 S. 308. 425
[2] Vgl. Bd. 1 S. 237 ff.
[3] Vgl. Bd. I S. 186, 187.

dern, seinen Freuden und seinen Leiden, er benutzt seine Beziehungen, um hier einen Prediger zu empfehlen, oder dort für einen Verklagten Fürsprache einzulegen. Und umgekehrt sehen wir, wie die Beziehungen der Fürsten zu ihm, namentlich die des edlen Fürsten Georg, immer intimere werden; bei Neubesetzungen von Pfarrstellen holen sie seinen Rat ein, lassen von ihm sich Vorschläge machen. Als Fürst Georg im Streite mit den katholisch gesinnten Domherrn in Magdeburg sich gedrungen fühlt, über die communio sub utraque geschichtliche Studien anzustellen, da ist Jonas sein Vertrauensmann, durch den er von hier- und dorther einzelne Zeugnisse einholen lässt, dem er dann auch seine Sammlungen zur Prüfung, Überarbeitung und Vervollständigung vorlegt. An dem Hofe der Fürsten ist Jonas ein stets gern gesehener Gast, und freigebig lohnen sie ihm die Arbeiten, die er für sie ausrichtet, mit mancher Naturalgabe, es sei mit einer Sendung Zerbster Bieres oder mit Wildbret oder auch mit Bauholz aus ihren Forsten. Und Jonas ist nicht blöde hie und da recht unmissverständliche Wünsche in dieser Beziehung in seinen Briefen laut werden zu lassen.

Eine besondere Bedeutung erhielt diese seine nahe Verbindung mit Georg von Anhalt, als dieser 1544 in Merseburg das Amt eines bischöflichen Coadiutors übernahm und damit die kirchliche Verwaltung dieser Diöcese in seine Hand bekam. Nicht nur dass auch Jonas bei seiner feierlichen Ordination mitwirkte, sondern wir finden auch, dass er von dem nahen Halle aus teils mündlich teils brieflich auf die Pfarrbesetzungen, auf die Regulierung von Ehestreitigkeiten u. dergl. Einfluss übt.[1]

Aus diesen Briefen geht auch hervor, dass Jonas als Vermittler in den traurigen Handel zwischen Cardinal Albrecht und den Erben des von diesem am 21. Juni 1535 in Giebichenstein gehenkten Hans Schönitz verflochten war. Von Nr. 321 an (5 Sept. 1536) bis Nr. 371 (Febr. 1538) zieht sich durch die Briefe an den Fürsten Georg dieser traurige Rechtshandel hindurch. Leider geben die zahlreichen Briefe über die uns am meisten interessierende Frage nach dem eigentlichen Grunde, aus welchem Albrecht so plötzlich und unter Verletzung aller Formen des Rechtes seinen ehemaligen Günstling hatte töten lassen, so weit ich sehe, keinen neuen Aufschluss. Nur das eine erhellt aus ihnen: die böse Kunst der Räte des Kardinals, den nachfolgenden Prozess um die Erbschaft des Gemordeten in einer Weise dilatorisch zu behandeln, dass den mit der Vermittelung beauftragten Unterhändlern einmal über das andere mal die Geduld riss.

---

[1] Vgl. Bd. II. 117 flg. 121. 128 flg. 154 flg. 161. 163 flg. 165 flg. u. s. w.

Aufs allerengste wurde Jonas in die Streitigkeiten mit dem Convertiten Georg Witzel verflochten. Diesen kannte er schon aus der Zeit her, da jener Student in Erfurt gewesen war (W.-S. 1516/17), hatte ihm dann später als Visitator des Kreises Belzig gegenübergestanden zur Zeit, als dieser evangelischer Pfarrer von Niemegk gewesen war.[1] Schon damals scheinen die Beziehungen zwischen ihnen unfreundlicher Natur gewesen zu sein. Denn als Witzel 1529 zwei Aufsätze, in denen er seine Desiderien kirchlicher Reform niedergelegt, Jonas zur Beurteilung und Kenntnisnahme übersendet hatte, hatte dieser die Zusendung unbeantwortet gelassen. Im Herbst 1531 war Witzel, verstimmt über die ihn nicht befriedigenden Zustände unter den Evangelischen, ausserdem verbittert durch Härte und Ungerechtigkeit, mit welcher ihn das kurfürstliche Gericht behandelt hatte, von Niemegk hinweg in die Heimat Vacha gezogen, woselbst er sich wieder der katholischen Partei offen angeschlossen Von hier aus hatte er an der Erfurter Universität Anstellung zu finden gesucht, aber Jonas vornehmlich hatte bei persönlicher Anwesenheit in Erfurt diesen seinen Wunsch zu vereiteln gewusst. Witzel beschwerte sich bitter über diese ihm erwiesene Feindseligkeit in einem Schreiben an Jonas vom 25. Juni 1532.[2] Als dann Witzel schriftstellerisch gegen die Evangelischen mit seiner Streitschrift „Pro defensione bonorum operum adversus novos evangelistas, auctore Agricola Phago, Lipsiae 1532" auftrat, antwortete Jonas sofort mit der Bd. 1 S. 187 verzeichneten Schrift „Contra tres pagellas Agricolae Phagi, Vitebergae 1532"[3] und schrieb auch die Vorrede zu der von einem hessischen Pfarrer, Balthasar Raida, verfertigten Streitschrift „Widder das lester vnd lügen büchlin Agricole Phagi. Wittenberg 1533."[4] Der Streit zwischen ihnen kam damit noch nicht zum Abschluss. Witzel replizierte: „Confutatio calumniosissimae responsionis Iusti Ionae 1533", worauf Jonas wieder antwortete mit der Schrift „Wilch die rech- | te Kirche, Vnd da- | gegen wilch die falsche Kirch | ist, Christlich antwort vnd | tröstliche vnterricht, | Widder das Pha- | risaisch ge- | wesch | Georgij Witzels. | Justus Jonas. D. | Wittemberg. | (Georg Rhaw

---

[1] Vgl. Epistolae Wicelii, Lips. 1537 Bl. Bij. Zz 4. „Jonas in Beltziana inquisitione contra me defendere non dubitavit, quod liceat euangelistis aleam ludere et probavit istam doctrinam piis conscientiis consolatoriam exemplo Leonardi Keser martyris, quia is dum vixit lusit."

[2] Bd. I S. 185.

[3] Beste a. a. O. S. 148 citiert diese Schrift, die er offenbar nie gesehen hatte, folgendermassen: „Contra tres pagellas Agricolae, Phagi, Georgii Witzel, quibus etc." (!)

[4] Titel und Vorwort s. Bd. I S. 188, 189.

1534)." Am 9 April 1534 kündigt er in einem Briefe die nahe bevorstehende Veröffentlichung dieser Schrift an.[1] Betreffs des dogmatischen Inhaltes derselben kann auf die Abhandlung von Albert Ritschl in Ztschr. f. Kirchengesch. Bd. II S. 386 ff. verwiesen werden. Aber dieselbige Schrift enthält zugleich einen Anhang unter dem Titel: „Görg Witzels historia", in welcher, wie man nicht ohne Bedauern konstatieren muss, der Streit in recht gehässiger Weise auf das Gebiet persönlicher Verdächtigungen hinübergespielt ist. Eine lautere Quelle für Witzels Biographie ist diese Schrift ebensowenig, als es die Biographie, welche Cochleus 1549 über Luther veröffentlicht hat, für die Lebensgeschichte dieses ist, und man hat evangelischerseits in früheren Zeiten sehr Unrecht daran gethan, ein derartiges von der Parteileidenschaft eingegebenes Schriftstück unbesehen als geschichtliche Quelle gelten zu lassen.[2]

Witzel replizierte abermals in seiner Schrift „Von der christlichen Kirchen wider Jodocum Koch" Leipzig 1534, in welcher er so manche der betreffs seiner Person und seines früheren Verhaltens von Jonas vorgetragenen Nachrichten korrigierte und namentlich sich wegen seiner Stellung während der Unruhen des Bauernkrieges durchaus zu rechtfertigen wusste Die Erregung des Jonas gegen ihn blieb jedoch ungemindert. Das bezeugt uns die Vorrede, die er (im Herbst?) 1534 zu der Spottschrift des Pseudonymus Sylvanus Hessus „Ludus in defectionem Georgii Wicelii ad Papistas" verfasste.[3] Diese beissende Satyre, welche Witzel nach Leipzig zu Crotus Rubeanus und Joh. Cochleus ziehen, dort seinen evangel. Glauben abschwören und an sein Weib die Zumutung stellen lässt, sich fortan in seinem Hause mit der bei der kathol. Geistlichkeit althergebrachten Stellung einer Pfarrköchin begnügen zu wollen, hat, wenn meine Vermutung nicht fehl greift, denselben Verfasser, wie die bereits S. XXXII erwähnte „Ad Apologiam Joh. Croti Rubeani responsio." Ich möchte wenigstens darauf aufmerksam machen, dass laut eines Briefes Veit Dietrichs an Justus Menius[4] dieser im Sommer 1532 den Wittenbergern eine Schrift gegen Witzel versprochen, dass er im Frühjahr 1533 wieder an sein bisher noch nicht erfülltes Versprechen erinnert wurde.[5] Aber eine Schrift gegen Witzel,

---

[1] Bd. I S. 205.
[2] Vgl. noch Pressel S. 54, der ohne jede Einschränkung nach Jonas von den „schmutzigen Irrfahrten" Witzels redet.
[3] Bd. I S. 214—218. Einen Auszug aus dem Ludus selbst s. bei Pressel S. 54—56.
[4] Kolde Analecta Lutherana p. 181.
[5] Epistolae Bl. aiij.

die seinen Namen an der Spitze trüge, ist meines Wissens niemals erschienen. Dass aber „Sylvanus Hessus" Pseudonym sei, hat Witzel selbst angenommen: „Fertur nomen authoris fictum esse."[1] Der mit der Menius'schen anonymen Streitschrift gegen Crotus durchaus übereinstimmende Charakter dieser pseudonymen Satyre, das geflissentliche Hereinziehen des Joh. Crotus in dieselbe, endlich auch der bei Menius leicht erklärbare Name „Hessus": dies alles bestärkt mich in meiner Vermutung.

Auch werden endlich auf Jonas zurückzuführen sein die Drucklegung und die begleitenden bitteren Glossen zu einem Briefe des Cochleus an Witzel, den ein Zufall den Wittenbergern in die Hände gespielt, und dessen Veröffentlichung für beide katholische Theologen in verschiedener Beziehung recht verdriesslich sein musste: „Epistola D. Coclei ad Georgium Vnicelium ne tristetur propter abnegatum coniugium sacerdotale et hactenus frustra expectatos XXX. argenteos Iudae Iscarioth. Wittembergae 1534."[2] Cochleus wenigstens hat Jonas ganz offen als den Veranstalter dieser Ausgabe bezeichnet und als Motiv derselben Rache für den Angriff angenommen, der ihm im Frühjahr 1534 durch die Schrift jenes „Fragstucke an er Just Jonas"[3] widerfahren war. „Quamvis autem neque Jonas neque alius quispiam ad ista responderit, tamen alia ratione acriter de Cochlaeo vindictam sumpsit Ionas etc."[4] Man wird in all diesen Händeln mit Witzel anerkennen müssen, dass die Waffen, mit denen von Wittenberg aus gefochten wurde, nicht die edelsten waren; es war freilich auch in dem grossen Principienkampf zwischen der Reformation und Rom ein Ding der Unmöglichkeit, grade einer Persönlichkeit wie Witzel, einem Vertreter jenes erasmischen Reformkatholicismus mit all seinen Halbheiten und Selbsttäuschungen, einigermassen gerecht zu werden. Man verdächtigte daher die Person, deren Wandlungen und deren Standpunkt man gar nicht begreifen konnte; man suchte, was man nicht verstehen konnte, aus unlauteren Beweggründen herzuleiten und verfiel somit der unerquicklichsten und unbilligsten Art der Polemik.

Pressel berichtet S. 69: „Als Herzog Heinrich von Sachsen in den Jahren 1537 und 38 in seinem damaligen kleinen Landesanteile die Reformation einführte, waren Jonas und Spalatin hierbei vorzüglich

---

[1] Ebendaselbst p. 185.
[2] Im Oktober 1534. Näheres hierüber bei Kawerau, Agricola S. 157. 158.
[3] Vgl. Bd. I S. 443—445.
[4] Cochlei Commentaria 1549 p. 276.

thätig." Mir sind jedoch Quellen, welche den Anteil des ersteren an dieser Reformation bekundeten, nicht bekannt geworden. Um so bedeutsamer tritt in seiner Lebensgeschichte das Jahr 1539 hervor.

Am 17. April dieses Jahres war nämlich in Dresden der charaktervolle und hartnäckige Gegner der Reformation, Herzog Georg von Sachsen gestorben, und seine Lande fielen seinem der evangelischen Lehre ergebenen Bruder Heinrich zu. Die Besitzergreifung bedeutete daher zugleich die Erschliessung des Landes für den bis dahin gewaltsam unterdrückten evangelischen Glauben und Gottesdienst. Die Beförderung dieser Angelegenheit liess Kurfürst Johann Friedrich sich besonders angelegen sein und stellte hierfür dem Vetter seine eignen Theologen gern zur Verfügung. Neben Luther, Melanchthon und Cruciger sehen wir denn auch Jonas am 23. Mai in Leipzig eintreffen, am ersten Pfingstfeiertage (25. Mai) predigt er in der Kirche der Benedictinerinnen zu St. Georg vor zahlreich versammelter Menge, nachdem er bereits am Tage vorher in St. Thomas eine erste evangelische Predigt gehalten, „daselbst eine unzählige Menge Volks hinkommen ist."[1] Die Wittenberger setzten in Leipzig einen ersten Reformationsentwurf auf, in welchem sie für die von ihnen empfohlene Visitation vor allem Jonas als den geeigneten Mann in Vorschlag brachten, als einen, „der zuvor bei der Visitation gewesen und solche Sachen nun lange Zeit in Uebung hat", dazu als „eine Person, die ihres Standes und gradus halben bei den Städten und Priestern ein Ansehn habe."[2] So begann denn für ihn eine anstrengende, aber auch erfolgreiche Arbeitszeit. Am 20. Juni erhielten die vom Kurfürsten für die Visitation entsendeten Männer (die Theologen Jonas und Spalatin und der Jurist Melchior von Creitzen) den Befehl, sich am 8. Juli in Dresden zur Eröffnung ihrer Arbeit einzustellen. Am 1. September konnten sie dem Kurfürsten von Dresden aus melden, dass ihre Visitation beendet, und dass sie in Gnaden von Herzog Heinrich verabschiedet seien. Die in Bd. 1 S. 327—363 zum ersten Male in ihrem vollständigen Wortlaut mitgeteilten, wenn auch früher schon mannigfach benutzten Archivalien, besonders die Berichte des Jonas, gewähren einen lehrreichen Einblick in Betrieb und Verlauf dieser ersten Meissnischen Visitation. Es war ein ziemlich summarisches Verfahren gewesen, und niemand empfand das Ungenügende dieser Arbeit lebhafter, als die Theologen unter den Visitatoren. Jonas hat daher nach seiner Heimkehr nichts dringenderes seinem kurfürstlichen Herrn vorzutragen, als das Verlangen nach einer zweiten, gründ-

---

[2] Bd. 1 S. 326. II. S. 366. 367.
[1] Bd. 1 S. 320. 321.

Einleitung.

licheren Bereisung des Landes und Visitierung der Pfarren.[1] Auch nach der Heimkehr hatten Spalatin und Jonas noch sehr viel Arbeit mit der Neubesetzung der Pfarrstellen im Herzogtum Sachsen. Eine Hoffnung war den Wittenbergern fehlgeschlagen: sie hatten gehofft, ihr alter Feind, Georg Witzel, der ihnen mit seinen Streitschriften und seinem fortwährenden Schelten auf die Reformatoren wie auf die Bekenner des evangelischen Glaubens überhaupt, so viel Verdruss bereitet hatte, und der seit kurzem an den Hof Herzog Georgs gezogen worden war, werde jetzt in die Hände des Kurfürsten von Sachsen fallen und für seine Scheltreden endlich büssen müssen. Johann Friedrich hatte auch sofort bei seiner Ankunft im Herzogtum veranlasst, dass Witzel in Leipzig „verstrickt" werde; aber dieser hatte die drohende Gefahr wohl erkannt und war „bei Nacht und Nebel" aus Leipzig entflohen „unangesehen des Kurfürsten Kummer." In Stolpen hatte er eine erste Zuflucht beim Bischof von Meissen gefunden; da aber dieser sich nicht stark genug gefühlt, ihn zu beschützen, so floh er alsbald weiter über die Grenze nach Böhmen.[2] Da man also seiner selbst nicht habhaft werden konnte, so musste man sich damit begnügen, seine gerade in jenen Wochen in Leipzig vom Buchdrucker Wollrab druckfertig gemachte Postille mit Beschlag zu belegen. Jonas machte am 7. August dem Kurfürsten Anzeige, dass dieses Buch eben ausgegeben werden sollte, worauf dieser sofort nicht nur dem Herzog Heinrich hiervon Mitteilung machte, sondern in höchster Eile den Visitatoren Anweisung gab, „unverzüglich Verschaffung zu thun, dass die gedruckten Bücher sammt dem geschriebenen Exemplar von gedachtem Druck förderlich genommen und verbrannt oder sonst vernichtet würden." Eine genauere Prüfung der hierüber Bd. I S. 341 ff. mitgeteilten Schriftstücke lehrt unzweideutig, dass ganz besonders beim Kurfürsten selbst gegen diesen katholischen Theologen eine ausserordentliche Erregung vorhanden war, die sich wohl daraus erklärt, dass Witzel als ehemaliger Pfarrer von Niemegk ihm wie ein bundbrüchiger Unterthan erschien; auch mochte es sehr verstimmt haben, dass Witzel mehrere Jahre hindurch in Eisleben hatte Anstellung finden können und dadurch einen Teil der

---

[1] Bd. I S. 363 ff.
[2] Bd. II S. 367 und Epistolarum miscell. ad Fr. Nauseam libr. X. Basil. 1550, p. 247 „obstrictus fuerat Lypsiae Vicelius, missis e Monte S. Annae Lypsiam litteris a principe ad instinctum electoris Saxoniae, qui illic apud eum fuit. Bonus tamen Vicelius evasit, licet contra fidem senatui datam, quoniam clam abiit. Venit huc, et hinc in Boemiam, relictis in tribulatione Lypsiae uxore ac liberis. [Brief des Cochleus an Nausea.]

mansfeldischen Grafen in ihrem Widerstand gegen die Reformation bestärkt hatte.

Als dann im November desselben Jahres Kurbrandenburg der evangelischen Lehre erschlossen wurde, war Jonas mit unter denen, welche an Kurfürst Joachim II. ihren Glückwunsch sendeten und seiner Kirchenordnung Beifall gaben. Nicht lange danach schritt man im Herzogtum Sachsen zu der von Jonas so dringend gewünschten zweiten Visitation. Es verstimmte ihn nicht wenig, dass diese vorbereitet wurde, ohne die früheren Visitatoren heranzuziehen, ja ohne sie davon in Kenntnis zu setzen. Und wenn man bedenkt, dass jene ersten Visitatoren inzwischen dem Lande eine Kirchenordnung geschaffen, als deren Hauptverfasser Jonas bezeichnet wird,[1] — dieselbe hat nicht allein für das Herzogtum Sachsen, sondern auch für weitere Kreise die grösste Bedeutung erlangt — so erscheint das Verfahren des Herzogs Heinrich recht befremdlich. Es erklärt sich wohl aus dem Bestreben des Albertiners sich sobald als möglich der Bevormundung des Ernestiners zu entziehen. Die Verstimmung des Jonas spiegelt sich aber noch wieder in einem Widmungsbriefe an Herzog Moritz von Sachsen (1. März 1540), in welchem in einer nicht eben zarten Weise von dem Judaskuss der weltlichen Machthaber geredet wird. Auch in späteren Jahren sollte gerade von dem Herzog Moritz ihm noch manches Leid zugefügt werden.[2] Im Sommer 1540 finden wir ihn zwar wieder im Meissnischen Lande um der Visitation willen, aber doch war er nicht selber als Visitator dabei thätig, sondern war nur als Ratgeber in kirchlichen Angelegenheiten von den Visitatoren selbst dorthin berufen worden.[3]

Ganz neue Aufgaben brachte ihm das Jahr 1541, in welchem er, einem Rufe der Hallischen Bürgerschaft Folge leistend, an diesem bisherigen Residenzorte des Kardinals Albrecht die Leitung der reformatorischen Bewegung übernahm. Vergeblich hatten die Hallenser sich kurz vorher bemüht zu gleicher Thätigkeit den Leipziger Superintendenten Johann Pfeffinger zu bekommen. Abgesandte aus Halle hatten darauf in Wittenberg um das Kommen des Jonas gebeten, und Kurfürst Johann

---

[1] Dieselbe erschien Wittenberg 1539 bei Hans Lufft mit Vorrede vom 19. September 1539, welche ausser Jonas noch Spalatin, Cruciger, Myconius, Menius und Johann Weber unterzeichnet haben. Abgedruckt bei Richter, die evangelischen Kirchenordnungen d. XVI. Jahrh. Weimar 1846. 1, S. 307—315.

[2] Man beachte auch die Verstimmung über die kirchlichen Verhältnisse im Herzogtum Sachsen, welche der Brief Bd. II. S. 70. 71 laut werden lässt.

[3] Bd. I, 377. 378. 381—387. 393.

Friedrich hatte zu den in aller Heimlichkeit betriebenen Unterhandlungen seine Genehmigung gegeben: so reiste Jonas unter dem Vorgeben, eine Fahrt nach Nordhausen in seine Vaterstadt anzutreten, am Mittwoch der Charwoche (15. April) von Wittenberg nach Halle. Dort forderten ihn zwei Mitglieder des Rats auf, zunächst wenigstens zwei Monate lang ihnen das Evangelium zu predigen. Er willigte ein, bis Pfingsten bei ihnen zu bleiben. Jene Deputierten beriefen sich auf eine Genehmigung des Erzbischofs, die zwar nicht für ihn speziell ihnen erteilt worden sei, aber doch generell evangelische Predigt gestattet habe. Am Charfreitag hielt Jonas seine erste Predigt in der Marienkirche vor überaus zahlreicher Gemeinde. Als er die Kirche betrat, um zum ersten Male ihnen evangelischen Gottesdienst zu halten, liess sich die Menge es nicht verwehren, mit lauten Ausrufen ihrer freudigen Bewegung Ausdruck zu geben.[1] Die Briefe des Jonas gewähren leider keinen näheren Aufschluss über die seiner Berufung vorausgehenden Bewegungen und Verhandlungen in der Hallischen Bürgerschaft, so wie über die Zugeständnisse, welche Kardinal Albrecht in seinen Geldverlegenheiten sich von den Hallensern hatte abringen lassen. Wir müssen daher betreffs der Vorgeschichte der Hallischen Reformation auf die von Dreyhaupt gesammelten und von Franke S. 134 ff. zusammengestellten Nachrichten verweisen. Man vergleiche auch Hoffmann, Geschichte der Stadt Magdeburg Bd. II, S. 168 ff., 171 ff. Doch geht auch aus den Briefen des Jonas soviel hervor, dass die evangelische Bewegung in den Kreisen der Bürger vorbereitet worden war, und dass der Rat nur widerstrebend den Wünschen der Bürgerschaft nachgegeben hatte. Auch für die streitige Frage, wer der Begleiter des Jonas gewesen, gewähren die vorliegenden Briefe keinen Anhalt, nur dass derselbe Bd. II, S. 7 einmal von Jonas als „doctissimus virmag. Andreas" bezeichnet wird. Die herkömmliche Identificierung dieses „Andreas" mit dem Eilenburger Andreas Poach (so zuletzt noch Oswald Schmidt in Herzog Real-Enc. 2. Auflage, Bd. VII, S. 80) halte ich für unmöglich, wenn auch ganz unzweifelhaft ist, dass Poach in späteren Jahren gemeinsam mit Jonas in Halle thätig gewesen ist.[2] Aber vergleicht man in Luthers Briefen Bd. V, S. 382 die Worte: „noster diaconus Andreas" und S. 526 „magister Andreas Hugel, nostrae ecclesiae presbyter," und bedenkt, dass jener Begleiter des Jonas von Spalatin ausdrücklich als Wittenberger Kapellan bezeichnet wird, so kann meines Erachtens eben nur der bekannte Andreas Hügel

---

[1] Vergl. Bd. II, S. 1. u. 2.
[2] Bd. II, S. 219. 272.

jener erste Gehülfe am Evangelium in Halle gewesen sein. Zwar bezeichnen nun auch die Biographen des Poach diesen als Wittenberger Kapellan,[1] aber sie haben das nur auf Grund jener Notiz bei Spalatin gethan, die sie eben auf Poach bezogen. Es ist aber bisher noch nie ein Zeugnis dafür erbracht worden, dass Poach wirklich ein solches Amt in Wittenberg bekleidet hätte; da ferner kein Zweifel vorhanden ist, dass Hügel in jenem Jahre Diakonus in Wittenberg war, so müsste man gleichzeitig zwei Diakonen mit dem gleichen Vornamen Andreas annehmen, und es bliebe dann rätselhaft, dass unsere Urkunden dann doch den Begleiter des Jonas schlechtweg nur mit seinem Vornamen und nicht mit dem unterscheidenden Hauptnamen gekennzeichnet hätten. Uebrigens blieb Andreas Hügel nur wenige Wochen bei Jonas in Halle; Bd. II, S. 7 habe ich schon darauf hingewiesen, dass er im Frühjahr 1542 wieder in Wittenberg angetroffen werde; es ist ergänzend hinzuzufügen, dass er bereits im Juli 1541 wieder in Wittenberg ist (De Wette V, S. 382). Sonstige Nachrichten zeigen, dass in Wittenberg gerade damals grosser Mangel an geistlichen Kräften vorhanden war, denn Luther musste schon am 3. Mai 1541 die Bitte des Jonas, ihm weitere Hülfskräfte aus Wittenberg zu senden, mit Hinweis auf den eigenen Notstand abschläglich beantworten.[2] Daher wird er auch Hügel bald wieder von Halle zurückgerufen haben. Da Jonas aus Wittenberg weitere Predigthülfe nicht erhalten konnte, so hatte er sich Anfangs Mai nach Naumburg gewendet, von wo ihm der Diakonus Benedict Schumann zugesendet wurde, und es machte mancherlei Not, diesen dauernd für Halle festzuhalten, da man ihn in Naumburg nur schwer entbehren konnte.[3] Die in Bd. II veröffentlichten Briefe ergänzen das Bild der Hallischen Reformation in mannigfacher Weise. Vor allem sei auf die Briefe des Jonas an den Fürsten Georg verwiesen, welche in vielen kleinen Zügen von dem Fortschritt des Evangeliums, der Mehrung der Kommunikantenzahlen, der allmählichen Überwindung hartnäckiger Gegner u. dergl. berichten. Zugleich erhellt, in welcher Weise Jonas den Kampf mit dem katholischen Pfarrer Dr. Matthias Metz führte. Das Schreiben Bd. II, S. 6 ff., sowie die Briefe S. 47. 49 u. 53 gewähren einen interessanten Einblick in die oft recht drastische Art und Weise, in welcher der grosse confessionelle Gegensatz innerhalb der Stadt ausgefochten wurde. Es sei ferner hingewiesen auf die Bemühungen des Jonas, an Stelle des geisteskrank gewordenen Syndi-

---

[1] Franke, S. 289.
[2] De Wette V, 352.
[3] Vergl. Bd. II, S. 20 ff.

kus Philipp Gossmann, der ein eifriger Gegner der Reformation gewesen, und dessen Erkrankung daher in bekannter Weise als ein Gottesgericht gedeutet wurde, der Stadt Halle einen evangelischen Syndikus zu verschaffen. Der Wittenberger Jurist Kilian Goldstein, welcher zuvor Kollege des Jonas im Wittenberger Konsistorium gewesen war[1], wurde nach Halle in diese Stelle berufen, und dadurch erhielt Jonas nicht nur im Magistrate einen starken Rückhalt, sondern er gewann auch an ihm fortan einen treuen Freund. Die Marienbibliothek in Halle besitzt eine Anzahl Drucke aus dem Nachlasse Goldsteins, welche die eigenhändige Widmung des Freundes Jonas tragen.

Erzbischof Albrecht, welcher Halle verlassen und auch, seitdem es eine evangelische Stadt geworden, nicht mehr zu ihr zurückgekehrt ist, machte ohnmächtige Versuche, den „Eindringling" aus seiner Stadt zu vertreiben. Während seines Aufenthaltes am Regensburger Reichstage nahm er sogar die Hülfe des Kaisers gegen Jonas in Anspruch und erreichte von diesem ein am 27. Juli 1541 ausgefertigtes Mandat, welches Jonas samt seinem Naumburger Gehülfen, dem nur merkwürdiger Weise ein falscher Name gegeben ist, unter Androhung der Acht aus Halle auszuweisen gebot?[2]. Gleichwohl fehlt es in den Briefen des Jonas an jeder Andeutung darüber, dass ihm jemals diese kaiserliche Verfügung zugestellt worden sei; wir werden wohl nicht fehl gehen, wenn wir politische Rücksichtnahme auf den Kurfürsten von Sachsen und dessen Burggrafentum über Halle als Grund annehmen, warum Albrecht von diesem kaiserlichen Mandat keinen Gebrauch gemacht hat. War anfänglich Jonas nur auf die Wochen bis Pfingsten den Hallensern geborgt worden, so erfolgte doch eine Prolongation nach der andern, bis aus dieser endlich ein Definitivum wurde, indem Jonas förmlich als Pfarrer an St. Marien und Superintendent der Hallischen Kirche bestellt wurde am 11. December 1544. Der Uebergang aus der Funktion an der Wittenberger Universität und an der Schlosskirche in diese neue Stellung war mit weitläufigen Verhandlungen verknüpft. Jonas wollte gern seine Wittenberger Stellung behalten und nur wie auf Urlaub der Gemeinde zu Halle dienen. Natürlich war die Wittenberger Universität damit nicht einverstanden, wünschte vielmehr die Neubesetzung der von ihm verwalteten Professur und im Zusammenhang damit seinen förmlichen Verzicht auf die Wittenberger Propstei. Wir bemerken bei dieser Gelegenheit bei Jonas ein unangenehm berührendes Dringen und Verlangen nach einem möglichst hohen Abfindungs-

---

[1] Vergl. Kawerau. Johann Agrikola S. 199.
[2] Bd. II, S. 31 ff., 41 ff.

gelde, für welches er sich bereit erklären wollte, auf die Propstei zu verzichten, und der alte Kanzler Brück, der seines kurfürstlichen Herren vielleicht allzugrosse Gutmütigkeit derartigen Forderungen gegenüber kannte und fürchtete, ist in dieser Angelegenheit seinem alten Freunde scharf und hart entgegengetreten, indem er nicht allein dessen Forderungen als unbescheiden zurückgewiesen, sondern auch desselben Leistungen an der Universität, wie im Dienste der Reformation recht geringschätzig beurteilt hat. Man wird unbedenklich diese harten Urteile Brücks auf den Eifer des Verwaltungsbeamten schieben dürfen, der von der Gutmütigkeit seines Fürsten eine Verwirrung der Rechtsverhältnisse an der Universität fürchtete, und wird diese Urteile nur mit starkem Vorbehalt als Zeugnisse von der Wirksamkeit des Jonas gelten lassen können. Andrerseits lässt sich freilich nicht leugnen, dass die Forderungen des Jonas thatsächlich unbescheiden waren; es wird sich der Eindruck nicht abwehren lassen, dass die „avaritia," welche zu den verschiedensten Zeiten als eine Spezialsünde der Geistlichkeit bezeichnet worden ist[1], in jenen Forderungen des Jonas mitredet. Aber es sei zugleich darauf hingewiesen, dass jenes Drängen zahlreicher angesehener Geistlichen der Reformationszeit nach Verbesserung ihrer materiellen Lage, besonders ihr eifriges Bemühen Grundbesitz und Häuser zu erwerben, ganz wesentlich darauf zurückzuführen ist, dass ja durch die Beseitigung des Cölibats die Geistlichen in eine ganz veränderte soziale Lage gebracht waren. Es galt jetzt in irgend einer Weise die Zukunft von Weib und Kindern sicher zu stellen. Witwenpensionen und speziell Pfarrwittümer hatte die mittelalterliche Kirche natürlich nicht gekannt; man wolle daher nur, um billig zu urteilen, alle jene Bemühungen evangelischer Pfarrer, zu Grund- und Kapitalbesitz zu gelangen, als das Zeugnis von der dringenden Not betrachten, dass das junge evangelische Kirchenwesen noch nichts für die Sicherung und Versorgung der Hinterbliebenen ihrer Pfarrer gethan hatte.

Für selbständige schriftstellerische Arbeit blieb Jonas in Halle nur wenig Zeit übrig. Es ist hier nur auf die Bd. II, S. 112, 113 nachgewiesene Schrift erbaulichen Inhaltes „von Vergebung der Sünde und Seligkeit" hinzuweisen.[2] Daneben ist noch folgendes Schriftchen zu nennen: „Gebet und Dancksagung, Bey Abschaffung der, ehermals am Tage

---

[1] Vergl. das Dictum Mutians in Bezug auf die Klostergeistlichkeit in Gotha: „Avaritia maculat theologiam." Tenzel, Suppl. histor. Gothanae I, 36.

[2] Rotermund erwähnt S. 416 einen Druck dieser Schrift aus Nürnberg ohne Jahresangabe, 2 Bogen stark.

Corporis | Christi gehaltenen Abgöttischen Päbstischen Procession, vermittelst GOttes des heiligen Geistes | Eingebung | Durch | den Ehrwürdigen und Hochgelahrten | Herrn | IUSTUM IONAM, | der heiligen Schrifft Doctorem, Christse- | liger Gedächtnüß, Weiland Superintendenten, auch | Ober-Pfarrherrn der Kirchen zu unser | Lieben Frauen, | gefertiget, | Und | Der Halle, allhier zu Halle | geschencket und verehret. |¡ Hall in Sachsen, | Gedruckt bey Christoph Salfelden. | Im Jahr Christi 1661. |" 4°. 2 Bl. (Halle, Marienbibliothek.) Inhalt ist ein Gebet um Erhaltung der vier Salzbrunnen in Halle. Auch die Hallische Kirchenordnung, über welche Bd. II, S. 191 zu vergleichen ist, darf hier erwähnt werden.[1] Endlich möge auch hier ein Wort über die Beiträge des Jonas zum evangelischen Kirchenliede einen Platz finden. Schon in den berühmten Erfurter Enchiridien von 1524 („yn der Permenter gassen, zum Ferbefass" und „zcum Schwartzen Horun, bey der Kremer Brucken"[2]) befindet sich ein erstes geistliches Lied von Jonas „Wo Gott der Herr nicht bey uns helt." Ob, wie Wackernagel, Bibliographie zur Geschichte des deutschen Kirchenliedes, Frankfurt a/Main 1855, S. 59 vermutet hat, Justus Jonas selbst die Herausgabe des ersten der Erfurter Enchiridien unternommen, muss unentschieden bleiben. Nach einer Angabe von Cyriacus Spangenberg ist Jonas ferner Verfasser der Verse: „Ihr Anschläg' Herr zu nichte mach" und „So werden sie erkennen doch" zu Luthers berühmtem Liede: „Erhalt uns Herr bei deinem Wort."[3] Wie diese Zusatzverse wahrscheinlich dem heranziehenden Ungewitter des Schmalkaldischen Krieges ihren Ursprung verdanken, so sind von Jonas in dem Kriegsjahre selbst die Lieder: „Herr Jesu Christ, dein Erb wir sind," „Herr Jesu Christ, o wahrer Gott" und „Der Herr erhör' euch in der Not" gedichtet worden. Diese Lieder erschienen in Einzeldrucken, und es lassen sich von einzelnen derselben noch wiederholte Auflagen nachweisen. Betreffs dieser Ausgaben sei auf Wackernagel, Bibliographie Nr. 507—510, sowie auf desselben „Kirchenlied," Bd. III, S. 42, 43 und 45 verwiesen. Das Lied: „Der Herr erhör' euch in der Not" bezeichnet sich schon auf dem Titel als bestimmt für den Kurfürsten von Sachsen und den Land-

---

[1] Unbekannt ist mir die von Beste S. 148 erwähnte Schrift: „Ein Sermon von den Historien Judas Ischarioth und des Judas Kusse, gepredigt zu Halle in Sachsen. 1543." geblieben.
[2] Vergl. das von Reinthaler im Jahre 1848 veranstaltete Facsimile dieser Ausgabe.
[3] Mützell, geistliche Lieder der evang. Kirche aus dem 16. Jahrh. Berlin 1855, Bd. I, S. 351. Wackernagel, Kirchenlied, Bd. III, S. 27.

grafen von Hessen.[1] Wir werden damit unmittelbar in die Drangsalszeiten des Kriegsjahres hineinversetzt.

Ehe der Krieg ausbrach, konnte Jonas noch seinen alten Freund Luther auf seiner letzten Reise nach Eisleben begleiten und ihm im letzten Stündlein zur Seite stehen. Seine Berichte über die letzten Tage und Stunden des Reformators sind für uns eine der wichtigsten Quellen über das Lebensende desselben, und auch die Briefe aus den nachfolgenden Tagen und Wochen Bd. II, S. 175—190 gewähren einen lebendigen Eindruck von dem Verluste, den die evangelische Kirche beklagte, und dem ganz speziellen Weh, welches den nächsten Freundeskreis Luthers erfüllte. Jonas pries es als eine Gnade Gottes, dass gerade er gewürdigt worden wäre, während der letzten Wochen Zeuge von den erbaulichen Gesprächen und dem seligen Abschiede Luthers zu sein.[2] Luthers Tod veranlasste ihn auch zu einigen Veröffentlichungen. Einmal gab er mit Michael Cölius zusammen seinen Bericht „vom christlichen Abschied aus diesem tötlichen Leben des ehrwürdigen Herrn D. Mart. Lutheri" heraus[3]. Ausserdem erschienen die Predigten im Druck, die er und Cölius in Eisleben über der Leiche Luthers gehalten hatten.[4] Endlich ist auch sein Brief an den Kurfürsten vom 18. Februar 1546, in welchem er von Luthers letzten Stunden Bericht erstattet, bereits in jenem Jahre in Wittenberg im Druck erschienen.[5] Für die intimen persönlichen Beziehungen, welche 25 Jahre lang völlig ungetrübt zwischen Luther und Jonas bestanden hatten, bieten ausser den Briefen beider an einander vor allem die „Tischreden" einen reichen, noch wenig verwerteten Stoff dar. Von

---

[1] Vergl. Bd. II, S. 210. Zu Wackernagel, Bibliographie Nr. 508 bemerke ich, dass das in der Wolfenbüttler Bibliothek (357, 17. Th.) befindliche Exemplar mit Wackernagels Beschreibung nicht völlig übereinstimmt.

[2] Bd. II. S. 185.

[3] „Vom Christlichen | abschied aus diesem tödlichen leben | des Ehrwirdigen Herrn D. Mar- | tini Lutheri, bericht, durch P. | Justum Jonam, M. Michae- | lem Celium, vnd ander die | dabey gewesen, kurtz | zusamen gezogen. ‖ Gedruckt zu Wittemberg | durch Georgen | Rhaw. | Anno M. D. XLVI. | " 4. 16 Bl. letztes Bl' leer. (Wolfenb. 88. 4. Quodl.) Vergl. Bd. II, S. 186, 187. Weigel thesaurus libellorum, Leipzig 1874. Nr. 3208. Beck, bibliotheca lutherana Nr. 973.

[4] „Zwo Tröstliche | Predigt. Vber der Leich, | D Doct: Martini | Luther, zu Eiss- | leben den XIX. | vnd XX. Februarij gethan, | Durch, | D. Doct: Justum Jonam.| M. Michaelem Celium. | ANNO 1546 | — " 4. 36 Bl letzte Seite leer. Wittenberg, G. Rhaw. (Wolfenb. 88. 4. Quodl.)

[5] Bd. II, S. 180. Von diesem Druck ist mir eine Ausgabe nicht bekannt geworden. Auch die von Rotermund S. 415 aufgeführte Schrift „De morte Lutheri, Witt. 1546. 4." vermag ich nicht nachzuweisen.

diesen lagen mir ausser dem gedruckten Material auch die wertvollen handschriftlichen Sammlungen aus Seidemanns Nachlass vor, welche manchen hübschen Zug dem Bilde dieses innigen Freundschaftsverhältnisses hinzufügen. Als nahestehender Freund des Reformators müsste sich Jonas denn auch von dem unsauberen, verbummelten Genie Simon Lemnius in seinen auf Wittenberg bezüglichen Dichtwerken mit Schmutz bewerfen lassen, vergl. Kawerau, J. Agricola S. 122 flg., Archiv für Litt. Gesch. X, S. 10 flg. Holstein in Zeitschr. für deutsche Philologie XII, 460 flg. Interessant ist das Zeugnis welches Hier. Weller von dem zwischen beiden Männern bestehenden Freundesverhältnis abgelegt hat, siehe Bd. II, S. 343. Ich füge noch eine hübsche Erzählung bei, die sich bei Cyriacus Spangenberg, Theander Lutherus, Ursel o. J. Bl. 155ᵇ findet: „Doctor J. Jonas, so schreibt dieser, war länger denn 20 Jahr mit ihm umgangen und hatte sonderliche gute Achtung auf die Gaben gehabt, damit Gott den Luther für andern begnadet hatte. Da nu einsmals zu Nordhausen in seiner Gegenwärtigkeit von den Dienern des Worts daselbst gedacht worden, wie Gott in dieser letzten Zeit so viel feiner, trefflicher Leute geben hätte, das man ihm nimmermehr verdanken könne, und deren viele mit Namen genunet worden und letzlich einer auch des Doctors Lutheri als des fürnehmsten Predigers gedacht, hat Doctor Jonas drauf gesagt: Ach lieben fratres, wenn man von Predigern redet, sollen wir doctorem Martinum Lutherum unter uns nicht haben noch rechnen, denn das war viel ein andrer Mann, iste vir potuit quod voluit."

Der Ausbruch des Schmalkaldischen Krieges versetzte begreiflicherweise auch Jonas in eine grosse Aufregung, und es konnte nicht zweifelhaft sein, welcher Partei seine Gebete und Segenswünsche galten; handelte es sich doch auch für seine Beurteilung einfach um einen grossen Religionskrieg. Und so ermahnte er denn in völliger Übereinstimmung mit seinen Amtsbrüdern die Gemeinde in Halle zu ernstlichem Gebet, dass Gott den Schmalkaldischen Bundesgenossen „wider den Antichristen zu Rom und wider die grosse Untreue Karls V., des spanischen Diokletianus, Stärke, Glück, Heil und wunderbaren Sieg verleihen wolle." Konsequenter Weise liess er im Kirchengebete den Kaiser aus, der, wie er dem Kurfürsten von Sachsen schrieb, vielmehr im Credo neben Pontius Pilatus gestellt zu werden verdiene.[1] Aber der Siegesjubel über die ersten Erfolge der evangelischen Waffen an der Donau verwandelte sich jäh in Schrecken und Angst. Am 22 November besetzte Herzog Moritz Halle, und unter den Forderungen,

---

[1] Bd. II, S. 210.

die er an den Rat der Stadt stellte, befand sich vor allem auch diese, dass, weil die Prädikanten beschwerlich gegen den Kaiser und ihn selbst geredet, Jonas und mit ihm der evangelische Syndikus Goldstein unverzüglich „abgeschafft" werden sollten. Vergebens verwendete sich der Rat für beide Männer, indem er betreffs des Jonas besonders an die guten Dienste erinnerte, die dieser dem Vater des Herzogs Moritz bei der Meissner Visitation erwiesen, aber es blieb bei dem harten Gebote; ja, es wurde noch Spott und Schimpf hinzugefügt, indem der Profoss der böhmischen Landsknechte ihm ins Haus gelegt und ein Galgen über seine Thür gemalt wurde.[1] Jonas flüchtete nach Mansfeld.[2] Diese seine erste Verbannung war allerdings nur von kurzer Dauer, denn als am 1. Januar Johann Friedrich seinen Einzug in Halle hielt, der zum Schutz seiner Lande vor dem Einfall seines Vetters von der Donau her herbeigeeilt war, gab er der Bürgerschaft alsbald das Versprechen, Jonas und Goldstein zurückzurufen und in ihre Ämter wiedereinzusetzen. Am 9. Januar war Jonas bereits wieder in seiner Gemeinde.[3] Die wenigen Wochen, während welcher der sächsische Kurfürst Halle in seiner Gewalt hatte, wurden dazu verwendet, die noch in der Stadt vorhandenen Mönche und Nonnen zu vertreiben, allem katholischen Kultus ein Ende zu machen und auch aus den Landpfarren die noch vorhandenen katholischen Pfarrer zu beseitigen.[4] Aber als nun der Kaiser selbst gegen die sächsischen Lande herangerückt kam, mussten Jonas und Goldstein zum zweiten Male die Flucht ergreifen „wegen der grossen Ungnade, welche Herzog Moritz auf sie geworfen." Er hat selbst später in einem Schreiben vom 24. Mai 1549 dem Herzog Albrecht von Preussen die Fährlichkeiten dieser seiner zweiten Flucht erzählt.[5] Bei dem Herannahen des kaiserlichen Heeres[6] hatten Mitglieder des Rates ihn gedrängt die Stadt schleunigst zu ver-

---

[1] Bd. II, S. 214—216.
[2] Vgl. auch Bd. II 379 flg.
[3] Bd. II, S. 223.
[4] Bd. II, S. 224, 225.
[5] S. Bd. II. S. 279 ff.
[6] Unklar bleibt eine Erzählung, die wir dem Freunde des Jonas, Hieronymus Weller, verdanken. Dieser meldet nämlich, es habe bei Jonas in Halle ein Hauptmann im Quartier gelegen, der vom Kaiser den Auftrag empfangen habe, ihn zu töten. Aber nachdem ihn Jonas „ganz herrlich und wohl tractieret", habe derselbe zu ihm gesprochen: „Herr Doctor, ich will und kann Euch nicht bergen, dass ich von kais. Maj. einen Befehl habe, Euch umzubringen, aber ich sehe, dass Ihr so ein ehrlicher, frommer und tapferer Mann seid, dass ich Euch kein Leid thun kann." Welleri opp. lat. Bd. I, 420.

lassen. Binnen einer Stunde hatte er sein wichtigstes Hausgerät auf zwei Wagen verpackt und mit seiner kränkelnden Frau und sieben Kindern sich zur Flucht gerüstet. Das erste Ziel ihrer Flucht war wieder Mansfeld, wo sie die Gastfreundschaft der Grafen genossen. Von da ging es weiter nach Nordhausen in die Heimat, wo er einen Monat lang von dem dortigen Bürgermeister Andreas Wende verborgen gehalten wurde. Da kam ein Ruf von den Evangelischen in Hildesheim, dass er bei ihnen das Pfarramt übernähme, und er griff begierig nach diesem ihm sich bietenden Unterkommen. Bald konnte er seine Frau mit den Kindern nachkommen lassen, deren Einzug auf zwei Wagen und in Begleitung von Mägden und Knechten einiges Aufsehen in der Stadt erregte. Jonas verwaltete hier das Pfarramt an der St. Andreaskirche. Die Drangsale des Krieges, die zweimalige Flucht, die Verwüstung seines bei Wittenberg gelegenen kleinen Besitztumes und dergleichen, hatten ihm grossen Schaden an seinem Einkommen zugefügt, dazu blieb, seitdem Wittenberg dem Kurfürsten von Sachsen entrissen war, die Geldzahlung aus, welche ihm bisher noch jährlich aus den Einkünften der Propstei zugegangen war. Auch werden während der Kriegsläufte in Hildesheim die Einkünfte nur spärlich geflossen sein, und so nahm er es dankbar an, dass Antonius Corvinus in dem benachbarten Kalenberger Lande ihn mit Naturalien unterstützte. In Hildesheim fühlte er sich nicht wohl; die Lebensweise, die rauhere Luft sagten seinem durch langjähriges Steinleiden geschwächten Körper nicht zu, seine Frau und eine seiner Töchter erkrankten, und mit Schrecken dachte er an den bevorstehenden Winter.[1] Dazu fühlte er sich in Hildesheim wie im Exil und sehnte sich zurück nach seiner Superintendentur in Halle. Da war es nötig, den Zorn des Kurfürsten Moritz zu besänftigen und von ihm die Erlaubnis zur Heimkehr zu erbitten. Der Unwille, den dieser gegen Jonas hatte, muss sehr lebhaft gewesen sein. Es mussten ganz ungewöhnliche Anstrengungen gemacht werden, um ihn zu erweichen. Fürst Georg von Anhalt musste mit seiner Vermittelung in Anspruch genommen werden, und durch Melanchthon, wie durch die verwittwete Herzogin Elisabeth von Göttingen und Kalenberg wurde die Fürsprache des damals mit Moritz eng verbundenen Kurfürsten Joachim II. angerufen.[2] Endlich benutzte noch Melanchthon am 6. Januar 1548 eine Audienz bei Moritz, um eine Amnestie für Jonas zu erlangen. Er entschuldigte diesen als einen „alten schwachen" Mann, dem der Kurfürst seine

---

[1] S. Bd. II, S. 237, 239.
[2] Bd. II, 239, 240, 242, 243, 245.

„thörichten" Reden verzeihen wolle. Jonas musste einen demütigen Brief schreiben, in welchem er für die Folgezeit gute Versprechungen zu geben hatte; so wurde endlich erreicht, dass der Kurfürst am 13. März 1548 ihm freies Geleit zur Rückkehr erteilte. Jonas hatte inzwischen bereits im Februar aus Gesundheitsrücksichten Hildesheim verlassen und sich nach Nordhausen begeben. Von hier aus verhandelte er durch die Vermittelung guter Freunde mit dem Hallischen Rate wegen seiner Rückberufung. Johann Spangenberg übernahm für ihn diesen Freundschaftsdienst.[1] Allein der Rat verhielt sich sehr reserviert, er liess dem Jonas antworten, dass er seine Abwesenheit herzlich bedaure und seine Wiederkehr lebhaft wünsche, ermahnte ihn aber zur Geduld. Kaum hatte Jonas jedoch den Geleitsbrief des Kurfürsten in Händen, so kehrte er, ohne eine Aufforderung des Rates abzuwarten, nach Halle zurück, wo er am 5. April eintraf. Aber dieser sein letzter Aufenthalt in Halle vom April 1548 bis Sommer 1550 wurde für ihn eine Zeit bitterer Demütigungen, denn er hat in diesen zwei Jahren nicht wieder das Recht zur vollen Ausübung seines Amtes erlangen können. Das einzige, was ihm gestattet wurde, waren lateinische Lektionen, welche er an Wochentagen halten durfte, an den Sonntagen blieb ihm die Kanzel verschlossen.[2] Vergeblich rief er aufs neue die Vermittelung des getreuen Fürsten Georg an, damit ihm durch diesen vom Kurfürsten Moritz die Erlaubnis erteilt würde, bis an sein Lebensende der Hallischen Kirche zu dienen. Es scheint, als wenn auch der Rat von Halle seinen Wünschen sehr kühl gegenübergestanden, da derselbe wohl nicht Lust hatte, den kranken und dazu am kurfürstlichen Hofe in Ungunst stehenden Mann noch einmal andauernd bei sich zu behalten. Nach einer bitteren Wartezeit mit vielen Enttäuschungen musste er sich entschliessen, sich nach einer anderen Stelle umzusehen. Am 24. Mai 1549 hören wir ihn bitter klagen, dass er inmitten seiner Gemeinde wie ein Verbannter sich fühle, dem man ein ganzes Jahr hindurch seine Kanzel verwehrt habe unter dem Vorgeben, dass vor der Rückkehr des Erzbischofs Johann Albrecht nach Halle die Erlaubnis zum Predigen ihm nicht erteilt werden könne.[3] Seine unerfreuliche Lage wurde noch dazu dadurch verschlimmert, dass seine Forderungen an die Wittenberger Universität auf Auszahlung der ihm vom Kurfürsten Johann Friedrich einst zugesicherten Pension ohne allen Erfolg blieben. Es war eine schwere Prüfung für ihn, dass

---

[1] Bd. II, S. 253.
[2] S. Bd. II, S. 259.
[3] Bd. II, S. 281.

jüngere Leute in Halle unbehindert das Predigtamt ausüben konnten, während er sich an die Seite geschoben fühlte. Es war eine Mahnung an das Abbrechen seines irdischen Zeltes.[1] Während er bei seiner Rückkehr nach Halle eine Aufforderung des Königs Christian III. zur Übersiedelung nach Dänemark dankend abgelehnt, ergriff er jetzt gern einen Ruf des Herzogs Johann Ernst, der ihn an seinen kleinen Hof nach Koburg als Hofprediger berief. Die Zeit seiner Übersiedelung nach Koburg lässt sich genau nicht feststellen, jedenfalls befand er sich zu Anfang des Septembers 1550 bereits dort in Thätigkeit.[2] Ehe wir nun von dem Lebensabend des Jonas Bericht geben, muss noch ein Wort über seine Stellung zu der brennenden Tagesfrage, der Trennung der Evangelischen in die beiden Heerlager der Melanchthonianer und Flacianer, gesagt werden.

Dass er dem Augsburger Interim, welches den Anlass zur Spaltung gegeben, in voller Feindschaft gegenüberstand, ist selbstverständlich; aber seine Stellung zu der von Melanchthon eingeschlagenen vermittelnden Politik wurde ihm innerlich recht schwer gemacht. Auf der einen Seite war es natürlich, dass alles, was Kurfürst Moritz in kirchlichen Dingen anordnete, ihn mit Misstrauen erfüllen musste, aber andererseits war seine Freundschaft zu Melanchthon doch so fest begründet und so tief gewurzelt, dass er nicht so leicht, wie andere es damals gethan, den guten Glauben an ihn aufgeben konnte. So sehen wir ihn denn bemüht, an seinem Teile die Aufregung, in welcher zahlreiche Theologen sich gegen Melanchthon ereiferten, nach Kräften zu beschwichtigen. Es sei hierfür besonders auf das Schreiben Bd. II, S. 288 hingewiesen, aus welchem erhellt, wie er den Nordhäuser Freunden zugerufen, dass sie an ihrem Lehrmeister Philippus nicht zweifeln sollten, er möge wohl ein Stück nachgeben, aber es komme auch der Punkt, wo er den Leuten, welche Rom und Wittenberg mit einander vereinigen wollten, ein: „Wehe euch, ihr Schriftgelehrten und Pharisäer!" zurufen werde. Wir ersehen dann weiter, dass er es sich angelegen sein liess, zwischen den beiden Parteien unter den Evangelischen eine Vermittlung herzustellen, indem er eine Aussprache und Vereinbarung zwischen den Führern beider Parteien in Vorschlag brachte. Aber eben diese seine vermittelnde Stellung scheint Melanchthon sehr übel vermerkt zu haben, wenigstens tritt jetzt in ihrer Korrespondenz eine auffallende Lücke ein, welche wohl nur aus einem

---

[1] Vgl. besonders seinen Brief an Hieronymus Weller vom 17. Juni 1550. Bd. II S. 301.
[2] Bd. II S. 383.

derartigen Erkalten ihrer alten Freundschaft zu erklären ist.[1] Jonas nahm immer bestimmter Stellung auf Seiten der strengeren Lutheraner. Es ist das schon dadurch bemerkbar gemacht, dass sein brieflicher Verkehr in den Kreisen der entschiedensten Gegner der Adiaphoristen und Interimisten sich bewegt.[2]

In Koburg finden wir ihn bis zum Ende des Jahres 1552 in Wirksamkeit. Von hier aus hat er an den Osiandrischen Streitigkeiten eifrigen Anteil genommen und zwar, wie zu erwarten, in der klaren Erkenntnis, dass Osianders Lehre von der Rechtfertigung eine Entstellung und Umdeutung der Lehre Luthers sei.[3] Der gemeinsame Kampf gegen Osiander scheint das Mittel gewesen zu sein, um seine freundschaftlichen Beziehungen zu Melanchthon noch einmal wieder aufleben zu lassen.[4] Mit inniger Freude erfüllte ihn die Befreiung des Kurfürsten Johann Friedrich aus seiner Gefangenschaft. Ende 1552[5] finden wir ihn plötzlich als Pfarrherrn der evangelischen Gemeinde in Regensburg wieder, aber auch hier sollte er nur eine kurze Zeit verweilen. Der katholische Chronist Leonhard Widmann erzählt in seiner Regensburger Chronik mit übel verhehltem Verdruss, dass Jonas „am Tage Erasmi (3. Juni 1553) sich unterstanden und zween Pfaffen geweihet auf ihre Art und Manier; sie haben dazu läuten lassen, hilf! wohl ein Gelauf war es, ich weiss nicht anders, es sei ein ehrbarer Rat dabei gewesen. Der gute Jonas hat keine Ruhe, bis er die Pfaffen hier ausbeisst, damit er allein hier Bischof und pater sei."[6] Ein Schreiben an die evangelischen Christen in Regensburg, welches Jonas seiner Uebersetzung einer Melanchthon'schen Schrift voranschickte, siehe Bd. II S. 323, 324. Aber schon nach wenigen Monaten kehrte er von der Donau wieder in die sächsischen Lande zurück, denn im August um St. Laurentii Tag (10. August) verliess er die Stadt[7] und begab sich

---

[1] Vgl. Bd. II. S. 302 u. 319.

[2] Vgl. z. B. Bd. II, S. 382.

[3] Vgl. Bd. II S. 309 ff. „CENSVRAE: | Das ist. | Erkendtnis aus | Gottes Wort vnd hei- | liger Schrifft, | Veber die Bekendtnis | Andreae Osiandri. | .. 1552. " 1. Unterschrieben am 18 Jan. 1552 von Amsdorf, Jonas (als Superatt. Coburgensis) Schnepf u. A. m. Bl. F 4 b.

[4] Bd. II S. 319 fl.

[5] L. Widmann berichtet (nach dem 27. Nov. 1552): „Doctor Jonas hat sein erste predig hie in unser lieben frauen kirchen [der seit 1519 bestehenden Neupfarrkirche „zur schönen Maria"] am sontag gethan."

[6] Chroniken der Deutschen Städte Bd. 15 S. 234.

[7] Ebendaselbst S. 239. Widmann macht noch die spottische Bemerkung, Jonas und seine Familie hätten wöchentlich 24 Gl. verbraucht. Ueber seinen Regensb. Aufenthalt vgl. auch „Das die gründe Nicolai Galli noch fest stehen" Regensb. 1560

zunächst nach Jena, wo er einige Tage verweilte, und von da als Superintendent nach Eisfeld unter die Herrschaft der Ernestinischen Herzöge. „Dr. Jonas ist 1553 am 25. Aug. angekommen und hat am 27. Aug. Dom. 13. Trinit. seine erste Predigt gethan, zwey Stunden lang."[1] Der Tod des alten Kurfürsten veranlasste ihn, eine in Regensburg gehaltene Predigt als ein Trostwort in Druck ausgehen zu lassen, mit Widmung an die Söhne des Verstorbenen.[2] Noch einmal beschäftigten ihn Uebersetzungsarbeiten, aber mit seiner geschwächten Kraft kam er nur noch langsam vorwärts, so dass seine letzte grössere Arbeit, die lateinische Bearbeitung von Luthers Schrift „von Concilien und Kirchen", mit der er schon seit Jahren beschäftigt gewesen war, erst nach seinem Tode ausging, und auch dann nur nach einer gründlichen Revision.[3] Noch einmal versuchte er, da auch inzwischen sein alter Widersacher, Kurfürst Moritz, gestorben war, bei dem neuen Kurfürsten August seine Geldforderungen an die Wittenberger Universität geltend zu machen. Der abschlägliche Bescheid, der darauf abermals erfolgte, fand ihn nicht mehr unter den Lebenden; am 9. October 1555 entschlief er in Eisfeld.

Ueber seinen Heimgang besitzen wir folgende alte Aufzeichnung, die wohl einem gleichzeitigen Briefe von Freundeshand entnommen ist: „Ereptus est ex hac misera et aerumnosa vitae jactatione reverendus et clarissimus vir, Doctor Justus Jonas, Eisfeldiae anno Christi 55. 9. Oct. vesperi circiter 9. Discessit autem in pia et syncera confessione filii Dei, Iesu Christi, subinde reputans et ruminans illud Christi dictum: In domo patris mei mansiones multae sunt, ac tandem his verbis se Christo commendans: Herr Jesu Christe, in deine Hände befehl ich mein Seelichen, redemisti me. Et placidissime, ac quidem in complexu coniugis obdormivit."[4] Uebereinstimmend damit meldet der Koburger Cyriacus Schnauss auf dem Gedenkblatte, welches er 1556 zu Neujahr auf den Tod des Jonas druckte (Wolfenb. 11. 5. Mscr. fol.): „Des Herrn D. Jonas letzte Worte, damit er auch seliglich entschlafen ist, waren diese: In meines Vaters Hause sind viel Wohnungen, und wo das nicht

---

Bl. Pij. flg. Nic. Gallus wurde sein Nachfolger. Vgl. dessen Brief an Westphal Magdeb. Non. Jul. 1553: „constitutum mihi est consentiente tandem etiam Magdeb. hac ecclesia, sub autumnum redire ad Ratisponensem meam, quam prius relinquere sola tyrannis coëgit." J. H. v. Seelen. Philocalia Epistolica. Lubecae 1728 p. 31.

[1] Vgl. Knapp Narratio p. 48.

[2] Bd. II S. 325 ff. Ausser der Erfurter Ausgabe dieser Predigt von 1554 giebt es noch einen Regensburger Druck (Hans Khol) vom J. 1555. (Wolfenb. 511. 32. Th.) Ein modernisierter Abdruck derselben bei Beste a. a. O. S. 149 – 162.

[3] Bd. II S. 337 ff.   [4] Fortgesetzte Sammlung 1722 S. 879.

wäre, spricht Christus mein Erlöser, so sag ich, dass ich hingehe, euch die Stätte zu bereiten etc. Hierauf befehl ich dir, o Herr Christ, mein Seelichen. Amen." Andere alte Nachrichten erwähnen, dass er vor diesem seinem sanften Ende in der Hitze der letzten Krankheit mit schweren geistlichen Anfechtungen zu thun gehabt habe – ein Bericht, den ultramontane Polemiker noch bis in die neueste Zeit hinein gern dazu benutzt haben, um daran „das unglückliche und verzweiflungsvolle Ende", zu welchem evangelischer Glaube führe, zu beleuchten.[1] Ein Denkmal eigner Art wurde seinem friedlichen Heimgang gesetzt in dem von dem oben genannten Koburger Cyr. Schnauss Neujahr 1556 verfassten geistlichen Liede: „Des Herren unsers Gottes Wort", dessen Strophenanfänge den Satz: „Des Herrn Doctor Justus Jonas seliger Abschied" bilden.[2] Er selbst soll auf seinen Namen den Reim gefertigt haben:

Justus ward ich getauft,
Jesus hat mich erkauft,
Jonas ward ich genannt,
Christus ward mir bekannt,
Doctor ward ich hie auf Erd,
Gott und Mensch hat mich verklärt.[3]

Ein von Joh. Stigel verfasstes Epitaphium, in der Eisfelder Gottesackerkirche auf hölzerne Tafel gemalt, pries seine Verdienste und erzählte kurz seine wechselvollen Lebensschicksale.[4] Dasselbe befindet sich (um vier Distichen vermehrt) unter einem grossen Holzschnittporträt des Jonas, Einblattdruck in Folio, das sich auf der Breslauer Stadtbibliothek (2 W. 18) vorfindet.[5] Ein anderes ehrenvolles Epita-

[1] Vgl. Constantin Germanus, Reformatorenbilder. Freiburg i. Br. 1883 S. 264 — nach Döllinger, die Reformation II 117.
[2] Wackernagel, Kirchenlied III S. 45. Dieser kennt von dem Liede nur einen Druck von 1569; der Original-Einblattdruck, der auch den Dichter kenntlich macht, ist seinen Nachforschungen entgangen.
[3] Krauss, Beyträge zur Erläuterung der Hildburghäusischen Kirchen .... Historie 3. Teil Hildburgh. 1753 S. 102. Die Verse befinden sich auch auf dem eben angeführten Einblattdruck, werden aber dort nicht auf Jonas als Verfasser zurückgeführt.
[4] An der Eingangsthür derselben Gottesackerkirche wurde ein steinernes Bild angebracht, welches den ersten evang. Pfarrer Nic. Kindt (1525 – 1549) und Jonas auf den Knien vor dem Crucifixus darstellt. Mag. Joh. Kindt, der Sohn des genannten evang. Pfarrers von Eisfeld, welcher erst Rector in seiner Vaterstadt, dann Diakonus in Koburg war, hat die latein. Distichen gefertigt, welche die Gemeinde an das „nobile doctorum par virorum" erinnern sollten. Krauss a a. o. S. 99.
[5] Ein andres altes Bild aus einer Kollektion von 1565 mit deutschen Versen siehe in Unschuld. Nachr. 1717, vor der 4. Ordnung u. S. 559. 560.

phium verfasste Adam Siber. Dasselbe ist wieder abgedruckt bei Adami Vitae Theol. Germ. fol. 126 und in Dan. Gerdesii Introductio in historiam Evangelii renovati Groningae 1744 p. 249. Eine ganze Collection derartiger Dichtungen s. bei Nic. Reusner, Icones sive imagines virorum literis illustrium. Argentorati 1590. p. 190 flg.; daselbst auch ein Bild des Jonas. Einen recht guten Holzschnitt, der die Jahreszahl 1559 trägt, findet man in der Schrift: „Wahrhaffte Bildnis | etlicher gelarter Menner ... | M. D. LXII. | Gedruckt zu Wittenberg, Durch | Gabriel Schnellboltz.," 4. Die dem Bilde beigefügten deutschen Verse (von Joh. Agricola aus Spremberg) sind sehr geringe Ware.

Die Familienverhältnisse des Jonas sind, da er dreimal verheiratet war und aus den beiden ersten dieser Ehen Kinder hatte, von denen etliche jung starben, deren Namen aber dann in später geborenen Kindern wieder auflebten, sehr verwickelter Natur. Es muss hier auf die im Register sub v. Jonas gegebene Zusammenstellung verwiesen werden, aus welcher in Verbindung mit der Genealogie, welche Seidemann im Sächs. Kirchen- und Schulblatt 1866 Sp. 131 flg. aufgestellt hatte, eine vollständige Ordnung dieser Verhältnisse möglich wird. Es liegt dem Zwecke dieser Einleitung fern, hier näher darauf einzugehen;[1] ebenso wenig war es Absicht, die Lebensgeschichte seines bekanntesten Kindes, seines zweiten Sohnes Justus (geb. 3. Dec. 1525), der dem Vater manche Sorge und Verdriesslichkeit bereitet und der ein so trauriges Ende genommen hat, hier des Weiteren zu verfolgen. Es sei betreffs seiner verwiesen auf Voigt in Raumers histor. Taschenb 1831 S. 270 flg. und Briefwechsel der berühmtesten Gelehrten S. 346 —424, sowie auf Wülcker in Allgem. deutsche Biographie XIV, 494 —497.[2]

Die Wittenberger Universität erinnerte sich bei seinem Tode daran, dass Jonas Jahre lang Mitglied ihrer Körperschaft gewesen war: in das Dekanatsbuch der Theologen wurde ein Nachruf auf ihn eingetragen.[3] Auffallend ist das Schweigen in Melanchthons Briefen über den Heimgang seines alten Freundes. Um so erfreulicher sind die

---

[1] Nur betreffs seiner Ehebündnisse sei kurz zusammengestellt: 1) vermählt mit Kathar. Falk in Wittenberg. Febr. 1522; diese starb in Halle am 22. Dec. 1542. 2) im Juni 1543 mit einer Hallenserin Magdalene, welche nach vielfältigem Kränkeln am 8. Juli 1549 starb. 3) mit Margarethe Farnrod aus Naumburg am 4. Mai 1550, die ihn überlebte.

[2] Einzelne Briefe dieses jüngeren J. Jonas habe ich gelegentlich gesammelt; was darunter noch ungedruckt ist, erscheint mir nicht bedeutend genug, um es zu veröffentlichen.

[3] Lib. Decanorum p. 38. 39.

warmen und pietätvollen Worte, mit denen Hieronymus Weller noch 12 Jahr später sein Wirken und seine Gaben der Hallenser Gemeinde in Erinnerung gebracht hat.[1] Mit einem Hinweis auf dieses herzliche und aufrichtige Freundeswort möge diese Einleitung abgeschlossen werden.

---

[1] Bd II S. 343. 344.

III. In Halle.

a. Das Reformationsjahr 1541.

557. Jonas an Fürst Georg v. Anhalt.   **1541. April 16.**

Berichtet über seine Berufung nach Halle, seine Verhandlungen mit dem Rat, die ersten evang. Gottesdienste daselbst. Nachrichten aus Regensburg. Er bittet den Fürsten um Unterstützung der Hallenser Reformation beim Magdeb. Domcapitel.

G. et pacem Dei in Christo. Reverendiss. in domino, illuss. princeps et domine clementiss. Ad V. I. Cels. et R. D. certo eram his paschalibus diebus venturus, ut et nomine V. Cel.^{ins} mihi nuper in *Forch*. scripsit, sed cum iam proxima feria 4. [13. Apr.] iter ingressus essem versus Duringiam patriam meam in certis quibusdam negociis et pervenissem *Hallim* mox mane die coenae domini missi sunt ad me quatuor honesti viri, duo nomine senatus, duo nomine totius plebis et populi *Hallensis* et rogarunt me, ut ad duos menses manerem vel diutius hic docturus evangelium.[1] Deinde sexta passionis domini vocatus sum ad praetorium ad comparendum coram toto senatu praesentibus consulibus iam regentibus *Querhamer* et *Ockel*, reliquis dominis, qui per d. doctorem syndicum renovarunt hanc vocationem. Sic Deo volente consensi hic

---

[1] Dieser Bericht weicht erheblich von demjenigen ab, den wir in Ebers Brief an Melanchthon vom 15. Apr. finden. Dort heisst es: „Heri [14. Apr.] paucis scientibus d. Ionas cum m. Andrea diacono *principis iussu* profectus est Halas etc." Corp. Ref. IV, 173. Jonas verschweigt offenbar die Vorverhandlungen in Wittenberg; die Reise nach Thüringen war nur Vorwand. — Was die Reformation der Stadt Halle betrifft, so ist auf folgende Schriften zu verweisen: J. M. Heineccius, Denckmahl der Reformation. Halle 1718. Dreyhaupt, Saalkreys. Halle 1749. Franke, Gesch. der Hallischen Reformation. Halle 1841. Mehrere Aufsätze über Cardinal Albrecht und die Reformation in Halle, in der Zeitschrift Katholik 1878, I, 316 fl. 415 flg. Letztere Arbeit lässt sich am besten charakterisieren durch Mitteilung des Urteils, das sie über Card. Albrechts Privatleben fällt. Es wird nämlich von dem Verf. bereitwilligst zugestanden, dass dieses anstössig gewesen sei, „so lange er noch Männer wie Hutten und Capito in seiner Nähe duldete"; als aber streng kirchlich [römisch] gesinnte Männer, wie Nausea, seine Räte waren, und er die Periode des Schwankens und Zögerns überwunden hatte, „da ist kaum zu denken, dass sein Privatleben nicht sittlich rein gewesen." (S. 432).

manere usque ad Pentecosten vel ultra, et dixerunt haec se facere et incipere mit gnediger vorwenung vnd vorwißen electoris *Mog.* et illuss. stadbaldes, ordentlicher oberkeit, — non quidem speciatim in mea persona, sed etiam in assumendo quovis alio evangelico concionatore, ego autem placerem in primis. Die parasceves hic primam habui contionem coram maxima multitudine, hominibus, cum ego ingrederer templum, complicantibus, manus et voce acclamantibus Deo gratias. Moderate omnia initio dixi, hortatus ad obedientiam potestatis summae suae et magistratuum, et orationem. Rogo ut negocium tantum V. Cel. quoque commendet in orationibus suis Deo. Ego scripsi electori illuss. Saxoniae, quod huc ad tempus me hac occasione vocaverit Deus. R. D. V. et ill. Cel. mitto literas ex *Ratispona*, quas dignetur hoc tabellario remittere, nullum enim retinui exemplar. Pax constituetur politica (iam occasione terroris Turcici), alias non videntur rem deducturi ad liberam in luce disputationem. Iesus Christus filius Dei adsit mihi et oratio sanctorum. Hic varia loquuntur et contra nos minantur hi, qui Christum et evangelium oderunt. Rev. D. et Cel. V. me commendo interim. V. l. Cel.º apud rev. capitulum dignetur promovere negocium et coeptum novum ecclesiae *Hallensis*. Datum *Hallis* in domo doctoris *Milde* patriarchae senis. Sabbato vigilia paschatos. Anno domini MDXLI.
   Illuss. V. D. et Cel. addictiss. *Iustus Ionas* d.

<small>Reverendiss. in domino illuss. principi et dd. *Georgio* principi Anhaltino etc.
Archiv zu Zerbst.</small>

558. Jonas an Georg Forchheim.   1541. April 17.

<small>Von der Begierde, mit welcher die Hallenser die evang. Predigt aufnehmen. Ueber seine Leibesschwachheit.</small>

G. et pacem Dei in Christo. Hac hora, mi m. *Forch.* charissime, fuit mihi concionandum, ideo sum brevior. Heri misi proprium tabellarium ad illuss. principem et dd. *Georgium* praepositum etc., et latius sum brevi ad S. Cel. et te scripturus. Hic *Hallis* hodie concionatus sum coram multitudine tanta, quantam vix in ulla urbe vidi, comprecantibus, illachrymantibus, senibus, viris, matronis, omnibus piis et valde sitientibus verbum. Ego sum calculosus et valde mortalis, forsan Deus vult me ante mortem hoc subire onus magnum pro gloria nominis sui et gloria Iesu Christi, filii Dei. me indignissimum et infirmum organum. Deus dat robur, os et τὴν σοφίαν, cui mundus difficile potest resistere. Vale, mi chariss. m. *Forch.*, illuss. principi me commenda et pro me ora, ora, inquam, nam opus est. Datae *Hallis* die Paschatos anno domini 1541.   *I.* יונה *Ionas*.
                        totus tuus.

Am Rande: Hodie mandatum venit e *Ratispona* a cardinali de non accipiendo praedicatore *Lipsiensi*[1], sed senatus et pii dicunt me non esse *Lipsiensem*. Christus filius Dei adest mihi. Res non est sine certaminibus magnis, ut nunc video.

Praestanti et clarissimo viro d. m. *Georgio Forchemio* apud illuss. principem Anhaltinum etc.... cito.

Archiv zu Zerbst.

559. Joh. Spangenberg an Jonas. 1541. April 23.

Segenswunsch zur begonnenen Reformation in Halle. Sendet ihm einen Famulus. Verschiedene Nachrichten.

In Christo pacem et salutem. Accepi T. H. lepidiss. literas. Dici non potest, quanta me adfecerint voluptate, quanto denique gaudio. Gloria Christo, qui salutem dedit *Hallensib*. Deus opt. max. augeat in te, chariss. doctor, dona sua detque tibi vires et robur, ut extirpes noxia, plantes et aedifices ecclesiam Dei. Amen. Scribis, ut mittam adolescentem quempiam candidum et bene moratum, qui famulicii munus apud T. H. exerceat. Feci periculum apud consanguineos et adfines, sed extorquere nullum potui. Quare mitto hunc adolescentem *Iohannem Bernardts*, optimi viri filium, quem a teneris in nostra schola educavi et bonis literis et probatis moribus institui. Homo frugi · est, studiosus, taciturnus, fidelis et ad omnia obsequia promptus. Non diffido, quin tuae humanitati placebit officium suum. Tantum T. H. faciat eius rei periculum. *Franciscus Rebeyss*[2] puerum *Hieronymum* brevi advehet. Veniet et intra octiduum *Wendelinus Roperti*. Cui precor, optime Maecenas, sis suffragio, ut bona pace domicilium Vulcano perditum[3] restaurare possit. Ipse quid rei sit, coram enarrabit. Tua H. si quid novi e comitiis habuerit, precor significet. Hactenus omnia silent. M. *Andreas Ernst*[4] multa salute T. H. impartit. Hic *Quedelinburgum* meo suasu vocatus et in concionatorem dominae abbatissae et in superattendentem pastorum ibidem confirmatus est. Tu demum pro ecclesiis nostris intercede, itidem nos strenue faciemus. Vale, suaviss.

[1] Joh. Pfeffinger. Die Arten der Verhandlungen über seine Berufung nach Halle sind im Magdeburger Prov.-Archiv. Vrgl. Seifert a. a. O. S. 197.
[2] Franc. Rebis de Northussen. im S.-S. 1518 in Erfurt immatr., wahrscheinlich ein Bruder des Laurentius Rebeis Northusensis, und somit auch ein Neffe des Jonas.
[3] Im J. 1540 war Nordhausen von einer grossen Feuersbrunst heimgesucht worden.
[4] Ein geborner Nordhäuser, 1518 in Erfurt immatr. (Weissenborn, Acten der Erfurter Universität II. 278, wo freilich Andreas Frnst de Northusen gedruckt ist). 1518 mag. artium, erster evang. Prediger an der Benedictuskirche in Quedlinburg; starb daselbst 1565 an der Pest. S. Förstemann a. a. O.

doctor, patrone unice et amicorum optime, cum tota ecclesia *Hallensi*. *North.* 1541 feriis divi Georgii martiris. T.

Iohannes Spangenbergk.

Magnae pietatis, eruditionis et integritatis viro, d. doct. *Iusto Ionae, Wittembergen.* eccl. praeposito etc. Maecenati suo unico et amico optimo sinceriter colendo.

Orig. im Besitz von Dr. C. Schneider in Schleswig. Gedruckt in Förstem. Neue Mittheil. II, S. 535. 536 [als vom 24. April].

560. Luther an Jonas. 1541. April 25.

Giebt sein Gutachten ab „in communione sacramenti restituenda."

de Wette V, 347. 348; vergl. Cod. Dess. A. Bl. 10, woselbst folgende Varianten: — in Halla — ecclesiae faciem et mores — plebem esse probe instr. — tyranni prohibitionem — civitate Halli — aut cogere.

561. Mundliche werbunge, so Jeorge Behr burggraf vnd magister Wolfgang Kelmer an doctor 1541. Apr. 27. Jonas getragen am mitwochen nach Quasimodogeniti Anno domini 1541.

Wirdiger hochgelarter her doctor, von dem hochwirdigen durchlauchtigen hochgebornen fürsten vnd hern hern *Johansalbrechten* marggraffen zw Brandenburg etc. der stiffte *Magdeburgk* vnd *Halberstadt* coadiutorn vnd stadhalter, vnserm gnedigen hern, seint wir beyde zu e. w. mit mundlicher werbung an e. w. zutragen abgefertigt, e. w. antzutzeigen, wie das ir f. g. in gleubliche erfarunge kommen seint, wie e. w. sich anher gegen *Halle* zu dem prediger ampte solten begeben haben. Vnd weil das prediger ambt albier nyemands anders, dann vnserm gnedigsten hern dem cardinaln legaten ertzbischoffen zu *Magdeburgk* vnd *Menntz*, churfursten etc., abwesens irer churf. gnad derselben coadiutorn vnd stadhaltern zubestellen zustehet, so tragen ir f. g. des von euch befrömbdunge vnd beschwerunge, vnd ist irer f. g. an euch gnedigs begeren vnd beuehlen vnd gebieten euch, ir wollet euch zusambt denen, die ir mit euch anher gebracht, wider vmb an die orter, danon ir anher gekommen, wenden vnd begeben. Darane geschicht vnd thut ir irer f. g. ernste vnd gantze meynunge.

Antwort Ionas doctoris.

Wes ewer gunsten aus beuehlich des hochwirdigen durchleuchtigen hochgebornen fürsten vnd herrn, hern *Johansalbrechten* marggraffen zu Brandenburgk, der stiffte *Magdeburgk* vnd *Halberstadt* coadiutorn vnd stadhalters, meins gnedigen hern, an mich mündlich getragen, habe ich allenthalben notdurfftigklich vorstanden vnd eingenohmen, vnd sollen ir f. g. es nicht dafür achten vnd halten, das ich mich vorsetzigklich vnd vngebeten zu dem predig ambte alhie eyngelassen, sondern dartzu anfengklichen, do ich anher gen *Halle* gekommen vnd bedacht gewesen, in mein vaterlandt gein *Erffurt* ader *Northausen* zureysen, seint zwene rahtsmeistere vnd sonsten zwene ehrliche menner alhie zu mir gekommen myt antzeige, wie das sie auff gehaltenen tage (weis nicht wo der gewesen) von irem gnedigsten hern dem churfursten zu *Magdeburgk* vnd *Menntz* ertzbischoffen trostliche ermahnunge vormergket vnd bekommen, wie das iren churf. g. nicht zu entkegen were, das das wort Gottes alhier geprediget würde, ir churf. g. wolten auch dasselbige zu predigen nicht vorhindern. Weyl aber ir churf. g. mit etzlichen fursten derhalben in vorbündnis stunden, wolte irer churf. g. nit gebüren das zu fördern. Weil ich dann diese trostliche erwehnunge meyns gnedigsten hern des churfürsten vnd ertzbischoffs zu *Magdeburg* vnd *Meyntz* vormargkt, vnd ich gebeten worden, weil ich itzo alhier ankommen, ich wolte alhier vorharren vnd das wort Gottes predigen, vnd dermaßen, das es zu liebe, friede, eynigkeit vnd nicht zu widderwillen gereicht: vber das vnd des andern tags, als ich vffs rathaus vff bitte eins erbarn rahts alhier gekommen vnd abermals wie zuuorn gebeten worden, das wort Gottes zu predigen mit ferner erwehnunge, das solchs irer itzigen oberkeit nicht entkegen sein würde, welchs ich anders nicht habe vormergken noch vorstehen mugen, dann das damit meyn gnediger herr der coadiutor vnd stadhalter gemeynet worden ist, vnd hat doctor *Philippus*[1] (in beysein *Caspar Querhammers*[2], der doch dem wort Gottes zuwydder, der andern rahtsmeistern vnd der rahtspersonen) angefangen vnd mich vmb Gottes willen gebeten, ich wolte alhier das wort Gottes predigen vnd also, das es zu liebe, friede, eynigkeit vnd nicht zu wyderwillen gereichte. So ich dann ein doctor der heiligen schrifft vnd mich in meynem gewissen vnd vor Gott schuldigk erkandt, solchs auf beschehene bit vnd beruffunge, die auch vor eynem gantzen rathe nochmals beschehen, zu thun, habe ich es eynem erbarn rahte abzuschlagen nicht gewust, vnd weis den beuehlich meins gnedigen fursten vnd hern, des coadiutorn vnd stadhalters, nicht anzunehmen, vnd wenn es gleich der keyser were, dem ich drey mahl vnter augen getreten, vnd das leben daran setzen solte, ich muste es dohin setzen, ich were am stein oder podagra gestorben, angesehen den spruch, das

---

[1] Syndicus Dr. Phil. Gossmann.
[2] Bekannt als eifriger Katholik und als Dichter geistlicher Gesänge, Bürgermeister von 1534—1556. Vgl. Koch, Gesch. des Kirchenliedes. 3. Aufl. 2. Band. Stuttgart 1867. S. 171.

man Got mehr dann den menschen gehorsam sein solle. So habe ich auch das wort Gottes also vnd dergestalt gepredigt, das es zu liebe, friede vnd eynigkeit vnd zu keynem widderwillen gereichen soll, vnd allezeit vor meynem gnedigsten hern, dem churfürsten vnd ertzbischoffen zu *Magdeburgk* vnd *Meintz*, vnd meynen gnedigen fürsten vnd hern, den coadiutor vnd stadhalter, zum aller vleissigsten gebeten, das der almechtigk ire hertzen mit seynem gotlichen worte vnd zu forderung desselben erleuchten wolte. Zu dem so habe ich von dem churfürsten zw Brandenburgk, meynem gnedigsten hern, als sein churf. g. jungst zu *Wittenbergk* gewesen vnd mich zu gaste gehabt, gehort, das meynem gnedigsten hern dem churfürsten vnd ertzbischoffen zu *Magdeburgk* vnd *Menntz* nicht zuentkegen, das das wort Gottes gefordert vnd geprediget werde. So seint auch vber zwey tausent menschen alhier, die auff die dorffer hin vnd wieder nach dem heyligen sacrament gelauffen, vnnd das volgk alhier vast begirig das heilige sacrament zuentpfahen. Auch würde das wort Gottes zu *Magdeburgk*, *Halberstadt*, *Stassfurt*, *Saltze* geprediget, vnd der thumbprobst zu *Magdeburgk* fürst *George* thete es selbst zu *Dessaw* predigen lassen.

Vnd bitte vnderthenigklichen, mich bey meynem gnedigen fursten vnd hern dem coadiutor vnd stadhalter vnderthenigklichen zu entschuldigen, das ich mich vorsetzigklich des prediger ambts alhier nicht vnderstanden, vnd s. t. g. wolten meyn gnediger herr sein vnd pleyben vnd sich zu vngnaden widder mich nicht bewegen lassen, mit vndertheniger bitt, die werbung mir schrifftlich vbergeben zu lassen. Darauff will ich meyn antwort auch in schrifften stellen vnd vbergeben etc.

Prov.-Arch. Magd. Erzstift Magdeb. II, 818. (Abschrift von Kanzleihand).

562. Jonas an Matthias Metz. 1541. April 29.

Grobe Invective gegen den kathol. Pfarrer, der Luther einen Ketzer und Jonas einen Eindringling gescholten. Er wirft ihm seine gröbliche Unwissenheit vor, und dass er nur darum so drohe, weil er für sein Einkommen besorgt sei. Er rühmt sich, schon mit ganz andern Leuten als diesem Metz zu schaffen gehabt zu haben.

G. et pacem Dei in Christo Iesu et liberationem a rabie, qua te senem miserum concitat Sathan, orabimus enim pro te quamvis inimico, ut te delirum senem a caecitate tua misericorditer liberet Deus. Ad literas tuas plenas acerbissimo et Caynico odio ac fremitu adversus Dominum et Christum eius, ne dubita, bone senex, copiose et accurate respondebo et facillime confutabo firmis argumentis ex scripturis et sanctis patribus (si res postularit) omnes tuas ineptas, futiles et ridiculas nugas omniaque tua anilia et tali tua aetate indigna deliramenta. Nisi ex christiana charitate, misereret enim me tui profecto tam puerilis senis, personae meae sanctae, quam sustineo, meique sanctissimi muneris, mallem, quam quid tu promeritus sis, habere rationem, probe me hercle te tam indoctum et imperitum hominem redderem depexum ornatumque ex tuis virtutibus et coram toto senatu clare exponerem, quod tot annis cum summa blasphemia Dei, cum horribili et infinito damno conscientiarum professus te sis pastorem animarum, cum agrestem in modum rudis sis linguarum graecae, hebraicae, cum latine minus sis doctus quam puellus 3 annorum, cum ne unum quidem apicem in S. Paulo aut aliis bibliae scriptis intelligas, cum ne vestratia quidem a limine salutaris. Ex proximo scripto tuo quasi sorex tuo ipsius inditio misere prodidisti te mihi, putabam tamen paulo ante lectum tuum scriptum aliquid esse in te saltem frigidae illius et Thomisticae theologiae, nunc video te esse prorsus indoctum, nihil instructum, neque ad dicendum neque ad scribendum. Tua illa misere quaesita convicia, virulenta tamen et Caynica, ex animo muliebriter impotenti et seniliter delyro et ipsa malevolentia ieiuno profecta, in quibus nunc cum nomine *Iustus Ionas Iost Koch*, nunc cum sanctissimo nomine patris *Lutheri* lusitas, non huius facio, video cor tuum miseri senis, qui forsan farinis metuis (cum ipse pro te rogarim, ut te eleemosyna aliqua tuo gradu digna alerent) infectum esse et spurcatum veneno diaboli, ille est spiritus odii et acerbitatis. Longe alia modestia te talem decebat senem, qui te theologum et pastorem profiteris. Si scripsisses ad me sedate, accepisses etiam mitius et paulo lenius ac minime fervidum aut vehemens responsum. Nunc cum tu me, oblitus inscitiae tuae et ruditatis, non satis expensis viribus ecquid valeant, ecquid contra homines eruditos possint, non accipies graviter, si tot conviciis ego innocens abs te lapidatus et colaphis ut minister Christi petitus te (ad confutandum et deridendum tuum puerile, stultum, futile, ineptum, delirum varie et rabiosum scriptum) sancta mea increpatione ex potentissimo et sancto *Lutheri* spiritu ἐν παρρησία reverberem. Quibus tu in eruditione non posses porrigere matulam, qui te longe sunt doctiores, nunquam tanta impudentia evomuerunt contra sanctum Dei virum *Lutherum* aut me d. *Iost Koch* et *Iustum Ionam* tam muliebria et stulta convitia. Sed facile cogam te (Deo dante) ut revocare cogaris mendatium, quod d. *Lutherum* vocas hereticum, me intrusum praedicatorem, nos ambos, me et doctissimum virum m. *Andream*[1], intrusos. Memineris volo hic, tu silicernium

---

[1] Andreas diaconus, der Begleiter des Jonas nach Halle, kann nur A. Hügel sein, der damals Diakonus in Wittenberg war, nicht Poach. Er wird nur kurze Zeit in Halle geblieben sein; jedenfalls finden wir ihn am 19. Apr. 1542 wieder in Wittenberg in Funktion, vergl. Fortges. Sammlung 1735 S. 538. — Spalatini Annales. bei Cyprian, histor. Bericht III, 612.

et delire senex, te ex diabolo impudenter mentiri. Legittime a toto senatu inclyto et toto populo vocatus sum, id quod possum probare. Literas tuas stomachosas imo rabiosas satis incogitanter expuisti. Si monachi et coenobitae in hac urbe (qui te dicuntur ridere et longe te esse doctiores) rescissent quod tu omnium ineptissimus, tu homo mirifice delirus et indoctus me hominem non prorsus forsan destitutum verbis aut oratione et stilo, vobis omnibus parcentem in coneionibus, sic irritaveris, (cum pugnem iam et studeam et monachis et tibi seni digna ut sustentatio et honestus ac necessarius victus detur a senatu), certe non longa neque amica oratione tibi agent gratias. Tyro neophitus senecio et miles plebeius te ipsum constituis in acie, cum monachi forsan te minus sint fatui et instructiores ad suam et causam tuam pertinentem πρὸς τὰ βιωτικά agendam. Nunc stultissime et incogitantissime tibi seni esurienti et egeno noces maxime et aliquatenus et innocentibus ipsis. Et vide, quam etiam ineptissimo tuo scripto (te vere prae ceteris intrudens) ineas graciam apud reverendissimum et illustrissimum principem et d. d. *Albertum* sacri Romani imperii archicancellarium principem electorem archiepiscopum *Magdeburgensem* card. etc. etc., qui celebratus scriptis *Erasmi* et *Hutteni*, laudatus et saepe ab ipso d. *Luthero* et d. *Philippo*, non adeo iniquus est ingeniis, ut non internoscat, quantum discriminis sit inter *Mathes Metz* et hominem vere doctum, inter coquinario cultro accinctum et verum coquum, deinde vide, quam gratiam ineas apud R. diss. et Illustr.^m principem ac d. d. *Iohannem Albertum* coadiutorem et locumtenentem etc. etc. dominum gratiosum, qui apud me suos aulicos viros honestos et tui dissimiles habuit et tam dura neque nunctiavit neque scripsit. Sed hanc epistolam meam praemitto tantum tibi responsurum προοίμιον ad tuas ineptias; ad omnes articulos (si res postularit) satis copiose respondebo. Interim precor, ut Deus det tibi meliorem mentem, et noli (quaeso te) amplius ad eruditiss. scribere tam puerilia grammatice, haeretica et ridicula mire. Dominus te convertat. Datae in aedibus d. doctoris *Mikle*, VI. post Quasimodogeniti Anno 1541.

 Lieber er doctor, forchtet doch ewr kuchen vnd der zinse nit so seer. Ich wil selb rahten, man sol euch neeren. Lestert nit so trech Christum vnd das euangelium vmb des bauchs willen! Vf ewer schrift sehet, habt ir antwort vnd solt reichlich haben, wan ir mehr wolt.

Iustus Ionas doctor p. *Vitt.*
vocatus in ecclesiam *Hallensium.*

 Si in concilio tuo aut tuorum fuissem, non tam rusticam et fatuam sed longe aliam commodiorem viam ostendissem tibi contra *Iodocum Koch* (qui tibi omnem scoriam excoquet per Christum) et Lutheranos agendi; an vides etiam miser homo, ubi sis aut quid ingenium tuum plebeium et insulsum in his *Salinis* et in sale evangelico possit aut non possit? adeone tot annis collecta tanta canicie per stultitiam et stuporem ignotus esse potes tibi ipsi, ut miniteris te sanctissimum et doctissimum virum *Lutherum* et me et nos duos scilicet convicturum haereticos, aut in pyram conscensurum medio foro instructam, cum ne vocabulum quidem, quid haereticus significet, unquam suspicatus sis aut intelligas, cum in pingendis etiam literis latinis pueriliter pecces scribendo 'testsamentum' pro 'testamento'? Scriptum tuum prodigiose ineptum et penuria linguae latinae barbare vernaculum videtur in summa duo continere: primum quandam sordidam et abominabilem sentinam conviciorum in sanctissimum patrem *Lutherum*, cuius tu cloacam intueri non es dignus, quod ad eruditionem theologicam attinet; alias forsan vir es non adeo malus, sed contra nos tantum sollicitudine hac, ne venter tuus esuriat, incitatus. Secundo affers te ad disputandum mecum usque ad ignem, prudenter profecto ‚usque ad ignem', exclusive, ut vos sordide loqui assuevistis, exclusive inquam. Nunc tu, o senecio et nunc satis cognite *Mathes Merz*, grammatice, dialectice in primis theologixῶς portentosissime rudis, putas mihi formidabiles esse tuas frigidas ineruditas et languidas[1] disputationes, mihi, qui per hos XX annos cum summis theologis magnorum principum inde a conventu primo *Wormatiensi* anno Domini 20 et 21 usque ad conventum *Augustanum* (quibus ipse praefuit et interfuit Caesar *Carolus V*, invictissimus imperator) prope adiunctus d. *Luthero* viro sancto subii acerrima certamina! Si ita potes impetrare a magistratibus, quacunque hora voles, descendam tecum in arenam et disputabimus tecum, sive pyra ingenti in foro sine flammis, sive ferro ignito ostendes de formidabilem. Lieber er doctor, meint ir, das wir der leute wie ir seit, nit mehr vor vns gehabt haben? Jr seit ein gut frum man, legt euch schlaffen. Jr seit sanct Lorentz geblüts nicht, der rost ist euch zu heis. Satis impudenter loqueris et deliras neque scis, quid sit verum testimonium Christi aut martirium per ignem. Primum ante flammas et ustulationem carnificis et lictoris experiere ignem epistolarum mearum et accusationum iustissimarum et fundatissimarum coram principibus et summo magistratu et ordinariis iudicibus, postea si aestui assueveris et prunis S. Laurencii, si libet latius progredere. *Eccius, Faber* episcopus *Viennensis, Cocleus* praepositus *Erph*[2]., *Wicelius* (cui papa munus misit V^c ducatorum, quam forsan tu sitis consolationem), illi ultimi duo mei proprii adversarii.

---

[1] laguidas. [2] Vrgl. oben I 443, wo sich Cochleus selbst als Propst an S. Severi zu Erfurt bezeichnet.

Responsum *Just Kochs* vff des pfarrers zw V. L. Frawen zu *Halle* articulos prolocutorios.

Königl. Prov.-Arch. zu Magd. Erzstift Magdeb. II, 818.

563. Jonas an Fürst Georg v. Anhalt. 1541. April 29.

Berichtet über seine Berufung nach Halle, die erste evang. Abendmahlsfeier, die Verhandlungen mit dem Coadjutor. Er bittet den Fürsten um Förderung der Hallenser Reformation. Bei gewaltsamer Unterdrückung könnte es leicht zu Aufruhr in Halle kommen.

— — Mirabili oeconomia et operatione sancta Dei proxima die coenae domini [14. April] transiens *Hallim* versus patriam meam vocatus sum legitima vocatione voce d. syndici, doctoris *Philippi*[1] ad praedicandum evangelium syncerum Christi. Consensi ergo in vocationem (invocato nomine Dei) et scripsi illuss. electori Saxoniae, ut aliquot diebus vel mensibus patiatur clementer me abesse etc., ut d. *Michael* scriba hic scabinorum latius Cel. et R. d. V. exponet omnia de *Hallensi* ecclesia. Sic vocatus huc dispensatione Dei non licuit inobedientem esse spiritui sancto aut patri coelorum, et praedicare dimidiatum evangelium petentibus piis miro suspirio integrum sacramentum. Proxima ergo 6ta feria post Quasimodogeniti authoritate Christi (praemissis multis mecum deliberationibus coram senatu toto in practorio) restituimus integram et veram synaxin. Hortatus sum una cum synergo meo in singulis concionibus populum ad obedientiam et reverentiam erga principes et magistratus, ad pacem, et publice orationes promulgavimus pro illuss. electore *Moguntino*, pro illuss. domino coadiutore locumtenente etc. etc. ut latius *Michael* Cel. V. et R. D. V. dicet. Sed proxima feria 4ta, hora 4. misit ad me illuss. d. coadiutor duos aulicos m. *Wolfgang Kelner* et *Georg. Beer* burgvogt et mandato satis aspero habuit honorem mihi apostolicum, scil. in Act. V. et iussit exire urbe celeriter et non redire. Sed ecclesia non vult me dimittere. Neque ego, illuss. princeps, nunc sic coniectus in hoc negocium Dei, praedicans singulis dominicis V milibus et pluribus, patiar me ignominiose dimitti, nisi cerebro et sanguine nostro respergant proximos parietes. Et res tamen, illuss. princeps, mihi videtur non esse sine ingenti certamine inter antiquum serpentem Satanam et Christum neque sine magno et quotidiano inter has minas periculo. Papistae possent ex malicia mera (quamvis me hortante ad pacem) excitare motum. Rogo ergo, cum V. Cel. etiam sit membrum summum post ipsum caput ecclesiae archiepiscopalis *Magdeburgensis*, ut V. Cels. dignetur scribere ad devitandum motum et

---

[1] Gossmann.

vitandas insidias Diaboli, illuss. electori Brandeborgk (et quibus Cels. V. novit) coadiutori etc. Senatus et communitas *Hallensis*, qui me vocarunt, offerunt se humillime ad omnem politicam reverentiam et obedientiam et ad faciendum etiam plus quam obligati sint. Sed tantum petunt sibi permitti liberam doctrinam evangelii, sicut *Magdeburgae*, *Halberstadio*, *Stasford*, *Salzae* etc. Rev. V. D. et Cels.^{int} latius d. *Michael* dicet omnia. Nollem hunc populum premi nimia duricie. Nulla vi facile patientur se avelli, ut video, a veritate agnita. Dominus Iesus Christus Cel. V. ecclesiae et reipublicae conservet quam diutissime incolumem. Peto humiliter, ut Cel. V. in his certaminibus (Christo duce) agonizanti clementer rescribat. Datae *Halae* 6ta post Quasi modo geniti anno domini 41.

V. R. D. et Cels. illuss.
addictissimus.
Iustus Ionas.

Rogo V. illustris Cel. has literas secreto habeat, nemini ostendat aut mittat, et tamen clementer adiuvet in hoc negocio (obtestor Cels. V. per gloriam Christi et tot milium animarum salutem). Es mocht auß dem gar hart spannen ein motus volgen inter cives etc. Cum abrogatione missae privatae, item monachis, item restituendo coniugio sacerdotum etc. wollen wir nun integro sacramento habito gemach thun et in mansuetudine hortari adversarios.

Reverendissimo in domino illuss. principi et dd. *Georgio* etc.

Archiv zu Zerbst.

564. Jonas an Georg Forchheim. 1541. April 30.

Weist auf die Erregung im Hallenser Volk hin und auf die Gefahren, die eine gewaltsame Unterdrückung der Reformation mit sich bringen würde.

G. et pacem Dei in Christo Iesu. Dominus Iesus Christus filius Dei, mi m. *Forch.*, amicorum charissime, dedit his paschalibus diebus hic uberrimam benedictionem evangelii salutis et verbum suum evangelizantibus ἐν πάσῃ δυνάμει, et ostium apertum a Deo ingens et magnum est, sed adversarii acerbi et multi.

Nos sine nimia asperitate, sine ullis conviciis docemus de iustificatione, de gratia et remissione peccatorum per Christum, deinde quotidie tradimus catechismum etc. et oramus publice nominatim pro electore *Moguntino*, pro illuss°. electoris coadiutore et locumtenente. Si loco pacis et loco Christi domini pacis populo offerente se humillime et valde prolixe ad omnem obedientiam volunt habere διάβολον et motum seditiosum (quod advertat Deus), quid nos possemus? qui orantes, supplicantes, obtestantes, obsecrantes per Christum Iesum, per salutem ecclesiae et reipublicae non audimur. Gott weis, wir predigen sedatissime et in spiritu τῆς πρχότητος. Man kan ein ding woll zu hart spannen. Es schreit alles volk, sie wollen forthin wie ander stifftstete evangelium et integrum sacramentum haben, ader ζωὴν καὶ ψυχὴν darvber lassen vnd zusetzen. Deus me (qui etiam habeo parvos liberos, quos vidit nuper illuss. d. d. *Georgius* princeps noster clementissimus in domo mea) mirabiliter coniecit in hoc certamen inter serpentem et semen benedictum Christum. Rogo mihi impetres commodandum, mi m. *Forch.*, librum ab illuss. principe et te collectum de utraque specie.[1] Vale in Christo, et quaeso te cura, ut illuss. princeps certo rescribat mihi clementer. Datae raptim *Halae* sabb. post Quasi modo geniti anno dni 1541.

Ora, quaeso ardenter pro hac ecclesia et pro me, qui satis contra Satanam agonizo. *Iustus Ionas* doctor tuus ex animo.

Praestanti ac doctissimo viro domino m. *Georgio Forchemio* etc.

Archiv zu Zerbst.

565. Luther an Jonas. 1541. Mai 3.

Erklärt, dass er nicht aus Wittenberg einen Geistlichen weiter nach Halle abgeben könne.

de Wette V, 352. Vgl. Cod. Dess. A. 26, woselbst die Aufschrift lautet: Clarissimo viro domino Iusto Ionae doct. theol. Christi legato in Halli fideliss. suo in domino maiori. Varianten: — Pomerano et Froschelio — M. Iohannes capellanus abit. —

566. Jonas an Georg Forchheim. 1541. Mai 4.[2]

Bedankt sich dafür, dass Fürst Georg an den Coadjutor geschrieben. Berichtet von dem Eindruck, den sein Schreiben an den kath. Pfarrer Metz hervorgebracht; einzelne Kirchenbeamte sind schon zur evangel. Partei übergetreten.

G. et pacem Dei in Christo. Gratissimae mihi fuerunt literae tuae, mi m. *Forchemi*, frater in domino charissime, quibus tu ex spiritu Christi hortaris nos, ut pergamus propagare regnum Dei et doctrinam sanctam Dei κατὰ τὴν οἰκονομίαν τοῦ Θεοῦ. Hic res non est sine certaminibus et agonismis et periculis quotidianis, tanta est quorundam malicia et provicacia et pharisaica acerbitas. Sed vita mea nihi non adeo chara est in hoc sancto τοῦ Χριστοῦ negocio. Christus Iesus filius Dei uberrimam mercedem dabit reverendiss. et illuss. domino d. *Georgio* principi etc. clementissimo, quod eius Cel. dignata est scribere ad coadiutorem; rogo (si fieri potest) mittas mihi responsi exemplum. Nos pergemus orare et clamare ad coelum, et Christus perget invito mundo propagare verbum suum. Rogo adhuc, mi *Forchemi*, commendes

---

[1] Diese Sammlung ist noch im Zerbster Archiv vorhanden; sie enthält u. A. auch Beiträge von Nicol. Hausmann und Theod. Fabricius.

[2] Das Datum ergiebt sich aus dem nächsten Briefe Nr. 567.

hanc ecclesiam illuss. principi meis verbis, me suppliciter rogante et cum lachrymis his, ne Satan nobis moderatissime et εἰρηνικῶς agentibus aliquem mera malicia et insidiosissime mero odio contra τὸν Χριστὸν filium Dei excitet motum. Ego minis non cedam ne quidem, si ferrum immineat cervicibus nostris, non cedam inquam Christo fretus, quem pater coelestis inter maiores agones dedit mihi indigno agnoscere Christum Deum meum τοῦ Θεοῦ δύναμιν καὶ τὴν σοφίαν. Illustris coadiutor habuit mihi apostolicum honorem et missis duobus aulicis iussit serio mandato urbe exire. Respondi me reverenter humillime offerre et totius senatus urbisque et meo nomine omnem politicam obedientiam, reverentiam, honorem, corpus, bona, opes etc. excepta anima et conscientiis. Pastor senex senecio hic contra me scripsit et accepit responsum latinum non prorsus ineruditum meum, quo per Χριστὸν tanquam fulmine conterriti nunc iacent quidam οἱ ῥητορεύοντες βάτραχοι. Deus profecto facit omnia, non nos, huic gloria in saecula, amen.

Rogo illuss. principem, ut tamen pro gloria Christi iam una cum angelis agere super *Hallim* dignetur excubias. Nam Satan non mediocriter fremit. [Am Rande:] Aedituus et diaconus unus moti contionibus destiterunt a papistico pastore et iam nos sequuntur. Rescribe, mi *Forchemi*, an illuss. princeps iturus sit ad conventum *Ratisponensem*. Vale, mi chariss. m. *Forchemi*, et pro *Hallensi* ecclesia et pro me ora diligenter. Datae *Hallis* hora 2^a in aedibus senis Symeonis doctoris *Milde*. Anno dni 1541. Orate pro nobis, es ist woll nott.

Iustus Jonas doctor, tuus ex animo.

Praestanti et doctissimo viro d. mgro *Forchemio* apud illuss.
principem et praepositum *Magdeburgensem* etc. domino et amico
charissimo s. Dem hern magistro *Forchemio* zu handen.
Orig. im Archiv zu Zerbst.

567. Jonas an Fürst Georg von Anhalt. 1541. Mai 4.

Dank für das Schreiben des Fürsten an den Coadjutor. Guter Fortgang des
Reformationswerkes.

— — M. *Forchemio* breviter scripsi summam rerum, quae hic aguntur, latius omnia brevi scripturus. V. R. D. et illuss. Cel. ago gratias pro clementi scripto ad illustrem dd. *Io. Alb.* coadiutorem etc. Res hic non sunt sine certamine et periculo, sed Christus adest nobis corroborator, defensor, dux et gubernator. Synaxin integram Deo duce restitui proxima 5ta f^{ia} et dominica Misericordias domini. Multitudo ingens et maxima quotidie audit contiones. Caetera scribam proximo tabellario. Dominus Christus V. Cel. conservet ecclesiae et reipublicae incolumem quam diutissime. Datae *Hall.* 4ta post Misericord. dni anno MDXLI. V. R. D. et Cel. addict. *Iustus Jonas* d. p. *Witt.*

Es hatte, gnediger furst vnd her, m. g. h. dem hern coadjutor casu der syndicus gesagt, der probst zu *Wittenbergk* were vocirt; do hatt s. g. gesagt: Wo ist den sein bischof? Sed nos oramus pro principibus.

Archiv zu Zerbst.

568. Jonas an Georg Forchheim. 1541.[1]

Uebersendet Briefe aus Regensburg, klagt über Ränke und Drohungen der Gegner.

G. et pacem Dei in Christo. Remitto per hunc tabellarium reverend. domino nostro et illuss. principi etc. omnia: literas ex *Ratispona* τῶν ἀρχόντων fratrum[2], exemplum epistolae sanctissimae p. *G.* illuss., quae sanctior est etiam ipsa sacra corona sanctissimi papae, historiolam de conventu *Ratisponensi*. Illuss. domino et clementissimo meo nomine ages flexo poplite supplicique vultu et cum lachrymis gratias. Hac epistola, tametsi non scio, quid responderit dd. coadiutor, ὁ ἄρχων Γεωργός divinitus est bene meritus de hac ecclesia *Hallensi* et de me potissimum, qui hic obiectus sum a domino rictibus quorundam luporum. Pergat adhuc per Χριστὸν oculum christianum vigilantem attentum habere ad hanc urbem et ecclesiam princeps. Nam hic adversarii minas spargunt, quod *Mezentius Brunswigkensis*[3] venturus sit in arcem *Gebichsteyn*, et urbi a manifesta vi non esse metuendum, sed a satanicis et occultis vaframentis et insidiis. Sed Christus summus rex et dominus aget per angelos excubias. Vale in Christo, mi *Forchemi*, et rescribe. Mittam omnia quae ex *Ratispona* ego accipiam. Iterum vale. Datae *Halae* in *Salinis* anno domini 1541.

I. Io. יוֹנָה

Rogo principem, ut omnia quae scribo celare clementer dignetur.

Praestanti et doctissimo viro d. *Georgio Forchegmio* apud principes illuss. Anhalt. domino et amico perpetuo colendo et charissimo s. Dem hern mgro *Forchegm*.

Archiv zu Zerbst.

569. Jonas an Georg Forchheim. 1541. Mai 5.

Uebersendet seinen Brief an den kathol. Pfarrer, dessen Anmassung er schildert.

G. et pacem Dei in Christo. Mitto tibi, mi chariss. *Forchemi*, responsum meum ad pastorem[4], qui non desinit a conviciis contra d. *Lutherum* et me. Si moderate et graviter scripsisset, mitius accepisset (habuissem honorem senili aetati) responsum. Nunc quae voluit dixit, quae forsan non vult audit. Eiuscemodi adversarii ineruditi et in mediis

---

[1] Der Brief ist nicht näher datiert, gehört aber in die Tage nach dem 4. Mai, da er den Dank für Uebersendung des Briefes Georgs an Johann Albrecht enthält, um welchen er in Nr. 566 gebeten hatte. [2] Die Fürsten Johann und Joachim von Anhalt. [3] Herzog Heinrich von Braunschweig. [4] Siehe oben Nr. 562.

hic *Salinis* tamen insulsi mihi sunt tanquam οἱ ῥητορεύοντες βάτραχοι, quos (Christo fretus) ingenti et maximo animo contemnam, et tamen oro pro eis, si forte convertantur. Vale in Christo et illuss. principi me commenda. Ego pro gloria verbi longe aliis adversariis non cedam. Vale iterum in Christo et me illuss. principi commenda. Datae *Hall.* 5ᵗᵃ post Misericordias dni. 1541.   *I. Ionas.*
Remitte quaeso cito meum scriptum.

Praestantissimo et doctissimo viro d. *Georgio Forchemio* apud illuss. principem et dd. *Georgium* etc. domino amico et fratri charissimo s. Dem herrn magister *Forcheym* zu oigen handen. Cito remittendae proximo tabellario vestro.

Archiv zu Zerbst.

570. J. Jonas an Fürst Georg v. Anhalt.   1541. Mai 17.

Berichtet über den Fortgang der Reformation in Halle, die Stimmung der Bevölkerung, das Verhalten des Coadjutors und verschiedener Ratsherren. Der Syndicus Gossmann ist geisteskrank geworden. Allerlei Nachrichten.

G. et p. in Christo Iesu filio Dei. Reverendissime in domino illuss. princeps et domine. Cum V. R. D. et ill. Cel." norit, quod mirabili oeconomia me nihil eiuscemodi cogitante a toto hic senatu et populo vocatus sim ad praedicandam puram doctrinam evangelii, satis mihi fuit certaminum cum his, qui se huic negocio Christi cum publice mandando et minitando, tum et clam occultis consusurrationibus, pharisaicis consiliis, odiis clanculariis, obtrectationibus et variis viperinis artibus et vaframentis opposuerunt. Sed Christo Iesu filio Dei sit gratia, qui hactenus ipse misericorditer ἐν πάσῃ δυνάμει δυναμούμενός με praesens interfuit et praefuit his rebus, deditque auditoribus verbi flagrantissimam sitim audiendae et cognoscendae doctrinae salutis et firmae consolationis et mihi indigno organo os et cognitionem gratiae Christi, cui resistere non potuerunt omnes, quamvis contentiose et hostiliter publice privatimque ἀντιλέγοντες. Cum initio omnia minarentur varios motus, tamen ad orationes ecclesiae omnia hactenus sic gubernavit feliciter Christus, ut sub contionibus aut alias nihil sit ortum tumultuum aut incommodorum. Quam metuebam tempore et diebus paschatos ne Satan aliquid motorii, ignienlnm etc. vel simile quod conflaret! Sed omnia Dei beneficio tam tranquille acta sunt, ut ne muris quidem strepitus auditus sit. Iam hic sum totas V hebdomadas, quotidie concionatus cum synergo meo. Pro ingenti et incomparabili beneficio cum erga me, tum etiam erga totam ecclesiam et rempublicam habeo gratias, quod V. R. D. et Cel. dignata est sollicitudine vere apostolica et episcopali scribere illuss. d. d. coadiutori tam sanctas, pias, christianas et his rebus Deo dante profuturas literas. Hae dominica Cantate celebrata est tertia evangelica synaxis et sic per tres dominicas singulis dominicis. CXXX iterum CXX plus minus communicantes, et per hebdomadam saepe petunt a me sacramentum integrum aegrotantes. Hic fuit heri quidam honestus civis *Norimbergens.*, qui et venit ad colloquium cum illuss. d. d. coadiutore, et d. coadiutor dicitur edidisse eiusmodi vocem: „*Hallenses* inquit nimium festinaverunt et onerarunt se hac indignatione; quod ad utramque speciem attinet, inquam sacramenti, existimo eam in hoc conventu liberam permittendam per totum imperium." Haec coadiutor. Interim quod d. illuss. coadiutor per illos duos m. *Wolfgangum Kelner* et *G. Beer* burggraf mandatum mihi fecit exeundi urbe et ego respondi, ut Cel. V. novit, nihil mihi ex aula dictum aut nunctiatum est. Alter autem illorum, qui ad me fuerant missi, misit ad me non multo post honestos homines et significavit mihi se habuisse ob eam rem tristissimas et insomnes noctes et conscientiae cruciatus, iam aegrotat et dicitur adhuc a me petiturus sacramentum. Sanior et paene maior pars senatus et illi vom außschus der gemein satis syncere favent verbo et tota communitas et multi ex adversariis ex concionibus redditi sunt mitiores. Pastor vero *Matts Metz* et pauci monachorum ventres, qui culinae metuunt, adhuc rugiunt nonnihil. *Querhamer*, etiam *Okel*, *Grymme*, doct. *Wihe*[1], *Corbuchus*, *Noviman*, quidam alii dicuntur prorsus non audire conciones neque legere libros. Quidam tamen hic pii dicunt de doctore *Wihe*, *Okel* et *Corbucho* et aliis forsan esse spem. Christus qui coepit opus hoc bonum (me ipso omnia ignorante de illa re triduo antequam ingrederer iter), perficiet usque ad diem illum, quo veniet in nubilo coeli electus Dei

---

[1] Michael Vehe, Dominikaner, Dr. theol., 1515 Regens des Dominikanerconvents in Heidelberg, den Albrecht nach Halle als Propst an die Stiftskirche und als erzbischöflichen Rat berufen; ein eifriger Gegner der Reformation, der sich auch im literarischen Kampfe gegen die Wittenberger in verschiedenen Schriften in den Jahren 1532—35 bethätigte. Dreyhaupt I, 850. Am bekanntesten ist er durch sein „New Gesangbüchlin" Leiptzigk 1537, das älteste katholische Gesangbuch (neu herausgeg. von Hoffmann v. Fallersleben, Hannover 1853.) Cochleus rühmt ihn als „eximius quidam theologus, ordinis praedicatorum, doct Michael Vehus, quem ob probitatem et eruditionem in praepositum Hallensis ecclesiae in Saxonia assumpsit sibique in consiliarium ascivit R. et illuss. dominus cardinalis et archiepiscopus Moguntinus Magdeburgensis." Commentaria de actis et scriptis Lutheri. Moguntiae 1549 pg. 258. Das Todesjahr 1540, welches Hoffm. v. Fall. a. a. O. S. 138. vermutete, ist nicht richtig. Koch, Gesch. des Kirchenliedes. 3. Aufl. Bd. II Stuttg. 1867, S. 170 hat (ohne Quellenangabe) das Jahr 1542. Cochleus beklagte 1544 den „ante paucos annos" erfolgten Tod dieses „doctissimus et religione vera sincerissimus theologus." (Hoffm. v. Fall. a. a. O.). Er war 1534 beteiligt an dem Leipziger Religionsgespräch, vrgl. Seckend. III, 90. Corp. Ref. II. 722flg. — Ueber die Ratsmeister Caspar Querhammer, Gregor Oekel, Wentzel Kurlauch, Dr. Philipp Novenianus siehe Franke a. a. O. S. 113.

et בַּר ille, quem praedicamus [1] et hic, videntes tot τοὺς κινδύνους, ipso corroborante confitemur. Tunc clare apparebit, uter fortior sit malleus *Querhamer* an vero sermo conterens petras Χριστός. Christus hic per me indignum organum nihil aliud clamitat quam 'Venite ad me omnes qui onerati estis, ego recreabo vos.' Item 'Qui sitit, veniat et hauriat, bibat etc.' Tradimus necessaria cordibus piis et conscientiis luctarum et certaminum peritis. Et sicut Deus coelestis pater variis agonibus misericorditer nos dolavit, nostram fidem exercuit et econtra clementer per Christum consolatus est, deditque agnoscere robur Christi contra regnum Diaboli et peccati deditque aeternam consolationem in corda nostra, ita consolamur et consolari conamur alios et possumus bona conscientia (tametsi impares et indignissimi, qui conferamur cum hoc coelesti heroe), cum dicitur cum S. Paulo: neminem laesimus, neminem offendimus, tot aerumnis publicis, domesticis, tot tentationibus, periculis, morbis, mundi ingratitudine vexati, thesaurum Christi et consolationem firmam aeternam, quae nobis multis agonibus constat contra Satanam, libenter gratis vobis impartiti sumus. Condonate nobis hanc iniuriam. Wem tun wir ein leid? A nomine episcoporum et canonicorum paene hactenus abstinuimus, sed nihil necessarii, nihil contra diabolum tacemus. Monachos nonnunquam, cum nos colaphisant et irrident Christum dicentes: 'prophetiza nobis, Christe, quis te percussit?' paulo acrius nonnunquam reverbero, deinde vulneri rursus imponimus τὸ μάλαγμα. Opto enim inter eos, qui errata vellent agnoscere, multos lucrifacere. Nunc reverendiss. et illuss. domine, erit mihi lucta non cum carne et sanguine, sed cum ligneis idolis, crucibus et fannis in der creutzwochen, ubi *Q. Malleus*[2] adhuc vellet invocari sanctos. Sed Christus dabit et ibi moderationem. D. doctor *Turck* dicitur graviter aegrotare *Lipsiae*, quidam dicunt de phthisi. Quamquam asperrima et durissima contra me et nos locutus dicitur, tamen vellem illum virum eloquentissimum et peritissimum reipublicae servari et pervenire ad cognitionem τῆς ἀληθείας. Deus precor illuminet cor eius. D. syndicum *Philippum Gosman* viderunt hic honesti cives, qui mihi dixerunt *Lipsiae* proh dolor iacentem et catenatum in ferro constrictum laborantem mania periculosa diu noctuque maniaca rabie tumultuantem et strepentem illis ferreis seris ac catenis. Miseret me viri docti et uxoris *Tumelyn*,[3] liberorum in cunis parvis. Horrendum est exemplum. Bonus vir dicitur valde derisisse pios hic, cum agerentur in exilium propter evangelium. Si eiusmodi sic plectuntur, paene

---

[1] Psalm 2, 12. [2] Querhamer. [3] Aus der Familie Tümmel. Vergl. Dreyhaupt, Genealog. Tabellen S. 50.

coacti, peccator magnus ubi manebit? Et assentatus esse dicitur syndicus hostibus evangelii. Dominus precor illi non imputet et motam mentem huic bono viro servet vocetque ad poenitentiam. S. Paulus ad Galatas inquit: Deus non irridetur. Et mundus tamen pergit mycterismis suis acerbis exagitare sanctos Dei et potare eos felle in cruce et postea vult auferre impune.

V. R. D. et Cel. boni consulat hanc nimiam verbositatem. V. Cel. remitto literas illuss. τῶν ἀρχόντων fratrum scriptas ex *Ratispona*. Remitto et copiam seu exemplum literarum V. Cel.^{is} ad illuss. coadiutorem. Merces pro illis literis sanctis et vere heroicis est abscondita copiosa Cel. V. in coelis. A pharisaeis hic conspuimur, hac nos literae recrearunt. Remitto et historiolam de conventu et *Brigittae* librum ac *Maximiliani* etc. si non restitui d. doctori *Augustino*, quaeram in meis chartis commodo tempore *Wittenberg*.

V. R. D. et illuss. Cel. ago ingentes et humilitate qua debeo gratias pro tantis officiis clementiae, benevolentiae, charitatis summae. Res hic adhuc non sunt sine certamine et habent adhuc τοὺς κινδύνους et quotidianas minas. Christus adest tamen. V. Cel. velit quantum posse est advigilare, ut nihil violenti tentetur ex parte τῶν κρατούντων; alias excitarent motum in scandalum evangelii et damnum maius, quam nunc cogitetur. Vita mea mihi adeo non est chara, tantum conservetur gloria Christi et propagatio evangelii. V. Cel. Christus Iesus reipublicae et ecclesiae conservet quam diutissime incolumem. Datae *Hallis*, ubi satis est certaminum pro obtinenda veritate. 3^{ia} post Cantate anno domini 1541. R. D. V. et Cel. addictissimus ex animo

I. יוֹנָה

Illuss. reverendissimoque principi et dd. *Georgio* principi
ad Anhald etc.

Archiv zu Zerbst.

571. Jonas an Friedrich Myconius. Halle 1541. Mai 17.
   Mitteilung über seine Berufung nach Halle.

Gratiam et pacem Dei in Christo. Gratulor tibi, mi ex animo carissime Solomon et Melchisedech, restitutam valetudinem. Deus te corroboret ecclesiae suae et reipublicae. Quod attinet ad vocationem meam ad hanc ecclesiam *Hallensem*, cogor ipse fateri me triduo ante nihil cogitasse nec intellexisse de illa re et deliberatione; [Christ in coelis[1]], et facta est iuxta mirabilem oeconomiam Dei. Cum vocatus

---

[1] So in der Abschrift des Codex. Die Worte sind wohl verstellt und gehören hinter Dei: et Christi in coelis.

a toto senatu et communitate[1] hic *Hallensi* praedicassem hic evangelium Christi ad duas hebdomadas, misit ad me illustrissimus dd. *Ioannes Albertus* coadiutor et[2] locumtenens cardinalis etc. et iussit excedere celeriter urbe. Sic mihi indigno stubenheisser apostolorum habitus est amplissimus honor. Sed ego respondi debitam habens reverentiam, in politicis me et *Hallenses* obedituros in omnibus, in causa Dei et tot milium animarum Deo magistro et regnanti ad dexteram patris magis obediendum esse quam hominibus. Caetera tibi tali amico, organo electo Christi, scribam copiose proximo tabellario. Haec scripsi in mensa. Festinavit enim tuus ille optimus vir *Gothanus* et deanus.[3] Ex Deo enim es totus, quia verbum Dei doces et audis in schola crucis ab ipso filio Dei Iesu Christo. Orationem tuam sanctam sanctiorem, sanctissimam et meliorem omni sanctitate sanctissimam peto, pro hac ecclesia[4] VI. M., multorum milium, supplex peto a te, et ego peto pro ecclesia hac et me orari. Datae tertia post Cantate anno domini 1541.

Iustus Jonas tuus.

Clarissimo viro d. *Friderico Myconio*, pastori ecclesiae Gothanae, organo Christi sancto, amico veteri et fratri in domino carissimo suo.

Abschr. in Cod. Goth. 1048 fol. 27[b]. Ein Stück davon gedruckt bei Pressel, Jonas S. 135. 136.

572. Friedr. Myconius an Jonas. Gotha 1541. Mai 17.

Wünscht ihm Glück zu seinem in Halle begonnenen Werke; klagt über Kränklichkeit.

Gratiam a Deo patre nostro et domino Iesu Christo. Non moriar sed vivam et narrabo opera domini. Inter reliqua eorum hoc, quod te apostolum suum, mi doctissime et suavissime d. *Jona*, in ipsa media castra atrocissimorum hostium suorum misit, ut expellas fortem illum armatum spoliis suis et Christo reducas suos captivos. Certe nunc video, quid sit, quod Abraham Lothum captum redemit, David caesis Amalekitis uxores et familiam captas reducit, et quod fortes sint viris omnibus in terra heroes Davidis, qui invitis Philistacis Bethlehem e cisterna aquam vivam adferant Davidi. Perge, domine Iesu Christe, triumphare superbum hostem antiquum! Perge et tu, mi *Jona*, bellare bella domini. Ego ut de rebus meis tibi scribam, nondum vici morbi mei reliquias. Adhuc raucus sum et tussio. Verum omnia vobiscum officia militiae subeo Deum pro vobis certantibus orationibus et suspiriis ac gemitibus inenarrabilibus, ut perrumpat et anathema faciat, omnes portas inferorum convertat. Mir thut es weher denn keine kranckheit,

---

[1] Cod. coemitate. [2] Cod. coadiutorum. [3] deanus = Gothanus, cf. de Wette V, 74, wo statt Gotha divina civitas gesagt wird. [4] Cod. peto. Haec ecclesia.

III. In Halle.

dass ich, da der streit am herrlichsten ist wider den verzweiffelten Absolon, mit David muß daheim bleiben vnd nicht helffen die spieß durch sein hertz rennen. Si hoc non licet modo, licebit tamen olim, cum aliis comportare lapides et obruere monstrum hoc deterrimum contra patrem seditiosum, immo quod ausum fuit coelo bellum inferre. Oro te, ut more tuo mihi longa epistola rescribas de omni statu pugnae tuae et quae sit spes tibi de huius urbis statu. Ego optime spero, immo certus sum, quod poenas dabit Satan interempti m. *Acotigii*.[1] Vale. Datum *Gothae* 1541. 3. feria post Cantate.

Frid. Myconius.

In: Bibliotheca histor.-philol.-theologica. Bremae. Class. VII. fasc. 4 1728. pg. 729—731. Deutsch in Fortges. Sammlung. Leipzig 1729, S. 354—356.

573. Nic. Medler an Jonas. Naumburg 1541. Mai 18.

Erklärt, dass er seinen Diakonus Bened. Schumann nur noch bis Pfingsten den Hallensern lassen könne; dann müsse er nach Naumburg zurück, da er selbst wegen eines Streites mit einem Schwärmer nach Torgau vorgeladen sei.

Gratiam et pacem in Christo, prestantissime domine doctor praeceptor et patrone chariss. Misi nuper in messem domini ad tuae praestantiae vocationem dominum magistrum *Benedictum*[2], fidelem in verbo Dei collegam meum, ad aliquot dies, quo nunc certe aegre caret nostra ecclesia satis etiam populosa, cui tamen concedam, ut tuae praestantiae ad festum usque Penthecostes in ministerio verbi sit minister. Et rogo, ut ad praescriptum festum nobis redeat domum. Quae enim hic praesertim in talibus festivitatibus negotia sint peragenda, ipse novit et praestantiae tuae narrabit. Accidit et praeterea, quod circa Trinitatis festum me *Torgam* versus proficisci oportet, ibi tum omnino desolata esset nostra ecclesia, si interim non rediret domum, sum enim una cum nostro senatu, qui ex parte mea stat, citatus propter graculum illum[3], qui se et graecum et hebreum impudentissime appellare audet. Qui bonus vir, si diis placet, non modo mihi et senatui nostro, sed et illustrissimis nostris principibus multa negotia facescit. Causa quae sit, ex magistro *Benedicto* tua praestantia audiet, est enim stolidus[4] et

---

[1] Der Name ist wohl falsch gelesen. Man ist versucht, entweder an Georg Winkler (Franke, Gesch. der Hall. Ref. S. 82 flg.) oder an Hans Schenitz zu denken.

[2] M. Benedict Schumann, welcher damals als Gehülfe des Jonas nach Halle gekommen war. Vrgl. Dreyhaupt II, 717—825, dessen Angaben durch die Briefe Medler's in manchem Punkte berichtigt und vervollständigt werden.

[3] M. Sebastian Schwebinger in Naumburg, den Medler als einen Schwärmer auf der Kanzel angegriffen hatte, und der wiederum gegen Medler beim Rate geklagt hatte als gegen einen Mann, der Kirchengelder in seine Tasche stecke und mit seinen Collegen nicht Frieden halte; vrgl. N. Mitteil. II, S. 212 u. 217 flg.

[4] Förstem. stolus.

arrogans homo, qui non modo libenter se in aliquod officium intruderet, verum etiam omnes, id quod sedulo facit, reprehenderet, ut ipse solus sapere videri posset, et habet tantum impias et fanaticas opiniones, quibus simplici populo imponere studet; has sibi in concionibus refutari ferre non potest. Te oro itaque, cum mihi abeundum sit, ut ante festum Penthecostes magistrum *Benedictum* certe nobis remittat tua praestantia, et habebit nos alio tempore et in aliis rebus omnibus semper obsequentissimos. Ad proximam diem dominicam spero me ad praestantiae tuae literas, si modo rescripserint, e *Ratispona* accepturum responsum, quo si vicissim literas mittere velit tua praestantia, curet interim eas ad me perferri, quam in Christo bene valere cum mea tota ecclesia semper oro. Datum *Neumburgi* 18. Maii anno 1541.

Nicolaus Medler.
tuae praestan. deditus.

Clarissimo viro et praestantissimo theologo domino doctori *Iusto Ionae Wittenrergensi* praeposito, iam vero *Hallensium* in Christo Iesu apostolo, domino preceptori et patrono suo observandissimo.

Orig. in Meiningen. Förstem. N. Mitteil. III, 2. S. 107. 108.

574. Luther an Jonas. Wittenberg 1541. Mai 22.

Der Kurfürst von Sachsen halte an seinem Burggrafenrecht in Halle fest und schütze darauf hin Jonas in seiner dortigen Wirksamkeit. Macht Vorschläge für die Neuwahl eines Syndikus in Halle. Verschiedene Nachrichten.

de W. V, 359. vrgl. Cod. Dessav. A. Bl. 7. Anfschrift: Clarissimo viro domino Justo Jonae Sa: Theo: doctori, legato Christi fideli in Halli, suo in domino maiori. Varianten: — Deus facit, — cetera — Halle [in fehlt] — parvo vor titulo fehlt — uno st. imo (falsch) — pro illo Balthasare — Ronsenaecker — hinc st. huc — eum provisum — d. Mildensis — piis canis capillis — in domino tua omnia — prolixas epistolas — signata st. stigmata — Vozem Gokontidadis (!) 1541.

575. Medler an Jonas. Naumburg 1541. Mai 25.

Glückwunsch zur Reformationsarbeit in Halle. B. Schumann darf noch während der Pfingstfeiertage dort bleiben, muss aber dann nach Naumburg zurück. Erneute Klagen über Schwebinger. Aus Regensburg sind die gewünschten Briefe ausgeblieben.

Gloria, laus et honor in secula seculorum sit Deo propitio nostro, patri caelesti per Iesum Christum unicum eius filium, qui vestram ecclesiam variis donis spiritus sui divini et visibilibus etiam miraculis illustrat; quid enim pio et fideli Christi ministro laetius et iucundius unquam in hoc seculo contingere posset, quam ut sic palam opera Dei, quae Sathanae opus destruunt, videret? Ergo tecum, mi clarissime et praestantissime domine doctor et patrone observande, gaudeo et congratulor vestrae ecclesiae, pro quibus orare nunquam desistam; agite ergo et confortamini in domino et videbitis maiora his miraculis, et spero יוֹנָה הַנָּבִיא tam e ventre ceti, id est a calculo, liberatum esse, ut copiosorem in Ninive, id est vinea domini afferat fructum. Quod autem praestantia tua et in Penthecostes feriis secum retinere vult dominum magistrum *Benedictum*, concedo, modo 4ta feria domum redeat. Nam eius opera profecto amplius carere non possumus, praesertim cum mihi abeundum sit *Torgam* versus propter illum graculum,[1] contra quem etiam tuam praestantiam in testem vocabo, nam in suis scriptis ad illustrissimum principem electorem nostrum se impudentissime auctorem doctrinae evangelicae et piae institucionis scholasticae in monasterio divi Georgii scribere audet, quod non sine domini abbatis[2] contumelia fecit, quare quomodo illic se gesserit, praestantia tua aliquo modo novit etc.

Habeo etiam praestantiae tuae gratias ingentes, quod mihi articulum nostrorum maiorum de eucharistia communicaverit, qui sane eruditissime est conscriptus, et miror, quorsum adversariorum impudentia et malicia tandem evadet.[3] Ego cum proximo meo nunctio nullum e *Ratispona* accepi responsum, sed est mihi schedula his literis inclusa missa, quae dominum *Philippum* excusat, licet nunctio promiserant, proxime se daturos responsum, quod nunc exspecto, ego autem ne importunus videar, ipsos amplius molestare non audeo. Resalutant praestantiam vestram omnes communes nostri amici officiosissime et dominus abbas proxime vestrae prestantiae ipse scribet, quam nunc bene et fortiter in Christo valere precor. Datum *Neumburgi* in vigilia Ascensionis domini anno 1541.
      Praestantiae vestrae deditus
         Nicolaus Medler doctor.

Origin. in Meiningen. Förstem. N. Mitteil. III, 2 S. 108. 109.

<small>Clarissimo et praestantissimo viro domino doctori *Iusto Ionae Wittenbergensi* praeposito, *Hallensium* vero in evangelio Christi primo apostolo, domino praeceptori et patrono suo semper observando.</small>

576. Jonas an Fürst Georg von Anhalt.   Halle 1541. Mai 29.

<small>Nachrichten aus Regensburg. Ueber seine Predigten in Halle und den Uebertritt etlicher Widersacher zur evangel. Lehre. Die Geisteskrankheit des Syndicus, ein Gottesgericht für die Papisten.</small>

— — V. R. D. et Cel. literas accepi et non sine magno gaudio legi. Nam hic Christus loquitur in medio τῶν ἀντιλεγόντων. Tametsi non dubitem, R. D. V. et Cel. omnia intellexisse de actis conventus

---

[1] Schwebinger. vrgl. oben No. 572.   [2] Hebenstreit s. oben No. 582. 537.   [3] Vrgl. Corp. Ref. IV, 261 flg.

Ratisponensis, tamen ut Cel. V. in literis significat, mitto Cel. V. epistolam doct. *Crucigeri* e *Ratispona* ad d. doct. *Pomeranum*.[1] Dicuntur in conventu adhuc satis agere sophistice. *Eccius* sophistarum z et ω, laborat febribus, forsan Deus claudet hoc os dolosum, labia fraudulenta et sophistica. Quod attinet, illuss. princeps et domine, ad ecclesiam *Hallensem*, duo sunt conversi ex magnis adversariis, et mirabilia operatur Deus. Der vier hern schreiber, qui fuit maximus papista, qui dixit sub primum diem adventus mei: 'quod cito fit, cito perit', ex mea manu sumpsit integrum sacramentum. Interim ex arce nihil mihi nunciatum est. Pro contione orationem dominicam absolvi. Iam primum praeceptum et decalogus, doctrina non monastica neque idololatrica[2], sed Dei viventis, erudiet *Hallim* de vero cultu Dei; nam prox. 4. f⁸ incipiam decalogum, doctrinam haereticissimam (si haeresis est sperare in Deo vivente et relinquere idola 1. Joh. ultimo).

Adversarii, illuss. princeps et domine, satis adhuc spirant minas et caedes. Sed Christus adest ἐν πάσῃ δυνάμει δυναμούμενος, neque tam facile quovis erratico rumore terremur. D. doct. *Philippus Cosman* syndicus, qui *Lipsiae* propter morbum maniae iacuit in catenis, hic heri publice in plateis stetit minitans bipenne et gladiolo. Confluxit multitudo iiij. M., clamitavit, fremuit, vociferatus est paene ad horam in propria domo, excussit omnes fenestras minitans caedem nescio quibus in senatu. In illa mania nominavit quosdam, qui insidiati sunt evangelio. Heri captus est ab armatis ministris senatus, mox ingenti clamore me vocavit יוֹנָה. Cum heri ad eum misertus uxoris, tum τῶν τεκνῶν, venirem, dixit: „pfaff, pfaff, bitt dein Gott vor mich, ader ich las dy grawen monch holen!" Misera facies est. Miseret me honestissimae uxoris et liberorum. „Zadick, adonai, ve jaschar mischpatecha[3]!" Oramus pro bono viro, sed audio, quod persecutus est sanctos Dei, tunc Deus speculum et hypotyposin esse hunc vult papistis. Caetera scribam Cel. V. in proximis literis. Christus adsit semper Cel. V. Datum dominica Exaudi anno dni M. D. XXXXI.

V. C. et R. D. deditissimus   I. יוֹנָה

Archiv zu Zerbst   Aufschrift wie gewöhnlich.

577. Jonas an Georg Forchheim.   Halle 1541. Mai 29.

Von einem vergeblichen Versuch der Gegner, während einer Predigt des Jonas Unruhe zu erregen.

G. et p. Dei in Christo. De statu huius ecclesiae *Hallensis* scripsi reverendissimo et illuss. principi et latius brevi scribam tibi, mi m.

---

[1] Corp. Ref. IV, 252 flg.   [2] idolatrica.   [3] Psalm 119, 137.

Forch. de omnibus. Profecto hic mirabili oeconomia Dei in media coniectus sum certamina contra colubrem antiquum et satis res quotidie habet agonum καὶ τοὺς κινδύνους. Sed Christus adest nobis et aderit. Quidam minitati sunt nobis se aliquid excitaturos esse per calliditatem motus arte et nescio quibus dolosis insidiis sub contionem. Sed ego in contione dixi nosse me eorum nomina et conterrui eos, et per Dei gratiam omnia sunt pacifica et εἰρηνικὰ πάντα. Supplex peto et cum lachrymis, ut in fide magno impetu gemituum et suspiriorum pulses apud Christum pro nobis, pro hac ecclesia et pro me, nam Satan odit Deum et omnia coepta Dei. Vale in Christo, mi chariss. *Forchemi* et ora ardenter: tuas sanctas orationes petimus. Datae dominica Exaudi anno Domini MDXXXXI.   *I.* יוֹנָה

tuus ex animo.

<small>Praestanti et doctissimo viro d. *Georgio Forchemio* apud Illuss. τοὺς ἄρχοντας Anhaltinos, amico ex animo charissimo. Dem horn mgro *Forcheym.*</small>

Archiv zu Zerbst.

578. Jonas an Fürst Georg v. Anhalt.   Halle 1541. Juni 3.

<small>Die Reformation macht gute Fortschritte. Die evang. Prediger enthalten sich alles provocierenden Verfahrens. Gleichwohl geht das Gerücht, dass der Coadiutor auf Gewalt sinnt und Rüstungen gegen Halle unternimmt. Card Albrecht soll gestorben sein.</small>

G. et pacem Dei in Christo Iesu. Reverendissime in domino, illuss. princeps et domine. Hic sermo domini per Dei benedictionem et corroborationem spiritus Christi satis feliciter currit et ab electis Dei honoratur et per opera manifesta Dei glorificatur. Tres magni ex papistis sunt conversi, admodum multi ex contionibus facti acquiores et mitiores. Offerimus prolixam et debitam politicam reverentiam et obedientiam erga potestatem ordinariam τῶν ἀρχόντων καὶ τῶν κρατούντων. Tradimus necessaria conscientiis, doctrinam fidei et cognitionis Christi. Iam absolvi orationem dominicam et praefationem in decalogum de dignitate decalogi, de summo et vero cultu Dei, primi scil. et magni praecepti: Ego dominus Deus tuus. Et nulla alia causa insidiis hostilibus petimur et πανουργίᾳ Satanae, quam quod conversi ab idololatria speramus in Deo vivo, et relinquentes idola credimus in benedictum בַּר, electum filium Dei Iesum Christum. Neminem laedimus, nemini nocemus, pro principibus et ipso stadhalder indesinenter nominatim oramus, in singulis contionibus hortamur populum ad pacem, etiam ad mansuetudinis charitatem, ad studium lucrifaciendi adversarios Christo, etiam erga monachos, illa terrae pondera et ventres — condonent nobis hanc iniuriam — ut inquit Paulus 2. ad Corinthios.

Et tamen honestus civis ex *Magdeburgo* scripsit huc hodie celerrimo nuncio, qui nocturno itinere volavit huc, hodie hora 5. hic fuit, ad civem quendam ex summis et potioribus, quod equites circumerrent, et quod aliquid violenti moliantur contra hanc urbem idque clanculariis et hostilibus artibus atque circumventionibus et irruptionibus etc., ut latius V. Cel. ex hoc *Io. Beier* audiet, latius in secreto. Et fama est περὶ τοῦ θανάτου cardinalis. Vita mea mihi non adeo chara est, etiamsi habeo quinque liberos et fidissimam ac charissimam uxorem, tamen in hoc sancto negocio me hinc nulli mundani aut hominum terrores eiicient nisi nostro cruore respergant proximos parietes. Et tamen voluntas aut consilium impiorum non fiet, sed Christus gubernabit omnia et citius nocebit adversariis violentia quam proderit, et tamen verificabitur hoc Esaiae: 'Inite vos irati consilium et dissipabitur, consilium autem meum STABIT. Voluntas mea fiet, dicit dominus Deus omnipotens.' Caetera ex illo cive. V. Cel.[inis] orationibus sanctis et hanc ecclesiam iam olim satis afflictam et me indignum oeconomum negocii Dei commendo. Paratus sum impendere hunc laborem dum spiro, et superimpendi pro tot milibus animarum. V. R. D. et Cel. haec celare dignetur et has literas comburere. Christus Iesus ecclesiae et reipub. quam diutissime incolumem.[1] Datae eilends 6ta post Exaudi 3. Iunii anno dni 1541.

R. D. V. et C. addictissimus

I. יוֹנָה

Reverendissimo in domino illuss. principi et d. d. *Georgio* etc.
Archiv zu Zerbst.

579. Spalatin an Jonas. Altenburg 1541. Juni 9.

Bittet um Nachrichten über das Ergehen des Dr. Milde. Wünscht sein Urteil zu hören über den Regensburger Vergleich in der Rechtfertigungslehre. Die Widersacher, welche die Predigt der Lutheraner findet, sind das beste Zeugnis dafür, dass letztere die Sache des Evangeliums bekennen.

Dei gratiam et pacem per Christum. Etsi gratissimae mihi tuae sunt literae omnes, reverende d. praeposite doctor *Iona*, tamen longe gratiores fuissent, si interspersisses vel brevissimam mentionem de tuo hospite d. doctore *Erhardo Mildio*, imo etiam quid de conciliatione[2] nostrorum cum adversariis de loco iustificationis sentires. Est enim cur hic tuum, cur aliorum requiram iudicium. Breviter beatos iudico, qui ne digitum quidem a simplicitate Christi sinunt se ullis modis abduci. Quantum enim est, quod nobis aliquid largientibus capita orbis terrarum possent dare? Quis etiam eorum, quis nostrum vel de momento certus est? Quorsum ergo totius huius mundi regna et imperia sine Christo et

---

[1] Der Satz ist von Jonas in der Eile nicht beendet. [2] quid conciliationi.

cognitione gratiae beati Dei? Legationem tuam imo Christi tam feliciter isthic succedere ex animo laetor. Dominus fortunet omnia. D. licentiatum *Pfeilum* nondum audivi. Misit enim literas molestissimis negotiis paene oppresso. Utinam vero tibi, utinam aliis prolixe usui fuissem hactenus; vires certe prius quam voluntas defuisset. Nosti verbum Pauli ad Corinthios: ‚Ostium magnum patet, sed adversarii multi.‘ Et sane nisi ἀντιλέγοντας καὶ ἀντικειμένους haberemus multos, esset cur de doctrina nostra, imo de evangelio salutis nostrae dubitaremus. Sed videntes impleri quicquid prophetae, Simeon, Christus ipse et omnes Apostoli praedixerunt novissimis iisque pessimis temporibus futurum, merito tollimus capita, certi in foribus esse redemptionem nostram. Quam Christus feliciter adceleret. Amen. Bene vale cum sanctis isthic omnibus, praesertim hospite tuo. Resalutat te mea vitis una cum botrybus reverenter. Ora et ipse quaeso pro nobis omnibus, pro vobis enim fideliter oramus. Cursim 5ta πεντηκοστῆς MDXLI.

G. Spalatinus.

Reverendo viro d. *Iusto Ionae*, theologiae doctori, praeposito *Vitebergensi*, nunc Christi gloriam *Halae* Saxonum fideliter adnuncianti, patrono observabili.

Orig. in Meiningen. Neudecker Bl. 948.

580. Medler an Jonas.   Naumburg 1541. Juni 9.

Dankt für die Rücksendung Schumanns; übersendet zwei Briefe, die er aus Regensburg erhalten; klagt abermals über die Bosheit Schwebingers.

Gratiam et pacem per Iesum Christum, amen. Gaudeo dominum magistrum *Benedictum* incolumem ad nos rediisse et habeo propterea praestantiae tuae maximas gratias, quod illum remiserit, ago etiam gratias ecclesiae vestrae pro munusculo salis, domestico quidem, quod hoc nomine gratissimum quidem mihi fuit, et si quo modo vicissim vestrae ecclesiae vel inservire vel gratificari potero, lubens faciam, interim tamen sedulo eam cum praestantia tua meis precibus Deo commendabo. Audio enim vos non sine periculo esse, sed dominus Iesus Christus hoc suum opus, quod in vobis incepit, contra Sathanam et mundi potentiam per sanctum suum spiritum in vobis confirmabit et defendet, amen. Mitto praestantiae tuae quaedam nova, quae proxime ex *Ratispona* accepi, et quod haec vera sint, vel inde intelligo, quod duos harum rerum testes habeam, qui haec eodem die ex *Ratispona* scripserunt, alter est dominus *Ioannes Ripschs* principum ab Anhalt cancellarius[1], alter *Sigismundus a Feyliczsch*[2], et rogo si quando et

---

[1] Brief vom 24. Mai: Corp. Ref. IV, 333 flg. und Förstemann, N. Mitteil. III, 2. S. 111 flg.   [2] Vgl. Corp. Ref. IV, 341 flg. Förstem. a. a. O. III, 2. S. 113. Dieser 2. Brief ist vom 27. Mai.

tua praestantia aliqua certa acceperit, ut ea mihi et communibus hic nostris amicis communicare velit, pro quo et aliis innumeris beneficiis suis me tua praestantia in perpetuum devinctum habebit. Ego ad proximam futuram hebdomadam versus *Torgam* profecturus, ut illic in aula cum *Schwebingero* iudicio sistam. Quare pro me oret precor praestantia tua dominum, ut me in sua veritate conservet et custodiat amen; homo[1] enim iste valde turbulentus et perversus, quod et mihi et aliis multis, etiam ipsi principi electori plurima negotia facescit. Causam credo praestantiae tuae magistrum *Benedictum* narrasse, quae est, ut breviter dicam, quod omnes concionatores et in vita et in doctrina reprehendat, et diversas a nostra doctrina opiniones rudi et agresti populo inculcet ubique locorum, ubi saltem vel unum reperit hominem, qui se audire vult; et hoc fecit, ut suam doctrinam ostentet, vellet enim libenter magni aliquid esse. Et habet adversum me instigatores canonicos nostros, suos dominos; hoc hominem audaciorem reddit, quos quoque adversus meam doctrinam defendit, id quod et in binis litteris suis fecit, ut reliqua omnia taceam. Sic et ego sane hic habeo meos adversarios, non tantum istum hominem, verum etiam cives quosdam, qui et fratres videri volunt, qui et ecclesiasticam et scholasticam meam institutionem, quae sane Christo sit laus et gratia, feliciter satis procedit, impugnant. Tanta est diaboli calliditas; ideo opus habeo sanctorum oratione et maiorum meorum defensione, quibus ego in omnibus libenter parebo, Sathanae autem adiuvante me Christo non facile cedam etiamsi in specie angeli sese mihi opponet. Ilis querelis meis ignoscat tua praestantia oro et me sibi commendatum habeat, quam ego in Christo Iesu una cum tota *Hallensi* ecclesia bene valere et habere cupio. Datum *Neumburgi*, 5ta feria post festum spiritus sancti anno 1541.

Tuae praestantiae discipulus et cliens

Nicolaus Medler, doctor.

Clarissimo et praestantissimo viro domino doctori *Iusto Ionae Wittenbergensis* sacri collegii praeposito, *Hallensium* autem in Christi Iesu evangelio primo apostolo, domino maiori et patrono suo semper colendo.

Origin. in Meiningen. Förstem. N. Mitteil. III, 2. S. 110. 111.

581. Medler an Jonas. 1541. Juni 11.

Beklagt die feindlichen Massnahmen des Coadiutor gegen die Evangelischen, und empfiehlt Eck, Eichler als einen treuen und würdigen Geistlichen.

Gratiam et pacem in Christo. Praestantissime domine doctor et praeceptor observande, audio vestrum coadiutorem in ministros Christi

---

[1] Förstem. enim homo iste.

saevire et quendam ex oppidulo *Konner* captivum abduxisse; quod si ita est, condoleo vestras vices, tametsi ut certo sciam Christum Sathana fortiorem esse, ita etiam sese et ministros suos in suis tyrannis vindicaturum esse. Quare confortet vos omnes suos fideles ministros potens ille Dominus, qui victor ex Tartaris etiam rediit, Iesus Christus vivus filius Dei sedens ad dextram Dei patris, cui sit honor in secula saeculorum, amen. Porro est et hic praesens literarum lator dominus *Eckardus Glandianus*[1] ex illorum numero, qui verbum Dei fideliter praedicant, ideo Sathanam quoque sibi acerrime adversantem habet, sicut ex ipso audiet tua praestantia. Quare cum mihi non aliter quam bonus et syncerus Christi minister cognitus sit, rogo ut hominem istum sibi commendatum tua praestantia habeat, si quo modo cum iuvare vel promovere poterit, quam in Christo bene perpetuo valere oro et opto. Ad futuram septimanam proficiscar *Torgam* in meo negotio, quare et pro me Christum P. T. orare velit. Datum *Neumburgi* 11. Iunii.

T. p. deditus   *Nicolaus Medler* d.

Praestantissimo et clarissimo viro d. d. *Iusto Ionae Hallensis* ecclesiae iam vero in evangelio Christi apostolo, domino maiori et praeceptori suo observandissimo.

Original in Meiningen. Förstem. N. Mitteil. III, 2. S. 115.

582. J. Jonas an Gregor Brück.   Halle 1541. Juni 24.

Bittet ihn in einem teilweise die Namen in Chiffren verhüllenden Schreiben, die Wahl Kilian Goldsteins zum Syndikus von Halle zu befördern.

G. et pacem Dei in Christo. De statu huius ecclesiae dicet dignitati vestrae *I*.[2] Dei beneficio satis foeliciter propagatur evangelium hic, et quotidie etiam aliqui ex adversariis accedunt numero credentium. Qui hic favent in ⳨ et *III*.[3] evangelio + ex animo, omnes optant contingere syndicum doct. *Chilianum*. Quare rogo, ut BB. dig. pro salute huius ecclesiae et reipublicae det operam, ut omnino doct. *Chilianum* nanciscantur. Ex *I*. audiet BB. dig. vestra. quod brevi hic ⳨ et *III*. post nundinas *Naumbury*. mittet ad *I*.[4] et etiam ad BB. dig. v. legatos, qui agant coram de syndico et aliis et deinde forsan *I*. scribent. Interim Deo auxiliante fideliter agemus in negocio + in hac populosa et frequenti ecclesia et orabimus dominum, ut negocium *Gyg. I.*,[5] causam hic

---

[1] d. i. Eichler.   [2] Das I ist in eigentümlicher Weise mehrfach durchstrichen; ebenso wieder in den Worten Ex 1. audiet; dadurch ist es unterschieden von der nachfolgenden Chiffre I. Dieselbe Durchstreichung kehrt wieder in der eignen Namenschiffre in der Unterschrift.   [3] Rat und Ausschuss der Burgerschaft?   [4] Der Kurfürst von Sachsen? + = Christi?   [5] Gyg. I. = Ioh. Gigas? vergl. den Brief Spangenbergs vom 19. Juli 1541. Zur Sache vgl Dreyhaupt II, 621. Franke S. 144. de W. V, 360.

religionis et totam causam Christus filius Dei gubernet et dirigat et custodiat ecclesiam Evangelicorum et Lutheranorum, ut vocant (quae est vera ecclesia) ab omni scandalo et propaget late evangelium veritatis ad gloriam Dei. Amen. D. V. in domino bene valeat et de syndico ac ad quaedam priora dignetur rescribere. Christus filius Dei dig. v. corroboret et servet. Datae die Iohannis Baptistae hora x. anno domini 1541. *I. I.* vester per omnia.

<small>Clariss. et praestantissimo viro d. *Gregorio B.* cancellario et a consiliis electori Saxon. domino compatri et amico charissimo s. Dem hern doctori *H.*
Orig. in der Kirchenbibl. zu Neustadt a. d. Aisch.</small>

583. J. Jonas an Fürst Georg.   Halle 1541. Juni 25.

<small>Ueber die Regensburger Vergleichsversuche. Er möchte gern mit Luther in Dessau zusammentreffen. Die Reformation in Halle macht weitere Fortschritte. Die kathol. Gottesdienste werden nur noch ganz schwach besucht.</small>

G. et pacem Dei in Christo, filio Dei. Reverendissime in domino, illuss. princeps et domine. Remitto R. D. et I. Cel. V.^{ae} acta et concordata in conventu *Ratisponensi,* in quibus concordatis conceditur antecedens et absurde negatur consequentia et consequens; et in quibus conceditur Maior (et coguntur adversarii concedere Minorem) et absurde negant ac prodigiose conclusionem etc. Cels. V. ignoscat ineptiis. Audio rev. patrem nostrum organum Christi sanctum d. d. *M. L.* oppositum rictui Diaboli et Satanae et colubri et manduci seelenfresser *Romae,* papae, intra biduum fore apud Cel. V. O quis me nunc in vallibus Hemi[1] i. e. *Dessae* sistet et hoc daret frui colloquio? Hic *Hallis* in medio inimicorum operatur, sapit, loquitur, confitetur, vincit, gloriatur et triumphat Christus. Frigent et silent auditoria monachorum et templa, nisi forsan vocalia fiunt, cum octo X. aniculae tussim supernam et alteram — salvo pudore et D. V. reverentia — edunt sonantius. Confunditur Satan et membra eius. Christus dat os et cognitionem, cui resistere non possunt omnes οἱ ἀντιλέγοντες. Interim tamen res habet certamina καὶ τοὺς κινδύνους. Sed animos addit piis et mihi Χριστὸς filius Dei. Excubias agunt diligenter hic cives et contra minas diligentia ac vigilantia pugnant, interim obedientiam omnem debitam offerentes. Christus filius Dei R. D. et V. Cel. reipublicae et ecclesiae conservet incolumem quam diutissime. Transit τὸ σχῆμα huius mundi. Verbum et regnum Dei manet in aeternum. Datae 25. Innii *Halae* anno domini 1541.   V. R. D. et Cel.   addictiss.   *I.* יוֹנָה d.

<small>Archiv zu Zerbst. Aufschrift wie gewöhnlich.</small>

<small>[1] Vgl. Horaz Od. I, 12. Man erklärte den Namen Dessau = Regen-, Erquickungsort. Beckmann III, 347.</small>

584. Jonas an Fürst Georg.   Halle 1541. nach dem 25. Juni.

Bittet um Nachricht über das Ergebnis der Sendung von Regensburg an Luther. Ueber den Fortschritt der evangel. Sache in Halle. Dr. Fachs ist als Gesandter zum Coadiutor von Leipzig herübergekommen.

— V. Cel.[inem] ante omnia rogo, ut dignetur mihi per hunc *Michaelem* גוֹשֵׁן[1] significare, quid legationis ad d. doctorem *Mart. Luth.* a Caes. Mte. missum sit. Expecto enim scripta e *Vittenberga* et hactenus de ea re nihil a d. doctore patre nostro aut aliis accepi literarum[2]. Quod attinet ad statum huius ecclesiae *II.*, hactenus Christus Iesus filius Dei manifeste et misericorditer praesens nobis fuit et sensimus minime obscure fructum ac efficaciam orationum in tot ecclesiis. Res tamen haec et hoc negocium Dei adhuc habet quotidiana certamina καὶ τοὺς κινδύνους. Ex adversariis tamen multi facti ex contionibus purae doctrinae mitiores, multi in totum conversi et proximis tribus dominicis nulla fuit synaxis, in qua non essent CXXX vel XL. [communicantes] et inter hos singulis dominicis adversarii quatuor V. qui antehac non communicarunt. Gratia Deo pro dono coelesti. In aula quoque d. d. stadhald. illustrissimi dicuntur esse quidam facti placatiores. Es soll g. f. vnd her, eyner gesagt haben, von adel, geneigt dem euangelio: 'Geschehen der prediget so clar noch ein zehen, so wird m. g. h. der stadh. kein kuchenjungen behalden im hoff, horet ers, er wird lutherisch, ut vocant.' Sed non multum tribuo istis sermonibus plausibilibus neque adeo imperitus sum mundi, ut non diffidam aut ignorem, quam non satis tuto credatur multis etc. Sed precor tamen, ut ad cognitionem τῆς ἀληθείας perveniant omnes aut certe plurimi. Ego hic tradam doctrinam Christi pure et syncere. Monachi me irritant stulte et incogitanter in contionibus (quod vellem eis a Cel. V. et rev. capitulo *Magdeburgensi* interdici — hoc tamen secreto D.V. Ill. scribo). Et tamen ne illos quidem reverbero hostiliter. Salibus nonnunquam (cum promeriti sunt), sale in *Salinis* hic et salsis iocis eos exagito. Quare non tacent, cum ipsorum ventribus cupiam prospectum et eis parcam sciens volensque, deinde et ab asperitate, alia sciens, ut plantetur doctrina eo felicius, abstineam? Hic iam adest in arce in consiliis τοῦ Μαργίωνος ἄρχοντος doctor *Fuchs* e *Liptz*, et graviter deliberant, nescio an ὁ φράτης adsit an sanator. De me dicitur honorifice loqui, haud scio an ex animo, tribuere mihi eruditionem, prudentiam etc. Sed diffidendum est hoc tali saeculo. Varia cogitant, sed longe falluntur, longe aliter res habent apud alios τοὺς ἄρχοντας. Latius scribam proximo tabellario. Rogo de legatione Caesaris ad d. doct. *Martinum* Cel. V. dignetur rescribere et

---

[1] So statt גוֹיִם, Gutt.   [2] Vgl. Köstlin II[2] 553 flg.

hanc ecclesiam vrbemque in politicis omnibus obedientissimam obsequentissimamque futuram Rev. praeposito *Magd.* Cel. V. et capitulo *Magdeborgensi.* V. Cel. in orationibus et nos ministros commendet Deo. — Salutari peto d. mgr. *Georgium Forchemium* et eius orationes peto.

Gn. furst vnd herr, der *Hans Brier*,[1] der am pfingstabend von wegen eines erbarn raths bey e. f. g. gewest, bitt vntertanig ime dy zwei ader iij copeien bey *Michel Gutt* wider zu schicken, doran hir gelegen etc. Datum vts.[2]

E. f. g. williger diener *Justus* יוֹנָה p. *Witt.*

Archiv zu Zerbst.

585. Albrecht v. Mainz an Kaiser Karl V. Regensburg 1541. [19. Juli] 30. Juni.

Beschwert sich über das Eindringen des Jonas in die Hallische Kirche und über die Neuerungen, welche seitdem geschehen, und bittet, ihn unter Androhung der Acht austreiben zu wollen.

Allerdurchleuchtigster großmechtigster vnvberwindtlichster keyßer, allergn. herr. Wiewol durch die heiligen concilien, veter vnd gemeine kirchen anch in e. key. Mat. vnd des heiligen reichs Germanie rechten, hailsamlich vnd wol fursehen, das die jenigen, so sich von der leher, ordenung vnd satzunge der gemeyn christlichen kirchen absundern vnd new secten, schismata vnd trennungen vnter den christglewbigen anrichten, an keynem orthe des heiligen reichs zugedulden, auch zu keynen ehrlichen emptern vnter den christen, vnd in sonderheit zu keinem kirchen dienst, als prediger, seelsorger vnd dergleichen empter zugelaßen werden ßollen: wiewol auch vermoge der heiligen canonen keiner sich des predigens, der seelsorge oder anderer kirchenampt vnd dienste one beruffung zulaßung der oidentlichen geistlichen oberkeyt vnthertziehen soll: so haben doch solchs alles vnangesehen sich etliche prediger aus der vniuersitet *Wittembergk*, namlich *Justus Jonas* vnd *N. Seydell*[2] von der *Naumburgk* in zeit dis werenden reichstags, ahne das sie durch mich als des orts den ertzbischoue ordentliche geistliche oberickheit vnd landsfursten oder meyn stadhalter vicarium vnd benelhaber darzu beruffen, auch vber das sie sich durch anrichtung vnd pflantzung, auch nachfolgung yrer newen secten lehre sich von gemeyner kirchen abgeßundert vnd alßo zu dem predigen vnd andern kirchen emptern vnd diensten vntugentlich gemacht vnd dahin gestelt, das sie weder mit iren leeren noch wonung vnther den christen zuge-

---

[1] Oben S. 25. [2] Jonas hat vergessen, dass er vorhin noch gar kein Datum geschrieben. [3] Der Cardinal ist so schlecht unterrichtet, dass er den Namen Schumanns nicht weiss.

lassen noch geduldet werden sollen, in mein stadt *Halle* gethan, alda ire newe sectische leher vber gethane verboth vnd vorwarnung meyns verordenten stadhalters meynen vntherthanen furgeprediget, ynen die sacramenta zureichen vnderstanden, vnd dieselbig meyn vnderthanen durch solch ir newe leher letzlich dahin gereizt, das sie von vnserm alten waren christlichen glawben abzuweichen vnd dagegen yrrige newe sectische leher antzunehmen gantz begirig vnd vberredt worden sein, dass sie auch iren ordentlichen pfarher vnd seelsorger abzusetzen, auch aus seiner gewonlichen behausung dem pfarhaus zuentsetzen vnd gedachten *Jonam* zu irem obersten pfarherr vnd seelsorger antzunehmen, in vbung stehen, das auch weiter der rhat gemelter meyner stadt *Halle* den schulmeister zu vnßer lieben frawen, allein das er sich nit nach irer verfurischen leer richten wollen, gevrlaubet, vnd sonst beschwerlicher weise betrawet, alles der meynung, das sie auch den ßahmen, der tzuerhaltung vnsers christlichen glawbens vfgetzogen werden soll, außleschen vnd den iren, in dem ir newe leer vfwachssen moge, an die stadt seen wollen. Das auch vber solchs alles meyne vnderthanen solch ir furnehmen mit der that vnd eigens gewalts zuhandhaben, newe ordenung in meyner stadt *Halle* zumachen vnderstanden, wie sie dan algereit zu ausfurung solcher sachen, vnd damit sie desto weniger vorhindert werden, ain sundern ausschoss aus der gemeynde zu dem rhate vnd vber ire geburliche antzall gewelett, die bej allen vornemlichen handelungen sein wollen, dem aufgerichten regiment meins vorfarn ertzbischof *Ernsts* seligen, auch irer selbst eignen geschwornen vnd durch vns bestetigten wylkoer zuwidder vnd entkegen, daraus mir mein ordentlich regiment entzogen vnd allerley beschwerliche newerung eingefurdt wirdet, dartzu eins thors der stadt, Sanct Vlrichs thoer [1] genant, ßo in sonderheit mir mit gericht vnd aller oberkeyt ahne mittell zustehett, sich angemast, vnd in einen thurn desßelbigen etliche schießlocher gegen meynem schlos sanct *Moritzburg* mich daraus zu beschedigen oder sich widder mich zusetzen vnd solch ir fornemen dadurch hinauß zufuren, geprochen, alßo das hoch zu besorgen, woe gedachte *Jonas* vnd *N. Seydel* oder andere yre gleichen prediger in gedachter meyner stadt *Hall* lenger sein vnd von dannen nicht gewießen werden sollten, das sich gemelte meyne vnderthanen wider mich vnd meyn stadhalter vnd benelhaber, auch alle erbarkeyt in der stadt *Hall* enthoren vnd sich von meyner als yrer geistlichen vnd weltlichen ordentlichen oberkeyt ertzbischoue landsfursten vnd aller ordentlichen

---

[1] Einen späteren Streit zwischen Erzbischof und Stadt wegen dieses Thores erwähnt Dreyhaupt I, 271.

485. Albrecht v. Mainz an Kaiser Karl V.

gehorsam abziehen mochten, alles gotlichen, naturlichen, menschlichen, geistlichen vnd weltlichen rechten zuwidder. Dieweil dan e. key. Mat. als oberster voigt, schutzer vnd schyrmer der kirchen schuldig ist, die kirchen, auch alle christliche oberkeiten, communen vnd gemainden vor solcher newseetischer lehren zuschutzen vnd schyrmen, dieselben an allen enden des heiligen reichs auszutreyben vnd sie an keynem ampt vnther den waren christen zu gedulden, welches dan e. key. Mat. on zweinel fur sich selbs auch aus keyserlichem christlichem gemuete gneigt sein: so gelanget an e. key. Mat. mein vnderthenig bithe, sy geruhen gedachten *Jonas* vnd *N. Seydell* bey vorlierung aller priuilegien vnd freiheiten, schutz vnd schyrm, so sie von e. key. Mat. vnd dem heiligen reich haben, auch bej peen der acht, das sie von stundan, nachdem inen solch e. key. Mat. mandat vnd gepoth vorkhundet, widder sich aus der stadt *Halle* thun, des predigens, seelsorg vnd aller anderer kirchen ampt vnd dyenste in derselben gentzlich enthalten vnd darein solcher gestalt weiter nit kommen vnd daran nit sewmig erscheynen.

Auch e. key. Mat. chammergericht etc. durch ein sonder keyserlich schreyben guediglich benehlen, das sie im fall, das gedachte prediger solchem e key. Mat. gepoth nit folge thun, sonder sich dawidder setzen vnd vngehorsam erscheinen wurden, vf meyn oder meynes stadhalters oder vnserer volmechtigen benelhaber anruffen widder gedachte prediger vft die peen in solchem e. key. Mat. mandat eynuorleybt, wie sich gepurdt im rechten, procediren vnd ergehen lassen wollen was recht ist.

Das beger ich vmb e. key. Mt. in aller vnderthenigkeit zuuerdienen. Geben zu *Regenspurgk*, [dienstags nach divisionis apostolorum — so ursprünglich, aber wieder ausgestrichen und dafür gesetzt:] dornstags nach Petri Paulj. Anno etc. xlj°.

Key. Mat.
   vndertheniger caplan gehorsamer churfurst,
        Albrecht der hey. Ro. kirchen priester cardinal vnd legat, zu *Magdeburg*. vnd *Mentz* ertzbischoff primas vnd churfurst, administrator zu *Halberstadt*.

Supplicatio pro mandato penali contra *Iustum Ionam* et *N*. Concept, Prov.-Arch. Magd. Erzstift Magdeb. II, 818.

486. Jonas an Franz Landstettner. Halle 1541. Juli 15.

Bittet ihn um seine Beihülfe, um die Einkünfte seiner Erfurter Praebende wiederzuerlangen, unter Hinweis auf 1100 Gld. väterlichen Erbteils, welche er der Stadt einst gelassen.

Gnad und friede Gottes in Christo. Erbar und weiser er burgemeister, besonders gunstiger lieber herr und freund. Wie ich e. w.

albereit zuvor freüntlich geschrieben, bin ich lengsten willens gewesen antwer selb gen *Erffurt* zu kommen ader jmants verstendigs an meyn stad abzufertigen, der sachen halben, der präbenden, wie e. w. weis. Dan es ist unbillichen, das ich etwan gemeiner stad vnd dasmallen der universitet gedienet, do für ich nichts, den solich lohen empfangen hab, und dannoch auch einen erbarn rath gemeiner stad über eilffhundert gulden retardat von meynen patrimonio erlassen und das mall fallen lassen etc. Und nun sollen die canoniken alledar[1] über 1 C. xxx floren einnemen und haben es nun 20 jare eingenommen, dy gantz zeit meins abwesens zu *Wittenberg*, und reichen wider einen erbarn rath noch der universitet noch mir ein heller darvon etc. Bißanher byn ich mit gescheften verhindert gewesen, das ich disse sache nit geregt; wollen sie sich aber nit gütlich vortragen lassen, so werde ich so vill fürsten vnd herrn vorschaffen und foderung brauchen, das es zum reden komen muß. Es hett ein erbar rath woll vor langen darzu thun können, dye grosse erlassung von meynem patrimonio (wilche mir und mein kindern itzo erst schedlichen sich befindet) hette es woll verdienet, das ich geschweig meiner das mall arbeit ufn rathhus, in der kirchen und universitet. Aber die herren, so papisten sind im radt, haben es bißanher gehindert, interim patitur iustus. Derhalben so ich mich zu e. w. als einem, wilcher der christlichen lere vor andern geneigt, vill guts versche und aller freundlichen foderung und dienst, bitt ich freuntlich, e. w. wolle noch dissen handel bey vilhen unterbauen und mit etlichen reden, und mir bey nehster gewisser botschaft ewer bedeucken und rathen freuntlichen widerschreiben, ader er *Jorg Milwitz* schreiben lassen. Ich kan itzund von dissen kirchensachen in *Halle* nit woll abkomen, dan dy last ist gros und sorge und fahr gnug. Der herr Christus stehet aber bey uns und hilft ewiglich, Gott lob. Ists aber not, so will ich selb komen ader schicken, do mit solich sache mocht zu vortragen komen, ader durchn rath uf mittel und wege hingelegt werden. Hierinne wolle e. w. mir zu gefallen vleis thun, und last mich es jegen euch und dy ewern vordyenen. Ich schicke bei dissen boten e. w. ein copey epistolae d. *Lutheri* geschrieben an m. g. h. fürsten *Johans* zu Anhald und ander die aus *Regenspurgk* legaten von etlichen fürsten zu gemelten d. *Luthero* geschickt.[2] Doraus wird e. w. suma des reichstags und der hendel sehen: weld ist weld, eitel list und untrew. Der babst mit sampt den seinen handelt mit eitel fuchsküusten und list etc. Ich schicke e. w. auch drey bücher mit ewren namen burgmeister *Landstelner* getzeichnet. Grüst mir freuntlich den herrn burgemeister

---

[1] allejar? [2] Vrgl. de Wette V, 366flg.

Adolarium Hütener, alle herrn und freund. Gott geb der loblichen stad *Erffort* ville burgemeister und ratherrn, die euch beyden und er *Jorg Milwitz* in der religion und politicnsachen gleich gesynt seyn, so werden wir arme Lutherische ketzer auch do einmall recht erlangen und haben. Der herr Christus Jesus stercke und segne euch und erhalte euch allezeit. Euch und den ewren wiederumb frenntlich zu dienen bin ich willigen und gevlissen. Datum *Halle*, donnerstags nach Margaritae, den XV. Jul. anno dn. M.D.XXXXI.

Iustus Ionas d.

Dem erbarn, achtbarn und weysen er *Frantz Landstettner*, burgemeister zu *Erffort*, meynen besondern günstigen lieben herren und freunde, zu eigenen handen. *Erffortt*.

Fortges. Sammlung 1735 S. 639—641.

487. Luther an Jonas. Wittenberg 1541. Juli 16.

Erklärt seine Zustimmung zur Wahl Goldsteins als Syndikus; empfiehlt Stephan Agricola und dessen Collegen für Halle. Nachrichten über den Regensburger Reichstag.

de W. V, 382. vrgl. Cod. Dessav. A. Bl. 8 b.

Aufschrift: Clarissimo viro domino Justo Jonae theo: doctori praeposito Vittenbergensi etc. legato Christi in Halla Saxoniae suo in domino maiori venerabili. Varianten: — praesenti sum quam optime precatus, spero, (ut est — oblitus sum? — Curiae (zum hoffe) — tot iam menses — et meister Grickel — hypocriten — Nunc Caesar — colloquium istud — cacolycorum — legitimam et — potestatem etc: — quam furiosus — hospitem tuum, —

Im Archiv zu Zerbst noch ein Stück des Briefes in Abschrift: Hoc scio et compertum habeo, nos et nostros — colloquium illud detestatum — hinter concionatores die Einschaltung: (iniuriam faciunt principi electori Saxoniae, quia mirabiliter ex Deo a senatu et tota communitate in consensu senatus vocatus sum in practorio) quos et defendendos. [Die Einschaltung ist offenbar von Jonas gemacht.] — tu Hallensis. — In summa. Als Datum angegeben XVII Iulii.

Auf demselben Bogen folgendes Postscriptum, das bei de Wette fehlt: Exemplum libri et articulorum, qui oppositi sunt a nostris, compositi a d. Philippo, fortasse brevi excusum prodibit, et reliqua etiam acta conventus, quod tamen adhuc ἐν μυστηρίοις tibi esse velim. Ego nunc Deo volente accingar ad pertexendas postillas. Satis ut opinor scriptionum et certaminum suppeditabitur ex actionibus huius conventus. In quo te vel inprimis adiutore opus fuerit. Tantum Deus faciat, ut sit tranquillitas ecclesiis et ocium studiis. Bene vale uts.

488. Joh. Spangenberg an Justus Jonas. Nordhausen 1541. Juli 19.

Berichtet über seine glückliche Heimkehr nach Nordhausen und empfiehlt Joh. Gigas für eine Anstellung im Schulamte zu Halle.

S. Pervenimus tandem, chariss. doctor, *Northusium* salvi et incolumes, fuitque reditus noster civibus gratus, amicis gratior, liberis gratissimus. Valemus Dei benignitate adhuc feliciter. Valent domestici valent denique amici omnes. Nos eidem tuae humanitati, imo ecclesiae tuae omnia fausta et salva precamur. Venit ad nos ex vallibus[1]

---

[1] Joachimsthal.

Gigas[1] noster visurus, quid valeat parens, quid germani, quid ceteri amiculi. Cum in reditu ad vos profecturus esset, non potui cessare, quin cum tuae humanitati commendarem, tametsi opus mea commendatione non fuerat, qui alias sanguine et summa necessitudine coniuncti estis. Praeterea optarem ego *Gigantem* esse in vicina aliqua patriae urbe, idque multi mecum cupiunt. Posset enim meo iudicio hoc pacto facilius inservire amicis. Quare obsecro, chariss. doct., tua humanitas iuvet hominem et inclitis *Hallensium* patriciis *Gigantem* commendet, si fortassis aliquando ludi literarii provinciam isthic apud nos extorquere potuerit. Salutavi tuae h. nomine d. abbatem *Walken.*,[2] d. *Conradum Ernestum*[3] ceterosque amicos reverenter. Resalutant t. h. amanter omnes. Vale amantiss. doctor, unicum patriae decus. *North.* 1541. 19. Julii.   T.   *Ioh. Spangen.*

<small>Insigni pietate et eruditione viro d. *Iusto Ionae* sacrae theologiae doctori, duo et Mecaenati suo observando.</small>

<small>Origin. in Meiningen. Gedruckt in Förstem. Neue Mitteil. II, 3/4 S 536. 37.</small>

489. Cruciger an Jonas.   Wittenberg 1541. Juli 20.

<small>Entschuldigt sich, dass er so lange nicht geschrieben. Regensburger Nachrichten. Ueber Luthers Steinleiden. Melanchthon wird bald zurück erwartet.</small>

<small>Orig. in Meiningen. Daraus gedruckt in Corp. Ref. IV, 558. 559., wi selbst zu berichtigen ist: — — scribere liberet — sequenti nocte coepit eniti calculum — nostros et ipsum —. Jonas hat eigenhändig auf dem Briefe vermerkt: „1541 22.Julii redditae Hallis. D. Martinus foras expatiatus cum d. Augustino. Rogo ut per m. Forchemium cito remittantur J. Jonae nunc Hallis decertanti contra papam et idololatriam eius." Abschrift des Briefes im Archiv zu Zerbst.</small>

590. Jonas an Fürst Georg.   Halle 1541. Juli 22.

<small>Die Reformation macht Fortschritte teils durch Bekehrung, teils durch Hinsterben ihrer Gegner. Card. Albrecht hat sich beim Kaiser über Halle beklagt.</small>

— — Quod attinet ad cursum evangelii in hac ecclesia *Hallensi*, quotidie adhuc quidam ex adversariis ex contionibus convertuntur, quidam redduntur mitiores. Deus etiam glorificat verbum suum operibus additis indicii contra impios, ut quemadmodum sanctum est nomen Dei et sanctificans erga veram ecclesiam, ita sit terribile erga impios Nam quidam *Miritz* camerschreiber senatus, qui dixerat facile dissipari posse frequentiam contionum, si sparso pulvere bombardico in templi angulis et clam admoto fomite aliquid excitaretur tumultus, hic comminator 'sine lux sine crux' mortuus est et iam pulvere terrae obrutus iacet et sepulchrum eius ob oculos est, calcatur Lutheranorum pedibus in hodi-

---

[1] Joh. Gigas, der erste Rector von Pforta, ein geborner Nordhäuser.
[2] Johann Holtegel, Abt zu Walkenried. Vrgl. I, 26. Harzzeitschr. IV, 282. VII, 17.
[3] Syndicus zu Nordhausen.

ernum diem. De conventu *Ratisponensi* si quid illuss. Cel. et Rev. D. habet firmi et certi, rogo C. V. dignetur communicare, nam mire variant rumores, et nuper mihi scripserunt d. *Lutherus* et d. *Spalatinus*, qui perexiguam spem esse dicunt de ulla pacificatione in conventu etc. Cardinalis dicitur prostratus ad pedes Caesaris cum lachrymis conquestus esse de *Hallensibus*, et bene nos exercent adversarii perpetuo obgannientes nobis de minis καὶ τοῖς κινδύνοις. Nos intrepide agimus in negocio Christi. Rogo ut pii hic sint tranquilliori animo, et ut possimus eo commodius propagare evangelium. R. D. V. et Cel. scribat mihi, quod compertum habeat de voluntate cardinalis etc. Senatus, tribuni plebis, nos omnes offerimus nos ad omnem politicam obedientiam erga reverendiss. capitulum *Magd.*, de et pro tempore archiepiscopum, tantum ut tot milibus animarum non subtrahatur evangelium, quod Deus iussit praedicari omni creaturae, omnibus mortalibus sub coelo. R. D. V. et Cel. literas intra triduum expectabo. Die Magdalenae anno domini 1541.

   R. D. et I. Cel. dediss. *I. Ionas* doctor
                   p. *Witt.* eccles. *Hall.*

Archiv zu Zerbst.

591. Melanchthon an Jonas. Regensburg 1541. Juli 23.

Entschuldigt sein längeres Schweigen; hofft auf das Ende des Reichstages u. verspricht dann mündlich eingehenderen Bericht zu geben. Der Kaiser will eilig nach Italien ziehen und will es nicht in Deutschland zum Kriege kommen lassen.

Corp. Ref. IV, 569. 570.

592. Jonas an Fürst Georg. Halle 1541. Juli 24.

Aeussert sich unzufrieden und bitter über den Ausgang des Regensburger Conventes, klagt über die feindseligen Anschläge der Gegner, die es gern zum Blutvergiessen bringen möchten. Berichtet über die letzten Lebenstage des Dr. Milde und dessen letzte Aeusserungen über Cardinal Albrecht. Die Hallenser sind zum Gehorsam in weltlichen Dingen erbötig, werden aber das Evangelium sich nicht wieder nehmen lassen. Er fragt an, wie er sich verhalten soll, wenn demnächst Kurfürst Joachim mit Herzog Heinrich von Braunschweig die Stadt passiert.

G. et pacem Dei in Christo Iesu. Cum tam frigidum exitum habiturus sit post tot magnas τὰς ἐλπίδας conventus *Ratisponensis*, reverendiss. in Christo pater, illuss. princeps ac domine, tempus est, ut vere pii his periculosis et asperrimis temporibus, in quibus faces (quae parricidialiter et crudelissime inflammarant patriam) paene ipsae loquuntur et clamitant de suis authoribus, tempus inquam est magna παρρησία confitendi coram mundo (qui totus in malo positus iacet) Christum filium Dei. Qui in his tempestatibus debebant sedere ad clavum et succurrere iam laboranti et animum trahenti ecclesiae et reip., hi evangelium rerum neque visum neque auditum volunt, hi iam contristant crudeliter spiritum sanctum in tot milibus sanctorum electorumque Dei, cum veritatem manifestam conspuere et damnare non desinant, et laetificant spiritum Satanae in papa, in reliquis scorpionibus, qui *Romae* sunt, in illa cloaca infernali et camerina ac mephiti omnium scelerum, omnium turpitudinum atque abominationum. Hactenus hic moderate egi atque adhuc Christo duce acturus sum et nomen cardinalis episcopi paulo asperius ne nominavi quidem. Ich nenne sie seuberlich kirchen regenten. Dico: officium est praecipuum principum, ut veram religionem tueantur et conservent. Aber, gnediger furst vnd herr, was sol man thun? 'Pellitur e medio sapientia, vi geritur res'. Nostri adversarii nihil aliud spirant quam minas, caedes. Ipsorum argumenta sunt, quibus congrediuntur nobiscum, fomes, flamma. Quid aliud audimus ex ipsis, quam fore brevi, ut nos faciant funera, ut mactent, ut occidant, ut in cruore infantum nostrorum in cunis manus lavent et forsan easdem cruentatis peplis uxorum nostrarum abstergant? Quid aliud audimus ex illis monstris quam faces, incendia, ruinas, rudera, titiones, cineres patriae? Sed Deus iudicabit brevi hos, quicunque tandem sint, Nimrodes, Caynos, Saulos, Absolones, Ischarioticos. Haec quae nunc scribo ad reverendiss. D. V. et Cel. in sinum effundo et in aurem dico. Iam egi apud reverendum et venerandum senem do. *Erhardum Milde*, iuris doctorem, in multorum principum aulis virum bonae famae et optimi nominis. Cuius totam bibliothecam, singulos excutiens et depulverans libros perlustravi, qui quidem (ut vir fuit indefatigabilis lectionis maximique laboris) suos iuridicos libros et illa pondera librorum immanium diligentissime perlegit, sed theologicos Augustinum, Tertullianum, Cyprianum, Ambrosium etc. longe perlegit diligentius et in plerisque foliis πληρωτικῶς ascripsit nomen *Alberti*. [Hic 17. Iulii hora nona me lecto assidente mortuus est in Christo.[1] Iam inquam egi apud illum venerabilissimum senem, quem et propter insignem pietatem amantissime semper complexi sunt hodieque defunctum complectuntur d. doct. *Mart. Luth.* et d. Φίλιππος, per has XI hebdomadas: colloquio datum est frui viri optimi quotidiano, qui inter prandendum semper honestissima et piissima de honestis et bonis rebus loquebatur. Sed quod Cel. V. in aurem dico (Deus novit quod nullo privato affectu haec loquor): nulla fuit coena, nullum prandium, nulla deambulatio imo cum decrepito sene circumreptatio, in qua non dolenter et paene cum lachrymis ac tragice vir ille synceerissimus declamaret de vulpina τῆ

---

[1] Am Rande beigefügt.

πανουργία, de perfidia Neroniana, de tyrannide omni phalarismo crudeliori illius A[1] τοῦ ἱερέως et galeri, quem Cel. V. novit. Imo 16. Julii sabbato post Margaritae, cum iam debilitato pulsu senex inciperet agonizare, adhuc vix aliquot articulata verba vi et impetu doloris exprimens dixit mihi quaerenti, an confiteretur evangelium Iesu Christi filii Dei, respondit: Confiteor Christum, quem in me et aliis draco et serpens A. persecutus est varieque vexavit minis, terroribus, tyrannide nos miseros. Deus iudicabit eum!

Saepe Cel. V. audivit ex d. *Luthero*, similia multa audivi, et iam res clamitat. Valde timeo, quod in illo *A.*, qui et aqua benedicta vel valedicta vel maledicta aspersit Caesarem (nullam dans ne in extrema quidem aetate verae poenitentiae significationem) nulla spes sit redeundi in viam. Reverendiss. paternitas et dominatio vestra iam electa est a Deo sicut David, adhuc spirante Saule; plus debet Iesu Christo filio Dei quam carni et sanguini. Haec urbs et ecclesia *Hallensis* in *Salinis* nunc non amplius sine sale evangelii, sed salsa sale verbi Dei, ut frustra vel ipse Phalaris et Cayn sit commutaturus τὰ πάντα ἐσχατα ἐσχάτων. Offerunt se hic, reverendiss. in Christo domino deo nostro pater illuss.que princeps et clementiss. domine, cives maximi minimi, opulenti inopes, summi mediocres prolixe, imo ut ita loquar prolixissime ad omnem debitam obedientiam et reverentiam, ad omnem politicam obedientiam inquam. Sancte adfirmant, se in nulla re facturos esse contra eyde pflichten et ea, quae ab antiquo debent dem ertzstifft *Magd.*, modo permittatur eis evangelium, et tot imo paene infinitis milibus animarum non violenter subtrahatur verbum. Si ultra has humiles preces, supplices obsecrationes nimium prement, nimium emungent forsan (quod Deus avertat) elicient τὸ αἷμα, et quod metuit impius, veniet ei. Quae tamen haec (malum?) tandem est inaudita caecitas perpetuo velle defendere cloacam omnis spurciciae et abominationis *Romam*, ociosos sacrificos, ventres ignavos monachorum, tot abusus in claram lucem prolatos? et optare Caligulae more, ut omnes boni, pii et eruditi unum collum habeant, ut uno ictu possint decollari omnes?

Bene sit manibus piis viri clariss. *Urbani Rhegii*[2], qui in pace obdormivit evasitque eorum ferrum Caynicum parricidialemque flammam. Was konnen dan zu letzt thun, g. f. vnd h., γοθλοσε, εερλοσε, μορδβρεωεροι καὶ βοστρυχτοι? Deus vivit et regnat iudicaturus omnem impietatem. Beatus vir, qui vere timet et confitetur dominum, in mandatis eius zelat nimis. Satis simulatum per totos XXIII annos, quam-

---

[1] Cardinal Albrecht.
[2] Gest. 23. Mai 1541.

quam semper clare confessi sumus τὴν ἀλήθειαν, satis dissimulatum, satis condonatum. Quotidie tempora labuntur et morimur, tempus etiam confitendi est. Deus dicit: glorificantes me glorificabo. Et Christus inquit: Confitentes me confitebor. R. D. V. et Cel. ignoscat clementer meae libertati, valde commovet me subfrigidus exitus comitiorum. Ludunt οἱ κρατοῦντες in rebus maximis, deridetur Deus non sine immani et crudeli contristatione spiritus sancti in cordibus piorum. Laetificatur Satan *Romae*. Ilic, illuss. princeps et domine, rumor est constans illuss marchionem Brandeburgiensem electorem hac per *Hallim* esse transiturum cum equitibus iiij C, adducturum una secum H. *Brunsvitzensem* μοιχοθρεννερον convictum in conscientia et coram Deo et multis argumentis, etiam si coram mundo neget. Rogo humiliter, V. reverendiss. D. et Cel. dignetur ad me mittere celeriter tabellarium et consulere dignetur, quid mihi faciendum sit, si illuss. elector Brandeborg. me ad S. Cel. vocaverit, an ire debeam et accedere, an vero ex multis causis differre colloquium. Sed forsan frustra hic sollicitus sum et hic me eius Cels. non vocabit. Ut de his rebus consulam Cel. V. in secreto, faciunt adversariorum varii sermones et epistolae amicorum, qui ex variis locis huc ad me adferuntur. V. Cel. ignoscat verbositati, nam fiducia clementissimae voluntatis V. Cel.[ints] erga me haec tam aperte et libere scribo et rogo, ut hae literae celeriter Vulcano tanquam haeretici epistola tradantur. Quod attinet ad hanc ecclesiam *Hallensem*, non possum mirari satis opus manifestum Dei et frequentiam maximam tot milium in contionibus; quotidie diligenter hortor populum ad pacem, ad moderationem, obedientiam reverentem et tranquillitatem, et profecto obediunt. Sed si saevo pede nimium premitur, est et formicae sua ira. Ego induxi in animum omnia impendere citius quam hinc ut patiar me in ignominiam evangelii minis ullis vel τοῖς κινδύνοις expelli. Sedenti ad dexteram in excelsis filio Dei sint istae curae, cui scio erunt curae contra viperas et scorpiones *Romae* etc. Latius V. R. D. et Cel. brevi scribam de omnibus rebus. Reverendissime in Christo pater et domine, R. D. V. et I. Cel. me illuss. principibus illuss. Cel. V. fratribus dignetur commendare et dignetur etiam advigilare ut summus post τὸν ἐπίσκοπον in ecclesia *Magdeburg.*, ne tyrannicis et hostilibus propter Christum petamur insidiis. — — *Hallis* hora X. post contionem. 24. Iulii anno domini 1541.

Reverendiss. paternitati, dominationi et cels.

addictiss. יוֹנִי doct. etc.
p. W. eccl. *Hallens.*

Archiv zu Zerbst.

593. Medler an Jonas. Naumburg 1541. Juli 24.

Willigt ein, dass M. Schumann nach Halle zieht, doch wird sich dessen Abreise noch verzögern wegen Medlers eigner Krankheit. Ist unzufrieden mit dem Ausgang der Regensburger Verhandlungen und der Saumseligkeit der Fürsten, der Kirche aufzuhelfen.

Gratiam et pacem in Christo. Praestantissime domine doctor et patrone charissime, petitionem tuam denegare reverentia maiorum et necessitas vestrae ecclesiae prohibet, ideo concedo tibi dominum magistrum *Benedictum*, ministrum in evangelio Christi fore, quamvis non sine magno incommodo eius opera nostra ecclesia careat, praesertim cum ego subinde aegrotare soleam. Laboravi enim nunc in quintam usque hebdomadam febribus, a quibus ut me dominus liberet, quotidie precor. Quare interim, donec pristinae valetudini restitutus fuero et ecclesiae meae ipse praeesse potero, moram et absentiam magistri *Benedicti* pacienter feras, sine enim mora vos accedet, cum ego meum officium praestare valuero. Me quoque pessime habet tantos et tam ingentes sumptus tam inutiliter et sine ullo fructu in comitiis esse factos, miror super desidiam et inertiam principum, quod neque incommoda ecclesiae neque etiam interitum suarum ditionum intelligant, quorsum autem hoc sit evasurum nescio. Nobis interim orandus est dominus, ut suam ecclesiam ipse gubernare et defendere velit, cui tuam praestantiam cum tota *Hallensi* ecclesia sedulo et diligenter commendo. Scripta per filium *Neumburgi* dominica post Mariae Magdalenae anno 1541.

Nicolaus Medler, d.

Praestantissimo et doctissimo viro domino doctori *Iusto Ionae* praeposito *Wittenbergensi*, *Hallensis* vero ecclesiae in Christo Iesu primo apostolo, domino maiori suo semper reverendo.

Orig. in Meiningen. Förstem. N. Mitteil. III, 2. S. 115 116.

594. Spalatin an Jonas. Altenburg 1541. Juli 27.

Meldet, was Amsdorf an Nachrichten über Regensburg gebracht hat.

Orig. in Meiningen. Corp. Ref. IV, 611. 612. — quia prohibitum ab adversariis — imperatorem pollicitum — in imperio facturum — praefectum Diebensem — Nolim enim omnibus — doctor Bliccardus — Doltzck — in officio mansuris — Amsdorfius noster vixdum — . In der Aufschrift fehlen am Schlusse die Worte: Dem herrn probst zu Wittenberg.

595. Kaiserliches Mandat. Regensburg 1541. Juli 27.

Jonas und sein Gefährte sollen von Stund an Halle verlassen unter Androhung der Acht.

Wir *Carll* der funfft von gots gnaden romischer kayser . . . . (folgen die Titel) embieten vnsern vnd des reichs lieben getrewen *Justo Jone* vnd *N. Seydell* vnser gnad. Lieben getrewen, vns hat der hochwirdig in Got vater, herr *Albrecht*, der heiligen romischen kirchen des tittels Sancti Petri ad vincula priester cardinall, ertzbischoue zu *Meintz* vnd

III. In Halle.

Magdenburg, administrator des stieffts *Halberstadt*, des heiligen romischen reichs ertzcantzler durch Germanien vnser lieber freundt vnd churfurst mit clag furbringen lassen: Wiewoll durch die heilligen concilien[1].... in der stadt *Hall* entbören vnd sich von seiner lieb irer geistlichen vnd weltlichen oberkeit vnd aller ordentlichen gehorsam abwerffen mochten, alles gemainen rechten vnd vnser vnd des reichs ordenung, satzung vnd reichsabschieden zuwider, vnd vns darauff vmb gepurlichs einsehens vnd nachfolgend mandat diemuetiglich, angerueffen vnd gepeten. Wan wir nhun allen, so zu vns zuflucht haben vnd vns vmb gepurlich hilff anruefft, dieselben inen mitzuteilen gnediglich gnaigt sein:

Demnach so gebieten wir euch sampt vnd besunder, von romischer keiserlicher macht bey vnser schweren vngnad vnd straff, verlierung aller gnaden, priuilegien, freiheiten, schutz vnd schirmbs, so ir von vns vnd dem heiligen reich habt, auch bei peen der acht vnd andern peenen der rechten, hiemit ernstlich vnd wollen, das ir von stundan, nachdem euch dieser vnser keiserlich mandat verkundt vnd vberantwort wirdet, euch auß der stadt *Halle* thued, des predigens, seelsorg vnd aller anderer kirchen ampt vnd dienst in derselben stadt gentzlichen enthaltet vnd darein solcher gestalt weiter nit kommet vnd hiewieder nit thuet, als lieb euch sambt vnd ewer idem besunder sei vnser vnd des reichs schwere vngnade vnd straffe, auch obbestimpte vnd andere peen des rechten zuuormeiden, das meynen wir ernstlich. Wo ir auch in solchem sewmig erscheinen, vnd auff solchem ewerm frevel verharren wurdet, sol vnser freundtlicher lieber bruder der romisch konig oder vnser kaiserlich chamergericht, so wir zu derselben zeit selbs im reich nit sein wurden, auff ferrer anrueffen wider euch obberurter peen halben, wie sich geburt, im rechten procedieren vnd handeln. Das wolten wir euch darnach wissen zurichten nit verhalten. Mit vrkhund dieses brieues mit vnserm keiserlichen aufgedruckten insiegell besiegelt vnd geben in vnser vnd des heiligen reichs stadt *Regenspurg* am sieben vnd zwanzigsten tag des monats Julij, anno etc. im ain vnd vierzigsten, vnsers keiserthumbs im ain und zwanzigsthen vnd vnserer reiche ym sechs vnd zwanzigsten.

    V *Naues*   *Carolus*
                  Ad mandatum Caesareae et Catholicae M[tis] proprium
                                Obernburger sbt.

---

[1] Der Tenor des Mandats ist (mit den notwendigen stilistischen Abänderungen) wörtlich aus dem oben Nr. 585 mitgeteilten Schreiben des Card. Albrecht an den Kaiser herübergenommen. Wahrscheinlich gedachte Card. Albrecht nur eventuell von diesem Mandat Gebrauch zu machen. Es ist keine Spur davon vorhanden, dass es je Jonas eingehändigt worden wäre.

"Collationiret und auscultiret ist gegenwärtig Copej durch mich *Melchior Vogten*, notarium, vnd *Meinzischen* secretarium vnd irem rechten original ven wort zu worten gleichlautend befunden. Solchs bezeuge ich mit diser meiner eigen handschrifft."

Prov.-Arch. Magd. Erzstift Magd. II, 818.

596. Johannes Spangenberg an Justus Jonas.   Nordhausen 1541. Juli 28.

Empfiehlt ihm einen Verwandten Henning Gödes, der bei Luther gern eine Geldsumme, die dieser einst Göde schuldig geblieben, jetzt einkassieren möchte.

S. Hic praesentium lator, *Fredericus Teichgreber* concivis noster, chariss. doctor, per Christum flagitavit, ut se tuae humanitati commendarem. Atque tua humanitas rursus illum commendet d. doctori *Martino Luthero*. Asserit enim se amicum esse, imo cognatum d. doctoris *Henningi Goden* quondam ecclesie *Wittembergen*. praepositi, et testamentarios eiusdem filio suo praestitisse syngraphum, in quo fatetur, d. doctor *Mar*. se debere ni fallor 15 aureos eidem doctori *Henningo*, ut tua dominatio videre[1] potest coram. Cum igitur praefatus *Fredericus* extrema laboret egestate, et tamen filius diligenter literis incumbit, ita ut magna sit spes de puero, rogo ut hominem commendatione aliqua inves, ut intelligat hoc meum scriptum sibi non mediocriter profuisse. Vale in domino, amantiss. doctor, fidelis verbi praeco et venerandi Dei organum, cum tota ecclesia *Hallensi*. Audio vago rumore tuam humanitatem istic perpetuo mansuram, quod si verum est, tua humanitas me per literas certiorem reddat. Deinde quid m. *Iohannes Gigas*[2] istie apud vos egerit. Nos hactenus Dei optimi max. bonitate feliciter agimus. *North*. 1541. Feriis divi Panthaleonis, Saxonum et Thuriorum tutelaris dei.

T. d.

Johannes Spangenbergk.

De comitiis si quid est novi, precor t. h. significet.

Magnao pietatis eruditionis et humanitatis viro d. doct. *Iustolonae* eccl. *Hallensis* ecclesiasti, domino et Maecenati suo sinceriter colendo.

Orig. in Meiningen; gedruckt bei Förstem., Neue Mittheil. II, 3. 4. S. 537.

---

[1] Orig. videri.
[2] Siehe oben S. 36.

597. Fürst Georg an Jonas.   Dessau 1541. Aug. 5.

<small>Schreibt, weil er vernommen, dass die Hallenser Bürgerschaft, durch das Vorgehen der Obrigkeit gereizt, möglichenfalls zu Gewaltthätigkeiten schreiten werde, und warnt dringend vor jeder Auflehnung; er vertröstet auf den Reichstagsschluss.</small>

Gratiam, misericordiam et pacem a Deo patre et Christo Iesu domino et servatore nostro. Cum praesentem tabellarium *Hallus* ob quasdam causas communes ad d. coadiutorem ablegaremus, placuit et ad tuam paternitatem nonnihil literarum dare, praesertim cum quidam rumores heri ad nos delati animum meum non mediocriter solicitum reddidissent, quibus fertur *Hallensium* animos exacerbatos esse ob amotos quosdam stipites in plateis positos, quibus catenae ad subitos motus coercendos annecti consueverunt. Ob idque eos nescio a quibus consilia et forte auxilia requirere, unde variae suspiciones nasci possint. De qua re cum nihil certi nobis adhuc compertum sit, non graveris paucis ea de re nos edocere. Nec dubito quin modis omnibus amoliri studeas quascunque occasiones, ex quibus sacrosancta nostra doctrina male audire et in contemptum et odium rapi possit. Maxime cum eiusmodi res non sit digna, ob quam aliquid turbarum excitetur. Nam saepe similes causae inter superiores et inferiores in civitatibus exortae sine magno negocio sopiri consueverunt. Expectandum quoque censerem, quid in comitiis imperialibus in pace constituatur[1], ne novi et privati motus publicam tranquillitatem impediant vel constituendam vel etiam forte constitutam dirumpant. Concipio enim spem (ex quo ea res iterum extrahitur) quod multi pacifici, praecipue elector Brandenburgensis, cum aliis summo studio contendent apud imperatorem, ne comitia absque obtenta pace dissolvantur. Dominus Iesus princeps pacis dignetur consiliis principum piorum prosperos successus largiri, confusis et irritatis adversariorum iniquis technis. Bene valeat tua paternitas. Datum *Dessaviae* quam celerrime V. Augusti 1541.

Georgius p. Anhaltin.
praepositus *Magdeburgen*

<small>Eigenhänd. Concept im Archiv zu Zerbst.</small>

598. Melanchthon an Jonas.   Wittenberg 1541. Aug. 7.

<small>Meldet seine glückliche Heimkehr, der Kaiser sinne nicht auf Krieg, aber wegen Goslar werde es wohl zu Conflicten kommen.</small>

Corp. Ref. IV, 638.

---

[1] Uebergeschrieben: determinetur.

599. Jonas an Fürst Georg v. Anhalt. 1541. Aug. 8.

Er erklärt, woher die Aufregung unter der Hallischen Bürgerschaft stamme, wie er zum Frieden ermahnt habe, und wie der Anstoss beseitigt worden sei. Er zürnt dem Kaiser, dass er den Mordbrenner Heinrich v. Braunschweig ungestraft lässt. Verschiedene Nachrichten.

G. et pacem Dei in Christo Jesu. Reverendissime in Christo pater, illuss. princeps et domine. Quod reverendiss. et illus. Cel.° tam clementer dignata est mihi scribere suapte manu, agnosco Cel. V. erga me clementem et propensam voluntatem. Quod attinet ad rumorem de repagulo querno (von eyn beschlossen eichen schlag, der vor alters do gewest) proxime accidit XXIX. die mensis Iulii. Marschahlus ex arce *Scheidnig*, (alii dicunt praefectus *Tuccher*) mandatum dicitur dedisse fabro, ut impacta securi everteret et sterneret repagulum. De ea re sic sub primum rumorem duae fuerunt opiniones. Altera eorum, qui adfirmarent hoc factum iussu illuss. domini *Io. Alb.* locumtenentis etc., altera eorum, qui elevabant culpam facti et dicebant factum inscio principe et sine scitu τοῦ ἄρχοντος, iussu quorundum aulicorum, qui probe poti concalfactique ad audendum cyathis fuissent. Quicquid sit et quocumque acciderit res, repente varii exoriebantur sermones. Quidam palam in foro dicebant nunc ex arce satis datum esse significationis parum clementis et hostilis animi. Res videbatur spectare ad motum aliquem (ut varie insidiatus est nobis Satan hactenus). Venerunt ad me quidam, qui dicerent in tuguriis illis *Salinarum* a grege operariorum apparari concursationes. Sed missi sunt a me et aliis honesti homines clam, qui placarunt eos. Altero die pro concione, deinde et sequentibus concionibus hortatus sum magna contentione ad pacem ad tranquillitatem. Quod autem propter illam irritationem animorum subitam consilia aut auxilia alibi quaesita sint, de hoc nihil scio. Heri quidam ex senatu et tribunis plebis perorante novo syndico d. doctore *Chiliano* auditi sunt clementer coram ipso illuss. domino locumtenente et coadiutore, et heri hora tertia restitutum est repagulum, der eichen schlag, wie der gesetzt.

Quod Cel. V. scribit adhuc spem esse de pace, gaudeo ex corde. Sed quid hoc est monstri, quod Caes. Mtas non significationem dat ministrandae iustitiae contra μορδβρεννερικον tyrannum *H. B.?* Deus tamen horribiliter judicabit parricidialem incendiarium a facibus admotis patriae adhuc fumantem et redolentam pulverem bombardicum, quamvis neget. Si R. P. V. et Cel. profecta fuerit *Magdeburgum*, rogo apud reverendiss. capitulum agat περὶ τῆς εἰρήνης *Hallens*. Nam ut saepe scripsi, offerunt se *Hallenses* ad omnem pacem et obedientiam pulchram, tantum ut liberum habeant verbum Dei et evangelium veritatis Dei.

Illuss. principibus et dd. *Iohanni* et dd. *Ioachimo* fratribus Cel. V. peto offerri mea deditissima obsequia et humiliter ac obnixe peto de exitu comitiorum communicari mihi novitates. Episcopus *Merseburgensis* dicitur esse in reditu et nescio quid impedimenti passus in itinere a turma (?)[1] equitum. Dominus precor his novissimis periculosis et difficilibus temporibus gubernet negocia publica. Amen. D. *Crucigerus* (ut Cel. V. vidit) nihil admodum bonae spei scribit de comitiis. Quid expectandum sit nescio.

Illuss. d. marchio elector Brandeburg. dicitur per *Hallam* non esse transiturus. Dominus Christus Iesus Cel. V. reipublicae et ecclesiae quam diutissime conservet incolumem. Datae *Hallis* 2ᵃ post Vincula Petri. VII. mens. Augusti anno dni 1541.

Reverendiss. P. V. et illuss. Cel.

deditiss. *Iustus Ionas* d.
pr. eccl. *Hallensis*.

Zettel: Omnia, illuss. princeps, Deus gubernabit ad gloriam nominis sui, etiamsi pp (papa?) non una cassa nuce dignam putat totam Christi ecclesiam. *Roma* est tam vere cloaca diaboli, quam vere deus Israelis et pater domini nostri Iesu Christi deus unicus et verus est[2].

_{Reverendissimo in Christo patri et dd. *Georgio* principi Anhaltino etc.}

Archiv zu Zerbst.

600. Jonas an Fürst Georg.   Halle 1541. Aug. 11.

_{Die Vertreter Hallo's sind auf dem Convent in Kalbe, Heinrich v. Braunschweig soll in Giebichenstein gewesen sein.}

— — Cum potiores e senatu et außschus essent *Kalb.* profecti ad conventum, non habui quod consulerem, quid esset iam faciendum. Ergo duxi ponendum in arbitrio camerarii Cel. V., an vellet offerre literas credentiae pro hac vice et proponere commissa. De statu ecclesiae et propagatione τοῦ εὐαγγελίου, quae aspirante Christo satis feliciter procedit, Deo glorificante suis operibus evangelium, latius brevi scribam Cel. V. et R. P. Audio hertzog *H. Brunsvi.* pernoctasse in *Gebichstein,* equos quosdam hospicio apud doct. *Wie*[3] exceptos. Sed nihil certi habeo. — Datae raptim XI. Augusti 5ᵗᵃ post Laurentii anno dni 1541.

R. P. et I. Cel. V.   deditiss.

I. יונה d.

Archiv zu Zerbst.

---

[1] Im Orig.: turama (?)
[2] Es folgt noch eine hebräische Nachschrift.
[3] Michael Vehe?

601. Joh. Spangenberg an Justus Jonas. Nordhausen 1541. Aug. 21.

Entschuldigt, dass er einem ihm von Jonas Empfohlenen nicht habe nützen können, bittet ihn um Beförderung von Briefen und um Nachricht über den Zustand der Dinge in Halle.

S. *Andreas Breitfuss*, chariss. doctor, quem mihi t. h. commendavit, nihil hic expiscari potuit; quid causae sit nescio. Fortassis ipse coram totum negotium narrabit. Ego libenter hominem iuvassem tua causa, sed certe non aderat neque facultas neque copia. Porro literas, quas attulit *Fredericus Teichgreber*[1], quas ad amicos *Wittembergen*, scripsi, si adhuc penes t. h. latuerint, precor ut per hunc iustum tabellarium *Wittemberge* perferantur. Valde cupio scire quid istic apud vos agatur, sintne omnia salva, integra et tranquilla. Omnes enim boni et pii tua causa sunt solliciti praesertim in his rerum turbinibus[2]. Dominus Deus, in cuius manu sunt omnia regna, cuius verbum est quod praedicas, cuius gloriam tanto discrimine quaeris, ille tibi adsit, tecum habitet, tecum moretur et omnes inimicos sub pedibus suis conterat. Amen. Si quid habes, mi doctor, quod nos scire velis per nuncium oportunum, rescribe. Et in domino feliciter vale. *North.* 1541. 21. Augusti.

T.

Ioh. Spangen.

Eximio et vere pio ac docto viro d. doct. *Iusto Ionae*, ecclesiae *Hallensis* ecclesiasti, domino et patrono suo sinceriter colendo.

Orig. in Meiningen, gedruckt in Förstem., N. Mittheil. II, 314. S. 538.

602. Anonymer Drohbrief an die Hallischen Franziskaner. Halle 1541. Aug. 22.

..... [3] bei euch ein pfetzbauch, ein dickbeuchigten, wohlgefütterten recht groben grawen esel, der hat am nechsten sontagk wider vorbot eins erbarn raths vnd der itzigen regirenden ratsmeister, als ein burgermeister in derselben kirchen gewesen, wider den erwirdigen achtbarn vnd hochgelarten, den hern doctor *Jonas*, wider den heiligen ehestandt gotslesterlich geredt vnd fromme ehrliche christliche matron grosser freundtschaft vnd loblichs alten geschlechts mit teuflischen lesterworten geschmeeht. Mit demselbigen pfetzbauch in henffen stricken vnd henckersseiden vmhgorteten wanste, groben dicken fetten lugenspeier vnd mit euch brudern vnd conuent sal diese sache geredt werden einmal vnd

---

[1] Siehe oben Nr. 596.
[2] Die Worte omnes de te solliciti sunt in his rerum turbinibus hat Jonas eigenhändig auf der Aussenseite des Briefes wiederholt.
[3] Der Anfang des Briefes ist weggerissen.

zu rechter zeit, wann er der pfetzbauch vorgessen hat. Vnd habt kein
zweifel, man wirdts an gebürlichen örtern ernstlich mit im vnd euch
reden, Got wirts dem gemesten wanste nit schencken, so sollen sich
wol leut finden, die den ehrlosen bösewicht zu recht im gericht vnd
sunst recht ansprechen, wie der lugenspeier werd ist. Man hat kein
schew, die euch schreiben, werden morgen vnd weiter vff sein gebleuder
gut achtung geben, vnd er noch sich wol an tag geben.
Datum 22. Augustj Anno dni 1541.

     Etliche erliche nambhaftige leut dem hern doctor
      Jonas gefreundt vnd verwandt.

<small>Den wirdigen geistlichen vnd andechtigen vettern, gardian
vnd convent zu *Halle*, in abwesens des gardians dem vice
gardian zuuberantworten.</small>

(Copey der schrift der angegebenen freuntschaft *Jonae* an die barfusser hern
zu *Halle* ausgangen.) Prov.-Arch. Magd. Erzstift Magdeb. II. 818.

603. Joh. Spangenberg an Justus Jonas.   Nordhausen 1541. Aug. 24.

<small>Empfiehlt ihm einen jungen Nordhäuser.</small>

S. Rursus tibi obstrepere cogor, doctiss. *Iona* idemque Maecenas
optime, quando hic noster *Mathias Luderus*[1] ad vos profecturus esset.
Decrevit hic consilio parentum et amicorum provinciam aliquam li-
terariam extorquere, in qua posset suam indolem exercere, quemadmodum
ipse coram recitabit. Tua humanitas pie fecerit, si adolescentem iuvet,
ut conditionem uspiam nanciscatur. Porro si quid habes, quod nos
scire velis, fac precor ad nos reseribas. Interim in domino feliciter
vale. Nos hactenus bene agimus. *North.* 1541 feriis divi Barptholomaei.
         T.   *Ioh. Spangen.*

<small>Eximiae pietatis et eruditionis viro, d. doct. *Iusto Ionae*,
ecclesiae *Hallensis* ecclesiasti, Maecenati suo sinceriter colendo.</small>

Orig. in Meiningen, gedruckt in Förstemann, Neue Mittheil. II, 314. S. 528.

604. Luther an Jonas.   Wittenberg 1541. Aug. 30.

<small>Dankt ihm für seinen Brief, dessen Aeusserungen über Card. Albrecht seinen
Beifall gefunden haben. Vom Türkenkrieg. Berichtet über häuslichen
Verdruss.</small>

de W. V. 394. vrgl. Cod. Dessav. A fol. 11. — doctori theologiae, praeposito
Wittenbergensi — in Halli — in nostrum et illum — logicalia, scilicet meretrix
— T. Martinus Luther D.

---

[1] Matthias Luder (Luther) geb. 1520. gest. 12. Febr. 1572. Sohn des Bürgermeisters Hans Luder, wurde im S.-S. 1538 in Wittenberg immatriculirt und erhielt
am 13. Nov. 1558 als Nachfolger Mich. Meienburgs das Amt eines Oberstadtschreibers
in seiner Vaterstadt Nordhausen. 7 Briefe Melanchthons an ihn aus den Jahren
1548 — 59 siehe im Corp. Ref. Vgl. über ihn Kindervater Nordhusa illustris S. 150 flg.
E. G. Förstemann, Nordhusana I, S. 41. 46.

605. Luther an Jonas. Wittenberg 1541. Sept. 3.

Bedankt sich für Geschenke, die ihm Jonas gesendet, und entschuldigt sich, dass er unterlassen hat, der Frau desselben einen Brief mitzugeben. Erzählt ihm in scherzhaftem Ton ein Beispiel mangelhafter religiöser Erkenntnis im Volke und von allerlei launigen Tischgesprächen mit den Freunden.

de Wette V, 395. Cod. Dessav. A. fol. 22.

Aufschrift: Clarissimo viro domino Iusto Ionae, doctori theo: ministro Christi Halle, praeposito Vittenbergensi, suo in domino majori. —

Varianten. — pro tot tuis dono missis -- neque cum semper sim otiosus.

606. N. N. an N. N. Halle 1541. Sept. 3.

Ein erzbischöflicher Beamter berichtet über Jonas (an den Coadjutor?).

Auch hat diese tage vorgangen *Jonas* im hospital [1] alhir geprediget vnd vff sein newerung die armen leut darinne sub vtraque specie communicirt, vnd wie ich berichtet, sall den armen leuten doselbst eingebunden sein, das sie das sacrament sub utraque specie nehmen ader das hospital reumen vnd sich des vorzeihen sollten. Hat sich auch vnder andern hören lassen, das er balt inen im hospital nehir kommen vnd alsdann offter bey inen sein vnd predigen wolte etc. Nuhn vorstehe ich solchs nit anders, dann das die von *Halle* im vorhaben sein, inen in dasselbige closter Sanct Moritz villeicht zu setzen.

Diesen boten hab ich aus vrsachen nach datirtem briefle bis vff sunabents nach Egidij vffgehalten, das e. g. ich im besten nit hab sollen vorhalten. Datum sonabents nach Egidij im xlj.

Andrer Zettel:

Es hat auch meins abwesens der prediger zu den barfüsern [2] er *Peter Schwartz* sontags acht tage nechst vorgangen in seynem sermon im closter sich etwas in gemein horen lassen vff die newen prediger, wie dieselbigen itzo mit gelde nit zuersetigen, ire kebsweiber sich auch prechtiger myt ketten, ryngen, megden vnd andern hielten, dann der burgermeister weiber etc., welchs den *Jonam* vnd die andern fast vbel verdrossen, vnd diese schrift in das barfüsser closter geschiftet [sic], dergestalt als lege ein grosser herre zum gülden rynge, der hette dieselbe, der abschrift e. g. beyenthalten zuuornehmen, ins kloste zur antworten beuohlen. Daraus ire euangelischer fridsamer geist vnd preiß der pfaffenehe zubefinden. Weil dann solchs meins abwesens geschehn, vnd dis mehr dergestalt zu vnfrieden vnd weiterung einreist, dann das das eynige frucht daraus entstehet, hab ich demselbigen ern

---

[1] Das St. Johannis-Hospital auf dem Moritzkirchhof.
[2] Die Franziskaner besassen seit dem 13. Jahrh. auf dem Schulberg ein Kloster, welches erst 1561 aufgehoben worden ist.

Feter Schwartz ansagen lassen, er solte allein bey der schrift bleiben, das widder sie vnd die closter nit weiterung gesucht werden dörfte. Hab aber solchs e. g. des wissens zuhaben nit wollen vorhalten. Datum vts.

<small>Magd. Prov.-Arch. Erzstift Magd. II, 818.</small>

607. Medler an Jonas. Naumburg 1541. Sept. 9.

<small>Berichtet, dass seine Krankheit nun so weit gehoben sei, dass sein Amtsgenosse B. Schumann nächstens nach Halle werde übersiedeln können. Auf höheren Befehl soll demnächst im Naumburger Dom mit evangel. Gottesdienst begonnen werden, wobei es aber an heftigem Widerstand nicht fehlen wird.</small>

Mein gancz freuntlich vnd willige dinst zuuor. Erwirdiger vnd hochgelarter grosgunstiger, liber her doctor vnd patron, ich fuge euer ernwirde himit dinstlichen zu wissen, das ich nun in die ander wochenn, dem ewigen guitigem Got sey lob vnd danck, der seiner armen christenheit gebet durch Jesum Christum, seinen lieben sun, erhort, des fibers ledig gewesen, also das ich nun mein ampt in der kirchen zufuren widerumb angefangen. Got wolle mich darinnen stercken vnd bey gesungt gnediglich erbalten. Was aber magistri *Benedicti Schuman* vocation belanget, sal weder an eim erbarn radt noch an mir kein mangel noch hinderung befunden, besunder dem hern magistro frey heim gestalt werden, welcher auff neehst zukunfftige wochen durch vorleyhung gotlicher genaden sich zu euer kirchen begeben wird, dan er vmb vil wichtiger vrsachen willen so eylendts nicht auff sein kan, vnter denen auch eine ist, das ich auß vnser genedigsten vnd genedigen herrn zu Sachsen benel in vnserm thum stifft zur *Neumburg* das euangelium Jesu Christi zu predigen iezt, wil Got, neehst kunfftigen sontag anfahen sal, die pfaffen aber, wie ich vorstendigt, wollen die kirchen vor mir zu schließen, nicht weiß ich, was draus werden wirdt. Got wolle sunst mit genaden vnd sterek bey vns sein. Amen. Pit der halben, euer erwird wol mich vnd vnser kirchen alhie in e. e. vnd der kirchen zu *Hal* gepet nemen, das sein wir widerumb zu thun schuldig. Himit benel ich e. e. Christo dem hern, der ich zu dinen alzeit willig. Datum *Neumburg* freytag nach Natiuitatis Marie anno 1541.

Euer erwird gancz williger
Nicolaus Medler
doctor.

<small>Dem erwirdigen, achparn vnd hochgelarten herrn doctori *Justo Jonae*, probst zu *Wittenwerg* vnd iezundt superattendenten zu *Hal*, meinem groszgunstigen lieben hern vnd patron.

Original in Meiningen. Förstem. N. Mitteil. III, 2, S. 116. 117.</small>

608. Medler an Jonas. Naumburg 1541. Sept. 13.

Er sendet Schumann nach Halle,[1] berichtet über die gewaltsame Oeffnung der Domkirche, die Streitigkeiten des Rates mit dem Domherrn, den Bau der Kirche St. Wenceslai; verspricht die Unterstützung einiger Griechen.

Gratiam et pacem in Christo. Mittimus tandem ad vos, praestantissime domine doctor, dominum magistrum *Benedictum* בָּרוּךְ, cuius opera nunc magis quam antea unquam mihi opus esset, accedunt enim mihi quottidie novi labores, nam proxima die dominica elapsa vi templi canonicorum nostrorum fores, quas illi clauserant, effregi. Sed haec et cetera omnia, quae his diebus nobis acciderunt, רַבִּי בָּרוּךְ praesens narrabit. Quid autem nunc futurum sit nescio, orabis igitur, clarissime domine doctor cum tota vestra ecclesia pro nobis, nam insaniunt iam prorsus נְבָלִים[2] isti centauri et nescio quas tragoedias excitare conantur, sed nos legatos apud clementissimum nostrum electorem habemus, cui utinam non displiceat ianuarum apertio violenta etc. Venerunt ad nos hodie Graeci illi, quos tuo tanquam prophetae nomine suscepi et pro virili promovebo, licet ecclesia nostra sit egena, nam multum nobis in sacra aede Divi Wenceslai quottidie aedificandum est, ad quod suam eleemosinam populus contribuit. Senatus nunc perpetuo cum papistis litigat et propter ipsorum impietatem omnes urbis redditus consumit[3] ut in minimo ecclesiam nostram iuvare non possit etc.

Ego autem vicissim praestantiae tuae commendo dominum magistrum בָּרוּךְ, notum et fidelem cooperatorem in vinea domini, ac rogo, ut iusto salario illi prospicias, ne postea in officio suo et laboribus maximis egeat. Bene in Christo praestantia tua cum coniuge matrona honestissima et liberis omnibus valeat. Datum *Neumburgi* 13. Septembris anno 1541.

T. p. deditus

Nicolaus Medler
doctor.

Clarissimo et praestantissimo viro domino *Iusto Ionae* doctori, praeposito *Wittenbergensi*, episcopo vero ecclesiae *Hallensis*, maiori et patrono suo maxime colendo.

Original in Meiningen. Förstem. N. Mitteil. III, 2. S. 117. 118.

609. Georg Major an Jonas. Wittenberg 1541. Sept. 21.

Wünscht ihm Glück zu dem guten Fortgang seiner Reformationsarbeit in Halle und freut sich über die Energie, die er hiebei entwickelt.

Gratiam et pacem Dei in Christo Iesu. Poteram excusationes instas habere intermissi officii in scribendo, sed quia hos tabellarios

---

[1] Vrgl. jedoch unten Nr. 614.   [2] Förstem.: כְּלִים.   [3] Förstem.: consumnt.

habebam, verebar ne quid desiderares. Cupio enim omnium maxime tuum erga me studium et sinceram benevolentiam perpetuo conservari. Nova nulla scribo, quod ab aliis tibi copiose et certo significari scio. Hoc unicum non tam tibi, doctissime ac disertissime *Iona*, [quem] me semper sincero et candido pectore tanquam praeceptorem, [imo] patrem coluisse te ipsum fateri necesse est, ... quam ecclesiae Christi pluri-[mum] ac ex animo gratulor, quod audio tibi ..... ostium isthic patefactum et cum maximo fructu te evangelium Christi docere. Plerique etiam ex nostris, qui te isthic docentem audivere, nescio quid singularis spiritus et divinae energiae praeter ea, quibus antea te donis Deus ornavit, in tua doctrina esse praedicant. Haec non κολακευόμενος neque praemeditatus, sed ut impetus animi iam fert, scribo. Neque enim hoc tempore cogitandi vel scribendi diligentius otium est. Hoc precor Christum, ut te conservet, gubernet et omnia pericula a tuo capite, sicuti credo esse plurima, propulset. Bene vale, patrone observande. Die Matthaei 1541. *Wittenbergae* raptim.

      T. D.   d. *Georg. Maior.*

  Doctissimo ac eloquentissimo viro domino *Iusto Ionae*, sacrae theologiae doctori ac praeposito *Wittenbergensi*, praeceptori ac patrono observando suo.

Orig. in Meiningen (stark beschädigt.)

610. Luther an Jonas.   Wittenberg 1541. Sept. 25.

  Ueber einen Luther bisher unbekannt gewesenen Vogel. König Ferdinands Niederlage im Türkenkriege.

de Wette-Seidem. VI, 287. Cod. Dess. A. 21[b].

611. Ziegler an Jonas.   Leipzig 1541. Oct. 7.

  Meldet ihm, dass die Ankunft des Camerarius in Leipzig nahe bevorstehe; verspricht einen Besuch in Halle.

S. Petiisti a me, clarissime domine doctor, ut tibi de adventu *Ioachimi*[1] nostri aliquid certi significarem. Hoc ego facerem libentissime, si ipsi aliquid certe de hac re sciremus. Scito tamen eum iam in via esse et expectari a nobis quotidie, simulatque vero venerit, ut humanitas tua hoc sciat operam dabo. Constitui aliquoties ad te venire, sed hactenus variis negotiis et casibus impeditus fui. Proxime cum *Vitebergae* essem ac vellem ad te proficisci, domum revocabar per inopinatum adventum principis nostri *Lipsiam*, quo praesente domi esse cogebar.

---

[1] Camerarius.

Dabo tamen operam, ut adhuc ante hyemen te visere possim. Vale et me tibi commendatum habe. *Lipsiae* 7. Octobris.

Bernhardus Zigler[1] l.

Clarissimo viro d. *Iusto Ionae* sacrae theologiae doctori, praeposito *Vitebergensi*, evangelium docenti in ecclesia *Hallensi*, amico suo charissimo.

Orig. in Meiningen.

612. N. N. an Matthäus Metz. Halle 1541. Oct. 8.

Drohbrief an den katholischen Pfarrer in Halle.

Doch tore[2] *Mattes Metz*, hewt als der achtbar erwirdige, erlich doctor *Justus Jonas* hatt ein seer nutzlich prediget von Jesu Christo gethan, habt yhr ernacher euch in die kirchen gestolen, ewr geschmissene henchley getrieben. Lieber doch tore, dise drey stucke merck: Du hast disses halb jar den hern doctor *Justus Jonas* offt geschmecht, gelestert den rath, die gantze kirche vnd gemeine zu *Halle*, das dir m. g. h. der stadhalder, auch tumprobst vnd capittel zw *Magdeburg* haben vorbiten lassen bey entsetzung vnd beraubung deiner parteken. Merck ersthlich doch tore *Matz Metz*, das du solches vbergangen, das sol mit dir geretd werden.

Zum andern, du hast dich heute dem theuffel geben, wo doctor *Jonas* nit ein helle brant vnd vordampt ketzer ist. Merck es doch tore, du bist ein narr, gelust dichs, so sei des tewfels, wie dich Gott schrecklich gewarnet, Amen, Amen.

Zum dritten, doch tore vnd lappe, *Tewes Metze*, du eilest zu deiner absetzunge vnd zu dem, das dir geburt. Christus ist dir vnd dem thewfel (der aus dir redt) zu schtarck. Datum 8. octobris 1541 (von andrer Hand hinzugefügt: 13. octobris.)

Ein gast in der *Halle*, der heut die predigt gehort.

Dem achtbaren w. doctor *Matteus Metz* zu *Halle* gegen der kirchen.

Orig. in Prov.-Arch. Magd. Erzstift Magdeb. II, 818.

---

[1] Der berühmte Hebraist. Vrgl. über ihn Camerarius Vita Melanchth. ed. Strobel pg. 70 flg. 311. Ueber seine vorübergehende Wirksamkeit an der Liegnitzer Akademie (1526/27) vergl. Koffmane im Correspondenzblatt des Vereins für schlesische Kirchengeschichte II, 35.

[2] So spöttisch statt Doctor.

613. Bernhard Ziegler an Jonas. Leipzig 1541. Oct. 16.

Allerlei Leipziger Nachrichten. Camerarius wird erwartet. Sarcerius ist berufen, Jacob Schenk darf nicht mehr predigen.

Orig. in Meiningen. Corp. Ref. IV, 680.

614. Nic. Medler an Jonas. Naumburg 1541. Oct. 18.

Schumann siedelt nach Halle über und wird bestens empfohlen. Fürstenconvent in Naumburg.

Gratiam et pacem in Christo. Praestantissime domine doctor, mitto tandem ad vos, id quod Deus optimus propter gloriam sui nominis et ecclesie salutem bene vertat, dominum magistrum *Benedictum*, fidelem in vinea Domini cooperatorem meum, quem tuae praestantiae commendo, ut ipsi velit patrocinari in omnibus adversitatibus. Non enim sine lachrimis eum dimisit ecclesia nostra. Quid apud nos geretur [so], ipse ore tenus prestantiae tuae narrabit, ideo scribere non opus esse arbitror. Est quidem satis magnus optimorum principum hic conventus,[1] sed utinam digni aliquid efficiant! Non itaque dubito, quin vestra ecclesia et principes et nos oratione sit adiutura, machinantur enim adhuc mali aliquid papistae nostri sic optimorum nostrorum principum obnitentes clementia. Bene valeat praestantia tua cum ecclesia et tota familia.

Datum *Neumburge* 3a feria post Galli anno 1541.

T. p. deditus

Nicolaus Medler doctor.

Praestantissimo et clarissimo viro domino doctori *Iusto Ionae*, praeposito *Wittenwergensi* et *Hallensis* ecclesiae nunc vero episcopo, domino maiori et praeceptori suo semper colendo.

Original in Meiningen. Förstem. N. Mitteil. III. 2, S. 118.

615. Jonas an Fürst Georg. Halle 1541. Oct. 19.

Berichtet von einem Besuch des Kurfürsten Joachim in Halle, bei welcher Gelegenheit er eine Einladung auf die Moritzburg erhalten und dort vom Coadjutor freundlich behandelt worden ist.

— — Cum chirurgus *Chilianus*, Cel. V. minister, hic me *Halae* convenisset, nolui eum inanem pervenire ad Cel. V. mearum literarum.

---

[1] Vrgl. Corp. Ref. IV. 662. Mel. an Veit Dietrich 4. Oct.: His diebus convenient duces Saxoniae, marchio Ioachimus, Macedo Neoburgi collocuturi de exercitibus contra Turcas mittendis. Ferner ebendaselbst Sp. 676. 677.

Proxima dominica huc venit illuss. elector p. *Brandenburgensis* [1]. Sequenti die eius Celsitudo misit ad me m. *Io. Agricolam Eisleben* sub aurora hora VI. et praemoneri me fecit clementer, manerem domi, Cel. suam enim intra horam vocaturam ad arcem. Iussu ergo et clementi mandato illuss. Brand. electoris veni post VII. horam in arcem et vocatus ad conclave, in quo mensae assidebant elector et illuss. coadiutor, per marschalhum collocatus sum in mensa consiliariorum, ubi sedebant praefectus *Teucher*, dnus a *Crosik*, praefectus *Halberstat Haymonis* episcopi consanguineus, vir pius, doctor *Bart*, doct. *Hornborgk* etc. Doct. *Eberhausen* obambulabat ad mensam τῶν ἀρχόντων et nostram. Illuss. coadiutor bis misit ad me marschalhum, qui iussit ut biberem ex poculo aureo vel deaurato honorario wilkomen. Caetera exponet Cel. V. meister *Chilianus*. Ex conventu *Naumburgens.* adhuc nihil habeo novi. Illuss. principibus dd. *Iohanni* et dd. *Ioachimo*, principibus Anhaltinis fratribus Cel. V., rogo Cel. V. me commendet. Brevi scribam uberius, praesertim a mgr. *Forchemio* provocatus. C. V^am dnus Iesus Christus conservet ecclesiae et reip. quam diutissime incolumem. Hic satis onerati sumus adhuc contionibus, donec veniant synergi et cooperarii mei. Datae *Halae Saxonum* 4ta post Galli anno dni MDXXXXI.

R. D. V. et Cel.   addictiss.

Iustus Ionas p. *Witt.*
Ecclesiastes eccl. *Hallens.*

Archiv zu Zerbst.

616. Luther an Jonas.   Wittenberg 1541. Nov. 10.

Bedankt sich für übersandte Martinsgänse. Ueber den Türkenkrieg sowie über die geistlichen Türken inmitten der Christenheit.

de Wette V, 408, vergl. Orig. in Cod. Helmst. 285 B. in Wolfenb. Aufschrift: — legato Christi fideliss. Halli. — Von Jonas' Hand: 1541 Sabbato redditae per Cosmas Quetz post vigiliam **Martini**. — [Martinicos] ist von Jonas zu auseres beigeschrieben — Halli habetis — affricano — Speties — Nobilum [so] Niphlim — momentanos illos Turcas — Sicut et modo fit — prope diem — Wolff Heintz — Vigilia Martini 1541. — Abschrift in Cod. Dess. A fl. 15.

617. Camerarius an Jonas.   Leipzig 1541. Nov. 22.

Bedauert, dass er Jonas noch nicht in Halle hat besuchen können, berichtet über seine Uebersiedelung von Tübingen nach Leipzig.

Orig. in Meiningen. Corp. Ref. IV, 702 u. 703 und Förstemann, Neue Mitteil. III, 3, S. 111. Im Corp. Ref. ist Folgendes zu berichtigen: *Aufschrift*: Eximia pietate, virtute et sapientia praedito d. Iusto Ionae, evangelistae Halae Saxonicae, v. cl. amico colendo. — cum huc venissem — ex veteri amico — d. Zochio — amantissime salvere iubebis. —

---

[1] Auf der Reise zum Naumburger Convent.

618. Jonas an Fürst Georg.   Halle 1541. Dec. 2.

Fortgang des Reformationswerkes. Dr. Türk ist dem Evangelium feindlich gesinnt. Verschiedene Nachrichten.

G. et pacem Dei in Christo. Reverend. in domino, illuss. princeps et domine. Quod attinet ad statum huius ecclesiae, multi ex adversariis papistis accedunt ad nostram synaxin singulis dominicis. D. doctor Τουρκος dicitur mediocriter convalescere et edidisse nuper admodum duram et hostilem vocem, sed tamen certus nondum est author qui audierit. Vellem virum tantis dotibus praeditum τῷ εὐαγγελίῳ et Christo posse lucrifieri. Me hic novem aut 8 mensibus non est allocutus. Illa de *Iulio*[1] nondum sunt satis certa, nisi quod eiuscemodi schedulam huc scripsit der stadschreiber urbis *Zeitz*. V. R. D. et C.ini^s patrocinio et coram Deo orationibus hanc ecclesiam *Hall.* commendamus. Illuss. principibus Anhaltinis, V. Cel. fratibus offero meam deditiss. voluntatem et paratiss. obsequia. Illuss. dd. *Heinrichus* dux *Monsterberg* nuper per *Heldendorfium* ad me dedit admodum clementes literas. Datae *Halae Saxonum* VI post Andreae anno dni 1541.

V. R. D. et Ill. C.   williger diener

   Iustus Ionas d.

Archiv zu Zerbst.   pr. eccles. *Hallen.*

619. Jonas an Fürst Georg von Anhalt.   Halle 1541. Dec. 16.

Nachrichten über den Stand der Dinge in Halle, die Feindschaft der Bettelmönche gegen ihn u. dergl. Ueber die Rüstungen des Herzog Heinrich v. Braunschweig. Ueber die Geburt und den bald darauf erfolgten Tod seines zwölften Kindes.

— — Clem. vestrae R. P. et Cel. literas cum omni debita reverentia et donatam ferinam cum gratitudine accepi et pro clementi ac propensa voluntate erga me (toties hic odiose haereticum appellatum) V. C.ⁱⁿⁱ vicissim offero mea addictissima officia meaque humillima obsequia. Quod attinet, illuss. princeps, ad statum huius ecclesiae, dominus hanc urbem et ecclesiam *Hallensem* varia cruce non ita ante multos annos τῶν παθημάτων τοῦ χριστοῦ pressam donis et bonis uberrimis Sp. Sti ornat, auget ac'ditat. Crescit quotidie invitis portis inferi numerus credentium. Singulis dominicis multi ex adversariis utuntur nostra evangelica synaxi. Heri adhuc ad recitatam ab amico quodam domi nostram contionem unus ex ditissimis civibus (genere nobilis) conversus est ab idolis τῆς παπιστρίας ad cognitionem Dei viventis, *Bartholomeus*

---

[1] Pflug.

v. Hedersleben (non longe a doctore *Eberhausen* habitat). Opera Dei non vident quidam indurati adversarii; a monachorum fecibus in utroque coenobio Wüststifftico¹ et Franciscano ego audio hereticus, seditiosus, lost *Koch* von *Northusen* etc. Sed Dei beneficio scio, a quo τὸ εὐαγγέλιον nostrum didicerim. In primis et hoc unum specto, ut ad veram cognitionem Christi crudiam conscientias pias, interim ἀγωνιζόμενος καὶ συναγωνιζόμενος τῷ εὐαγγελίῳ, latratus monachorum, famelicorum canum, non magnifacio. Scribunt ad nos amici de minis adversariorum et indignatione nescio quorum, et καρδ. est artibus omnibus instructissimus, sed Christus advigilabit. Apparatus iam fit contra Turcam, det dominus ut omnia Turcica et tyrannica consilia adversantia evangelio et veritati per Dei sapientiam impediantur. *Brunsvic. Mecentius* dicitur convocasse omnem nobilitatem suam et vires omnes exercere. Sic decet τὸν τύρχνον, qui faces patriae parietibus admovit, ut ipse conscius perhorrescat sibilum folii aridi, crepitum asseris in pariete semperque sit inter metus et varias formidines, donec veniat hora magna magni Dei et verificetur I. praeceptum: Ego unus et solus sum Deus et dominus.

Dominus dedit mihi filiolum die Nicolai [6. Dec.] ex uxore mea chariss. numero inter fratres et sorores duodecimum; eundem f^a 4ta post abstulit. Sit nomen domini benedictum. In necessitate ipse baptizavi (*Paulum*²). Forsan pro eo dabit multos filios spirituales, qui ad evangelium convertantur.

Si quid Cel. V. habet novi, rogo mecum communicare dignetur. — — Datae raptim *Hall.* 6ta post Luciae anno domini MDXXXXI.
R. D. V. et Cel.   addictiss.
                                        Iustus Ionas d. p. W.
                                        eccles. *Hall.* eccl.
Archiv zu Zerbst.

620. Luther an Jonas.   Wittenberg 1541. Dec. 18.

Tröstet ihn wegen des Todes seines jüngst gebornen Söhnleins. Kaiser Karls Expedition nach Algier. Bemerkungen über andere politische Ereignisse. Häusliche Nachrichten.

de Wette V. 414—416 Cod. Dessav. A. 28^b. — *Aufschrift:* Clarissimo viro domino Iusto Ionae theo: doctori praeposito Vittenb: legato Christi Halli Saxoniae suo in domino majori. — vera scribis — oppidum Wegeria alii Alkayr — Deum θεῶν — Ageriam — quo 50 — consecraturus. — qui a dextris — quid ad nos.

---

¹ Das Dominikanerkloster.
² Vgl. damit die Inschrift in einem jetzt der Bibliothek zu Gotha gehörigen Bande: „MDXXXXI die Nicolai, quo natus est filius meus Paulus Ionas." Franke S. 272.

621. Melanchthon an Jonas.   Wittenberg 1541. Dec. 26.

Glückwunsch zum neuen Jahr. Ueber den Kaiser sind neue Nachrichten noch nicht eingelaufen. In Berlin ist ein treuer Prediger (durch Agricola) verdrängt worden [1].

Corp. Ref. IV. 920. 921. Der Brief ist dort ins Jahr 1542 gesetzt worden, dass er aber ins Jahr 1541 gehört, beweist einmal das Schweigen über den Tod der Frau des Jonas, um desswillen Luther schon am 25. Dec. sein Beileidsschreiben nach Halle gesendet; ferner ein Vergleich der Aeusserung über den Kaiser: „Si rediit in Italiam, Deus cum ab illa μυομαχία retraxit ad patriae defensionem" mit dem Satz im Briefe vom 16. (26?) Dec. 1541 an Camerarius: „si... in Italiam rediit, fato retractum ad patriae defensionem iudico. Quid... in Numidiam discedit, quaerens nescio qualem μυομαχίαν?" Corp. Ref. IV, 711.

622. Hieron. Weller an Jonas.   1541. Dec. 31.

Bezeugt seine Freude über den Erfolg, den Jonas in Halle hat, lobt die Hallenser wegen ihrer Freigebigkeit in der Besoldung der Geistlichen. Ueber seine theolog. Lectionen in Freiberg. Gerüchte von der Zerstörung der kaiserlichen Flotte. Die Meissner Domherrn beanspruchen für ihren Bischof die Jurisdiction über die Kirchen im Meissner Lande.

G. et p. in Christo. Gratulor tibi, clarissime d. doctor, quod dominus hoc dono et honore te dignatus est, ut in regno Christi tam copiosum, tamque uberem fructum afferre possis. Itaque mea vota precibus tuis addo et precor dominum nostrum Iesum Christum, ut hoc opus bonum in te perficiat ad nominis sui gloriam ac aedificationem ecclesiae. Gratulor idem *Hallensibus* tuis hunc tantum heroem ac ducem spiritualis militiae adversus Satanam, e cuius faucibus tot animarum milia Christus per te ministrum suum erepturus est, imo iam eripuit. Lubens igitur gaudensque civibus tuis gratulor non solum hoc summum ac incnarrabile beneficium Dei, sed etiam hanc mentem seu gratitudinem ipsorum, quod summa voluntate et voluptate evangelium ornare et propagare student et tam locupletia stipendia ministris verbi decernunt. Nam istorum hominum iam mira est paucitas, qui aliquid opis et operae ad ornandum et conservandum ministerium verbi conferunt, multorumque animis haec persuasio altius insedit, quam ut inde possit evelli, se non debere quicquam largiri, ut cultus divini conserventur in ecclesia. Quare *Hallenses* tuos beatos praedico, quod illis datum sit non modo in Christum credere, sed etiam illustria testimonia confessionis fidei edere. De rebus meis iam nihil est quod ad te perscribam, nisi quod in patria officio legendi in sacris litteris adhuc fungor.[2] Absolvi nuper postillam epistolarum dominicalium, quam ad te brevi ut spero, mittam, ut et studia et labores nostros cognoscas, neque frustra

---

[1] Der Emericus, den der Brief erwähnt, ist der in Halle angestellte Schulmann Mag. Emericus Sylvius; vergl. Franke S. 146.

[2] Vrgl. Nobbe, Hier. Weller, Leipz. 1870 S. 12 flg.

lectionem theologicam hic institutam esse intelligas. Si quam igitur operam hac in re navavi ecclesiae *Frybergensi*, aut si quid profui patriae, primum Christo domino meo, deinde tibi, qui hanc lectionem tuis praeconiis hic apud meos cives ornasti, id acceptum refero. Utinam nostro exemplo ceteras quoque civitates maximeque paulo locupletiores ad eundem cultum Dei restaurandum invitare possemus! Nec dubito, si modo diutius *Hallis* permanseris, te civibus tuis hoc persuasurum esse. Novi enim tuam illam in dicendo δεινότητα. De statu rerum tuarum in *Hallis*, oro, nisi molestum est, ut me certiorem facias, in primis si quid certi de episcopo *Maguntino* habueris. Rumor apud nos est classem imperatoris nostri *Caroli* toto mari disiectam esse, nec constare quo ipse appulerit. Oramus igitur pro eo in ecclesia etc. Illud etiam adiiciendum putavi, quod canonici *Misnenses* omni contentione nituntur, ut episcopum suum generalem episcopum ecclesiarum *Misnensium* constituant. Plura alias. Bene ac feliciter vale in domino, qui te nobis diu servet incolumem. Amen. *Frybergae* in vigilia Circumcisionis Domini 1542. Excellen. t. deditiss.
Hieronymus Weller.

D. *Casparus Zeyner* pastor noster
et d. *Bernhardus a Dölen*[1] te reverenter salutant.

Clarissimo optimoque viro d. doctori *Iusto Ionae*, ministro et apostolo Christi in *Hallis*, domino et patrono suo observando.

Original in Meiningen. Förstem. N. Mitteil. III. 4, S. 171. 172.

623. Georg Spalatin an Jonas. (Altenburg) 1541?[2]

Spalatin bringt geschichtliche Zeugnisse dafür bei, dass die communio sub una eine mittelalterliche Erfindung sei.

„Ex literis *Spalentini* [so] ad dominum d. *Iustum Ionam*.

Satis quidem memini sub comiciis *Augustensibus* natam mentionem, nisi me fallunt omnia, a doctore *Urbano Regio*, superioribus annis ad Divum illic Mauricium templum et collegium sacrificulorum nec longe ab aedibus *Raimunde Foccarii* fuisse eiusmodi librum, in quo post verba consecrationis verbis minutulis esset primum de corpore dominico haec adnotatiuncula posita: Hic porrigatur populo corpus Domini. Mox de sanguine dominico: Hic porrigatur sanguis Domini nostri Iesu Christi populo. Attamen quod ego sciam, librum ne vidi quidem.

---

[1] Vrgl. I, 300. Einen Brief Wellers an B. v. Dölen, der später Pastor in Dippoldiswalde wurde, siehe in I. G. Olearii Scrinium antiquarium 2. Aufl. Ienae 1698. pg. 86 fl., und in den Opera Welleri latina 1702.

[2] Da dieses Brieffragment sich in der II, 12 erwähnten Sammlung befindet, so muss es spätestens aus dem J. 1541 stammen: wahrscheinlich ist der Brief noch älteren Datums.

Ferebatur enim paulo ante conventum imperialem a sacrificulis suppressus ex professo, ne fortasse inventus eorum impietatem proderet, haud vulgare documentum praestaturus toti terrarum orbi non ita multis ante seculis in media pene Germania eucharistiam sub utraque specie in usu fuisse.

Chrysostomus super illud Iohannis XIX Exivit sanguis et aqua: „Non casu et simpliciter scaturierunt hi fontes. Sed quoniam ex ambobus ecclesia constituta est, sciunt hoc initiati. Per aquam enim regenerati, sanguine et carne nutriti. Hinc mysteria ortum habent, ut quoties ad admirandum calicem accedis, tanquam ab ipso latere hauriens accedas."

Inno: iij in ea: Deus qui est de pe: et remi: In rationali divinorum li: 4: titulo de communicatione sacerdotis dicit: „solam hostiam recipiens non plenum recipit sacramentaliter sacramentum". Item „sub altera tantum specie non est completum sacramentum quo ad sacramentum vel ad signum".

Olim quoque ego *G. Spalatinus* a sapientiss. et religiosiss. principe nostro beati nominis domino *Friderico* electore Saxoniae missus ad coenobium sanctimonialium non ita longe ab *Alstudio* reperi inter alias multas veteres literas easque ut tempora scripserunt brevissimas, unas ab abbate *Reinsdorffensi* datas cum hac data: „Datum Anno MCCCXXVII in vigilia corporis et sanguinis Christi." Id quam primum offendissem laetatus tam sancta, tam observabili antiquitate statim, quanquam ad lucernam, principi legendum spectandumque misi. Neque enim dubito haud temere sic scriptum fuisse, quisquis id scripserit diplomatis ..... aetate sacramentum Eucharistiae sub utraque specie fuisse in usu.

Dominus quoque *Rockenhan*, magnus sane vir et fidelis ecclesiae pastor, *Iohanni Capistrano* monachorum omnium supersticiosissimo scribens inter alia affirmat, a concilio hoc *Basiliensi* permissum et Boemis et Moravis literis concilii et synodi illius signatis, ut sub utraque specie communicarent. Idque commissum esse archiepiscopo *Pragensi*, episcopo *Olomuccensi* et episcopo *Lutomensi*. Praeterea communicare integro sacramento approbante *Eugenio* pontifice Romano non solum Boemos et Moravos, sed etiam Graecos, Rutenos, Bulgaros, Armenios, Indos et alias multas gentes.

Item de conse. dist. ii. c. Quia morte. — —"

Zerbster Archiv. GAR. vol. V. fol. 259. b. III. pg. 141—147. [Mitgeteilt von H. Archivrat Prof. Kindscher.]

b. Bis zum Tode Luthers.
1542—1546.

624. Jonas an Johann Lang. Halle 1542. Jan. 9.

Fordert den Freund um Unterstützung auf in Sachen seiner Erbansprüche an die Hinterlassenschaft seines in Erfurt verstorbenen Bruders; er will sein Recht gewahrt wissen, wenn er auch geneigt ist, hernach seinen Verwandten ein Mehreres zukommen zu lassen.

Gratiam et pacem Dei in Christo. Fuit, mi *Lange*, hic *Hallis* mecum sexta ἐπιφανίας syndicus *Northusensis* d. *Michael*[1], et cum putarem habere mandatum ab omnibus heredibus, venit cum solo suo *Wendelino*, qui est acerrimus ἀντιλεγόντων in toto negocio. Dixit se d. *Michael* e *Dresda* et *Lipsia* intra decem dies huc ad me rediturum et daturum responsa, an velint me (iuxta medium a meo advocato propositum) ad tertiam partem hereditatis admittere. Sed novi *Michaelem* nitentem divitiis et opibus suis confidentem et audacem esse, saepe antea *Northusae* abusum mea bonitate et facilitate, deinde astutum et versantem callide et audacter sua quaedam consilia tectissima. Hoc observavi conatibus eorum. Suspicor esse *Vitebergae* quaesiturum consilia apud iureconsultos. Est mirus φυράτης, sed valde tectus et confidentissimus, putans nos parum nummatos aut certe secum non aeque nummatos, πτωχοὺς θεολόγους βατράχους εἶναι. Proinde cum ille instruat *Wendelinum*, non accipient ullam conditionem aequam concordiae, nisi viderint me serio accingi ad actiones iuris, nisi videant se strenue in ius vocari. Scio d. *Milwitzium* ex animo mihi bene velle. Sed, mi charissime d. doctor *Lange*, a te corroborandus et animandus est, ut pro me et quinque parvis liberis meis constanter pugnet et proelietur. Nam et ego habeo difficultates et solvenda debita *Vitenb*. Videtur optimus vir vel a d. *Michaele* — ut est Μιχαὴλ πανουργότατος καὶ ὁ δοῦλος μέγιστος τῶν χρημάτων — redditus ὀλιγόψυχος. Nam in proximis literis tametsi haec bona verba ponat: ‚Lieber herr gefatter, kommet von der sache vnd vertraget die sache, ich versehe mich, sie werden euch zu erben zulassen,‘ tamen addit: ‚ir ein thail der erben sindt arm, macht es, das ir es verantworten könnet, lieber herr gefatter.‘ Quid ad hoc negocium paupertas aut πενία ipsorum? Ego etiam crudeliter non debeo liberos meos privare his, quae coram Deo eis debentur, cum ipsi

---

[1] Meyenburg; vgl. Förstemann Nordhusana S. 53 flg. Perschmann, die Reformation in Nordhausen S. 37 flg.

heredes non unum obulum unquam contulerint *Bertoldo*, ego vero multa bona ex meis bonis in ipsum contulerim, et cum τό τέρας vivens (ignoscat mihi Deus) saepe confessum est, se in summis et maximis rebus, praebenda, domo, vinea, reditibus, pecunia, supellectile, solutione grosser gewand schulden bey dem zur gulden flaschen adiutum, tectum[1], effectum tantum conservatumque esse, quantus est, fuit. Sollen mein armen vettern geholfen werden, so sollen sie der hulf aus meiner hand gewarten, nicht also mich mit schanden, schaden, schinff abweisen. Primum detur mihi pars mea dimidia, vel propter tuam compositionem tertia, postea pauperibus de meo remittam vel dabo, ut gratias agant, et ut iusseritis nos[2] duo *Milwitzius* et tu. Rogo, mi d. doctor *Lange*, confirmes[3] *Milwitzium*. Nam brevi habebo vorschrift ab illuss. electore et aliis duobus principibus. Da operam, ut bona omnia transferantur in domum aliquam sub senatu, ut iudex — propter locum, in quo sunt bona — sit senatus *Erphurdensis*. Nam tam callidus est *Michael*, quod scit eos[4], qui quod ad personam defuncti sint iudices, officiales, sigilliferi et capitulum Severi, esse meos acerbissimos propter negotium τοῦ εὐαγγελίου. Ergo vigila contra τὸν πανοῦργον. Ego laborem tuum libenter compensabo liberaliter et, si quid impensum, mox solvam. Ex his et aliis gravibus causis et ego sentio idem, quod tu, mi d. doctor, scripsisti: firmo novo arresto bona arrestanda esse omnia et hoc studendum, ut senatus fiat iudex vel consiliarii electoris Saxoniae, cum sit *Northusen* sub schutz electoris, ut latius, mi *Lange*, audies ex meo anwald, quem quaeso iuva in omnibus, quantum potes. Arresto posito et constanter meas partes tuente *Milwitzio* ipsi acceptabunt conditiones amicae compositionis libentiss. Denn ich wil also nit schaden haben vnd schimpf, ader wil die sache vbergeben alicui nobili vel iureconsulto, qui ultimum obulum postulabit. Quod tamen invitus facio. Praesta amicum, mi d. d. *Lange*. Christus te ecclesiae et reipublicae servet quam diutiss. incolumem. Datae 2da feria post ἐπιφανίας anno 1542.

I. Ionas tuus.

Clarissimo viro d *Iohanni Lango*, doctori theologiae, episcopo *Erphordensi* vero, amico veteri et charissimo suo.

Cod. Goth. 399 fl. 212ᵇ — 214.

625. Jonas an den Rat zu Halle.   Halle 1542. Jan. 15.

Bedenken, ob die Klöster zu Halle abzuschaffen oder nicht.

Dreyhaupt, Saalkreis I. 982 - 986. Auszüglich bei Franke, Gesch. der Hall. Reformation S. 147 flg.

---

[1] Oder factum?   [2] vos?   [3] conformes?   [4] eo.

626. Luther an Jonas.   Wittenberg 1542. Jan. 23.

Bittet, ihm die Geschichte von der Ermordung der Frau Rauchhaupt[1] aufzuschreiben, damit sie als Beispiel von den Werken des Satan gedruckt werden könne.

de Wette V 429. Vgl. Cod Dessav. A fl. 30. wo die Datierung lautet: — feria secunda post Marcelli 1542.

627. Jonas an Joh. Lang.   Halle 1542. Jan. 24.

Teilt ihm die Erhebung Amsdorfs zum Bischof von Naumburg mit.

G. et p. Dei in Christo Iesu domino nostro. Quod attinet ad statum huius ecclesiae, evangelii doctrina satis foeliciter propagatur. Miror quod in tanta vicinia loci non crebrius ad me scribas. Hic obrutus sum laboribus ecclesiasticis, sed Christus corroborat in mediis certaminibus et periculis ἐν πάσῃ δυνάμει δυναμούμενός με. D. *Ambsdorffius* factus est ἐπίσκοπος ἀληθινὸς *Numburgensis*. Iam restat, ut *Langus* Ἐρφορδαῖος fiat, ego in *Hall:* suffraganeus vel 'Ερφ. iam τὸ θέλημα τοῦ θεοῦ. Ignosce ioco, rescribe per hunc tabellarium rogo. Vale in domino, mi Lange. Datae *Halae* tertia post Sebastiani, anno dni 1542.

I. Ionas doctor, prae. ecclesiae

Hallensis tuus.

Clarissimo viro d. *Ioanni Lango*, episcopo ecclesiae *Erphordensis*, amico veteri et chariss. suo.

Cod. Goth. 399 fl. 215.

628. Jonas an Wolfgang zu Anhalt.   Halle. 1542. Jan. 26.

Betrachtungen über den Sieg des Evangeliums in Halle trotz des Widerstandes des Card. Albrecht. Dieser soll demnächst nach Calbe und nach Halle kommen. Berichtet von einer kürzlich in Halle geschehenen Mordthat.

Gnad und fride Gottes in Christo Iesu dem sohne Gottes. Durchlauchtiger hochgeborner fürst, e. f. g. sind mein gantz willige untertenige dinst zuvor an bereit. Gnediger furst vnd herre, e. f. g. gantz gnedigs erbietlich schreiben hab ich empfangen vnd verlesen, erkenne mich untertanigklich schuldig, e. f. g. vor die gluckwunschung zum predigampt vnd iegen (?) das gantz gnedige christlich erbieten zu foderung der religion sache allzeit danckbar zu seyn.

Gn. f. vnd h., es ist ye war, das Satan die alte schlange nitt feiret, diesse gotliche sachen zu hindern, aber der herr Jesus Christus, wilcher vfm stuel der allerhochsten Mt. sitzet zur rechten des allmechtigen, Heb. 1. cap. der hat angefangen (vf so vil faltig tief seuftzen vnd heise

---

[1] Vgl. unten Nr. 628 u. 629; Dreyhaupt II, 514, ferner Burkhardt, Luthers Briefwechsel S. 405.

trene der gottforchtigen vnd armen gedrengten christen) sich der kirchen zu *Halle* auch anzunemen mit rechtem bischofs hertzen.

Der her *Albertus* card. ist anno dei XIII eingeriten, hat XXVI gantz jar diesse gros volk vill tausent seelen vom euangelio mit drawen, straf etc. gedrungen vnd abgehalden, sie alle wie ein arm mewßlin vnter der fallen gepresst, gequitzschet.

Entlich noch XXVj ader XXVIj jaren hat der her Christus heissen vnersucht des bischofs die thore dem euangelio hir offenen, vnd ist plotzlich vnter reichstag zu *Regensporg* hir eingetzogen, also das ich es auch selb nit ehr gewust denn ein tag zuuor, do ich alber gein *Halle* kam, vnd wollt in Duringen durch zihen, wie e. f. g. vnd e. f. g. Cantzler woll vorstehet. Im xiiij[1] psalm 'Domini est terra' befilt Gott dem hohen einigen konige Christo die thœre aufzutun in allen konigreichen, allen furstentumen etc. Do man nun so hart und lang gewert hat, do hat er vorsucht, ob Gott menschen vberkunsten, vberklugen kont, 1. Corinth. 1. 2. 3 vnd hat zu seiner stund heissen die thore hir offenen seinem heiligen ewigseligem heilsamen wort und mir unwirdigen diener seines heiligen euangelions, meinen mitgehulfen, vns seinen armen haußknechten. Durch Gottes gnade hab ich es nun one XI wochen vf ein gantz jar bracht. Es sagten die impii, es solt nur xiiij tag weren, stehet druff, [das] ich durch Gots vorleihung vnd gnedigst erlaubnis m g[ten] herren vill jar noch alhie predige vnd mein leben hir schlisse (dan ich bin auch nun ein grawer alder mit leibs schwacheit, dem calculo beladener funfftziger).

Auch acht ich, gn. f. vnd h., eher mich etlich papisten liessen weg ziehen, sie vermehreten mir ehr den solt. E. f. g wolle mir diß geschwetz vnd schertz gnedig zu gut halden.

Gn. f. vnd h. alhir ist auch gericht, das der card. jegen die wahl gewis soll in dreien wochen zu *Kalb* vnd dor nach zu *Halle* ankomen, man sagt auch, alls soll zu *Kalb* dorvf bestelt sein. Etliche furnemen des raths (wie dan auch ich) bitten vntertanigklich, wue e. f. g. etwas erfaren eher dan wir, e. f. g. wolt vf vnser vnkost eilends vns das gnedig zuschreiben.

Wie jamerlich alhir die erlich alt christliche witfraw t. *Raucheuten* von adel in irem haus sampt einem meidlin erwurgt ist vnd alles gelt hinweg bracht etc., wird e. f. g. von dissen iren diner horen vnd gnedig anhoren.

E. f. g. will ich hirmit des vberschickten wiltprett, rehekewl vnd hasen vntertanig vleissig dangsagung getan haben mit erbieten solchs allzeit jegen e. f. g. als meynem gnedigen herren vntertaniglich zuuordienen.

---

[1] Gemeint ist Ps. XXIV.

E. f. g. werden zu gelegenheit auch woll vnserm gnedigsten hern dem churfursten dorvon zu vormelden wissen, das solch gerucht ist von card. zukunfft etc. Doch disser schrift vnuormeldet. Ich will auch selb s. ch. g. schreiben. Was ich von gemelter zukunft weiter erfare, will ich e. f. g. zu schreiben, eilend vnd foderlich nit vnterlassen. Der herr her Christus wolle e. f. g. allzeit gnedicklich erhalden, sterken vnd mit reichen gnaden fristen. Datum in eil, *Halle* Dornstags nach Fab. Sebastiani anno dni 1542.

  E. f. g. willig vnterteniger dyner *Justus Jonas* doctor
              p. W. ecclesiast. eccl. *Hallen.*

Dem durchlauchtigen hochgebornen fursten vnd hern, hern *Wolfgang* fursten zu Anhald, grauen zu Ascanien, hern zu Bernburgk etc. etc. meynem gnedigen hern. Zu ir f. g. eigen handen.

Archiv zu Zerbst.

629. Spalatin an Jonas. Altenburg 1542. Febr. 10.

 Bittet um einen Brief, besonders um Benachrichtigung über die Hallenser Mordthat. Ueber Karlstadts Tod.

Dei gratiam et pacem per Christum. Satis mihi molestum est, reverende d. praeposite et doctor *Iona*, quod tam diu nihil prorsus mihi scripsisti. Itaque rogo, ut ruptis tandem silentii vinculis scribas literas daturus sculteto isthic, qui filio scripturus mihi meas etiam non incommode poterit mittere vel saltem S. P. Q. *Hallensis* scriba. Praecipue autem mihi gratum faceres, si describeres horrendum casum cum pia et honestissima femina *Rauchhauptinna*[1] et eius ancillula miserabiliter interemptis, ut fama ad nos usque permanavit. Ihesu bone, quousque degenerabit seculum hoc, alioqui prodigiose et malum et ingratum et flagitiis sceleribusque omnibus obrutum, nedum coopertum! Habeo literas ex *Onoltzbacchio* a *Iunio* nostro tibi non ignoto, doctorem *Carolostadium* nuper defunctum[2] et mortuum quoque tum in aedibus, in quibus defunctus est, tum in loco sepulturae miras turbas dare. Bene vale cum tota domo et pro nobis omnibus ora. Cursim. Die X. Februarii MDXLII.   *G. Spalatinus.*

Reverendo et clarissimo viro d. *Iusto Ionae*, praeposito *Vitebergensi*, patrono et amico tam syncero quam veteri.

Orig. in Meining. Neudecker Bl. 959. Vgl. Alberus Widder die verfluchte lere der Carlstader Bl. m.

---

[1] Siehe oben Nr. 627.
[2] Gestorben 24. [oder 25.] Dec. 1541 zu Basel. Vgl. de Wette V, 435.

630. Spalatin an Jonas.   Altenburg 1542. Februar 11.

Hat eben einen Brief des Jonas erhalten, für den er dankt, und spricht ihm Mut ein zu den Kämpfen, die er in Halle zu bestehen hat.

Dei gratiam et pacem per Christum. Heri, quo die meas literas sub antelucanum tempus scriptas sculteti vestri filio, nostro hypodidascalo *Aldenburgensi*, reddendas imo dandas curaveram, tibi primo quoque nuntio isthuc mittendas, reverende domine praeposite, mihi coenanti tuas reddidit recens scriptas. Etsi igitur non adeo haberem, quod scripto opus haberet, tamen tuis tandem literis provocatus istis quoque respondendum duxi. Fateor ingenue, mihi non esse solenne, ut diu sileam erga amicos, et tamen deficientibus interdum, quibus tuto literas crederem, quid scriberem? Haec enim unica fuit causa mei hactenus tam diuturni contra etiam mores meos silentii. Certe non dubito plus nimio tibi esse negotii cunr tot venenatis hydris. Quid enim aliud et Franciscanos et quicquid est illiusmodi αἱρέσεως diceres? Neque tamen de certa et salute et victoria desperandum est, quia non solum praesente et adiutore, sed etiam propugnatore et imperatore vero unico non tam nomine et titulo quam re ipsa invictissimo. Hoc praeeunte, hoc diruptore, quid non perrumperemus, quamvis undique harpyis, hydris, chimaeris et nullis non cacodaemonibus[1] obnoxii, imo commissi? Regnat enim Dominus coeli et terrae, Ihesus Christus servator, cui omnia pater ille noster coelestis [omnia] in manus dedit. Qui in coelum ascensurus dixit: Omnis mihi potestas et in coelo et in terra data est.[2] Hunc ad dexteram patris sedentem quis retruserit ad inferos? Quis in arenam provocaverit, nisi plane furiosus et omnibus malis spiritibus oppressus et sese suaque omnia in summum salutis discrimen coniecturus? Bene vale cum tota domo et ecclesia isthic sanctorum et pro nobis omnibus ora. Mei una mecum et te et tuos omnes reverenter salutant. Cursim die XIma Febr. MDXLII.   *G. Spalatinus*.

Toties rogatus ut venerabilem senem dn. doctorem *Erhardum Mildum* iurisconsultum[3] meo nomine amanter salutares, ne γρὺ quidem respondisti. Itaque meam petitionem adhuc repeto, idem rogans quod antea. Complector enim merito hominem.

Reverendo domino *Iusto Ionae*, verae theologiae doctori, praeposito *Vitebergensi*, iam Christi apud *Halam Saxonicam* legato, patrono observando.

Orig. in Meiningen. Nendecker Bl. 958.

---

[1] Nendecker: Lacedaemonibus (!).   [2] Matth. 28, 18.   [3] Spalatin weiss also nicht, dass dieser schon seit geraumer Zeit gestorben war.

Nachschrift (wohl hierher gehörig):
Vidimus hic etiam ineptissimum tui Ionamastigis scriptum, foribus aedis Marianae isthic affixum. Nisi igitur certo scirem, te sublimi et forti animo ferre eiusmodi muscarum proboscides, pluribus tecum agerem. Sed quid τὰς γλαύκας Ἀθήνας?

Orig. in Meining. Neudecker Bl. 984.

631. Jonas an Fürst Georg.   Halle 1542. Febr. 16.

In sehr düsterer Stimmung klagt er über die Verstockung der deutschen Bischöfe, die trotz der Türkengefahr nur auf die Unterdrückung des Evangeliums bedacht sind, und über das Hinscheiden so vieler gelehrter Männer. Aus Halberstadt ist ihm von der Zuchtlosigkeit der dortigen Kanoniker Mitteilung gemacht worden.

— Novi Cel. V. et Rev. D. V. sic affectam, quod cuperet omnes homines lucrifieri Christo, etiam asperrimos adversarios et lapides ac saxa (si vellent) fieri filios Abrahae, haeredes salutis aeternae. Et Deus novit cor meum, quam et ego optem ex animo quosvis Tartaros barbaros aut Turcis duriores posse converti ad Deum. Moderationi et d. *Philippum*, d. *Pomeranum* et d. *Crucigerum*, qui hic ante 8 dies concionatus est, multos alios ex nobis studuisse pro viribus iam tot annis Deus testis est et ecclesia vera. Ad episcopos Germaniae et ordines *Augustae* congregatos quid rev. pater d. doct. *Mart. Luth.* scripserit [1], in luce est. Extant enim libri eruditissimi. Et inde tamen ab anno illo XXX° duravit Caynica persecutio τῆς ἀληθείας καὶ τοῦ ἁγίου εὐαγγελίου, neque finis neque meta neque modus est ullus furiosae monachalis crudelitatis et amaritudinis contra Deum, verbum Christi, Sp. S[tum], contra biblia aucta altissimi Dei iam tertium [2] (immensis sudoribus) translata purissime. In tot conventibus offerimus nos ad aequas conditiones, nihilominus accusamur agni, stantes ad imum fluminis turbamus aquam lupo forsan ex illo latice non bibituro. Quid persequuntur in mundo κρατοῦντες Christum et ministros eius? Communi et vulgata conditione mortalium satis multi occidunt eruditi et utiles ecclesiae viri. Mortuus est *Urb. Rhegius* [3] (vir maior omnibus in toto papatu episcopis), peste interiit *Fabricius Capito* [4], hebraeac linguae columen, vivere desiit *Grineus* [5], multi ad Rhenum alii excellentes viri. *Coloniae* multa milia

---

[1] Vermahnung an die Geistlichen, versammlet auf dem Reichstage zu Augsburg. 1530. Erl. Ausg. 24², 356 flg.

[2] Vgl. Köstlin II², 596.

[3] Vgl. oben Nr. 592. S. 39.

[4] Gest. Nov. 1541. Ueber seine Verdienste um die hebräische Sprache vergl. Riederer Nachrichten IV. 1 flg.

[5] Gest. 1. Aug. 1541.

hominum peste mortua, inter quos quot Cel. V. putat fuisse non aspernanda ingenia conterranea *Erasmi* et eiusdem soli atque glebae? *Viennae* peste scribunt periisse XVIII**ᴍ·** hominum aetate, ingenio florentium. Eamus nunc et quaeramus nunc adhuc Liiij germanicos episcopos, qui cayniκῶς propter evangelium sanguinem sorbere cupiant eruditorum, qui tantum mactent homines verae virtutis pietatisque amantes. Ecquando, reverendiss. in domino et illuss. p., ex summis ordinibus, ex regum origine atque sanguine consurget aliquis heroicus[1] animus, qui christiana παρρησία atque constantia dictis, scriptis publicis opponat se tantae immanitati atque immisericordi saevissimaeque crudelitati? Iam primum opus esset aliquot alacribus ingeniis, eloquentibus et disertis viris, *Urbanis Regiis, Erasmis*, qui dormitantes cives excitarent ad defendendam τὴν ἁγίαν καθολικὴν ἐκκλησίαν καὶ τὴν πατρίδα τὴν Γερμανίαν contra Turcam. Horum similes multos occiderunt propter *Lutheri* doctrinam episcopi: quid restat nisi ut et ipsi visitentur a Deo?

Turca in Ungaria sanguinem uxorum, liberorum fundit, cum libet buasi ludens et animi causa infantulorum sanguine in conspectu matrum respergit et stillantes facit cunas, et ad portam est Germaniae hostis crudelissimus! Adhuc pergunt odisse Christum, persequi evangelium quidam impoenitentes papistae, maxime episcopi! Quid restat, quam ut Deus pios concionatores tollat et nos rev. d. *Lutheri* discipulos et qui Christum docemus, einsceemodi κοσμικοῖς καὶ σαρκικοῖς ἐπισκόποις det concionatores seditiosos, carnales, superbos, se dignos? Hic mecum fuit concionator *Halberstad*. m. *Author Lampadius*[2], qui dixit mihi de κανονικοῖς horribilia, qui concionatores derident et dicunt se quoque habere legitimas, nam se emptas habere auro uxores legitimas consentientibus maritis, qui nunc facti sint chorales[3]. R. D. V. et Cel. ignoscat mihi, brevi

---

[1] heroicis.
[2] Näheres über diesen Musikschriftsteller des 16. Jahrhunderts s. in W. Junghans Joh. Seb. Bach als Schüler der Partikularschule etc. Programm des Johanneums zu Lüneburg. 1870. S. 21. 22. Zeitschr. des Harzvereins I, 83. IIb. 138. 114. VI, 131. VII, 13. 28. Dass er mit Vornamen wirklich Author oder Auctor heisst (nach dem Kalenderheiligen des 20. August), und dass nicht etwa nur ein komisches Missverständnis der Worte auf dem Titel seines Buches „Ab Auctore Lampadio elaborata" ihm diesen Vornamen verschafft hat, wie Rob. Eitner in der allgem. deutschen Biographie XVII. 754 vermutete, das mag zum Ueberfluss unsere Briefstelle bezeugen. Ein Brief des A. Lampadius an Flacius in Wolfenb. Helmst. 64. 1.
[3] Die Halberstädter kathol. Geistlichkeit stand in besonders üblem Rufe. „Ich höre, es sey zu Halberstadt ein gemein Sprichwort: Wer durch das thor, bei welchem die pfaffen furnemlich wonen, eingehen kan, [on] das ihm ein pfaffenhure begegne, der soll weis nicht was grosses verdient haben." Flacius, Beweisung etc. 1552. Bl. C4ᵇ.

scribam latius. Cel. V. et illustrissimis principibus me peto commendari.
Datae 5ᵗᵃ post LX^{imam} anno dni M.D.XXXXII.
R. D. et Cel. V.   addictiss.
Archiv zu Zerbst.   I. *Ionas* p. W. eccles. *Hall.*

632. Luther an Jonas.   Wittenberg 1542. Febr. 16.

Wünscht, dass die Briefboten von Halle immer auf Antwort warten sollen. Ueber Goldsteins Besuch in Wittenberg, Karlstadts Tod, den Türkenkrieg, Ecks Polemik gegen Bucer.

de Wette V. 434—436.

633. Luther an Jonas.   Wittenberg 1542. Febr. 24.

Bittere Klagen über die Zeitverhältnisse, veranlasst durch den Türkenkrieg und einen aus Schlesien an ihn gelangten Brief. Undank der Welt gegen Gottes Wort.

de Wette V. 438. Cod. Dessav. A. Bl. 27ᵇ. Aufschrift: Clarissimo viro domino Iusto Ionae theol. doctori praeposito Vittenbergen. et legato Christi in Halli, suo in duo maiori chariss. an° 42 quadragesima. — peiores Turcas — ululantes, eiulantes, enhantes et frustra clamantes neque auditos neque visos volt (so) — confilimus — cupiam — pereunti et deploratae — quam ne contristes — feria S. Mathiae 1542. [Diese Datierung erscheint uns richtiger, als die bei de Wette: feria 6 Matthiae, da es ja 6. post Matthiae würde lauten müssen; daher datieren wir 24. nicht 25. Febr.]

634. Luther an J. Jonas.   Wittenberg 1542. März 10.

Kann den von Jonas gewünschten Geistlichen nicht nach Halle abgeben; klagt über einen unmanierlichen Boten, freut sich über den Rat zu Halle; Nachrichten vom Türkenkrieg.

de Wette V. 442. 443. vergl. Cod. Dess. A. Bl. 5ᵇ. — tibi protodiaconus — sed domo sua et suis, — infra [Auritabers Cyphra scheint jedoch richtig zu sein] — Ioachim senem — oereolas — sentiet etc. [qui sint fehlt] — audit et benedicit — mundus nesciat — viribus suis id est mundi — nomine mei domini Kethae — in der Unterschrift fehlt T.

635. Luther an Jonas.   Wittenberg 1542. März 13.

Stimmt ihm bei in seinen Klagen über die Edelleute; verweist ihn aufs Gebet. Neuigkeiten aus dem Türkenkriege.

de Wette V. 444. 445. vergl. Cod. Dess. A. fol. 14. — haec (ne dubites) — sciens qua — Christus יהיה עם — Michaeli Beck — venit illa dies.

636. Georg Major an Justus Jonas.   Wittenberg 1542. März 17.

Berichtet über mancherlei häusliche Krankheit und Not, klagt über die Verfolgungen, welche die Evangelischen erleiden müssen. Vom Uebertritt eines Richters in Ungarn zum Muhamedanismus.

G. et p. a Deo patre et domino nostro Iesu Christo. Scribo haec sub plurimam noctem. Nolui enim hosce cognatos tuos sine meis literis dimittere. Prudenter, ut soles in aliis, indicas inventutem quaerere vitae licentiam, sed neque mea neque uxoris valetudo patitur, quamquam aere alieno sim oppressus, ut paedagogiae labores sufferamus porro. Fuit enim mihi ac meis hic annus omnium calamitosissimus. Ego cum uxore et aliquot liberis aliquoties vitae periculum incidimus. Video me peti a Satana; Deus me ac nos omnes, quotquot in ipsius castris sincero pectore militamus et Satanam hostem acerrimum habemus, conservet. Uxor proximis hisce diebus septimum mensem uterum gerens cum febri satis acri ac periculosa laboraret, ita calculo et cholica vexata et adflicta fuit, ut de vita dubitaremus. Sed Dominus respexit nos. Decumbunt septem liberi, ego parens et familiae pater non satis certa sum valetudine. Sed Deus misericordiarum pater haec pro benigna sua voluntate gubernabit. Nos orabimus contra Caini posteritatem persequentem Abelinos, ut mones et scis nos hoc diligenter facere: sine, captent dolos, struant insidias, machinentur, quicquid velint. Quid si incidant in foveam, quam fecerint? Dominus, caput ecclesiae, tuebitur suum corpus ecclesiam adversus inferorum portas. Bene vale, mi pater ac patrone observande. *Wittenbergae* Freitag nach Oculi 1542.

Magdeburgensibus multa debeo, sed de mea ad ipsos profectione nihil certi habeo, quanquam magnus rumor est sparsus et a multis hoc fertur et scribitur. Ego cupio hic esse et frui conspectu ac doctrina praeceptorum nostrorum etc. *Philippus* proxime retulit mihi indicem in *Buda* defecisse cum tota familia a Christo ad Mahometi doctrinam: quid nostrum vulgus atque adeo nobiles ac proceres, quibus sic contemptui est religio, facturos putas? Cupio reverenter et fraterne salutari d. d. *Chilianum.*

Vester totus *Georg. Maior.*

Clarissimo ac doctissimo viro domino *Iusto Ionae*, sacrae theologiae doctori ac evangelii Christi propagatori ac propugnatori, domino ac praeceptori observando suo.

Original im Besitz von C. Schneider in Schleswig.

637. Jonas an Fürst Georg.   Halle 1542. März 17.

Bedankt sich für ein Geschenk des Fürsten Johann. Der Coadjutor ist erkrankt und hat verschiedene Aerzte zu Rate gezogen. Am Hof des Merseburger Bischofs findet der Papismus eifrige Verteidigung, und der Kanzler des Herzogs Moritz lässt sich mit Merseburger Geld bestechen.

G. et pacem Dei in Christo. Reverendiss. in domino illuss. princeps et domine. Illuss. principi et d. d. *Ioanni*, domino clementissimo meo, et V. Cel. ago immensas gratias pro pisce misso recenti et lautiss., agnosco me V. Cel.^{im} debere perpetuam gratitudinem pro hoc et multis aliis generibus beneficentiae, quibus Cel. vestrae me ubertim cumularunt. De conventu *Spirensi*, de expeditione futura contra Turcam ex aula

Cel. V. plura attulit *Chilianus* chirurgus, quam ego hactenus ex ullis scriptis aut sermonibus cognovi. Nec habeo certiora aut recentiora. Rogo autem illuss. Cel.^{do} dignetur mihi communicare, si quid de Turcicis rebus scriptum fuerit ad C. V. Illuss. coadiutor hic utitur medico Iudaeo, non gente solum sed et fide et religione Iudaeo. Hic fuit doctor *Aurbach*[1] et medicus Italus despinae[2] seu principissae in *Rochlitz*[3]. Rumor hic fuit de magno periculo vitae etc. Sed de his non libenter multa dico. Forsan compertiora habet C. V. Hic quidam nobilis mihi dixit apud ἐπίσκοπον Μερσβ. doctorem *Norinianum* magnum esse defensorem papistici pharisaeismi, deinde et doctorem *Pistorium Dresdae* cancellarium habere ein gutt vnd angelt ab episcopo *Mersb*. et munera etc. Sic ergo in ducatu illuss. principis et dd. *Mauritii* praedicatur libere τὸ εὐαγγέλιον et in ditione episcopi manet religio hactenus *Eccice, Witzelikös* et *Cochleice* et *Matthes Metzice* catholica. O pater illuss., quam varia ἀπιστία in mundo! — — Datae 6ta post Oculi anno dni MDXXXXII. R. D. et I. C. V. addictiss.

Iustus Ionas d. p. W.
Archiv zu Zerbst. eccles. *Hallen*. eccl.

638. Luther an Katharina Jonas. Wittenberg 1542. März 26.

Beklagt sich scherzhaft über Jonas, dass er immer Briefe verspricht und dann doch nicht schreibt. In Wittenberg ist wohlfeile Zeit, wie selten.

de Wette VI. 303. Cod. Dessav. A. Bl. 32, wo das Datum lautet: Sontags Gudika.

639. Melanchthon an Jonas. Wittenberg 1542. April 1.

Teilt ihm mit, dass er seinen Sohn[4] geprüft und gute Begabung bei ihm gefunden habe. Jonas werde sich bald entschliessen müssen, ihn zur Universität zu höheren Studien in Griechischen u. in der Philosophie zu schicken. Nachrichten vom Türken und vom Reichstag zu Spoier.

Corp Ref. IV. 793. 794.

640. Fr. Myconius an Jonas. Gotha 1542. April 4.

Bittet ihn, einen Edelmann beim sachsischen Hofe zu empfehlen. Berichtet von seiner Krankheit und spricht seine Freude aus, bald zu seinem Herrn heimgehen zu dürfen.

Gratiam et pacem a Deo patre nostro et domino Ihesu Christo. Nihil mihi, mi ornatissime d. doctor *Iona*, molestius est, quam dum

---

[1] Der bekannte Heinrich Stromer.   [2] δέσποινα.
[3] Die Schwester des Landgrafen von Hessen, Herzogin Elisabeth.
[4] Ueber diesen Justus Jonas den jüngeren, welcher am 3. Dec. 1525 geboren war, vrgl. besonders Voigt, Briefwechsel der berühmtesten Gelehrten mit Herzog Albrecht von Preussen. Königsberg 1841 S. 346—421. Allgem. deutsche Biographie s. v.

pessimos quosque prosperari, elevari, regnare, contra optimos negligi, deiici, squalere et conculcari video. Sed nisi ita disponente domino hi ascenderent, isti deiicerentur, non haberet dominus, quos deponeret de sede neque quos erigeret de stercore et collocaret cum principibus populi sui. Hic *Christophorus ab Heiden*, vir pius, bonus, literatorum amicus, iam aliquot annis quaerit ministerium aliquod politicum suo stemmate dignum. Commendatus est non semel optimo principi et aulae, unde hactenus magna plaustra pollicitationum accepit et iussum est, ut iterum admoneat obliviosos. Nosti memoriam iustorum apud solum dominum in aeternum manere. Aulae memoria est valde labilis. Oro te, ut tu quoque tuis litteris apud aulae proceres pro illo intercedas, forte tibi servata est haec gloria, quod per te sit adiutus.

Meus morbus phthisis[1] paene perfecit officium suum, vocem omnem abstulit, pulmonem corrupit, et quicquid in his ossibus haesit carnium, absumpsit et antevertit omnes vermes, quibus sola ossa obiicientur. Verum ego vicissim illum vinco, triumpho, nolente morte, reluctantibus portis inferorum in Christo secundum interiorem hominem renovor de die in diem, pinguesco et habundant consolationes Christi in me. Et de hoc gaudeo, quod ille parvulus *Fridericus*, quem olim in bibliotheca *Vinariensi* primum vidisti, non sine gaudio antevertit vos in regno coelorum. Sed cito subsequemini me. Irrumpo gaudens in has tenebras et nebulas mortis, ex quibus nubibus [?] mihi domini lumen splendere[2]: Ihr wisset das wortleyn bey Christo: Hodie inquit *Mecum*[3] eris in paradiso. Item: etiamsi ambulavero in medio umbrae mortis, non timebo mala, quia tu *M cum* es, qui es vita resurrectionis et regni thesaurus. Resurgunt iam quae fuerunt tota hieme mortuae herbae plantae virgulae, et nunc est formosissimus annus. Et a consortio optimorum amicorum, quos non desero, sed paululum praecedo, pergam ad gloriam eorum patrum et amicorum, quos liberius videbo, quam omnes Scipiones, Alexandros, Cathones, Carolos et epulones divites ac potentes a saeculo. Vides, mi *Iona*, quoties ad te amicum omnium suavissimum scribo, me esse et manere *Mecum*, et olim audies ex me: Magnificate dominum *Mecum* et exultemus nomen eius in id ipsum.[4] Vale et si potes per occupationes, rescribe. Toto enim sesquianno, quo vox mea obmutescere coepit, tuae etiam ad me raucae factae sunt

---

[1] ptisis.
[2] So. splendet?
[3] Dieses Spielen mit seinem Namen hatte er von Mutian gelernt, der ihn bei einer Begegnung in Gotha mit dem Psalmenwort: „Magnificate dominum *mecum*" begrüsst hatte, wie Myconius an Bruck berichtet Gothae f. 2 p. Dionysii 1524. Cod. Goth. 1018 f. 1.
[4] Ps. 34, 4.

manus, dum nihil scribunt. Dominus Ihesus te servet ecclesiae suae diu et semper. Datum Gothae 1542, 2ᵃ fᵃ post Palmarum.

Tuus *Fridericus Mecum*.

Clarissimo et fortissimo confessori Christi d. doctori *Iusto Ionae*, verae theologiae professori, *Halensis Saxonum* ecclesiae antistiti, amico suo et patrono primario. Dem herrn doctori *Ionae*.

Origin. in Meiningen. In deutscher Uebersetzung in Fortges. Samml. Leipzig 1729 S. 356—359. Ein Stück des lat. Briefes in Corp. Ref. IV. 755.

641. Justus Jonas an Joh. Agricola. Halle 1542. April 23.

Empfiehlt ihm den evangelisch gesinnten Sohn des hallischen Bürgermeisters Querhammer für eine Stelle in der Leibwache des Kurfürsten Joachim.

G. et pacem Dei in Christo. Rogavit me d. *Thomas Schuler* consul, ut per epistolium breve tibi commendarem *Petrum Querhamer* senioris consulis *Gasparis Querhamer* filium. Nam ei parens nullo alio nomine est parum propitius, quam quod Franciscanos cucullos non adorare vult secum, quam quod dissentit ab eo, reverenter tamen et verecunde (ut decet filium) in causa religionis. Cum sit igitur ille iunior *Querhamer* robore ut vides pene Miloniano et statura insigni, quae militiae .... soli atque pulveri aptior quam umbratili vitae philosophorum, rogatus ab amicis rogo, commendare cum velis illustriss. electori principi Brandenb., ut nancisci possit conditionem eines drabanten, vel ut apud aliquem nobilem comitem vel equitem auratum sit honesto loco. Pater senex *Querhamer* spero patietur se doceri de doctrina; iuvando filium forsan et ipsum lucri faciemus τῷ εὐαγγελίῳ. Nova si quae cognosces de die accitus[1] contra Turcam et aliis, rogo nobiscum communices. Vale in Christo, qui adsit illustrissimo electori Brand. precamur rerum tantarum gubernator defensorque omnibus vobis.

Datae raptim *Halae* dominica Misericordias M . D . XLII.

Saluta, mi *Agricola*, honestissimam dominam, uxorem tuam, filios et filias et *Grikelman*[2].

Ionas doct.
prae eccles. *Halle*.

Praestanti et doctissimo viro d. *Ioanni Agricolae*, illustriss. principis electoris Brandenburgici ecclesiasti primario, theologo eximio et excellenti, amico veteri et chariss.

D. *Ioanni Agricolae Eislebio Berlini*.

Cod. Erlang.[3] 1665 fol. 152ᵇ.

---

[1] abitus?
[2] Hier folgt noch der offenbar verstümmelte Satz „Ilsön, yoo (blume) et stehe in medio in medio quintae te salutat."
[3] Ueber diesen Codex siehe nähere Angaben in Zeitschr. f. Kircheng. IV, 300.

642. Luther an Jonas.   Wittenberg 1542. April 30.

Nachricht vom Türkenkrieg und von einem Briefe der Wittwe Karlstadts.

de Wette V. 466. Cod. Dessav. A 16.

Aufschrift: Clarissimo viro d. Iusto Ionae theol. doctori praeposito Vittenberg. legato Christi in Halli, suo in domino maiori. — in Christo vale.   T. Martinus Lutherus. Verum hoc — repeto — graviter accusantes — et perditis clinodiis — est horribile — anno fehlt.

643. Luther an Jonas.   Wittenberg 1542. Mai 15.

Bedauert ihn, dass er wieder vom Stein gequält wird, und erteilt ihm Rat wider dieses Leiden. Mitteilung über einen Geistlichen, der die Taufe mit erwärmtem Wasser für ungültig erklärt. Vom Türkenkrieg.

de Wette V. 470. Cod. Dess. A. fl. 31.

Aufschrift: Clarissimo viro domino Iusto Ionae S. theol. doctori, apostolo et legato Christi apud Hallam Saxoniae, suo in domino maiori.

644. Spalatin an Jonas.   Altenburg 1542. Juni 3.

Beschwert sich über die Schweigsamkeit des Freundes. Ueber die Versöhnung zwischen Joh. Friedrich und Moritz nach der Wurzener Fehde. Gesandtschaft des Kaisers nach England. Für den Sommer ist ein Reichstag nach Nürnberg ausgeschrieben. Die Feldprediger für den Türkenkrieg, unter welchen auch Agricola ist, dem noch immer nicht recht zu trauen ist. Die Visitation in Wurzen und die Stellung des Meissner Bischofs zu ihren Bestimmungen.

Dei gratiam et pacem per Christum. Satis erat mihi causae, reverende d. praeposite et doctor *Iona,* tibi nihil iam scribendi tuo exemplo. Quid enim scriberem adeo silenti, supra ranas quod dicitur Seriphas[1], ut ne provocatus quidem ante aliquot hebdomades scripto hactenus ne γρῦ quidem responderit?[2] Et tamen vicit me tandem partim vetus nostra amicitia, partim quod parum decorum putarem sine meo eulogio dimittere *Iohannem Vuesenerum Halensem* nostrum iuvenem ut pietate ita doctrina praecipua praeditum. Merebantur enim hominis mores, ingenium, diligentia et observantia erga me toto hoc biennio, ne inanem mearum dimitterem a nobis *Vuittenbergam,* communem matrem nostrorum, communem liberalium studiorum sedem clarissimam, rediturum patris mandato. Et ut verum fatear, invitus amitto hominem, sicut plerosque, quibus vel paucis diebus, nedum anno uno aut altero adsuevi. Ceterum commodiora sequentem cur impedias? Imo cur non remis velisque, quod aiunt, provehas? Discedenti igitur faustissima quaeque precor, et praecipue prosperum in optimis literis et maioribus, quibus operam navabit, progressum et cursum optatissimum, tam ipsi usui, quam propinquis et patriae ornamento futurum. Id quod dominus faxit, pater noster coelestis, qui practer infinita reliqua in nos, quamvis nihil tale meritos, etiam studiis optimis pro subsidiis verae pietatis vel cu-

---

[1] Σερίφιος βάτραχος — die Frösche auf Seriphos sollten stumm sein. Aristot. Mirab ausc. 70. [2] Vrgl. S. 66.

mulatissime auxit. Quapropter hunc *Vuesenerum* eo diligentius et amantius tum tibi tum patri et suis omnibus commendatum cupiam. Videtur enim, praesertim adiumento propinquorum, imo favore, studio et opibus suorum non desertus, feliciter promoturus. Pro rebus novis quid scribam quaeso? Quippe non dubitans tam tibi nota quam mihi quae scribo. Et tamen scribendum aliquid ducebam dimissurus *Vuesenerum* nostrum. Audio parum abfuisse, quin serenissimus princeps noster elector Saxoniae et eius agnatus dux *Mauritius* convenissent mutuis et colloquiis et conviviis, redituri coram in gratiam nuper tabulis(?) pacificatore *Philippo* Hessorum principe in tempore resartam[1], nisi intercessisset alterius principis morbus subito subortus, et tamen, Deo sit gratia, non infeliciter sanatus. Scribunt tamen, ut dicitur, mutuo amanter denuo. *Romanus* imperator arma a Gallo metuere videtur. Archiepiscopus *Lundensis*[2] ab imperatore pro magna vi pecuniae missus est in Britannias. Gubernatores Germaniae inferioris dicuntur praefecisse doctores ecclesiis evangelium praedicaturos, sive necessitate adducti, sive nescio in quam speciem. Etsi dies rem declarabit. Nova comitia initio mensis Iulii *Nurenbergae* habebuntur, in quibus nonnulli etiam nostrum principem electorem Saxoniae non solum interfuturum, sed etiam praefuturum existimant, etsi partes et functionem tantam detrectantem. Elector princeps noster duos concionatores suis copiis dedit in Pannonias contra Turcas proficiscentibus, singulis mensibus singulis quinque stipendia, hoc est aureos XX, liberum vectabulum, singulis etiam singulos ministros cum stipendio pactus. Marchionem electorem Brandenburgium, totius exercitus imperii ducem, ut mihi dixerunt amici, tres sequuntur concionatores, et in his etiam *Eislebius*. Utinam durabiliter perstiturus in confessione contra pestem τῶν ἀντινόμων typis excusa[3]. Fuerunt enim qui mihi dixerint etiam in Marchia Brandenburgensi quam longe alium arguant, quam quem pro amico nostro, imo discipulo simplicitatis Christi possis habere. Utcunque sit, certe habet etiam in aula nostra non solum fautores et amicos, sed etiam admiratores, magnos viros. Tam se potest insinuare procerum animis. Quid multa? Nos dominum oremus pro retinenda simplicitate Christi et pro impetranda victoria contra hostes Christi et omnium honestarum artium foedissimos. Bene et feliciter vale cum tota et domo et ecclesia ista, quam e meis et me reverenter salutabis. Citius quam asparagi coquantur,[5] inter multas occupationes. Sabbato Vigilia Trinitatis ss.

Nuper, si nescis, mandato principis electoris nostri *Theodorus a Starstedel*, *Erasmus Spiegel*, pastor *Grimmensis*[4] et *G. Spalatinus* collegium

[1] Sleidan. ed. Am Ende II. 261. [2] Joh. v. Weeze, Vesalius, Erzbischof von Lund.
[3] Kawerau, Agricola S. 215. [4] Joh. Schreiner. [5] Vgl. Erasmi Adagia Basil. 1574. 617[b].

Saliorum, ecclesias civitatis et praefecturae, quod faustum felixque sit, visitaverunt[1], non adeo subscribente episcopo *Misnensi*. Nam visitatoribus postremo die prandentibus per *Christophorum Minquitium*, d. *Iohannis* filium, praefectum renunciavit, se non adsensurum per nos constitutis, sed iudici idoneo vim illatam conquesturos. MDXLII.

G. Spalatinus.

Reverendo et clarissimo viro d. *Iusto Ionae*, verae theologiae doctori, praeposito *Vitebergensi*, nunc legato Christi apud *Halam Saxonicam*, patrono et amico tam observando quam veteri.

Aus der Meininger Sammlung bei Neudecker Bl. 967.

645. Jonas an Fürst Georg.   Halle 1512. Juni 10.

Berichtet über die Streitreden der Hallischen Mönche gegen die evangel. Abendmahlsfeier, über die persönliche Stellung der Räte und Beamten des Coadjutors zur evang. Lehre.

— Status huius ecclesiae hactenus Dei beneficio fuit (ut in tanta acerbitate ἀντιλεγόντων) satis tranquillus, quantumcumque subinde ali, quid turbarum monachi dare studuerint, qui usque ad ravim clamitant-doctrinam de utraque specie laicis porrigenda esse haereticissimam, cum tamen illum articulum nihil habere aut habiturum disputationis ipsi fateantur adversarii, et m. *Eislebius Berlini* iussu illuss. electoris promulgarit, liberum usum integri sacramenti a Caesare permissum etc. Venter ille Franciscanus crapula foetens et spumans, ille pinguis monachus, quem vocant „was brist mir", publice dixit, nos in sacramento sumere diabolum vivum. O blasphemiam flamma et rota puniendam! Cum his suis dictis et factis monachi defenduntur a coadiutore, imo non tam a principe, quam a doct. *Barto.*, doc. *Ebershausen* etc., in quos migravit anima *Tucheri*, sic sunt nunc Antihelisci, in quibus spiritus compunctionis duplicatus est.[2] Doct. *Turca* cancellarius minus dicitur vehemens contra nos, sed tamen contra. Secretarii summi *Raschitz* et *Balbinus* audiunt contiones nostras semper, uxor *Ioh. Herman* cum omnibus filiabus nuper communicavit sub utraque. Gleitzman *Gibichsteyn*, multi ex aula contiones frequentant. De Turcicis rebus adhuc nihil certi habeo. Brevi R. P. V. et ill. D. scribam uberius. Pro clementi munere, lauto pisce, ago gratias maximas Datae *Halae* inter contiones pugnaces contra monachos et *Mersborgens.* quosdam canonicos, qui per concionatores suos me vocant turbatorem et haereticum pessimum, intrusum etc. Sabb. post Trinitatis anno domini MDXLII.

V. R. P. et ill. D.   deditiss.   *I. Jonas* d. p. W.
                                            superatt. *Hall.* ecclesiae.

Archiv zu Zerbst.

[1] Seckendorf III, 400.   [2] Vrgl. 2. Kon. 2, 9.

646. Melanchthon an Jonas.   Wittenberg 1542. Juni?

Von einer Fenersbrunst in Dessau und dem Kriege gegen Heinrich von Braunschweig.

Corp. Ref. IV, 832. 833.

647. Jonas an Fürst Georg.   Halle 1542. Juni 26.

Klagt über die Gewalthaber und über den Papst. Besorgnis wegen Unruhen, die der Herzog von Braunschweig erregt.

— Hic chirurgus *Chilianus*, minister R. D. et Cel. V., iam fuit in procinctu abeundi, ergo scripsi eo brevius. De expeditione contra Turcam nulla accepi adhuc nova, multo minus de rebus quae gerantur. Omnia iam hoc saeculo inter τοὺς κρατοῦντας, praesertim magnos reges, plena sunt ἀπιστίας et proditionis. Papa est, fuit et manet in aeternum organum diaboli et monstrum sceleris. Hic rumor spargitur *Brunsvicensem* nescio quid denuo moliri, et papistae vultibus laetis sunt et nescio quid exultant insolentius. Cel. V. in bonum huius ecclesiae, ubi Deus quotidie misericorditer operatur, in salutem inventutis et posteritatis una cum aliis advigilet, ne irrequietus ille Catilina aliquid det in rep. mali. Christus Iesus R. D. V. et Cel. ecclesiae et reip. conservet incolumem quam diutissime. Datae 2ᵃ post Ioh. Baptistae anno dni MDXXXXII.   R. D. V. et Cel.   addictiss.   *I. Ionas* p. *W.*
S. eccl. *H.*

Archiv zu Zerbst.

648. Spalatin an Jonas.   Altenburg 1542. Juli 3.

Sendet Nachrichten vom Türkenkriege, berichtet von seinem Besuch in Wittenberg. Politische Neuigkeiten vom Kaiser, dem Franzosen und dem Braunschweiger.

Dei gratiam et pacem per Christum. Credo, reverende d. praeposite et doctor *Iona*, satis tibi a Franciscanis et reliquis monstris papisticis fieri isthic *Halae* in Saxonibus negotii. Sed qui in nobis est, maior est eo, qui in mundo regnat princeps, imo Deus huius seculi. Quae de rebus Turcicis ad me ex castris nostris Saxonicis in Austria nuper sunt scripta, a parocho *Bornensi* d. *Erhardo Schaubio* una cum altero illuc emisso ad evangelizandum Christum, hic habes. Libenter enim talia tecum communico, imo cum amicis omnibus. Bene vale cum tuis isthic omnibus. Nam reverendum patrem nostrum d. *M. Lutherum* doctorem, eius et tuam coningem, tuum etiam filium me in arcem reversurum observanter salutantem et reliquas tum ecclesiae tum scholae *Vitebergensis* columnas incolumes et hilares tum inveni veniens, tum reliqui huc *Aldenburgum* rediturus. Deo sit laus et gratia. Qui utinam novos motus sedet tandem. Metuo enim verbum hoc Livii: Ferro autem semel stricto, quis unquam erit finis? Hoc utinam omnes proceres, omnes omnium regum et principum consiliarii probe expendant. Cursim. Postridie Visitationis Marianae MDXLII. *G. Spalatinus.*

Nachschrift: Signaveram literas, quando supervenerunt aliae nuntiantes, primo *Gallum* movere in Insubres; imperatorem *Carolum* vicissim esse in armis contra Gallum ad retinendos Insubrum fines. In aliis erat, imperatorem ducturum filiam regis Anglorum; Caesarem cum Gallo, conciliatore *Romano* pontifice, ita reversum in gratiam, ut Gallus receptis Insubribus polliceatur imperatori suppetias contra omnes adversarios, in quibus putant nonnulli tecte etiam confessores evangelii numeratos. Quae si sunt vera, vere sunt terribilia et horrenda et technae in profundis inferis nonnisi consiliario principe Satana natae. Neque desunt qui putent *Heinrico Braunsvicensi* futuros, qui magnis auxiliis succurrant. Neque obscure et dicitur et scribitur principes nostros contra *Braunsuicensem* moturos ad adserendas atque tuendas civitates *Braunsvicensem* et *Goslariensem* a manifesta et iniquissima oppressione *Lupisacculi*[1] vere Mezentii. Quapropter nos merito oramus Deum sedulo, ut suis det ut gratiam ita victoriam.

Reverendo domino *Iusto Ionae*, theologiae doctori et praeposito *Vitebergensi*, nunc *Halensis* ecclesiae in Saxonibus superattendenti, patrono et amico, tum veteri tum egregio.

Dem hern probst zu *Wittemberg*, doctor *Justus Jonas*, itzt zu *Hall* in Sachsen.

Origin. in Meining. Nendecker Bl. 973 u. 983.

649. Jonas an Fürst Georg. Halle 1542. Juli 3.

Kriegsrüstungen gegen Heinrich v. Braunschweig. Die evang. Gottesdienste in Halle haben erwünschten Fortgang.

— Hic tabellarius attulit mihi schedulam cancellariae. Iam nondum certa cognovi, quid sibi velint apparatus ad bellum, nisi quod rumor est adhuc raucus, omnia contra Mezentium *B.* instrui. Dominus precor adsit reip. ipse et gubernet res omnes his asperis et periculosis temporibus. Quod attinet ad statum huius ecclesiae, merito grata est haec urbs et resp. *Halln.* coelesti benignitati et uberrimis donis. Fateri coguntur etiam hostes, etiam klostrici ventres (quibus haud scio an colubri et haemorrhoides[2] sint venenatiores) evangelium Dei hic varie esse καρπογορούμενον. Ter ego concionor in heb., ter m. *Benedictus* synergus, bis terve alii duo subdiaconi. Pro rosariis, pro stigmatibus frantzosanis

---

[1] Der Wolfenbüttler — Heinrich v. Braunschweig. [2] emorroides.

Francisci iam audit populus quotidie S. Pauli selectiores epistolas, acta apostolorum, dominicis ex evangeliis doctrinam de iustificatione et fide etc., deinde Esaiam, et diligenter ante semestre ni fallor explicatum est primum caput et immoratus sum loco: audite verbum domini, principes Sodom, populus etc. [1,10] Ad me heri perscriptum est, quod XXX currus cum orbibus bombardicis et bombardis obviam venerint ambulantibus e *Lipsia* versus *Weissenfels*. Sed nihil certi habeo. R. D. V. dignetur una pro nobis advigilare contra maliciam Mezentii *B*. V. Cel.[nis] orationibus sanctis rempublicam Germaniae, hanc ἐκκλησίαν Ἀλλ. et me commendo. Datae *II*. 2ᵃ post S. Petri S. Pauli anno dni MDXXXXII.
  R. D. V. et Cel.   addictiss.   *I. Ionas* doctor p. *W.*
                                              Superatt. *Hall.*
Archiv zu Zerbst.

650. Jonas an Joh. Lang.   Halle 1542. Juli 7.

Kriegsrüstungen in Thüringen   Jul. Pflug intrigiert gegen das Bistum des Amsdorf.

G. et p. Dei in Christo Iesu. Hic nuncius, mi d. doctor *Lange* chariss., fuit celeriter[1] dimittendus, eoque sum nunc apud te brevior. Omnia plena dicuntur esse in Duringis apparatibus et rumoribus bellicis. Rogo si quid cognovisti περὶ τοῦ πολέμου contra Mezentium, mihi per hunc tabellarium communicare velis. In brevi scribam ad t. h. copiosius de omnibus. *Iulius P.* φυράτης est venenatissimus; si posset coelum terrae miscere, faceret, adeo indignatur irasque spirat spirantissimas et spirosas ex spiris serpentum contra τὸν ἄρχοντα electorem et *Ambsdorf* ἐπίσκοπον. Christus assistet[2] veritati. Vale, mi charissime *Lange*. Datae *Halae Saxonum* sexta post Visitationis Mariae. Anno MDXLII.
                                                               I. Ionas tuus ex animo.
Clarissimo viro d. *Iohanni Lango* theologiae doctori et amico veteri et clarissimo suo.
Cod. Goth. 399 fl. 214.

651. Erasmus Alberus an Jonas.   Brandenburg 1542. Juli 21.

Klagt über die Anschuldigungen, die der Stadtschreiber von Brandenburg gegen ihn an den Kurfürsten Joachim geschrieben hat, und bittet, ihn dem Schutz des Statthalters in der Mark, Fürst Joachim v. Anhalt, zu empfehlen.

S. d. p. Cum audirem hunc tabellionem ad vos profecturum esse, nolui illam ad te scribendi negligere occasionem, ornatiss. d. doctor, sed pauca scribo, quia pauxillum temporis scribenti concedebatur. De rebus meis et improbitate senatus nostri superiore anno ad te scripsi.

---

[1] Cod. celebriter.   [2] Oder assistat.

Ultima qua affectus sum iniuria haec est. Huius urbis scriba, e vestra oriundus urbe, *Hans Schlesewigk*, homo perpetuo ebrius et qui sacris concionibus interest nunquam, scripsit senatus nomine ad principem electorem epistolam mendaciis confertam, adipatam et coagulatam, ex quibus hoc est crudelissimum, me civium subintroire domus et machinari seditionem adversus senatum, nec dubium esse, quin statim a discessione principis in Ungariam tumultum sim excitaturus. Quae accusatio tam grandis erat, ut a principe fides ei adhiberi non posset. Literas senatus dedit mihi princeps. Sed quidam ex senatu negant ista a se iussum scribere scribam. Dolore primum ista me afficiebat saevitia, donec in mentem veniret mihi mandatum Christi dicentis: Gaudete et exultate etc. Adversarii mei interim ringuntur, dentibus suis fremunt et tabescunt. Sunt homines άθεοι, mendaces, ventres pigri, impudentes. Vix unquam vidi tot convenire mala. Verum ista iniucunda narratione supersedeo Miseret me ipsorum. Te, praestantissime et clarissime doctor, rogo ut meam salutem commendes Deo nostro, cui ego te quoque commendo, quoties inspicio catalogum eorum, pro quibus soleo fundere preces. Rogo, ut uxorem tuam, filium tuum, amicum meum carissimum et alterum *Ionam* nostrum, doctorem senem venerabilem d. *Eberh.* et filium eius, uxores, d. *Isenbergensem* et ceteros nostros diligentissime salutes. Et si quid habes, quod a me sciri operae pretium putas, scribas a te peto.

Hoc ferme oblitus eram. Commendavit me d. *Ioachimo* ab Anhalto, vicario principis electoris, d. *M. Lutherus*. Idem ut tua quoque faciat pietas oro. Audivi enim amicum esse tuum comitem et principem illum. Scribat tamen, ut defendat me, si opus fuerit, ab improbitate istorum pseudochristianorum. Iterum vale. Pridie S. Mar. Magdal. 1542.

Tuos diaconos et comministros saluto. T. *Erasmus Alberus T.*

Doctiss. et clariss. viro d. doctori *Iusto Ionae* episcopo *Hallensi*, domino suo colendiss. et humaniss.

Original in Meiningen.

650. M. Luther an J. Jonas.   Wittenberg 1542. Juli 23.

Klagt über den Abt Holtegel von Walkenried und über Mich. Meyenburg in Nordhausen, dass sie Mag. Joh. Crusius Hunger leiden lassen.[1]

de Wette V, 485 flg. Dazu vgl. Burkhardt S. 414. In Cod. Goth. 1048 fl. 78 lautet die Aufschrift: Clarissimo viro, Iusto Ionae theologiae doctori, praeposito Vitebergensi, legato Christi apud Hallim, suo domino maiori.

[1] Zur Sache vergl. Förstemann Nordhusana S. 54. 55 und Melanchthons Briefe vom 20. Oct. und vom 22. Nov. 1542, Corp. Ref IV. 883 und 900. J. G. Lenkfeld, Antiquitates Walkenredenses, Leipz. und Nordh. 1706 II. S. 91—96.

Aufang: G. et p. Vix — cum m. Philippus afferret mihi — m. Ioan. Cransio — omnibus benedictionibus (st. bonis) — fruuntur et epulantur — nunc publicitus mendico — placamus Deum (st. imploramus) — rapina ecclesiarum, spoliis pauperum secure — si qua cum illis tibi est communio — Cransium — de istis duobus bullis — Lazari suggessisset Abbati — ut rursus oblivione Dei digni efficiamur — iam (nach ira) fehlt — iste Lazarus — eorum opibus deus — simul etiam — Amen, Amen. Nachschrift: „Parce, Comine, irato et iuste commoto. Quare sollicitus sum etiam pro te, ne familiaritate illorum etiam contagium maledictionis eorum aliquo modo ferre cogereris. Vale in domino. Dominica post Magdalenae 1542.
Martinus Lutherus."

653. Jonas an Fürst Georg v. Anhalt.   Halle 1542. Aug. 12.

Die Bischöfe bemühen sich, mit einer grossen Goldsumme den Frieden (mit dem Türken) zu erkaufen, damit dann das Evangelium in Deutschland unterdrückt werde.

G. et pacem Dei in Christo. Reverendiss. in domino illuss. princeps et domine. Commisi *Michaeli Gutt* [מוב] ut Cel. V. et illuss. D. quaedam nova dicat, quae iam propter incidentes contiones tanta ubertate perscribere non potui. Dicuntur episcopi per quendam magnum archie. pacticare, ut accepta ingenti pecunia, quam offerunt principes Bavariae, tres aut quatuor tonnas auri 40000, discedatur ab armis. Sed dominus dabit heroicos animos principibus, speramus, qui sciant et praesciant papam antichristum abundare acervis τῶν χρημάτων, oppressurum, si posset, post tempora et mortem *Lutheri* evangelium. Cetera, reverendiss. illuss. princeps et domine, narrabit *Michael Gutt*. V. R. P. et D. literas de his rebus avide expecto. Datae sabb. post Laurentii anno domini MDXXXXII.

Brevi Cel. V. scribam uberiores.
R. D. V. et Cel.   addictissimus
Iustus Ionas super. Hall.
p. W.

Archiv zu Zerbst.

654. Luther, Bugenhagen, Cruciger und Melanchthon an Jonas.   Wittenberg 1542. Aug. 18.

Obige raten, die Moritzkirche in Halle für evangelischen Gottesdienst zu öffnen.

de Wette V. 490. Cod. Dessav. A. fol. 17. — templo, scil. Mauritii — Conculcatus enim — incredibili (nach hostibus suis ein Komma, nach adversarios ein Punkt) — diiudicare dies suos — Zur Sache vrgl. Franke. Gesch. der Hall. Ref. S. 150 flg.

655. Medler an Jonas.   Naumburg 1542. Aug. 24.

Sendet und empfiehlt abermals B. Schumann nach Halle; klagt über das anstössige Treiben der Naumburger Domherren.

Remitto ad vos, praestantissime domine doctor, magistrum *Benedictum Schuman* fidelem Christi ministrum, quem ita vestrae praestan-

tiae et toti ecclesiae commendatum esse cuperem, quemadmodum hic nobis commendatus fuit, neque literis commendaticiis[1] eum opus habere puto, siquidem virtus et integritas sua satis eum commendet. Porro quod praestantia vestra non nihil de ecclesiasticorum negotiorum foeliciori iam successu scribit, sane et ego gaudeo confundi tandem superbissimos evangelii hostes, qui in carnis brachium confidunt. Ego sane non facile de ipsorum fastu et dolo scribam, quem adversus me et meam ecclesiam hactenus exercuerunt, neque adhuc desinunt suis astutiis oppugnare et defraudare ecclesiam, abutentes optimi nostri principis electoris et episcopi nostri piissimi clementia, et mirum est illis tantam apud nos adhuc concedi licentiam. Adhuc enim libere scortantur et invicem bona ecclesiae neglectis omnibus officiis partiuntur. Sed Deus aliquando incipiet facere iudicium, quem pro nobis vestra praestantia orare et hanc nostram ecclesiam sibi commendatam habere velit precor. Dat. in die Bartolomei anno 1542. *Nicolaus Medler*
tuae praestan. deditus.

Praestantissimo et clarissimo viro domino doctori *Iusto Ionae* praeposito *Wittembergensi, Hallensis* ecclesiae antistiti, domino praeceptori et maiori suo observandissimo.

Original in Meiningen. Förstem. N. Mitteil. III, 2. S. 118. 119.

656. Luther an Jonas.   Wittenberg 1542. Sept. 3.

Ueber einen zwischen Kursachsen und Card. Albrecht zu schliessenden Vertrag in Betreff des Burggraftums zu Halle. Klagt über die nach dem Siege über Heinrich von Braunschweig verübten Plünderungen.

de W. V, 495. 496. Orig. in Wolfenb. — militem etiam amicum — 3. Septembris 1512. (Sonst nur orthograph. Verschiedenheiten). Abschrift in Cod. Dessav. A. Bl. 26[b].

657. Luther an Jonas.   Wittenberg 1542. Sept. 5.

Ueber den Vertrag, von welchem der vorige Brief redet.

de Wette V. 496. 497. Orig. in Wolfenb. — Hümelshain in Turingia — d. Brucken — Quod si firmatus — ex Brucko -- Schenitz — Auf der Aussenseite allerlei Notizen von der Hand des Jonas, die aber zum grössten Teil wieder durchstrichen sind.

658. Luther an Jonas.   Wittenberg 1542. Sept. 23.

Hofft, dass der Verkauf des Burggraftums nicht zu stande kommen werde. Den Sohn des Jonas hat er ernstlich zum Gehorsam gegen seine Eltern ermahnt. Meldet den Tod seiner Tochter Magdalena.

de Wette V. 499. 500.

659. Jonas an Joh. Lang.   Halle 1542. Oct. 24.

Betrifft den Streit um die Hinterlassenschaft seines Bruders Bertold; er bittet um Aufnahme eines Inventars[2]. Joh. Lening soll Verfasser des Dialogs von der Polygamie sein.

---

[1] commentatiis.   [2] Vgl. oben Nr. 624.

G. et p. Dei in Christo Iesu. Hoc anno, clarissime d. d. *Lange*, amicorum carissime, scripsi literas ad m. *Bertoldhum* nunc defunctum, quibus exhortatus eum sum ad resipiscentiam, sed haud scio an motus sit mea fraterna monitione. Utinam dominus sit misertus in agone extremo miseri et in canonicali vita tam diu versati hominis! Rogo, mi Lange, una cum *Milwitzio* alloquaris dominos testamentarios, d. doctorem *Margaritanum*,[1] d. *Scheckebachium* et qui sunt, ut curent bona fide et diligenter redigi ad inventarium omnia bona, ne ἡ πόρνη aliquid surripiat aut intercipiat. Quod attinet ad pecuniam, quam ab eo exegerunt tot annis collegati, mittam ad d. *Georgium Milwitzium*, ut quam primum intelligam, quid in se contineat testamentum et qui sint instituti heredes, an mecum ex sorore nepotes et neptes, tunc de tota re diligenter et d. *Milwitzio* et tibi scribam. Tuae orationi me commendo, et pro vestra ecclesia indesinenter iam durantibus κινδύνοις orabimus. Praesta *Langum* in hoc,[2] i. e. veterem et sincerissimum amicum, ut interim res hac recte curentur. Ad testamentarios peculiari tabellario misso, ut petis et consulis, scribam. Datae raptim *Hallae* 2ta post Ursulac. Anno dni MDXLII. Utinam te οἱ ἄρχοντες vocarent ad tempus *Mulhusium*.[3] Vellem d. *Bruck* scriberes. *Leningum* vellem alibi esse. Is enim dicitur composuisse dialogon περὶ τῆς πολυγαμίας[4]. Sed hoc sancte celabis ex gravibus causis. *Iustus Ionas*

d. superattendens eccl. *Hall*.

Clarissimo viro d. *Iohanni Lango* doctori verae theologiae excellentissimo, episcopo *Erphurdensis* ecclesiae, amico veteri et sincerissimo suo.

Cod. Goth. 399. fol. 214.

660. Jonas an Fürst Georg. Halle 1542. Oct. 30.

Ueber den unglücklichen Ausgang des Türkenfeldzuges.

— V. R. D. et ill. Cel. pro ferina tam liberaliter clementer transmissa ago Cel. V. reverenter gratias maximas. Audio dimitti exercitum

---

[1] Herbord v. d. Marthen.
[2] Cod. hac.
[3] Hier hatte Menius am 14. Sept. die erste evang. Predigt gehalten: siehe Schmidt, J. Menius I, S. 278 flg. 288. Schollmeyer, M Hieron. Tilesius. Halle 1883, S. 2.
[4] Gemeint ist die unter dem Pseudonym Huldrichus Neobulus im Frühjahr 1541 ausgegangene Schrift „Dialogus ... Ob es Göttlichem, Natürlichem, Keyserlichem, vnd Geystlichem Rechte gemesse oder entgegen sei, mehr dann eyn Eeweib zugleich zu haben." Vgl. de Wette — Seidemann VI, 294 flg. V. 426. Janssen III. 436 — 439. Köstlin, Luther und Janssen 2. Aufl. S. 56. Joh. Lening, Pfarrer in Melsungen, war bei der Reformation Mühlhausens betheiligt, vgl. Schmidt, J. Menius I. 288.

in Pannonia neque *Buda* non posse captis [so!]. Redeunt rebus infectis. Regi *Ferdinando* imputantur multa, sunt grandes negligentiae τῶν κρατούντων. Brevi latius scribam. — Datae 2ᵃ post Simonis Iudae anno dni 1542. R. D. et Ill. Cel. deditiss. *Iustus Ionas* doctor,
p. W. superatt. *Hal. eccl.*

Archiv zu Zerbst.

661. Luther an Jonas. Wittenberg 1542. Nov. 6.

Erklärt, dass er der Verf. des Spottzettels (Neue Zeitung vom Rein 1542) wider Card. Albrechts Reliquien sei.

de Wette V, 504 — 5· 6. VI, 319 — 322.

662. Jonas an Lang. Halle 1542. Dec. 5.

Betrifft den Streit um die Hinterlassenschaft seines Bruders.

G. et p. Dei in Christo. Mitto, mi d. d. *Lange* charissime, *Milwitio* mandatum iure vel via compositionis in negocio testamenti agendi. Rogo diligenter agas cum d. *Milwitzio*, ut ratio habeatur liberorum meorum et pars mea sequestretur, vel hae viae compositionis inveniantur, quae sint tollerabiles, alias lites inter me et alios heredes orientur insignes. Der böse gottloß mensch (Gott vergebe es im) hatt mich wölffisch vmbgangen, hindergangen vnd laetirt mit gutten worten, er wolt mein kinder zu erben machen, ich hett sonst wol mit recht von im ermanen wöllen, das iiijC oder 500 fl. werd were von meinem weinberge, den er 15 oder 16 jar innen gehabt, vom hauß, von zinnen gerethe, das ich da gelassen. Si deberem esse delusus et exclusus, wolt ich chr mein ius einem iureconsulto oder einem edelman vbergeben. Ich hab im vn.d meiner schwester kinder gnug geschankt, ich kan mein kinder nit alles verschencken. Audies (Deo dante) coram indignissima. Si non egit poenitentiam perfida anima eius, crematur in inferno. Exemplaria Micheae[1], mi *Lange*, libenter mitterem, sed iam hic *Hallis* non habentur. Ex *Vitenberga* mittam. Magna et melior pars bonorum, mi d. *Lange*, prompta pecunia, argentum caelatum, permissa sunt libere dispensanda dominis testamentariis; ibi dare velis operam, ut via per d. *Milwitzium*, virum integerrimum, quaeratur compositionis. Quid enim τὰ χρήματα darentur ad impias missas, vigilias hoc tempore? Christus' te ecclesiae et reipublicae servet. Datae *Hallis* 2da post Andreae anno 1542. *I. Ionas* d., tuus ex animo.

Clarissimo viro d. *Ioanni Lango* doctori vero theologiae verae, episcopo *Esphurdensi*, amico veteri et sincerissimo suo.

Cod. Goth. 399 fl. 214ᵇ· 215.

---

[1] Vgl. Köstlin II² 599. 685. Corp. Ref. IV, 887 llg. 908. V, 206 (dieser ·Brief ist nicht vom 22. Oct. 1543, sondern vom 22. Oct. 1542, vgl. den Satz über tumultus Belgici und den Iuliacensis mit Corp. Ref. IV, 882).

663. Jonas an Lang.   Halle 1542. Dec. 11.

Klagt über die List, mit der sein Bruder Berthold ihn und seine Kinder um die Erbschaft hat bringen wollen; er vergleicht sie dem Verfahren des Herzogs Georg von Sachsen gegen seinen Bruder Heinrich. Bittet Lang, sich seiner Sache kräftig anzunehmen.

G. et p. Dei in Christo. Quam plane verum sit, mi *Lange*, omnes ἀθέους, omnes impios non modo Dei esse coecos contemptores et obduratos, sed et immaniter crudeles erga suos et omnes homines, exemplum vidimus in duce *Georgio*, qui fratrem etiam ex utroque parente coniunctum et omnes generosos, illustres liberos voluit privare ducatu, hereditate avita, *Dresdam*, *Lipsiam*, totam Misniam donare *Ferdinando* et Caesari[1]. Quid hac tanta perfidia, acerbitate vere Cainica, veneno et felle diabolico, quid hac portentosa cum rerum natura pugnante ἀστοργία excogitari potest crudelius? Eiuscemodi bellos et pulchellos sanctos habet ecclesia sanctissima papae, eiuscemodi filios habet regnum terreni et *Romani* Dei idolique antichristiani! Agnosco et me esse peccatorem, nihil mihi sumo prae aliis, sed tamen, ut quisque est vir optimus, ita alium minime putat esse malum, tametsi saepe monuisset me senatus, beluam prophanam[2] non habendam pro fratre sed vitandam ut ethnicum, publicanum, ut sanguinem viperae. Sed nescio quo humano more intempestive φιλόστοργος semper reprehendi misertus sanguinis mei aususque fui expectare, ut etiam hic coluber mutare naturam, ut inciperet mitescere. Vides humanas cogitationes, mi *Lange*, longissime falli. Nihil melius, cum videmus hominem non curantem veram pietatem, quam parere Deo, vitare membra τοῦ διαβόλου Sed quanto putas, mi *Lange*, meum animum quati dolore, cum cogito miserum hominem, qui adhuc hac aestate hic *Hallis* in mensa me meosque liberos blandis verbis laetavit, nunc (Deo teste et scriptura) reiectum forsan, imo non forsan, sed repudiatum vere cruciari in flammeo camino inferni? Non possum me continere a suspiriis et lachrymis. Utinam miraculo ineffabilis misericordiae ultimo aliquo ad Deum gemitu servatus sit! Es ist ja war, hett ich mich des gifftigen grosser vntrew, des trewlosen hertzen versehen, ich hett das mein vorlengst meinen kindern durch forderung eingemanet haben. Rogo, mi *Lange*, diligenter agas cum *Milwitzio*, ut praestet in hoc negotio amicum. Misi enim plenum mandatum ad rem iure vel amicis viis componendam, modo non nimium patiar damnum. Non sint tibi molesti labores, quos in hoc negocio suscipis. Eduntur, ut audio, opera τοῦ Ἐπιρχνίου, libenter donabo tibi pro illa opera exemplar compaginatum, ne gratis impendas hanc ope-

---

[1] Seckendorf III, 208 flg.   [2] Er meint seinen Bruder Berthold.

ram mihi et meis sex liberis[1], ut apud testamentarios hoc negotium sic agas et peragas, ne cum propriis consanguineis litigare cogar. Nec parum habet res ignominiae et turpitudinis, me et meos, cum iuxta ius Saxonum et landrecht sim heres in dimidia parte, sic inofficiosissime et crudeliter a fratre excludi. Werden sie meine vettern mir vnkost machen vnd vrsach geben, will ich wol iurisconsultos vmb ein sonst haben, da sie mussen gelt geben, vnd will inen mein freunden durch anruffung der fursten zu schaffen gnug machen. So aber d. *Milwitzius* vnd die testamentarii können vorkommen etc. Vale, mi d. *Lange*, in Christo. Christus te ecclesiae et reipubl. quam diutissime servet. Datae 2da post 2dam Adventus Anno 1542.

I. Ionas.

Clariss. viro d. *Ioanni Langio* theologiae verae doctori,
Erphurdensis ecclesiae episcopo, amico veteri et fratri charissimo suo.

Cod. Goth. 399. fol. 215. 216.

664. Erasm. Alberus an Jonas. Wittenberg 1542. Dec. 12.

Berichtet über seine Vertreibung aus der Mark, klagt über die kirchlichen Zustände in diesem Lande, hofft in der Grafschaft Mansfeld Anstellung zu erhalten.

S. d. p. Quanquam non esset ocium scribendi modo ad te mihi, ornatiss. humaniss. et doctiss. doctor, tamen rogatus a filio tuo optimo iuvene has ad te dedi perbreves. Eiectus sum ex Marchia[2] ceu peripsema, quod improbaverim quadruplex exactionis genus evangelicis pastoribus impositum. Porro filii mei alieni extorserunt etiam literas ab episcopo *Moguntino*, quibus effectum est, ut sim explosus. Versor itaque nunc *Vuitenbergae* et valde boni consulo meam fortunam. Iamdudum enim pertaesus pseudevangelii in Marchia adornabam abitionem. Valeant igitur tenerae auriculae Marchionitarum. Offeruntur mihi a *Philippo*, d. *Melchiore*[3] etc. conditiones aliquot, de delectu delibero nunc. Haec ad te brevibus, alias plura. Si consilium d. *Philippi* et d. *Melchioris* aliquid efficiet, sub comitibus *Philippo* et *Iohanne Georgio*

[1] Cod. libris.
[2] Vergl. Corp. Ref. IV, 906. 908. Theodor Fabricius erzählt in seiner Vita (von Schubert, Zerbst 1842 herausgegeben) pg. 9: „petente illuss. electore marchione ab his principibus [Anhaltinis] et senatu [Servestensi] primum Brandeburgam ad colligendam ecclesiam Christi missus sum, quae propter eiectionem doct. Erasmi Alberi contristata dispersaque fuerat". Dagegen kann Corp. Ref. IV, 921 nicht, wie Bretschneider will, auf Alberus bezogen werden, da von diesem sich z. Z. bei den Wittenbergern aufhaltenden Vertriebenen Mel. nicht schreiben konnte: audio Berlini .. nunc extrudi. Diese Worte werden auf Jacob Stratner zu beziehen sein.
[3] Melchior Kling.

Mansf.[1] docebo evangelium. Vale optime, optime doctor *Iona*. Doctorem *Michaelem*, *Isenberg*, et alios vestros meo rogo nomine salutes, item uxorem tuam et m. *Benedictum* ceterosque evangelii ministros. *Vuitenbergae* 1542 pridie S. Luciae.

T. *Erasmus Alberus*.

Ornatissimo doctissimoque viro d. doctori *Iusto Ionae*, evangelistae et archiepiscopo *Hallensi*, domino et fratri suo in domino colendiss.

Original in Meiningen; ein Stück daraus ist abgedruckt in Corp. Ref. VI, 26, aber falsch datiert.

665. Melanchthon an Jonas. Wittenberg 1542. Dec. 12.

Nachrichten vmo Türkenfeldzug.

Corp. Ref. IV. 916.

666. Spalatin an Jonas. Altenburg 1542. Dec. 16.

Uebersendet neue Zeitung vom Jülichschen Kriege, bittet ihn, nicht so saumselig im Briefschreiben zu sein, wünscht Luthers Brief in Sachen der Mainzer Reliquien kennen zu lernen.

Dei gratiam et pacem per Christum. En tibi, reverende d. praeposite et doctor *Iona*, novitates de bello *Iuliacensi* et Heduorum, an vel sic te tandem Deo auctore possim ex tam gravi et diuturno taciturnitatis plusquam pythagoricae veterno expergefacere. Mirum enim quam mirer, te tot meis ad te literis in semestre pene totum ne γρῦ quidem quod dicitur rescripsisse. Quare si pateris, obsecro, ut siquid adhuc reliquum est veteris nostrae amicitiae, tantae et tam sacrosanctae coniunctionis tantorum studiorum, literarum bonarum et honestarum et vere liberalium artium, tantae etiam et diurnae et nocturnae hospitalitatis, ne diutius taceas erga me, sed meis vel his tandem respondeas, mihique mittas exemplum literarum reverendissimi patris nostri dn. doctoris *Martini Lutheri* ad te contra negligentias, volebam scribere indulgentias *Moguntinas*[2]. Sic enim eas du. *Lutheri* literas mihi his diebus magnificus d. *Franciscus Vinariensis*[3] cancellarius, ad comitia regalia *Nurmbergam* XIIII. huius mensis instituta profecturus, hic *Aldenburgi* divertens, laudavit, ut cupidissime lecturiam. Communica igitur quaeso eas mecum. Bene vale cum tota ecclesia et pro nobis omnibus ora. Cursim die XVI. Decembris MDXLII.

G. Spalatinus.

---

[1] Die dem Luthertum geneigten Söhne des 1531 verstorbenen. streng kathol. Grafen Ernst von Mansfeld, Philipp geb. 1502, gest. 1546. Stifter der Bornstedter Linie, und Johann Georg geb. 1515, Stifter der Eisleber Linie. Vgl. Krumhaar, die Grafschaft Mansfeld S. 222 flg.   [2] Vrgl. oben Nr. 661.   [3] Burkhard.

Beilage [von Spalatins Hand]:
1542
Zeitung vom Burgundischen und Julchischen Krieg.
[Von andrer Hand]:
Der herzog von *Julich* soll sein land wieder inn haben bis auf *Turm* und *Heinsberg*, welchs er bisher aus allerlei bedenken nicht beschossen noch mit gewalt gewinnen wollen. Und soll der herzog bis in xxxij fänlein knecht seins landvolks und bey drey tausend pferden im felde haben. Und wiewol die Burgundischen abgezogen, haben sie sich doch wieder gestärkt und samt dem hertzogen wieder ins land gefallen. Aber des herzogen volk ist ihnen unter augen gezogen, und wiewol kein schlacht geschehen, seind sie doch von beiden theilen zum angriff komen, ungefärlich ein meil wegs über *Ach* herauf. Aber die Burgundischen seind zur flucht komen bis in *Ach*, seint auch daselbst nicht blieben, sondern des andern wegs forder geruckt und hinter ihnen ein geholze vorhanen, damit die Gulischen nicht hinnach kommen mochten. Man hälts darfür, wenn die nacht den scharmützel nicht geschieden hätte, es sollten die Burgunder gar erlegt sein worden. Her *Hans von Doltzich* ritter hat gleichwol geschrieben, dass den Burgundern bis in zwei tausend mann abgeschlagen seind. Der herzog fürchtet sich täglich, und weil der könig von Frankreich vernommen, dass der herzog sein halben in die beschwerung komt, schickt er ihm zehn tausend mann zu hülfe, die er seins gefallens uffs kriegsbesoldung den winter über gebrauchen mag. So wird m. g. herrn hilfe numals auch ankommen sein, auch anderer der herzogen, herrn und freunde hülfe. Die Gellerischen sollen dem herzogen aus eigener bewegnis 11 mal hundert tausend gulden gegeben und gebeten haben, sich in kein richtung einzulassen, es geschehe denn durch einen beständigen gewissen frieden, mit erbietung, dass sie bei ihne als die treuen unterthanen treulich zusetzen wollen. Der herzog hat in Geldern den Burgundern ein schiff aufgehalten, das sich erboten hat xxM. fl. zu zugeben.

Reverendo et clarissimo viro dn. *Justo Jonae*, theologiae doctori, praeposito *Viebergensi*, superattendenti *Halensi* in Saxonibus, patrono et amico tum veteri tum observando. Zu *Hall*.

Neudecker Bl. 982.

667. Luther an Jonas. Wittenberg 1542. Dec. 21.
   Schreibt in Sachen eines von Card. Albrecht gefänglich eingezogenen Hallensers.
   Er ist mit einer Schrift gegen die Juden beschäftigt.

de Wette V, 517. 518. Original in Wolfenbüttel. — quo modo mihi erit? — si *nolit* accusatum — zedulam — artabitur — tentaretis. Nev — Thomae 1542 — Jonas hat auf die Rückseite u. A. geschrieben: Nun bitten wir den heilgen geist, in dissen newen iare, wan wir heim faren etc. Abschrift in Cod. Dess. A. 29[b].

668. Luther an Jonas. Wittenberg 1542. Dec. 25.

Condolenzbrief aus Anlass des Todes der Frau des Jonas.[1]

d. W. V, 518, 519; vgl. Cod. Dess. A. II. 12.

Clarissimo et optimo viro d. Iusto Ionae, T. D legato Christi in Halli Saxoniae, praeposito Vittenbergen. suo in domino maiori venerabili. — optime Iona — nostra bona sive mala — felici praecursu — Vos modicum — inenarrabili laetitia nobiscum una — et sui et nostrum — Namque illius — rursum, hic et in aeternum. Amen. Feria tertia post nativitatis 1542. [Das wäre 26. Dez.][2]

669. Erasm. Alberus an Jonas, Vater Wittenberg 1542. Dec. 26. **und Sohn.**

Trostschreiben wegen des Todes der Gattin des Jonas[1]

S. d. p. Audio coniugem tuam, clariss. doctor *Iuste Iona*, matrem tuam, *Iuste Iona* iunior, ex hoc migrasse saeculo, quod S. Paulus πονηρὸν vocat. Quae vel sola vox et mundi epitheton admonere vos debet, ut sedatius istum feratis dolorem. Quis non cupiat ab exilio liberari et redire ad patriam? Atqui sic canit catholica Christi ecclesia

Wann wir heym farn aus disem elend.

Quis potius exemplo stolidi Glauci veram et perpetuam vitam cum hac obnoxia morti vita commutare cupiat? Quis non malit foedo relicto carcere liber esse et ut Paulus ait, dissolvi et esse cum Christo? Sanctissima femina Rahel obiit et ipsa e partu edito puero, quem ipsa iuxta sensum suum Benoni vocabat, pater vero cordatior hoc triste nomen mutavit in Beniamin, quae et ipsa vox digna est, debeat ut vestrum et possit mitigare dolorem. Optimus ille patriarcha post tot discrimina et aerumnas cum videretur iam speranda tranquillitas, cogitur videre uxorem dilectissimam obeuntem partum, sed devoranda erat illi ista crux cum ceteris aerumnis, quarum adhuc nullus finis, nam illam puto fuisse maximam, cum amisisset filium suum dulciss. Iosephum, persuasus illum a fera voratum pessima. Sed sic itur ad astra. Nec meliore fortuna usa est mater domini nostri Iesu Christi, iussa in Aegypto exulare inter homines idololatras, postea amittit filium suum, quem sciebat conceptum e spiritu sancto et natum ex se filium Dei vivi. Postremo videt pendentem in cruce inter latrones, derisum, consputum, membris dilaceratis. Ad conspectum tantarum tribulationum decet vos vestram moderari tristitiam et luctum et cogitare vos esse fratres Iacobi, Mariae et omnium sanctorum, gestantes nimirum signa, quibus insignire solet membra sua Christus dominus noster, qui et ipse

---

[1] Gest. Freitag den 22. Dec. 1542.
[2] Der Brief Melanchthons an Jonas, den das Corp. Ref. unterm 26. Dec. 1542 mitteilt, gehört ins Jahr 1541. Siehe oben Nr. 621.

voratis incredibilibus aerumnis pervenit ad patrem, propter quas aerumnas adeo non despondent animum christiani, ut canant potius
> Christ ist erstanden, Von seiner marter alle,
> Des söllen wir alle froh sein etc.

Sic vos non oportet defigere oculos tantum in hoc flebile spectaculum et mortem sororis nostrae, sed multo magis in vitam eius, quae abscondita est in Christo, qui suscipit morientium spiritum, sicut hodie Stephanus dicit: Domine, suscipe spiritum meum etc. Scitis esse perbreve tempus reliquum et propedie ruiturum hunc πονηρὸν iam crepitantem mundum Expectamus nunc iucundissimum adventum domini nostri Iesu Christi cum omnibus sanctis suis, tunc iterum videbimus uxores nostras, matres, fratres, sorores in illa aeterna patria, et absterget Deus lachrymas ab oculis sanctorum suorum et gaudebit cor nostrum et gaudium nostrum nemo tollet a nobis. Gaudebimus, inquit Petrus, inenarrabili gaudio, quod in hoc mundo interturbatur, sed in futuro consummabitur. In summa, agite gratias Deo, qui obedientem filiam suam per istam tribulationem ad se vocavit et e spelunca latronum transtulit in dulcissimam patriam. Rogo autem vos, ut hanc meam qualemcunque adhortationem, qua vestrum conor mitigare dolorem, boni consulatis, scientes ex ore Dei a me scripta haec. Dignum est igitur, ut quam consolationem vobis verbo suo proponit Deus, cum summa gratiarum actione suscipiatis. Amen. Ego vivo, inquit Christus, et vos vivetis. So wahr ich lebe, ihr solt auch leben. Non turbetur cor vestrum neque formidet. Pax vobis, ego sum, ego sum, nolite timere. Confidite, ego vici mundum, princeps huius mundi eiectus est foras. Venite ad me omnes. Dormit, non est mortua. Haec sunt coelestia oracula accepta a nobis ex ore filii Dei et summa consolatio in omnibus adversitatibus. Ex quibus Christi verbis feci hoc epitaphium:

> Dormit, non obiit *Iusti Catharina*, sepulta hic
> Adventum expectans laeta sui domini.
> [Christus ait, Ego sum lux mundi, qui sequitur me
> Vitae lumen habet, non ibit in tenebris.][1]

Valete in Christo domino nostro. Rogo ut meo nomine salutetis d. *Milden*, *Michaelem*, *Petrum*. *Isenburgu*. ceterosque vestros et verbi ministros. *Vuitenbergae* in feriis nat. Christi. 1543.

Vester *Erasmus Alberus*, exul iam propter veritatem.

Ornatissimo, doctissimoque viro d. doctori *Iusto Ionae*, episcopo *Hallensi*, domino et fratri suo cariss.
Original in Meiningen.

[1] Dieses letzte Distichon hat Alberus wieder ausgestrichen.

670. Melanchthon an Jonas.   Wittenberg 1542. Dec. 27.

Gleichen Inhalts wie der vorige Brief.
Corp. Ref. IV. 921. 922.

671. Luther an Jonas.   Wittenberg 1542. Dec. 29.

Aeussert seinen Argwohn gegen die Absichten des Card. Albrecht, klagt über das Verhalten des Kaisers und Ferdinands in Sachen des Türkenkrieges. Er wittert Verrat; man giebt die Soldaten der Evangelischen dort dem Verderben preis.

de Wette V, 522.

672. Jonas an Melanchthon.   Halle 1543. Jan. 3.

Beschreibt in beweglichen Worten den Tod und Abschied seiner Frau, seinen Schmerz, sowie die naiven Reden seiner Kinder über das Fehlen der Mutter.

G. et pacem Dei in Christo Iesu filio Dei. Accepi consolatorias tuas plane paterna στοργῇ scriptas, mi charissime praeceptor *Philippe*, quibus me in his meis profusissimis lachrymis ac luctu gravissimo non mediocriter recreasti. Agnosco singularem amorem erga me tuum, agnosco pectus solidae amicitiae natum, in quo me omnesque meos iam olim inclusos perpetuo rebus secundis iuxta atque tristibus sincerissimus [1] amicus admodum amanter circumfers atque complecteris. Excessit e vivis vitae socia, vitae meae decus, vitae solatium solamenque singulare, et ut tota vita eius comitas, pudor, suavitas et dulcis fuit modestia, ita et morte admodum placide obdormivit inter meos multos luctuosissimosque singultus et amarissimas lachrymas, adhuc edens [2] ad me vocem plenam officii, plenam charitatis mirificae, plenam syncerissimae pietatis: Her doctor, ich brecht euch gern ein frucht. Ich weis, ir habt kinder lieb. Weint nicht, es gefelt dem hern Christo also woll. Ich danck euch aller trew; hab ich euch zw zeiten vorzornt, vergebt mirs. Ir habt eins worts macht, wol mahl gehalten [3] (?). Non credis, mi *Philippe*, quam me exerceant in hoc luctu luctantem et lugentem parvi liberi. Tantum *Sophiolam* et *Elsulam* placavi; hac [4] nunc seiunt casum naturalem [5] (?) et dicunt matrem esse in coelo. *Ioachimulus* vero et *Ketharinula* persuasi sunt matrem valetudinariam esse vectam curru ad d. doctorem *Martinum*, ut ibi curetur a medicis. Saepe autem interpellant me in mensa, deinde vesperi, cum somnium capto. Ecquando

---

[1] Pressel: sincerissime.
[2] Pr.: vertens.
[3] Pr. hat den ganzen schwer zu lesenden Satz fortgelassen.
[4] Pr.: hi.
[5] Fehlt bei Pr.

inquiunt mater redit cum d. doctore *Martino?* Sed forsan cras aderit. Quoties putas nunc his vocibus quasi telo percussum ictumque cor meum alias satis cruciatum miseria et vere viduali desiderio absentis sociae sic intimis inscriptae praecordiis[1]?

Video et in pueris animi divinationem non parum valere quamvis insciis[2]. *Ioachimulus* mihi mane surgenti acclamavit tota voce: Pater, inquit, iam hac hora mihi loquuta est mater. Quid, inquam, dixit tibi? Negat se, inquit, brevi ad nos redituram, se enim esse apud dominum Christum in coelo. Filius *Iost* dixit te ex nundinis[3] huc venturum esse, quod utinam, mi *Philippe*, fiat, ut comites tibi sint *Ioachimus* atque alii. Angelum mihi e coelo missum existimabo, si tu adveneris. Speramus fore, ut divertas vel in aedes meas vel doctoris *Milde*, utramque vidualem, diversorium et hospitium propheticum. Boni consule has neglectas, languidas et submoestas[4] literas. Ut animus affectus est, sic vultus, habitus frontis est et sermo. 'Carmina proveniunt animo deducta sereno'. Amicissime et reverenter peto salutari d. *Ioachimum* et *Zeigelerum*[5], d. *Pfeffingerum*, reliquos dominos et amicos. Nihil rescribas (ne tibi molestus sim) modo ipse venias. Expectat et charissimum praeceptorem ac parentem filius meus *Iost*, quem tecum remittam *Vittebergam*[6]. Christus te reipublicae et ecclesiae servet quam diutissime[7] incolumem. Datae 4º post Circumcisionis anno M . D . XLij [so!]. *I. Ionas* tuus totus.

Clarissimo viro d. *Philippo Mel.* praeceptori et amico ut parenti chariss. s. *Philippo Melanth.* zcu eigen handen *Leiptzk*.

Cod. Monac. 10358.[9] Sehr ungenau und unvollständig bei Pressel J. Jonas S. 142. und danach mit denselben Fehlern bei Bindseil, Supplementa S. 164. 165.

673. Spalatin an Jonas.   (Altenburg) 1543. Jan. 19.

Spricht ihm herzliche Wünsche für den Gesundheitszustand seiner Frau aus, berichtet über die erste evang. Abendmahlsfeier des Herzogs von Jülich und macht Mitteilung über ärgerliche Vorkommnisse in der Mark Brandenburg.

Dei gratiam et pacem per Christum. Merito tibi rescribo, quoties datur tabellarius aut etiam cisiarius salem advectans, reverende d. praeposite. Merito etiam pro coniuge tua gravida[8] oramus omnes. Et certe mihi alioqui solenne est, in calce omnium mearum concionum commendare ut alia necessaria, ita mulieres gravidas fideliter piis et publicis ecclesiae precibus. Quis enim nisi prorsus vel terrens vel sa-

---

[1] Der ganze Satz fehlt bei Pressel.   [2] Pr. lässt die beiden letzten Worte aus   [3] Pressel: te hic venturum.   [4] Pr. nur: neglectas literas.   [5] Pr.: Zugelium.   [6] Pr. lässt Vitt. aus.   [7] Alles folgende fehlt bei Pr.   [8] Der Tod derselben ist i m noch unbekannt.   [9] Collation von D. Th. Kolde.

xens non serio earum commoveretur doloribus? Plurimi semper feci, quod est in Genesi, Hevam matrem fuisse matrem omnium viventium, omnium imperatorum, regum, principum aetatum, ordinum, qui fuerunt a condito aevo.

Nova nulla paene hic habemus, quamvis praesente serenissimo principe nostro, electore Saxoniae, nisi quod d. *Iohannes a Doltzck* reversus ex ditione *Iuliacensi* narrat a duce sua omnia recepta, excepto unico oppido, et ducem, quod faustum felixque sit, communicasse secundum institutionem Christi ipso die natalitio Christi. Quod spero initium futurum suscipiendi amplectendique evangelii per omnes eius ditiones, Deo sit gratia[1]. Quo autem in loco et certe quam iniquo sit verbum gratiae Dei et salutis nostrae in Marchia *Brandenburgensi* inserta testatur charta[2]. Ihesu bone, quam verum est, omnes homines esse mendaces! Totus fere mundus est antinomus, tam nulli neque proceres neque plebei volunt ferre praedicationem legis. Pro tuis novis gratiis ago plurimas. Bene vale cum tuis omnibus. Cursim die XIX Ianuarii MDXLIII. *G. Spalatinus.*

Ora quaeso Deum pro nobis omnibus, nos omnes vicissim eodem officii genere diligenter ..... suros habituros.

Reverendo et clarissimo viro d. *Iusto Ionae*, theologiae doctori, praeposito *Vuittembergensi* et superattendenti *Hallensi* in Saxonibus, patrono et amico singulari. *Hall.*

Orig. in Meining. Neudecker Bl. 988.

674. Luther an Jonas. Wittenberg 1543. Jan. 26.

Berichtet über sein Kopfleiden, gedenkt des Verlustes, den Jonas erlitten, und teilt schlechte Nachrichten vom Türkenfeldzuge mit.

de Wette V, 534. Orig. in Wolfenb. — indies magis — 1543.

675. Joh. Spangenberg an J. Jonas. Nordhausen 1543. Febr. 7.

Macht ihm ernste Vorhaltungen wegen seines Verhaltens in der Erbangelegenheit; nicht nur sein eigner Ruf leide darunter, sondern er schade damit auch der Sache des Evangeliums. Er solle die bedrängte Lage seiner Verwandten bedenken und danach von seinen doch nur zweifelhaften Rechtsansprüchen ablassen.

Graciam et pacem in Christo. Increbuit apud nos, chariss. doctor, rumusculus quidam, quasi tua humanitas sit in causa, quominus amici

---

[1] Vrgl. den Bericht Veit Dietrichs bei Voigt, Briefwechsel S. 180.
[2] Die beigefügte Nachricht aus der Mark ist das Schreiben Ioachims II. an die Geistlichkeit in Frankf. a. O. in Sachen des Alesius, welches gedruckt ist Fortges. Samml. 1747 S. 330 mit dem falschen Datum Freitags nach Mauritii und andern groben Lesefehlern. Corp. Ref. IV, 760. Förstem. N. Mitt. III, 4. S. 172. 173. mit dem richtigen Datum Freitags nach Martini.

alioqui inopes, egeni et extrema egestate pressi iustam hereditatem consequi valeant. Qui rumor per totam sparsus civitatem plurimos offendit. Omnes enim hic tragica voce exlamant: Hiccine mos est omnium theologorum? Haereeine pietas evangelistarum? Hoccine est ingenium omnium, qui nunc verbum Dei praedicant? nempe ut a maximo ad minimum omnes avaritiae studeant nec ullis emolumentis, stipendiis, proventibus sese expleri sinant? Quare, mi doctor, cum inter nos sit eadem relligio idemque pietatis studium, non potui cessare, quin hoc tibi per literas significarem. Doleo enim vehementer tuam humanitatem ob tam vilia et caduca bona in nominis et famae celebritate periclitari, praesertim in patria. Rogo igitur et obsecro per Christum, tua humanitas velit in hac parte solitam clementiam, humanitatem et liberalitatem exhibere amicis et iuri, si quod fortassis habet (tua pace et venia dixerim), cedere nec calamitatem addere calamitosis neque vim aliquam inferre orphanis et pupillis. Tua humanitas revocet in memoriam, quantum damni, quantum iacturae, quantum denique detrimenti passa sit honestissima femina[1] tua dilecta *Ursula* horridis flammis et ignibus, deinde, quantum aeris quantum peculii in restaurandis aedibus profundere sit coacta. Cetera turba amicorum quo pacto victitant, qua sorte vitam transigunt, ipse nosti. Verum persuadere mihi nunquam potui nec possum hodie, licet mihi occlament, te ex animo amicis male velle aut sinistri aliquid in eos machinari, quoties revideo et relego tuas lepidissimas literas ad me olim perscriptas, in quibus tam amanter, tam pie, tam candide spondes, promittis et polliceris opem, auxilium et suffragium amicis omnibus. Id quod tuam humanitatem facturam quoque spero et confido. Quam Deo opt. max. commendo. Vale in domino feliciter cum tota ecclesia. *North*. 1543 7. Februarii.
T. h. *Ioannes Spangenberg.*

Eximiae pietatis, eruditionis et integritatis viro, d. doct. *Iusto Ionae*, eccl. *Hallensis* antistiti, domino et amico suo observando.

Original in Meiningen. Gedr. in Förstem. N. Mitteil. II, 314, S. 539.

676. Spalatin an Jonas. Altenburg 1543. Febr. 13.

Hat jetzt erst den Todesfall im Hause des Jonas erfahren und sendet nun noch verspätet sein Condolenzschreiben. Er erzählt dabei verschiedene Züge aus dem Leben Friedrichs des Weisen und klagt über die schweren Zeitläufte.

Dei gratiam et pacem per Christum. Non ut vulnus tibi molestissimum refricem, reverende et doctissime due praeposite et doctor, ex honestissimae coniugis non tam obitu quam transitu inflictum, quam ut ego quoque in isto casu haud dubie acerbissimo meum erga te officium faciam, tam veterem, tam fidum, tam constantem amicum, haec

[1] Hier fehlt, wie es scheint, soror.

arrepta tandem penna scribebam. Narravit enim mihi primus omnium magnificus d. doctor *Gregorius Pontanus* secum prandenti hic *Aldenburgi* nuper in arce sub conventu selectorum huius ditionis, deinde strenuus dn. *Iohannes a Dollzck* eques, ut vocant, auratus, fidelis laudum tuarum praeco, domi meae coenans, tuam uxorem recens huius miserrimae infinitis modis vitae calamitatibus defunctam, imo vere liberatam. Quo audito, quod amici, quod humanitatis erat, primo vicem tuam et tuorum vere et amanter dolebam. Magnum enim thesaurum habet, cui dominus honestam, morigeram, bene moratam et amantissimam tum mariti tum liberorum dedit uxorem. Magnas vicissim amisit opes, qui eiusmodi coniugem, hoc est modis et numeris omnibus optimam, amisit. Et sicut laetari in domino possit merito, cui proba et prudens et pia uxor contigit coelesti haud dubie et divino munere, ita tristari rursum, qui, ubi vix respexerit amantissimam vitae sociam, praemisit fortassis paulo post secuturus. Neque minus huius vitae incommoda et gravissima et innumerabilia expendentem mirum quam me Spiritus sanctus animarit, quam potenter erudierit, sic esse lugendam mortem nostrorum, ne modum egressi et limites christianae moderationis et fortitudinis hic ethnici potius quam christiani audiremus. Est enim procul dubio mors probae, prudentis, honestae et morigerae uxoris, qualem (absit verbo tum invidia tum adsentatio) Deus tibi dederat, casus acerbissimus et qui gravissimo vulnere pium maritum affligat. Caeterum e diverso, Ihesu bone, quot et quantae sunt causae, quae nos omnes summo iure moneant imo impellant ad tantos tamque acerbos casus constanti, forti, sublimi et vere christiano animo ferendos. Nolo enim hic repetere veterum sententias, et Christi et Pauli sentientium — et recte, ut omnia — non mortuos sed dormire, quicunque in fide Christi et rebus humanis excedunt. Nolo recitare S. Ambrosii verba dicentis, non amitti sed praemitti, qui ante nos obeunt mortem. Nolo cetera et ethnicorum et piorum doctorum tibi ut notissima inculcare. Unum[1] tibi nostrum vere divum *Fridericum* principem electorem Saxoniae, pectus illud et sanctissimum et sapientissimum, proponam. Is enim decem et amplius annos ante huius miserrimae vitae diem extremum me auditore, nata in vectabulo de scio quo morti vicino mentione ,Ah quid est nostra, aiebat, vita hic diuturna! Praestiterat igitur mature hinc discedere, modo in gratia.' Ad haec vix duas dierum hebdomades ante suum hinc ad meliorem vitam discessum praesentiens se non diu in carcere corporis futurum, conversus ad ministros cubicularios, Filioli, inquit, ut solebat princeps mitissimus, carissimi, quid ego mo-

---

[1] nescio?

rer, quid cogitem, diutius in terris vivere? Hic enim nihil est amplius veritatis, nihil charitatis, nihil sinceri, nihil boni. Quandocunque igitur Deus meus voluerit, me evocet, nam vocantem lubentissime sequar'. Idem praestitit postremo vitae die. Nam a *Ioachimo Sacco*, iuvene in sacris literis germanice optime instituto, quem muneri a divo *Maximiliano* Romanorum imperatore acceperat in ultimis ipsius *Augustae* comitiis anno M.D.XVIII, quibus et ego intercram prosecutus illuc optimum principem, rogatus ut aequo et forti animo dolores ferret, futurum dicens, ut meliora ferentem talia sequerentur: hic suscipiens princeps dixit christianissimo animo: „Mi fili, illic in futuro seculo statim, non autem in hoc mundo terreno', adiiciens haec Hiobi verba: Dominus dedit, dominus abstulit, sicut Domino placuit, ita factum est. Sit nomen Domini benedictum. Is tantus, imo vere summus undecunque princeps perspexit tantas huius seculi calamitates, in quas reservati sumus, quicunque nunc vivimus. Si enim Domino, patri nostro coelesti, ita placuerit, nonne millies satius erat nos cum nostris omnibus progressos(?) non ita longe secuturos, quam tot tantisque malis involvi? Quo enim quaeso seculo intra mille et amplius annos plura atrociora et magis exitialia et toti terrarum orbi supremum exitium comminantia fuerunt bella? Quo minus fuit reverentiae iuventutis erga senectutem? Quo minus pietatis, minus fidei, minus gratitudinis, minus timoris divini, minus breviter, ut paucissimis omnia complectar, honestatis quam his temporibus? Quid ergo nos hic merito retineat, quin vel maxime hilares una cum nostris exeamus a Domino vocati? Si quos enim nostrorum nobis ex medio sublatis voluerit superstites pater ille noster coelestis, erga eos sine dubio patrem et iudicem se dabit vel beneficentissimum. Hoc enim et optima quaeque nobis pollicitus quomodo non fidem praestaret noster ille, ille, ille coelestis et pater et Deus optimus?

Haec certe volui tecum agere paulo prolixius, non tam quod putem te mea cohortatione opus habere, quam me quoque talibus incitabulis subinde excitandum ratus, ut in hac Christi schola ita crescam, ne subita calamitate adflictus non inveniam, unde me erigam, quamvis mihi dixerit diserte d. *Iohannes a Doltzck* te tantum casum satis fortiter ferre; quod vehementer mihi placuit. Cogor enim mihi persuadere non parum, plurimum in vera theologia promovisse, qui alios docens ipse incommodis istiusmodi obrutus christiane agat. Schola quidem est acerba, sed tamen tam necessaria, quam vita ipsa. Quis enim vel semihorulam sibi inanem malorum vitam polliceri possit? Quare in domino et authore et adiutore fortiter et christiane feramus, quae mutare non possumus, contenti nos olim nostros omnes ad Christi domini et servatoris nostri adventum splendidissimum mutuo in summa eaque aeterna et nunquam interitura felicitate, gaudio et laetitia revisuros. Bene vale cum tuis liberis suavissimis et tota *Halensi* ecclesia. Et mihi obsecro rescribe, praesertim ad has, quas nolim interceptas. Et si reverendissimus pater noster d. doctor *Martinus Lutherus* consolatoriam post coniugis tuae excessum ad te scripsit, oro, ut mihi exemplum eius mittas in summis thesauris mihi futurum. Cursim die XIII. Februarii fer. III^a post Invocavit. MDXLIII.   *G. Spalatinus.*

Orig. in Meiningen. Neudecker Bl. 991.

677. Luther an Jonas.   Wittenberg 1543. März 7.

Klagt über die den Evangelischen feindlichen Fürsten.

de Wette V, 548. Cod. Dessav. A. fol. 18.

Clarissimo viro domino Iusto Ionae theo. doctori praeposito Vittenbergensi legato Christi Hallae Saxoniae, suo in domino maiori.

Ferdinandum et Mezentium et Mentzium — hostes turcicissimos — dubium, ita furiunt, suas cupiditates impediri — principes quoque — Schemhamphoras.

678. Jonas an Fürst Georg von Anhalt. Halle 1543. März 22.

Bedankt sich für ein Geschenk, bedauert, dass er nicht zu Ostern nach Dessau kommen kann. Verschiedene Nachrichten. Hat Luthers Schrift wider die Juden ins Lateinische übersetzt.

— Grandem piscem, munus ex liberalitate Cel. V. et ill. principum fratrum etc. accepi et rogo R. D. V. ac ill. Cel. dignetur clariss. principibus dd. *Ioh.* et dd. *Ioachimo* reverenter agere ingentes gratias. Agnosco praestantissimorum heroum erga me nihil eiuscemodi promeritum hominem humilem, propensam et clementem voluntatem, quam pluris omnibus opulentiss. donis atque thesauris quibusvis faciendam existimo.

Nisi hic alligatus essem populosae ecclesiae, in festo paschatos servarem veterem morem et mea qualicunque opera invarem *Dessaviensem* ecclesiam, in qua colloquium principum pietati addictissimorum saepe me mira iucunditate affecit. Et videor mihi iam deambulare cum m. *Forchemio* in illa sylvula vicina et ad ripam Mildae[1] de causa religionis, de concilio toties a papa papaliter, i. e. inaniter per osculum Iudae promisso, de scholis, de ecclesiis, de veris τοῖς ἐπισκόποις, de salute ecclesiae, de republica. de operibus Dei, quibus consolatus est τὴν ἁγίαν ἐκκλησίαν καθολικήν et pudefecit adversarios, mirifico quodam candore confabulari et iucundissime colloqui. *Nicolaus Demut,* cuius literas mitto Cel. V., nuper scripsit ex *Torga,* ut schedulam transmitto. Mitto et R. D. ac P. V. ac ill. Cel.ⁱⁿⁱ exemplum literarum rev. d. doct.

---

[1] Auch heute noch heisst bekanntlich im Volksmunde die Mulde „Milde".

Martini ad me et d. *Phil.*, quae tamen celare Cel. V. dignetur, tantum legantur illuss. principibus fratribus. Iam tabellarium *Wittenbergam* missum expecto; si quid novarum cognoro de rebus *Iuliacensibus* aut conatibus Turcici tyranni, Cel. V. obsequenter communicabo. Rogo R. D. V. et Cel. illuss. principibus fratribus me commendet. Pro inclyta domo Anhaltina, in qua lumina iam fulgent pietatis, cum tot potentes καὶ ἐπίσκοποι adversentur τῷ ἁγίῳ εὐαγγελίῳ τοῦ Θεοῦ, indesinenter orabimus. Causas ac negocia urbis ac ecclesiae *Hallensis*, rev. d. d. praeposite *Magdeburg.*, V. R. D. et Cel.^{imi} in primis commendo. Gloriae Dei, paci et tranquillitati studebimus quantum possimus, sed coeci sunt antilegontes et adversarii. — Spero futurum ut sub proximam aestatem templum novum *Dessaviae* consecrem concione. Datae *Halae Saxonum*. Die coenae domini MDXXXXIII.

V. R. D. et P. et illuss. Cel.

addictiss. *I. Ionas* doct. p. *W.*
Superatt. eccl. *Hallens.*

Mitto Cel. V. libellos et praefationem meam de passione domini. Libellus contra Iudaeos iam est absolutus a me latine[1]; wird gedruckt zu *Frankford am Mein*, vM exemplar hat *Moritz Goltz* buchhendeler bestellet, wird, gn. f. vnd h., vf Petri Pauli außgehen, in Italien vnd Galliam dy meisten exemplar geschickt werden.

Archiv zu Zerbst.

679. Joh. Frederus an J. Jonas.   Hamburg 1543. März 31.

Spricht sein Beileid über den Tod der Katharina Jonas aus, freut sich, dass die Befürchtung, als zürne ihm Jonas, sich als irrig erwiesen. Berichtet von seiner Uebersetzung von Schriften Luthers und des Rhegius. Bittet ihm behülflich zu sein zum Verkauf seines Hauses in Wittenberg.

Salutem in Christo et consolationem spiritus sancti precamur tuae dignitati ego et *Anna* mea, pater in Christo observandissime et domine colendissime. Idem spiritus dignetur et nos sua consolatione adesse. Nam e tuo dolore dolorem cepimus profecto maximum, ita nos amet Christus. Mea *Anna* per totum illum diem, quo acerbum illum casum cognovit, a lachrymis continere non potuit, et quoties recurrit memoria lectissimae feminae et consuetudinis cum illa habitae, prorumpit in amarulentissimas lachrymas et mihi quoque licet viro lachrymas excutit. Christus Iesus per paracletum suum dignitatem tuam et filium filiosque consoletur. Amen.

---

[1] Vgl. de Wette V, 548. Es ist die Schrift „von den Juden und ihren Lügen" gemeint, Erl. Ausg. 32, 99, wo jedoch diese latein. Uebersetzung nicht bibliographisch beschrieben ist.

Cum proficisceretur ad vos dns m. *Iohannes Gartius*, pastor d. Petri apud nos, compater meus et amicus summus, non potui committere, quin literas apud illum ad t. d. darem. Rerum nostrarum statum ex ipso cognoscere poterit t. d., etsi et ipse ante non ita multos dies de eo aliquid perscripsi. Literas tuae dignitatis plenas summa humanitate gaudio incredibili legimus. Nam nescio quid sinistrae suspicionis de abalienato a nobis tuae dignitatis animo diuturnum illud silentium tuum nobis moverat, metuebamque vel querulationibus meis, quibus sum nonnunquam usus in superioribus literis meis, vel alia quapiam re a me offensam dig. tuam, eaque de re valde discruciati sumus per totum ferme annum. Nihil itaque optatius, nihil gratius, nihil iucundius humanissimis et paternissimis illis literis tuis nobis esse potuit. Nec dubito quin promissum studium et operam suam prolixe sit nobis t. d. praestatura et rebus nostris adfutura animo vere paterno. Quod ut nunc t. d. faciat oblata occasione etiam atque etiam rogo. Nam homeliae d. *Lutheri* de baptismo a me versae[1] nunc in publicum editae sunt, eas e *Viteberga* ad principes Anhaltinos (quibus dedicavi) ut mitteret m. *Stigelius* curavi una cum tuae dignitatis commendaticiis, quas ut mihi dare et dno *Stigelio* mittere non gravetur t. d., etiam atque etiam rogo, ut propter commendationem tuae dignitatis munus meum sit gratius, quod seipsum, quantum ad latinam dictionem attinet, commendare non potest. Utinam t. d. et a *Luthero* commendatiunculam impetrare posset, nam propter affinitatem forte t d. non potest ambitiosius et diligentius me commendare. Hac in re t. d. gratissimum nobis faciet, utque id facere non gravetur summopere rogamus. Quod me hortatur t. d., ut vertam multa *Lutheri* scripta, currentem excitat. Nam vertendi laborem nullum subire gravarer, si modo par essem tanto oneri.

Rogo t. d. ut non gravetur significare mihi, quid in meis versionibus desyderetur et quos *Lutheri* libros potissimum vertendos esse putes.

Principes *Luneburgenses* pro dialogo *Urbani* verso[2] nihil numeraverunt. Si t. d. aliquando ad princ. *Ernestum* vel *Franciscum* scribit, rogo me illis commendet.

De domo mea scripsit ad me *Stigelius*, emptorem esse qui centum et 60 fl. pro ea obtulerit. Consilium hac in re t. dignitatis peto. Audio misere deformatam et corruptam, trabes et contignationes serra dissectas, et lupanar propemodum esse et vocari. Quare etiam atque etiam rogo, observandiss. domine, ut rebus nostris consulat t. d. Vellem ut ven-

---

[1] Siehe oben Nr. 509, Bd. 1. S. 402. Nach diesem Briefe muss es einen Druck der „Homiliae de baptismo" von 1543 geben. [2] Vgl. Uhlhorn, U. Rhegius S. 331 flg. 370.

deretur in nomine domini ducentis Ioachimicis aut fl. Quicquid per hos annos e domo rediit pecuniae, id insumpsi partim in ea restauranda, partim iis itineribus, quae tria iam non sine gravibus sumptibus propter domum illue suscepimus. Neque ego neque *Anna* mea potui a quoquam honesto cive impetrare, ut curam eius domus susciperet. *Antonius* ille unimanus raro est *Vitebergae*, nec ille ad me quicquam scribit, nec ullum mihi obulum misit Audio eos qui inhabitaverunt discessisse nec quicquam numerasse.

Rogo t. d. ad d. *Pomeranum* vel ad *Stigelium* suam sententiam perscribat consulatque rebus nostris. Christus Iesus t. d. cum liberis servet quam diutissime incolumem ecclesiae suae. Amen, amen, amen. Ex *Hamburga* pridie Quasimodogeniti anno 43.

T. d.　　　observantiss.　　　*Ioh. Fred.*

Clarissimo viro domino doctori *Iusto Ionae* praeposito *Witenbergae*, etc. et superattendenti ecclesiae *Hallensis*, domino et patri suo in Christo et affini observandissimo.

Orig. im Archiv zu Zerbst. Ebendaselbst das im Briefe erwähnte Schreiben an Johann, Georg und Joachim von Anhalt, „geben zu Hamburg am tag Quasimodogeniti Anno 1543." „Joh. Freder, lector theologiae secundarius."

680. Melanchthon an Jonas.　　　Wittenberg 1543. April 1.

Der Schutz der Kirche ist bei Gott, nicht bei den Fürsten zu suchen. Ueber eine Schuld, die für den Sohn des Jonas zu entrichten ist.

Corp. Ref. V, 81. 82.

681. Hieronymus Besold an Veit Dietrich.　　　Wittenberg [1543]. April 25.

Ueber Ecks Tod. Luther gedenkt den Venetianern zu antworten. Von einem Besuche des Jonas in Wittenberg und seinen mit Luther geführten Gesprächen. Empfehlung eines Nürnbergers.

Salutem in Christo. Ad XII. Cal. Maii et literas tuas et pecuniam ex *Lipsia* accepi, patrone humanissime, cum non multo ante bibliopola *Saltzpurgensis* epicedia *Eccii*[1] una cum epistola tua reddidisset. Am-

---

[1] Eck starb in Ingolstadt am 10. Febr. 1543 Bericht über seinen Tod sendete Veit Dietrich am 16. Febr. an Luther. Corp. Ref. V, 53. Gegen den Vorwurf der Ingolstädter, dass V. Dietrich boshafte Lügen über Ecks letzte Lebenstage verbreitet habe, trat verteidigend Petrus Lemberginus Gorlizensis mit der Schrift hervor: EPISTOLA | DE DOCTRINA ET | MORTE ECCII. | - — Anno M.D.XLIII. 18 Bl. 4°. (Norimbergae, in officina Ioannis Montani, & Ulrici Neuber). Wiedemann, 1. Eck, S. 356 schilt V. Dietrich einen „Calumnianten" und Lembergs Verteidigung „niederträchtig", unterlässt jedoch mitzuteilen, dass die Nürnberger sich darauf beriefen, dass ihre Nachrichten von denen stammten, „qui officii causa decumbenti quottidie alluerant." Epistola Bl. Aij^b. vrgl. Bl. d.

bas autem d. *Luthero* exhibui, quarum priores non sine molestia legit. Nam et dolorem, quem saepe ex interitu miseri *Eccii* cepisse se testatus est, renovabant et stomachum movebant, cum praeconum istorum amentiam simulque illorum, qui picturae auctores fuerunt, Cainicam virulentiam et odium cerneret. Nam non modo nihil de sua saevitia et blasphemiis remissuri, sed ipsi Christo irasci et si possent bellum illaturi videntur. Ostendi eadem et d. *Philippo*. Is legens poëmata illa suaviter ridebat et statim ad d. *Spalatinum* perferri curabat. Alteram autem epistolam cum literis *Venetorum* [1] post discessum d. *Philippi* ex *Lipsia* accepi, ideo non potui ei ostendere, ut te velle videbam, *Venetorum* scriptum. Sed d. *Lutherus* id legit, qui etsi initio nihil certi polliceri volebat, dicebat enim se non libenter latine scribere, propterea quod non omnes praesertim rudiores latina scripta cognoscere possent, tamen cum hodie eum iterum admonerem, omnino affirmabat se scripturum, quamprimum quidem per infirmam valetudinem posset. Christum igitur precemur, ut et vitam et vires et incolumitatem ei concedat. Literas tuas retinuit, priores d. *Philippus* habet. Nam illi id negotii dederat, ut suo nomine scriberet. Nostri senatus constantia mirifice delectabatur et id multis praedicabat, quod se regi opponere ausus fuisset [2]. De concionibus [3] vero sic habe. Negat se additurum praefationem, satis esse ait, si tu tuam addas et significes suo consensu haec edi, praeterea nescire se, quae aut qualia sint, quae tum temporis dixerit, nullo modo tamen de tua se fide dubitare. D. *Pomeranum* convenire nondum potui. Est enim occupatus in apparandis nuptiis filiae, quam nuptum collocavit magistro cuidam. D. *Ionas* ex *Salinis* nuper huc venit, et cum in prandio forte de te sermo incidisset, honorificam tui mentionem fecit ac valde orabat Saxonem illum *Holstenium*, hominem impurum et plane Epicureum, ut, cum sibi per negotia non liceret, epistolam ad te conscriberet, se propria sua manu subscripturum. Sed recusabat id facere homo nequissimus, affirmans tamen te sibi amicum esse scilicet etc. De communibus rebus quid scribam, cum omnia sint miserrima et nulla usque spes salutis reliqua, nisi in unico diei iudicii adventu? Hunc assiduis votis ac precibus exoptat d. doctor et nos ad easdem preces quotidie hortatur. Nuper in praesentia d. *Ionae* haec dicebat: „Ich hoff, ob Gott will, der jüngste tag soll nicht ferr sein. Mundus est circa finem, da ist kein zweifel an, quia totus orbis concutitur (erat enim allatum nuncium de variis tumultibus in

---

[1] Vrgl. Seckendorf III, 401 flg. Burkhardt S. 419. de Wette V, 561 flg. Köstlin II [2]. 572. 589. 683 [wo dieser Brief Besold's irrtümlich auf den 2. Mai 1543 gesetzt wird]. [2] Vergl. Corp. Ref V, 79. 80. [3] Luthers 1544 von Dietrich herausgegebene Hauspostille, Erl. Ausg. 1 [2], S. XIIflg.

omnibus imperiis, in regno Succiae, Scotiae et aliis plerisque), veniet dies redemtionis nostrae. Und ich halte, dass ietzund sei aurora surgens". Ibi cum obiecisset d. *Ionas* illud dictum: „putas quod filius hominis, cum venerit, inventurus sit fidem?" existimans prius secuturam obscurationem doctrinae evangelii, respondebat: „Nein, ich halt, dass es schon gewest sey unter dem papstumb, da hetten nicht tiefere tenebrae können sein, wir beten ja stein und holtz an und der munch arschloch. Itzund halt ich sey eben das At ecce clamor factus est[1]. Denn der adventus kan ohn geschrey nit zugehen." Haec quotidie declamitat. Christum igitur precemur, ut mentes nostras exsuscitet ad pietatem et emendationem morum, ne una cum hoc mundo pereamus. Ilis bene et feliciter vale. Datae VII. Calend. Maii.

Puto iam ad vos venisse optimum virum m. *Hieronymum Rauscher*, concivem nostrum. Is literas a d. *Luthero* ad d. *Baumgartnerum* adfert. Petet autem vel stipendium vel subsidium tantum in unum annum. Eius causam tibi commendo, et maiorem in modum abs te peto, ut et tua commendatione cum iuvare velis. Dignus est profecto, cuius studia foveantur, cum sit modesto et sano ingenio et egregia eruditione praeditus. Ab ineunte aetate eius candor et modestia mihi perspecta est, et non dubitem, cum usui futurum nostrae reipublicae, si ullum alium ex nostris fungis et simiis *Os. D. Lutherus* cum eo admodum amanter collocutus est et statim commendationem ultro fere promisit, ne saltem in extremam barbariem illam, unde omnes pii et eruditi aufugiunt, redeundum sit. Quare valde te oro, ut, si nulla spes stipendii ostendatur, saltem commoda aliqua conditione ei prospicias. Hoc si impetraverit, hominem pium et doctum tibi devincies, in quem quicquid confertur, optime positum esse re ipsa ostendet. Iterum vale, mi humanissime patrone, et ignosce huic meae temeritati, ad quam tamen non aliqua petulantia sed humanitas tua et cura de salute ecclesiae impulit.

Hieronymus Besold.

Clarissimo viro d. magistro *Vito Theodoro*, domino ac patrono suo observando. *Nürnberg.*

Abschrift im Manuscr. Thomasian. im Besitz von C. Schneider in Schleswig.

682. Luther an Justus Jonas.   Wittenberg 1543. Mai 4.

Warnt ihn vor Beschleunigung seiner Wiederverehelichung.

de Wette V, 556. 557. Codex Dess. A. fol. 18[b].

Clarissimo viro domino Iusto Ionae theol. doctori, praeposito Vittenbergen. Hallae Legato Christi, suo in domino suspiciendo.

Nach consultum ein Punkt — pessimam rapientium — formidine sentis esse — daemonum et hominum — hinter nihil fehlt te — Luther D).

[1] Matth. 25, 6.

683. Cruciger an Jonas. Wittenberg 1543. Mai 6.

Bittet ihn, einem Armen eine Unterstützung zu geben durch Gewährung eines Anteils an dem Buche, das er jetzt in Wittenberg drucken lässt (vrgl. S. 98.) Ueber die Wiederverehelichung des Jonas, sowie über eine Einladung zur kurfürstl. Tafel und dabei vernommene politische Neuigkeiten.

Orig. in Meiningen Corp. Ref. V, 101. 102, woselbst Folgendes zu verbessern ist: — doctori theologiae — Nam ipsi — a nescio quibus — cum nos id — in iucundas tabulas — [der im Briefe erwähnte Mauritius ist der Buchhändler Moritz Goltz.]

684. Spalatin an Jonas. (Altenburg) 1543. Mai 18.

Klagt über schlechte Briefbeförderung, freut sich, dass der Sohn des Jonas Melanchthon auf der Reise nach Köln begleitet; über die dortigen der Reformation günstigen Verhältnisse. Nachrichten vom Nürnberger Reichstage.

Dei gratiam et pacem per Christum. Male creduntur cisiariis et id genus hominibus literae, ut nosti probe, reverende d. praeposite, alioquin meas haberes crebriores, cuius rei documento sit, quod habens olim fidos tabellarios et certos crebrius scribebam, ut ex aula divi principis nostri *Friderici*, Saxoniae ducis et electoris beatae memoriae. Nunc ergo adscentus clarissimum virum d. *Chilianum Goldsteinum*[1], doctorem iurisconsultum isthuc, ut puto, recta rediturum, has exarabam abituro dandas aut mittendas. Spero autem te bene valere cum tuis. Et gaudeo tuum filium *Ionam* cum doctissimo d. *Philippo Melanthone* profectum in Ubios a archiepiscopum et electorem *Coloniensem* ad constituendas illic pie et ecclesias et scholas. Dominus tantas conatus eorum fortunet. Nam archiepiscopum scribunt valde adfici evangelio, quamvis vehementer resistentibus nonnullis canonicis et senatoribus, comites autem et nobiles una cum civitatibus excepta *Agrippina Ubiorum*, non tamen tota, et *Novesio*, belle cum archiepiscopo consentiunt. *Veneti* quatuor concionatores evangelicos habent evangelion libere praedicantes. Idem aiunt fieri passim in Italia fremente haud dubie pseudepiscopo *Romano* et Satana ipso. Episcopus *Augustensis* magis moerore animi quam vi nescio cuius morbi in conventu *Nurnbergensi* extinctus est[2], cuius corpus *Ferdinandus* per suos sacrificulos et ministros curavit efferendum. Tantopere ardet odio sanae et salutaris doctrinae. Quid tantis suis quaeso faciet hostibus tandem Christus? Breviter comitia *Nurnbergensia* nihil boni, nihil magni pepererunt. *Vualtero a Cronberg* principi ordinis Germanici, quem ambo a *Carolo V*. imperatore sub comitiis imperialibus *Augustae* vidimus investari[3] nuper vita defuncto suffectus est a commentariis *Martiburgo* in Cattis, quem spero Christi evangelion invecturum toti ordini, nedum *Hornburgo*, ubi

---

[1] Neudecker: Golthanum. [2] Christoph v. Stadion; vrgl Seckend. III, 416.
[3] Vgl. oben Nr. 194, Bd. 1, 172.

ordinis magister solet habere aulam. Deo sit gratia. Bene vale cum tuis et pro nobis omnibus ora. Cursim VI. Pentecostes MDXLIII.

G. Spalatinus.

P'ost cladem contra Burgundiones in vigilia paschali interim *Iuliacenses* adhuc his dicuntur superiores fuisse Burgundionibus.

Reverendo et doctissimo viro d. *Iusto Ionae*, theologiae doctori, praeposito *Vitebergensi* et superattendenti *Halae Saxonicae*, patrono eximio observando.

Neudecker Bl. 995.

685. Jonas an Johann, Georg u. Joachim Halle 1543. Mai 21. v. Anhalt.

Berichtet über neue Fortschritte der Reformation in Halle. Gerüchte über den Tod des Kaisers; von Granvellas Abreise aus Nürnberg und den Kämpfen zwischen Jülich und Burgund. Freders Uebersetzung einer Schrift Luthers.

— Tametsi vestris Cel. non libenter molestus sum meis rudibus ac incultis literis, tamen cum adesset d. cancellarius V. Cel., committere nolui, quin studium meum atque reverentiam erga Cel. V. declararem hoc qualicunque scribendi officiolo.

De statu huius *Hallensis* ecclesiae, in qua secundum mirabilem τὴν οἰκονομίαν τοῦ Θεοῦ nunc ago in tertium annum Christo filio Dei gubernante haec acerrima cum adversariis certamina et totum religionis negocium, dicet Cel. d. cancellarius, qui vidit frequentiam maximam etiam e novo foro, ipsissima ditione episcopi, in omnibus tribus templis, qui et hic audivit, quomodo non curantes diversam mentem illuss. d. coadiutoris multi ex arce S. Mauricii ex animo favent doctrinae evangelii et synaxi christiana etiam usi sunt in nostris ecclesiis ac coetibus evangelicis.

Quidam illuss. coadiutoris pincerna in arce nuper mortuus est, qui συνέργῳ meo fideli m. *Benedicto* est confessus, usus secundum Christi institutionem sacramento et in agone mortis miro affectu et longa παθητικῇ oratione adfirmavit et clamitavit, *Ionae* et aliorum cooperariorum hic doctrinam esse sanctam evangelicam veritatem Dei. in cuius confessione et ipse mortuus. His operibus Deus quotidie adhuc confundit pharisaicam duritiem et obstinationem rev. *Moguntini* sacri cardinalis et glorificat τὸ ἅγιον εὐαγγέλιον τοῦ Θεοῦ et hanc hactenus non sine periculis luctantem et afflictam ecclesiam *Hallensium*.

Non dubito in aula Anhaltina *Dessae* plus esse novitatum et quae aliquid etiam certiores sint, quam ego perscribere possim, sed tamen officii gratia adiiciam quae habemus.

De vita Caesaris cum in aulis regum, principum, in nundinis, conventibus (ubicunque est frequentia aut celebritas sermonum aut hominum) cum sit maxima contentiosissima disputatio, diligens etiam inquisitio, hactenus nihil firmi, nihil certi inventum est, et paene maior authoritas eorum, qui mortuum dicunt quam qui vivum. Reverendiss. pater d. doct. *Martinus* constanter est in illa sententia, in tanto monarcha nullo modo omnia sepulchrali et funerali silentio esse posse simillima, si adhuc esset superstes, praesertim cum sic tumultuetur Gallus, alii in terris et ad terras Caesaris. Verum celandae diu, diutissime huius tantae mortis se facile cogitare maximi ponderis et varie gravissimas esse causas.

In aula regis sereniss. Daniae dicitur esse quidam aulicus, qui deiecerat se tunc una inter fluctus iactatum in mari, cum vidit navem regalibus imp. ornamentis insignitam vi et tempestate maris obrui ac submergi, in qua vectus Caesar. Nemo dubitat utile esset reip., utile etiam ecclesiis, forsan et nunc praesenti statui negociorum publicorum Caesarem vivere. Sed dominus est, in cuius manu est etiam vita κρατούντων κόσμου τούτου et regum orbis terrae. E *Norimberga* sparserant rumores d. *Grunvillam* e *Norimberga* ideo ad iter festinasse abitionis, ut obviam iret Caesari ex litore Hispanico ad portum *Genuae* in Italia appulsuro. Sed in his omnibus oculato homini et attento subolet studium callidum et artificium simulationis et celandae huius mortis. Verum certiora forsan habent Cel. V. (et ego hoc meum scriptum celari peto), nec quicquam adfirmo in re tam magna.

De Turca mitto Cel. V. schedulas, quibus haud scio quantum sit habendum fidei. Post cladem contra Burgundos in vigilia paschali interim *Iuliacenses* dicuntur adhuc bis superiores in aliis gravibus conflictibus Burgundis fuisse. Et iam dicuntur factae induciae. Utinam papistae non aliquid coquant! Cetera audiet V. Cel. ex domino cancellario. Praeterea, illuss. principes ac domini, mitto Celsitudinibus V. eruditam translationem sanctissimi libri *Lutheri* de baptismo, qui non sine ingenti fructu legi dicitur a multis in Gallia et Italia (ita bibliopolae dicunt). Eam lucubrationem V. C. eo amore, reverentia et studio dedicavit nominatim m. *Ioh. Frederus*[1], meus affinis, quo ego dedicavi anno dni XXXVIII latinam translationem Iesu Syrach[2]. Rogo V. Cel.ines sereno animo ac vultu dignentur munus affinis mei accipere et clementer ei rescribere. — Datae raptim *Halae* 2a post Trinitatis anno dni MDXLIII.

V. R. P. et D. et ill. Cel.   addictiss.

Iustus Ionas d. p. W.
Superatt. eccl. *Hallens.*

Archiv zu Zerbst.

---

[1] Vgl. oben Nr. 679.   [2] Vgl. oben Nr. 377. Bd. I. S. 283 flg.

686. Jonas an Fürst Georg von Anhalt.   Halle 1543. Juni 6.

Macht Mitteilung aus einem Briefe Melanchthons über die Kölnische Reformation. Von der Gegenschrift des Secundar-Clerus.

— Heri accepi literas a duo *Philippo* ad rev. p. *Luth.* scriptas de negocio ecclesiae et episcopatus *Coloniensis*.[1] Hostium [2] ibi apertum magnum et adversarii multi. Nam etiamsi ipse illuss. elector *Coloniensis* et saniores in aula ac urbe bene volunt evangelio et negocio religionis, tamen ψευδοθεόλογοι καὶ μόναχοι et clerus etc. acerrime conantur resistere. Christus autem filius Dei, semen sanctum, resistat serpenti et semini serpentis, et tandem conteret omnes vires eius sub pedibus suis. Ediderunt adversarii τοῦ εὐαγγελίου librum, cui titulum fecerunt ‚Iudicium cleri secundarii'[3] contra m. *Bucerum* et Lutheranos etc. Cel. V. et R. P. mitto epistolae exemplum praefixum impresso libro. Quam optarem cum illuss. Cel. V. hic occasione aliqua hic [so] coram colloqui. Reliqua scribam ad V. Cel. et R. P. brevi per *Michaelem Hutt*, scribam camerae senatus — Datae 4ta post Bonifacii anno dni MDXLIII.
V. R. D. et ill. Cel.   addictiss.
                                       I. Jonas doct. p. *W.*
                                       superatt. *Hallens.*
Archiv zu Zerbst.

687. Luther an Jonas.   Wittenberg 1543. Juni 18.

Sendet Glückwünsche und Geschenk zur zweiten Heirat. Klagt über das thörichte Gerede der Leute über geringfügige Dinge, während sie über die groben Laster der Welt stillschweigen.

de Wette V, 570; vergl. gleichzeitige Abschrift im Archiv zu Zerbst. — secundet ac benedicat — gerunt. — Si deinde civitatis — dolo — Es ist vordrislich ding. —

688. Spalatin an Jonas.   Wittenberg 1543. Juni 18.

Glückwunsch zur Wiederverehelichung und Schutzrede für diesen Schritt des Jonas gegenüber dem Gerede der Leute.

Dei gratiam et pacem per Christum. Audiens, reverende et doctissime d. praeposite et doctor, te nuptias secundas his diebus cum honesta et te digna puella habiturum, non potui neque etiam debui committere quin hinc ad meos rediturus tibi scriberem, praesertim tam idoneum, tam fidelem nuntium adsecutus. Igitur et tibi et sponsae et toti familiae ut reliqua optima et faustissima quaeque, ita benedictionem domini amplissimam ex animo precor. Non enim possum reprehendere, quod neque Moses neque prophetae neque Christus quidem ipse reprehendit

---

[1] Vom 19. Mai aus Bonn datiert. Corp. Ref. V, 112.   [2] d. i. ostium. Vgl. 1. Cor. 16, 9.   [3] Vgl. Corp. Ref. V, 113.

uspiam, etsi video neque deesse neque defuturos, qui hic nescio quid conquerantur, accusent, carpant. Sed quis omnium linguas coerceat? Mihi certe hac in parte longe tolerabiliores videntur pontifices *Romani* nostris Lycurgis. Illi enim in suis decretalibus, inventis qui damnarent denuo ducentes uxores non ita multo ante defunctis prioribus coniugibus, scripserunt: Non enim damnamus quod apostolus non damnat, vel saltem his verbis: non prohibemus, quod etiam apostolus non prohibuit, qua in sententia etiam divus Paulus ad Romanos scribens fuit. Bene vale cum tuis omnibus et pro nobis omnibus ora. Deo sit gratia, reverendissimum patrem nostrum doctorem m. *Lutherum*, doctorem *Pomeranum*, doctorem *Crucigerum*, reliquos et ecclesiae et scholae huius sanctissimae proceres et inveni et reliqui incolumes. Cetera spero dicturum optimum virum m. *Erasmum Alberum*[1] nostrum. Cursim ex arce *Vitebergensi* feria 2ᵃ post Viti MDXLIII.   *G. Spalatinus.*

Neudecker Bl. 1000.

689. Martin Bucer an Jonas.   Bonn 1543. Juni 19.
Berichtet über die Cölnische Reformation.

Die „alia manus", von welcher Corp Ref. redet, ist die des Jonas selbst. Von ihm stammen die Worte: d. doctori Mart. Luth. etc.
Varianten: 122. — forsan (nicht forsitan) — natura (nicht mea) — evangelii *hoc* felicius — in hac vita *prius* ducit — apud pios? (st. suos) — consoletur praeter ministerii nostri successum maiorem,
123. praeclarum (st. protodoctorem) — quotquot illi (nicht ulli) — libri sanctiss. (nicht suaviss.) — indignanter? — causa (nicht ecclesia) Christi —
124. regat (nicht degat) — perficiamus (nicht profic.). De *eventu* ipse nihil negliget.
Orig. in Meiningen. Corp. Ref. V, 122—124.

690. Caspar Hedio an Jonas.   Bonn 1543. Juli 14.
Schreibt ihm von der Bekanntschaft, die er in Bonn mit seinem Sohn gemacht und bedauert ihn wegen des Todes seiner ersten Frau

Corp Ref. V, 144. 145. Förstemann, Neue Mitteilungen III, 3. S. 111. 112. [In der Adresse hat Hedio ausser acht gelassen, dass Jonas nicht mehr in Wittenberg lebt.]

691. J. Jonas an Veit Dietrich.   Halle 1543. Juli 18.
Will den brieflichen Verkehr mit dem alten Bekannten wieder lebhafter betreiben. Sendet Nachrichten über die Türkengefahr und berichtet von seiner Wiederverheiratung.

Gratiam et pacem Dei in Christo Iesu domino nostro. Hanc, mi *Vite*, nactus occasionem ad te scribendi, nolui[2] apud te alius quam impiger ad officium literarum videri. Olim mihi apud reverendum d.

---

[1] Dieser war also „hic noster legatus", durch welchen Luther sein Hochzeitsgeschenk nach Halle sendete, de Wette V, 570.   [2] Sinc.: Noli.

patrem *Lutherum* plus quam domestice notus iam raro admodum per epistolas colloqueris. Quod imputo non fastui tuo, sed occupationibus quotidianis ecclesiasticis. Scripsi quaedam de rebus *Iuliacensibus* ex literis d. *Philippi* ad d. *Osiandrum*, qui[1] tibi impertiet. Horribilis dicitur expeditio esse Turcae[2] contra nos, et periculum esse, ne ante autumnum habeat *Viennam*. Sed intestinae dissensiones Germaniae potentum faciunt, ut obliviscamur etiam hostem tam magnum tam magnas habere vires. Omnia profecto sunt plena non mediocribus periculis et spectant ad insignem maximarum rerum mutationem[3], imo miserrimam vastationem τῆς Γερμανίας. Dominus excitet aliquot vere heroicos principes, qui afficiantur reipublicae tantis vulneribus et variis aerumnis et[4] periculis. In hac ecclesia *Hallensi* satis feliciter nunc paene vicimus[5] contra adversarios, nisi quod porci adhuc ex haris et aris coenobicis et coenosis obgrunniunt monachi. Ego contra papam et eius leges iam secundo duxi puellam XXII annorum, philosopham et eruditam theologam in bibliis d. *Lutheri* (nam bis ipsa perlegit germanica biblia d. *Lutheri*). Sic educarunt parentes. Tanta sitis fuit[6] hic *Halae* evangelii durante persecutione episcopi, ut matronae et puellae edidicerint[7] prophetarum conciones, psalmorum carmina. Vale, vir doctissime, amicorum charissime, et ad me dato creberrimas. Datae *Halae Saxonum*[8] 4ta post Margar. anno domini[9] MDXLIII. Saluta reverenter et amanter d. doctorem *Vincilaum* et dic, cur tot literis meis non respondeat. Iterum vale. *J. Ionas* d. nunc (?)[10] supperatt. eccl. *Hallensis*.

Mi domine *Vite*[11], vir clarissime et amicorum fidissime, rogo instes apud clarissimum doctorem *Mayenbuch*, ut cito rescribat mihi et mittat remedia contra calculum. Solvam omnia.

Clarissimo viro d. *Vito Theodoro*, theologo praestanti *Norinbergae*, domino amico veteri, fratri dulcissimo charissimoque[12].
Dem herrn m. *Vito*.

Abschrift im Manuscr. Thomas. Ein Stück daraus abgedruckt bei Pressel, Jonas S 136; vollständig aber fehlerhaft bei Th. Sincerus, Neue Sammlung S. 429. 430.

692. J. Jonas dem Leser. Halle 1543.

Melanchthons scharfe Schrift gegen den Cölibat wird durch die thatsächlichen Zustände vollauf gerechtfertigt. Die seit 1521 unter den Evangelischen bestehende Priesterehe ist als Gottesgabe zu rühmen. Er freut sich, dass er einer der ersten unter diesen verehelichten Priestern gewesen ist.

[1] Sinc.: quae. [2] Sinc.: Turcarum. [3] Sinc.: imitationem. [4] fehlt in Sinc. [5] Sinc.: vicinius. [6] Sinc.: puri. [7] Sinc.: didicerint. [8] Sinc.: Saxoniae. [9] Sinc.: domini nostri. [10] fehlt bei Sinc. [11] Sinc.: M. Vite. [12] Sinc. fügt hinzu: S. und am Schluss hinter Vito: D. Justi Ionae 1543. 4 post **Margar.**

Gnad vnd friede Gottes in Christo. Dise schrifft vnd buch des herrn *Philippi Melant.* von dem scheuslichen vnflat zu *Rom* vnd auff den stifften von der vnkeuschen keuscheit des bapsts vnd der seinen wird von etlichen angesehen werden, als sey es zu scharff, bitter, hefftig, zu hart vnd viel zu geschwinde. Wer aber weis gelegenheit von der pfaffen, mönche vnd nonnen keuscheit, von den Tyberianis coenis zu *Wirtzborgk*, *Bambergk* etc. der gleichen, von andern sachen, welche man zůchtig nicht nennen kan, wer auch betracht, wie Daniel den antichrist so grewlich abmalet, das er jnen mit diesen worten contrafet, er werde frawen liebe nicht achten. Item wer die ernsten predigt Pauli bedenckt, da er 1. Timoth. 4. die lere von verbot des ehestands teuffels lere nennet vnd satanisch heuchley, der wird sagen, dies buch sey noch viel zu gelinde, vnd den heslichen grewel der römischen vnzucht vnd die heimlichen stummen sunde, schandlaster, Gomorrischen heimlichen vnflat der stiffte, mönche vnd nonnen clöster könne kein menschlich zunge hefftig, herbe vnd scharff gnug straffen vnd schelden, vnd wird bekennen, das alle christen schuldig sind von dem heiligen ehestand (bey jr seelen seligkeit) in allen stenden, zeiten vnd personen ehrlich vnd wol zu reden, das ist Gottes werck zu ehren, zu preisen, zu loben, alle afterrede dawider zu hindern, dagegen des teuffels werck zuuerdammen. Gott lob, das ab anno domini xxj sider dem herrn *Bartholomeo Bernard*, probst zu *Kemberg*[1], viel tausent priester vnd mönchen sind ehelich worden, da ich nach demselbigen herrn probst der ander oder jr drit ehelich priester ward in gantzer deudsch nation, das ich Gott danck vnd vor ein gros ehre achte, vnd erbarmet mich so viel alter, grawer thumherrn, auch grosser kirchenregenten, die in scortation, in sunden, schanden sider gelebt, darinne gestorben vnd vortorben vnd noch verderben. Gott wehre dem geist antichristi vnd helff, das jderman vom heiligen ehestand ehr, lob vnd preis lere vnd rede, wie Gott befohlen vnd haben wil. Amen.

An den christlichen leser J. Jonas p. W. s. Hall.

In: „Eine Schrifft Philip. Melanth. | latinisch gestellet zu Schmal- | kald, wider den vnreinen Bapsts Celibat, | vnd verbot der Priester Ehe. ver- | deudscht durch | Justum Jonam Sacerdotem, | Welcher jtzund wider den Bapst vnd sein | Decret, zum ander mal sich in heiligen | Ehestand begeben hat.[2] ‚ M.DXLIII." 4°. Bl. Aij[a u. b]. Bl. G 4: Gedruckt zu Hall in Sachssen, durch Hans Frischmut. Wolfenb. 399, 3. Th. Vgl. oben I, 413.

---

[1] Vgl. Köstlin I[2], 496. [2] Um dieser Angabe willen reihen wir die undatirte Widmung nach dem Briefe an Veit Dietrich ein.

693. Jonas an Fürst Georg.   Halle 1543. Sept. 30.

Die Pest wütet in Halle, er hat sich aber entschlossen, bei seiner Gemeinde zu bleiben. Ein Diakonus ist gestorben, für den er als Ersatz einen Bernburgischen Prediger wünscht. Graf Schulenburg hat ihn nach Giebichenstein freundlich eingeladen, zu grossem Verdruss der Katholiken.

— Ad alias afflictiones καὶ παθήματα τοῦ Χριστοῦ, quibus Deus iam aliquot annis exercuit hanc ecclesiam *Hallens.*, accessit quoque virga paterna domini, periculum et morbus pestis, sicut pestis semper fuit flagellum ecclesiae. Quae lues iam per totum trimestre non mediocriter grassatur. Quod ad me attinet, ex multis gravibus causis nunc *Halae*, quamvis crescente periculo, manere constitui, ne laetificentur adversarii aut clamitent quidam malevoli et nos Lutheranos episcopos ἐν τοῖς κινδύνοις deserere oves ac populum. Χριστὸς filius Dei viventis, qui mirabiliter me ad hanc ecclesiam vocavit et in maioribus periculis mihi adfuit, misericorditer et in hac tempestate servabit me, quo nomine et R. D. et Cel.^{inis} piis sanctis orationibus me commendo.

Extinctus est ante paucos dies peste unus ex praecipuis diaconis nostris d. *Ioannes*, sonorae vocis et naturalis cuiusdam facundiae laude insignis, diligens ἐν τῇ διακονίᾳ ἐκκλησιαστικῇ et patiens laborum, qui diligenter et intrepide visitavit hoc tempore infirmos. Cum nunc ecclesia haec in hac tali necessitate rursus indigeret ministro et audiremus d. *Ambrosium* [1] *Bernborgo* alias abiturum forsan aeris et valetudinis causa (quod ad perpetuam commorationem attinet), literis nostris vocavimus eum ad nostram ecclesiam *Hallensem*. Et cum non ignota sit nobis V. R. D. et Cel. propensa ac clemens voluntas erga hanc urbem et ecclesiam, rogo V. R. D. et Cel. una cum illuss. principibus fratribus dominis clementissimis hoc clementer *Ambrosio* permittere dignetur. Nam et senatus *H.* hoc suis literis suppliciter petit, ne hoc tempore hic sit ministrorum penuria.

Quod ad novitates attinet de Caesare aut aliis rebus, non dubito quin Cel. V. certiora habeatnt quam ego possim perscribere. Nuper ipso die Michaelis dominus *Busso a Schulenbergk* vocavit me in suis quibusdam privatis negociis ad prandium in ipsam arcem *Gibechstein* admirantibus multis, maxime adversariis, sed ipse ex animo favet doctrinae sanae. Der vogt *Gibechstein* adversarius τοῦ εὐαγγελίου tunc abequitavit, non conscius esse voluit aut particeps vocati et invitati Lutherani

---

[1] Vielleicht Ambros. Hetzler, der 1552 von Halle nach Bernb. berufen wurde. In seinem Epitaph:

„Patria me gignit simul educat atque Giengra,
Me Marpurga docet, Leucoris ora docet"

s. Beckmann, Historie des Fürstenth. Anhalt. Zerbst 1710, S. 117.

haeretici. Orationibus sanctis V. R. D. et Cel. hanc ecclesiam *Hallensem* et me in his periculis commendo. — — Datae *Halae* raptim dominica post Michaelis anno dni MDXLIII.

V. R. P. et illuss. Cel.   addictiss.
   Justus Jonas doctor p. W.
   supperatt. eccl. *Hallens.*
Archiv zu Zerbst.

694. Luther an Jonas.   Wittenberg 1543. Sept. 30.

Klagt über die schweren Zeitläufte. Trost für einen durch einen Todesfall tief bekümmerten Hallenser. Ueber den Tod seiner Tochter Magdalene. Verspricht den Sohn des Jonas zu ermahnen.

de Wette V, 590. 591.

695. Melanchthon an Jonas.   Wittenberg 1543. Nov.?

Sendet dem Freunde ein Exemplar seiner Schrift über den Begriff der Gerechtigkeit bei Aristoteles (vermutlich seine Enarratio libri quinti Ethicorum Aristotelis).

Corp. Ref. V, 229. 230.[1]

696. Luther an Jonas.   Wittenberg 1543. Dec. 16.

Dankt für Uebersendung eines Exemplars der Bannbulle.[2] Politische Neuigkeiten von verschiedenen Kriegsschauplätzen; über Greuel, welche die Türken verübt haben; Klage über die Bestechlichkeit der Vornehmen; trüber Ausblick auf kommende schwere Zeiten.[3]

de Wette V, 610 — 612.

697. Melanchthon an Jonas.   Wittenberg 1543. Dec. 16

Er schreibt selten, weil das, was er mitteilen möchte, nur mündlich ausgesprochen werden dürfe. Von den Vorbereitungen zum Reichstag in Speyer. Besorgnisse wegen des Heinrich von Braunschweig genommenen Landes.

Corp. Ref. V, 254.

698. Justus Jonas der Jüngere an seinen   Wittenberg 1544.
Vater.

Bedankt sich für einen Brief des Vaters, der ihm Lob und Ermunterung gespendet hat, und spricht seine Freude an philosophischen Studien aus.

Corp. Ref. V, 301. 302.

---

[1] Betreffs der Zeitbestimmung vgl. die freilich unsicheren Vermutungen a. a. O. Die Schrift Mel.'s war zuerst 1532 erschienen, seitdem in zahlreichen Auflagen wiederholt und überarbeitet worden.
[2] Bezieht sich wohl auf die Vorbereitungen für die Gesammtausgabe der Werke Luthers, vrgl. Köstlin II^2, 605.
[3] Vgl. unten den Brief des Jonas vom 24. Mai 1549.

699. Jonas an die Christen zu Halle. Halle 1544.

Widmungsbrief. Von der Heilsgewissheit.

Wer der heiligen propheten vnd aposteln schrifft vnd predigt lieset, der findet, wie hertzlich sie sich der leute annemen, sie der rechten lere vnd jrer seelen heils gewis zu machen. Die satanischen vnfleter, die mönches kolben, recht N. kolben, haben mit der lere dubitationis[1] vnzeliche conscientz vnd seelen gequelet. Darumb sol es ein jglicher christ jm ein grossen rechten ernst sein lassen, worauf der seelen seligkeit stehet, worauf nicht. Und solt billich jdermann sagen: nein, nein, mir nicht, das ich es so ferlich wagen wolt, ein abent zu ruhe mich zulegen, ehe ich recht gewis wüste, worauf zu bawen, zu trawen, wenn der tod keme oder wenn ich solt heimfaren aus diesem elend. Darumb sagt Gottes son, vnser herr Jhesus Christus Matthej am 6. dis hoch wichtig wort: Trachtet am ersten nach dem reich Gottes. Item: Was hilfe es dem menschen, wenn er die gantze welt hette etc. Item S. Paulus 1. Corin. 7. Die zeit ist kurtz (sagt er), weiter ist das die meinung: Braucht des zeitlichen also, das jr es nicht misbrauchst. Denn das gantz wesen in dieser welt vergehet Item zu den Philippern am 2. sagt der apostel: Schaffet, das jr selig werdet mit forcht vnd zittern, denn Gott ists, der in euch wirckt. Als wolt er sagen: schertzet mit der grossen sachen nicht, wie die Epicurer vnd die welt thun. O lernet Gott hertzlich lieben vnd mit ernst fürchten. Denckt, das jr zu jenem ewigen leben von Gott geschaffen seid, da erst liecht, freud vnd leben wird angehen.

Dis leben ist der kurtze lentz, jenes ist der schone, helle, liechte, lebendige, ewige sommer, der rechte schatz, ernde vnd fülle von ewigen himlischen gütern vnd früchten. Die welt bekent vnd sagt selbst von jren elenden zeitlichen gütern: mit gelt ist nicht zuschertzen, vnd warlich mit der zeitlichen ehre, mit grosser herrn gnad, vngnad, mit güttern, reichthumb, rhw, gemach, bracht, wollust wil niemands schertzen oder vngewis sein, sondern jglicher gewis sein, woran er ist.

Hie frag ich: ist denn mit der seelen heil zu schertzen? ist daran nichts gelegen? Darumb wol denen, welche hören das wort Gottes vnd hertzlich mit ernst sich darumb annemen der rechten lere, des waren Gottesdienstes, jr seelen seligkeit gewis zu werden. Gott verleihe vns allen gnade. Amen.

Justus Jonas p. W. superattendens Hallen. ecclo. den christen zu Halle.

---

[1] Vgl. hierüber Lämmer, Vortridentin. kathol. Theologie S. 160ff.

In: „Christlicher | vnd kurtzer vnter- | richt, Von vergebung der | Sünde, vnd Selig- | keit, durch | Iustum Ionam D. | S. Paulus zun Philippen. 2. | Schaffet das jr Selig wer- | det, mit forcht vnd | zittern. | Auffs new zugericht vnd | gebessert. |Vignette" S. Bl. Aij — Aiij.[1]

700. Spalatin an Jonas. (Altenburg) 1544. Jan. 13.

Freundschaftsversicherungen. Ueber den Tod des Merseburger Bischofs und dessen Verfahren gegen Evangelische. Heinz von Wolfenbüttel bekämpft die Evangelischen mit Spottgedichten. Glückwünsche zu der guten Wahl, die Jonas bei seiner Wiederverheiratung getroffen.

Dei gratiam et pacem per Christum. Ego vero, reverende et clarissime d. doctor et praeposite, vicissim tuis literis mirum in modum gaudeo. Tantum abest, ut non me veteres amicitiae oblectent, potissimum conciliante evangelio gratiae beati Dei, conciliatricibus Musis contractae. Et certe in tam prodigiosa huius postremi seculi et malitia et impietate et ingratitudine hoc magis conservatas et auctas oportebat, ubi Satanas excidium non solum huic machinae inferiori, sed etiam bonis studiis omnibus molitur summis viribus. Porro recte admones sub comitiis alendum scribendi officium. Satanas enim, homicida et pater mendacii ab initio, non feriabitur serere bella et totius Germaniae et evangelii excidium. Interim vero hoc unicum nobis est reliquum consolationis, Christum regnare, dominum et coeli et terrae. Neque dubito te responsurum, non tam literis meis quam tuae ipsius pollicitationi. Olim haud dubie sentiet *Sigismundus a Lindena*[2], episcopus *Mersburgensis*, nuper defunctus, nisi dominus morientem mirabiliter convertit, quid sit, Christum prudentem persequi in membris eius, quantum etiam effecerit in effodiendo rustici corpore, qui Christi institutionem et mandatum secutus sacramentum eucharistiae pie accepit, nihil pseudo-

---

[1] Von dieser allen Biographen des Jonas unbekannt gebliebenen Schrift ist dem Herausg. nur das Exemplar der Wolfenb. Bibliothek 1164. 3. Th. zu Gesicht gekommen; diesem fehlt jedoch der Schluss, so dass weder die Stärke des Buches noch Jahreszahl und Impressum angegeben werden kann. Anhalt für die Datirung bietet die Selbstbezeichnung des Verfassers als Sup. Hall. einer- und zugleich als praep. Witt. andrerseits. Das Büchlein ist in Form eines Katechismus in Frage und Antwort abgefasst: „Der Christen wochen lection", für jeden Tag etliche Fragen mit ihren ziemlich ansfülrlichen Antworten. So für den Sonntag: „Worauf stehet deine Seligkeit?" und „Wie geschicht solchs in vns?" Für den Sonnabend ist eine längere Unterweisung „Vom gebet" gegeben. Dann folgen Bl. C. 7: „Die spruche kurtz, wie sie D. Justus Jonas zum ersten zu Hall in Sachssen gepredigt hat, von der seel seligkeit." Darauf: „Ein Gebet zur kinder zucht." Weiter reicht das Exemplar nicht.

[2] Sigismund v. Lindenau, Merseburger Bischof von 1535—1544, starb am 4. Jan. 1544. Sein Grabdenkmal siehe in Kunstdenkmäler des Kreises Merseburg. Halle 1883, S. 152flg. Vergl. oben II, 46, 71.

episcopos et reliquas Beemoth squamas moratus. Eant quicunque volent ad conventum sive *Spirae* sive alibi habendum in nomine Domini, modo pacem Christianam reportent feliciter reversuri. *Lycaon* carminibus virulentis nihil promovebit, quia Christi hostis cum toto corpore ipsius. Si quid preces meae valuerunt unquam, te oro ut mihi iam rescripturus edas charissimae tuae coniugis nomen et patris et cognomen familiae. Eximie enim mihi placet tam eximiam, tam similem prioris coniugis tibi virgula certe divina contigisse costam. Non enim potest nisi summi patris singulare donum esse honesta et pia et morigera coniux et quod super omnia, etiam verbo Christi instructa, quod rarissimum est, tam cupida lectrix scripturae, ut tuis literis testibus biblia bis pellegerit[1], quae multi theologastri olim, qui se etiam doctores theologiae venditarunt, ne viderint quidem unquam. Praeterea quod tam nihil habeat novercae. O terque quaterque tot nominibus felicem *Ionam* et patrem et filium et liberos, ut natos, ita nascituros! Salutem quaeso a meis omnibus tuae novae et sanctissimae coniugi et domui toti. Bene vale cum tota domo et pro nobis omnibus ora. Cursim dominica Epiphaniae VIIIa. MDXLIIII. *G. Spalatinus.*

Haec etiam per cisiarium Salinarium scribo, quia certum, notum, propensum ac nobis gratificandum.

<small>Reverendo et eruditissimo viro dn. *Iusto Ionae*, praeposito *Vitebergensi*, theologiae doctori et superattendenti *Halensi*, patrono et amico amantissimo.
Dem herrn probst zu *Wittenberg* zu *Hall*.
Orig. in Meiningen. Neudecker Bl. 1015.</small>

701. Jonas an Fürst Georg. Halle 1544. März 1.

<small>Freut sich auf einen Besuch des Fürsten Georg in Halle, wo dieser Zeuge sein könne der ungeheuren Frequenz bei den Katechismuspredigten des Jonas. Allerlei Nachrichten vom Reichstage zu Speier.</small>

— Per literas rogavi *Ernestum Brotuf*, ut mihi indicaret, an V. Cel. inventurus essem *Merseburgi*, ad quas heri respondit, V. R. D. forsan in reditu transiturum *Halam* atque hic mihi clementer facturam potestatem colloquii. Hoc nuncio tam laeto (cum interim celandum esset) intus et apud me vehementer sum exhilaratus, atque utinam ita ferant iam negocia, ut Cel. V. certo hic ecclesiam invisat. R. D. V. visura esset proxima 2a feria me proponente populo catechismum (ubi precor adsit mihi suo spiritu et robore Christus) maximam et summam, quae toto anno esse possit, frequentiam VI aut VII milium in uno templo. Orabimus, ut dominus dignetur dare diem tam beatum. Si autem R.

---

[1] Vgl oben S. 108.

D. V. iam huc negociis forsan distringentibus venire non posset, proxima 3ᵃ feria hora 3ᵃ a prandio possem conscendere equum vel currum et Cel. V. colloquio *Mersborgi* irui. Optarem de multis et variis πρὸς τὴν οἰκονομίαν τῆς ἐκκλησίας pertinentibus cum V. R. D. conferre et inter cetera de quodam necessario negocio. Quod attinet ad conventum *Spirensem*, haud dubie R. D. V. certiora habet et uberiora quam nos. Fuit tamen hic apud me tabellarius quidam e *Vitteberga* emissus, qui e *Spira* rediens narravit vulgata quaedam. Nam deliberationes nondum coeptae sunt. Inter cetera narravit mihi, quendam iam *Spirae* esse doctum olim monachum, qui iam etiam in comitiis non prohibente Caesare pure docet τὸ ἅγιον εὐαγγέλιον et synaxin celebrat iuxta institutionem Christi. Si hoc verum est, mitior factus est causae Caesar. Illuss. Palatinus *Friderichus* nomine Caesaris electori nostro illuss. Saxoniae ivit obviam *Spiram* ingredienti[1], cum quo advenit *Spiram* elector *Coloniensis*. Caesar VIᵉ equites instructos e *Spira* misit contra Gallum. Cum esset urbem ingressus landgravius, mox altero die vocatus est ad Caesarem et mox facta mentio τοῦ πράγματος *Wolfenbuttensis*. Nuncius tamen dicit se in aula cardinalis *Moguntini* a Torquatis, ad quos habuit literas, audisse eiuscemodi voces: „*H. Brunswig* hatts land durch schwerd verlorn. Certe non aliter recuperabit, nisi vires habeat ad gladium et bellum gerendum, quas non facile habiturus est." Caesar quotidie audit crescere rumores, quomodo papa foedus habet et pacta cum Turca et Gallo, et papa palam accipit praesidia defensiva a Turca et Turcicum militem. Haec scilicet bella sanctitas est sanctissimi, imo summe sacri.

Multi sunt *Spirae* episcopi, qui eunt, redeunt non aliter atque apes ad alvearium in aulam cardinalis. *Spirae* maximi rumores sunt et epistolae ex Austria missae plenae miserrimis querelis, iam nunc cum prima hyrundine Turcam involaturum Austriam et iam esse *Viennae* maximam trepidationem. Dicuntur esse cives opulenti *Viennae*, quorum singuli vineas, bona alia, quae habent valore VIII milium, X milium, vellent vendere pro duobus milibus, si invenire possent emptores.

Christus precor adsit ecclesiae suae. — Datae raptim *Halae* sabbato post Cinerum anno dni MDXLIIII.

V. R. D. et illuss. Cel.   addictiss.

Iustus Ionas doctor,
p. *W*. superatt. *Hallen*. eccl.

Archiv zu Zerbst.

---

[1] Vgl. Corp. Ref. V, 324. Sleidan II, 328.

702. Joh. Brenz an Jonas. (Schw. Hall) 1544. März 5.

Ueber die evangelischen Gottesdienste des Landgrafen in Speier, welche der Kaiser verboten, die aber doch, wenn auch nicht in der Dominikanerkirche selbst, im Kreuzgang des Klosters fortgesetzt würden.

Corp. Ref. V, 336. 337.

703. Melanchthon an Jonas. Wittenberg 1544. März 16.

Sendet ihm einen Brief Franz Burkhards vom Reichstage. Der Sohn des Jonas ist von einer Krankheit glücklich genesen.

Corp. Ref. V, 328.

704. Jonas an Fürst Georg. Halle 1544. April 1.

Sendet Nachrichten vom Reichstage; spricht seine Entrüstung aus über eine Münze, auf welcher die Lilien Frankreichs mit dem Zeichen des Türken vereint sind. Von seinen Katechismuspredigten. Hofft nach Ostern in Dessau einen Besuch machen zu können.

— Cum hac transiret hic eques ex aula Anhaltina, nolui omittere illam occasionem scribendi. Tametsi non dubitem R. D. V. et ill. Cel. ex conventu *Spirensi* accepisse cum uberiora, tum etiam ex consiliis interioribus τῶν ἀρχόντων certiora, tamen volui erga V. Cel. eius, quam debeo perpetuo, significationem qualemcunque dare meae obsequentissimae et addictissimae voluntatis. Et mitto ea, quae nobis ab amicis communicata sunt. Quae tamen nollem sub meo nomine late vulgari, sed tantum legi a R. D. V. et principibus ac cancellario. Si illa de Gallo et Turca vera sunt, item de moneta nova aurea et argentea, in cuius altero latere lilia sunt Francica, in altero insignia τυράννου Turcici, quid aliud sunt quam horribilia portenta ante extremum illum diem ultimi et novissimi temporis! Quis unquam legit aut vidit proavorum, avorum nostrorum in ullo nomismate eiusmodi Turcicam ethnicam vocem, satanicum specimen? ὁ φίλος τοῦ Θεοῦ, ἐχθρὸς τοῦ Χριστοῦ! O coelum, o terra, o maria creatoris terrae et marium! Quo redactae sunt aulae regum christianorum? Hiccine rex christianissimus rex tristicianissimus et contristantissimus Dei, τῆς ἁγίας ἐκκλησίας, piorum omnium in terra, angelorum omnium in coelo? Quomodo sol non retrahat suos radios ad hanc tetram et funestam vocem? Amicus Dei, inimicus Christi! Et eam monetam communem procudit cum crudelissimo hoste τοῦ Χριστοῦ βασιλεὺς χριστιανός! O tempora, o mores, o fata horribilia novissimi et fatalis temporis! Quo flumine lachrymarum his auditis Daniel aut Paulus sese effunderet!

Liber rev. patris d. doctoris *Martini* contra mendacia Iudaeorum me interprete latine redditus[1] nuper prodiit in lucem *Francofurti ad*

---

[1] Erl. Ausg. 32, 99. Vgl. oben S. 98.

Meum excusus. Ubi nactus fuero ex *Vittenberga* exemplaria, illuss. Cel. et R. D. mittam. Est utilissimus liber, nociturus Iudaeis in Italia, in Hispaniis, ubi nidos habent, nihilo amiciores Christo domino nostro quam Turcae. Catechismum docui per mensem integrum auditorio mire frequenti quatnor, saepe 5 milium aut plurium. Quoties cogito iam de *Dessaviensi* ecclesia, in qua hebdomade passionis ego solitus sum docere evangelium, singulari afficior voluptate cogitans de piis christianis colloquiis cum R. D. V. et illuss. christianiss. principibus. Cum iam abesse ab ecclesia *Hallensi* non possim, post pascha R. D. et Cel. invisam Deo dante *Dessau* et veniens in benedictione τοῦ εὐαγγελίου τοῦ Χριστοῦ Mosem[1] lapideum tenentem tabulas saxeas calcabo pedibus evangelizantium pacem, evangelizantium bona. Sed ignoscat Cel. V. ineptiis et verbositati. — *Gaspar Uhrey*, Cel. V. minister, occasionem dedit scribendi. Datae raptim 3a post Iudica anno dni MDXLIIII.

V. R. D. et ill. Cel.   addictiss.   *Iustus Ionas* doctor,
  p. W. superatt. eccl. *Hallens.*
Archiv zu Zerbst.

705. Melanchthon an Jonas.   Wittenberg 1544. April 7.

Ueber den Sohn des Jonas, mit welchem der Vater einen Verdruss gehabt. Nachrichten vom Reichstage.

Corp. Ref. V, 354.

706. Luther an Jonas.   Wittenberg 1544. April 17.

Erwartet das nahe Ende der Welt, entsetzt über das Bündnis des Papstes und des Königs von Frankreich mit dem Türken. Krankheit in Wittenberg und in seiner eigenen Familie.

de Wette V, 642. 643.

707. Cruciger an Jonas   Wittenberg 1544. Mai 7.

Dankt für eine Salzsendung. Nachrichten vom Reichstage.

Corp. Ref. V, 377. 378.

708. Jonas an Fürst Georg.   Halle 1544. Mai 23.

Wünscht ihm Glück zu seiner Berufung als Coadjutor des Bistums Merseburg. Sendet ihm seine Uebersetzung von Luthers Schrift: „Von den Juden und ihren Lügen." Grosser Absatz evangel. Schriften auf der letzten Frankfurter Messe.

— Pro ecclesia cathedrali *Mersburgen.* in singulis contionibus diligenter oravimus. Iam intelligimus orationes nostras in coelo exauditas esse remque eo deductam, ut V. R. D. tanquam Helias et restaurator

---

[1] Moseum.

veri cultus abolitis abominationibus τῆς εἰδωλομανίας omnia revocet ad puritatem sanae doctrinae et synceritatem evangelicam. Hoc donum Dei gratulantur omnes pii, docti et boni mirifica exultatione, cum V. R. D., tum ecclesiae inclytae et vetustiss. *Mersborgensi* ac universae Germaniae[1]. Optarem R. D. V. de his omnibus coram loqui, sed Christus ille pastorum καὶ τῶν ἀληθινῶν ἐπισκόπων princeps dabit aptum tempus et occasionem. Expecto avide R. D. V. literas vel m. *Forchemii*, ut de omnibus rebus (inter tot variantes rumores) τὴν ἀλ'θειαν cognoscam. Sub initia eius novi commissi muneris R. D. V. mitto exiguum gratulatorium munus, translationem meam libri rev. patris d. doct. *M. Luth.*[2], quo de vero Messia Christo, mysterio aeterno patris altissimi, nihil in mille annis scriptum eruditius aut secundum germanum succum patriarchicae et propheticae doctrinae πνευματικώτερον.

R. D. V. boni consulat spectetque non chartulas ipsas, sed pondus maximarum rerum eius scripti sancti offerentisque voluntatem et addictissimum animum. Reddidi et germanice Danielem domini *Philippi*[3]. Sic *Hala* olim sedes τῆς εἰδωλομανίας nunc profert varios et aliquos fructus sanae doctrinae. Narravit mihi *Vittenbergae*[4] *Moritz Goltz* bibliopola uno die postillae *Phil.* in proximis mundinis *Francofordens.* mille coempta exemplaria ab Italis, avecta in Latium. Multa etiam exemplaria translationis mea contra Iudaeos rapta esse avide a Gallis, Italis. Utinam et in illis nationibus hospicium inveniat ὁ Χριστὸς υἱὸς θεοῦ ὑψίστου.

Brevi R. D. V. scribam uberius de rebus quas ex *Spira* cognovimus. Haec scheda inclusa fuit literis cuiusdam gravis viri ex aula illuss. electoris nostri. — Datae *Halae* Vigilia Ascensionis Christi anno dni MDXLIIII.

R. D. V. et P.   deditiss. obsequentiss.

I. Jonas p. W.
s. Hallens. eccl.

Scheda missa ex Spira: In der religion sachen wirdet man vil ein anstant trachten und einen friden in des uffrichten vnd also die selbe sach zu ferner handlung vorschieben, wie ich merke. Vnd man gibt gutt antwort, der keyser sey geneigt zur christlichen eynikeyt und concordi vnd wolle die seynes theyls furdern, sollen wir vff vnsern theyl auch thuen.

Archiv zu Zerbst.

---

[1] Am 14. Mai war Herzog August von Sachsen vom Domkapitel zu Merseburg zum Administrator postuliert worden, und dieser hatte am 16. Mai die Verwaltung des Stifts dem Fürsten Georg als seinem Coadjutor übertragen. [2] Siehe oben S. 98. [3] Vgl. Corp. Ref. XIII. 823. [4] Am 4. Mai schreibt Mel. an Camerarius: Jonas adest. Corp. Ref. V, 377.

709. Spalatin an Jonas. (Altenburg) 1544. Juni 5.

Beklagt sich darüber, dass Jonas nicht geschrieben, macht ihm Mitteilungen (aus einem Briefe Melanchthons) über einen beim Kaiser gegen die Lutheraner aufhetzenden Franziskaner und über einen nach Nürnberg anzuberaumenden Convent betreffs Vergleichs in der Religionssache.

Dei gratiam et pacem per Christum. Nactus ad suos rediturum, reverende dn. praeposite et doctor, d. doctorem *Baltassarem Luduigerum* medicum, haec scribebam. Tam[1] nolui inanem mearum dimissum, partim recordatione dulcissimae veteris nostrae[2], partim humanissimis moribus doctoris *Luduigeri* provocatus. Est enim vehementer amoeno ingenio et suavissimis moribus praeditus. Miror nuper proximis meis neque abs te neque a coniuge ne γρὺ quidem responsum. Ut igitur mirari desinam, scribe quaeso. Mihi scribitur[3] apud imperatorem esse furiosum et indoctum monachum Franciscanum, assiduum instigatorem ad delendas ecclesias Lutheranas. Nos autem orabimus Dominum, ut ecclesias suas secundum suam promissionem et dulcissimam et magnificam perpetuo tueatur. Negare enim se ipsum non potest.

Deinde habui literas, imo etiam ab amico audivi[4], fore, ut novus conventus instituatur, fortassis *Noribergae* sub Octobrem subsecuturum, ad faciendam doctrinae conciliationem, qualem papistae forsitan hactenus semper voluerint. Et nisi conciliatio successerit, imperatorem pronunciaturum, quid sit Germanis credendum. Nos vero Deo et Christo eius iudice freti in simplicitate Christi haerebimus. Interea in Domino bene vale cum coniuge honestissima et liberis suavissimis et pro nobis omnibus ora. Cursim. Die V ta Pentecostes MDXLIIII.

G. Spalatinus.

Has literas scribebam, incertus adhuc utri daturus, sive d. doctori *Chiliano* sive doctori *Luduigero*.

Reverendo et doctissimo viro dn. *Iusto Ionae*, theologiae doctori, praeposito *Vitebergensi* et superattendenti *Halensi* in Saxonibus, patrono ut veteri ita sincerissimo.

Neudecker Bl. 1034.

710. Jonas an Joh. Lang. Halle 1544. Juni 7.

Ueber die politischen Zustände. Klage über das Bestreben des Kaisers, durch obrigkeitliche Bestimmung den Religionsstreit zu schlichten.

G. et p. Dei in Christo Iesu domino Deo nostro. Finitus dicitur celeberrimus ille conventus *Spirae*, mi d. doctor charissime, et nihil

---

[1] nam oder quem. [2] fehlt amicitiae. [3] Vgl. Corp. Ref. V, 397. [4] Vgl. ebendaselbst.

actum in causa religionis. Quam benedictionem Dei, quas victorias bella, quae parantur, habitura sint, facile est apud pios coniectu[1]. Dicamus regibus: ultimo quaerite regnum Dei, et omnia impedientur, maledicentur vobis. Deuter. 28. Maledicti foris, maledicti domi. Dicitur novus conventus instituendus *Norimbergae* sub Octobrem ad faciendam conciliationem doctrinae[2]. Adversarii sempiterni hostes τοῦ Χριστοῦ καὶ τῆς ἀληθείας τοῦ θεοῦ gloriantur iam nunc post tot e coelo prodigia Caesarem pronunciaturum, quid ἐν τῇ πάσῃ Γερμανίᾳ ecclesiis docendum, credendum sit. O novum modum cognoscendi de doctrina ecclesiastica! Reges mundi ferent sententias, an rex Dei, de quo 2° psalmo David concionatur, recipiendus sit! Aulae plenae sunt vanitatis et prophanitatis et Cainitatis. Discamus nosse veram ecclesiam et dulcia somnia de ψευδεπισκόποις et aulis, omnibus regibus convertendis deponamus. Hoc somnium commune est omnium bonorum, sed aliter de ecclesia vaticinatur scriptura, et experientia consentit: pusillum gregem habentem τὸ ἅγιον εὐαγγέλιον esse ecclesiam. *Erphordiae* precor Deus benedicat et fulmine e coelo conterat monachos, canonicos. Vale, mi charissime *Lange*. Ecclesiae Christus te servet quam diutissime. Datae *Halae* sabbatho post Pentecosten, anno dni. 1544. Saluta d. *Egidium* et omnes ministros.   *J. Jonas*, doctor, superatt.
                  Hall. ecclesiae.

Clarissimo viro d. *Ioanni Lango* theologo excellentissimo, *Erphordensis* ecclesiae ἐπισκόπῳ ἀληθινῷ, amico veteri et fratri chariss. s.

Cod. Goth. A. 399. fol. 216.

711. Melanchthon an Jonas.   Wittenborg 1544. Juni 9.

Betrifft die Differenz, in welche ein Schwager des Jonas mit seinem Vater gekommen ist. Er klagt über einen verdriesslichen Handel, den er kürzlich mit der δέσποινα [Luthers Frau] gehabt, weil er angeblich den sächsischen Studierenden nicht genug Gunst erweise.

Corp. Ref. V. 410.

712. Melanchthon an Jonas.   Wittenberg 1544. Juni 17.

Berichtet über Hieronymus Baumgärtner, der auf der Rückkehr von Speier von fränkischen Rittern gefangen genommen worden sei.

Corp. Ref. V. 418.

713. Justus Jonas der Jüngere an seinen Vater.   Wittenberg 1544. Juni.

Berichtet in einem (von Melanchthon verfassten?) Schreiben über den Fortgang seiner Studien, die Gefangennahme Baumgärtners, über die bevorstehende Rückkehr des Kurfürsten

Corp. Ref. V. 429.

---

[1] oder coniecturatu. Cod.: coniectura.   [2] Vgl. den vorigen Brief.

714. Jonas an Fürst Georg.   Halle 1544. Juni 26.

Ueber den Abschied des Speirer Reichstages. Heinrich von Braunschweig soll grosse Rüstungen betreiben. Empfohlung eines Geistlichen für eine Dorfpfarre im Merseburgischen.

— A fide dignis audio exitum conventus *Spireusis* fuisse tranquillum, datam esse pacem ordinibus evangelicis, tametsi quidam dicant hanc esse temporariam usque ad conventum habendum in causa religionis sub Decembrem. Rumor hic spargitur, *Brunsvicensem* in armis habere peditum 20 milia et equitatum non adeo parvum. Sed de his omnibus V. R. D. haud dubie habet certiora.

Hic *Johannes Weis* est amans, rev. domine, et pietatis verae καὶ τῆς θεολογίας, premitur egestate, habens uxorem et quatuor liberos. Rogo V. R. D. dignetur ei dare commendaticias, ut possit nancisci conditionem in episcopatu *Mersburgensi* et ruri praeesse alicui ecclesiolae. Spero offerendam occasionem, ut V. R. D. loquar in *Mersburgo* vel *Dessae* coram. Satan varie insidiatur regno Dei et negocio τοῦ εὐαγγελίου. — Datae *Halae* 5ta post Joh. Baptistae anno dni M.D.XLIIII.
V. R. D. et Ccl. illus.   deditiss.
                                    I. Ionas, p. W. S. Hall. eccl.

Archiv zu Zerbst.

715. Gregor Brück an Kurfürst   Wittenberg 1544. Juli 13
Johann Friedrich.

Bittet den Kurfürsten, den zwiefachen Wunsch des Jonas, die Einkünfte der Wittenberger Propstei in Halle fortbeziehen zu dürfen und das Dorf Eutzsch erblich überlassen zu bekommen, als einen gar zu „unverschämten" abzuweisen. Urteilt über die Verdienste des Jonas sehr abschätzig und macht einen Vorschlag, wie man sich seiner entledigen könne

— Ich hab e. ch. g., ehe dan sie vt nechsten reichstag gezogen, vnterthniglich angetzeigt, als solt doctor *Jonas* itzo superattendens zu *Hall*, ob er wol sein lebenlang doselbst gedenckt zu bleiben, in furhaben sein, e. ch. g. antzulangen, das e. ch. g. ime gleichwol die probstei allhie mit aller nutzung, ein vnd zugehorung vff sein lebenlangk wolten bleiben vnd folgen lassen. Darjegen wolt er nach Ostern nechst kunftig einen substituten halten. Aber das dorf *Eutzsch*[1], so vier tausent gulden wirdig, solten ime e. ch. g. erblich bewilligen vnd ime vnd seinen kindern aus gnaden geben, vngesetigt an deme, so ime bereith an mehr vnd weiter gnediglich widerfaren, dan er immermehr nach seiner geschicklligkeit vormag zuuordienen. Dan es was gar ein schlecht vnansehnlich ding mit ime, do mein gnedigster her

---

[1] Bei Wittenberg.

hertzog *Friederich* seliger ime die probstei geliehen, die ime dannoch jerlich bis in dreihundert gulden genutzet, vber das gab ime mein gn. her, c. ch. g. her vnd vater seliger, das haus, darin ein probst alweg gewonet, welchs ehr ohne zweifel vmb funf oder sechs hundert gulden nit gern verkaufen wurd. E. ch. g. gaben ime darnach auch aus lautern gnaden 600 fl aus der sequestration vnd bewilligt ime darnber ein wust pauren guth zn *Eutzsch* mit dreien guten hufen, welchs sich zum wenigsten am werd auch vff zweihundert fl. erstrecket. Wie vleissig ehr mit lesen vnd sonst in der vninersitet gewesen, das mogen andere sagen, vnd ob er seinen gewissen gnug gethan gegen berurtem ehrlichem jerlichem einkomendt der probsteien. Das er nuhn vf dem reichstag zu *Augspurgk* mit gewest, do ist er warlich mehr pro forma mitgenomen worden, dan das er etwas gearbeitet oder gethan hett, dergleichen auch ein mahl oder zwir gen *Smalkalden*[1].

Nu hor ich, er sei etzlich tag zu *Wittenberg* gewest vnd noch, vnd wartet auf e. chf. g. hicherkumft, will bitt an e. chf. g. legen vnd durch *Martinum* anlegen lassen, damit ime von e. chf. g. die probstei sein leben langk mit aller nutzung moge folgen, doch das er etwo mit 40 oder 50 fl. einen substituten hielt, der vielleicht der vninersitet weniger nutze wer, dan er selbst vnd das ime e. chf. g. das nutzige vnd guldige dorf *Eutzsch* wolde vorerben. Dan wie ich heut datum widder gen *Wittenbergk* komen bin, so ist ein namhafftiger aus der vninersitet zu mir komen vnd angezeigt, das genanter doct. *Jonas* darumb hie sei; hatt mir derwegen allerlei bericht vnd antzeig gethan, was daraus erfolgen wurd. Vnd wiewol *Martinus* vnd *Philippus* sich bewegen liessen, dem man nach seinem willen vorschrift an e. chf. g. darumb zu geben, so wolde doch die vniuersitet nicht vorhoffen, das e. chf. g. solches willigen wurden etc. Weil ich dan weis, das der man vnuerschembt ist zu gendlen vnd e. chf. g. gewislich hirumb anlangen wirdet, so habe ich dan noch diese antzeig e. chf. g. in vnterthenigkeit zu thun nit vnderlassen wollen. Dan vber die vorige begnadungen so solt er das auch billich fur eine gnade achten, das er zu *Hall* nuhn 4 jar drei, wo nicht vierdhalbhundert fl. zu besoldung gehabt, vnd e. chf. g. lassen ime darzu dieselben vier jar jerlich 300 fl. von der probstei one abzug folgen. Dan er hatt keinen substituten halten durfen zum lesen. Vnd wiewol ich nicht erachten kan, das e. chf. g. sich zu der

---

[1] Dass der Kanzler so energisch gegen Jonas' Anträge Protest einlegte, wird man nur billigen können, denn sie waren unbescheiden; aber das Urteil, das er in seiner Verstimmung über die Leistungen desselben fällt, ist unbillig und des Staatsmannes nicht wurdig.

ains, vielweniger zu beiden werden bewegen lassen, angesehen was e. chf. g. in allen faculteten für ein einfurung machen wolt, so will doch e. chf. g. fundatio vnd brief vnd sigill im weg liegen, domit e. chf. g. der vniuersitet alle dorfer vnd guter nach absterben der thumbhern vnd vicarien folgen zu lassen gewilligt, mit erbgerichten, fronen vnd diensten, aber e. chf. g. die obergericht furbehalten. Solt auch doct. *Jonassen* bemelt dorff erblich zukomen, so musten e. chf. g. der vniuersitet darjegen andere guter, die so viel trugen, zuweisen oder die lection in der heil. schrift lassen erblich abgehen. Des haben sich aber e. chf. g. nechst zu *Weymar*, do mit e. chf. g. ich hieuon geredt, nicht sonders gewiddert, aber doch auch nicht entlich geschlossen, das ime e. chf. g. vber die vorberurten vier jar noch vff ein jar oder zweie ein 60 oder 80 fl. wolten folgen lassen. Vnd ich hielt es dafur, wen e. chf. g. ime noch eine solche vbergnade theten, es muste dannach ein jeder sagen, e. chf. g. hetten vberig genug gethan. Doch also, das er dieselbige zweijerige pension muste von der vniuersitet procuratorn jerlich empfahen vnd die probstei vff die kunftig ostern mit allen zugehorigen nutzungen vnd gutern der vniuersitet abtreten vnd solchs zu thun sich verpflichten. Dan, blieb sie in seiner hand, so kumbt er doch, wan er meint beqwemigkeit zu haben, widder vnd vnderstehet sich solcher suchung weiter. Also wurd man sein loss, dan er ist, wie jderman sagt, der vniuersitet nichts nutz. Solte dan doct. *Buckoffen*, den *Martinus*[1] so sere lobt, fur den vierten legenten in der heil. geschrift anzunehmen sein, oder auch villeicht ein ander, der in der hebraica lingua furtreflich gelart, so kundt man das stipendium von der probstei nutzung vnd gutern nehmen, vnd blieb dannoch soviel vbermass, das doct. *Jonas* der zweijerigen begnadung auch kund fehig sein. Darnach ginge sie der vniuersitet zu guth vor einen vorrath zu haben etc.

Dies hab e. chf. g. ich zu vndertheniger erinnerung anzeigen wollen, dan ich mus bekennen, das mich die vnschamigkeit des manns fast beschwert. So treibt er dergleichen zu *Hall* auch, das ich vormerck, die von *Hall* mochten sein mit der zeith auch gern loß werden. wie ich von *Jacob Wahlen*[2] nechst zu *Torgau* vorstanden, vnd e. chf. g. werden aus hohem vorstand wohl zu erachten wissen, was hierin zu thun oder nit. Dan e. chf. g. meines vormugens in vndertheniglich zu dienen bin ich willig. Dat. *Wittemberg* vff sontagk am tage Margarethe anno etc. xliiij.

E. chf. g.   vnderthaniger gehorsamer
                                       Gregorius Bruck doct.

[1] Orig. Martus.
[2] Assessor d. Schöppenstuhls zu Halle. Vgl. Dreyhaupt II. 453. Kolde, Anal. S. 424.

Archiv zu Weimar Reg. O. pag 151. GGG. Von Förstemann modernisiert abgedruckt in Prov.-Blätter für die Provinz Sachsen 1858 S. 379. 380. Ein Stuck aus dem Original bei Kolde Anal. S. 80.

716 Jonas an Kurfürst Johann Friedrich.   Wittenberg 1541. Juli 15.

Bittet um Erlaubnis, noch einige Jahre oder sein Leben lang in Halle bleiben und dabei das Wittenberger Propsteigehalt gegen Stellung eines Substituten an der Universität fortbeziehen zu dürfen.

Gnad vnd fride Gottes durch Christum vnsern hern. Durchlauchtigester hochgeborner furst, e. chf. g. sind mein vnterthenige, gehorsame, ganz willige dinst zuuoran bereit. Gnedigester churfurst vnd herr, nachdem e. cht. g. vf vntertanig bitt des raths zu *Halle* mir gnediklich erlewbet, des orts das euangelium zu predigen, hat der almechtige sein gnade vorlihen, das disse vorschinen drey jare vile widersacher zu dem heiligen gotlichen wort sich begeben, vnd ist die reyne lere also außgebreitet, daß es durch Gottes gnad nitt allein zu *Halle*, sondern in vmbligenden stedten vnd dorfern vill groß nutzs bracht. Wie dan am tage, wie es nuhmehr (Gott lob) in der kirchen zu *Halle* vnd vfm lande stehet jegen der zeit vor dreien jaren. Jtzo newlich aber, gnedigster herr, so meine erleubte zeit nahe am ende gewesen, haben gemelter rath zu *Halle* an e. chf. g. abermalh vmb erstreckung der zeit vnterthanigst supplicirt vnd durch rev. patris d. doct. *Martini* und d. *Philippi*, doct *Pomerani* vorbitt so vill erlanget, das e. chf. g. das vierde jar, namlich von ostern biß wider vf ostern oder Michaelis (wie ir bestallung lawt) biß wider vf Michaelis gnedigklich mir erlewbet, doch also vnd der gestalt, das ich vom solde der lectur oder probstei zu *Wittenbergk* (welchen e. cht. g. den von *Halle* vnd mir zu gnaden bißhanher haben ganz volgen lassen) ich diss vierde jar tunffzig floren vm ein, der in theologie lesen mocht, solt reichen vnd geben. Nachdem aber dißes vierden vnd vfs new erlewbten jares der rath zu *Halle* abermall wirdt mit mir reden lassen, ob ich von e. chf. g. weiter gnedige erlaubnis erlangen mag, hab ich vntertanigster meynung e. chf. g. von meiner gelegenheit bericht zu tun nicht konnen vnterlassen. Gnedigster churfurst und herr, wo mit meinem predigtampt vnd superattendentz zu *Halle* solt so kortz vorenderung geschehen, worde es der kirchen zu *Halle* vnd auch vmbligenden ecclesiis in kleinen stedten, welche ich hab durch Gottes gnade helfen anrichten, großen schaden vnd nachteil brengen, wie erliche vnd gotforchtige lewt zeugen werden. Zu dem kont den widersachern des evangelii vnd sonderlich des orts geistlichen nicht ein grosser frewde erwachsen, den das sie erfaren solten, das ich wider zoge, da ich herkomen, wie mir der furst, der her coadiutor, bald im anfang vor dreien jaren durch die räthe liess sagen vnd gebieten. Item so vill dorfer vnd stedte sind im ganzen bistumb, ein grossen strich, wilche in kirchen vnd ehesachen zuflucht zu mir haben, do inen kein official helfen will etc., worden sie durch mein vorrucken vill trosts beraubt werden.

So ist es auch war, gnedigster churfurst vnd herr, das ich zu *Halle* nitt so vill anfechtung der gesundeit gehabt als sunst, vnd jtzt das neehst jar nur ein mall calculi beschwerung erlitten, so ich sunst ganzer 19 jar durch, ofte den stein 6, 8 mall in einem jar gehabt. So were es auch, gnedigster herr, mir und meinem kindelein im nachteil vnd schade, so ich in solcher kurzer zeit so offte mit ganzer haushaldung, aller habe vnd haußrath vorrucken solt, musste woll 1½ c floren haben vnd mehr, mich allein zu *Wittenberg* wider einzurichten. Der halben, gnedigster her, nach dem ich den dreien churfürsten, e. chf. g. hern vetter vnd vater hochloblichster gedechtnis nun mit *Halle* in die xxiiij. jare gedienet, meins alders nun in die 53 jar, mit krankheit des steins beladen vnd kleins vermugens byn, mein sohn *Justum* (welcher bey d. *Philippo* wonet vnd woll studiret) fortan in studio zu halden vnd dorzu binnen 2, 3 jaren ein tochter zuuorßorgen, auch mein ander drey klein vnerzogen kinder zuuorsehen [habe]: Ist an e. chf. g. mein ganz vnterthanigk bitt, e. chf. g. wollen auß hoher furstlicher milde mir noch 3 jare oder mein lebelang (wie es e. chf. g. gefellig) zu *Halle* zuuorharren vnd bleiben gnedklich vorgonnen vnd gleichwoll in gnediger betrachtung meyner dinst als einem alden diener den sold der probstei auß gnaden vf etlich jar oder mein leblang volgen lassen, so will ich gehorßamlich die L floren oder LX einem legenten geben vnd e. chf. g. allzeit zu dinst sein dy zeit meins leben, worzu e. chf. g. mich begeren ader fordern. Vnd ob ich mich woll zu *Halle* vfs new vorehlicht, so will ich doch mit weib vnd kind folgen der ort, da es e. kf. g. gefelligk. Vnd stelle in ganzer vnterthenigkeit dißes alles in e. chf. g. gnediges gefallen. Dan nach dem mich Gott auß Doringen von *Erffort* zu e. chf. g. hochlöblichsten vorfaren in diße auch e. chf. g. land geschickt, hoffe ich (wie ich vnterthaniklich erbotg und willig) Gott werde mir geben, als e. chf. g. verwanten vnd dyner mein leben zu beschließen. E. chf. g. bewar, sterke vnd erhalde der her Christus allzeit. Dat. *Wittenberg*, dinstags nach Margareta Anno domini MDXLiiij).

E. chf. g.   vntertheniger williger diener
                                        Justus Jonas, doctor p. W. s. H. e.

Weimarer Archiv Reg. O pag. 151 GGG. abgedruckt in moderner Sprachform von Förstemann in Prov. Blätter für die Prov. Sachsen. 1838. S. 389. 390.

717. Georg v. Anhalt an J. Jonas.   Dessau 1544. Vor dem 25. Juli.
Dankt ihm für den Glückwunsch zur Uebernahme der Verwaltung des Merseb. Bistums. Dort wird A. Musa demnächst im Dom den ersten evangelischen Gottesdienst halten

Gratiam domini nostri Iesu Christi. Qui iam pridem, reverende dn. doctor, paternitatis vestrae expectavi literas, heri tres vestras epistolas accepi, quae mihi fuerunt admodum iucundae, maxime quod tam officiose mihi gratulamini delegatum ministerium administrationis ecclesiasticae in *Mersburgensi* dioecesi. De qua re et ego quam maxime cuperem vobiscum coram conferre, quod commode fieri poterit, si fidem vestram liberantes nos hic inviseritis. Offendetis autem hic nos usque ad diem Iacobi [25. Juli], nisi forte aliud incidat, quod me hinc avocet. Rogo autem, ut vestris precibus et salutaribus consiliis, si quando ea [1] a vobis requiri contigerit, nos nostrasque ecclesias iuvare dignemini. D. licentiatus *Antonius Musa* futura dominica in ipso ecclesia cathedrali *Mersburgensi* iaciet fundamentum piae doctrinae, quod divus Petrus confessus est. Dominus det, ut super ipsum argentum, aurum lapidesque preciosos superstruat, largiaturque incrementum.

Sunt quidam varii rumores de quibusdam motibus, quos Satan excitare conatur, sed procul dubio Dominus compescens fremitum maris ac sonitum fluctuum ejus etc.[2] auctoritate ministri sui Caesaris eos repressurus est. Sed de his certiora ex meis fratribus cognoscam, quorum reditum, si Domino placuerit, ad futuram[3] diem Lunae expecto. Rogo dicatis amico scil. nostro (proprium nomen eius mihi iam non occurrit) licentiato, qui *Schnitzii* consiliarum egit, ut quem ad modum promisit, huc se conferat, quo[4] animos fratrum aliquantulum suis iocis exhilaret, referet ad vos Esocem (?)[5] si fuerit captus. Magister *Georgius*[6] est iam *Witenbergae*, eam non prius relicturus, quam me conferam *Mersburgum*. Opto vos, mi d. doctor, in Christo semper bene valere. Datum quam celerrime nts.
Gregorius
manu propria.

Abschr. in Meiningen. Neudecker Bl.10'2. Förstem., N. Mitteil. III. 3. S. 112. 113.

718. Kurfürst Johann Friedrich an Jonas.   Lochau 1544. Juli.
Gestattet ihm in Halle zu bleiben, wenn er dafür die Propstei der Universität zurückgeben will.

Johans Friderich churfurst etc. Vnßern grus zuuor. Ehrwirdiger vnd hochgelarter, lieber andechtiger. Vns hat der auch erwirdige vnd hochgelerte vnßer lieber andechtiger er *Martin Luther*, der heiligen

---

[1] Neudecker: si qua re.   [2] Neud.: aeque.   [3] Neud.: futurum.   [4] Först. qui.
[5] Vielleicht cervum.   [6] Georg Helt von Forchheim.

schrift doctor, als wir nechst zu *Wittemberg* gewest, euer supplication schrift, so ir an vns gethan, vberantwort, welche wir inhalts geleßen. Und das der almechtig Gott sein gottlich gnad vorliehen, das sich viel widdersacher zu *Hall* zu Gottes wort vnd seinem heiligen euangelio begeben, auch die reine lehr also ausgebreitet, das sie nit allein zu *Hall*, sondern auch in viel vmbliegenden dorffern vnd stedten nutz bracht, solches horen wir gerne, haben auch dem christlichen volck zu *Halle* vnd der vmbliegenden gegend zu guth euch derhalben nuhn ins vierd jar dohin erleubt. Zweifeln auch nit, rath vnd gemeine doselbst zu *Hall* sambt dem volck werden nit anders vormerken mogen, dan das wir sie zue irer wolfart vnd seligkeit gnediglich vnd wol gemeinet haben. Wan sich aber das nechst durch vns erstrackte vierde jar angefangen vnd vmb sei, wirdet sich aus vnsern derwegen gegebenen antworten, auch aus der rechnung, wan vr erstlich jegen *Halle* vf vnser erlaubnuß kommen seyt, wol befinden. So wißen wir vns auch zu erinnern, das wir euch in vnserm schreiben, so wir in vergangenen wochen (?) an vorgedachten doctor *Martinum Luther* vnd magister *Philipsen* euretshalben gethan, endtlich erlaubt, in *Halle*, wo es euch gelegen, zu pleiben vnd die probstey lauths vnser fundation vnd gegebenen brief vnd sigil der vniersitet zustellen zulegen, den vierten legenten in der heiligen schrifft douon zubesolden, derpey wir es auch nochmals pleiben laßen . . . .

Datum *Lochau* . . . .

Sehr unleserliches Concept. Weimar Reg. O. pag. 151 GGG.

719. Jonas an Kurf. Johann Friedrich. Halle 1544. Aug. 11.

Er will bis Michaelis nähere Erklärung abgeben, ob und mit welchen Wünschen er in Halle bleiben will. Von seinen Uebersetzungsarbeiten.

Gnad vnd friede Gottes in Christo. Durchlauchtigister, hochgeborner furst. E. chf. g. sind meine gantz vntertanige, gehorsamen, willige dinst zuuoran bereit. Gnedigester churfurst vnd herr. E. chf. g. gnedige schrift, dorinne vf mein vntertenige supplication durch den doctor *Martinum* patrem reverendum nehst vberantwort mir e. ch. g. gnedicklich antwort geben, hab ich in vntertanickeit vnd mit geburlig ehrerbietung empfangen vnd verlesen. Vnd nach dem mir e. ch. g. der selbigen meiner sachen halben gnedicklich zeit geben biß vf Martini, entlich e. ch. g. mein gemuet vntertanigklich zuschreiben, will ich mich des also halden gehorsamlich vnd vber bemelt zeit mit meiner antwort nit vorzug machen. Hoffe auch mich mittler zeit zu e. ch. g. selb ader zu dem hern doctor *Brucken* zuuorfugen vnd von aller gelegenheit weiter in vntertanickeit bericht zutun, auch iegen die vorigen vnd itzt newlich beschehen begnadung in aller vntertanickeit dangsagung zu tun. Will auch nichts one vorwissen e. ch. g. in obgemelten meinen sachen schließen, ob ich woll hir mit predigen vnd teglichen kirchen sachen beladen, hab ich doch hir auch schuel arbeit nit gantz vnterlassen, das nutzlich buch d. doct. *Martini* wider die Juden latine vertirt, welches im fromden nation Gott lob frucht bringt, wie mir gelerte geschriben. So hab ich auch die außlegung d. *Philippi* vber Danielem vordeutschet, wirdt auch zu *Wittenberg* gedruckt werden vnd will e. ch. g. den zuschicken.[1] Vnd was ich der loblichen vniuersitet, gemeinen religion sachen die zeit meins lebens dienen kan, will ich allzeit gevlissen sein. E. ch. g. allzeit mein pflichtige, vntertanige, gantz willige vnd gehorsame dinste zuertzeigen erkenne ich mich schuldig vnd bin des in vntertanikeit allzeit willig. Datum montag nach Laurenti a. dni 1544.

E. ch. g. vntertaniger williger diener
Justus Jonas doctor etc.

Dem Durchlauchtigesten etc.
Weimar Reg. O. p. 151 GGG.

720. Jonas an Fürst Georg. Halle 1544. Aug. 28.

Wünscht ihm Glück zum Anzug in Merseburg und empfiehlt ihm den Prediger Joh. Weiss oder Albinus für eine Merseburger Landpfarre.

— Si R. D. V. et Cel. contulit se *Mersborgum*, gratulor R. D. V. felicem ingressum et orationibus nostris ac totius ecclesiae diligenter negocia τῆς ἐπισκοπῆς Mersb. commendabimus Deo, ut det ibi dignum hospicium evangelio sancto Dei, praesertim in his varie asperis et difficilibus temporibus. Rev. domine ac illuss. princeps, domine clem., hic *Iohannes Weis*[2] *Dessae* a V. R. D. impetravit clementem promissionem, rogo ergo, cum in episcopatu multae sint ecclesiae bene dotatae ruri, quibus praesunt indocti et papistici pastores, illuss D. et R. D. V. dignetur huius *Albini* clementer habere rationem. Conflictatur bonus vir durissima egestate cum uxore et liberis suis. Pauci praefecti principum favent ministris aut iuvant eos etiam iussi. Vertant ergo clementes oculos ad inopes et pauperes ipsi domini, ipsi ἄρχοντες, sicut filius Dei gravi contione commendat eos maxime curae et sollicitudini τῶν κρατούντων: (Qui porrexerit calicem aquae frigidae etc. Cetera apud R. D. V. per occasionem coram. Datae *Halae* 5ta post Bartholomei anno dni MDXLIIII.

R. D. et ill. Cel. addictiss. *I. Jonas* p. W.
s. *Hall.* ecclesiae.

Archiv zu Zerbst.

[1] Erschien erst 1546. Vgl Corp. Ref. XIII, 893. [2] Vgl. oben S. 121.

721. Melanchthon an Jonas. Wittenberg 1544. Ende August?
> Klagt über das Steinleiden, von dem er jetzt auch befallen sei und das ihn an die gleichen Leiden des Freundes erinnert; noch schwerer aber bedrücken ihn Sorgen betreffs der Differenzen inbezug auf die Abendmahlslehre.

Corp. Ref. V. 475. 476.

722. Jonas an Fürst Georg. Halle 1544. Sept. 7.
> Bittet um ein Empfehlungsschreiben für den Bruder des Hieron. Weller. Er hat mit der Hallenser Gemeinde den Amtsantritt des Fürsten in Merseburg durch öffentl. Gebet gefeiert.

— Hic qui meas has reddit, frater est domini *Hieronymi Weller*, verae theolog. doctoris, musicus peritus, qui a V. R. D. et Cel. petit commendaticias nomine fratris ad senatum et ecclesiam *Freibergen.*, quas rogo R. D. V. dignetur ei dare et alias clementi voluntate audire eum latius de fratre *Wellero* exponentem.

Ingressus V. Cel.^{inis} et illuss. D. precor ad τὴν ἐπισκοπὴν *Mersborg.* totamque hanc gubernationem ecclesiasticam sit duce authore Christo filio altissimi faustus, felix, fructifer, καρποφορούμενος benedictione evangelii Christi. Hoc hodie nominatim in ecclesia *Hallensi* (ut *Weller* audivit) oratione totius coetus obsecravimus et oravimus. Literas clementes V. D. et ill. Cel. (ut *Michael Gut* dixit) expecto ego et interim V. R. D. et illuss. nostris et nostrae ecclesiae orationibus erit commendatissima. Χριστὸς υἱὸς τοῦ θεοῦ V. R. D. ecclesiae Dei conservet quam diutissime incolumem. Datae raptim *Halae*, dominica post Aegidii anno dni MDXL4.

R. D. ill. Cel.

V. deditiss.   *I. Ionas s. Hall.*
                 p. *W.* etc.

In der Aufschrift: — ἐπισκόπῳ *Mersborg.*, domino pontifici et patrono colendo suo. — Archiv zu Zerbst.

723. Jonas an Fürst Georg. Halle 1544. Sept. 12.
> Bittet den Fürsten um Schlichtung eines Ehestreites, in den ein Landgeistlicher seiner Jurisdiktion durch Leichtsinn verwickelt worden ist.

— Hic *Hans Moller* auriga, civis *Hallensis*, V. R. D. et ill. Cel. offeret libellum accusatorium contra quendam *Iohannem Reintzsch* pastorem in *Delnitz* pago sito sub ditione et episcopatu *Mersborgen*[1]. Ego hic

---

[1] Vrgl. die Notiz im Wittenberger Ordinanden-Register v. 1543: „Feria quarta decollationis S. Ioannis [29. August]. Per d. d. Pomeranum: Ieronimus Reintzsch von Halle, burger vnd tuchscherer doselbst, beruffen gein Delenitz bey Halle zum pfarrambt." Ueber die durch die Verhältnisse erforderlich gewordene Berufung zahlreicher Handwerker zum evangelischen Pfarramt vgl. die interessante Statistik in

ut superattendens et reliqui duo pastores S. Ulrichi et S. Mauritii optaremus quidem consultum utrique parti quam commodissime, sed nos hic vocati sumus ad contionandum inermes quoad cetera iurisdictionis, et *Ioh. Reinitsch* involvit se difficili negocio excitavitque non mediocre scandalum. Olim *Reiniczsch* non ita ante multos menses laicus fuit, artificii tondendi panni, contulit se ad ministerium verbi et *Vittebergae* ordinatus est, cum domini miserti inopis uxoris, τῶν τέκνων aliquid condonassent eius imbecillitati. Uxore prima mortua cum iam factus esse viduus, promisit coniugium verbis obligatoriis data arra puellae cuidam in *Diescke* addito symposio, quod vocant lobebier[1]. Deinde homo parum considerans magnitudinem sui periculi aut scandali ex fatuitate aut incogitantia illectus nescio quomodo, promittit coniugium etiam secundae filiae huius *Hans Moller*, atque ita implicaturus esset se minister verbi ingenti scandalo. Cum ergo praesit rurali ecclesiae *Delnitz* in diocesi *Mersborgen.*, ego hic inermis quoad iurisdictionem et coercionem, mittendum duxi ad ill. Cel. et R. D. et rogamus, ut R. D. V. (si ibi consistorium est constitutum) clementer curet citari *Ioann. Renitsch*, audiri utranque partem et ferri in hoc negocio matrimoniali sententiam, ut altera ex puellis liberetur et vitari possit scandalosa in ministro evangelii διχμία. Est iam in multis locis ἀναρχία et adversarii odio *Luth.* doctrinae gaudent omnia in dubio pendere, abutuntur licentia temporum quidam homines leves aut etiam imprudentes (ut ille *Renitzsch*), postea his moribus deformatur ecclesia. Rogo V. R. D. committat ita cognosci et per sententiam definiri hoc negocium, ne scandali deformitas haereat in nomine et ministerio τοῦ εὐαγγελίου. — E. f. g. wolle guedicklich vorschaffen, das dy sache legittima cognitione zum ende kome, dan sie brenget gros ergernis. Data 6ta post Natal. Mariae anno dni MDXLiiii.

           R. D. V. et ill. Cel.   addictiss.
                                          I. Ionas doctor p. W.
Archiv zu Zerbst.   superatt. *Hallen.* eccl.

724. Jonas an Fürst Georg.   Halle 1544. Sept. 12.

Abermals Empfehlung des Pred. Joh. Weiss. Siehe oben S. 121 u. 128.

— Huic *Ioh. Albino* C. V. ad meas preces *Dessae* promisit clementer se eius habiturum rationem in dictione *Mersborgen.* Cum ergo iam

---

der trefflichen Schrift von G. Rietschel, Luther und die Ordination. Wittenberg 1883. S. 84 fl. Dem Verfasser dieser Schrift verdanke ich vorstehende Notiz aus dem Ordinandenregister.

[1] Vergl. über diesen Brauch die Nachweisungen bei E. Friedberg, das Recht der Eheschliessung. Leipzig 1865. S. 284.

tenuem habeat conditionem et egeat cum uxore et parvis liberis, rogo V. R. D. et ill. Cel. dignetur afflicto et pauperi esse adiumento, ut nanciscatur parochiam meliorem. Non dubito multos esse indoctos et papistas inventos, quibus ille bonus vir posset surrogari. Paulus inquit ad Galatos secundo ipsum verbi ministerium esse cultum Dei gratum Deo, si adiuvemus pauperes eorumque memores simus. Brevi spero V. R. D. loquar coram. Datae raptim *Halae* 6ta post Natalis Mariae anno dni MDXLiiij.

Quod ad linguae attinet difficultatem, pro contione expedite loquitur et tradit doctrinam pure.

V. R. D. addictiss. *I. Ionas* doctor p. W.
        superatt. *Hallen.*

Archiv zu Zerbst.

725. Jonas an Fürst Georg. Halle 1544. Sept. 24.

Man redet vom Frieden zwischen dem Kaiser und König Franz. Er sendet dem Fürsten ein Exemplar von Bugenhagens Psalterübersetzung;. wünscht Glück zum Beginn der Merseb. Visitation. Verschiedene Anliegen.

— Hic rumores sunt sed incertis auctoribus, inter Caesarem et regem Galliae nunc agi de armis deponendis utrinque et concilianda pace[1]. Regina Galliae dicitur cum aliquot proceribus aulicis missa in legatione, ut obiiciat se ad pedes Caesaris et petat pacem, sed de his R. D. et Cel. (si quid est) habet indubie certiora quam nos.

Mittit m. *Matthias*[2], qui nuper mecum fuit *Mersb.*!, V. Cel. et R. D. psalterium d. *Pomerani*, quae translatio adhibito germanico *Lutheri*, consultis etiam hebraeis fontibus accurate elaborata est et non longe discedens ab heb. veritate, singulari perspicuitate est commendabilis. V. R. D. boni consulat exiguum quidem specie, sed sanctum et preciosum reipsa munus. His periculis et difficultatibus temporum imitamur Davidem, qui in maximis ecclesiae et aulae ac regni negociis auxilium [et] defensionem petit a Deo Vana inquit salus hominis, tu domine inquit salus mea, arx mea, scutum etc.[3] Visitationem in ecclesia et ditione *Mersb.* orationibus diligenter commendabimus Deo patri coelesti. In negocio *Reinitzsch*[4] audimus puellam actricem non adeo habere bonam causam. Latius sciscitabimur. Rogo R. D. V. dignetur memor esse *Ioannis* ministri mei, pro quo rogavi, et clemens dare responsum;

---

[1] 18. Sept. 1544 Friede zu Crespy.
[2] Matthias Wanckel vergl. Dreyhaupt II. 745.
[3] Ps. 60, 13. 27, 1.
[4] Siehe oben S. 129 flg.

quod etiam atque etiam peto, cupio eum enim adiutum. — Datae Halae 4ᵗᵃ post Matthaei anno dni M. D. XLIIII.
V. R. D. et Cel.   addictiss.   *I. Ionas* p. *W.*
                                         Superatt. *Hall.* eccl.
Archiv zu Zerbst [1].

726. Melanchthon an Jonas.   Wittenberg 1544. Sept. 27.

Ueber den Frieden mit Frankreich; Besuch eines Ungarn in Wittenberg: Luther veröffentlicht eine neue Schrift gegen die Züricher; daher möchte M. am liebsten Wittenberg verlassen, um Streit zu vermeiden. Günstiges Zeugnis über den Sohn des Jonas.

Corp. Ref. V. 484.

727. Jonas an Fürst Georg.   Halle 1544. Oct. 22.

Empfehlungsschreiben für einen Geistlichen, der einer besser dotirten Stelle bedarf, zudem noch durch Einbruch in seine Wohnung grossen Schaden erlitten hat.

— Invitus onero V. R. D. meis literis, sed cum pauperes et afflicti a nobis obnixe et suppliciter petunt commendationes, non possumus eis denegare nostram operam. Hic *Gregorius Grunholtz* notus est duo *Ernesto Brotuf*, qui novit eum amantem esse purae et sanioris doctrinae et inculpatae vitae. Admodum tenuem nunc tenet parochiam et premitur non mediocri inopia, rogo ergo V. R. D. dignetur clementer eius habere rationem, ut conditionem meliorem possit nancisci. Dnus licentiatus *Antonius Musa* est vetus mihi amicus, quem amo ex animo, sed paulo severior est erga eiuscemodi egenos pastores, quod in aurem V. R. D. dictum volo. Quicquid hoc est in viro vehementiae, quaeso genuina et generosa V. R. D. ἐπιεικία καὶ φιλανθρωπία condiat et mitiget. Praeterea bonus vir hic *Gregorius* pastor *Luchaw* abhinc tertia nocte, opinor fure noctu obrepente in domum, amisit vestes suas omnes, uxoris, liberorum, ut latius non sine lachrymis conquereretur coram R. D. V. Pauper est, non habet sumptus instituendae actionis aut movendae litis contra furem. Quem tamen indicare potest. Utinam politicus et secularis magistratus hic subveniat inopi et ex officio iudicis nobili

---

[1] Auf den in diesem Briefe genannten Reinitzsch bezieht sich auch noch ein im Archiv befindlicher Zettel, Anlage zu einem Briefe des Jonas an Fürst Georg, welcher folgendermassen lautet: „Auch gnediger f. v. h. hatt mich der camerschreiber *Michael Gut* gebeten des *Reynisch* halben seines schwagers, e. f. g. wollen ime gnedicklich foderung zu der pfarre *Libenaw* tun, wie er gnedige vortrostung etwa entpfangen. F. f. g. wolle den armen man vf dise vntertanige vorbitt in gnedigem befelh haben. Ich hore, er leide armut etc. vnd heldet sich itzo wol im ehestande, wie er zugesaget." Unter den Briefen des Jahres 1545.

auxilium ferat misero. Ad superiores literas meas de famulo *Iohanne* V. R. D. clemens et benignum expecto responsum. — Datae *Halae* 4ta post Galli anno dni MDXLIIII.

V. R. D. et Cel. addictiss. *I. Ionas* d. p. W.
Archiv zu Zerbst.   superatt. *Hall. eccl.*

728. Jonas an Fürst Georg. Halle 1544. Oct. 28.

Erneutes Bittschreiben für Joh. Weiss wie für seinen Famulus.

— *Iohannes Albinus*[1], cui R. D. V. et Cel. clementer admodum ut inopi fecit promissionem, dixit mihi hactenus sibi non inventum commodum locum, se vero adhuc erectum esse a R. D. V. et Cel. V. in certam spem nanciscendi conditionem, simulatque visitatio in praefectura *Lutzel* coepta fuerit. Cum ergo dura prematur inopia, iam sub hiemis initia algens et esuriens cum uxore et 4 parvis liberis, rogo V. R. D. dignetur eius clementer habere rationem. Eo nunc brevior sum, ne V. R. D. molestus sim, quam alias novi propensissimam esse ad adiuvandos pauperes. Quod ad vocem attinet, pro contione loquitur, ut intelligi possit, nam audivi eum. De famulo *Iohanne* a R. D. V. clemens expecto responsum, nam ideo mihi inservivit, ut promoverem eum in aliquam aulam. Iam Deo dante proficiscar *Vittenbergam* in negociis. Cum rediero, si quid intellexero novitatum, V. R. D. et Cel. reverenter et libens communicabo. Datae *Halae* 3a post Simonis Iudae[2] anno dni MDXLIIII.

R. D. V. et Cel. deditiss. *I. Ionas* p. W.
                  s. *Hall. eccl.*
Archiv zu Zerbst.

729. Anton Musa an Jonas. Merseburg, 1544. Nov. 2.

Sendet für die Tochter des Jonas Arzneien, die ihm ein Leipziger Arzt gegeben hat.

S. in Christo. Consului per literas d. doctorem *Sebastianum Fotum*(?) *Lypsiae* singulari benevolentia mihi coniunctum, ornatiss. d. doctor: is in fine suarum literarum de filiae vestrae morbo etiam respondit, ideo legendas vobis ipsas mitto, obsecro remittite, nam mearum quoque natu maxima difficillime laborat, et gubernatur eius valetudo ad harum literarum praescriptum. Mitto etiam quae ille filiae vestrae dedit

---

[1] Weiss. Siehe oben S. 130.
[2] Simonis et Judae war 1544 ein Dienstag, und Jonas muss wohl diesen Tag meinen, denn die nächstfolgende feria 3. (3. Nov.) hätte er sicher nach Omn. Sanct. oder Omn. Animarum bezeichnet.

pharmaca, constant vij gr. Hesterno die misissem medicinas, si nuncii in nostra civitate non essent tam difficiles, mirum quam rari et illi rari quam insatiabiles sunt, quam aegre extorquetur servitus illorum! Valete, τάχιστα. *Mersburgii* postridie omnium divorum mane ad lucernam. 44. *Antonius Musa* I.

Iustus meus princeps nec adeo alter ille Saxonicus (?)[1] huc redierunt. Omnia quae ad religionem pertinent, fluctuant[2] spem inter metumque, sed tale solet Christi regnum esse, contra spem in spem etc. Ego hic solus luctor cum bestiis etc.

Original in Meiningen.

730. Kilian Goldstein an Gregor Brück.   Halle 1544. Nov. 5.

Teilt mit, dass der Rat von Halle Jonas zum Superintendenten erwählt habe und thut Fürsprache, ihm trotzdem sein Propsteigehalt ferner zu belassen.

Mein willig dinst zuuor. Achtbar vnd hochgelarter, besonder gunstiger her vnd furderer. Wil e. a. nicht bergen, das ein erbar rath mit dem hern doctori *Iusto Ionae*, meinem freuntlichen lieben geuatter, vorschieren montags handlung vorgenomen vnd denselben ad episcopum *Hallensem* perpetuirt. Vnd weyl dan gedachter her doctor mich gebeten, ime bey e. a. furderlich zu sein, das e. a. seine sachen mit der prorogation des einkomens der probstey zum besten wolt richten helfen, in betracht, das er nichts destoweniger m. gn. h. dem churf. zu Sachsen etc. in solcher perpetuirter bestallung allhier dinstlichen vnd zugebrauchen sein möcht, vnd ichs auch vor mein person darfur achte, das solchs wol ein meynung, so hab ich nicht zuunderlassen gewust, gedachtem hern doctori in deme gutwilligk zu wilfaren, vnd e. a. mit dieser meiner schrifft zu molestirn, vngezweiffelt, e. a. werde distalls die gelegenheit vnd was berurten hern doctori vnd vns allen zum besten gereichen magk, zubedenken wissen. Aber eins raths artikel betreffend werden e. a. derselben nach ewer gelegenheit eingedenck sein vnd mich daruff beantworten. Vnd e. a. meins vermogens zudienen, bin ich allezeyt willigk. Datum *Hall* mitwochs nach omnium sanctorum Ao etc. xliiij   *Chilian Goldtstein*
                                                                                   doctor.

Dem achtharn vnd hochgelarten hern *Gregorien Bruck* der rechten doctori vnd churf. durchlauchtigkeit zu Sachsen etc geheymten rath, meinem besondern gunstigen hern vnd furderer.

Weimar Reg. O. pag. 151. GGG.

[1] Er meint wohl den Fürsten Georg und den Administrator Herzog August.
[2] Unleserliches Wort.

731. Gregor Brück an den Kurf. Joh. Friedrich.
Wittenberg 1544. Nov. 7.

Jonas ist bei ihm gewesen und hat nunmehr auf die Propstei Verzicht geleistet, bittet nur noch um ein Gehalt von 100 Fl. auf 8 Jahre. Um der Beziehungen des Kurfürsten zu Halle willen ist es gut, dass einer seiner Unterthanen dort das Predigtamt verwaltet. Diese Geldforderung ist jedoch zu hoch. — Herzog Moritz hat Absichten auf Wurzen.

— Wie ich die negste schriefte an e. chf. g. vorfertigt, ist doctor *Ionas* zu mir khomen vnd hat mir angezeigt, das er kegen *Torgau* wolte, vnd e. c. f. g. ansuchen eben der sachen halben, daruon ich e. ch. f. g. in vorberurten brieffen vnterthenige uormeldung gethan. Aber er ist von dem, das er die probstey lenger behalten solt, abgestanden. Vnd stehet sein bith hierauf, das ihm die 100 gulden, so vff zwey jar von e. ch. f. g. ime gnediglich volgen zulassen gewilligt, mochten vff acht jar volgen zulassen von e. ch. gn. gnediglich gewilligt werden. Derhalben ich fro bin, das er die probstey abtreten will, damit sy aus seiner handt khomen, aus allerley vrsachen. Nhun will in e. chf. g. gefallen stehen, ob im e. ch. g. nach ein jar zwey ader drey wollen zulegen vber die ersten zwey jar, also das er e. chf. g. auch der vniuersitet vorwanter sey vnd bis an sein absterben e. chf. g. diener pleybe vnd nutzliche vnd guethe bucher doctoris *Martini* je zu zeiten aus dem deutzschen inne latein bringe, do dieselben deutzsch geschrieben, vnd das er die ingleichnuss zu deutzsch mache, das er dann beides vor andern woll kann. So vermercke ich auch woll, das im viel doran gelegen, so er des orts sein soll, das er e. chf. g. diener sey, hinwieder ist er e. chf. g. zw *Halle* auch bas dann zu *Wittemberg* zuwissen. Dan solte etwo einer dohin khomen, der das hertze neigete zw einem andern hern, so wer es nit gut. So stehet es auch in Gottes hand, dieweil er den stein oft hart hat, wie lange er leben muge. Er hat mir ein schrieft doctoris *Kiliani* vberanthworten lassen, als er von mir gangen gewest, welche e. chf. g. ich inligend vbersende. Daraus vermercke ich, das er mit dem rath zw *Hall* einig worden, sein lebenlang bey im zupleiben, welchs guth ist. Aber er hadt mir gesagt, er habe solche handellung nit anders gewilligt, dann vf e. ch. g. bewilligung, daran aber nit gross gelegen. In summa ist mein vntherthenigs bedencken, das die probstey aus seiner hand bracht wurde, andere prakticken zunorkhomen Ich vermercke, er hatte gar (?) gern hundert gulden jerlich vf acht jar, welchs beschwerlich were. Vnd hab solchs e. chf. g. vntherthenigklich nit wollen vnangezeigt lassen, dann e. chf. g. vnthertheniglich zudienen bin ich gantz willig.

Datum freytags nach omnium sanctorum Anno etc. xliiij.

Anlage. E. ch. gn. werden aus doctor *Kilians* schreiben am end vornehmen, das er erinnerung thut der artickel halben, dauon er mir negst zum *Heinichen*[1] aus beuelh des raths zw *Halle* antzeigung gethan, Nun hett ich e. ch. g. gern ehr dauon geschrieben, so seind sie doch der gelegenheit eins theils, das die notturft sein wil mit e. ch. g. selbst dauon zureden vnd mith e. ch. g. zuberadschlagen. So konnen sie auch wol verzugk haben bis das ich zum neher mal kegen *Torgau* khome.

[2]Gnediger her, meyn diener hat mir nechten spat gesagt, wie das im [ein] burger zu *Wittebergk* angetzeigt, wilcher neulich von *Pirn* komen, man ließe sich doselbst, auch zu *Dresden* vornhemen, hertzog *Moritz* wolt *Wortzen* bald wider einnhemen. Nhu halt ichs for rhede, were es aber, ßo muste jener marschalk zu *Fulda* recht gesagt haben, wenn er herwiderkeeme, ßo solt er den stifft zu *Meissen* mith hinweg heben. Denn der bischoff muss on vrsach nit so brusten wider den vortrag. Das hab als der sorgfeltige e. ch. g. ich nit vnangezeigt lassen mugen. Datum uts.

Zettel: Wann im e. ch. g. die hundert gulden willigen vf vier jar, so were es dannoch auch eine weythere bewilligung. Willigen es e. ch. g weitter, so ists nach nichts. Doch vff e. ch. g. gefallen. Datum uts.[3]

Dabei ein Zettel, der ein Stück aus einem Schreiben des *Jonas* an *Brück* enthält: „Die clausel, gunstiger her, wird e. a. gedencken, das ich mich erbithe m. g. hern vorwant diner zu sein (vnd) bleiben die zeit meins lebens vf derselbigen jar begnudigung, wie e. a. weis."

Weimar Reg. O. pag. 151 GGG.

732. Kurfürst Joh. Friedrich an Jonas. Lochau 1544. Nov. 12.

Der Kurfürst bewilligt ihm auf Lebenszeit jährlich 100 Gld.; weist aber seine weiteren Bitten sehr bestimmt zurück, untersagt ihm weiteres Petitioniren und entlässt ihn zu seinem Amte nach Halle.

Vnsern gruß zuuor. Erwirdiger vnd hochgelarter, lieber andechtiger. Wir haben auf euer vielfeltig ansuchen vnd bitten dem hochgelarthen vnsern rath vnd lieben getreuen *Gregorien Brucken* doctor beuohlen, euch anzuzeigen, was wir auf solch euer bith guediglich gewilligt, das ir dann vnsers erachtens soltet zufriden vnd danckbar gewesen seyn. Weyl ir euch aber selbst gegen *Torgau* begeben vnd eyn vorschrift von dem erwirdigen vnd hochgelarthen, vnsern auch lieben andechtigen

---

[1] Gräfenhainichen.   [2] Von hier ab eigenhändig.
[3] Ueber die Anwesenheit des Jonas in Wittenberg in jenen Tagen und seinen Verzicht auf seine Stellung an der Universität vrgl. Melanchthons Schreiben vom 10. Nov. 1544. Corp. Ref. V. 524; desgl. Luthers Schreiben an den Kurfürsten vom 8. Nov. de Wette V. 691.

733. Kurfürst Johann Friedrich an Jonas.

ern doctor *Martin Luther* vberantworthen lassen[1], dorauß wir dan vornehmen, daß sich euer suchung etwas weyter erstreckt, dan wir zuuor gewilliget vnd doctor *Brucken* euch anzuzeigen beuelh gegeben, vnd wiewol ir euch zuerinnern der begnadung, die wir euch vorhin gethan, vnd darzu das gantze eynkohmen der probstey, weyl ir zu *Halh* gewest, haben folgen lassen, damit ir aber hieruber vnsern gnediglichen willen kegen euch ferner vormercken möchtet, alß haben wir euch durch vnsern camerer vnd doctor *Teytleben* solch vnser gnedig gemut vnd begnade lassen vormelden, nemlich daß wir gewilligt, dass euch von vnser vniuersitet *Wittenberg* jerlich die zeit euers lebens hundert gulden muntz sollen geraicht vnd gegeben werden auf die fristen, wie solche vnser begnadungs verschreybung vnder andern vermag. Dorgegen ir auch vnser vniuersitet die vorige ewr der propstey habende verschreybung, register vnd vrkund werdet zustellen vnd der probstey abtreten.

Nachdem ir vnß aber vber das durch gemelte vnsere rethe vnderthenigst habet anlangen vnd lassen bitten, daß wir die funffzig gulden, welche ir auff den vergangenen Michaelis soltet vnser vniuersitet erlegen, vnd dann euch die zeyt euers lebenß der zinß von dem erbgut zu *Lutzsch* erlassen wölten, hierauff wollen wir euch nicht verhalten, das ir selbst zubedencken, daß eyn kunfftiger lector vmbsonst, biß wieder die zinß fellig werden, nicht lesen wirdet. Die befreyung wißen wir euch auß bewegenden vrsachen nicht nachzugeben. Dann dadurch wurde das eynkohmen der probstey geschmelert. Das alles ir nit vngnedig vormercken, sonder viel mehr vnsern geneigten willen auß vnser begnadung, die wir euch weyter, dann ir gebethen, gethan gnediglich, vorstehen vnd achtens auch von vnnöthen, das ir lenger vns anzusprechen vorzyhet oder widder gegen *Torgau* komt, sondern begeren gnediglich, ir wöllet euch nach euer furderlich gelegenheyt widerumb gegen *Hal* begeben vnd euer beuohlen sehlsorge mit trewem vleiß abwarthen, wie wir dann des keynen zweiffel tragen, denn es kan sich noch gelegenheit zutragen, das ir vns zu eyner andern zeyt wol aussprechen könnet. Doran thut ir vnß zugefallen, vnd wir woltens euch, deme wir mit gnaden geneigt seyn, nicht verhalten.

Datum *Lochau* mitwoch nach Martinj anno domini etc. xliiij.

An doctor *Justum Jonasen*.

Weimar Reg. O. pag. 151. GGG. Vergl. Sächs. Prov.-Blätter 1838. S. 393, Francke S. 281, wo jedoch das Datum falsch ist.

---

[1] de Wette V. 691. 695.

733. Kurf. Joh. Friedr. an Gr. Brück. Lochau 1544. Nov. 13

Benachrichtigt den Kanzler von seiner Verfügung an Jonas. Er soll mit Luther und Mel. in Beratung über Neubesetzung der Professur treten; falls Major dafür tauglich ist, soll diesem die Schlossprodigerstelle abgenommen werden.

— Wir wissen euch nicht zubergen, daß doctor *Jonas* nach dem schreiben, so wir auf seyn suchen an euch gethan vnd zugeschickt, selbst gegen *Torgau* kohmen, sich angeben vnd vnß ein vorschrift von dem erwirdigen vnd hochgelarten vnsern lieben andechtigen ern *Martin Luther* doctor vberantworten lassen, darinner er hundert vnd virzig gulden ime aut neun jar zuuorschreyben durch gemelten doctor auf seyn angeben vorbethen worden. Vnd wiewol wir allerley bedencken gehabt, in deme etwas mehr zuwilligen, dann wir euch zugeschrieben, weyl wir aber vormarckt, daß bei dem mann keyn aufhören sein wil, immer vnd mehr zusuchen vnd anzuhalten, vnd wir cynsmhalß des anlauffens genzlich abkohmen möchten, so haben wir gewilliget, daß gedachtem *Jonas* hundert gulden muntz von vnser vniuersitet procurator zu *Wittenberg* jerlich vff seyn lebenlang sollen gereicht vnd gegeben werden, dorgegen er die probstey der vniuersitet genzlichen abtreten vnd die brief, register, vrkund vnd andere gerechtigkeyt gemelter probstey der vniuersitet eynantworten solle, wie wir dann der vniuersitet hiebey thun schreyben vnd solchs beuehlen, auch des probsts verschreybung zuschicken. Vnd wiewol genanter *Jonas* nicht vnterlassen vber das auch bey vns zusuchen, daß wir ime die funfzig gulden, so er von der probstey eynkomen nechstvergangenen Michaelis vnser vniuersitet geben sollen, erlassen, ime auch sein guth zu *Eutzsch* vff sein lebenlang von zinßen vnd andern burden betreyen wölten, so haben wir ime doch solchs beydes abgeschlagen vnd nichts weyterß, dann die hundert gulden wie obgemelt, gewilligt. Demnach begeren wir gnediglich, ir wollet dem rector vnd andern vnser vniuersitet beygebundenen brief zustellen, mit vormeldung, das sie darkegen von doctor *Jonas* der probstey briefe, register, vrkund vnd andere gerechtikeyd entpfahen, auch vor euch selbst doran seyn, daß die vberantwortung derselbigen dermaßen ergehe vnd gesche. Weyl dan nu die lection des *Jonas* widderumb muß bestelt werden, so wollet auch mit doctor *Martin Luther* vnd magister *Philippo Melanthon* dauon reden, das die lection mit eynem gelerten vnd tuglichen man widerumb vorsehen werde, welcher in der vniuersitet mit nücz lesen möge. Vnd do *Jorg Maior* dorzu angegeben vnd vorgeschlagen wurde, so lissen wir vns dasselbige nicht vbel gefallen. Dieweyl er aber bereyt an des consistoriumbs halben besoldet, auch sonst mit einem lehen zu *Aldenburg* begnadet, zu deme auch von der schloßpredigt besoldung hat, dass er also, wo im diese lection mit derselben einkohmen solte gelassen werden, drey oder vier ampt haben würde, do er doch vnsers erachtens mit eynem gnug, wo er dasselbig rechtschaffen, wie sich geburet, außrichten wolte, zuthun hette, so bedechten wir, wo genanten *Jorgen Maior* berurte lection solte zukohmen, daß eyn ander geschickter gelerter man an seyn stadt zu eynem prediger vff vnserm schloß verordnet vnd demselbigen die geburliche besoldung, wie sie *Jory Maior* gehabt, gereicht wurde. Dorumb wöllet solchs neben gedachten doctor *Martin* vnd magister *Philippen* erwegen vnd bedencken, vns auch wie ir die ding für gut ansehen werdet, berichten, wöllen wir vns alßdann mit eurem rath ferner hierauf zuuernehmen lassen vnd zuschlissen wissen. Das wolten wir euch nicht verhalten vnd seyndt euch mit gnaden vnd allem guten geneigt. Datum *Lochau* donnerstags nach Martinj Anno dni etc. xliiij.

An doctor *Brucken*.

Weimar Reg. O. 159. GGG. — Schreiben an die Universität von gleichem Datum liegt bei.

734. Gregor Brück an Hans v. Ponigkau. Wittenberg 1544. Nov. 14.

Bittet, falls Jonas wieder mit neuen Bitten wegen Befreiung von dem Zins auf seinem Gute in Eutzsch nach Torgau kommen sollte, ihn abzuweisen.

Mein willig dinst zuuor. Ernvhester gestrenger gunstiger lieber her chamerer. Doctor *Jonas* mein genatter ist gestern zu mir komen, hat mich bericht, das ir vnd doctor *Teutleben* ime gnedige antwort gegeben, hundert fl. von der probstey, wiewol als aus der chammer zuhaben. Welchs ich gern gehort. Dan mein gnedigster herr hat mir geschrieben, wie vnd worauf ich mit im reden vnd handlen solt vnd das s. churf. g. entlich daruff beruhete wie inliegende zettel vormagk. Dieweil er aber berurten bescheidt erlangt hatte, so hab ich von vnnothen geacht, doruber mit ime zureden oder zuhandlen. Dieweil er aber gern widerumb gen *Torgau* gewolt, welchs ich gern abgewendet, so hab ich ime gleichwol heut frue von meines gnedigsten hern befehl antzeig thun wollen, domit mein gnedigster herr nicht gedecht, ich hett darauf nit mit ime reden noch handlen wollen. Aber dieweil er der hundert gulden nuhn bescheidt erlangt, so bitt ich, ir wollet helffen, das es dabej bleib. Aber sonst dunkt mich, er wolle ferner sollicitirn vmb erbliche nachlaßung viertzig scheffel getreidichs vnd etzlicher gulden, so der hoff jerlich gibt, den er zu *Eutzsch* aufgebauet. Aber dorumb hör man vor allen dingen der vniuersitet meinung, dan die hat bißanher darein nit willigen wollen vber meines gnedigsten hern fundation. Es wird auch der andern bauern halben daselbst der dinst, fron vnd anderer gemeinen burden halben ein große vprichtigkeit machen. Dan ich hab zur zeit vf sein bitt mit den bauern gehandelt, die haben souil antzeig dorwidder gethan, das ichs darbey hab bleiben lassen. Dieweil er dan hundert fl. von dem einkomen der probstei bekomen, so sei er doran zufriden. Das hab ich euch nit wollen vnangezeigt lassen, vnd euch meines vormugens zudienen bin ich allzeit willig. Datum *Wittenberg* freitags nach Martinj 1544.

Gregorius Bruck, doctor.

Reg. O. pag. 151 GGG.[1]

735. Die Wittenberger Universität an Kurf. Joh. Friedrich.   Wittenberg 1544. Nov. 22.

— — „dieweil dann der doctor die verschreibung itzo zu seinen händen bekommen, besorgen wir, er werde einen mißverstand daraus ziehen und auf Michaelis des künftigen 45. jahrs die verschriebenen 100 gulden, zu dem, daß er der probstei einkommen das jahr über unvermindert geniesst, auch haben wollen." — —

— „E. kf. g. schreiben hält auch innen, daß wir 50 gulden neben den registern und andern brieflichen urkunden von doct. *Jonas* empfahen sollten, es ist aber der doctor, sobald er seine verschreibung erlangt, allhie abgereist, daß wir weder geld noch anders von ihm bekommen." — — „Sonnabend nach Elizabet."

Sächs. Prov.-Blätter 1838. S. 393. Aus dem Weim. Archiv.

736. Kurfürst Joh. Friedrich an die Universität.   Torgau 1544. Dez. 5.

Antwort auf das Schreiben vom 22. November.

Brück habe Auftrag „iegen vberantwortung berurter vnserer begnadungs vorschreibung sich mit doctor *Jonasen* einer renunciation vnd reuerß briefs zuuorainigen." *Jonas* habe dem Kanzler zu *Wittenberg* gemeldet, „das er kein briefe noch handtfesten gemelte probstei belangend bey ime hett, sondern dieselben alle weren bei den andern vnserer schloskirchen zu *Wittenberg* briefen, so hett er auch kein sonderlich oder ordentlich register vber der probstei einkomendt, dan ein gemein vortzeichnus, dauon wolt er furderlich zu *Hall* ein copey machen lassen vnd jne dieselb zuschicken." Ihre Befürchtung wegen doppelter Ansprüche sei unbegründet, „dan einmahl kan doctor *Jonas* je wol bedencken, das er die hundert gulden nit so eben vf S. Michaels tag von euch oder euern procuratorn kan empfahen, sondern das vnsere vorschreibung dohin gemeint, ob er wol bißanher alles einkomen der probstei gehabt, so soll er doch von Michaelis an schirstkunftig dauon

---

[1] Zu den Verhandlungen dieser Tage vergl. auch den Brief Melanchthons an Goldstein 20. Nov. 1544. Corp. Ref. V. 530.

jerlich nit mer dan hundert gulden bekomen, welche ime nit eher gereicht konnen werden, dan do eurem procuratori die zins, wie sie dan alweg gemeinlich erst Michaelis einkomen, welchs wir auch doctor *Jonassen* also haben antzeigen lassen, das solchs die mainung vnserer begnadung sey."

Wegen der noch nicht gezahlten 50 fl. habe Jonas sich entschuldigt, dass er sie nicht bei sich habe, und die Zinsen von Michaelis bisher zum grössten Teil noch ausgeblieben seien. Die Universität solle sich entweder an die für ihn in *Lutzsch* noch ausstehenden Gefälle halten, oder nächsten Michaelis die 50 fl. ihm in Abzug bringen. Wegen eines Legenten in theologia habe *Brück* mit *Luther* und *Melanchthon* Rücksprache genommen, und die hätten *Georg Major* vorgeschlagen. Die Universität möge also darauf bedacht sein, dass er Dr. der heil. Schrift würde. — „*Torgau*, freitag nach Barbare. Anno etc. xliiij."

Reg. O. pag. 159 GGG. Ebendas. Antwort s. d. mit Anzeige, dass sie G. Major ernannt hätten.

737. D. Justus Jonas Bestallung zum ersten evangel. Pfarrherrn und Superattendenten zu Halle. Halle 1544. Dez. 11.

Gedruckt bei Dreyhaupt I, 968. 987. Franke S. 154. 155.

738. Melanchthon an Jonas. Wittenberg. s. d. 1544?

Ueber ein Schreiben des Kurfürsten an den Coadjutor und Statthalter (?) in Sachen des kirchlichen Friedens in Halle und über ein Schreiben der Theologen in dieser Angelegenheit an den Kurfürsten.

Corp. Ref. V. 559. Die Angaben des Briefes sind so dunkel, dass eine sichere Datierung kaum möglich sein wird.

739. Franc. Burkhard an Myconius. Worms 1544. Dez. 29.

Bezeugt seine Befriedigung darüber, dass Luther und Melanchthon eine Schrift verfassen, welche dem Kaiser vorgelegt werden soll, wenngleich ein bestimmter Erfolg nicht in Aussicht gestellt werden kann. Der Papst hat das Concil ausgeschrieben und in Rücksicht auf dasselbe neue Cardinäle ernannt. Der päpstliche Legat wird in Worms erwartet, ebenso der Kaiser; bis jetzt rücken die kirchlichen Verhandlungen nur langsam vorwärts [1]

S. Reddidit mihi literas tuas, amantiss. d. *Friderice*, secretarius *Hamburgensis*, homo doctus et veteri mihi familiaritate coniunctus, ex quibus summa cum voluptate percepi ea, quae de d. doctore *Luthero*

---

[1] Da dieser Brief im Corp Ref. nicht Aufnahme gefunden hat, so tragen wir ihn hier nach als wertvollen Bericht über die Aussichten und Hoffnungen der evang. Partei. Ueber einen anderen Wormser Bericht Burkhards an Melanchthon vergl. Corp. Ref. V. 574. — Zu diesem und den nachfolgenden Briefen des Jahres 1545 hat Herr Dr. v. Druffel Erläuterungen der aufs Concil bezüglichen Angaben freundlichst beigesteuert.

et *Philippo* mihi significas, nempe quod illi nunc sint occupati deliberationibus huius conventus. Nam mihi crede, utut Sathanas insaniat, non nihil fructus allaturum, si hi praestantissimi viri scriptum aliquod grave de negocio relligionis Caesari et statibus imperii offerendum composuerint, non quod sperem hic aliquid nunc de caussa relligionis tractari posse, sed ne haec occasio tam optata nobis elabatur nostra negligencia [1]. Pontifex enim ipse interponit usurpatam suam auctoritatem vel pocius tyrannidem, ne quid hic de controversia relligionis instituatur, quem ad modum ex schedula hisce literis inclusa clare perspicies, ut quae a viro fide digno huc missa sit. Ideoque nostros eo magis anniti et consilium suum de emendanda ecclesia Caesari offerre velim, quem ad modum hoc praeteritorum comiciorum *Spirensium* recessu cautum et expressum est. Teque velim hortatorem esse, ut scriptum illud componatur et Caesari hoc, quod postulavit, praestaretur in odium pontificis. Nam licet non possim adfirmare, quid fructus apud Caesarem sit allaturum, tamen mihi persuadeo multis de caussis hoc non esse praetermittendum, et in primis eo nomine, quod videam pontificem et totam eius sectam, tale consilium esse adversiss. [so!] Qui sane nunc, licet relligionis caussa inter primas esse deberet, nullam eius mentionem faciunt, obstante videlicet interdicto pontificis, quo hanc caussam totam ad se advocavit. Et quidem, si nescis, concilium generale nunc ad xxiiii. diem Maii *Tridentum* indicere fertur, ad quam rem nuper multos creavit cardinales, inter quos est quoque episcopus *Augustanus* et ut quidam ferunt etiam *Atrebatensis*, *Leodinensis* et *Bricensis*[2]. Cogitat iam pontifex non tantum auctoritate sua sed multitudine eruditorum in concilio vincere, ideoque accingere: ibi erit certandum praesentibus tot Ro. eccl. luminaribus et fortassis ipso eciam pontifice. Ac Galliae episcopos aiunt se iam ad consilium parare. Mihi sane haec illorum videntur esse consilia, nempe ut Caesaris conatus

---

[1] Schon vor Wochen hatte Burkhard im Auftrage des Kurfürsten an die Wittenberger Theologen die Aufforderung gerichtet, eine derartige Schrift auszuarbeiten, Corp. Ref. V. 583. Melanchthon entsprach dem Gebote durch Abfassung der „Wittenberger Reformation", ebendas. V. 579 ff. Vergl. Köstlin II² 610 und dazu die Korrektur in v. Druffel, Karl V. und die römische Curie II, 5.

[2] In Wirklichkeit war das Concil auf den Sonntag Lätare, 15. März 1545, berufen. Die obige Nachricht zeigt in Verbindung mit den bei v. Druffel a. a. O. 1, 102 Anm. 13 citierten Stellen, dass die Protestanten über die päpstliche Bulle sehr spät und ungenau unterrichtet wurden. Auch über die Cardinalsernennung weiss Burkhard wenig Bescheid. Christof Madruzzo, Bischof von Trient und Brixen war damals schon in Rom, um sich den Cardinalshut zu holen, die Bischöfe von Arras und Lüttich waren überhaupt nicht befördert worden.

in caussa relligionis impediant, et ut sub specie generalis synodi aliquid, si fuerit occasio, tentent contra eos, qui synceram doctrinam profitentur. Verum is, qui hactenus ecclesiam suam servavit, eciam deinceps non deerit nobis vere et ex animo eum invocantibus et poenitenciam agentibus. Quod utinam faceremus! Nunc hic fertur intra triduum legatum pontificium adfuturum[1]; quid ille boni allaturus sit, si modo quid boni *Roma* adferre potest, audiemus. Hactenus propter absenciam plurimorum imp. ordinum in publ. negociis nihil actum est. Sed iam et illi quottidie adveniunt, et Caesar quoque adpropinquare dicitur[2]. Deus dirigat omnia nogocia ad laudem nominis sui et bonum publicum. Mea officia tibi semper erunt paratissima, ac rogo ut per occasionem cartam inclusam d. doctori *Langio*, duo *Dyonisio* et d. *Iusto* nostro communices et eos meis verbis amanter salutes. Saluta quoque praefectum vestrum i. e. quaestorem et *Portunum* nostrum. Datae *Vormaciae* xxix die Decembr. *Francisc. B.* tuus.

... o et doctiss. viro *Friderico Myconio Gothano* amico suo observandiss.

Orig. Cod. Goth. 406. fol. 80. 81.

740. Basilius Monner an Jonas. Torgau 1545(?) Jan. 17.

Brieffragment.

— — pro dignitate possetis, idque res ipsa nunc maxime requirere videtur. Nec dubito, quin hanc ecclesiae clavium partem aliquando pro iure vestro vendicaturi sitis. Idque ut fiat, oro patrem domini nostri Ihesu Christi, qui servet ac gubernet ecclesiam suam ad ornandam eius gloriam. Salutavi tuo nomine d. *Minckewicium*, cuius familia heri aucta est filiola et d. *Matthaeum* archiatrum[3] officiosissime, qui magnas tibi gratias habent pro hoc officio teque vicissim reverenter salvere iubent. Commendo precationi tuae res et ecclesias nostras. Bene vale et saluta tuam coniugem nomine uxoris meae nunc gravidae et quotidie expectantis liberationem et benedictionem domini. Raptim *Torgae* 17. Januar 1545[4]. *T. Basilius Monner.*

Clarissimo viro pietate et doctrina singulari praedito *Iusto Jonae* theologiae doctori ac *Hallensis* ecclesiae pastori fidelis, nomine suo plurimum observando.

Original (Fragment) in Meiningen.

---

[1] Sfondrato; vergl. v. Druffel a. a. O. II, S. 9. Anm. 13.

[2] Der Kaiser blieb bis zum April in den Niederlanden.

[3] Ratzeberger. Vergl. Neudecker, Die handschriftliche Geschichte Ratzebergers. Jena 1850. S. 5 flg. [4] Die 5 ist nicht deutlich erkennbar.

741. Luther an Jonas. Wittenberg 1545. Jan. 26.

Ueber ein Schreiben des Papstes an den Kaiser und die Reformationspläne des Letzteren.

de Wette V, 720. Vergl. Cod. Dessav. A fol 19 b.

Aufschrift: Clasissimo viro domino Iusto Ionae (seniori) theol. doctori, Hallensis ecclesiae episcopo vero et fideli, suo in domino maiori. 1545. [redditae Sabb. post Estomihi.]

— discere a matre — Nae tum plane res papae ad restim redierit. — exemplum ecclesiae Nicaeni concilii — hem Cardinalis? — in inferno — 1545 Januarii 26.
T. Martinus Luther D.

742. Jonas an Fürst Georg. Halle 1545. Jan. 30.

Hofft, bald selber nach Merseburg kommen zu können; empfiehlt Goldstein und äussert sich über das Schreiben des Papstes an den Kaiser.

— Cum ad V. R. D. et C. doctiss. vir d. doctor *Chilianus,* huius nostrae *Hall.* reipublicae syndicus, proficisceretur, parum aberat, quin una veherer *Mersborgum* aut ἱπποπυργόν cum ipso nulla alia causa quam officii gratia. Nam in nundinis cum *Lipsiae* me V. C. inventurum existimarem, paulo ante V. C. abierat. Verum cum ipse [me] negociis praepeditus non darem me in viam, incomitatum tamen d. *Chil.* abire nolui et addidi ei meam epistolam comitem. Forsan aliqua occasione ipse quoque V. C. invisam. Cum V. R. D. norit doctiss. *Chilianum* esse virum humaniss. ingenio mirifice amoeno, apto ad omne genus exquisitae eruditionis, amantissimum nostrorum communium studiorum, praesertim τῆς ἀληθινῆς θεολογίας atque eo nomine inter iureperitos gemmam, quod pietatis studium coniungat cum politica scientia, non dubito quin V. C. ei benevolentiam clementer navatura sit et omni genere officii ostensura se ciuscemodi πολιτικωτέρους ἄνδρας, imo ecclesiasticos etiam et verae ecclesiae amantes habere charos. Quod ad novitates attinet, iam certum est (quicquid sit cum illo scripto quod circumfertur) asperas literas[1] a pontifice scriptas esse ad Caesarem.

---

[1] *Am Rande:* Literas bas videat d. doct. Chilianus. Vergl. den vorigen Brief. Gemeint ist das Breve vom 24. August 1544. Vergl. Sleidan II, 357. Seckendorf III. 480—486. — Die obige Aeusserung zeigt, dass Jonas über die Echtheit des damals verbreiteten Textes nicht im Klaren war. Vergl. v. Druffel, Karl V. I, 73. Varrentrapp, Hermann v. Wied II, S. 100. Je mehr Stellen man zusammenbringt, desto weniger ist man in der Lage, zu entscheiden, ob der von Pallavicino oder der von Raynald mitgeteilte Text der wirklich übersandte ist. Hedio gibt am 25. Januar aus dem bei Raynald abgedruckten einen Auszug; J. Voigt, Briefwechsel mit Albrecht von Preussen S. 323. Sleidan schreibt Juni 24: „Iam enim se praemunivit (papa) et vos [wol.] nos?] a legitimis conventibus oportere excludi confirmat, ut videre licet in *altero* illius ad Caesarem scripto." Hier wird Bezug genommen auf die Stelle bei Raynald: „Ut enim sit christianum, non oportet illic haereticos commisceri, tamquam sint illi pars concilii, qui iam non sunt et se ipsos segregaverunt;"

Nam bis mihi scriptum ex *Vittenberga;* idque obnixe et magna contentione conari Romanistas, ne Caesar cognoscat in causa religionis, ut solus papa sit regnator in tota causa habeatque synodum in manu. Sed an non his periculosis temporibus maxime opus esset auctoritate Caesaris, cum tam male audiant ubivis gentium papales et Romanistae? Utinam, quemadmodum *Carolus* constituit synodum et indixit concilium una cum *Adriano* papa[1] dist. lxiij. cap., *Adrianus* ita et *Paulus 3. de Farneso* adhibeat hunc nostrum invictiss. *Carolum V.* concedatque ei prolixe potestatem etc.[2]

Verum si *Romanus* pont. in ipso ingressu rei rixosus contentiosus est, non serio affectus erga contritiones Ioseph, sed callide, imo ne callide quidem sed tyrannice sua quaerens, nos cum Paulo apostolo dicamus: christiani veri et catholici talem morem non habent neque ecclesia Dei. V. R. D. sit memor ministri etc. — Datae raptim *Halae* 6ta post Conversionis Pauli anno dni MDXLIIIII.

V. R. D.   dediliss. *I. Ionas,* doctor.
                                     Superatt. *Hall.* eccl.

Archiv zu Zerbst.

743. Jonas an Fürst Georg.   Halle 1545. Febr. 14.

Wiederholte Fürsprache für seinen Famulus. Ueber Luthers Erkrankung und Genesung. Studentontumult in Wittenberg. Luther arbeitet an einer Schrift gegen das Papsttum. Aus Italien sind Nachrichten gekommen über ein Einverständnis zwischen Papst und Türken. Ueber Heinrich v. Braunschweigs Cölner Leben. Von Bemühungen, den Cölner Erzbischof zum Abfall vom Evangelium zu bewegen.

— Cum V. R. D. et Cel. in proximis literis clementer in negocio pertinente ad ministrum meum *Iohannem* responderit, spem forsan ali-

---

Baumgarten, S. 73. Denn bei Pallavicino ist dieser Gedanke nicht so deutlich ausgesprochen: wenn hier dem Kaiser vorgehalten wird, dass Laien und vor Allem Ketzer nicht über geistliche Dinge urteilen dürften, so bezieht sich das mehr auf das Vorgehen bei dem Reichstage. Gropper in seinem Briefe vom 11. Dez. 1552, bei Chr. Gottfr. Müller Epistolae S. 118 hat den Pallavicinoschen Text vor Augen. — Christof Mount, State-papers X, 288 meint noch am 17. Febr. 1545, dass es sich um ein gefälschtes oder doch betrügerisch erwirktes Aktenstück handele. Der Nuntius in Venedig, La Casa, schreibt 13. Nov. 1544: Scrivetemi, se M. David Odasio [vgl. v. Druffel, S. 74] torrò, e se il breve è ancorastato veduto più a largo; perchè questo vostro è assai scorretto ed in alcun luogo manco; e crederei, perchè S. Mtà l'ha in mano, che se ne potesse aver copia in comodità costì. Gualteruzzi hatte also an La Casa einen Text geschickt, dann aber war La Casa über die dem Kaiser übersandte Fassung im Unklaren geblieben.

[1] Karl der Grosse und Hadrian I.
[2] Die Vorstellungen, welche bei Jonas hinsichtlich der kaiserlichen Politik obwalten, sind sehr optimistisch: er steht jedoch hiermit nicht allein. Hans v. Dolzig

quam fore, ut in aula illuss. principum fratrum *Dessae* vel illuss. principis d. d. *Augusti* nanciscatur elementi commendatione aliquam conditionem, rogo V. R D.[oni] mea interpellatio non sit molesta, optarim enim eum, cum aestatis initia appetant, adiutum, quandoquidem quadriennio mihi inservivit et novi eum esse diligentem. Literas nuper accepi ex *Vitteberga*. Ea quae perscribunt domini et amici, duxi V. R. D. communicanda. Fuit et ante biduum mecum *Philippus Ignicuspidius*[1], homo doctus, praecipuus civis vallis *Mansfeld*, vetus et perquam familiaris cum et rev. patris *Lutheri* tum et meus amicus, qui primum narravit tristia, postea rursus laeta. Rev. pater d. d. *Luth*. sub initia saevioris mensis Martii[2] laboravit morbo periculoso, stupore hemicranii, sic ut dimidiam partem capitis quereretur sine sensu esse naturali etc. adeo ut viderentur signa τῆς ἀποπλεξίας, sed illuss. elector Saxoniae simulatque cognovit, celerrimo itinere adeoque nocturno misit sui corporis archiatron. Depulso ergo stupore fomentis et aliis medicinis melius habet vir optimus sanctus Dei. *Vittebergae* in schola hac frequenti fuit concursus in foro scholasticorum et maxima seditio orta propter scholasticum ultra horas iuris seu privilegii detentum in carcere iussu praefecti. Iam in manu praefecti et ferrum erat strictum et ad ictum instructae bombardae, sed d. *Phil.*, doctor *Pomeranus*, doctor *Cruciger* et ipsi armati nec sine ferro dederunt se in mediam turbam satis cum periculo et sedarunt tumultum. Laus Deo. Contra papam et eius simulatum concilium scribit rev. d. *Lutherus* duos aut ni fallor tres fulmineos libellos[3]. Dolet viro in rebus tantis tam fucata et callida simulatio. D. *Philippus* accepit literas ex Italia: scribunt quidam docti et pii, papam conscium esse conatuum Turcae et consiliorum *Solymani* adversus τὴν Γερμανίαν, et Turcam adventare maximo exercitu et copiis

---

brachte von der Leipziger Messe die Nachricht mit, der Kaiser habe die Appellation des Kölner Klerus gegen Hermann v. Wied zurückgewiesen („abgeschafft"). Das glaubte zwar der sächs. Kurfürst nicht ohne Weiteres, spricht aber in seinem Bedenken doch die Hoffnung aus, man werde den Kaiser von einem Eintreten für die päpstlichen Ansprüche abhalten können. Vergl. Varrentrapp, H. v Wied, II. 96. 101.

[1] Gluenspiess. Zwei Briefe Luthers und zahlreiche Melanchthons an ihn s. bei de Wette und im Corp. Ref. Einiges Biographische bei (Krumhaar) Versuch einer Gesch. von Schloss u. Thal Mansfeld. Mansfeld 1869. S. 30. 81. Zeitschr. d. Harzvereins II. 6. 57. 188.

[2] Wohl verschrieben für Februarii.

[3] Vergl. Melanchthons Brief an Lauterbach 19. Febr. 1545: „Lutherus adornat scriptum, quo refutat epistolam pontificiam ad Carolum missam." Corp. Ref V. 678. v. Druffel, 1. 87. Köstlin II[2] 611 flg. (der die Untersuchungen v. Druffels übersehen hat).

instructissimis ad denuo affligendam Austriam ac *Viennam*, non desiturum tam facile[1]. Papam non indicturum fuisse concilium, nisi praescisset de expeditione Turcae. In summa nihil boni aut sani cogitat *Romanus* pont. contra eos, qui adhaerent purae doctrinae, et satis testantur historiae, quod semper fuerit cum contra Caesares bonos tum contra veram ecclesiam confitentem τὸ ἅγιον εὐαγγέλιον sui similis sedes Romana.

Principes *Bavari* dicuntur misisse pecuniam ingentem duci *Brunsvicensi Henricho*, qui nunc *Coloniae* agit. Ea dicitur intercepta a quodam telone seu telonario illuss. Landgravii.[2]

Landgravius scripsit senatui *Coloniensi* et expostulat cum eis non sine minis, quod hospicium praebeant hosti tot ordinum Imperii *Mezentio Lycaoni Brunsvicensi*. Coloniae sic agit exul τύραννος, ut frater etiam dicitur eius vitabundus fugere conversationem et familiaritatem[3]. Electorem et ἐπίσκοπον *Coloniensem* adhuc acerrime oppugnant adversarii. Fuit apud eum card. *Moguntinus* et nihil non tentavit, ut persuaderet a Lutheranis i. e. ab evangelica doctrina defectionem; sed senex perstitit ut murus adamantinus. Laus Deo. Cardinalis vale dixit cum lachrymis, quas *Lutherus* dixit esse crocodili virulentas et insidiosissimas lachrymas. Non desunt, qui adfirmant improbas sollicitationes fieri, ut Caesar moveat bellum contra Lutheranos, et d. *Lutherus* dixit *Philippo* aliquid apud papistas coqui plenum veneni et hostilium conatuum, hoc se praesentiscere animi divinatione et ex suis tentationibus. Satan enim non dormit, sed non dormitat etiam, qui custodit Israel, שֵׁב לִימִינִי יְהוָה, dominus Christus, contritor serpentis et impeditor morsuum viperinorum. V. R. D. boni consulat verbosam epistolam. — Datae raptim *Halae* sabbato post Sexages. anno dni MDXLV.

V. R. D. dignetur clementer respondere de ministro, ich will es in mehreren vnd andern gantz untertanigk vordinen etc.

V. R. D. et ill. Cel.   addictissimus

J. Jonas, doctor
Superatt. Hall. eccl.

Archiv zu Zerbst.

---

[1] Ueber die Aussicht auf einen Türkenkrieg s. v. Druffel II, 14.

[2] Der Braunschweiger wandte sich nach allen Seiten um Hilfe zu erlangen, sandte den von Matthias Held am 30. Dec. 1544 mit einem Schreiben an Cardinal Cervino empfohlenen Dr Bannisius an den Papst; indessen ist von einer Unterstützung desselben durch Baiern nichts bekannt.

[3] Vergl. Varrentrapp I, 246.

744. Jonas an die Fürsten Joh., Georg und Joachim.   Halle 1545. Febr. 16.

Dank für ein Geschenk.

— Ich hab von e. f. g. jeger ein frischgefangen rehe gestern entpfangen neben der gnedigen schrift, vormercke vntertanicklich e. f. g. jegen mir (der ich es nit vordinet) gnedigen, geneigten willen vnd tue e. f. g. vor soliche gnedige vorehrung vntertanige danksagung. Vnd sampt der kirchen vor e. f. g. glückselige regirung vnd allenthalb wolfart zu bitten will ich nit vnterlassen. Von zeitunge, so ich newlich von *Wittenberge* durch schrift entpfangen, hab ich m. g. h. furst *Georgen* tumprobst, coadiutor etc. latinisch geschrieben[1]. — Datum *Halle*, montag nach Esto mihi anno dni MDXLV.

E. f. G.   williger diener
                         I. Ionas, doctor p *W. s. Hall.* eccl.

Archiv zu Zerbst.

745. Jonas an Fürst Johann v. Anhalt.   Halle 1545. Febr. 16.

Glückwunsch zur Genesung.

— Gnediger furst vnd herr, das e. f. g. von ir leib schwacheyt (die ich mit hohem kummerniß vnd betrubtem gemuet vornohmen) widder vormittels gottlicher gnade zu gesundheyt kohmen, bin ich in vnderthanigkeyt hochlich erfrewet. Will nit vnderlassen in meynem gebet sampt der kirchen *Hall* dofur dem almechtigen ensicklich zu dancken vnd Gott vleissig anzurnffen vnd zu bitten, das der almechtig vort an e. f. g. stercken vnd kraft vorleihen wolle vnd e. f. g. ir leben gemeinen nutz im reich vnd den kirchen sachen, auch e. f. g. loblichster junger herschaft, eigen land und lewten zu gut lang fristen wolle. E. f. g. bewar der her Christus vnser heiland vnd erloser allzeit. Datum montag nach Esto mihi anno dnj 1545.

E. f. g.   gantz williger diener
                         Iustus Ionas, doct. p. *W*.
                              s. *Hall.* eccl.

Unterschrift eigenhändig. Archiv zu Zerbst.

746. Jonas an Fürst Georg.   Halle 1545. März 13

Beileidsschreiben wegen des Todes des Mag. G. Forchheim. — In Beilage abermaliges Gesuch für seinen Famulus.

— Vero animi dolore et ingenti moestitia affectus sum (amavi enim virum integerrimum ex animo), posteaquam mihi tunc in aliis similibus

---

[1] Siehe den vorigen Brief.

cogitationibus luctanti renunciatum est de obitu doctissimi et excellentiss. viri m. *Georgii Forchemii*[1], quo haud scio an nostro tam docto saeculo 4 aut 5 tam multiinga lectione ac eruditione inveniri potuerint pares, certe paucissimi superiores. Quem cum non ignorem R. D. et Cel. ob mirificum candorem sancti pectoris fuisse (filii loco) charissimum, facile coniicio cum a V. R. D. non sine maximo luctu, multis lachrymis amissum imo dimissum esse, ut redeat ad nos laetus et reprehendens nostras moestas querelas tristesque sine modo singultus in ILLO DIE. Cum me ipsum in hac tanta vi lachrymarum de morte *Georgii Spalatini*[2], m. *Erhardi*[3], olim nutricii tunc adhuc in monastica oeconomia ipsius d. *Lutheri*, (quos ecclesia *Altb*. habuit), nunc de obitu m. *Forch*. vix consolari possim, non instituam hic animo sic per moerorem debilitato et fracto orationem consolatoriam. Novit V. R. D. et Cel. quid admoneat in illa gravissima contione ad Thessal. ecclesias S. Paulus. Nolite inquit contristari de dormientibus ut reliquae gentes, quae spem non habent. Et pertexens coeptum sermonem de ecclesia aeterna futuri saeculi, de coetu illo aeterno immortali, in quo visuri sumus totius τῆς καθολικῆς ἁγίας ἐκλησίας synodum sanctissimam in Spiritu Sancto congregatam, 'Consolamini inquit vos in verbis istis'. Ibi mandatum Dei, mandatum Spiritus Sancti habemus, ut mutuo consolemur nos in verbis et contione de futura aeterna ecclesia, de synodo magna catholica, de concilio oecumenico sancto liberrimo, vero etgenerali. Praeceptum ibi est nobis, quamvis humanitus affectis aut in lachrymas solutis, praeceptum inquam est, ut *Moses* Deut. VI de lege dicit, utque haec verba de futura conversatione in coelo in laetitia inenarrabili, ut S. Petrus dicit, semper meditemur, diu noctuque acuamus inter nos, expendamus, ruminemus. Praeceptum ibi est, ut obluctemur carni et in ipsis animi tenebris his interim scintillis nos sustentemus, donec post auroram evangelii iam exorti clare fulgeat et luceat radiis aeternis illa dies illaque serenissima nunquam obscuranda meridies. Qui apud ethnicos sapientes aut philosophiae amantes habiti sunt, tria proposuerunt ipsis visa firma, sed apud christianos infirma ad consolationem. Qui obierunt inquiunt aut exempti rebus humanis, a variis sunt erepti miseriis et aerumnis. Deinde maiora in mundo hoc (inquiunt) ut maxima regna, clarae urbes etc. sunt fluxa, mortalia et occidua, quemadmodum Servius Sulpitius apud Ciceronem morte filiolae contristatum de cadaveribus urbium Aeginae, Megarae, Pyraei, Corinthi (quae quondam ut

---

[1] Vergl. die Briefe Luthers und Melanchthons vom 9. März. de Wette V. 722. Corp. Ref V. 698. [2] Gest. 16. Jan. 1545 Vergl. Corp. Ref. V. 666. [3] Eberhard Brisger, Pfarrer in Altenburg, ehemals Augustiner in Wittenberg, Kolde, Augustiner-Congr. S. 304 flg. de Wette V, 769, gestorben 21. Jan. 1545.

singula regna floruerunt) concionatur. Quid ergo dolemus, inquit, si moriatur unus homo hac conditione natus, ut instar flosculi tandem marcesceret? Postremo nullus inquit dolor est, quem non longinquitas temporis minuat atque emolliat. Hoc expectare tempus ac non potius sapientia ei rei occurrere, turpe est sapienti. Verum haec omnia, quamvis ex ipsis philosophiae fontibus eruta et prompta, quantillum leniunt in vero vereque acerbo dolore? Et haec omnia non digitulum, non pilum restituunt nobis de amisso amico. Amplectamur ergo consolationem scripturae sanctae Dei, quae restituit nobis, promittit restituendum totum nostrum dulcissimum synceriss. *Georgium* et omnes, qui obdormierunt pie. Erigamus nos e quovis graviss. luctu voce et contione paterna S. Pauli: Consolamini vos in verbis istis, quae non sunt verba τοῦ ῥήματος tantum (ut Epicuri porci putant), sed sunt res rerum adeoque res rerum invictarum contra mortem et aeternarum. Dormientes et quiescentes vocat Paulus eos, qui in Christo mortui sunt. Hebraei (ut novit R. D. Cel. V.) vocant κοιμητήρια בֵּית הַחַיִּים domum seu domicilia vitae, atque hoc haud dubie manavit ex theologia patriarchica. qui ex admiranda translatione Henoch intellexerunt restare immortalem et aeternam vitam. Quemadmodum ergo Henoch in dulci somno forsan in umbra sub arbore vivus raptus est ad Deum, ita per hunc somnum, quo tandem et nos consopiemur, ad meliorem vitam translatus est m. *Georgius*. Ecclesiae vicem doleo, in qua vir tam doctus (si res ad deliberationes, ad synodum deducta fuisset) poterat esse usui. Sed haec poena est contra ingratum mundum, ut tollantur sancta Dei organa, quibus dignus non est mundus, maneant multi impii superstites, ut tandem impoenitentes papistae dent poenas, cum sublati fuerint, quorum hactenus oratio mitigavit impendentes horrendas eis poenas. Sed prohibet me longiorem esse moeror. Dominus Christus, deus totius consolationis, V. R. D. in tristi casu iam intimi hominis consoletur suo sancto spiritu, amen, et conservet ecclesiae et reip. diu incolumem. Datae *Halae* Saxon. 6ta post Oculi 13. Martii anno dni M. D. XLV.

V. R. D. et Cel.   addictiss.   *Iustus Ionas*, doctor,

Superatt. eccl. *Halla*.

Rogo V. R. D. dignetur mittere consolatoriam rev. patris d. m. *Lutheri*. Curabo utranque si placet, typis excudi.

Beilage. Gnediger f. v. herre, nach dem vf mein vntertanig vorbitt e. f. g. mein diener *Johannen* gnedicklich vortrostet, das er bey e. f. g. ader bey m. g. h. furst *Johansen* mochte erst doch ein jar lang zu dinst angenomen werden. nu hab ich mich auch mit einem andern famulo vorsehen, ein knaben (der an mich commendirt), dorumb bey dissem boten schreib ich, vornemlich der sache halben, wie der her cantzler *Dessaw* von mir nebst alhir gebeten e. f."g. zuerinnern. So mu. gnediger furst vnd herr, gemelter mein diner *Johannes* wolt in sein vaterland zihen gein *Northausen*, sich kleiden vnd schicken zu dinst, bitt ich vntertaniglich, e. f. g. wollen mir gnedig antwort bey dissem boten zuschreiben. Dan g. f. vnd h. er wolt gern wissen, wes er sich zuuorlassen hette, vnd itzo noch nach Iudica wider komen an dinst, so er den bequeme. Ob sunst nichts vor handen, bitt ich vntertanigklich, e. f. g. wellen ime ein gnedige vorschrift an m. g. h. furste *Johansen* geben, ader m. g. h. furste *Joachim*, vnd mir bey dissem boten zuschicken etc. Ir f. g. werden ein trewen vleissigen diner haben. V. R. D. dignetur hoc tabellario dare in hac causa clemens diffinitivum responsum, ne haeream diutius in dubio, et V. R. D. ignoscat mihi, optarem ministrum fidelem adiutum. Datae uts.

Ich bit e. f. g. wollen gemeltem *Johann* vf mein bitt gnedige foderung tun, ich will es vntertanigklich vordinen, vnd wo inen e. f. g. nitt wollten behalden, will ich ime vber ein jar zu andern fursten dinsten helfen, allein das er die erst gnedige foderung vf ein solch zeit mochte haben.

Archiv zu Zerbst.

747. Jonas an Fürst Georg. Halle 1545. März 14.

Dankt für Uebersendung der Trostschreiben Luthers und Melanchthons. Verschiedene Nachrichten.

— V. R. D. et ill. Cel. ago ingentes et summa reverentia gratias pro missis epistolis paracleticis et vere ex paracleto scriptis virorum Dei rev. patris d. doct. *M. Luth.* et d. Φιλ.[1] Quod attinet ad negocium *Facius Becker*, hac hora interrogavi d. syndicum, qui dixit eum esse (re non deducta ad criminalem accusationem sed civili tractatu composita) e carcere dimissum et liberatum. Quod ad ministrum meum *Johannem* attinet, gaudet valde de clementi responso, et R. D. V. ac Cel.[ini] intra paucos dies latius scribam proprio tabellario. Et V. R. D. ac Cel. prompta mea deditissima obsequia in omnibus vicissim offero. Si ita commodum esset V. R. D. et Cel., optarem V. R. D. coram convenire hac hebdomada futura, vel cum V. R. D. placuerit. Habeo et quaedam colloqui, quae ad me scripta sunt, pertinentia ad d. licen. *Anto. Musam* virum doctissimum, amicum synceriossimum, sed de hoc nihil dicatur dno *A. Musae*, donec R. D. V. audierit negocium. — Datae *Halae* Sabb. post Oculi anno dni M. D. XLV.

Hac hora mire sollicitus de tristitia Cel. V. misi tabellarium cum literis consolatoriis,[2] qui hodie hunc praevenit. Orabimus, ut dominus

---

[1] Vgl. Anmerkung auf S. 149. [2] Siehe den vorigen Brief.

V. Cel. pro hoc Habele quendam pium Seth reponat, qui adsit obsequentibus operis et officiis. Mea opera V. R D. C^{ini} vel indigni ministri semper erit promptissima, quam diu ipse vixero.
V. R. D. et Cel.   deditiss.   *Iustus Ionas* doctor
                                Superatt. *Hall.* eccl.
Archiv zu Zerbst.

748. Jonas an Leonhard Jacobi.[1]   Halle 1545. März 14.

Dankt seinem Landsmann, Pred. Jacobi, für Uebersendung einer von diesem verfassten Schrift und verspricht ihm seine Empfehlung.

G. et p. Dei in Christo Iesu domino nostro. Accepi et legi libellum tuum, sed obruto negociis satius nunc scribere non vacavit. Perge ita ornare patriam nostram tuis eruditis lucubrationibus et exercitiis. Nam argumentum est sanctum et gravissimum. Literas commendaticias ad d. *Iustum Menium* et d. *Myconium* mitto. Uberiores dabo ad te proximo tabellario literas tuo nomine flagitante. Christus te servet incolumem diu. Datae *Halae* Sabb. post Oculi anno dni M. D. XLV.
I. Ionas d.
tuus ex animo.

Doctissimo viro d. *Leonardo Iacobi*, conterraneo et amico, ut fratri chariss. s. Dem hern pfarrer zu *Luchae*.

Archiv zu Zerbst.

749. Jonas an Fürst Georg.   Halle 1545. März 20.

Dankbrief für die Beförderung seines Famulus in eine Stellung am Dessauer Hofe; über Heinrich von Braunschweigs Pläne; über Termin und Zweck des Tridentiner Concils. Luthers Schrift gegen das Papsttum wird demnächst erscheinen und von Jonas ins Lateinische übersetzt werden.

— V. R. D. et Cel. agnosco me singularem debere gratitudinem, quod ad meas preces ministri mei negocium apud illuss. principes fratres tam clementer, tam accurate tamque attente pro commodo nostro agere dignata sit. Eundem meum ministrum *Ioh.* mittam proxima die lunae 2^a post Iudica *Dessam*, ut ibi accipiat alterutram seu unam ex conditionibus.[2] Praecipue ego vellem praeesset huic paedagogiae summo-

---
[1] Eine Schrift Jacobis „Von vneinigkeit der Concilien" erschien Leipzig 1546. sein „Dialogus zwischen Gott. Adam, Eva etc." Wittenberg 1553. Er war auch Rector zu Halberstadt, später Pastor in Calbe. Vgl. Fortges. Sammlung 1727 S. 1224. Vergl. Rietschel, Luther und die Ordination, Wittenberg 1883. S. 91: „Leonhardus Jakobus vonn Nordhausen, das Priesterambt daselbs versorgt, darzu hinfurt beruffen." (Wittenb. Ordinandenregister).

[2] Am Rande: Den. g. f. v. herr, es ist ein stiller tugentlicher gesell, dem man vortrawen mag. Habet honestos parentes *Northusiae* et mediocre patrimonium, domum paternam et agros.

rum principum, nam est sedatis moribus, habet etiam musices cognitionem, quantum pro hac conditione satis est. Dabo ei literas (cum aliqua commemoratione proximi clementis scripti V. Cel. et R. D.) ad illuss. principes et d. d. *Ioh.* et d. d. *Ioachimum*, ut *Dessae* secundum voluntatem elementem principum accipiat de electione conditionis responsum, deinde proficiscatur in patriam, se adornet, vestiat etc. et rediens conferat se in aulam *Dessae* illuss. τῶν ἀδελφῶν ἀρχόντων. Quod ad nova attinet, scribit mihi rev. d. *Ambstorfius* episcopus *Naumborg.*, *Lycaonem Brunsvicensem* se coniunxisse nescio cum quibus et nescio quid incursionum iterum moliri. Caesarem dicunt esse adhuc *Bruxellae*. Concilium Laetare indictum *Tridenti* quidam suspectum habent, quod tamen aliquid alat monstri, quod quaerat *Romanus* pont. occasionem excitandi τοῦ πολέμου contra Lutheranos. Libellus rev. patris d. *Mart. Lutheri*[1] edetur intra octiduum, et scripsit filius meus m. *Ionas*, quod rev. pater *Martinus* mihi mittet transferendum latine. Quam operam in honorem sanctae *Romanae* sedes libenter navabo. Si non est molestum, V. R. D. impartiri dignetur, quae de concilio habet. — Datae *Halae* fa 6ᵗᵃ post Laetare, diem primum concilii *Tridentini*[2], anno dni M.D.XLV.

V. R. D. et Cel.   dedititiss.   *I. Ionas* doctor
                                                        S. *Hall.* eccl.

Archiv zu Zerbst.

750. Melanchthon an Jonas.[3]   Wittenberg 1545. März 31.

Ueber Verschiebung der Eröffnung des Tridentiner Concils bis in den October. Ueber den Wormser Reichstag. Andere politische und persönliche Nachrichten.

Corp. Ref. V. 719.

751. Melanchthon an Jonas.   Wittenberg 1545. April 2.

Wünscht Erhaltung der Einigkeit unter den benachbarten evangel. Kirchen, berichtet von grausigen Ketzerverbrennungen in Belgien.

Corp. Ref. V. 727.

---

[1] Vgl. Köstlin II² 611 flg. Es erschien: CONTRA PAPATVM ROMANVM, A Diabolo inuentum. | D. Doct. Mar. | Luth. E GERMA. LATINE ! redditum. per Iustum Ionam | 1545. | " Randl. 8º. Bl. O 3ᵇ FINIS. Ohne Impressum. auch ohne Widmungsbrief. Wolfenb. 1038. 2. Th.

[2] Das Concil war nicht eröffnet, aber auch nicht vertagt worden. v. Druffel II, 10.·

[3] Der Brief hat zwar keine Adresse, ist aber wahrscheinlich mit Recht im Corp. Ref. als an Jonas gerichtet aufgeführt, da er auch Nachrichten über den in Wittenb. bei Mel studierenden Sohn des Adressaten enthält, ganz ähnlich wie andre Briefe Mel.'s an Jonas.

752. Jonas an Georg von Anhalt. Halle 1545. April 3.

Fürbitte für den wegen angeblich aufrührerischer Prteigt ins Gefängnis geworfenen Prediger Jacobi.

Accusatus est (ut mihi scripsit ex vinculis) *Leonhardus Iacobi*, pastor in *Luchu*[1] quasi aliquid docuerit aut tentarit seditiose. Offert se producturum testes ex ecclesia *Luchen*, fidedignos, qui clare testificentur de doctrina, vita, conversatione etc. Cum ergo sit adhuc vicinus iuvenili actati et imperitiae eius aetatis, ex animo tamen amans purae doctrinae, habens laudem etiam apud dominos d. et eruditos *Vittebergae*, non deditus ignavo ocio, sed lectioni, scriptioni etc., rogo V. R. D. et I. C. curet produci e carcere et clementer dignetur audire eum, dignetur et audire eos, qui contiones eius audierunt. Si quid incogitantius scripsit ad d. licent. d. *Antonium Musam*, rogo V. R. D. et ill. C. miserta afflicti et non indocti, hominis *Leon. Iacobi* dignetur clementer uti hic rationibus et viis christianae mansuetudinis et lenitatis. Mira paucitas eruditorum est, ideo eo clementius agendum. G. f. vnd h., ich hore, er erbewt sich vnterteinigk zu verhoer, die e. f. g. ime gnedigklich wolle gestatten. Die armen pfarrer werden offte mit klagen beschwert, dye dornach werden anders befunden. Quare rogo V. R. D. et ill. C. dignetur commendatam habere clementer causam huius captivi. Nam ministri verbi iam sunt illi Lazari (ut d. *Phil. Mel.* concionatur[2]) qui misericordia et commiseratione tractandi sunt, quos oderunt multi varia occassione. Sed V. reverendiss. [fehlt D.] scio ultro miserebitur afflicti. V. R. D. Christus ecclesiae et reip. quam diutissime conservet incolumem.

Quod ad nova attinet recentissimae literae a domino *Philippo* in haec verba sonant: „*Rom.* Pont. pronunciarat *Romae* synodum in Octobrem differendam esse. Nunc id recens iterum mutavit ac citius ordines episcoposque convenire iubet, misit in Germaniam Franciscanum, qui circumfert pontificia mandata, in quibus narrat se comperisse voluntates *Caroli V* et Gallici regis pariter incumbere in synodum et congruere. Hanc occasionem non esse amittendam."[3] Hactenus ὁ Φίλιππος.

---

[1] Vergl. oben S. 152.   [2] Vgl. Bd. I S. 416.

[3] Dieses Briefstuck ist eine Berichtigung der im Briefe vom 31. Marz gegebenen Mitteilungen, findet sich jedoch nicht in dem Briefe vom 2. April, wie ihn Corp. Ref. bietet. Demnach scheint ein Brief Mel.'s verloren gegangen zu sein Melanchthons Nachrichten geben die romische Unsicherheit im Ganzen richtig wieder, beruhen aber im Einzelnen auf Irrtum und Missverstandnis. Vergl. v. Druffel II, 10. Sollte bei dem „Franciscanus." vielleicht ein Gerucht hinsichtlich des Franciscus Stondrato (vergl. a. a. O. Anm. 13) zu Grunde liegen?

Datae raptim *Hulae* Saxonum 6ᵗᵃ sanctae passionis domini anno domini 1545.
V. R. D. et Ill. Cel.   deditissimus   *I. Ionas d ctor*
                                          S. Hall. eccl.

Reverendiss. in domino d. d. *Georgio* principi Anhaltino, comiti Ascau domino *Bernburgk*, praeposito *Magd.*, coadiutori *Mersborg.* eccl., domino et patrono clementiss. suo.   m. g. h. fursten *Georgen* zu s. f. g. eigen handen.

Archiv zu Zerbst.

753. Jonas an Fürst Georg.   Halle 1545. April 13.

Verwendet sich abermals für den Prediger Leonhard Jacobi in Luchau, der unter der Feindschaft des Pastors Jakob Oethe in Frankenhausen, eines halben Papisten, ungerecht zu leiden habe.

— Admodum invitus V. R. D. et ill Cel. onero meis scriptis in negociis illis, quae molesta et mihi sunt. Sed tamen, quia ille captivus meus conterraneus ex carcere dedit [literas] supplices et quasi lachrymis suis respersas literas, epistolam ei deprecatoriam urgenti et perurgenti flagitanti et efflagitantibus eius amicis denegare non potui.

Non adeo diu mihi notus est *Leonhardus*[1]. Audio ab his, qui eum noverunt, esse hominem studiosum, minime amantem ignavi ocii, habentem mediocrem usum latine et germanice scribendi, iuvenili imperitia eius imbecillis aetatis ineptum potius et incogitanter saepe agentem quam malevolum. Libelli, de quo potissimum initio vocatus in suspitionem et accusatus forsan, constanter pernegat se esse autorem. De quodam alio dicitur, cuius nomen ad illuss. principem d. d. *Augustum* ducem Saxoniae etc. audio perscriptum esse. Audio eum, reverendiss. due princeps, bonum testimonium multorum hominum *Luchae* habere in ecclesia, in qua docuit. Diaconum ei esse ex privatis affectibus parum aequum, et alios quosdam paucos, ut mundus nunc morose, asperrime et ἀποτόμως iudicat de miseris Lazaris ante ianuam ministris verbi, cum alias conniveat ad τὰς μοιχίας, πορνίας saepe consulum, saepe κρατούντων in parvis oppidis. [Am Rande: Non soleo durior esse verbis in ullum bonum, sed doctor *Oethe* dignus est quavis asperitate, teste gravi ipso d. *Luthero*.] Quoties miseri ministri (saepe urgente conscientia coram Deo) reprehendunt vina, ebrietatem, adulteria ditiorum aut praefectorum, schosserorum etc., audiunt mox: en buccinae seditionis, audiunt seditiosi. Sed ineptus ipse sum, qui haec commemoro, quae R. D. V. et ill. Cel. melius videt quam ego. Videmus, quam superbe quidam iam reiiciant omne iugum nolintque ab ullo ministro admoneri. Quod attinet ad

---

[1] Siehe oben No. 748 und 752.

III. In Halle.

scriptum, de quo *Frankenhusenses* queruntur, audio illud nihil (?) pertinere ad generosum et nobilem comitem[1] etc. Quidam *Iacobus Oethe*, doctor theolog. promotus quidem, sed nihil minus quam ἀληθινὸς θεόλογος, praeest quasi pastor ecclesiae *Frankenhusensi*, homo, quod ad latinum stilum attinet, longe indoctior *Leonarho* [so], portentose morosus, zelator adhuc pro dimidiato papatu, qui saepe pro concione auditus est atrocia convicia et hostilia dicere in ipsum rev. d. *Lutherum*, in d. *Phil.* et me nominatim. De quo querelas gravissimas nunciarunt, scripserunt multi ex *Frankenh.*, qui purae doctrinae καὶ τῷ εὐαγγελίῳ ex animo addicti sunt, et in summa reverend. in Christo domino, doctorem *Oethen* vappam esse vanissimum, stultissimarum opinionum sine iudicio, sine eruditione solida, sine ingenio, et forsan (cum dom. *Phil.*, d. *Lutherum* publice damnet) etiam sine omni mente, fatebuntur ipse rev. *Lutherus* et *Phil.*, qui norunt *Oethen*, esse *Ottonem* Romana phrasi. Cives *Hallenses*, qui tempore pestis commorati sunt *Franckenhusen*, dicunt se nunquam audisse insulsiorem nugatorem contra d. *Lutherum*, nos omnes, miris ineptiis adhuc pugnantem pro lignea statua parasceve in sepulchro reponenda et pro aqua benedicta etc. Atque hic doctor *Oethe* conflavit hoc *Leonardo* odium et auctor est querelarum. Si qua in re audiero *Leonhardum* esse vere reum, illuss. p., non patrocinabor sceleri, non ero molestus in causa parum bona V. R. D. et Cel. supplicibus aut deprecatoriis literis. Multi boni, quibus notus est *Leonardus*, sperant eum non pravitate mentis aut animo vere malo et flagitioso, sed nescio qua tatua linguae libertate et imperitia peccasse et longe odiosius institutam per. technas crudelis et conviciatoris nostri doct. *Oethen*, quam delicti qualitas postulet. Cum ergo miser habeat uxorem et liberos, rogatus rogo, ut R. D. dignetur elementer annuere, ut liberetur sic carcere castigatus.

V. R. D. ignoscat mihi pro captivo scribenti, nam communis patriae affectu permotus literas ad Cel. V. denegare non potui.

(Am Rande: Clarissimus vir d. licentiatus *Musa* (forsan doctor *Oethen*) *Ottonem Romae* i. e. vappam merum dissentientem stultissime ab omnibus Lutheranis.] — Datae raptim *Halae* 2ª post dominicam Quasimodogeniti anno dni 1545.

V. R. D. et illuss. Cel.
                addictiss.
                I Ionas doctor p. W.
                S. Hall.

Archiv zu Zerbst.

---

[1] Der Graf von Schwarzburg.

754. Jonas an Fürst Georg.　　　　Halle 1545. April 14.[1]

Nimmt einen Dorfgeistlichen gegen übereilte Amtsentsetzung in Schutz.

Gnad vnd fride Gottes in Christo. Hochwirdigster in Christo, durchleuchtiger hochgeborner furst. E. f. g. sind mein willig vntertenige, gevlissene dinst zuuoran. Gnediger f. vnd h., ich bin e. f g. mit meinem schreiben nit gern beschwerlich, so aber die armen dorfpfarrer an vilen orten wie die armen Lazari gehalden werden, bin ich auß erbarmung inen trostlich, so vill ich armer kan. Jegenwertiger er *Ludowig Lambsdorf* wird e. f. g. vntertenigklich antzeigen, wie auch in hirbeiuorwarter schrift vormeldet wirdt. Wo nun m. *Schlainhauufen*[2] so geschwind mit absetzung dises *Ludowici* zw *Puschleben*[3] gefaren were, bitt ich vntertanigklich, so *Reppo*[4] noch ledig ist ader etwas anderes, e. f. g. wolle gemelten armen man, wilcher ein ehweib vnd drey klein kinder hat, in gnedigem befelh haben. Ipse moerens et afflictus sancte iurat et adfirmat, se non propter delictum, sed mero libito nigri *Schlahauffen* depositum esse. Quod sane durum est, et miror asperitatem καὶ ἀστοργίαν in praecone τοῦ ἁγίου εὐαγγελίου. E. f. g. hald mir gnedicklich zu gutt. Dy armen Lazari suchen trost, wo sie mligen. Christus R. D. et Cel. V. conservet diu ecclesiae et reipublicae. Dat. eilend *Hal.* 3ª post Quasi modo geniti.

　　　　E. f. g.　　　　　　　　　　　　will. diener
　　　　　　　　　　　　　　　　　　　　I. Ionas d. *H. S.*

Archiv zu Zerbst.

755. Jonas an Fürst Georg.　　　　Halle 1545. April 15.

Bittet einem Geistlichen, der sich im Magdeburgischen Gebiete durch seine Strafpredigten Verdriesslichkeiten zugezogen, eine Merseburgische Pfarre zu geben.

— Hic d. *Wolfgangus Eichnum*, iam pastor in *Lobicheun*,[5] V. R. D. et Cel.[m] exponet suam causam et necessitatem. Praefuit ecclesiae *Lobc.* in episcopatu *Magd.* ad biennium, ante gubernavit ecclesias sub illuss. principe *Wolfgango* Anhalt. etc. Dum vitia reprehendit et manifesta flagitia quorundam, adulteria civium, crudelem desertionem uxorum, repudia saeva, iuxta saevitiam et duritiam impiorum cordium τὴν

---

[1] Für die Datierung kommt in Betracht, dass Fürst Georg in der Adresse schon als Coadjutor bezeichnet wird.
[2] Schlaginhaufen, Ochloplectes, Pfarrer in Köthen.
[3] 3/4 Stunde von Köthen.
[4] Reppichau, auf halbem Wege zwischen Köthen und Dessau.
[5] Löbejün. Dreyhaupt II, 814 führt Wolfgang Eichmann für 1543 als Pastor daselbst auf.

πολυγαμίαν superductarum coniugum, quam his temporibus neque ipse R. Illuss. coadiutor *Magdeburg.* noster nec commissarii neque officiales puniunt, invidia oneratur et odio tanto, ut in *Lobichain* apud impoenitentes amplius habitare nolit, et ipsi quoque dimittere eum student. Quamobrem rev. princeps ac domine, petiit a me commendatitias et quaerit aliam conditionem. Dixit se compertum habere de quibusdam parochiis, quae adhuc vacent [in] *Mersborgensi* ditione. Rogo ergo V. R. D. et Cel. si quid vacat dignetur iuvare bonum hunc virum. Nam ad V. R. D. tanquam ad communem patronum afflictorum confugiendum sibi duxit. — Gn. f. vnd h., die armen pfarrer bewegen mich mit irem emsichen plethen[1] vnd bitten zu schreiben, E. f. g. wolle mirs gnedig zugut halden. Ich bin e. f. g. nit gern beschwerlich mit conivenz schreiben. — Datae raptim *Halae* 4ta post Quasimodogeniti anno dni 1545.

V. R. D. et ill. Cel.   dediciss.   *I. Ionas* doct. s. *H.*

Archiv zu Zerbst.

756. Melanchthon an den Rat zu Halle. Wittenberg 1545. Mai 6.

Warnt vor einer seitens des Rates beabsichtigten Veränderung in der Besoldung der Prediger und des Schulmeisters, bittet dringend, nicht auf diejenigen zu hören, welche sagen, für Halle genüge ein geringer Schulmeister. Er betont die Bedeutung guter Gymnasien für das nachfolgende Universitätsstudium, sowie den Gewinn guter Jugenderziehung für Kirche und Staat.

Gottes gnad durch seinen eingebornen son Iesum Christum vnsern heiland zuuor. Erbare weise furneme gunstige herrn, e. w. bitt ich christlich gantz fleissig, sie wollen dise meine einfaltige schrifft guttwilliglich annemen vnd nicht darfur halten, das ich lust hab, mir an fremden orten viel geschefft zu suchen, dan ich nu in disem alter bin vnd so hoch sunst beladen, das ich wol verstehe, das ich bereit viel grosser lasten vff mir hab, dan ich ertragen kan. Idoch hat Gott dises menschlich leben also geordnet, das wir alle fur einander trewlich sorgen vnd beten sollen, so bin ich dennoch in einem beruff, den Gott zu vnterweisung der iugent befolhen, darnach bitt ich, e. w. wolle mir mein schreiben zu gut halten, dass ich e. w. treuer wolmeinung zugesandt.

Vnd ist dises die sach. Ich hab vernomen, e. w. haben fur, ein enderung zu machen mit den besoldungen, so vff etlich schul- vnd kirchenpersonen gewant werden, welche verenderung ein vnfreintlichen willen bey der burgerschafft wider die schul- vnd kirchenpersonen bringen wirdt, zudem das vieleicht die bezalung vngewiss vndt geringer werden wolt.

Nu weisz ich wol, das war ist, das alle menschen, reich vnd arm, privat personen vnd regenten zu vnterhaltung christlicher lahr zu schulen

---

[1] plethen = plaidieren.

756. Melanchthon an den Rat zu Halle.

vnd kirchen hulff zu thun schuldig sind, aber gleich wol geburt furnemlich solchs den regenten. Vnd ob wol in diser elenden letzten zeit in vielen landen die regiment mit grosem ausgeben hoch beschwert sind, so ist doch Gottes wil, das wir erstlich kirchen vnd schulen versorgen, vnd ist zu beklagen, das man offt an disen notigen wercken ersparen wil, das man hernach an viel vnnotige ding mit hauffen wenden musz.

Vnd soviel die schul belanget, bitt ich e. w., sie wollen bedencken, das alle alten[1] vmb der jugent willen leben sie e vnterweisen vnd vffzihen, vnd das stedt vnd regiment vmb iren willen furnemlich vnd nit vmb der alten willen von Gott gegeben vnd erhalten werden, darumb die erste vnd hochste sorg sein soll, das die jugent zu rechter lahr vnd erkentnuß Gottes vffgezogen werde.

Dan christliche relligion ist nicht wie andere heidnische relligion, die menschliche vernunfft selbst gedicht hatt vnd bedorfften keiner bucher vnd lahr, sonder Gott hatt sein heimlichen willen von Christo vnd vergebung der sund durch sein recht geoffenbart vnd dise offenbarung in ein buch gefasset, das sol man lesen, horen vnd lernen. Darumb sindt studia in christlicher relligion viel hoher von noten, dan bei allen andern velckern.

Das aber etlich sagen, *Hall* bedurff nicht ein furtrefflichen schulmeister, ein geringer konne diese jugent wol versorgen: dagegen bitt ich, e. w. wollen ihr gantze teutsch nation vor augen stellen vnd der armen christenheit nottdurfft bedencken, so werden sie sehen, das durch Gottes gnad in disem land vnd in etlich wenig stedten in Sachsen vnd am Rein die studia noch erhalten werden, aber dagegen sind sie gefallen in Ostrich, Behem, Schlesien, Beiern vnd in stifften *Mentz, Trier, Collnn,* in *Gülich* vnd Niderland etc., das ein grosse barbarey in kunftig zu besorgen, wo nit an mer orten die schulen widerumb stattlich vffgericht werden.

Nu ist durch Gottes gnad itzund e. jugentschul wol angericht vnd stehet wie ein schoner garten, darumb wollet sie Gott zu lob vnd den nachkomen zu gut erhalten.

Vnd zu erhaltung rechter studien ist nott, das nit allein die vniuersiteten recht bestelt sind, sondern die jugent muß die grammatica in die vniuersitet mit sich bringen, wo solichs nit geschihet, da volgen viel vnordnung vnd schaden. Welche kein fundament haben, konnen in hohen schulen nit furtkomen vnd verlassen alsdann die studia etc. Darumb ist not, das die schul in ewr statt vnd andern stetten, da ein

---

[1] Handschr.: das alten allen.

zimliche menig ist, da nicht vniuersiteten sind, dennoch mit wolgelerten verstendigen geubten menschen bestelt werde.

Dazu wissen e. w., das ein wol geordnete jugent, so in der kirchen helffen soll, nit allein ein zier vnd wolstant ist, sonder auch ein gottesdienst. Denn verstendige knaben, die in christlicher lar recht vnterwisen werden, stehen da fur Gott vnd helffen ewch mit ernst betten vnd gehorn in disen spruch im psalmen: ‚aus dem mund der vnmundigen etc., hast du dein lob angericht'

Ach es gehoren viel vnd mancherley schoner vbungen dazu, ein menschen zu erkantnuß vnd zu tugent zu gewehnen. Darumb, wollen doch e. w. vmb Gottes willen die schulen nit so gering achten, sonder darob halten, so lang Gott friden gibet. Wie schone schulen sind in Asia vnd Grecia gewesen, die *Mahomet* vnd turkische barbarey vertilget haben! Laßt vns nit selb gleiche barbarey anfangen, sonder bedenckt, das wir all, groß vnd klein, zum ersten vnd zum hohisten Gott diesen dienst schuldig sind, das wir erkantnuß Christi vnd gutte zucht helffen furdern vnd erhalten.

Entlich bitt ich auch vmb Gottes willen, e. w. wollen die diener des euangelij nicht beladen mit dem vnfrewntlichen willen der gemein, welcher volgen wurde, so die verenderung mit ir besoldung ins werck bracht wurde, vnd verstendige priester wurden schew haben in ewr kirchen zu dienen. Nu ists ja trostlich, so man gottforchtige, gelarte, verstendige, sittige seelsorger hatt, die vom volck geliebt sind vnd dabey man radt finden kan.

Dise meine einfaltige schrifft, bitt ich, wollen e. w. von mir nit vngunstiglich vernemen. So erbeut ich mich alzeit e. w. so viel mir moglich zu dienen vnd bitt vnsern heiland Ihesum Christum, Gottes son, ehr wolle ewr kirche vnd statt gnediglich bewarn vnd regirn. Amen. Datum *Wittenberg*, den 6. Maij 1545.

Philippus Melanchthon.

An burgermeister vnd rat der statt *Hall* in Sachsen[1].

Abschrift im Archiv zu München. Neuburger Religions- und Kirchensachen. Mitgeteilt von Prof. D, Th. Kolde.

---

[1] Dieser Brief scheint identisch zu sein mit dem Corp. Ref. V. 754 unter dem gleichen Datum notierten Schreiben, von welchem dort nur die Anfangsworte mitgeteilt sind. Freilich trägt der Brief dort die Adresse „Senatui Norimberg."; dass aber die Adresse „Halle in Sachsen" die richtige ist, erhellt aus dem gleichzeitigen Schreiben Luthers (7. Mai 1545 de Wette V. 737flg) an den Rat zu Halle. Beide Briefe ergänzen sich; sie sind auf Veranlassung des Jonas geschrieben, der sich in diesen Tagen in Wittenberg aufhielt.

757. Jonas an Fürst Georg. Halle 1545. Mai 20.

Berichtet über seinen Besuch in Wittenberg, arbeitet an der Uebersetzung von Luthers Schrift „Wider das Papsttum." Die Thesen der Löwener Theologen gegen Luther. Empfiehlt dem Fürsten eine Ehesache.

— Profectus *Vitteberyam* paene in tertiam hebdomadam commoratus ibi sum apud rev. d. doct. *Martinum Lutherum* [1] et de variis contuli cum eo, de libello dentatissimo et vehementissimo de imaginibus seu picturis contra papam et papatum Romanum. Et in ipsis aedibus rev. d. doct. *Luth.* paene ultra tertiam partem libri contra papatum reddidi latine et Deo dante reliqua brevi quoque mittentur ad typographum. Themata theologorum *Lovaniensium*, quibus damnant omnes articulos doctrinae nostrae et omnia quae continentur in confessione et apologia, typis excusa missa sunt *Vittenbergam* a quodam amico ad d. *Lutherum* [2]. *Dessae* reliqui exemplar apud illuss. principem et dd. *Joachimum* mittendum V. R. D. et Cel., deinde remittendum mihi *Halam* vel ipsi d. doct. *Luthero*. Rogo V. R. D et Cel. dignetur significare, an themata illa extreme hostilia legerit et edictum *Caes. Caroli V* latina et gallica lingua adiunctum. Lutherani una cum Anabaptistis et *Oecolampadio* clare ac diserte ut haeretici damnantur. Post pentecosten si cognoro V. R. D. esse *Mersborgi*, dabo operam ut coram V. R. D. et Cel. colloqui possim. Hic *Moritz Meier* est mihi commendatus a pastore *Hainensi* non longe a *Dresden*, qui habet difficile negocium coniugale et perplexum. Cum hos afflictos et miseros iam nec episcopi iuvent in locis ubi abutuntur libertate, rogo V. R. D. et Cel. dignetur committere negocium audiendum commissariis, ut huic afflicto tanquam subdito illuss. principis d. d. *Mauricii* in conscientia consulatur, ne maioribus periculis et difficultatibus implicetur. V. R. D. et Cel. ut ἀληθινὸν ἐπίσκοπον et d. *Antonium Musam*, reliquos, qui V. R. D. et Cel. inserviunt, opto semper agere sanos et incolumes. Datae raptim *Halae* 4ta post Exaudi anno dni M. D. XLV.

V. R. D. et Cel.   addictiss.
    I. Ionas doctor s. *Hallen.* eccl.

Habeo alia quaedam V. R. D. et Cel. ex *Vitteberga* communicanda, quae mittam proximo tabellario.

Archiv zu Zerbst.

---
[1] Vergl. Luthers Schreiben an den Rat zu Halle, 7. Mai 1545. de W. V. 787 flg.
[2] Köstlin II² 621. Erl. Ausg. 65, 169.

758. Jonas an Fürst Georg.   Halle 1545. Mai 31.

Der Kaiser und andere Potentaten werden in Trient erwartet, und man befürchtet dann Verdammungsdecrete gegen die Evangelischen.

— De synodo *Tridenti* dicunt, quod ad eam venturi sint Caesar ipse *Carolus V.*, rex Galliae, rex Angliae et multi alii edituri decreta damnatoria doctrinae Lutheranae. Christus adsit ecclesiae suae et ἐν πάσῃ δυνάμει δυναμούμενος corroboret pios ad confessionem evangelii. Papistae gloriantur, volitant laeti, triumphabundi. Sed שֵׁב לִימִינִי vivit, qui Sennaheribos et montes ac petras nutu prosternere potest et humiliare. Deus custodiat opt. Caesarem a papisticis et malis consiliis. Βουλὴ κακὴ βουλεύοντι κακίστη.[1] Christus V. R. D. ecclesiae quam diutissime conservet salvam incolumemque. Datae raptim dominica Trinitatis anno dni MDXLV.   *I. Ionas* doctor p. *W.*
   Superatt. eccl. *Hall.*

Archiv zu Zerbst.

759. Jonas an Fürst Georg.   Halle 1545. Juni 6.

Ist bereit, nächstens zu mündlichen Verhandlungen über kirchl. Angelegenheiten nach Merseburg zu kommen. Von einem beim Trinkgelage verübten Totschlage. Nachrichten über Trient und den Kaiser.

— D. m. *Matthias*[2], συνεργός μου et pastor hic S. Mauricii, iussu R. D. V. et Cel. dixit mihi et exposuit mandata. Ad proximam 2ᵃᵐ feriam hic me detinent alia negocia (ut V. R. D. coram dicam), si autem ita placuerit V. R. D., tunc. ad nutum clementem D. V. 14. vel 15. Iunii, i. e. die Viti certo conferam me *Mersburgum*, ut de *Querfordensis* ecclesiae negociis, de offensa, quae est inter m. *Pacaeum* et m. *Phil. Agathonem*, et aliis colloquar. In hac tota re tamen non rustice aut secus quam decet apud principem talem et tantum praescribo leges D. R. V. Si literis per hunc tabellarium significaveritis 4ᵗᵃᵐ feriam proximam vel simile tempus, iussui et dicto parebo reverenter. Hic 2 Iunii accidit tristissimus et miserabilis casus. Iunior *Eberhausen* dicitur confodisse inter pocula quendam nobilem *Fritz von Beiern*, ministrum *Hieronymi von Drachsdorf*, de quo haud dubie rumor omnia pertulit et praevertit literas. Nuper hic fuit d. doctor *Fachs* una cum domino consule *Wideman* et doct. *Lüssel*[3], qui dicit Caes. *Carolum V.* certo

---

[1] Jonas beurteilt die Lage ganz irrig. Die Ankunft Karls in Trient wurde von den kaiserlichen Staatsmännern öfter den päpstlichen als in Aussicht stehend angekündigt, um dieselben zu schrecken. Das persönliche Erscheinen des Franzosenkönigs wird nie besprochen, und gegen Heinrich VIII. hofften eben die Franzosen vielmehr eine Erklärung des Concils durchzusetzen, als dass an dessen Reise zum Concil gedacht wurde.   [2] Wanckel.   [3] Vergl. 1. 357.

esse *Wormatiae* et discurrere celeres tabellarios a *Tridenti* synodo ad Caesarem, a Caesare ad σύνοδον ἰδωλολατρικὴν καὶ παπατυρανικήν.[1] Christus adsit ecclesiae suae ἀληθινὸς θεός et שֵׁי לְיָמִי. — Datae sabbato post Trinitatis anno dni MDXLV.

D. *Antonio Musae*, viro doctissimo, fideli praeconi Christi, veteri amico et colendo precor incolumitatem et εἰρηνικὰ καὶ εὔφημα πάντα.

R. D. V. et illuss. Cel.   deditissimus
                                I. Ionas doctor s. *Hallen.* eccl.

Archiv zu Zerbst.

760. Melanchthon an Jonas.   Wittenberg 1545. Juli 2.

In trüber Stimmung giebt Mel. seiner Befürchtung Ausdruck, dass er dem alten Freunde jetzt verdächtig geworden sei; doch gelobt er, ihm seine Freundschaft bis an sein (wie er meint, nahes) Ende beweisen zu wollen.

Corp. Ref. V. 785.

761. Jonas an Fürst Georg.   Halle 1542. Juli 4.

Gerüchte vom Tridentiner Concil. Luthers Commentar zu Hoseas ist von V. Dietrich herausgegeben. Fürbitte für den Prediger Reinisch.

— Cum *Michael* מִטוֹב *Gut* ad R. D. V. proficisceretur, existimavi mei officii esse, ut V. R. D. et Cel. meum indicarem paratiss. obsequium. Quod attinet ad synodum *Tridenti*, ea dicitur translata in oppidum quoddam Burgundiae. Quidam magnus inter eruditos scripsit in haec verba: „in synodo et quantum est in rege *Ferdinando* et papistis aulae eius, nihil cogitatur quam de delendis omnibus, qui doctrinae purae adhaerent, quos διάβολος per calumniam Lutheranos vocat." D. *Vitus Theodoros Norimbergensis* V. R. D. dedicavit commentarium d. d. *M. L.* in Hoseam cum praefatione sancta πνευματικοτάτῃ,[2] quam pluris aestimandam duco quam *Ferdinandi* Hispanicas aut Persicas gazas, ne dixerim prompta χρήματα βασιλικὰ aut θησαυροὺς βασιλικούς, quos nullos habet benedictione Dei carens. V. R. D. mitto novitates, quas dignabitur remittere per *Michaelem Gutt*.

Pro misero, paupere et afflicto *Reinisch*[3] stamus imo procumbimus coram V. R. D. supplices, ut ipse promittens emendationem retineat parochiam seu conditionum. Nam alias hic Lazarus iacebit pauper et ulceribus inopiae plenus et afflictus cum uxore et liberis. De eius

---

[1] Karl war seit dem 16. Mai in Worms. Auffallend ist, dass Jonas noch nichts von der Ankunft des Cardinals Farnese weiss und statt dessen im Allgemeinen von „Boten" schreibt. v. Druffel II. 13.
[2] Corp. Ref. V, 760—767, datiert 1. Juni 1545.
[3] S. oben S. 129—131.

necessitate et lachrymis latius dicet V. R. D. *Michael Guth*, camerae scriba senatoriae. — Datae *Halae* sabb. post Visitationis anno dni 1545.

R. D. V. et Cel.   addictiss.   *I. Ionas* doctor p. W.
                                                                 S. Hall. eccl.

Archiv zu Zerbst.

762. Melanchthon an Jonas.   Wittenberg 1545. Juli 10.

Der Kaiser will das Wormser Colloquium weiter fortsetzen lassen, zu welchem er (Mel.) wieder werde mit Anderen ziehen müssen.

Corp. Ref. V, 788.

763. Jonas an Fürst Georg.   Halle 1545. Juli 14.

Empfehlung des Anliegens eines Geistlichen. Nachrichten über Kaiser und Concil.

M. *Matthias* fidelis et syncerus συνεργός μου in domino exponet V. R. D. negocium quoddam pastoris in *Ranstet*, quo nomine quaeso V. R. D. et Cel. eum rogo clementer audire dignetur et habere commendatum. Ecclesiae nostrae *Hallensis* status Dei beneficio mediocriter est tranquillus, sed tamen Satan more suo insidiatur regno Dei. De Caesare et conventu *Wormatiensi* et synodo *Tridentina* si quid certi habet V. R. D., dignetur impartiri. Rev. ἐπίσκοπος *Naumburgen.*[1] nuper scripsit mihi *Carolum V.* omnibus machinis oppugnari et incitari ab adversariis τοῦ εὐαγγελίου, ut contra Lutheranos induat arma. Ὁ Χριστός adsit suae ecclesiae. — Raptim *Halae* 3ª post Margaridos anno dni 1545.

         V. R D. et Cel.   addictiss.   *I. Ionas* d.

Archiv zu Zerbst.

764. Luther an Jonas.   Wittenberg 1545. Juli 16.

Wünscht ihm Besserung in seinem Steinleiden; Nachrichten vom Concil und von einer Gesandtschaft an den Sultan.

de Wette V, 743. 744. Das Datum 1. Juli ist, wie schon Seidemann de Wette VI, 523 zeigte, falsch: das richtige, 16. Juli, bietet Cod. Goth. A 399 fol. 25ᵇ, wo sich Abschrift der zweiten Hälfte des Briefes von Audisse an findet. Dasselbe Stück befindet sich auch abschriftlich in einem Briefe von Joh. Conon an Stephan Roth. Zwickau R. S. B. N 64.

Aufschrift: Reverendo viro pietate et virtute excellenti duo Iusto Ionae theologiae doctori, fratri suo charissimo.

Varianten von Cod. Goth. 399: — solvisse Venetiis — pro pace petenda — quod honorificentissimum est ac aeterna memoria dignum, — vestibus quisque patriae suae — bella geruntur — imperii? — nostrae? Gaudeamus — finis adest mundi. Die 16 Iulii. Martinus Lutherus D.

---

[1] Nic. von Amsdorf.

765. Jonas an Fürst Georg. Halle 1545. Juli 16.
Allerlei Nachrichten vom Concil und dem Kaiser.

— De statu huius ecclesiae *Hallen.* et nostro (qui Dei dono satis tranquillus est) audiet R. D. V. ex clarissimo viro d. doct. *Chiliano* huius reip. syndico, fratre amico et compatre charissimo meo. Comites *Mansfelden.* suo sumptu (ut mihi dicitur) miserunt *Tridentum* nuncium, qui proximis X diebus revolavit ex *Tridento,* ut V. R. D. intelliget ex scheda his inserta. Hic dicit tantum 23 episcopos esse *Tridenti.* Cardinalis reverendissimus [1] pulchrum par synodalium procerum misit: suffraganeum (ein fladenweicr) [2] et ventrem Franciscanum. Mirum nisi ἄρχων ingeniosissimus et acutissimus ipse tacitus deridet frigidam et titulotenus tantum oecumenicam synodum. Hic rumor est Caesarem in uno quodam oppido convocasse omnes papisticos ordines; quod esset mali ominis.

[A]d. m. *Fredero* brevi accipiam quid certi responsi.[3] — Datae raptim *Halae* 5ta post Margaritae anno dni M. D. XLV.

V. R. D. et ill. Cel.   addictiss.   *I. Ionas* doctor p. *W.*
S. *Hall.* eccl.

Archiv zu Zerbst.

766. Ordinationszeugnis für Fürst Georg von Anhalt. Merseburg 1545. Aug. 2.

de Wette VI. 681 (3. Aug.) Corp. Ref. V. 825 (3. Aug.) — Das Zerbster Archiv besitzt unter G A R vol. II. fol. 277^b no. XXVIII. 1) den von Melanchthon geschriebenen Entwurf auf 3 Bogen Papier mit den Unterschriften der Beteiligten und den Oblatensiegeln Luthers, Sig. v. Lindenau's und des Jonas. — aeterno patri Domini nostri — Evangelii propagatores — reverendiss. et illustris princeps — accersiti sunt, veteri — infra ascripta — hunc illustrem principem — docendi evangelium — Datae die secunda Augusti – in oppido Mersburg.

Convocati — ecclesiis noch von Melanchthons Hand; dann von jedem eigenhändig: Martinus Luther. d. Iustus Ionas. d. Sigismundus a Lindennau ecclesiae Mersburgen: decanus. Iohannes Pfeffinger d. Antonius Musa theologiae licentiatus ecclesiae Merseborgensis minister. Wolffgangus Stein pastor et superintendens ecclesiae Weissentelden: Laurentius Reinhart pastor Mersburgen. Iacobus Steyrer pastor in Rosslaw.

2) die von Paul Eber geschriebene Pergamentausfertigung; die Worte Convocati — ecclesiis sind auch hier von Mel.'s Hand; dann die eigenhändigen Unterschriften: Martinus Luther doctor theologiae. I. Ionas d. S. Hall. ecclesiae. Et ego Sigismundus a Lindenaw ecclesiae Mersburgen. decanus manu protestor propria, me huic impositioni manuum interfuisse. M. Iohan: Pfeffinger theologiae doctor pastor ecclesiae Dei in oppido Lipsia. Laurentius Reinhart pastor Mersburgen. Iacobus Steyrer minister ecclesiae Mersburgensis, tunc temporis pastor in Rosslaw. [Am

---

[1] Albrecht.   [2] Michael Helding; siehe Herzog's Real-Enc. 2 XIV. 214. v. Druffel, Mon. Trid. No. 106. Vergl. in Luthers Brief an Jonas (vorige No.) die Worte: „Legatos Moguntinus ad concilium ridendos misit." de W. V. 743 (vergl. daselbst die Anmerkung) und de W. V. 750.   [3] Siehe Nr. 768.

Rande] Andreas Ernesti eo tempore pastor Lauchaniensis. Paulus Eberus Kyzingensis scribebat. — Angehängt drei rote in Wachsnäpfe eingelassene Siegel (Luther, Jonas und Pfeffinger). [Mitteilung von Herrn Archivrat Prof. Kindscher.]

767. Luther an Jonas.   Wittenberg 1545. Oct. 26.

Frohlockt über den Sieg, den die Verbündeten über Herzog Heinrich v. Braunschweig davongetragen haben.

de Wette V, 764; vergl. gleichzeitige Copie im Archiv zu Zerbst.
Aufschrift: Clarissimo viro d. Iusto Ionae theol. doctori, ecclesiae Hallensis episcopo, suo maiori venerando.
— paucis. Mi Iona. quam laetam et divinam nobis — credamus, oremus. — tam brevi, tam subito. — etiam ex nobilitate multi dick ausgestrichen — victoria sui Mezentii. — omnes eadem scribunt — quae mitwochen facta — Comite a Rittberg et Weisburg   scribit D. Bernhardus a Mila. Die hackenbuchsen habens gethan vnd den reysigen zeug Heintzen dissipaverunt. Milites autem mox dilapsi. Reliqua audiemus. — Crispini 1545 — Luther D.

768. Jonas an Fürst Georg.   Halle 1545. Oct. 28.

Empfiehlt einen Hallenser für die Pfarrstelle in Lauchstedt Ueber eine Berufung Freders in die Dienste des Fürsten Georg. Der Sieg der Schmalkaldischen über Heinrich von Braunschweig; die Neuwahl in den Erzbistümern Magdeburg und Mainz.

— Hic est quaedam pia et admodum amans evangelii matrona, quae impense rogavit, ut hunc suum filium, d. *Georgium Seteler*, V. R. D. commendarem, quem et dnus licent. *Anton. Musa* novit et ut audio in examine de eruditione audivit. Cum ergo a multis bonis praecipuam laudem habeat integritatis, modestiae et diligentiae in ministerio verbi, rogo V. R. D. dignetur clementer permittere, ut in *Lauchsted* praeficiatur, non dubito in ministerio fidelem futurum. Rogo R. D. V. dignetur ei clemens dare responsum, ut intelligat sibi hanc commendationem profuisse. Quod attinet, illuss. princeps, ad m. *Io. Frederum*, equidem optarem eum in has nostras venire regiones, sed video eum nescio quomodo de tota re non satis constanter deliberare. Est quidem m. *Frederus* vir insigniter doctus, valens non mediocri robore scribendi et mire felix in translationibus, sed more praestantium artificum habet suas imbecillitates, quas rogo R. D. V. mihi non imputet. Si commodam domum habere posset, tunc (ut video) scribit se venturum. In omnibus, ut videmus, m. *Frederus* studiosissimus est nominis V. R. D. et dedicavit V. R. D. locos communes *Urbani Rhegii*.[1] Si quid V. R. D.

---

[1] Gemeint ist: „[Blättchen] LOCI THEOLOGICI E | PATRIBVS ET SCHOLA - | sticis Neotericisq3 collecti. | per D. VRBANVM | RHEGIVM. ‖ FRANCOFORTI EX | officina Petri Brubach.   ANNO M.D.L. " Randl. 8. Bl 251: FRANCOFORTI EX | officina Petri Brubachii, anno | 15 50. | — Der Widmungsbrief an Fürst Georg ist datiert: Ex Hamburgo. Mense Ianuario (ohne Jahresangabe 1545?) Wolfenb. 1197. 15 Th. Ein früherer Druck des Buches ist mir nicht zu Gesicht gekommen; Mohnike, Joh. Frederus, Stralsund 1837. II 43 führt eine Ausgabe Francof. 1545 an.

768. Jonas an Fürst Georg.

dignabitur illi rescribere clementer aut nunciare, intra X dies ad *Hamburgum* habebo tabellarium.

De victoria illuss. electoris et landgravi Hessiae et illuss. ducis *Mauricii* contra *Brunsvicensem Mezentium* non dubito V. R. D. et Cel. omnia minima maxima cognovisse et certiora habere quam perscribi possit. V. R. D. et Cel. mitto literas rev. patris d. doctoris *Ma. Lutheri*,[1] in cuius corde cum Spiritus Stus tam exultanter gaudeat de hac divinitus parta victoria, etiam omnes ecclesiae merito laetari et gratias agere debent.

De archiepiscopo novo et futuro *Magdeburgensi*[2] et deliberationibus urbium iam nihil scribam, donec audierimus certiora, et nostri redierint ex *Magdeborgo*. Si quid V. R. D. habet de electione *Moguntini* novi archiepiscopi,[3] rogo dignetur clementer impartiri. His commendo me V. R. D. et rogo dignetur quoad ecclesiam *Lauchsted* habere commendatum *Georgium Seteler*. — Datae raptim *Halae* 28. Octobris anno dni MDXLV.   V. R. D. et Cel.

addictiss. *I. Ionas* doctor p. *W.*
S. *Hall.* eccl.

Archiv zu Zerbst.

769. Jonas an Fürst Georg.   Halle 1545. Nov. 4.

Bittet den Fürsten, seinen Einfluss aufzubieten, dass nicht einem Studierenden die von Card. Albrecht bewilligten Stipendien vom Nachfolger entzogen werden.

— Ex literis huic epistolae insertis V. R. D. et Cel. intelliget, quid *Christopherus Nagel* a V. R. D. et Cel. optet mea commendatione et precibus submissis impetratum. Saepe apud me constitui, eiusmodi precatoriis literis V. Cel. non molestus esse, sed cum hic *Christopherus* eiusque hic coram assistens mater his paene cum lachrymis mihi exposuerint, quanti intersit eius his reditibus (a priori episcopo donatis), non destitui, et quanta haec sit futura iactura ac ruina ipsius studiis, cum etiam praetor seu scultetus *Hallensis* et *Drasdius Hieronymus* me impense rogarint, ut operam meam sic commendando ei navarem, rogo V. R. D. dignetur apud consistorium clementer suam interponere auctoritatem, ut liberalitas prioris episcopi integra constet et ab onere illorum 4 novorum sexag.ar. liberetur *Christopherus*, ne cogatur cursum studiorum feliciter coeptum subito et non sine ingenti damno omnium fortunarum interrumpere. Nam quid est ecclesiae et rebus publicis utilius,

---

[1] Vgl. die vorige Nummer.
[2] Johann Albrecht von Brandenburg-Anspach.
[3] Sebastian von Heusenstamm.

quam adiuvare ingenia apta literis, ut sint ad posteritatem, qui possint docere cum fructu et aliis muneribus necessariis fungi in eccl. et rep., sicut David in psalmo iuvenes idoneos ad functiones in ecclesia et rep. comparat telis, quibus vincitur diabolus, quibus vastatur regnum eius. V. R. D. et Cel. novi per se propensam ad adiuvandos pios et bonos et d. *Antonium* licen. *Musam* audio favere *Christopheri* commodis optareque eius adiuvari studia — Datae *Halae* 4ta post Simonis et Iudae MDXLV.

           R. D. et Cel. V.   addictiss.

                                       Iustus Ionas doctor
                                       p. *W. S. Hall.* eccl.

Archiv zu Zerbst.

770. Basilius Monner an Jonas.   Torgau 1545. Nov.-19.

Dankt für Zusendung der lat. Uebersetzung von Luthers Schrift „Wider das Papsttum". Berichtet über den Gesundheitszustand der Kurfürstin, sowie über die beiden jungen Herzöge von Sachsen. Sendet ihm Thesen über die Exkommunikation zur Begutachtung.

S. Heri accepi libellum d. doctoris *Lutheri* a te latinitate donatum[1], clarissime ac cariss. d. doctor, una cum literis tuis, in quibus initio quidem minaris te mecum aliquando coram expostulaturum, quod ad te rarius scribo. Quod etsi verum esse fateor, tamen hoc non tam mea culpa accidit nec oblivione tui, quem scio mei studiosissimum esse iam inde ab adolescentia, quam iniuria temporis ac rerum, quae nos aliquando vix interspirare sinunt his difficillimis temporibus. Sed hac de re aliquando copiosus coram. Quae tua humanitas est et erga me benevolentia, non dubito quin futurus ac mansurus sis ille, qui semper fuisti, non tam nomine *Iustus* et *Ionas*, quam re ipsa. Et siquidem intelligo te hoc officii genere delectari, dabo operam quantum per occupationes licebit, ne videar officio defuisse. Interim ago tibi gratias pro hoc tuo beneficio ac xeniolo, quod mihi gratissimum est multis nominibus, valdeque probo tuum laborem, ut et exterarum nationum homines intelligant, a quo autore papatus ortus sit. Nec dubium est, quin pietatis amantes libenter lecturi sint, etsi scioli quidam acerbitatem in eo scripto non valde probent. Quos missos faciamus. Lucubrationem tuam, de qua scribis, haud gravate videbo et legam aliquando volente Deo. Illustrissima princeps Dei beneficio convaluit, etsi non sine periculo laboraverit. Officium tuum iuniores nostri principes in clementissimam partem acceperunt teque vicissim clementer salutare iubent. Deus pro sua bona voluntate gubernet ac fortunet

---

[1] Vgl. oben S. 161.

illorum pia et honesta studia, ut aliquando ecclesiae ac reipublicae usui et ornamento esse possint ad illustrandam gloriam Christi. Nuper habuerunt orationes, alter de intemperantia, alter de defensione, quatenus ea iure licita sit, quas misimus reverendo d. doctori *Luthero*. Tibi communicabimus aliquando. Interim mitto tibi propositiones quasdam de excommunicatione teque rogo, ut iudicium tuum de his mihi facias (?) aliquando si vacat. Interim te cum tota domo reverenter ac pie commendo clementissimo patri nostro coelesti, qui te servet incolumem ecclesiae. Bene vale. *Torgae* 19. Novembris 1545.

T. *Basilius Monner.*

Obtuli libellum tuum d. doctori *Matthaeo* medico[1], cui heri vesperi sub horam septimam uxor peperit filiolum, quique te reverenter et officiose salutare iubet.

Egregia pietate ac doctrina clariss. d. *Iusto Ionae* doctori
theologiae ac *Hallen.* ecclesiae pastori synceriss. domino suo
plurimum observando
Dem horn doctor *Jonas* pfarhern vnd prediger zu *Hall*.

Origin. in Meiningen.

771. Jonas an Wencesl. Link. Halle 1545. Nov. 21.

Betrifft einen Ehefall, in welchem er den Rat erteilt, die Unterstützung des Kurfürsten und des Landgrafen in Anspruch zu nehmen. Vom Konvent der Evangelischen in Frankfurt.

In negotio coniugali, clarissime d. doctor, domini *Schurstabii* iam ante aliquot hebdomadas rescripsissem, si a magistro *Kelner*[2] (quem nostis) potuisset certum haberi responsum. Verum ipse ut adversarius aut certe non admodum amicus doctrinae nostrae sanae, non magni facit auctoritatem evangelicae ecclesiae, adhaerens papisticis partibus, fugit nostros congressus et vitat, quantum potest, nostra colloquia. Adhibui tamen interim (quantum fieri potuit) in hac caussa diligentiam: vocavimus ego et synergus meus in templo Mauritii uxorem eius, matrem puellae. Haec paene omnia fatetur, quae *Schurstab*, et ut id perscripsistis: datum esse catenulam, sudariolum; sed dicit se et m. *Kelner* habere causas, quae post haec omnia exortae sint, quare nunquam in aeternum filiam velit dare domino *Schurstabio*. Et cum nos multis feminam a marito obduratam exhortati essemus, nihil aliud accepimus responsi. Quantum nos intelligimus negotium, dn. *Schurstabium* existimamus bonam caussam fovere, post multas deliberationes

---

[1] Ratzeberger.
[2] Siehe oben S. 4.

utrinque vere et definitive datam esse fidem coniugii. Et si res apud legitima tribunalia deducta fuerit ad cognitionem, haud dubie pro *Leopoldo Schurstabio* pronunciabitur. Proinde quod attinet ad petitionem vestram, nos hic *Halae*, nisi primum apud legitimos et dignos iudices causa cognoscatur, non feremus in hac ecclesia, ut nubat puella alteri, et cum petierit se pronuntiari vel proclamari, memores erimus literarum vestrarum et petitionis *Schurstabii*. Interim cum facile cognoverimus dn. *Schurstabio* et honestissimae familiae moram (quam m. *Kelner* callide nectit et quaerit) molestam esse, consulerem, ut literas impetraretis ab electore Saxoniae illuss. nostro hic *Halae* ad novum et futurum archiepiscopon; per eam rationem commodissime possetis cogere et percogere in m. *Kelnerum*. Sed totum, mi d. doctor, pater et frater in domino charissime, vestro permitto arbitrio. Audio dn. *Schurstab* fuisse aliquandiu apud landtgravium *Leuchtenberg;* hic est iunctus (ni fallor) consanguinitate novo episcopo.

Quod ad novitates attinet, nosti diem Nicolai [6. Dec.] praefixum esse, ut conveniant die protestirenden fürsten und stände *Francofordi*[1] de inventa apud *Brunsvicensem* arcula plena literis, mirandis conspirationibus, technis, consiliis Cain, quae non [nunc?] revelabuntur. Salutare velis d. *A. Osiandrum*, virum clarissimum, et *Vitum Theodorum* et d. d. *Magenbuccheum*, qui quaeso scribat, quid pro medicinis missis daudum sit; nollem donatas. Christus, mi frater in domino, te cum tota ecclesia *Norinbergensi* quam diutissime conservet incolumem. *Halae* Saxonum Sabbatho post Elisabeth 1545.

Verpoorten, Analecta pg. 181—184.

772. Herzog Albrecht v. Preussen   Wittenberg 1545. Dec. 9.
an Jonas.

Verspricht ihm seine Verwendung bei dem neuen Erzbischof von Magdeburg (in Sachen des Bestandes der Reformation in Halle).

Vnsern grus vnd gnedigen willen zuvorn. Wirdiger achtbar vnd hochgelerter lieber besonder. Wir fuegen euch in gnaden zuvornemen, als wir nunmehr durch gnedige verleihung des Allerhochsten allhie zu *Wittenbergk* ankommen, haben wir, Gott lob, vnsere besondere geliebte ehrn doctorn *Martinum Lutherum* vnd *Philippum Melanchthonem* sampt allen andern gelerten noch gelegenheit frisch vnd gesunt fur vns funden vnd in bewusten sachen mit gemeltem doctori *Martino* eigner person geret. Der vns dann vorheischen, das er neben gotlicher hulff die sachen mit dem besten fordern vnd vorstellen wolle. Demnach ist an

---

[1] Sleidan II 409. Seckendorf III 613.

euch vnser gnediges sinnen, (wie wir ohne vnser erinnern zugesehen gnediglichen keinen zweyvel haben), ir wollet mit eurem emsigen gebet gegen Gott, den geber aller gnaden, vleißiglichen anhalden, nicht zweivelnde, seine gotliche Maiestat werde es zu seinen ehren also verordenen, damit solchs ohne frucht nicht abgehe. Wir haben auch zu furderung der sachen widerumb an den erwirdigen hochgebornen fursten, vnsern freundlichen lieben brudern, herrn *Johann Albrechten* ertzbischoffen zu *Magdeburgk* etc. geschrieben, verhoffende, es solle dem handel nicht vndienstlich sein vnd in kurtzem fruchtbare antwort zuerlangen. Hiemit bevhelen wir vns sampt alle den vnsern in eur vnd in eur kirchen gebet. Datum *Wittenbergk* etc.

Commissio Principis
propria.

Baltzer Gans.

An doctorem *Justum Jonam* 1545 den 9. Decembris.

Copiebuch der Missive d. J. S. 4967. [Archiv in Königsberg.] Gedruckt im Hallenser Festprogramm v. 1841 (Fritzsche, Ad solemnia saecularia tertia sacrorum Halae emendatorum etc.) pg. 22. Excerpt bei Joh. Voigt, Briefwechsel der berühmtesten Gelehrten . . mit Herzog Albrecht von Preussen. Königsberg 1841. S. 336 flg.

773. Veit Dietrich an Justus Jonas. Nürnberg 1545. Dec. 14.

Entschuldigt sich wegen seltenen Briefschreibens. Von seiner bevorstehenden Reise nach Regensburg, dem Frieden mit den Türken und dem Tridentiner Concil.

S. in Domino. Non dubito, praeceptor clarissime, quin accuses vel negligentiam vel ingratitudinem meam, quod rarius quam decet ad te scribo. Sed si nota tibi, ut puto, est mens et consuetudo mea, magis occasionem quam me accusabis. Cum enim scribendi officium summo studio praestare soleam, causa alia nulla est, quod rarius ad te scribo, quam quod nulli se mihi indicant nuntii. Itaque cum iam affini meo carissimo, qui has ad te offert, necessitas esset imposita proficiscendi ad vos, nihil prius habui, quam ut ad te scriberem. De valetudine mea satis afflicta ipse narrabit, a te autem expecto laetiora. Quod ad mea vota attinet, quotidie precor, Christus ecclesiae suae incolumem te ut servet et longissima vita donet. Hodie apud nos fuit *Pistorius Niddanus* pastor et comes *a Waldeck*[1] profecturi *Ratisponum* ad συζήτησιν. Ad quam mihi quoque eundum erit, cum primum confirmata fuerit valetudo. Cum Turca pax est facta ad quinquennium, si *Ferdinandus* Valentini [14. Febr.] Turcae tres arces tradet tyranno, sin

---

[1] Vgl. Tagebuch des Grafen Volrad v. Waldeck und v. Druffel, Briefe u. Akten zur Gesch. des 16. Jahrh. III, 1. 152.

minus, tantum unius anni induciae erunt, quae coeperunt proximo die Omnium Sanctorum. Pontifex ex Caesaris voluntate episcopos dilapsos retrahit *Tridentum*.[1] Ac hesterno die, hoc est tertia adventus, prima sessio restaurati concilii habita est. Fiet iudicium de doctrina nostra. *Ratisponae* congregati citabimur ad concilium audituri sententiam capitalem. Eius constituetur executor Caesar. Haec consilia *Roma* ad nos perscribuntur, et signa sunt non vana esse nuncia. Dominus ecclesiae suae adsit. Is te servet diu incolumem. *Hieronymus Baumgartnerus* scribenti assidens te amanter et reverenter salutat. Erat ipse quoque vocatus *Ratisponam*, sed malum. pedis, quod ex captivitate attulit, id non sinit. Iterum vale, clarissime vir, et discipulum tuum ama. Affinem meum, quem lites iudiciariae ad vos expellunt, si adiuvare poteris, facito commendans eum d. *Chiliano*. Datae *Noribergae* 14. Decembris 1545.

Vitus tuus.

Dem erwirdigen herrn *Justo Jona*, der heiligen schrifft doctorn vnd der kirchen zu *Hall* in Sachsen lerer vnd seelsorger, meinem sonder lieben herrn zu handen.

Original im Besitz von K. Schneider in Schleswig.

774. Jonas an Joh. Lang. Halle 1545. Dec. 15.

Bittet ihn, die günstige politische Lage zur Verdrängung der Papisten aus Erfurt auszunutzen. Er möge zu dem Werke fleissig in Weimar bei einflussreichen Leuten gegen jene agitieren; es wäre ein grosser Triumph, wenn Erfurt völlig eine evangel. Stadt würde. Die Gelegenheit ist günstig: der Braunschweiger ist gefangen und in Albrechts Stelle treten neue Erzbischöfe ein, von denen man völlige Freiheit des Evangeliums fordern kann. Vom Colloquium in Regensburg. Jonas verteidigt sich gegen die Meinung, als habe er Schätze gesammelt.

G. et pacem Dei per Christum. Tuus proximus tabellarius, vir clariss. et mi dd. *Lange*, veteri vinculo τῆς ἀληθινῆς[2] φιλίας devinctissime et coniunctissime, aliquid festinavit et paene insulse, cum aliis essemus distentissimi, flagitavit literas. Itaque (me dolente) rediit ad te inanis. Cum hic presbyter vere, quod ad senium adtinet, diceret se iturum τὴν Ἐρρορδείαν, existimavi id officii mei es-e, ut nuperrimam negligentiam literarum compensarem epistolio uberrimo. Post victoriam nostrorum τῶν εὐαγγελικῶν ἀρχόντων e coelo datam credo ὀλιγοψύχους apud vos consuluisse ἀντικευμένους[3] et papistas omnes. Sed nosti, mi *Lange*, quae malitia sit ac perversitas in toto illo genere Cainico et

---

[1] Der Kaiser rief in Wirklichkeit den einzigen in Trient anwesenden deutschen Bischof, Helding, von Trient ab. Vgl. Döllinger-Acton Beiträge I, 215.

[2] Abschr. ἀληθινας.

[3] Abschr. ἀντικειμένας.

Saulitico. Quamdiu vivunt et quamdiu ensis non rupit pectus Saulis manu admotus propria, a Davide et coetu Davidis, i. e. populo τῆς ἀληθινῆς,[1] ἐκκλησίας, persequendo non desinit Saulus. Nimirum ergo, si electori apud *Maguntiam* φίλῳ τοῦ ἀρχιερέως Ῥωμαίου rursus erigant cristas canonici et monachi Sed gaudium pyraustae gaudebunt. Forsan tu et ego adhuc (Deo dante) iussu τοῦ ἄρχοντος τῆς Σαξονίας corripiemus eos et agemus cum eis talibus Baalitis in spiritu Heliae. Vellem (id quod in aurem tibi dico), cum domus τοῦ βασιλέως ἢ ἄρχοντος *Vinaria* sit vicina, nonnunquam scriberes querulas literas ad d. *Brandestynium*[2] et similes notos περὶ τῶν ἐχθρῶν τοῦ εὐαγγελίου, et quid τὸ τέρας Franciscanum aut ὁ Μιχαὴλ Μολίτορ molat. aut moliatur. Aut nonnunquam in aestate excurreres *Vinariam* et coram de illis rebus colloquereris τῆς πίστεως φίλοις, cum non satis tuto omnia committantur literis. Nam si pura et sana doctrina tuae paternitatis opera et τοῦ συνέργου Αἰγιδίου (qui longo tempore in magnis certaminibus, in κινδύνοις πολλοῖς laborastis in tanta urbe) plantaretur per totam illam Samariam *Erphurdiam*, profecto aliquid commodi manaret εἰς τὴν πᾶσαν Γερμανίαν. De hac tota re aveo tecum tali viro, tali amico coram remotis arbitris loqui. Nam quam posses praeclariorem καταστροφὴν tuae vitae cursui imponere, nunc senex mihi coaetaneus καὶ σύγχρονος, quam ut ὁ Λάγγος diceretur a peste πάσης τῆς εἰδωλομανίας repurgasse *Erphurdiam* et totam illam ab Hassia et Rheno non longe dissitam regionem a papalibus sordibus repurgasse, illam quam olim Curtisani vocarunt alteram *Romam* et *Moguntiae* sororem γνησίαν! Permagni refert iam sub initia novi electoris *Moguntini* utri vincant, utri θριαμβεύουσι: evangelici concionatores ἀνδρίζοντες et mirando robore implorantes auxilium Dei, deinde adiuti opera electoris Sax., an monachi, canonici et papistae Iam est occasio, cum in catenis et catasta teneatur ἐχθρὸς κακώτατος Βρουνσυιγ etc. Sed valetudo forsan te impedit et senilis debilitas. Sed de his quae cuperem coram.

Quod attinet ad marchionem *Iohannem Albertum*, capitulum *Magdeburgense* evulgavit eum tanquam novum electum archiepiscopum. Sed *Halberstad*, *Magdeburga* et *Hala* nondum iurarunt (ut audio) et acerrime primum disputabunt ac impetratam primum volent libertatem liberrimam libere docendi et audiendi evangelii. Utinam hoc exemplo uteretur ἡ 'Ερφορδεια non obstante κακίᾳ τοῦ Μιχαῆλος Μολίτορος! Mi due d. *Lange* charissime, non sumus ἀθάνατοι! Tot amici mortui sunt:

---

[1] ἀληθίνας.
[2] Cod. Brandestymon. Gemeint ist Ewald v. Brandenstein in Weimar; vergl. Burkhardt, Luthers Briefwechsel S. 397. 400.

Eobanus,[1] *Spalatinus, Forchemius. Urbanus Rhegius, Cordus,*[2] *Cordi* filius;[3] sumus senes. Utinam *Lango* dignum facias testamentum et Baalitis canonicis tali occasione (capto tyranno *Brunsvicensi*) magno ingenti animo per te et tuos συνέργους sis molestus, σωτὴρ vero τῆς πα- τρίδος. Quod attinet ad nova ex aula nostra Saxonum, accepi colloquium in causa religionis esse processurum. Collocutores Φίλιππος Μελάγχθων, ὁ Βρέντιος, ὁ Συνέππιος olim landgravii concionator. Ex altera parte *Julius Pflug, Vitus Amerbachius* apostata loco monstri Satanici *Eccii*, loco *Cochlei* (qui habetur pro mortuo) quidam τῇ μωρίᾳ similis, persona muta. Hic fama est doctorem *Martinum* scribere librum argumento *Brunsvicensem* tyrannum non esse liberandum.[4] Sed nihil certi de hoc habemus. In carcere *Zigenheim* dicitur fremere et usque ad insaniam indignari *Brunsvicensem*, per furorem fenestras excussisse. Sed non liberabitur, ut audio, etiamsi mille darentur obsides. Nimia perfidia fuit et est et malitia in ipso vastandi totas regiones et gentes. Quod in fine epistolae tuae annexum est, sane risi, cogitanter et prudenter nos prospexisse rei familiari, cum tu πενίᾳ et tenuitate exerceraris. CCL fl. et ultra de meo consumpsi, dum ex *Vitenberga* huc transfero totam domum et familiam, et opes omnes nostras explicatas vellem καὶ θησαυροὺς coram videres! Διάκονοι τοῦ Χριστοῦ apostolica fortuna con- tenti sumus et qualicunque mediocritate. Christus tecum semper Datae *Halae* tertia post Luciae 15. Decembris anno 1545.

I. Ionas doctor s. *Hall.*

Clarissimo viro d. doctori *Ioanni Lango, Erphordensis* ecclesiae episcopo fidelissimo, amico fratri et maiori suo ex animo cha- rissimo.

Cod. Goth. 399 fl. 216ᵇ—217ᵇ.

775. Jonas an Fürst Georg.   Halle 1546. Jan. 7.

Besuch des Stettiner Geistlichen Paul v. Roda in Halle. Melanchthon hat Auftrag erhalten, nach Regensburg zu reisen. Nachrichten über Kaiser und Concil; ein Gerücht über den Vicekanzler Naves.

G. et p. Dei per Christum. Cum dnus doct. *Augustinus*, rev. in Christo pater, illustr. princeps ac domine clementiss., per *Halam* tran- siens peteret *Mersborgum*, nolui eum inanem mearum ad V. R. D. et Cel. pervenire. Heri mecum hic fuit d. *Paulus a Roda*, superattendens *Stetini* et concionator principum Pomeraniae. Hic ex *Vittenberga* hoc attulit novi, d. *Philippum Mel.* evocatum esse *Torgam*, ut celeriter se

---

[1] Gestorben den 4. Oct. 1540.
[2] Gestorben den 21. Dec. 1535.
[3] Valerius Cordus, gest. 25. Sept. 1544.
[4] Vrgl. Köstlin II² 623. de Wette VI, 385 flg.

det in viam versus *Ratisponam* ad colloquium [1]. Interim nihilo minus dominica 1. adventus prima sessio celebrata est in concilio *Tridentino*. Et potentes in aula Caesaris dicuntur iam edere superbas, minaces voces: Caesarem decreta synodi *Trid.* executioni mandaturum. Sed Christus vivit et regnat defensor contra papam et aurum papale verae ecclesiae. In dominum vicecancellarium non longe a *Trever:* dicunt incidisse nescio quid turmae equitum [2], ita hic sunt sermones sed incerti. Si quid certioris cognoro de colloquio aut conventu imperiali, V. R. D. et Cel. perscribam. Haud [dubie] d. *Philippus* dabit ad nos literas ex itinere et ipsa etiam *Ratispona*. — Datae raptim *Hallae* 4ta post ἐπαρχν anno dni MDXLVI.

V. R. D. et Cel.
deditiss.
J. *Jonas*, doct. etc.

Archiv zu Zerbst.

776. Erasmus Alberus an Jonas.   Wittenberg 1546. Jan. 10.

Sendet ein von ihm verfertigtes Chronodistichon auf das Jahr 1545.

Gratia tecum et pax a deo patre et domino nostro Iesu Christo. Cum audirem m. *Paulum* [3] ad vos profecturum, mox arrepto calamo, quamvis breve admodum esset scribendi spacium mihi, ad te has scripsi; alias autem plura: nunc te tantum saluto. De rebus meis nihil habeo quod scribam, adhuc expectans, quo me vocaturus sit dominus. Scripsi nuper tertium distichon, in quo continetur annus 1545, quando captus incendiarius latro [4], quod tibi, scio, placebit

Mencz obit: *Hencz* capitur [5]: soli tibi gloria Christe,
Hostis erat verbi quantus uterque tui.

Nihil praeterea scribo, quia maturat abitum d. *Paulus*. In Christo Iesu vale. D. *Pomeranus*, in cuius aedibus haec scripsi, salutat te.

---

[1] Vgl. Corp. Ref. VI, 8 flg.
[2] Naves wurde ebensowenig gefährdet als der Bischof von Arras, über den das gleiche Gerücht ging.
[3] Paul Eber?
[4] Heinrich von Braunschweig.
[5] Oritur bietet die vorliegende Abschrift. Prof. Dr. Schnorr v. Carolsfeld, dem ich dieselbe verdanke, vermutet mit Recht, dass im Original capitur steht, was der Sinn verlangt und was auch aus dem Grunde als das richtige erscheint, weil ohne das e in capitur nicht 1545, sondern 1445 als die in dem Distichon enthaltene Jahreszahl sich ergiebt.

Uxorem tuam saluto, socerum, socrum, filiam, tuos synergous, consules etc.
Datum dominica post Epiphaniam 1546.
Tuus *Eras: Alberus.* Exul Christi.

Ornatiss. viro doctori J. Jonae archiepiscopo *Hallensi*, domino suo cariss.

Das Original befand sich im Besitze des Bibliothekdirektors C. Halm und wurde mit dessen Autographensammlung im Mai 1883 versteigert. Der Brief wird erwähnt im Corp. Ref. VI, 26 Anm.

777. Jonas an Fürst Georg. Halle 1546. Jan. 16.

Ueber eine vom Landgrafen abgefangene Waffensendung. Heinrich von Braunschweig äussert dem Evangelium freundliche Gesinnungen, aber wohl nur aus Politik. Der Papst verlangt vom Kaiser die Bestrafung des Erzbischofs Hermann v. Wied.

— Scripserat ad me quidam amicus ex *Mansfeldia*, a landgravio interceptam fuisse navem plenam bombardis haken a pontificiis ex Helvetia per Rhenum missam in Belgicum.[1] Nunc eum rumorem confirmat quidam nobilis, qui ex conventu *Francofordensi* rediens hac transiit (ut latius V. R. D. et Cel. exponet *Michael Gutt*). Hic adfirmat se comperisse *Francofordi* hoc verum esse adeoque duas naves interceptas esse, alteram a landgravio, alteram a duce *Wirtembergu.*, quarum utraque plena fuerit bombardis, urnis pulveris bombardici. Quod si verum est, videmus conatus sanctiss. patris papae *Romani*. H. dux *Bruns.* dicitur edere admodum supplices voces, offerre se demisse ad recipiendam doctrinam evangelii, ad coniungendum se addictis doctrinae sanae etc Sed forsan per hanc λυκοφιλίαν nihil quaerit quam ut captivus liberationem. Pontifex *Romanus* nihil quam fulmina dicitur scribere ad imperatorem, instans ut deponatur, puniatur episcopus *Coloniensis*. Christus gubernabit has res magnas. V. R. D. et Cel. idem ecclesiae conservet incolumem diutissime. Datae raptim *Hallae* 16. Ianuarii anno dni 1546.

V. R. D. et Cel. deditiss.

I. Ionas doctor, S. H. eccl.

Archiv zu Zerbst.

778. Melanchthon an Jonas. Wittenberg 1546. Jan. 23.

Wünscht zu der Reise, die Luther zu den Grafen von Mansfeld antritt, gutes Gelingen. Er selbst sei wegen schwacher Gesundheit zur Teilnahme daran nicht aufgefordert worden. Nachrichten übers Concil.

Corp. Ref. VI, 19. 20.

---

[1] Diese Waffensendung, welche auch den Trienter Legaten Besorgnis einflösste, weil sie meinten, dass England der Bestimmungsort sei, spielt in den Hessischen Dokumenten bei Neudecker, Merkwürdige Aktenstücke II, 532 flg. 546 flg. 549. 580. 628. eine grosse Rolle. Vgl. Döllinger-Acton I, S. 124.

779. Melanchthon an Jonas.   Wittenberg 1546. Febr. 8.
Vom Regensburger Colloquium und dem Concil zu Trient. Beilage: Mitteilungen aus einem Briefe G Majors [an Luther und Jonas.]
Corp. Ref VI. 34. 35.

780. Georg Major an Jonas   Regensburg 1546. Febr. 10.
und Chilian Goldstein.
Mitteilungen über die Collocutoren von katholischer Seite und deren Proposita.
Orig. in Meiningen. Corp. Ref. VI. 35—37. 35 — Malvanda — 36 variorum monachorum *monstrorum* et fecem *sophistarum* — hinter instificationis ein unleserliches Wort (dicessim?) — non vidisti Ahab humiliatum *coram me*. — *certari* etc. — ipsum *inrari* — nolite obliviski — quod opera sint ita — In *peccatoris* instificatione — 37 — sed Christus *fecit* —

781. J. Jonas an Kurf. Joh. Friedrich.   Eisleben 1546. Febr. 18.
Bericht über Luthers letzte Tage und seinen seligen Tod.

Durchleuchtigster hochgeborner churfürst, Euren chf. g. sind mein vntertenig gehorsam schuldige vnd ganz willige dinst zuuorn. Gnedigster churfürst vnd herr, Euren chf. g. gebe ich in vntertenigkeit mit ganz hochbetruebten gemueth eylents zu erkennen, nachdem der erwirdige in Christo vnser aller lieber vatter doctor *Martinus Lutherus* sich zuuor zu *Wittemberg* vnd auch auf diser reiß etwas geklaget, auch im wagen, da er anhero gefaren vnd hart für *Eisleben* komen, auch schwachheit sich beklaget, hat er doch, so lang wir zu *Eisleben* in disen sachen der grafen vnd herrn gewesen, alle mittags vnd abent mal gehalten, vber tisch zimlich wol gessen vnd getrunken, speiß vnd trank auch sunderlich gelobt, wie es im wol schmeckete in sein vaterland. Er hat auch alle nacht zimlich geschlaffen vnd geruhet, da sein diner *Ambrosius*, ich doctor *Jhonas*, seine zwen kleine shöne *Martinus* vnd *Paulus*, sambt noch einem oder zweien dinern, bei ihme in der camer gelegen, ihm auch mit wermung der küssen (seiner gewohnheit nach) alle abend zu beth geschickt vnd bracht, offt wir beide magister *Michael Celius* prediger zu *Mansfelt* vnd ich *Jhonas*, da er vns frölich alle abend dise drey wochen durch gute nacht geben, offt mit disen wortten: „doctor *Jhonas* vnd herr *Michl*, bettet für vnsern herr Gott, das im mit seiner kirchen vnd sachen wol gehe, das concilium zu *Trient* zürnt ser." Auch, gnedigster churfürst vnd herr, hat gemelter herr doctor seine sterkküchlein wasser vnd aquauite (was er daheim im brauch gehabt) von *Wittemberg* holen lassen, die doctorin hat im auch zum teil von ir selbst anher geschickt, ist also alle zeit dise drey wochen durch (dann je vber zwen oder drey tag ein mal handlung gewesen) bey meinem g. herrn fürst *Wolfen* zu *Anhalt*, graf *Hans Heinrichen* von *Schwarzburg*, bey den hendln je zu zeiten ein stund, je zu zeiten anderthalb gesessan. Aber gestern mittwochs nach

III. In Halle.

Valentini den 17 Februarii ist er aus bedencken des fürsten von *Anhalt* vnd grafen *Albrechts*, auch vff vnser bitten vnd vermhanen, den flirmittag in seinem stüblein bliben, zu den hendln nit gangen, im stüblein aber ausgezogen seiner beinkleider im scheublein vmbher gangen, je zu zeiten zum fenster hinaus gesehen vnd gebett, so emssig, das wirs auch, die bey ime in der stuben gewesen, gehört, doch imer frölich gewesen, je zu zeiten ein wort hören lassen: „doctor *Jhonas* vnd herr *Michl*, ich bin hie zu *Eisleben* geborn vnd getaufft, wie wenn ich hie bleiben solt?" Gedachts nechstverschinen mitwochs aber hat er dannoch nit in seinem stüblein, sondern daniden in der grossen stuben malzeit gehalten, vil vnd von schönen sprüchen in der schrifft vber tisch gereth, auch in gemeinen reden einst oder zwir gesagt: „Wann ich meine liebe landsherrn die grafen vertrag, vnd wils Got dise reiß außricht, so wil ich heimzihen vnd mich in die sarck schlaffen legen vnd den würmern [einen guten feisten doctor][1] den leib zu uerzeren geben" Nechten desselben mittwochs aber vor dem abentmal hat er angefangen zu klagen, es trucke ihm auf der prust, aber nit zum herzen, hat er begert, ihm mit warmen tuechern zu reiben, darnach gesagt, das trucken lasse ein wenig ab, hat die abentmalzeit aber daniden in der grossen stuben gehalten vnd gesagt, „allein sein bringet nit frölikeit," vber dem abentmhal zimlich gessen vnd frölich gewesen, auch mit scherzreden. Nach demselben abentmal hat er sich wider etwas geklagt, es trucke ihm auf der brust, wharme tuecher begert, haben die herrn vnd wir den arzt wollen holen lassen, magister vnd doctor, hat ers verboten vnd etwa zwu oder drithalb stund vffm ruhebettlein geschlaffen, haben wir herr *Michel Celius*, ich *Jhonas*, der wirt statschreiber zu *Eisleben*[2] vnd die wirttin, seine zwen kleine söhne, vngeuerlich biß halbe eilfe bey ime gewacht. Da hat er begert, man solt ihme das bett in der kamer wermen, welches alles mit grossem fleiß geschehen, vnd haben im zu beth bracht, ist mgr *Celius* in der camer dabey gelegen, aber sein diner *Ambrosius*, so von *Wittemberg* mit ihm komen, vnd ich doctor *Jhonas*, seine zwen klein söhne vnd die diner sind bey im in der kamer gelegen. Vngeuerlich vmb eilfe ist er eingeschlaffen, geruhet mit natürlichem schnauben. Darnach, genedigster herr, vmb ein hor in der nacht hat er den diner *Ambrosium* vnd mich doctor *Jhonas* aufgeruffen, erst dem diner gesagt, „mach das stüblein warm," als der diner aber geeylt vnd das stüblein albereit warm gewesen (als die ganze nacht darauf bereitet) hat er zu mir gesagt: „O herr Got, doctor

---

[1] wieder ausgestrichen. [2] Hans Albrecht.

Ihonas, wie ist mir so vbel, mich drückts so hart vmb die prust, o ich werde zu *Eisleben* bleiben" In dem ist *Ambrosius* vnd wir alle zugelauffen, ihm aus dem beth geholffen. Als er ins stüblein komen, ist er noch ein mal vmbher gangen, darnach aber warme tuecher begert, haben wir eylendts bede erzt in der stat, doctor vnd mgr, lassen aufwecken, welche auch eylendts komen, dergleichen m. g. h. graf *Albrechten* lassen wecken, welcher bald mit der grefin gelauffen komen, aquauite vnd des doctors erzney vnd alles versucht. Da hat der herr doctor angefangen zu betten: „Mein himlischer vatter, ewiger barmherziger Got, du hast mir deinen lieben sohn vnsern herrn Ihesum Christum offenbart, den hab ich gelert, den hab ich bekant, den liebe ich, vnd den ere ich vor meinen lieben heylandt vnd erlöser, welchen die gotlosen verfolgen, sehenden vnd schelten, nim mein selichen zu dir." In dem reth er in die drey mal: „In manus tuas commendo spiritum meum, redemisti me deus veritatis. Ja also hat Got die welt geliebt." In dem, genedigster herr, als die erzt vnd wir die bessten sterckung braucheten, begunste er ein mal stil zu schweigen, als stincke er dahin, vnd auf vnser hefftig ruffen vnd rutteln nichts zu antworten. In dem aber, als die grefin ime aquauite einstreichen vnd die erzte, begunste er wider zu antworten, doch schwechlich, her *Michl Celio* vnd mir doctori *Ihonas* jha vnd neyn, vnd da wir ihm beide einschrieen vnd fragten: „Allerliebster vatter, ir bekent ja Christum den sohn Gottes, vnsern heylandt vnd erlöser," sprach er noch ein mal, das mans hören kunth, eben stark: „Ja." Darnach war im stirn vnd angesicht kalt, vnd wie hart man rief, ruttelte vnd mit taufnamen nennet „doctor *Martine*," antwort er nicht mer, that ein sanfft adem holen vnd seuffzen, mit gefalten in einander geschlagen henden, vnd genedigster herr, das wir mit betrübten herzen vnd vilen threnen klagen, ist also in Christo entschlaffen vngeuerlich zwischen zwei vnd dreien in der nacht gegen den morgen. Graf *Albrecht* vnd v. g. frau die grefin, auch m. g. h. von *Schwarzburg* seind zeitlich genug da gewesen, zum teil zum end komen. Dises, genedigster churfürst vnd herr, hab ich bald die volgende stunde meiner untertenigen schuldigen pflicht nach, wiewol wir armen seine discipel vnd jünger von fünf vnd zwantzig jaren her auffs höchst durch disen vhall betrübt, euren ehf. g. sollen eylendt durch dise post zuschreiben vnd zu erkennen geben, bitten vnterteniglich, e. churf. g. wollen vns des begrebdnus halben, damit wir verziehen wollen, biß auf e ehf. gn. antwort, genedigst ir gemueth zu erkennen geben, auch vnsern g. h. dem grafen schreiben, was ire g. sich darhinne zu halten haben, wiewol ire g. im gern in irer herrschaft als seinem vatterlandt behalten wolten, doch stellen sie es in e. chf. g. genedigs gefallen. Der almechtige himlische vatter tröste e. chf. g. vnd vns alle, welche diser vhall herzlich betrübt hat. Es wollen auch e. chf. g. genedigst der doctorin seiner lieben hausfrauen vnd domino *Philipo, Bomern* vnd *Kreizing* förderlich ein trostbrief zuschreiben, welchs e. chf g. besser zu thun wissen, dann wir vnterteniglich erhinnern können. Bitten e. chf. g. genedigst eylende antwort. Der herr Ihesus Christus beware e. chf. g. alle zeit. Datum in eil *Eisleben,* dornstag nach Valentini vmb [funf]¹ vier hor frue am 18. Februarii Anno 46.

   E. chf. g.   vntertenig willig diener
    Justus Jhonas d. sambt herr *Michl Celio* prediger
    zu *Mansfelt,* der bey disen allen gewesen.

Auch geb ich e. chf. g. vntertenig zu erkennen, das gedachter her doctor *Martinus* alle sontag ein kortz predig getan, der abschrifft wir habenn, vnd hatt disse drey wochen zwie absolution empfangen vnnd communicirt, von ander sein reden vber tische will e. chf. g. vntertaniklich bericht tun.

Originalconcept von Schreibers Hand mit eigenhändigen Correcturen und Zusätzen von der Hand des Jonas in der Schulbibliothek zu Annaberg: daraus gedruckt in J. G. Kreyssig, Dr. Justus Jonas Schreiben an Johann Friedrich . . . . . Meissen 1847 S. 8—16; ungenauer in Wilisch, Arcana biblioth. Annaebergensis. Lips. 1730, pg. 135flg. Reinschrift im Archiv zu Weimar; daraus bei Seckendorf II, 638flg., welchem Walch XXI, 274 und Keil. D. M. L.'s merkwürd. Lebensumstände. Leipzig 1764. IV. 270flg. folgen. Ferner erschien schon 1546 das Schreiben in Wittenberg im Druck; danach ist es reproduciert von Förstemann, Denkmale dem D. M. Luther errichtet. Nordhausen 1846, S. 13—17. Der vorstehende Text ist dem Abdruck bei Kreyssig entnommen, bei welchem auch die Varianten aus Seckendorf, Wilisch und Förstemann verzeichnet sind. — Die beiden im Briefe genannten Aerzte sind Dr. Ludwig und Mag. Simon Wilde. Kolde Anal. S. 427.

782. Hans Georg, Graf v. Mansfeld Eisleben 1546. Febr. 18.
an Herzog Moritz.

Meldet Luthers Tod.

Durchlauchtiger vnd hochgeborner furst, e f. gn. seindt mein vnderthenig vnd gantzwillige dienst zuuor. Gnediger herr, e. f. g weyß ich vnderthenger meynung nicht zupergen, das der erwirdige vnd hochgelarte herr *Martinus Luther,* doctor etc. aus besonder trewer vnd guter wolmeynung, die er zu seinem vatterlande getragen, vor etzlichen tagen anher gegen *Eisleben* khommen vnd in den irrigen geprechen, so sich zwuschen dem wolgebornen grafen *Albrechten* zu *Mansfeldt* etc. meinen bruedern vnd mir erhalten vnd albereyt in rechtfertigung gehangen, von beidenteiln die gutliche handlung mit einer maß erlangt,

¹ ausgestrichen.

vorgenohmen vnd allen trewen vnd muglichen vleis darinn ertzeigt. Als ime aber dise negstvergangne nacht plötzlichen durch schickung des Allmechtigen ein krangkheit zugefallen, das es inen vmb die brust heftig getrugket, ist er diselbige nacht vmb zwo vhr christlich, seliglich vnd wol verschieden vnd hat also sein leben beschlossen. Des sehlen der Allmechtige gnedig vnd barmhertzig sein wölle. Das e. f. g. ich in vnderthenigkeit hab anzeigen wöllen, dann derselben vnderthenig zudienen bin ich gantz willig. Datum *Eisleben* donnerstags den xviij^{ten} Februarij A° etc. xlvj.

Hannsgeorg, graf vnd herr zw *Mannsfeldt* etc.

Hauptstaatsarchiv Dresden Loc. 4395 fol. 7.

783. Jonas an den Kurfürsten Johann Friedrich. Eisleben 1546. Febr. 19.

Betrifft den Transport der Leiche Luthers nach Wittenberg.

Gnad und friede Gottes durch Christum. Durchleuchtigster, hochgeborner furst. E. chf. g. sind mein ganz unterthänige, pflichtig, gehorsam, willig dienst zuvoran. Gnädigster churfurst und herr, nachdem e. chf. g. gnädigste antwort mir auf die betrüblich botschaft von absterben des reverendi d. doctoris *Martini Lutheri* durch die post zugefertiget, welche den grafen und herrn zu *Mansfeld*, m. g. herrn, und mir freitag nach Valentin, den 19 Februarii, um 8 uhr gegen abend zu *Eisleben* zukommen, dorinne e. chf. g. anzeigt, daß sie den körper des liebsten vaters seligen von *Eisleben* gen *Wittenberg* bringen zu lassen gnädiglich bedacht etc., darauf auch gemeldten grafen und herrn geschrieben und mir befehlich gethan: will ich mich mit gen *Wittenberg* zu ziehen e. chf. gn. befehls in unterthänigkeit gehorsamlich (wie ich schuldig) halten. Und auf den andern gnädigen befehl geb e. chf. gn. unterthanig zu erkennen, daß graf *Albrecht*, m. g. herr, sich mit mir unterredet und selbst (wie er sich horen lässt) bedacht, mit zu reiten, und daß die leich des lieben vaters d. *Martini* (wills Gott) gewiß nächst sonntag uf mittag zu *Bitterfeld* soll ankommen, vfn abend zu *Kemberg* zu sein. Und morgen sonnabends wollen die grafen und herrn die leich sammt den grafen gen *Hall* bringen, daselbst in unser lieben Frauen, der häuptpfarrkirchen, die leich (mit bewachung) ein nacht stellen, so es die zeit gibt, auch ein predigt thun lassen. So soll gen *Bitterfeld* e. churf. [g.] verordneten dem befehlich nach dieses zeitlich vermeldet werden. Diesen e. chf. g. postboten hab ich, do er um 8 ankommen, noch 10 uf den abend wiederum abgefertiget, dem die grafen und herrn auch ihre briefe geben. Und e. chf. g. unterthänige, gehorsame, willige dienst zu erzeigen bin ich alle zeit geflissen. Der herr

Christus bewahre e. chf. g. alle zeit. Datum in eil *Eisleben*, freitag nach Valentini, den 19. Februarii anno 1.5.4.6.
E. chf. gn. unterthäniger, williger diener
Justus Jonas doctor m. pp.

Aus dem Original im Archiv zu Weimar bei Förstemann, Denkmale dem D. M. Luther.... errichtet. Nordhausen 1846 S. 51. 52 (modernisiert).

784. Die Wittenberger Universität an Jonas. Wittenberg 1546. Febr. 19.

Dank für die Mitteilung über Luthers Tod und lebhafte Trauer über den dadurch erlittenen Verlust.

Corp. Ref. VI, 56. Förstemann a. a. O. S. 30. Verf. ist Melanchthon.

785. Hieronymus Besold an Veit Dietrich. Wittenberg 1546. Febr. 22.

Bericht über Luthers Tod; Aufnahme der Todesnachricht in Wittenberg; Luthers Begräbnis.

Salutem in Christo. Non dubito famam de morte *Lutheri* viri summi iam paene totam Germaniam pervagatam esse vosque nobiscum veris lacrimis inexpectatum obitum carissimi patris et praeceptoris lugere, cuius doctrina, consilia et precationes ut Ecclesiae salutares maxime, ita privata coniunctio tibi et multis aliis non minus iucunda quam utilis olim fuit. Mihi sane etsi publico ecclesiae luctu vehementer adficior, tamen dolorem auget dulcissimae consuetudinis recordatio, quam memini fuisse plenam humanitatis, amoris et paternae benevolentiae, neque unquam eam in hac vita animo meo elabi patiar et in illa perpetua consuetudine, ubi inter sapientissimos doctores, prophetas et apostolos iterum cum videbimus, pro fideli institutione et amore paterno sempiternam ei gratiam habiturus sum. Interim toto pectore Deum aeternum patrem liberatoris nostri Iesu Christi precor, ut doctrinam coelestem, quam tradidit, diserte et constanter retinere queam. Totam autem historiam quomodo ex hac vita evocatus sit, ex literis d. doctoris *Ionae* cognosces, quas addidi. Die 23. Ianuarii hinc discessit *Islebium*, cum secundo accersitus esset in patriam ad componenda dissidia inter comites *Mansfeldiae*, idque feliciter confectum ab eo fuerat, ut scripserat ipse ad coniugem. Legi enim literas admodum hilariter scriptas[1], in quibus se rectissime valere significabat curarique et tractari perliberaliter a comitibus et civibus *Islebianis*. Altera autem die post redditas hasce literas, hoc est 19. Februarii, nuncius a principe electore missus est,

---

[1] Gemeint ist der Brief an Katharina Luther v. 14. Febr. de Wette VI, 791. 792.

qui literas ad d. *Pomeranum* et d. *Philippum* attulit, quibus epistola d. *Ionae* adiuncta fuit. Mox igitur coniugi indicata res est, postea eadem hora, qua enarraturus erat d. *Philippus* epistolam Pauli ad Romanos, publice in collegio mortem d. *Lutheri* significavit toti auditorio, et ne falsae fabulae spargerentur aut crederentur, recitavit ex literis d. *Ionae* dictas ante mortem precationes et placidi exitus historiam. Vidi autem ipse ante annum conflictari *Lutherum* simili morbo, quo iam in hoc ipso itinere conflictatum assidue audio. Si quando frigefactum erat corpus, acerrimae compressiones pectoris fiebant propter humorum in orificio ventriculi motum. Hos cruciatus cum aliquoties in hac peregrinatione sensisset, tandem natura superata est. Postea *Philippus* adhortationem[1] adiecit, ut cogitaremus de multis rebus impendentibus. Vere enim fuisse currum et aurigam Israelis et divinitus excitatum fuisse ad illustrandum evangelium, manifestum esse, quia. non possit humana sagacitate deprehendi doctrina de remissione peccatorum. Amandam igitur esse eius memoriam ab omnibus piis et amantibus evangelii doctrinam, nostramque sollicitudinem et dolorem declarandum modestia vitae et precationibus. Vidisses tristem et acerbum luctum lacrimasque praeceptorum omnium et totius scholae duce et praeceptore suo orbatae. Hodie itaque, hoc est 22. Februarii mane circiter horam nonam exuviae reverendi patris allatae sunt, quas comitabantur duo comites *Mansfeldenses* cincti quinquaginta equitibus ferme, redibant una tres filii, quos secum in patriam abduxerat pater, aderat et d. *Ionas* et d. *Chilianus* ex *Salinis* Saxonicis. Obviam autem egressus est senatus academiae et urbis cum scholasticis et civibus, et funus in templum arcis magna lamentatione deductum est. Ibi habita concione et declamatione a reverendo d. pastore nostro[2] et d. *Philippo* sepultus est et positus non procul a suggesto. Ita Deus ex hac vita in aeternam et coelestem consuetudinem evocavit carissimum praeceptorem et Eliam nostrum, quem ingenti beneficio Ecclesiae ad instaurandam doctrinam evangelii donaverat. Eum ardentibus votis precemur, ut porro puritatem doctrinae coelestis conservet nostramque aetatem teneram adhuc et imbecillem et quam impendentia pericula excipient olim, clementer gubernet ac dirigat, sicut toties promittit filius aeterni Patris: „Non relinquam vos orphanos. Ego ero vobiscum usque ad consummationem saeculi." Te quoque et valetudinem tuam Deo assiduis votis commendabo, ut aliquando, cum in patriam redeundum fuerit, doctrina consiliisque studia et omnes actiones meas gubernes et adiuves. Amo enim

---

[1] Corp. Ref. VI, 58 flg. [2] Bugenhagen.

et veneror te tanquam parentem cupioque hanc meam observantiam veris et non fucatis officiis tibi declarare. Mensa etiam mutanda fuit, quod in tanto luctu honestissimae coniugis d. d. *Martini* rem familiarem se administrare posse negaret. Petivi autem a d. *Philippo*, ut me reciperet; id facillime impetravi, quo nihil optatius mihi accidere potuisset. Dabo autem operam, ut recte tanto beneficio utar, pro quo tu quoque ut meo nomine ipsi gratias agas, te oro. Bene et feliciter vale. Datae 22. Februarii anno 1546 *Vitebergae*. Tuus *Hieron. Besold.*

Clarissimo viro d. *Hieronymo*[1] me commendabis; non licuit mihi festinante adeo nuntio ad eum scribere. Addidi intimationem propositam,[2] epistolam ad d. *Ionam* d. *Philippi*[3] et declamationem,[4] quae tamen propediem, ut puto, edetur.

Clarissimo viro praestanti eruditione et pietate. d. magistro *Vito Theodoro*, docenti evangelium *Noribergae*, domino suo et patrono summa observantia colendo
(De funere D. Lutheri. 22. Febr. 1546.)

Manuscr. Thomas. im Besitze von Dr. C. Schneider in Schleswig.

786. Melanchthon an Jonas. Wittenberg 1546. März 1.

Giebt seinem Schmerz Ausdruck über den Verlust, den die Kirche durch Luthers Tod erlitten; empfiehlt ihm Adam Siber.

Corp. Ref. VI, 67. Förstemann a. a. O. S. 185.

787. Nic. v. Amsdorf an Jonas. Naumburg 1546. März 5.

Spricht seine Betrübnis über Luthers Tod aus.

Binas literas a te, mi ornatissime *Iona*, accepi: in primis mortem, in alteris sepulturam sancti viri Dei patris nostri reverendi dni d. *Martini Lutheri* indicasti, quem nobis miseris Deus eripuit propter ingratitudinem nostram, indicans per hanc mortem sanctissimi viri iram suam contra nos, qua nos visitavit aufferens ecclesiae suae prophetam et coronam capitis nostri, nos quoque visitaturus sine dubio poenis et calamitatibus magnis, quibus impios perdet et suos disciplina castigabit. Deus pater misericordiarum misereatur nostri et mitiget poenam propter filium suum, dominum nostrum Iesum Christum. Amen. 6 Martii 1546.

Nicolaus ab Amsdorff episcopus *Naoburgensis* d. *I. Ionae* ecclesiae *Halensis* superattendenti

Am Rande: „Scripsit postea de Caesare venturo et quod nihil *Ratisbonae* efficiatur, quia omnia cavillentur[5] a monachis." Cod. Goth. B. 28 Bl. 87ʳ.

[1] Baumgärtner.
[2] Corp. Ref VI, 58 flg.
[3] S. oben Nr. 784.
[4] Corp. Ref. XI, 726 flg.
[5] So; also cavillari passivisch gebraucht.

788. Joh. Luther an Jonas.   (Wittenberg?) 1546. März 9.

Dankt ihm für einen Brief, aus dem er mit Freuden erkannt hat, dass Jonas in unveränderter Liebe der Wittwe wie der hinterlassenen Kinder Luthers sich anzunehmen bereit ist.

Gratuitam reconciliationem et felices successus tuae dignitati et toti ecclesiae per Christum salvatorem nostrum primum precor. Reverende d. doctor, accepi literas tuae dignitatis mihi gratissimas, quas legens lacrymis madefeci, prae gaudio enim mihi illae erumpebant legenti tuae dignitatis scriptum plenum ardentissimi amoris erga me matremque charissimam et reliquos fratres et sororculam nobis dilectissimam. Ego enim timebam, ne de amore multorum erga nos aliquid decederet hoc tempore, sed liber iam sum ab hoc metu. Video enim nos T. D. et aliis aeque curae esse et magis quidem quam antea, versante adhuc hic patre nostro. Itaque T. D. pro hoc singulari studio et consolatione, qua animos nostros moestos erexisti, ingentes gratias ago et semper agam. Filium T. D. ac fratrem nostrum diligemus, modo ipse nos orphanos non spreverit, quod minime facturum spero. Valeat T. D. in domino Iesu et vivat ad gloriam Christi et salutem multorum, amen. Datae 9. Martii.

Johannes Lutherus ad d. Ionam.

Cod. Goth. B 28 Bl. 81.

789. J. Jonas an Veit Dietrich.   Halle 1546. März 9.

Berichtet über Luthers Tod und die Gedächtnisschrift, die er mit Coelius zusammen auf kurf. Befehl verfasst hat. Die Gegner verbreiten Lügen über Luthers Tod. Bittet einen Neudruck seiner lat. Uebersetzung von Luthers Schrift wider das Papsttum zu besorgen und dann Exemplare nach Trient zu senden.

G. et p. Dei per Christum. Nullo[1] unquam ego, mi *Vite* charissime, scripsi ad te argumento tristiori aut magis lugubri. Non dubito quidem, ad vos perlatum rumorem de obitu reverendissimi et charissimi patris nostri doctoris *Martini*, qui XVIII. Februarii mane paulo ante tertiam placide obdormivit in Christo. Saepe in orationibus meis interim, quod huc in *Salinas* missus sum legatus evangelii, hoc miro gemitu oravi Christum filium Dei, ut ipse d. *Lutherus* meo adesset agoni, antequam vita discederem. Domino autem placuit, ut ego indignus adessem *Eislebiae* per totas tres hebdomadas colloquiis variis[2] ante obitum, adessem, inquam, non tam agoni et luctae mortis, quam valedictioni migrantis *Lutheri* ex hac aerumnosa et miserrima vita in longe meliorem.

---

[1] Sincerus: Nullum.
[2] Sincerus: variis sanctissimis.

Historiam tridui aut bidui ante obitum iussu illuss. electoris Saxon. ego et m. *Coelius*, qui interfuimus (et in quorum quasi ulnis[1] obdormivit,) celeriter conscripsimus historica fide, omnia simpliciter recitantes, ut gesta sunt, maxime confessionem disertam, firmam, piam, sanctissimam, quam vir Dei spiritualissimis verbis ante extremum halitum et usque ad extremum halitum fecit. Quae omnia vos dulces et sanctae animae, reverendi patris amantissimae, d. *Vincilaus*, *A.*[2] *Osiander*, doctor *Magenbuch* archiatros, d. *Michael*, tu[3], *Venatorius*, *E. Ebnerus*, *Baumgartnerus* typis celeriter excusa legetis tincta et madefacta ac tantum non deleta summi viri τοῦ Φιλίππου Μελ. et nostris acerbissimis singultibus ac lachrymis. Mirandam malitiam hic experior in monachis et similibus papistis, qui cineres atque ossa etiam conspuere optarunt d. *Lutheri*. Finxerunt in feretro evanuisse corpus, vacuum huc nos advexisse feretrum. Senatus etiam severe animadvertit in quosdam. Sed Deus iudicabit tantam malitiam. Pauca vel nulla inveniuntur exemplaria asperi illius libri contra papatum, quem reddidi latine.[4] Reverendus d. doctor constituerat illum librum denuo excusum auctiorem latine edere et mittere duo, latinum[5] et germanicum, exemplaria *Tridentum*[6] peculiari tabellario, vel alias certo tabellario. Sed praeventus est morte. Utinam cures tu pro[7] amore erga virum et odio erga papatum *Argentinae* vel *Norimbergae* denuo latine excudi et per ministros mercatorum spargi *Tridenti*. Quid de conatibus τῶν ἐχθρῶν τοῦ εὐαγγελίου audias, rescribe, mi *Vite*, et τὴν φιλίαν contractam sub illo viro Dei conserva nobis. Christus te servet. Saluta d. *Osiandrum*, d. *Baumgartnerum*, d. doctorem *Magenbuch* medicum et reliquos dominos. Datae raptim *Hallae*[8] 9. Martii anno domini MDXLVI.

Caesar dicitur miras minas scripsisse ad *Coloniensem* archiepiscopum.   *l. Ionas* d. tuus totus.

Clarissimo viro d. *Vito Theodoro Norimbergae*, amico veteri ut fratri charissimo suo.
Dem H. *Vito Theodoro*.

Manuscr. Thomas. Fehlerhafter Druck bei Sincerus. Neue Sammlung S. 427—429; benutzt Köstlin II². 613. Die im Briefe erwähnte Schrift des Jonas und Coelius „Vom Christlichen abschied aus diesem tödlichen leben des Ehrwirdigen Herrn D. Martini Lutheri bericht" siehe bei Walch XXI, 280flg. u. Förstemann a. a. O. S. 1 flg.

---

[1] Sinc.: quorum... V. horum.
[2] Sinc. et.
[3] Sinc....
[4] S. oben S. 153. 161. 168.
[5] Sinc. latini.
[6] Sinc. Tridentini
[7] Sinc. pio.
[8] Sinc. Halbr. (!).

790. Georg Major an Jonas. Regensburg 1546. März 12.

Ueber die Nachrichten von Luthers Tode, die nach Regensburg gelangt sind, und die Trauer, die sie hervorgebracht haben. Ueber den Stand der Verhandlungen mit den Gegnern. Bittet, dass, weil Melanchthon unabkömmlich sein werde, Jonas nach Regensburg kommen möge, da er, Major, sich den immer schwieriger werdenden Verhandlungen nicht gewachsen fühle.

Orig. in Meiningen; Abschrift in Hamburg Cod. 66 Bl. 176^b flg. Schlechter Abdruck in Corp. Ref. VI. 82. 83; besser bei Förstemann a. a. O. 145—147. Man verbessere im Corp. Ref. Sp. 82 — reddidtae mihi sunt — ut conceptum ex literis — praesertim Theologi — Hunc vero luctum — meditatione rerum — Sp. 83 — Quare iterum ad remedia illa recurrendum est — coniunctissimum semper habuerit — non adfuerim etc. — quas quia scripto significavimus — cui scio plus nervorum item d. Zcochius collega meus — reliquos omnes conservos (?) [Hamb. comministros.]

Unter der Adresse hat Jonas bemerkt: Remittendae doctori Jonae. (Er hatte den Brief an den Fürsten Georg übersendet..)

791. Melanchthon an Jonas. Wittenberg 1546. März 13.

Berichtet, dass auch bei ihm die schmerzliche Erinnerung an Luther bei jeder Gelegenheit wieder aufwacht, sendet ihm Sätze über Kaiser Karl zur Begutachtung. Meldet, dass sein Sohn mit juristischen Studien begonnen hat.

Corp. Ref. VI. 81. Auszüglich bei Förstemann a. a. O. S. 150. Datiert: Die aequinoctii verni, im Corp. Ref. zw. 10. und 12. März gesetzt. Zur Datierung vgl. Krause, Briefwechsel des Mutians, Kassel 1885 S. 49, wo Mutian am 13. Dec. 1505 schreibt: „hodie brumalis est dies et solstitium hibernum."

792. J. Jonas an Veit Dietrich. Halle 1546. März 17.

Seine Schrift über Luthers Tod ist gedruckt; bedrohliche Nachrichten aus Trient. Bittet ihn um Mitteilung der ihm bekannt werdenden Neuigkeiten. In Halle regt sich die Feindschaft der Mönche wieder kräftiger. Des Landgrafen Brief über Luthers Tod.

G. et p. Dei per Christum. Ex *Wittenberga* heri accepi literas, historiam, quam iussu illuss. electoris principis de felici obitu rever. patris *Lutheri* scripsimus, 15. vel 16. Martii edendam esse. Ubi accepero exemplaria, mittam tibi aliquot. De synodo *Tridentina* dicunt miranda, fore[1], ut confirment doctrinam *Lovaniensium* et articulos illos impios, Caesaremque[2] minitari executionem. Interim praetexi haec arma parari et militem adversus Gallum conscribi. Si quid de rebus illius percacati concilii et iam damnati libro reverendi *Lutheri* contra papatum, si quid de colloquio habes, si quid de consiliis et conatibus papistarum cogitantium liberare *Lycaonem*, rogo imperti.[3] Nostram *Hallensem* ecclesiam odit Satan et est nobis satis molestus per monstra Franciscana et aniculas Beginas[4], ancillas nocturnas monachorum. Landgravius Hassiae scripsit literas valde παθητικάς[5] et miris gemitibus

---

[1] Sinc. pure. Ausserdem sind die Sätze ganz sinnlos verschoben.   [2] Sinc. Caesarique.   [3] Sinc. impertiri.   [4] Sinc. laginas (!).   [5] Cassel, den 28. Febr. 1546; abgedruckt bei Förstemann a. a. O. S. 134.

ac lachrymis deplorat obitum hoc tali tempore tanti viri tantique prophetae d. *Lutheri*. Rescribe. Saluta[1] omnes. Datae raptim *Hallae* 4ta post Invocavit anno domini MDXLVI. *I. Ionas d. s. Hall. eccl.*

Clarissimo viro d. *Vito Theodoro Norimb.* ministro Christi, amico charissimo suo. Dem h. *Vito Theodoro*.

Manuscr. Thomas. Th. Sincerus, Neue Sammlung S. 433.

793. Jonas an Melanchthon.   Halle 1546. März 17.

Das Andenken an Luther und an die mit ihm verlebten 25 Jahre beschäftigt ihn Tag und Nacht. Bittet, einem jungen Manne in Paul Ebers Hause Unterkunft zu verschaffen. Empfiehlt ihm die Fürsorge für seinen eignen Sohn Justus.

Corp. Ref. VI, 86. Auszüglich bei Förstemann a. a. O. S. 149. In der Randbemerkung des Briefes ist zu lesen: alios mortuos. Urbanum *Rhegium*, Eobanum.

794. Basilius Monner an Jonas.   Torgau 1546. März 24.

Trauer über Luthers Tod und über die sittliche Verwilderung, die allenthalben wahrgenommen werden kann. Er hat der Kurfürstin den von Jonas ins Deutsche übertragenen Daniel-Commentar Melanchthons überreicht.

S. Merito luget ecclesia obitum tanti viri Dei, etsi felicissimum, quod ad ipsius personam attinet. Est enim orbata amantissimo parente, duce ac rectore, praesertim his ultimis ac periculosissimis temporibus, quae minitantur Germaniae nostrae nescio quid, certe insignem aliquam mutationem propter mores nostros parum commodos, quique minime decent homines verae pietatis amantes, nec tantum apud plebeios, sed etiam apud optimates. Tanta est omnium ordinum licentia, luxuria, avaricia, securitas, ambicio, tyrannis, intemperantia, libido, ferocia, disciplinae contemptus, ingratitudo pro tantis in nos collatis a Deo beneficiis et id genus alia scelera et flagicia, quae pleraque iam tantum non pro virtutibus habentur, tantum abest, ut eorum nos, qui studiosi pietatis et dici et videri volumus, ex animo poeniteat. Quae necesse est sequi magnas calumitates, quas ut Christus mitigare et nos meliores efficere velit, hoc omnes communibus votis ab eo petere debemus assidue. Interim ecclesia miseris modis affligitur[2] et iustus perit, ut ait Esaias, et non est qui consideret; a[3] facie maliciae recollectus est iustus.[4] Sed me reprimo, ne tibi alioqui iam satis perturbato molestus videar et inceptus. Quod tamen certo scio te pro tua pietate et humanitate in bonam partem accepturum. Ego quantum vulnus acceperim ex obitu

---

[1] Sinc. amicos.
[2] Förstem. affligatur.
[3] Förstem. ut.
[4] Jes. 57, 1.

eius viri non tam meo quam ecclesiae nomine, verbis explicare non possum: quem ut parentem amavi vivum, et nunc evocatum lugeo ac perpetuo diligam. Mitto tibi partem cogitationum mearum, non quod alicuius momenti sint, sed ut intelligas, quomodo affectus sim. Illustrissimae principi foeminae ac ducissae obtuli Danielem tuum[1], quae iussit tibi magnas agere gratias pro hoc munusculo, quod eius Cel. gratissimum esse animadverti, seque commendat precibus tuis. Illustribus nostris principibus iunioribus ostendi tuas literas, qui te clementer et amanter salvere iubent. Reliqua curabimus, quantum licebit. Bene vale, cariss. doctor, multis gratissimum facturus, si locos d. *Philippi* locupletatos[2] in nostram linguam vertas. Iterum vale. *Torgae,* 4^la post Reminiscere 1546.

T. *Basilius Monner* i. d.

Marschalco huic vestro consulerem, ut sua sorte contentus viveret his difficillimis ac periculosiss. temporibus.

Clarissimo viro, egregia pietate et doctrina praedito, d. *Iusto Jonae*, sincerioris theologiae doctori praestantiss., ecclesiae *Halen.* superattendenti fideliss., domino suo plurimum observando.

Aus dem Orig. in Meiningen bei Förstemann a. a. O. S. 158—160.

795. Herzog Albrecht v. Preussen an Jonas. Königsberg 1546. März 31.

Bittet um Bericht über Luthers letzte Lebenstage.

Vnsern grus vnd gnedigen willen zuvorn. Achtbar vnd hochgelarter besonder lieber. Nachdem wir aus allerley an vns gelangeten zeitungen leider den todtlichen abgang des ewyrdigen achtbarn vnd hochgelarten, vnsers besondern geliebten hern *Martini Lutheri*, der heiligen schrifft doctori, des selen der allerhochst gnedig vnd barmhertzigk zu sein geruhe, todtlichen abgang vnd daneben verstanden, das ir bey seinem abschiedt gewesen, er auch etzliche schone predigten kurtz vor seinem abschiede gethan solle haben: Wir aber, ohne rhumb seine christliche lere vnd inen in seinem leben gantz hochlich geliebt, auch alle wege das, was er geschrieben, gerne gelesen, derhalben wir seinen abschiedt, vnd wie es allenthalben zugangen, zuwissen gantz begirigk: Demnach [ist] an euch vnser gnedigs sinnen

---

[1] „Der Prophet Daniel ausgelegt von Ph. M., verdeutscht durch Justum Jonam. Wittenb. 1546" Corp. Ref. XIII, 828.

[2] Vrgl. Corp Ref XXII, 26. Erst 1549 erschien eine neue, verbesserte Ausgabe seiner Uebersetzung der Melanchthonschen Loci.

vnd begeren, ir wollet vns das bey gegenwertigen bothen zuzuschreiben vnd allenthalben zu vorstendigen nicht beschwer haben. Das seint wir vmb euch in allem erheblichen zu beschulden gewogen. Datum *Konigspergk*. etc.

Ex relatione *Baltzer Gans*

Heinrich Steinrich.

An doctorem *Iustum Ionam* zu Hall 1546 den letzten Marcij.

Copiebuch der Missive d. J. S. 575. 576. [Archiv in Königsberg.] Hallenser Programm 1841 S. 23. Förstemann a. a. O. S. 161. 162. Voigt a. a. O. S. 337.

IV. Die Jahre der Not.
a. Das Kriegsjahr 1546/47.

796. Justus Jonas, Benedict Schumann u. Halle 1546. v. d. 5. Apr.
Matth. Wanckel an den Rat zu Halle.

„Bedenken an ein ehrb. Rat, was auf dem Wittenbergischen Convent mit dem neuen Erzbischof, Markgraf Joh. Albrecht, sonderlich wegen Abschaffung der Klöster zu handeln."[1]

Dreyhaupt I, 210—216.

---

[1] Irrig setzt Dreyhaupt dies Schreiben in das Jahr 1545; der Eingang des Schreibens bezieht sich auf den „auf künftige Wochen angesetzten" Tag zu Wittenberg; dieser war aber auf Montag nach Lätare 1546 (5. Apr.) anberaumt. Ausserdem wird wiederholentlich hervorgehoben, dass die Reformation bereits „fünf ganze Jahre" in Halle bestehe. Es ist also in die ersten Tage des Apr. 1546 zu verweisen. — Hierbei sei zugleich angemerkt, dass die von Jonas verfasste *Kirchenordnung der Stadt Halle* (Dreyhaupt I, 993 flg. Richter Ev. KOO. 1, 339 flg.) irrig ins Jahr 1541 gesetzt wird. In ihr wird nämlich vorausgesetzt, dass auch die Moritzkirche schon dem evangel. Gottesdienst erschlossen ist. Das geschah aber erst am 26. Aug. 1542. Vergl. Magdeb. Consist.-Acten Tit. XIII. III[b] Nr. 17 „*Wan die kirchen zu Halle reformirt worden.* Ao. 1541 in der marterwochen ist d. Justus Jonas von Wittenbergk nach Hall beruffen vnd ankommen, vnd hat an dem charfreitag die erste evangelische predigt in vnser lieben frawen kirchen gethan vnd den dornestag nach Quasimodogeniti daselbst das hochwurdige abendmal in zweierlei gestalt nach Christi einsetzungk angefangen zw speisen. Die zeit seindt rathsmeister gewesen Caspar Querhammer vnd Wenzel Kürbauch. Ao. 1542 om christagk hatt m. Benedictus Schuman die erste predigt in S. Ulrichs kirchen gethan. Ao. 1542 sonnabends nach Bartholomei nach mittagk hat d. Justus Jonas die erste predigt in S. Moritz kirche gethan, vnd hat der herr m. Matthias, pfarrer daselbst, den sontag nach Aegidii [3. Sept.] zum ersten die communion geholten." Ferner wird in der KO. von dem „Superattendenten" geredet; als solchen bezeichnet sich Jonas seit Sommer 1542 (oben S. 76.). Damit wäre festgestellt, dass die K. O. *frühestens* 1542 verfasst sein kann. Eine alte Abschrift derselben in Magdeb. Cons.-Acten a. a O. Nr. 19 mit folgender Nota: Herr m. Martinus Röber, Pfarrherr zu S. Vlrichen, hat den 30. Dec. Ao. 1623 berichtet, das er von d. Joh. Oleario sehl [an U. L. Fr. 1581—1623] vernommen hette, das diese kirchenordnung von h. d. Justo Jonae sehl. dem ersten evangelischen prediger in Halle erstlich abgefasset, hernach von h. d. Martino Luthero revidiret vnd durch e. e. rath authorisiret, ihme Oleario auch bey eintrit seines ambts, sich darnach habende zu richten, von wohlgemeldten rathe vberantwortet worden sey."

797. Georg Major an Jonas.   Wittenberg 1546. April 5.

Berichtet über ihre Rückberufung von Regensburg und die dadurch erfolgte Vertagung des Colloquiums. Klage über die unbilligen kaiserlichen Propositionen.

Corp. Ref. VI. 100. Abschr. in Hamburg 66 fol. 181[b] mit folgender Nachschrift: Quae has reddit, cum olim famula mea fuerit, rogavit, ut se tuae humanitati commendarem. Causam ipsa exponet, quae ita bona non est. Aequum tamen est praeberi a patre alimenta puero, quanquam et illud aequum erat utrumque puniri. Bene vale. *Wittebergae* 5. April 1546.

Clarissimo et doctissimo viro domino *Iusto Ionae* theologiae doctori et ecclesiae *Hallensis* superattendenti, domino et amico suo observando.

798. Melanchthon an Jonas.   Wittenberg 1546. April 6.

Aus Halle sind Abgesandte zu einer Verhandlung in Wittenberg erschienen; über das Ergebnis derselben lässt sich noch nichts melden. Klage über den kürzlich erfolgten Tod mehrerer Theologen; der des Myconius ist täglich zu erwarten[1]. Er selbst fühlt sich sehr elend. Der Sohn des Jonas macht gute Fortschritte. Empfehlung des Naumburgers Sigism. Schörkel.

Corp. Ref. VI. 100. 101. auszüglich bei Förstemann a a O. S 162 163. Abschriftlich in Hamburg Cod. 66 fol. 179[b]. Hier ist auch die Adresse erhalten:

Reverendo viro eruditione et virtute praestanti, domino *Iusto Ionae*, doctori theologiae, episcopo ecclesiae Dei in *Salinis*, amico suo charissimo.

799. Jonas an Melanchthon.   Halle 1546. April 8.

Empfiehlt ihm die Hallischen Abgesandten und deren Anliegen. Es handelt sich darum, von dem neuen Erzbischof günstige Zusicherungen über den Fortgang der Reformation zu erhalten.

Philippo Melanchthoni. S. et g. Dei per Christum.

Reverende et mi charissime pater *Philippe.* Pro literis tuis proximis amantissime et mirifica humanitate et candore, sed tibi nunquam non erga me usitatis, scriptis significasti earum actionum, quas nostri legati instituerunt, tantum πρίτχσιν auditam.[2] Non dubito, quin ὁ ἄρχων (loco nunc d. *Lutheri* patris charissimi) te et d. *Pomeranum* adhibebit in consilium. Rogo vestra opera, studio, prudentia, autoritate ecclesiae *Hallensi* adesse velitis nobisque orphanis in hac orbitate per obitum communis patris d. *Lutheri* patrocinari, ut, episcopo novo mitigato, persuaso, a peste, a lue τῆς ἰδωλομανίας liberemur. Hoc quinquennium evangelii et purae doctrinae habuerunt *Salinarum* ecclesiae: alias autem inde ab anno domini 17. usque ad ad annum 46. per XXIX. annos negatae miserrimae tetra varia idolomania Cardinalis, baptisatis aeneis campanis, ossibus celatis, officina quoque huius idololatriae erecta. Sed quid canonici *Magd.* homines ἄθεοι Epicurei afficiuntur

---
[1] Starb in Gotha am 7. April 1546.
[2] Siehe den vorigen Brief.

contritionibus Iosephi[1] aut bonorum cordium et bonarum mentium cruciatibus? Vos charissimi patres, miseremini. Es sind in den dreyen pfarren alle sontag in die 10. biß 11000 pfarkinder. Quid tot milia animarum propinentur contristanda idolomanicis monachis et de morte *Lutheri* gaudentibus papistis? Christus te, mi domine *Philippe*, servet ecclesiae. Saluto amantissime clarissimum virum d. doctorem *Chilianum* compatrem meum et dominos legatos reipublicae et ecclesiae *Hallensis*. M. *Ionam* tibi ut parenti alteri commendo. Datae raptim *Hallae* 5ta post Laetare, anno domini 1546. *I. Ionas* totus tuus ex animo.

Abschrift Hamburg Cod 66 fol. 180[b]. Cod. Guelph. 214 Gud. Bl. 102[b].

800. Gutachten der Wittenberger Theologen.   Wittenberg 1546. April.

Gutachten über die in Nr. 796 aufgeführte Schrift, betreffend die Durchführung der Reformation in Halle

Die schrifft, so der erwirdige vnd hochgelarte her doctor *Jonas* sampt den andern wirdigen hern predicanten an ein erbarn rath zu *Halle* gestellet, was itzunt ein erbar rath in der handlung allhier arbeyten soll, haben wir mit vleys gelesen, vnd vernehmen den inhalt vf sieben artickel.

Der erst. Das monche vnd nonnen aus der stat wegk komen oder also eingesperret werden, das sie schweigen müssen.

Der ander. Das *Matz Metz*[2] wegk kome, vnd das pfarhaus der kirchen zugewant werde.

Der dritte. Das etwas von geistlichen guetern vnd aus dem thal zu vnderhaltung des ministerii gewant werde.

Der vierdte. Von bestellung des consistorii.

Der fuufft. Das man von den geistlichen lehen den absentibus nichts volgen lasse.

Der sechst. Das *Querhamer* solle in bann gethan werden.

Der siebende. Das die stat stipendia vor arme knaben zum studiren vorordnen wolle etc.

In diesen artickeln sindt vornemlich zweyerley sachen.

Ettlich betreffen allein die lahr vnd ceremonien.

Ettlich betreffen die gueter.

Soviel nuhn die gueter belangt, ist war, das alle oberkeit, so die kirchen gueter innehat, schuldig ist, die rechten empter damit zu vnderhalten, prediger, pfarrer, diaconos, schuelen, consistoria. Dann darzu sindt alle kirchengueter erstlich vnd vornemlich geben vnd ge-

---

[1] Amos 6, 6.   [2] Er begab sich nach Erfurt. Erf. Matrikel S. S. 1546: „Dr. Matheus Metz Northemensis, theologiae doctor Lipsensis." Weissenborn II, 364.

stifftet. Vnd ist Gottes wille vnd gebot, das vornemlich die herschaften zu erhaltung des ministerii evangelici allzeit ettliche gueter ordnen. Dan es ist nicht allein in gemein, sondern auch der herschaft geboten Proverb. 3: Ehre Gott von deinen guetern, so wirt er deine früchte reichlich mehren etc.

Wo aber die herschaft, so die kirchengueter innehat, dieselbigen nicht will zu rechtem brauch volgen lassen, konnen wir nicht sehen, wie die vnderthanen dieselben selbst zu sich nehmen möchten. Dan wol zu achten, das die ecker vnd pechte vf dem lande sindt, da es die von *Halle* nicht holen konnen, wan ihnen der bischoff selbst nichts geben will, wie er doch schuldig were, vnd ist also in diesem fall die vnmoglikeit vor augen, zudeme das wir nicht radten konnen, das die vnderthanen in der oberkeit gueter greiffen mit der that.

Vnd thut der rath christlich, das sie von irem eigen einkomen mitler zeit die kirchenempter vnderhalten, wie solchs auch viel stette als *Auspurgk, Franckfort* etc. thun, die doch mehr freyheit haben dan *Halle*. Gleichwol konnen sie ire pfargueter nicht zu sich bringen, mussen also gedult haben.

Es ist auch wol zugedenken, wan gleich vnser gnedigster her darauff handlen wolt, das der bischoff viel heraus geben solt, so würde er darzu nicht zu bewegen sein, vnd wurde vorwenden, man wolt ihnen dringen wider den frieden vns gegeben.

Souiel aber die munche vnd nonnen vnd ire lesterliche predig vnd ceremonien belangt, wiewol der bischoff auch vorwendet, er sey herr, vnd so er die munche vnd nonnen schutzen wolte, soll sie die stat zufrieden lassen.

So ist dennoch dieses zu bedencken, das hie nicht gueter gesucht werden, sondern allein abschaffung der lesterung.

Ob nuhn hievon etwas fruchtbars durch v. gn. h. bey dem bischoff konne gehandelt werden, das wissen wir nicht.

Vnd dieweil es Gottes ehre vnd der stat frieden belangt, were dennoch guth, das man den bischoff vermanet, das er die sache dahin richten wolt, das die munch vnd nonnen stillschweigen musten, damit nicht anders erfolget.

Wolt er aber nicht, wie wir bedencken, das er darauf antworten werde, er konne dasselbig nicht gebieten, vnd wolte sie nit verjagen, so kan ihn v. gn. h. darzu nicht zwingen.

Was aber vff diesen fall weyter der rath mit geburlicher mass vnd one der gemein empörung thun möge, so sie eintrechtigk weren, were leichtlich zu radten etc.

Archiv zu Zerbst.

801. Justus Jonas an König Christian III. Halle 1546. April 15.

Erstattet Bericht über Luthers Tod und übersendet die von ihm verfasste Historie; empfiehlt ihm Luthers Wittwe und Kinder, sowie seinen eignen Sohn. Er ist beschäftigt mit der Uebersetzung der Schrift „Von Conciliis und Kirchen."

Gnad vnd fried Gottes durch Christum.

Durchleuchtigester, grosmechtigester könig, ewer koniglich maiestet sindt mein ganntz vnntertanigst, gehorsame, willige dinst zuuoran. Gnedigster herr, so itzt aus *Halle*, mein guter bekannter freund doctor *Mauritius Zoch* nachm konigreich Dennemark abgereisset, hab ich nitt vnnterlassen sollen, ewer konigliche matt: als meinen gnedigsten herrn in schrifften mein vnterthanigkeit antzuzeigen.

Es werden ewer koniglich maiestet one zweiffel albereit vor etlichen wochen von vnnserm gnedigsten herrn dem churfürsten zw Sachsen vnd annderen fürsten zugeschrieben sein die betrüblichen zeitung von dem abschied reverendi d. doctoris *Martini*, vnnsers hertz allerliebsten vatters, des ewer koenigliche maiestet ohne zweifel hoch erschrocken vnnd gnedigst mittleiden getragen, vnnd noch. So es dan der almechtig Gott, gnedigster konig vnd herr, also geschickt, das ich gleich mit gedachtem herr doctor seliger in seinem vatterland *Eisleben* gewesen, da er geborn, getaufft, ist es durch des selbigen almechtigen willen also furgefallen, das er des orts verstorben vnnd seliglich aus dissem jamerthal abgeschieden. Vnnd hat sich in der hanndlung mit den edelen wolgeborn grauen vnnd herrn zu *Mansfeldt* durch vnterhandlung zuuortragen, also begeben, das ob ich wohl itzt zw *Halle* wone, drey ganntz wochen vor seinem seligen tode mitt dem lieben vatter vber tisch gessen, in einer kamer geschlaffen, alle abenut inen zw bette bracht, mit reichung seiner lieben apostel hand, (mit welcher so vill guter bücher geschrieben) alle abent gut nacht von ihme entpfanngen, vnd am letzten tage der dreier wochen, den achtzehennden februarij dis XLVI. jars morgen vmb drey vhr frue bin ich bey seligen beschlus seins enndes vnd letzter stunde gewesen, hab sein des lieben vatters seligen bekentnis gehoret, das ich nit vor ein grosse schatz entperen wolt. Vnnd wolt Gott, ich sollt ewer koniglich maiestet als dem christlichen konig, der den gottesman sonnderlich geliebet, daruon mündlich bericht thun.

Also hat es Gott der Herr geschickt, so ich lenger dan xxij. jar zw *Wittenberk* vortraulich vnnd innerlich mit ime gelebt, das ich auch bey seinem letzten ende vnnd absterben gewesen, vnnd von seinem seligen abschied vberschicke ewer koniglich maiestet die historien kortz von mir auß befel vnnsers gnedigsten herrn churfursten in druck geben, vnnd auch das epitaphium, wie wol es ewer koniglich m. zuuor vileicht auch zukomen. Es sind am verschienen donnerstag sieben wochen gewesen, das gemelter seliger gotsman in Christo heimgetzogen aus diesem elennd ins vaterlannd. So nun disser seliger prophet deutscher nation durch todt abgescheiden, do nun allerley anfechtung, trübsal der armen kyrchen (wie einer witwen) mügc begegenen, wolle ewer koniglich maiestet ir alle trewe prediger vnnd alle kyrchen gnedigst lassen befolen sein, wie ich ewer koniglich maiestet gern in gegenwart solch vntertenig bitten wollt, wan mir Gott wollt helffen vnnd gönnen euer m. noch diessen somer oder künfftigen noch ein mal bey meinem leben in Holstein oder zu *Hamburg* zu sehen, vnnd ob ich leibs schwachheit halben zu vnuormüglich were, will ich ewer koniglich maiestet alls meinem allergnedigsten herrn mein eldesten sohn, m. *Justum Jonam* iuniorem, welcher nu sein xxij. jhar erlanngen wirdt, fast gelert ist, auch wolredend, vnnd gross lob von d. *Philippo* hatt, vntertanigst befolen haben. Bitt vntertanigst, ewer koniglich maiestet woll der wittwen domini doctoris *Martini*, seiner drey sohne *Martini*, *Pauli*, *Johannis* vnnd eins töchterlein *Margret* vnnd gemeltens meins sohns vnnd meins weib vnnd kinder gnedigster herr sein. Des latinischen buchs von conciliis d. *Martini* (welchs gar nahe fertig) will ich auch, gnedigster herr, nit vergessen.[1] Auch dem doctori *Moritz Zcochen* briefzeiger (welcher itzt vffm landtag ein witwe vom adel beistehet) wolle ewer koniglich m. in gnedigstem schutz haben, in sein sachen gnedigste forderung vnnd willen ertzeigen. Ewer koniglich m vntertanigste gehorsamen, vffs höchste gevlissene gantz willige dinst zu ertzeigen, bin ich allzeit bereit vnnd in vntertanigkeit willig. Ewer koniglich maiestet, auch ewer koniglich m. gemahl, die allerloblicheste konigyn, sampt ewer m. jungen herschaft, iren konigreichen, land vnnd leuten wolle der Almechtig allezeit gnedig erhalden vnd in schutz haben. Vor e. koniglich m. zu beten mit alle vnnser kyrchen vnterlassen wir keine zeit. Datum *Hallae* in Saxen, donrstag nach Iudica, 15. Aprilis. Anno dni MDXLVI.

Disse stunde hab ich, allergnedigst her konigk, ij brief empfangen von m. g. hern, dem hertzogen Prewssen, mit s. f. g. eigen hand, auch vom tod Rdi doct. *Mart. Lutheri* gantz mittleidlich vnd gnedig geschrieben. E. k. Matt. vnterthenigst gantz williger diener

Justus Jonas doctor
Superatt. *Hall.* eccles.

Dem durchleuchtigsten, hochgebornen grosmechtigsten fürsten vnnd herrn herrn *Christian*, konigk zu Dennemark etc. etc. hertzogen zu Holstein, Schleswik, Ditmars etc. meynen allergnedigstem herrn. [Ankommen zu Koldingen d. vij. Juny Ao. 46.]

[1] Erschien erst 1556 nach dem Tode des Jonas.

In A. Schumacher: Gelehrter Männer Briefe an die Könige in Dännemark, vom Jahr 1522 bis 1663. Erster Teil. Kopenhagen und Leipzig bey Friedr. Christian Pelt. 1758. S 335—340, wo auch das im Briefe erwähnte Epitaphium. Daraus in modernerer Sprachform bei Förstemann a. a. O. S. 163—165.

802. Melanchthon an Jonas. Wittenberg 1546. Mai 28.

Trübe Zeitbetrachtung: es ist aber trotz aller Not der Zeit Gott zu danken für die Sammlung der christlichen Gemeinde und das Offenbarwerden des Lichtes des Evangeliums. Jonas möge seinem Schmerze nicht zu sehr nachhängen. Seinem Sohne möge er die von diesem gewünschte Reise nach Italien gestatten.

Corp. Ref. VI. 146. 147.

803. Jonas an Fürst Georg. Halle 1546. Mai 29.

Empfiehlt den Prediger Joh. Richard, der aus seinem Amte in Könnern entlassen ist, für eine anderweitige Stellung.

— Hic m. *Iohannes Richardus* iam in quartum annum praefuit ecclesiae in *Konren* et tunc adhuc vivente cardinale prima pericula subivit ad plantandum evangelii verbum. Syncere admodum docuit, catechesin christianam fideliter tradidit et boni pastoris officium fecit habens bonum et honorificum testimonium apud omnes pios. Interim non semel etiam afflictus ab officiale et adversariis evangelii. Senatus eum iam dimisit ea occasione et causa, quam V. R. D. et Cel. exponet, et dimisit satis inofficiose et tenui reddita gratia. Nunc vir hic non vulgariter literatus (olim enim praefuit scholis) et usum habens concionandi quaerit aliam conditionem, qua se, uxorem et liberos sustentare possit. Petiit a me ad V. R. D. et Cel. literas. Rogo ergo V. R. D. si qua vacaret parochia in aliquo oppido, dignetur eius habere rationem. Alias cogetur bonus vir abdere se in patriam *Eilenburgam* (quod nollem), qui tamen non mediocri fructu posset operam suam ponere ad propagandam puram doctrinam. S. Paulus inquit ad Thessalon. eiuscemodi: qui fideliter laborant in verbo, in precio habete. Sed apud quosdam iam in mundo ingratos erga beneficia ingentia evangelii viliores alga habentur. V. R. D. et Cel. velit huic bono viro quantum fieri potest, esse consolationi. — Datae raptim *Halae* sabb. post Cantate anno dni MDXLVI.

Novitates nullas habemus, nisi eas quas notiores scimus V. R. D. quam nobis. Es sind noch kein herbergk bestellt zu eynem solchen tage, ut fama fuit de venturis multis nobilibus dioeceos inferioris Saxon. V. R. D. et Cel. addictiss. *Iustus Ionas* doct. p. W.

Archiv zu Zerbst. Superatt. *Hall.* eccl.

804. Jonas an Fürst Georg. Halle 1546. Mai 31.

Empfiehlt ihm den Diakonus Christof Gerick aus Liebenwerda für eine Pfarrstelle im Merseburgischen. Graf Reinhard v. Solms ist als kaiserl. Commissar (in Halle?) anwesend. Ueber das Tridentiner Concil.

— Hortatur omnes pios S. Paulus 1. ad Thessal. ultimo, ut fideliter laborantes in verbo et erudientes ac docentes in ecclesiis singulari quodam et praecipuo fervore ac candore τῆς ἀγάπης complectantur. Sed his novissimis temporibus videmus multos eruditos et bonos viros Christi servos contemptui haberi et tantum non fame contabescere cum uxore et parvis liberis; dum sic afflictos ex animo adiuvare cupimus, alias desertos a suis etiam consanguineis et mundanis amicis, d. *Philippus* et ego a quibusdam commendatores vocamur. Sed freti V. Cel. et R. D. regali et praestanti virtute nihilominus quibus possumus officiis hos Christi םיִנָּע et vere pios et evangelii amantes homines in sua egestate et in suis aerumnis consolari pergimus. Hic dominus *Christophorus Gerick* praefuit ecclesiae *Liebenwerdae*, a domino *Philippo* commendatus, summa fide tanquam fidelis diaconus. Sed quia apud conditionem tenuem strenue esurivit et alsit (ut fit his asperis temporibus), iam quaerit aliam conditionem. Cum ergo laudem habeat a suo pastore eruditionis et modestiae, rogo V. R. D. dignetur eum vel clementibus literis commendare aliis vel eius habere rationem in episcopatu *Mersborgensi*. Si V. R. D. viderit eius scripta vel audire dignabitur de doctrina respondentem, vel contionantem (modo fulmine suo eum non conterreat dominus l. *Antonius Musa*), spero eius mediocritatem V. R. [D.] et Cel. non aspernabilem, imo eius pietatem et eruditionem in literis sacris gratam futuram. Est in *Christophoro* singularis bonitas et ingenuitas morum. Ingentem spem concepit de clementissima voluntate V. Cel. erga pauperes τοὺς διακόνους τοῦ ἁγίου εὐαγγελίου, quae eum habentem domi curtam supellectilem et uxorem honestissimam praegnantem utcunque his difficilibus temporibus cum publicis tum suis sustentat. Quod attinet ad conventum nobilium, V. R. D. et Cel. audiet ex *Christophoro Gericken*, fratre doctoris *Gericken* syndici *Budissinensis*, adesse generosum d. d. *Reinardum* comitem a *Solmis*[1], Caes. Mtis commissarium; reliqua nondum cognovimus, sed cras cognoscemus. Accepi duas sessiones synodi *Tridentini* [so], quas R. D. mittam brevi. D. *Phil.* scribit: „Synodus pergit nos et omnes libros intra 29. annos (sub cursu scil. sancti d *Martini*) editos damnare ad inferum. Nobis certamina sunt cum monachis."[2] — Datae raptim *Hallae* ultima Maii 2a post Vocem Iucunditatis anno dni MDXLVI.

        V. R. D. et ill. Cel.   deditissimus *I. Ionas* d. p. W.
Archiv zu Zerbst.   S. *Hall.* eccl.

---

[1] Häufige Erwähnungen desselben findet man bei v. Druffel, Briefe und Akten Bd. I—III.

[2] Diese Sätze finden sich im Briefe vom 28. Mai nicht.

805. Melanchthon an Jonas. Wittenberg 1546. Juni 6.

Betrachtungen über die Zeitlage. Der Sohn des Jonas hält Vorlesungen mit grossem Beifall. Sendet Nachrichten über Naogeorgus. Beabsichtigt eine Fahrt zum Fürsten Georg, bei dem er mit Jonas zusammenzutreffen hofft. Ueber einen Kauf, den Luthers Wittwe ausgeführt hat.

Corp. Ref. VI, 171. 172.[1]

806. Christian III. an Jonas. Kolding 1546. Juni 7.

Bezeugt seine Trauer über Luthers Tod, verspricht sich der Hinterlassenen wie auch des Sohnes des Jonas anzunehmen.

Christian von Gotts genaden zu Dennenmarcken, Norwegen, der Wenden vnd Gothen konig, hertzog zu Schleswig, Holstein, Stormarn vnd der Ditmarschen, graue zu Oldenburgk vnd Delmenhorst. Vnsern gnedigsten gruß vnd geneigten willen zuuor an. Wirdiger vnd hochgelarter, besunder lieber, euer schreiben aus *Halle* bey doctor *Zochen* an vns gethan[2] ist vns allhie den vierdten Junii behandet[3] vnd haben daraus euer zuneigung zu vns gnedigst vormerckt, des wir gnedigst danckbar, wollens auch mit gnaden eingedenck sein. Souiel nun das totlich abgehen des teuren vnd seligen mannes Gottes doctoris *Lutheri* betreffen, darvon mir auch hienor anzeige erlangt, ist uns das in wahrheit fast schmertzlich vnd betrüblich zu hören gewest, vnd moehten wohl gonnen vnd von hertzen wündschen, der almechtige vater vnsers erlösers vnd heilands[4] Jesu Christi hette seiner armen kirchen zu trost, vns den hohen vnd theuren mann Gottes, bevorabe zu diesen gelehrlichen zeiten, da die kirch allenthalben angefochten, noch ein zeit lang gelassen. Aber alß der wille des allerhöchsten, deme nicht zu widerstreben, hierinne vermergkt, muß man solches seiner almechtigkeit heimgestalt sein lassen, der auch durch sein göttliche gnade vnd die gelassen mitapostell des theuren mann Gottes seine arme kirchen allenthalben woll erhalten vnd vor aller gottlosen, des teuffels vnd der hellen wuthen vnd toben erhalten wird. Wir wollen auch, soviel vns der ewige Gott macht vnd gewaldt hier vorleyhen, der armen bedrengten kirchen vnd derselben diener, apostel vnd lehrer mitbeschützer sein vnd vns dieselben bevohlen sein laßen vnd den almechtigen anruffen, er wolle vns hierzu sein gnad vnd barmhertzigkeit mitteylen vnd das licht des ewigen allein seligmachenden heylwertigen evangelii von vns

---

[1] Im Corp. Ref. ist dieser Brief auf den 5. Juni gesetzt. Er ist datiert: „die tuo natali, quo Graecis duae victoriae clarissimae partae sunt, Leuctrica et Ger-[v]estana." Damit ist jedoch der 6. Juni gemeint. Vgl. Corp. Ref. VI, 920: „die VI. Iunii, quae est dies duarum victoriarum insignium Leuctricae et Gerestanae." [2] S. oben S. 195 flg. — Aarsb. doctor zacheum. [3] Vgl. dagegen S. 196. [4] Aarsb. seligmachers.

vnd vnsern armen vnterthanen nicht nehmen, sondern vns darbey erhalten vnd bewahren vnd seines theuren mannes vnd dieners, des berümbten vnd seligen doctor *Luthers* mitaposteln vnd discipeln wie ihme mit seinem heiligen geiste beystendigk sein vnd alle ketzereyen, irthumb vnd verführungen vnd listen des teuffels wehren, auf daß sein göttlicher nahme nun vnd zu ewigen zeiten geehret, sein heiliges wort ausgebreitet vnd seine arme kirchen ihme zu lob bewahret vnd erhalten werde etc.

Vnd thun vns euer derhalben anzeige vnd neigung gnedigst bedancken vnd wollten gantz gerne, daß wir vns mit euch, so es die gelegenheit allenthalben füglich gebe, müntlich unterreden möchten, vnd so ihr euch zu vns begeben köntet, das solte vns lieb vnd angenehm seyn. Wir wöllen auch vns des seligen vnd theuren mann Gottes gelassene widwe vnd kinder, desgleichen euern sohn magister *Ionam*, so der kunfftig sich zu vns thete, gnedigst bevohlen sein laßen vnd euerm sohn mit allen gnaden begegnen, wie wir auch euer person zum besten gewogen.

Wolten euch solchs gnedigst in antwort nicht vorhalten vnd thun vns, vnser geliebte gemahl, junge herrschafften, reiche, lande vnd leuthe in euer christlich gebeth empfehlen. Datum *Koldingen* den VII. Junii anno etc. XLVI. *Christian.*

Abschr. Hamburg Cod. 66 Bl. 169ᵇ. Gedruckt in Aarsberetninger fra det kongelige Geheimarchiv, udgivne af C. F. Wegener. Kjöbenhavn 1852 flg. I., S. 244. 245.

807. Jonas, Schumann und Wanckel an Melchior Reider. Halle 1546. Juni 13.

Edictal-Citation in einer Ehcangelegenheit.

Wir hernach benanten *Justus Jonas*, doctor, superattendens der kirchen tzu *Halle*, vnd m. *Benedictus Schuman* tzu S. Vlrich, m. *Matthias Wanckel* tzu S. Moritz, beyde pfarher, thun in dieser offene schrifft iedermeniglich tzu wissen, nachdeme wir alle drey tzu der seelsorge vnd predigampt ordentlich beruffen, vnd vns schuldigk erkennen, diejenigen, so vns vmb trost in sachen der conscientz vnd gewissen betreffendt, als in ehehendeln vnd dergleichen ansuchen, ane hülff vnd räth nicht tzu lassen, das vns offt vnd vielfältigk angesucht hat *Margaretha Streuben* vnd angezeigt, wie *Melchior Reider* sie tzur ehe genommen, auch ehelich beylager mit ir gehalten, vnd aber nach verflißunge ongeuerlich eines halben jhars one vrsach von ir gelauffen, sie als ein arm weib vntreulich deserirt vnd in die tzwey jhar verlassen vnd auch bis anher ihr nichts geschrieben, oder tzu entboten, auch nicht kann erforschet werden, wohe gemelter *Melchior Reider* sich itzo enthalten möge. Dieweil dann wir gemelter *Margarethen Streuben* bitthe, do sie aus grundt der desertion vnd weglauffens ires ehemannes sich anderweit tzu uerehelichen tzu uorgennen gesucht, vor billig vnd gleich achten, nachdem gemelter fluchtiger man nirgendt gewiss antzutreffen, wollen wir ime vnd den jhenigen, so er angehort, kundt gethan haben zum ersten, andern, drittenmahl vnd peremptorie hirmit sie gefordert haben, sich in tzweyer monath friste von dato antzurechen anher gen *Halle* tzu vorfügen. Do soll ihr entschuldigunge (ob sie der etwan wusten vortzuwenden) in dieser ehesachen der gemelten conscientz vnd gewissen belangendt von vns gehort werden. Dann wir dieser mühe viel lieber vorhaben (?) vnd hierinnen nichts dann der seelen heyl, trost und rettunge der gewissen suchen. Es komme nuhn gemelte beclagte parth, *Melchior Reider* oder nicht, erscheinen ader bleiben außen, wißen wir gemelthe *Margarethen Streuben* ohne trost vnd rettung ihres gewissens nicht zu lassen. Des wir gemeldt beclagt parth hirmit wollen tzum vberflus vorwarneth haben. Datum am heyligen pfingstage, welcher ist der dreitzehende des brachmondes, im 1546.

Justus Jonas doctor.
Benedictus Schumann, mgr.[1]
pastor S. Vlrici.
Matthias Wanckell, m.
pastor ad S. Mauritii.

Fortgesetzte Sammlung 1727, S. 14—16 (ex autographo.)

808. Jonas an Fürst Georg. Halle 1546. Juni 16.

Empfehlungsschreiben für eine in Not befindliche Frau.

— Vulgaribus illis commendationibus non libenter molestus sum, haec tamen paupercula mulier suis indesinentibus precibus et flagitationibus hoc breve epistolium a me extorsit. Rogo V. R D. eam (ut *Cerbesti* spem factam sibi dicit) dignetur clementer [eam] audire — Datae raptim *Hallae* 4ta post Pentecosten anno dni MDXLVI.

V. R. D. et Cel. deditiss. *I. Ionas* d.
S. *Hall.* eccl.

Archiv zu Zerbst.

809. Melanchthon an Jonas.[2] (Wittenberg) 1546. Juni 22.

Trübe Zeitbetrachtungen. Der Sohn des Jonas will den Grafen Albrecht von Mansfeld nach Regensburg begleiten. Melanchthon gedenkt baldigst mit Jonas bei dem Fürsten Georg zusammenzutreffen.

---

[1] Fortg. Samml. mpr.
[2] Melanchthon ist zwar als Verfasser nicht genannt, aber ein Vergleich mit seinen Briefen vom 28. Mai und 6. Juni stellt seine Verfasserschaft ausser Zweifel.

S. d. Non dubito liberiores apud vos hominum rumores[1] esse de conventu quam hic. Quare te non raro ingemiscere arbitror, audientem[2] ea quae narrantur. Me non ea tantum excruciant, quae nunc tibi fiunt, sed causae προκαταρκτικαί. Qui coniungere voluntates principum debebant, hi saepe distrahere studuerunt. Oremus autem Deum aeternum patrem domini nostri Iesu Christi, ut ecclesiam suam, pia studia et ecclesiae hospitia servet in his regionibus. Omnino conveniemus apud Ascanium[3] vicinum tuum. Nunc tibi filium commendo, qui cum audisset comitem *Albertum Mansfeldensem* iturum esse *Ratisponam*, isthuc proficisci decrevit, ut de petitione pecuniae, quam promisit comes, et ἐφόδιον Italicae profectionis tecum deliberaret. Etiamsi iam arbitrabar comitem ad Danubium esse, tamen filium, ut est aetas, bona spe incensum non volui retinere. Spero enim ipsius tibi consuetudinem voluptati fore. Tuas literas expecto et de conventu *Ratisponensi* et de aliis rebus. Quamprimum expatiari licebit, propter tutelae negotia, in viciniam vestram proficiscar. Bene vale. Die 22. Iunii.

Reverendo viro eruditione et virtute praestanti, d. *Iusto Ionae* doctori theologiae, episcopo ecclesiae Dei in *Salinis*, amico suo carissimo.

Abschrift. Hamburg. Cod. 66 Bl. 171.

810. Joh. Spangenberg an Jonas.   Eisleben 1546. Juni 24.

Empfiehlt ihm einen jungen Nordhäuser als Famulus. Meldet seinen Amtsantritt in Eisleben.

In Christo gratiam, pacem et salutem. Hic adolescens, vir praestantissime, qui has meas adfert literas, filius est *Iohannis Wallrod*, concivis *Northusani*, viri pii et candidi, et nisi fallor ex antiqua progenie *Gyssen* et *Weitzenburg* progenitus. Qui postquam parens naturae debita solvit, orphanus et pupillus est et omni amicorum auxilio destitutus. Adolescens modestus est, tacitus et fidelis. Rogavit me per Christum, ut se tuae praestantiae commendarem; quod eo feci libentius, quo sciam tuam praestantiam miserorum et pupillorum esse patronum. Oro igitur, mi doctor, et obsecro, ut si tuae praestantiae opus fuerit famulo aut autographo, eum T. P. benigniter suscipiat vel alicui bono viro commendet. Quod si tam cito fieri non poterit, constituat tantum T. P. illi statum diem aut mensem, quo ad T. P. recurrat. Valeat T. P. feliciter cum tota domo et ecclesia et oret deum opt. max., ut

---

[1] primores.
[2] audirem.
[3] Acomium. Gemeint ist Fürst Georg in Merseburg.

810. Joh. Spangenberg an Jonas.

causam meam feliciter dirigat. Heri enim veni Eysslebiam[1] cum tota familia. Rursus valeat T.P. et rescribat. *Eysslebiae* 1546, die Ioannis Baptistae.

T. P. deditiss.

Ioannes Spangenberg.

Praestantiss. et celeberrimo viro d. doct. *Iusto Ionae*, ecclesiarum *Hallensium* superattendenti, duo ot patrono suo sinceritor observando.

Orig. einst in Meiningen. Gedruckt in Förstem. N. Mitteil. II, 314, S. 510; jetzt im Besitz von C. Schneider.

811. Jonas an Spangenberg.   Halle 1546. Juni 29.

Glückwunsch zum Amtsantritt in Eisleben. Ueber die kaiserlichen Kriegsrüstungen. Verspricht, dem ihm empfohlenen Walrod seine Unterstützung zuwenden zu wollen.

G. et p. Dei per Christum. Ut tuus ingressus, mi charissime in domino frater, sit faustus et felix in ecclesiam *Islebianam*, precor dominum nostrum, unicum et summum episcopum animarum nostrarum, amen. Tua migratio ex patria mea charissima *Islebium* incidit in tempestatem et procellam publicam motusque impendentes ἐν τῇ πάσῃ Γερμανίᾳ maximos, et avis et proavis inauditos. Nunquam fuit maior aut immensior belli horribilis metus. Adparatus Caesaris *Caroli* V. dicitur esse maximus, equitatum iam dicitur habere X milium. Episcopi Germaniae collationem fecerunt 12 tonnas auri, id est 12000, papa contulit 20000 florenorum ducatos, ut occidantur omnes evangelici. O sanctam eleemosynam sanctissimi et reverendorum episcoporum! Velis hortari populum ad orationem. Deus aderit ecclesiae suae sanctae. Filius Dei est dominus Zebaoth et praeliatur inde ab Adam contra portas inferi. — *Ioannem Walrod* abs te commendatum adiuvabo quibus potero rebus. Christus adsit nobis. Ardenter cum ecclesia et inventute ora, mi frater. Datum feria Petri et Pauli.

Iustus I. d. [1546.]

Clarissimo viro d. *Ioanni Spangenbergio*, theologo sincero, superattendenti eccleslae *Islebianae* et comitatus *Mansfeldensis*, amico et fratri in domino chariss.

Wolfenbüttel, Cod. Guelph. Aug. 30, 3. Bl. 16ᵇ.

---

[1] Sp. ging damals als erster evang. Superintendent der Grafsch. Mansfeld von Nordh. nach Eisl., wo er bis an seinen Tod (3. Juni 1550) blieb. Vgl. über seine Berufung den Bericht Hieron. Mencels, abgedruckt in Zeitschr. des Harzvereins 1883 S. 86ffg.

812. Melanchthon an Jonas.   Wittenberg 1546. Juli 6.

Zeitbetrachtungen. Bei den welterschütternden Kriegsläuften gilt es der Tröstungen eingedenk zu sein, die Gott seiner Gemeinde gegeben hat. Er fürchtet das Hereinbrechen grossen Unglücks über die evang. Kirche; die Waffen sind die Gebete der Gläubigen.

Corp. Ref. VI, 186.

813. Melanchthon an Jonas.   Wittenberg 1546. Juli.

Bittet ihn, die Schrift „Causae quare amplexae sint etc." ins Deutsche zu übersetzen.[1] Ueber die Bewegungen der protestantischen Heere soll Fröschel[2] persönlich Mitteilungen machen. In Steiermark dringt der Türke siegreich vor.

Corp. Ref. VI, 208.

814. Joh. Spangenberg an Jonas.   Eisleben 1546. Aug. 6.

Empfiehlt ihm den aus dem Kirchendienst in Eisleben entlassenen Prediger Simon Wolferinus.

In Christo pacem et salutem. Vir praestantiss. idemque amicorum optime. Hic Simon[3] noster confrater in domino, qui has ad humanitatem tuam meas adfert literas, plurimum me rogavit, ut se tuae praestantiae et humanitati commendarem. Defert enim suam operam ecclesiae et non recusat, si uspiam in ecclesiarum vestrarum limitibus legitime vocetur, suscipere labores et pericula, quae sunt in ministerio verbi. Quando igitur his dotibus, quas Paulus in pastore requirit, instructus hic apud nos aliquot annis ecclesiae praefuit, precor ut illum tua praestantia pro veritate Dei propaganda ad aliquod munus ecclesiasticum promoveat, ut intelligat hanc meam commendationem sibi non mediocriter profuisse. Proinde oro et obtestor, m. doctor, ut oretis dominum pro meis ecclesiis. Itidem ego pro tuis faciam quam lubens, ut Deus opt. max. vias nostras dirigat ad gloriam sui filii et ecclesiae suae sanctae. Vale, mi Iona, in domino feliciter cum tota domo et ecclesia. Nos hactenus faustiter agimus. Salutabit tua praestantia meo nomine

---

[1] Jonas entsprach der Aufforderung in der Schrift „Vrsachen, warumb die Kirchen, welche reine, Christliche lehr bekennen etc." s. unten Nr. 815. In einem dem Pf. D. Knaake gehörigen Exemplar der Schrift „Warnunge D. M. L. an seine lieben Deutschen. Wittenb. 1547" befindet sich von alter Hand die Notiz eingetragen: „Eodem anno (1546) 21. mensis Iulii Philip. Melanthon libellum aedidit, cui titulus: Caussae, quare amplexae sint et retinendam ducant doctrinam [quam] profitentur ecclesiae, quae confessionem Augustanam sequuntur." Vrgl. Corp. Ref. VI, 85. 170.

[2] Corp. Ref. Troschelium.

[3] Wolferinus, der bei Spangenbergs Amtsantritt aus seiner Stellung in Eisleben entlassen worden war: vergl. Zeitschr. des Harzvereins 1883, S. 81.

reverenter d. doct. *Chilianum*[1], *Lyndenerum* et ceteros pios. *Eislebii* 1546, 6. Augusti. T. praestantiae

Ioannes Spangenberg.

Magnae praestantiae et integritatis viro, d. doct. *Iusto Ionae*, ecclesiae *Hallensis* superattendenti, Maecenati et duo suo sinceriter observando.

Orig. in Meiningen. Gedruckt in Förstem. N. Mitth. II. 314, S. 540. 541.

815. Jonas an den Rat der Stadt Halle. Halle 1546.

Was und wo die rechte Kirche sei und warum von einem Concil gegenwärtig keine Lösung der obschwebenden Fragen zu erhoffen sei.

Längere Belehrung über die drei Fragen: 1) was Gottes Kirche sei? — „Die menschen, welche die lehr Christi hören, lernen, annemen, vnd nicht verfolgen, sondern lieben vnd anheben, Gott laut solcher lehr anzuruffen vnd jm zu dienen." 2) wo sie zu finden? — „wo du das selbig wort findest, darumb Gott aus seinem verborgen thron herunter gangen zu vns armen menschen, vns seinen willen gewislich turzutragen, das ist gewislich Gottes volck, kirch vnd concilium, da wohnet Gott vnd ist da kreftig, gibt gnade, heiligen geist, erhöret vnd hilfft in allen nöten vnd gibet ewige seligkeit, dieses heutlin sey arm oder reich, schwach oder starck, etc. 3) was sie für trost in disem leben hat? — „Er hilfft darzu, das ein solche kirche allweg bleibet... Dazu erhelt er das ministerium Euangelij, wirckt mit vnd schutzet es wunderbarlich. Got wil helffen, so wir in der not zu jm zuflucht haben, läst auch die straffen komen, nicht allein die verstockten auffzuraumen, sondern fürnemlich seine kirche zur besserung zu vermanen.

Von diesen articleln sind viel tröstlicher vnterweisung in disem büchlin, das ich aus dem latin, vielen christlichen hertzen zu sterckung, verdeutscht habe[2]. Das sie sich der jenigen vnuernunfftigen rede nicht jrren oder betrüben lassen, die da schreien, man solte vffs concilium warten, was da geschlossen wird, das sol man als dann glauben Ach Gott, der glaube von Gottes wesen vnd willen mus auff Gott selbs gegründet sein, nicht auff menschen decret vnd gewonheit, one vnd ausser Gottes wort, wie schön die selbigen geschmuckt vnd geferbet sein mögen.

Ich besorge aber, diese letzte zeit sey nicht so selig, das die hohen potentaten ein christliche versamlung gelerter leute zusamen bringen, die von erklerung nötiger lehr vnd abthuung der abgötterey reden durften vnd gehört werden. Christliche synodos halten, wie die Apostoli gehalten haben, Actorum 15. vnd wie synodus zu *Nicea* von *Constantino* gehalten ist, ist ein besonder gros werck, dazu Gottes hülft vnd trewe heupter gehören. Es sind zu allen zeiten viel synodi fürgenomen vnd wenig geradten ...

---

[1] Goldstein.
[2] Siehe oben Nr. 813.

> Mir were die grossest freude auff erden, ein rechten christlichen synodum zu sehen vnd zu hören, wolte auch dafur meiner lehr gern bekantnus thun vnd grund anzeigen vnd mein einfeltig christlich bedencken zu erklerung etlicher streitigen artickel vnd zu einigkeit auch anzeigen. Wenn wird aber ein solcher synodus? ...
> Seine kirche wird nicht durch menschliche macht, sondern durch seine hand geschutzt ... er will selb das ministerium euangelij schutzen, das sollen wir glewben vnd in solchem glauben jn anruffen vnd nicht zappeln vnd fur engsten verschmachten, sondern der hülffe mit friedlichem hertzen gewarten.

> Folgen zum Schluss allerlei allegor. Ausdeutungen von Marc. 9, 49 mit Anspielung auf das Hallenser Salz. Salz = Gottes Wort, welches auf alles Gebet der Christen gestreut werden müsse. Salz = Erkenntnis der Sünden. welche durch die Predigt geweckt wird, und die Herzen beisst, dass sie nicht faulen und verderben. Salz = Trost des Evangeliums, welches die Herzen reinigt und frisch macht.

> Datum zu *Hall* in Sachsen. Anno 1546.
> *Iustus Ionas*, doctor.

Den erbarn, weisen vnd furnemen burgermeistern vnd radt, vnd gantzer christlicher versamlung der löblichen stadt *Hall* in Sachsen.

In: „Vrsachen, wa- | rumb die Kirchen, | welche reine, Christliche, lehr bekennen, die selbige | lehr angenomen.... Aus dem Latin | verteutscht, Durch ‖ Justum Jonam, | Doctor. ‖ Witteberg. 1546. | " 4°. Bl. aij — h4". Getruckt zu Wittemberg. | durch Joseph Klug. | 1546 |

816. Melanchthon an Jonas. Wittenberg 1546. Sept. 20.

Erteilt ihm Rat in einer Ehesache und bittet, solche Sachen nicht dem Wittenberger Consistorium vorzulegen, „in quo saepe hoc agi video, ut novis labyrinthis negotia implicentur, non ut piis consulatur."

Corp. Ref. VI, 239.

817. Melanchthon an Jonas. Wittenberg 1546. Sept. 25.

Sendet den Sohn des Jonas nach Halle zurück, da bei der Annäherung des Feindes die Universität voraussichtlich bald aufgelöst sein wird. Klagt über ungenügende Massnahmen zum Schutz des Landes; bittet um häufige Nachrichten.

Corp. Ref. VI, 241.

818. Melanchthon an Jonas. Wittenberg 1546. Oct. 18.

Nachrichten aus dem Lager an der Donau geben Aussicht auf einen Friedensschluss. Die Saumseligkeit der Heerführer ist daran Schuld, dass jetzt der Krieg in nächster Nähe entbrennt. Warnt ihn, den Sohn jetzt durch Franken reisen zu lassen.

Corp. Ref. VI, 249. 250 (als vom 10. Oct.)[1]

---

[1] Die Lucae; nicht 10. sondern 18. Oct.

819. Jonas an Georg v. Anhalt.   Halle 1546. Oct. 20.

Bedrohliche Gerüchte über die Absichten des Herzog Moritz und die Verhandlungen mit seinen Ständen zu Freiberg. Bittet um Nachrichten.

G. et p. Dei per Christum. Reverendiss. in domino, illustriss. princeps ac domine clementiss. Haec scripsi admodum festinanter. V. ergo reverendiss. D. et illus. Cels. boni consulat. Rogo V. reverendiss. D. dignetur clementer audire d. magistrum *Matthiam*[1] σύνεργόν μου in domino.

Hic sunt mirandi sermones et rumores de expeditione ducis Saxoniae d. d. *Mauricii* et de consiliis et actis proxime in conventu *Freibergk*[2]. Rogo quae V. reverendiss. D. cognita habet, quae non fuerint μυστικώτερα aut secreta, dignetur coram m. *Matthiae* concredere. Oratione et invocatione pulsandum coelum est. Τὰ νοήματα κόσμου τούτου sunt valde carnalia, tendentia adversus veritatem. Christus V. reverendiss. D. ecclesiae quam diutissime conservet incolumem. Datae raptim 20. Octobris anno domini 1546.

V. reverendiss. D. et illus. Cels.

Justus Jonas doct.

Reverendiss. in Christo illustr. principi ae d. d. *Georgio* principi ab Anhalt etc.

Abschrift in Bibl. des Francisceum in Zerbst. Manuscr. 26 Bl. 173.

820. Jonas an Herzog Albrecht v. Preussen.   Halle 1546. Oct. 23.

Dankt für einen durch Sabinus überbrachten Brief Sendet Nachrichten vom Feldzuge an der Donau, teilt einen Brief Melanchthons mit, der von Aussichten auf einen Friedensschluss Nachricht giebt. Ueber Erzbischof Joh. Albrechts Haltung im Kriege. Empfiehlt seinen Sohn.

G. et pacem Dei per Christum, dominum Zebaoth. Illustrissime princeps, V. illustr. D. et Celsitudini primum mea paratissima deditissimaque offero obsequia. Illustr. p. ac domine clementissime, V. illustr. Cel.[is] literas mihi per doctissimum et clarissimum virum d. *Georgium Sabinum* missas reverenter accepi ac legi, quae cum undique differtae sint notis[3] insignibus synceri christianique candoris, ac praecipuae cuiusdam clementiae, mirifice in hac tristitia temporum me recrearunt ac refecerunt.

Quod V. C. per amanuensem et non suapte manu exararit epistolam, non opus est tam clementi excusatione, nam novi magnorum principum maximas, ut quotidianas occupationes. Proxima aestate accepi,

---

[1] Wanckel.
[2] 8. Oct. Vrgl. Sleidan II, 541.
[3] Hall. Progr. votis.

non sine magno gaudio, αὐτόγραφον V. ill. D. et C.¹⁸ quod quoties hic dissuavior, videor mihi cum V. Cel. coram colloqui. Utinam pro tam clementi voluntate et his beneficiis possim dignam aut saltem aliquam praestare gratitudinem. Quod attinet ad bellum, quod gerunt christiani principes contra pontificem *Romanum*, imo antichristum Satanam et contra Caesarem, pecunia papae permotum ¹, V. ill. Cel. haud dubie ea, quae in fine mensis Iunii, quae sub Augustum, Septembrem ad Danubium gesta sunt, ad oppidum *Rayn*,² ad *Tonnewerde*,³ cognovit ex literis et sermonibus, qui varii in aulas principum perlati sunt e castris. Interim sub finem Septembris variae fuerant velitationes, in quibus tamen multum sanguinem factum⁴, et caesa aliquot milia, ut audio, spolia facta et direptiones, sed ad conflictum utrinque in acie utriusque exercitus res nondum deducta est. Magna enim calliditate, et quibus potuit στρατηγήμασι [so] hactenus *Carolus V.* vitavit pugnam⁵ iustam. Interim tamen audio in minoribus illis conflictibus⁵ et velitationibus multos Italos et Hispanos bombardis ictos concidisse, multos etiam ferro interfectos, inter quos capti et occisi aliquot (ni fallor) duo aut tres principes, quorum nomina mihi perscripta sunt, duo *de Alba* et nescio qui alii.

Quae sub finem Octobris gesta sunt non longe a *Tonnewerde* et coenobio *Kesum*⁶ (quod Cel. V. novit,, de his habemus literas privatorum et sermones. Sed nondum de illis recentissimis rebus accepimus iteras principis electoris illustriss. aut ab aliis fidedignis ex castris.

Interim heri accepi epistolam a d. *Phil. Mel.* in haec verba:⁷ „de rebus bellicis heri ad nos *Vittenbergam* perlatae sunt literae ab electore ill. Saxoniae die Dionysii datae in castris, quibus significantur pacificationes inter foederatos et Caesarem institui. Et ea de causa hinc d. *Pontanus* ad castra vocatur, ut huic gravissimo et difficillimo negocio intersit. Nondum tamen hinc profectus est d. doctor *Pontanus*. Deus aeternus pater domini nostri Iesu Christi, cui hactenus haec causa curae fuit, regat principum nostrorum animos et consilia, ut aequis, piis conditionibus salutarem, diuturnam et quae nihil habitura sit Italicarum, Hisp. insidiarum, pacem faciant. Constans fama est exercitum

---

¹ Hall. Progr. per motum. Vgl. oben S. 203.
² Die Festung Rain am Lech.
³ H. Pr. Tonnewerd (Donauwörth.)
⁴ H. Pr. factum est.
⁵ Ueber pugnam hat l. ein b. und über conflictibus ein a. gesetzt.
⁶ Kaissheim.
⁷ Dieser Brief fehlt im Corp. Ref.

Caesaris in magnis esse angustiis ac a nostris commeatu prohiberi saevaque lue indies diminui. Quae mala forsan cogunt hunc acrem et insidiosum bellatorem ad pacem expetendam." Hactenus haec ex epistola τοῦ Φιλίππου.

Quod attinet ad ill. principem *Ioann. Albertum*, archiepiscopum *Magdeborgen.*, non misit auxilia adversariis. Atque utinam dominus (cum amicicia sit inter ipsum et electorem Saxoniae nostrum ill.) aliqua occasione convertatur ab erroribus pont. *Ro.* ad veritatem Dei! D. doctor *Sabinus* festinavit abire, alias ad V. reverendiss. D. scripsissem uberius.

Si forsan, ill. princeps, filius meus m. *Iustus Ionas* immor in his motibus veniret in Borussiam, rogo V. ill. Cel.^do dignetur ipsum habere commendatum. Christus filius dei V. ill. D. et Cel. una cum ill. ducissa, omnibus aulicis, tota ditione conservet quam diutissime incolumem. Datum *Hallae Saxonum*, sabb. 23. Octobris anno domini MDXLVI.

V. Ill. D. et Cel. deditissimus semper
Iustus Ionas d. etc.
S. *Hall.* eccles.

Illustriss. principi ac d. d. *Alberto* marchioni Brandeborgen.
duci Borussiae etc. domino clementiss. s. m. g. h. hertzog zu
Preussen zu s. f. g. eigen handen.

Eigenhändig geschriebenes Original im herzoglichen Archiv (Königl. Staatsarchiv zu Königsberg). Gedruckt im Hallenser Programm 1841 S. 24. 25. Voigt, Briefwechsel S. 337—339. Excerpt.

821. Melanchthon an Jonas.   Wittenberg 1546. Ende Oct.

Spricht seinen Verdruss darüber aus, dass der Sohn des Jonas ohne Abschied zu nehmen Wittenberg verlassen hat. Die Zeit ist böse; vielleicht ist's mit der Universität Wittenberg nächstens zu Ende. Sendet ihm eine Uebersetzungsarbeit [1] zurück, zu der er eine Vorrede verfasst hat, in der er jedoch die Kriegswirren mit Schweigen bedeckt hat.

Corp. Ref. VI, 256.

822. Jonas an Kurfürst Johann Friedrich.   Halle 1546. Oct. 27.

Uebersendet durch seinen Sohn Exemplare seines Liedes „Der Herr erhör euch in der Not"; versichert, dass die Gemeinde in Halle zu beständigem Gebete für den Kurfürsten und seine Sache angehalten wird, wogegen das Kirchengebet für den Kaiser unterbleibe. Luthers göttlicher Beruf und die Unüberwindlichkeit seiner Sache.

Gnad vnd fride Gottes durch Christum. Durchleuchtigster hochgeborner furst, e. ch. gn. sind mein gantz vntertanige, gehorsame, willige dinst·zunoran. Gnedigster churfurst vnd herr, e. ch. g. vber-

---

[1] Die Uebersetzung des Propheten Daniel oder die auf S. 204 erwähnte?

schicke ich vntertanigklich bey iegenwertigem meinem sone, magister
J. Jona, etliche exemplaria des XX. psalms, welchs außlegung ich
disser zeit. (do alle kristlich kirchen vnd gemeine, alle gottforchtige
hertzen vor e. ch. vnd f. g. auß vntertanigester hertzlicher trew vnd
liebe zu Gott seufftzen vnd ruffen), gestellet hab jn reime,[1] auch vntertanigster christlicher meynung, das die iugent den singen vnd beten
mugen. E. ch. g. wollen solichen mein armen dinst gnedigst vorstehen
vnd annemen.

Das auch e. ch. g. vf mein vntertanigst schreiben in einer gantz
gnedigen schrift, welcher datum held 3. Septembris, mich gnedigst be-
antwortt, vnd auß gnedigstem gemuet mir die gelegenheit da zu mall
zu erkennen geben, erkenne ich mich iegen e. ch. g. schuldig des
gnedigsten willens allzeit in vntertanickeit danckbar zu seyn.

Vnd gebe e. chf. g. vntertaniger meinung zu erkennen, das ich in
disser kirchen zu *Halle* sampt allen predigern teglich one vnterlaß
mitt hochstem vleiß das christlich volk, sonderlich die vnschuldig iugent,
vormane, das sie ernstlich im glauben im namen Jesu Christi, vnsers
ewigen mittlers, zu Gott ruffen wollen, das er e. ch. vnd f. g. vnd allen
e. ch. vnd f. g. mittuorwanten protestirende stenden wider den antichristen zu *Rome*, wider die große vntrew *Caroli V.*, hispanisches Dio-
cletiani, stercke wolle verleihen, glück, heil vnd wunderbar sieg von
himel.

Auch befinden wir, gnedigster churf. vnd herr, auß vorlegung der
achte vnd bannes, das keyser *Carol* in der letanei außzulassen ist vnd
im Credo bey vnd neben Pilato zu setzen.

Es will mir nitt geburen, g. churfurst vnd her, mitt langem schreiben
itzt e. ch. g. vfzuhalten, sunst wolt ich e. ch. g. allerley rede vnd
wortte rvdi d. doct. *Martini*, so disse zeiten belangen, welche ich von
ime gehortt, vormelden. E. ch. g. werden one alle zweifel itzo besser
sich zu erinnern wissen, dan ich schreiben kan, das der liebe vater,
(wie er warhaftig Germanorum propheta gewesen) im buch „vormanung
ader warnung an seine lieben Deutschen" schreibt: „Die papisten nach
meinem tod sollen sie erst den *Luther* recht fuelen, ich will bleiben,

---

[1] „Des XX Psalm | Auslegung. jnn Reim gefast, zu be- | ten vnd zu singen, vor die löblichsten Gott- | fürchtigen Herrn, | Den Churfürsten zu Sachsen, | vnd Landgrauen zu Hessen, vnd | jrer Chur. vnd F. G. | Mitvorwan- | ten. ‖ Nach der Melodey, Vater vnser | im Himelreich ⫽ Durch D. J. Jonam. | 15 46. | [Blättchen]." 4 Bl., das letzte Blatt leer. 4°. Bl. Aiij^b: Gedruckt zu Wittemberg, | durch Georgen | Rhaw. ‖ [Breslau, Stadtbibl.; Halle, Marienbibl]; vrgl. Wackernagel, Bibliographie S. 210 Nr. DIX und DX. Kirchenlied III, S. 42.

sie sollen vntergehen. Mein leben soll ir richter sein, mein tod ir tewfel vnd tod sein."[1] Das redett er von der lere, das die vngedempft bleiben soll, vnd alle die ienige, so die selbige bekennen. Dan des mans beruff ist hohe vnd groß gewesen, wie im andern buch Mose am vij. cap. vnd iiij. cap. geschriben stehet: „Sie, ich hab dich *ein Gott gesetzt* vber Pharao"[2], also ist d. doctor *Martinus L.* sampt den seinen gesetzt wider den babst vnd wird als Gott selb vngedempft sein one allen zweifel.

E. chg. g. wollen meinen son, m. *Just. Jonam,* den ich in sondern vntertanigem vortrawen itzo zur Ligen[3] geschickt, in gnedigstem befelh haben vnd gnedigst mitt schriften wider abfertigen lassen, do mitt die kirchen ein trost haben, dan vleissig beten alle kirchen vor e. ch. vnd f. g. E ch. g. beware der her Christus allzeit sampt allen e. ch. g. vorwanten vnd dem gantzen kriegsvolck. Datum *Hallae*, den 27. Octobr. anno d. J. Chr. MDXLVI.

E. ch. f. gn. vntertaniger diener

Justus Jonas doctor
Superatt. *Halln.* eccl.

Dem durchleuchtigsten hochgebornen fursten vnd hern, hern *Johann Friderichen* hertzogen zu Sachsen, des heiligen Ro. reichs ertzmarschall vnd churfurst, landgrauen in Doringen, marggrauen zu Meißen, burgkgrauen zu Magdeburg, meynem gnedigsten hern, zu s. ch. g. eigen hand.

Von C. Schneider veröffentlicht in „Deutsche Zeitschrift für christl. Wissenschaft u. christl. Leben" 1856, Nr. 52.

823. Jonas an den König Christian III. Halle 1546. Nov. 4.

Uebersendet ihm seine Schrift „Ursachen, warumb etc."

Gnad vnd fride Gottes durch Christum. Allerdurchleuchtigster hochgeborner, großmechtigster konigk, ewre konigilichen matt. sind mein vntertanigste, gehorsame gantz willige gevlissene dinst zuuoran. Allergnedigster k. vnd herr, als doctor *Mauritius Zcocch*[4] abermahl in e. k. m. lande vnd konigreich ein reiß zu thun bedacht, hab ich nit vnterlassen sollen, e. k. m. mein gebet vnd vntertanickeit zu vormelden. Allergnedigster her, nach dem ich nit zweifel, das e. k. m. von dem kriege, so die christlichen chur vnd fürsten vnd alle protestirende stende wider den antichrist, bapst zu *Rome*, füren, auß vilen furstenhofen mehr vnd

---

[1] Erlanger Ausg. 25, 2. S. 9. Von dieser Schrift, die zuerst 1531 erschienen war, wurden 1546 zahlreiche Neudrucke veranstaltet.
[2] Exod. 7, 1. 4, 16.
[3] = exercitus foederatorum.
[4] Vgl. oben S. 195, 199.

gewisser zeitung bekommen, dan ich in disser eil e. m. schreiben kan, (dan doctor *Mauritius Zchochen* abreisen hab ich erst erfarn, als er itzo hat wollen vfsein), e. k. m. vberschicke ich vntertanigster meynung ein buch d. *Philippi Mel.*, welchs ich verdeutscht,[1] welchs werd were, das es in alle idiomatis vnd sprachen bey alle nation wider das gottlos concilium zu *Trident* gelesen wurde. E. k. m. will ich in kurtz bey nechster botschaft weiter schreiben, bitt vntertanigst, e. m. wollen mich, mein sohn *Justum Jonam* inniorem, in gnedigsten befelh haben vnd vnser gnedigster herr vnd konig sein. Vor e. k. m., der allerloblichsten konigin vnd c. m. junge herren trewlich zu bitten, wollen wir nit vnterlassen. Der her Christus erhalde e. m. vnd e. k. m. land vnd konigreich gnediglich allezeit.

Halle in Saxen 4. Novembr. anno dni MDXLVI.

E. k. m. vnterteniger gantz williger diener
Justus Jonas senior, doctor,
Superatt. *Hall.* eccl.

Gedruckt bei Schumacher I, 341. 342.

824. Max. Moerlin an Justus Jonas. (Giengen 1546. Nov. 21.

Gedenkt dankbar der einst aus dem Munde seiner Lehrer vernommenen Predigten, die ihm in dieser Zeit besonderen Trost gewähren. Spricht seine Freude über das Zusammentreffen mit dem Sohne des Jonas aus, mit welchem er jetzt innige Freundschaft geschlossen habe.

Iesum Christum salvatorem ac redemptorem nostrum pro salute. Magna imo ingens est consolatio, clarissime d., recordatio earum concionum, quas inde a teneris usque a vobis praeceptoribus nostris et nostrae aetatis apostolis ac prophetis extremis et ultimis audivimus ac didicimus, in hac summa turba et omnium rerum vastatione; verum ea demum mihi fuit summa iucunditas, videre coram in his periculis communibus involutum, videre, inquam, praeceptoris mei tuum, vir dilectissime, filium doctissimum virum *Iustum Ionam* m , neque quidquam gratius contingere potuisset. Ego coram principe meo gratulabor mihi de huius viri praesentia, cuius parentem mei patris amicissimum et mei multis modis diligentissimum sciebam, et cuius beneficiis toties ornatus inter nos filios perpetuam hanc cognitionem et amicitiam optabam, maxime propter coniunctas mutuas orationes admodum iam necessarias. Quare, ornatissime d. d. et praeceptor, intermittere non potui, quin hunc mei animi ardentem affectum literis meis tibi ostenderem, quanquam ne hoc quidem tentare ausus fuissem: ita animum meum interclusum tenebant hae praesentes malorum ..... ipse tuus dulcissimus filius af-

[1] S. oben S. 205.

fectum meum..... honestissima petitione, ut tibi scriberem. [Boni] igitur quaeso consulas, clariss. doctor, has meas.... ineptias. Quibus nihil tam opto, quam ut me tuis sanctissimis orationibus in mediis iam procellis fluctuantem recommendent, ac me cum filio tuo quem amicum mihi iam summum decrevi, perpetua necessitudine constringant, et ut me vobis ita commendatum habeant tam in orationibus, quam piorum amicorum vestrorum albo, etiam atque etiam rogo. Ego me vobis vicissim quantus sum, totum dedico. In Christo his felicissime vale et ovile eius multos in annos saluberrima ac locupletissima usura et foenore potius pasce. Raptim ex *Giengen* oppidulo Suevico. 1546. 21. Nov.

T. d.

Maximilianus Moerlin d.

Concionator *Coburgen.* discipulus t. t.

Clariss. viro d. *Iusto Ionae s.* theologiae doctori et ovilis Christi in *Hala Saxonum* pastori vigilantiss. d. et praeceptori suo chariss.

Beschädigtes Orig. in Meiningen; unvollständiger Abdruck in Fortges. Samml. Leipzig 1736 S. 625. 626.

825. Zeitung, wie es itzt zu Halle Halle 1546. 22.—26. Nov. ergangen ist im XLVI. jar.

Am 22. tag Novembris ist herzog *Moritz* zu Sachssen mit seinem krigsfolck als mit 1500 Hussern und uber 3000 pferde Behemsche und Meissensche reuter, vnd wie man sagt, mit 18 fenlin knechten, die alle die nacht zuvor gelegen zum *Bitterfeld* und zu *Brene* im closter, hieher auf *Halle* gezogen und irgent 3 stunde vor seiner ankunft einen hauptmann[1] mit etzlichen knechten und mit einem brieve gen hove zum erzbischop[2] geschickt und in demselbigen begert eine nacht herberge und einen freien paß: und wo man das ihm nit wurde vorgunnen, mocht er selbst nehemen. Wie nun solch geschrei vom krigsfolck hereinkomen, hat man die stadtthor zugehalten denselbigen morgen bis umb 9 oder 10 uhr vor mittag. Auf solch geschrei hat ein erb. rath bald gen hoff gesant und durch die rethe den erzbischoff lassen fragen, wie sie solchs vorstehen solten. Darauf die rethe ihn geantwortet, sie hetten itzt brieve bekomen, das herzog *Moritz* herberge und freien paß begerte: das wuste man ihm itzt zur zeit nit abzuschlagen: man sol sich alles guts zu ihm vorsehen und die stadt und thor ofnen und herberge allenthalben bestellen, das man solche knechte und reuter her-

---

[1] Valentin Kirchhof, Hauptmann zu Delitzsch, nach Dreyhaupt II, 237.
[2] Joh. Albrecht von Brandenburg, der sich am 25. Mai 1546 in Halle hatte huldigen lassen. Dreyhaupt II. 231 flg.

bergte. Nach solchem hat man die thor geofnet. Ehe ein stundt vorgangen, so ist der trost[1] komen gezogen und das ander krigsfolgk in der slachtordnung gezogen. Und wie man dem herzog *Moritzen* die herberge und paß zugeschrieben und ehr den brieff im velde bekomen, solt er gesagt haben: „hat der teuffel den pfaffen so klug gemacht, das er solchs nit geweigert!" Und haben viel knecht und reuter bericht, das sie der meinung hieher seindt gezogen, das sie eine gute beute hie solten bekomen.

Nach solchem ist man hie eingezogen mit dem ganzen hauffen, in der stadt und vor den thoren alles vol reuter und knechte. Die Hussern hat man gelegt auf den *Neuwenmarckt* und zu dem *Bibickstein* (!), dieselben den armen leuten alles aufgefressen und aufgefuttert, die auch noch in andere dorffere auf die futterung gezogen und geholt, was sie gefunden haben. Dieselben Hussern helt man so hoich, daß ihnen kein Teutscher etwas darff sagen. Es hat hie ein feiner teutscher knecht kegen einem Hussern nur ein messer gezugt und wie man sagt, in scherz weise: den hat man des andern tags an einen baum gehengt. Es ist ein roberisch volck, die großen schaden gethan haben zu *Ulzen*, zu *Adorff* und *Plauwen*, in morden und rauben, wie ir das sonst wol werdet vornomen haben.

Des dienstags den 23. Novembris ist man stille gewest und nichts furgenomen, anhe was man droben zu schlos gebrauwet hat.

Midtwochs [Nov. 24.] hat man einen erb. radt hinauf zu schlos bescheiden und alßdar in kegenwertigkeit herzog *Moritzen* und herzog *Augustus*, seins brudern, und unsers erzbischofs *Johann Albrechts* und irer rete, auch des legaten des Ro. kunings *Ferdinandi*, diese furhaltung gethan: ein radt zu *Halle* und gemeine weren ungehorsam gewesen irem erzbischove, darzu sie auch wieder Kai. Maj. dem churf. zu Sachßen und den protestirenden stenden furschub gethan, auch die predicanten auf Kai. und Kon. Maj. auch auf h. *Moritzen* beswerlich geredt, derwegen sie Kai. Maj. in die straffe gefallen und herzog *Moritzen* bevolen, solche straffe zu exequiren, derwegen solten sie vor sonnabents die zweine doctores als d. *Jonam*, iren prediger, und d. *Chilianum* [*Goldstein*], alse iren sindicum, abschaffen[2], dan sie weren leute, die

---

[1] = Troß.

[2] Herzog Johann Wilhelm schrieb am 3. Dec. 1546 an seinen Vater Joh. Friedrich von Grimmenstein aus: E. gn. vnd churf. gn. haben aus negsten vnsrem schreiben vorstanden, das herzog *Moritz* zu Hall gewest vnd alda die stadt ime vnd dem bischoff vnderthenig gemacht. wie wir dem e. g. vnd cbf. gn. ein copej der vorschreibung, so die von *Hall* haben von sich gegeben, am negsten auch mit zugeschickt, auch, daz doctor *Jonas* vnd d. *Chilian Golstein* sind vorjagt etc. v. Reitzenstein, Briefwechsel des Kurf. Joh. Friedr. ...... im Dec. 1546. Weimar 1858, S. 1.

nit zu frieden rieden, und ethlich krigsfolck den winter hie herbergen.

Daranf hat sich ein erb. radt vorantwort, das sie sich kains ungehorsams wissen zu erinnern, allein man wolt ihn den das zum ungehorsam deuten, das sie veste uber iren privilegiis und gerechtigkeit gehalten: so hetten sie auch wieder Kai. Maj. den Protestirenden und dem churf. zu Sachßen keinen furschub gethan, allein das sie hetten dem churf. zu Sachßen seine hauptleut hie lassen umbschlaen[1] und knechte lassen annemen, welchs sie auch gleicher gestalt herzog *Moritzen* seinen hauptleuten gethan hetten: das man aber bezichtige, das ire predicanten auf Kai. und Ko. Maj., auch auf herz. *Moritzen* solten etwas groblich auf sie geredt haben, das wusten sie sich nit zu erinnern: auch so weren die prediger in einem solchen hohen ampte, darin sie verpflicht iedermann die warheit zu sagen, darin sie ihnen kein maß hetten zu setzen, und so sie was geredt, stunde es auf irer vorantwortung: was aber den hern d. *Jonam* betreffe, so were d. *Jonas* dermaßen durch sein leren, lesen und schreiben bekant, das idermenniclich wol wuste, das er nach gotlicher schrift treulich gelert hette: auch so were herz. *Moritz*, auch s. f. g. rethen wol bewust, das d. *Jonas* in dem ansehen gewesen bei herz. *Heinrichen* zeliger zu Sachßen, herz. *Moritzen* vatter, das im das ganze landt zu *Meissen* zu visitiren und die kirchen zu bestellen vorordnet seint. „Was aber meine person," hat d. *Chilianus* gesagt, „das ich nicht solt zu eindracht geraten haben, darauf sag ich, das ich in alle meinen hendeln so gehandelt, mich also gehalten, anhe ruhm zu reden, das ich mein haupt vor idermennichlich wol mag empor heben, welchs ich mich ziehe auf m. g. hern zukegen den erzbischof, auch s. f. g. hofrethe, auch auf die rethe zukegen meins g. h. herz. *Moritzen*, auf mein hern einen erb. rath und einer ganzen gemein, und wil mich das ziehen auf alle meine hendele, man wolt mir dan das zum zweitracht deuten, das ich vielmals aus meiner hern bevelich umb ihr gerechtigkait und nottorfft geredt hab, das hab ich gethan auf mein eides pflicht, damit ich meinen hern vorwandt." Was aber betrifft, das man wolt krigsfolcks in diese stadt legen, da wolten sie freuntlich fur gebetten haben, sonderlich dieweil itzt anhe das eine schwere zeit und die gemeine stadt durch langwerige schatzung hoich beschwert. Dieß were itzt der geschickten eins erb. rats ire antwort und beten undertheniglich, solchs in gnaden anzunemen, auch einen hindergang, iren hern solchs anzuzeigen. — Solchs man inen den tag vorgunt.

---

[1] d. i. die Werbetrommel rühren

IV. Die Jahre der Not.

Auch so hat man den tag etzliche knechte dem hern d. Jonae in sein haus gelegt, sonderlich den profos der behemschen knechte mit 6 pferden, und zum zeichen ihm ein galgen uber die thur gemalt. Und ein erb. rath hat bei den hauptleuten nicht vermocht, solche knechte aus des doctoris hause an einen andern ort zu legen, so man doch wol hette gekunt.

Solche furhaltung des herz. *Moritzen* haben die geschickten eins erb. rats denselbigen abendt dem ganzen rath und dem ausschus von der gemeine furgehalten: welchs sie alle mit betrubtem herzen gehort. Darauf sie gerathslagt den abent und den morgen fru und endtlich entschlossen, ernstlich zu bitten den erzbischoff, in solchem einsehen zu haben und solchs bei herz. *Moritzen* alles abzuschaffen und sonderlich damit zu vorschonen, das man die zwein dd. nicht muste abschaffen, und die gemeine stadt mit dem krigsfolck nit wolte besweren: sie hettens ie nit kegen kai. Maj., auch kegen s. f. g., auch kegen herz. *Moritzen* nit vorschuldet.

Solchs hat man auf den dornstag [Nov. 25.] fruc zu 7 slegen dem herz. *Moritzen* und dem erzbischoven und den vorordenten rethen zum antwurt bracht. Wie aber herz. *Moritz* sampt seinen rethen solche antwort gehort, hat man die geschickten eins erb. rats lassen sitzen von 7 ahn bis umb 12 uhr, ehe man sie wieder beantwurt hat.

Nach der zeit hat man den geschickten diese antwurt geben: man solte die zwen dd. anhe alle einrede abschaffen, dan sie kai. und kon. Maj hie nit zu leiden, und solten auch alle ire geschutze hinauf gen schlos uberantwurten und die ketten und die schlege, die in den gassen in der stadt hin und her weren, allenthalben abthun und herz. *Moritzen* und den seinen zu tag und nacht die stadt zu ofnen: und das solten sie eingehen anhe allen hindergang und einrede, alsdan wolt man sie mit dem krigsfolck hieher zu legen vorschonen und sie auch lassen pleiben bei der religion, wie sie die itzt hetten, und man solt sie darbei schutzen, allein das die predicanten nit ubel solten reden von Kai. und Kon. Maj., auch nit von herz. *Moritzen*.

Darauf die geschicketen eins erb. rats underthenigklich gebeten, man wolt ihnen so viel zeit vorgunnen, das sie mochten den andern iren hern solche furhaltung anzeigen, dan sie konten noch dorften solchs anhe iren vorbewust nit annemen. Darauf man ihn swerlich vorgunstet zwein stunde.

Nach solchem haben die geschickten eins erb. rats die furhaltung herz. *Moritzen* vor einen ganzen rat wieder gebracht: welchs sie mit weinen vornomen und ein gros wehe und klagen under den hern gewesen, und darauf haben sie letzlich geschlossen, das man noch eins sol stadtlich hinaufschicken und solt vor dem bischove einen fusfal thun und untertheniglich bitten solchs abzuschaffen und sie bei herz. *Moritzen* gnediglich zu vorbitten.

Solchs ist auch also geschein, aber weinig damit ausgericht, sondern der erzbischoff hat ihn trewlich geraten solchs anzunemen, auf das nit etwas herters darauf mocht erfolgen. Und wie sie mit solcher handlung vast auf den abendt vorzogen, so hat herz. *Moritz* wider zu den hern geschickt, was sie thun wolten, das solten sie endtlichen schliessen und nit lenger seumen, die zeit were vorflossen, man hette mer zu thun: wolten sie solchs nicht, so muchten sie was anders gewarten etc.

Darauf haben die hern geeilet vnd solchs alles angenomen und eingegangen, und das mit betrubtem herzen, wie mennichlich hat zu bedencken. Den solch furnemen ist furgewest, wo sie noch ein weinig hetten vorzogen oder solchs nit weren eingangen, das man dieselben nacht alles hette sollen ermorden und plundern. Dan die hauptleut und alles krigsfolcke darauff schone bevelich gehapt und in dem schlos letzlich darauf gewartet, wo sie solchs nit wurden baldt eingehen, das sie alsda den endtlichen bevelich bekomen, solchs die nacht auszurichten. Aber Got hat es geschickt, das solchs die unsern haben angenomen und das den hauptleuten ander bevelich geschein. Aber viel frummer gotfruchtiger knecht haben solchs schrecklich furnemen iren wirden vortrauwet und sie treulich vorwarnet, haben auch solchs mit freuden gehort, das es gnediglich abgewendet worden. Aber der rohe gotlose hauffe hat sich solchs unchristlichen furnemens gefrauwet: haben auch ire buchssen darauf gelaten und sich mit iren wapffen darauff gerustet. Do aber solchs durch Gottes gnad gnediehlich ist abgewendet worden, haben sie geflucht und gelestert.

Aber dem ewigen barmherzigen Gotte, der uns umb unser sundt willen in solche noit hat gefurt und aus lauter gnaden und barmherzigkait aus solcher großer gefar gnediglich hat geholffen, dem sei danck, ehr und lob in ewigkait durch Jhesum Christum, seinen lieben son, sampt dem heiligen Geiste! Und derselbig gnedig Got und vater gebe uns sein gnad, das wir uns solchs lassen reizen zur waren buße und zur besserung unsers sundtlichen lebens, und das wir solcher wolthat jhn nummer mugen vergessen. Amen. Und helfft ir uns sampt euwer kirchen fur solche woltat dancken und bitten.

Aus solchen geschichten habt ir leichtlich zu vornemen, in was freuden viel menschen, sonderlichs die solches gewust, die nacht gewesen sein, haben geheulet und gewenet.

Auff den morgen fruc freitags [26. Nov.] hat man aufgeschlagen und aufgetrummet, das sich iderman solt schicken wider weg zu ziehen, und seindt also denselben tag vor mittage alle weg gezogen. Etzliche haben ehrlich bezalt in den herbergen, da sie gelegen sein, beide von reutern und knechten: aber irer viel haben nit die helffte bezalt, auch etzliche gar nichts, ja wol schaden darzu gethan, aber Gott wirts alles finden und richten.

Und wie man hie in stehung der handlung ist, so hat herz. *Moritz* post bekomen, wie her *Bernhardt von Mila* aus *Wittenberg* gezogen und zum *Henichen*[1] komen mit etzlichen reutern und knechten und herz. *Moritzen* rethe irer drei, die das *Henichen* haben sollen einnemen, gefangen und nach *Wittenberg* gefurt. Wie er solche brieve gelesen, ist er vast beweget worden: welche bewegungen auch den unsern geschadet haben.

Weiter auch, do herz. *Moritz* ist weggezogen, so haben unsere hern des rats die oben angezeigte puncte stet und vest zu halten eine vorsiegelte vorschreibung mussen geben[2], darzu noch 7 burger, die furnembste rathspersonen, in obsides mussen mit wegsenden, welche er selbst hat erwelt und ernent: die hat man fru zu 5 uhr zu schlos uberantwort. Er hat aber zugesagt, sie ehrlich zu halten, und, wie man bericht, wirt sie so lang bei sich behalten, bis er solche handlung mit den von *Hall* Kai. und Kon. Maj. hat angezeigt. Got wol ihne gesunt wider heim helffen[3].

Die zeit uber, die er hie gelegen mit seinem kriegesvolck, hat er kein thor lassen schlissen. Seine knechte haben die stadt innewenigk und auswendich und in den thoren mussen bewachen. Sie haben aber den armen leuten vil schaden gethan an ihrem holz und weinbergen, als verbrandt, was man hat konnen bekomen.

Dis sindt die geschichte, die sich diese zeit haben mit uns zugetragen: und ist endlich der beschlus gewesen, das sich ein erb. rath an niemandes anders sol halten, den an den erzbischoft zu *Magdeburyk* und an das capittel zu *Magdeburg* und an des stiffts stende und sollen auch bei niemands keinen schutz sunst suchen bis uf Key. Maj. weiter befel.

Man hat auch in der stadt von hauße zu hauße ernstlich lassen verbiten, das niemandes wolte unehrlich von Key. und Kon. Maj., auch von herz. *Moritz* reden.

<small>Neue Mitteilungen aus dem Gebiete historisch-antiquarischer Forschungen. Eilfter Band Halle und Nordhausen 1865; mitgeteilt von G. Schmidt S. 489—496. Zum Inhalt vergl. Dreyhaupt 1, 237—239.</small>

---

[1] Gräfenhainichen.   [2] Bei Dreyhaupt I, 238. 239.   [3] „Nach Dreyh. wurden sie erst am 29. Juni 1547 freigelassen, was doch kaum glaublich ist. Es wird wol eine Verwechselung sein mit Karls V. Anwesenheit in Halle." Schmidt.

826. Jonas an Andreas Poach.   Mansfeld 1546. Dec. 11.

Er wagt zur Zeit nicht an die Gemeinde in Halle und an die Freunde eingehender zu schreiben; ermahnt zu Geduld und Gebet und zu immer festerem övang. Bekenntnis. Sendet einen Trostbrief Melanchthons. Ein Brief aus Magdeburg bringt gute Nachricht über die Kriegslage der Evangelischen, es fehlt aber noch die Bestätigung.

G. et p. Dei in Christo, domino nostro. Impediebar tunc turbulentia rerum ac negociorum et moestitia animi, cum parare cogeremur subitam abitionem, mi frater in Christo, ut non possem omnia colloqui vobiscum, maxime cum singulis quae constitueram.

Ad ecclesiam totam, aliquot πρὸς φίλους iam ederem scriptum accommodatum affectibus συμπαθείας, sed in hanc horam nosti periculorum non solum meo, sed et publico nomine, esse habendam rationem. Obfirmemus nos ad τὴν ὑπομονήν. Oret tota ecclesia, maxime innocens et pia iuventus ardenter. Quis scit, quid serus vesper vehat? τὸ μέλλον ἀόρατον· ὁ θεὸς γὰρ ποιεῖ ἐκ τῶν ἀοράτων τὰ ὁρατὰ ἐν τῷ καιρῷ αὐτοῦ. Spero, mi m. A. chariss. fr., quod meam agnovisti erga te τὴν ἀγάπην, πίστιν, στοργήν, εἰλικρινίαν ἐν τῷ Χριστῷ. Semper amavi ingenii tui foelicitatem et ardorem tuum, quo flagras ad cognoscendam veram theologiam hauriendamque puram doctrinam, cum ex fontibus ipsis prophet. apostolicis, tum ex assidua lectione veterum; semper etiam placuit mihi in te singularis et erudita diligentia in obeunda provincia evangelici muneris.

Scribunt ad me amici populum magna frequentia confluere ad templa: quasi ipsa nunc cruce et afflictione admonitum[1] et revocantem sibi in memoriam, quid ἀκαίρως saepe et εὐκαίρως monuerimus, ad quid saepe vehementi exclamatione usi simus περὶ τῆς κοινωνίας τῆς εἰδωλολατρίας τῶν μοναχῶν et de securitate nostra et nostrorum.

Ne dubitet ecclesia et coetus sanctorum, preciosas esse margaritas, quas obtulimus, quas magnifaciendas hortati sumus Vident iam, quam callide, quam indesinenti astutia Satan huic thesauro insidiatus sit, quam diligenter et vigilanter quaesierit et captarit occasionem, ipsos spoliandi his opibus tantis.

Mitto tibi exemplum epistolae d. *Philippi*, ut ostendas fratribus, quomodo vir ille omnibus modis summus, nobiscum communes exilii aerumnas, communia pericula perferat.[2] Legi literas d.... *Levini Embden* ex *Magdeborgk*, habentes ex castris valde εὔφημα, quae si invenientur vera, mittam domino magistro *Matthiae*[3] exemplum literarum per tabellarium; interea celanda omnia. Saluta d. *Ambrosium*[4] et *Gregor. Michael,*

---

[1] Orig. admonitu (?).   [2] Nicht im Corp. Ref.   [3] Wanckel.   [4] Ambrosius Hezler, von 1543 - 1551 Ober-Diaconus an St. Ulrich.

m. *Benedictum*, et m. *Matth.* d. *Franc.* et confratres.   Datum raptim *Mansfeld*, XI. Decebr. anno Domini 46.

Saluta amicos pios et evangelii ac nostri amantes, et haud dubie Κεράμερον[1] aut μοναχούς non salutabis.

I. I. יוֹנָה S. . . . .[2]

Doctissimo et integerrimo viro m. *Andreae Eilenborgensi*[3] concionatori in ecclesia *Hallensi* apud B Mariae et synergo et fratri in domino charissimo s.

Orig. in Zwickau, Ratsschulbibl. QQ 33. Abschr. von Hrn. Oberl. Dr. Buchwald.

827. Anton. Musa an Jonas.   Merseburg 1546. Dec. 16.

Spricht ihm Trost zu in der Trübsal, die ihn jetzt betroffen hat: es wird ein glücklicher Ausgang nicht ausbleiben.

S. in Christo. Quod ad praestantiam vestram nunc scribo, ornatiss.. d. d., scribo ex animi et compassione et ingenti dolore, ut qui putabam praestantiam vestram meliora meritum, sed haec, quae vobis acciderunt, non tantum meliora sed optima sunt, imo meliora quam optima; nam preciosa, preciosa inquam in conspectu domini mors sanctorum eius, quia qui vos tangit, tangit pupillam oculi Christi; quod enim uni ex minimis meis etc. Oportet enim fidem nostram probari variis πειρασμοῖς, ut Petrus inquit, εἰ δέον ἐστί, λυπηθέντες ἐν ποικίλοις πειρασμοῖς, ἵνα τὸ δοκίμιον ὑμῶν τῆς πίστεως πολὺ τιμιώτερον χρυσίου τοῦ ἀπολλυμένου, διὰ πυρὸς δὲ δοκιμαζομένου εὑρεθῇ εἰς ἔπαινον καὶ δόξαν καὶ τιμὴν ἐν ἀποκαλύψει Ἰησοῦ Χριστοῦ. Si oportet, inquit Petrus, q. d. non semper et perpetuo adfligit suos Deus, sed facit una cum tentatione proventum. Nam in tempore vesperi turbatio, et mane non subsistet, ut ait Iesaias etc. etc.

Merseburgii quinta feria post Luciae 46.

Orig. in Meiningen. Vergl. die Sprüche Ps. 116, 15. Sach. 2, 8. Matth. 25, 40. 1. Petr. 1, 6. 7. 1. Cor. 10, 13. Jes. 17, 14.

828. Melanchthon an Jonas (?)[4]   Zerbst (?) 1546. Dec. 18.

So trüb die Zeiten und alle neu einlaufenden Nachrichten sind, so darf die Hoffnung auf Gottes Schutz doch nicht sinken. Nachrichten, die oben aus Strassburg eingetroffen sind, stellen Friedensverhandlungen mit dem Kaiser in Aussicht.

Corp. Ref. VI, 325. 326.

---

[1] Querhammer.

[2] Ein griechisches Wort, wegen des Bruches unleserlich. (Buchw.) — Superatt. Hall. eccl.?

[3] Eine kurze Biographie Poachs giebt Dreyhaupt I, 978. 979. Vergl. auch Jöcher-Rotermund s. v.

[4] Jonas ist wohl kaum Adressat dieses Briefes. Von einem Besuch desselben in Zerbst ist aus diesen Tagen nichts bekannt; der Adressat, der einen Brief domino Cancellario übergeben soll, scheint in Dessau zu suchen zu sein.

829. Medler an Jonas. Braunschweig 1546. Dec 26.

Hat jetzt erst über seinen Aufenthaltsort Nachricht empfangen, tröstet ihn in seinem Exil und bietet ihm für die Zeit, bis er wieder nach Halle werde zurückkehren können, die Superintendentur von Hildesheim an.

Gratia et pax a Deo patre vera per unigenitum suum filium, dominum nostrum Iesum Christum, ac faustus, foelix, tranquillus et salutaris annus in ipso. Clarissime domine doctor et patrone observande, ego profecto ex animo tuae praestantiae, cui iam dudum libenter scripsissem, si scivissem ubinam locorum ageret, propter eius exilium, quod a „defensoribus ecclesiae", si diis placet, modo patitur, condoleo. Quare nuper communi nostro amico, domino magistro *Benedicto Schuman*, scripsi et eum rogavi, ut me de tua praestancia certiorem faceret, qui mihi rescripsit eam nunc *Mansfeldiae* agere; ideo non potui intermittere, quin vel uno verbo praestantiam tuam consolarer vel saltem salutarem pocius; scio enim animi tuae praestantiae tantam esse fortitudinem, quod mea praesertim non opus habeat consolatione, neque dubito de Dei optima erga tuam praestantiam voluntate, qui sine dubio ipse sancto suo spiritu principali ei aderit et ita iuvabit tuam praestantiam, ut aequo et tranquillo animo hanc calamitatem ferre possit. Interim tamen magis ecclesiae condolendum est, quae ita per istos larvatos Christiani nominis principes perturbatur, qui tamen in brevi suum habebunt instum iudicium. Amen.

Ne autem interim ociosa in foro stet, sed pocius in vinea domini laboret praestantia tua, ecce offero illi satis honestam conditionem, *Hildenshemensis* nempe ecclesiae superintendentiam, quam vel tam diu interim accipere possit, donec ad suam iterum revocata fuerit *Hallensem ecclesiam*.[1] Quare de eius voluntate me tua praestantia certiorem reddat quaeso, ut porro sciam, quid in hac re faciendum sit, et cum hoc nuncio respondeat mihi tua praestantia oro, quam Christo Iesu aeterni patris filio et sempiterno regi cum tota eius familia diligenter commendo. Datae *Brunsvigae* secundo die in nataliciis salvatoris nostri anno 1547, quod faustum et foelix sit nobis utrisque, raptissime scriptum.

Tuae praestantiae deditus

Nicolaus Medler doctor.

Clarissimo et praestantissimo viro, domino *Iusto Ionae*, sacrae theologiae doctori, modo propter Dei veritatem exulanti in *Mansfeld*, domino maiori et promotori suo observandissimo.

Mansfeldt.

Original in Meiningen. Förstem., N. Mitteil. III. 2. S. 119. 120.

---

[1] Jonas konnte von diesem Ruf jetzt nicht Gebrauch machen, da er nach wenigen Tagen wieder nach Halle zurückkehren durfte.

830. Christian III. an Jonas. Kolding 1546. Dec. 30.

Trostbrief wegen seiner Vertreibung aus Halle.

Christian etc. Vnsern gnedigsten gruß zunorn. Wirdiger vnd hochgelarter besonder lieber. Wir haben aus vnsers auch besunder lieben ern *Philippi Melanchthonis* schreyben[1], auch sunst aus an vns gelangten zeyttungen vornhomen, wilcher massen vnser oheim herzog *Moritz* die churfurstlichen lande eingenhommen, vnd wy mit der stadt *Halle* vorfaren, der ir vortryben worden. Nun ist vns solchs beyneben den hochbeschwerlichen kriegssachen, als im Ober-Deutschlande angestellet, vhast schmertzlich zu horen gewesen, tragen auch derhalben ein- besunders mitleyden vnd wolten, das wir den hendeln zu gutten weß furznwenden wusten, daran solt vnser getrewer vleiß vngespart pleyben. Wir hoffen aber vnd sind zu dem Allmechtigen vortrawens, der werde gnedigst vorleyhen, das ohn ferner christlich bluthvorgießen die sachen zu gutbem vnd fridlichem ende zu gelangen, vnd dem erbfeind christlichs glaubens vnd nhamens, dem Turgken, zu vnchristlichem furhaben, wie sonst zu besorgen, hiedurch nicht weytter vrsach gegeben. Vnd wirt der Almechtig, wy darumb embsig zu pitten, des auch kein zweiuell, sein kyrch erhalten vnd derselben eynen raum vberlassen, dahien sie zu fliehen vnd erredtet werde, auch euch vnd andere der kyrchen gliedmaß der jtzigen last, bekummerniß vnd beschwerunge gnedigst erleddigen vnd nicht trostloß lassen, vnd die itzt zerstrewte kyrch vnd lobliche schull zu *Wyttembergk* mit freuden widderumb zuhauff vorsamlen. Wir wollen auch als eyn bekenner göttlicher leher, des heyligen euangelij vnd der angenhommen warheyt, darbei wir mit gotlicher hulff vnd vorleyhung piß in vnser gruben zu norharren vnd vns dauon nicht drengen zu lassen bedacht, euch vns gnedigst befolen sein lassen vnd ewer gnediger herr sein. Des ir euch zu vns vngezweyffelt zu norsehen. Wolten euch solichs zu anzeyge vnsers gnedigsten willens vnd neygung nicht vnuormeldet lassen, vnd thun euch dem Allmechtigen, der euch auch zu seins nahmens ehre vnd der christlichen kyrchen zu trost lange frysten wolle, in sein gnadenreichen schutz, vns aber zu sampt vnser glipten gemahel, junge herschaften, landt vnd leuten vnd die obligend beschwer der gemeynen christlichen kyrchen vnd deutscher nation in ewer christlich gepet empfelen. Datum utsupra.

An doctor *Jonas* ein trostbrifflein. Actum *Coldingenn* den 30ten Decembris Anno etc. 46.

Aarsberetninger etc. I, pg. 250. 251.

---

[1] Fehlender Brief.

831. Gewisse neue zeitung aus Halle　　Halle 1547. Jan. 3.
in Sachssen den 2. [u. 3.] Januarii
des 47. jhars.
— — — — [3. Jan.] Weitter, es gehen auch die rede, das heute die beide doctores d. *Jonas* und d. *Kilianus von Magdeburch* hie werden wider einkommen und m. g. h. [der Kurfürst *Johann Friedrich*] wil sie wedder einsetzen in ir empter.[1] — — —

Neue Mitteilungen XI, 1865, S. 501.

832. Melanchthon an Jonas.　　Zerbst 1547. Jan. 6.

Erinnert ihn an den 6. Jan. des vorigen Jahres, wo Luther und Mel im Hause des Jonas in Halle gewesen und Luther über die Taufe Jesu eine Predigt gehalten, die als sein Schwanengesang gelten könne.[2] Hoffentlich sei er nicht mehr in Magdeburg, sondern bereits nach Halle zurückgekehrt.

Corp. Ref VI, 351. Der Brief ist noch nach Magdeburg adressiert.[3] Vgl. auch Corp. Ref. VI, 350.

833. Melanchthon an Jonas.　　(Zerbst?) 1547. Febr. 1.

Klage über die benachbarten Fürsten, welche gegen die Sache der Evangelischen zu den Waffen gegriffen haben. König Christian hat Unterstützungsgelder an Luthers Witwe, Bugenhagen, Mel. und Jonas gesendet[4]; den Brief des Königs legt er bei, das Geld möge Jonas durch einen sichern Boten abholen lassen.

Corp. Ref. VI, 378. 379.[5] Cod. Goth. 899 fol. 10^b bietet folgende Varianten:
— At contra *nostri* vicini Principes, — si quendam mittes — si quendam ad te iter facere — Unterschrift: Φ. M. Aufschrift: Reverendo viro et eruditione praedito d. *Iusto Ionae* theologiae doctori, docenti evangelium in *Salinis Saxonum*, suo amico.

———

[1] Der Kurfürst hatte am 1. Januar bei seinem Einzug in Halle das Versprechen gegeben, „den D Jonas und D. Goldstein zurückzurufen und in ihre Aemter wieder einzusetzen." Franke S. 185.
[2] Erl. Ausg. XX, 2 S. 455 flg., wo jedoch in der Einleitung dieses Zeugnis wegen des Tages der Predigt übersehen ist. Matthias Wankel hatte diese Predigt am 6. Apr 1546 herausgegeben.
[3] Am 9. Jan. trafen Jonas und Goldstein in Halle ein. Franke S. 186.
[4] Vrgl hierzu Seidemann in Zeitschr. f. hist. Theol. 1860, S. 543 flg. und Aarsberetninger I, pg. 247 — 250.
[5] Der in Corpus Ref. VI, 378 abgedruckte Brief Melanchthons an Meienburg in Nordhausen, welcher eine Reise des Jonas nach dieser seiner Vaterstadt erwähnt, ist ganz irrig in den Jan. 1547 gesetzt. Das erhellt schon aus dem Gruss an Spangenberg, welcher bereits 1546 nach Eisleben übergesiedelt war. Der Brief scheint dieselbe Angelegenheit zu berühren, von welcher oben S. 93 flg. Spangenbergs Brief handelt, und daher ins Jahr 1543 zu gehören.

834. Medler an Jonas.   Braunschweig 1547. Febr. 1.

Beglückwünscht ihn zur Rückkehr nach Halle. Klage über die treulose Politik des Herzogs Moritz. Empfehlung eines Landgeistlichen.

S. D. Gaudeo et ex animo ecclesiae vestrae gratulor tuam praestantiam illi esse restitutam[1], clarissime domine doctor ac patrone observande, et simul etiam valde miror repentinas illas in his partibus mutationes ac Deum ex toto corde oro, ut sicut incepit ac vobiscum fecit, etiam in posterum ubique ecclesiae suae in necessitatibus propitius adesse et in tempore opportuno succurrere velit. Bone deus, quantas nobis turbas excitavit dux *Mauritius,* qui si quievisset, omnes in his partibus ecclesiae tranquillae fuissent. Sed non est dubium, quin facti sui dignas sit daturus poenas et in eam incidet foveam, quam alteri ipse fecit. Porro commendo praestantiae tuae hunc praesentem hominem *Michaelem Lieben,* cui oro ut aliquam ruralem ecclesiam commendet, est enim probus, vere pius et fidelis in officio suo Christi minister, ita ut bene consultum huic ecclesiae indico, quae hunc pastorem habet. Deus conservet nobis praestantiam tuam in usum suae ecclesiae diu incolumem. Amen. *Brunsvigae* primo Februarii anno 1547.

Tuae praestantiae deditissimus
Nicolaus Medler doctor.

Original in Meiningen. Förstem. K. Mitteil. III, 2 S. 120.

835. Jonas an Joh. Lang.   Halle 1547. März 3.

Nach der Besitzergreifung Halles durch den Kurfürsten sind die Ueberreste des kathol. Kirchenwesens daselbst beseitigt worden. Möchte doch ein Gleiches jetzt auch in Erfurt geschehen! Erkundigt sich, ob die Erfurter Lectorstelle, die er einst inne gehabt, noch immer nicht wiederbesetzt sei und ob also die Kanoniker noch immer die Einkünfte derselben für sich behalten.

Gratiam et pacem Dei per Christum. dom. nostrum. Mi d. d, cum hunc tabellarium in aliis negociis mitterem in Duringos, existimavi tibi amico veteri et sincero non ingratum fore, si tibi per literas amice colloquerer. Haec urbs et ecclesia tota *Hallensis,* cum iam hic decertem contra haec monstra in his *Salinis* in annum septimum, tandem beneficio altissimi Dei iam sub imperium redacta illustr. electoris nostri Saxo[2]: a monachis, monialibus, a cultu Baal, a fanis idololatricis[3] et omni εἰδωλομανίᾳ tandem repurgata est, et domino praefecto *Erasmo Contio*[4] et mihi demandatum est, ut omnes papistici pastores etiam

---
[1] Först. restitutum.
[2] Vgl. Dreyhaupt 1, 249.
[3] idolatricis.
[4] Erasmus von Konritz blieb auf der Moritzburg als kurfürstl. Befehlshaber. Dreyhaupt I, 248.

deponantur in ruralibus ecclesiis, et pii et docti surrogentur. Omnes pii et boni mirantur, apud vos in ipsa ditione illustrissimi electoris Saxoniae post tot acerrimas vestras contiones et hostiles oppugnationes vestras regni diabolici papae tam diu durare et tolerari abusus sacrificulorum, qui se κανονικούς vocant, cum sint ἄτακτοι et ab omni canone veritatis et pietatis alieni. Utile esset vobis et ecclesiae verae profitenti puram doctrinam τῆς ἀληθείας τοῦ θεοῦ, iam redimere tempus [1] et avide arripere occasionem iam a temporibus: sed in proximis literis tuis fraternis et amantissimis conquerebaris nostros etiam, id est τοῦ ἄρχοντος quaestores et nescio quos adhuc κρατοῦντας in senatu Baaliticis sacrificiis κολακεύειν. Quod attinet ad rempubl. et τὰ πράγματα τρισμέγιστα inter αὐτοκράτορα Καίσαρα et principes: nuper hac transiit illustrissimus princeps d. d. *Georgius*[2] et ante aedes meas (cum celeriter esset transiturus) iussit sisti currum et inter caetera dixit, spem esse pacis inter Caesarem et principes, hortabatur ut diligenter cum ecclesia Deum precaremur. Sed hoc non sparges, mi d. *Lange*, quod adhuc incertum, et forsan mutantur hae deliberationes. Verum hic vestrum quoddam negocium ad me pertinens conferam tecum. Nosti, quod ante viginti annos, cum tu semper sperares, me πρὸς πόλιν 'Ερρορδίαν rediturum, persuadebas, ut retinacem conservarem τὴν ἐλπίδα ad praebendam Severi, cum esset non missarum beneficium, sed salarium lectoris seu professoris: sed ego ante 21 annos ad annum forsan tibi parui. Postea dixi *Conrado*[3] et fratri meo ἀπίστῳ *Bertoldo*[4] tunc adhuc superstiti, ut dicerent suis, cum tamen absenti nihil datum esset aut daretur, me nolle habere nudum et inane nomen lectoris, imo cum lectura esset annexa templo impio, me non velle habere quicquam κοινωνίας cum impoenitentibus hostibus nostris impiis κανονικοῖς, imo monstris novissimi temporis. Nunc audio, quod mihi portenti simile est, quod quidam forsan ex virulentia et studio nocendi aut obtrectandi bonis ex eis gloriantur, me adhuc habere in ipsorum favorem lecturam: et forsan per fraudem me vivente nullum alium eligent, ut ipsi inter se dividant reditus et decipiant senatum, universitatem simul et me derideant, qui in 25 annis nihil cum ipsis bestiis et ventribus habere negocii volui. Vide, *Lange*, mihi (?) omnia tuta tenere[5] debeo et ἐπισκοπεῖν, quid post θάνατόν μου possit obtrectare Satan, et ne idem κακὸς ἐχθρὸς ex hoc

---

[1] Vgl. Vulgata Eph. 5, 16.
[2] Georg von Anhalt.
[3] Conrad Kling?
[4] Vgl. II, 82—85.
[5] Cod. timere.

aliquid architectetur τοῦ σκανδάλου. Rogo ergo per amicitiam, ut tu et d. decanus m. *Caspar Kanthengiesser* velitis (in guttem geheim, ne sermones inanes excitetis) diligenter et accurate sciscitari, quomodo haec res habeat, et mihi rescribere hoc per hunc tabellarium et impartiri vestram τὴν βουλήν. Et si opus fuerit, ad senatum simul et scholam scribam, ut cogantur ventres Epicurei eligere lectorem, ne ita perdantur reditus et liguriant beluae, quod debetur in ecclesia laborantibus. Possum uti literis et[1] electoris principis, ut cogantur facere quod instum est. Rescribere velis certo. Christus te ecclesiae servet quam diutissime. Datae quarta post Invocavit anno dni 1547.

I. Ionas doctor, s. *Hall.*
tuus ex animo.

Reverendo et clariss.⁰ viro d. *Ioanni Lango, Erphordensis* ecclesiae episcopo, amico mire candido, veteri et charissimo suo.

Cod. Goth. A 399 fol. 217ᵇ flg.

836. Melanchthon an Jonas.   Zerbst 1547. März 3.

Macht Mitteilungen aus einem Briefe des Joh. Brenz. Es wird immer deutlicher, dass der tiefste Grund des Krieges in dem Verlangen liegt, das Evangelium zu unterdrücken. An einem Besuch in Halle hindert ihn die Krankheit seiner Tochter. Legt Fürsprache ein für den Sohn des Jonas, der den Vater durch ein Schreiben gereizt hat, bittet, ihm zu der gewünschten Reise nach Frankreich Erlaubnis geben zu wollen, denn soll er sich dem Hofdienste widmen, so muss er französisch lernen und fremde Länder sehen.

Corp. Ref. VI, 413. 414.

837. Melanchthon an Jonas.   Wittenberg 1547. März 13.

Gottes Absichten bei den Heimsuchungen, die seine Kirche erdulden muss. Das Tridentiner Concil hat die evang. Rechtfertigungslehre verdammt. Der Sieg bei Rochlitz und die Gefangennahme des Markgrafen Albrecht.[2] „Die aequinoctii verni."

Corp. Ref VI, 432. 433.

838. Jonas an Joh. Lang.   Halle 1547. März 21.

Erwartet mit Ungeduld Antwort auf sein letztes Schreiben. Ueber den Sieg bei Rochlitz.

G. et pacem. Ad proximas literas meas,[3] mi *Lange* charissime, velis mihi rescribere ad singulos apices. Nam si intellexero ex tuis literis, quod ἄθεοι κανονικοὶ glorientur, me adhuc possidere etc., mox scribam senatui et scholae et indicabo, me iam olim renunciasse. Nolo quicquam habere τῆς κοινωνίας[4], ne nomine tenus quidem (ut nullum terminium(?) de lectura dederunt intra XXVII annos) cum membris

---

[1] Es fehlt wohl ein Wort.   [2] Am 2. und 3. März. Vgl. Corp. Ref. VI, 418flg. aussenJ III ,589.   [3] Nr. 835.   [4] Cod. κοινωνείας.

Baal. Qui *Rochlici* sunt occisi victore illustrissimo *Iohanne Friderico*, dicuntur fuisse mille et 400. Orenus. Christus te ecclesiae servet. Datae 2a post Laetare anno dni 1547.

I. Ionas doctor, s. *Hall.* ecclesiae.

Clariss.° viro domino *Iohanni Lango* episcopo *Erphurdensi*, amico ac fratri charissimo s.

Cod. Goth. A 399fl. 218ᵇflg.

839. Melanchthon an Jonas. Wittenberg 1547. März 25.

Empfiehlt in doppeltem Schreiben (deren erstes dem Boten mitgegeben ist, während das zweite dem Bittsteller als Legitimation dient) den vertriebenen Prediger Simon Wolfram für eine Anstellung in der Kircheninspection des Jonas.

Corp. Ref. VI, 447. 448.

840. Melanchthon an Jonas und Goldstein. Wittenberg 1547. März 29.

Ueber die Beschlüsse des Tridentiner Concils. Empfehlung eines gewissen Andreas. Meldet den Tod seiner Tochter Anna.[1]

Corpus Reform. VI, 459. 460. Das Datum des Briefes lautet in der Abschrift des Cod. Goth. 399 fol. 14: „Datae 1. Martij 1547." Das ist unmöglich richtig, aber auch die Angabe Brettschneiders „31. März" kann nicht zutreffend sein. Vergleicht man das „ante biduum" in dem Briefe an Georg Major ibidem Sp. 459 [denn so ist zu lesen, nicht „ante triduum"] mit dem „ante biduum" unsers Briefes, so ergiebt sich, dass beide an gleichem Tage geschrieben wurden. Jenen datirte Mel. „29. Februarii" aus Versehen, er wollte 29. Martii schreiben. Ebenso wird er auch diesen an Jonas und Goldstein gerichteten datirt haben, woraus dann ein kluger Abschreiber, da 1547 kein Schaltjahr ist, den 1. März machte. (Knaake) — Cod. Goth. 399 bietet folgende Varianten:

Der Satz qui a Dominorum nutu pendent fehlt; Unterschrift Ф. M. Aufschrift: Reverendiss. clarissimis et iustissimis viris d. Iusto Ionae theologiae doctori et d. Chiliano etc.

841. Basilius Monner an Jonas. Wittenberg 1547. Apr. 13.

Das kurfürstliche Heer hat nicht viel ausgerichtet. 15000 Feinde stehen schon im Lande, bald werden es ihrer 70000 sein. Aber der Herr wird helfen. Ferdinand und Moritz warten in Eger auf den Kaiser, der einem Gerücht zufolge gestorben sein soll, vielleicht gar von den Spaniern umgebracht. Die Kurfürstin ist erkältet. Der Kurfürst ist in Meissen.

Orig in Meiningen. Corp. Ref. VI, 466. 467, wo aber folgendes zu berichtigen ist: S. Quanta sit efficacia — laborat adhuc tussicula — Episcopus Zicen. [Zicensis] et Drandorftius vicissim te salvere iubent. Aufschrift: — fidelissimo, domino et amico plurimum observando suo. Auf den Umschlag hat Jonas geschrieben: Erae: Iterare sternutationem ad ostensionem virium nugonum.[2]

---

[1] Starb in Königsberg am 26. Febr. 1547.

[2] Wenige Wochen danach musste Jonas zum zweiten Male aus Halle flüchten. Ratzeberger erzählt darüber (Ausg. von Neudecker S. 156): „Dazumal [während der Kaiser aus dem Feldlager vor Wittenberg nach Halle gezogen kam, also nach dem

842. Melanchthon an Jonas. Braunschweig 1547. Mai 25.

Wünscht eine Besprechung mit ihm, da sie beide auf längeres Exil gefasst sein müssen. Trost bietet das Bewusstsein, den rechten Glauben verkündigt zu haben, und der Blick auf Gottes Verheissungen.

Corp. Ref. VI 543, wozu Cod. Goth. 399, fol. 7[b] folgende Varianten bietet: S. D. fehlt. — Brunsnigam — Patris aeterni — studii vere illustratae doctrinae — in coelum etc. Φ M. Aufschrift: Reverendo viro eruditione et virtute praestanti d. Iusto Ionae doctori theologiae, amico suo.

843. Jonas an Fürst Georg v. Anhalt. Goslar 1547. Mai 30.

Bittet den Fürsten um seine Vermittlung zur Besänftigung des Zornes, den Herzog Moritz gegen ihn hege und der auf falschen Verdächtigungen beruhen müsse. Meldet die Geburt eines Sohnes.

G. et p. Dei per Christum filium Dei, Deum totius consolationis. Reverendissime in domino, illustriss. princeps, domine ac patrone omnium piorum et[1] Dei sincerissime. D. *Philippus M.* in recentioribus locis communibus, libro illo sancto et eruditissimo, scribit in haec verba: „Si mox omnes apostoli interfecti essent, quis circumtulisset et sparsisset in mundo τὸ εὐαγγέλιον? Dat igitur Deus suum unicuique concionatori et doctori curriculum et interim defendit eius corpus, praebet domicilium, victum, ut servavit navem Pauli luctantem in fluctibus et occurrentem quoque scopulis tantisper mirabiliter rectam et flexam, donec Paulus ad portum veniret." Hactenus Φίλιππος. Equidem nuper scripsi ad R. D et C. non sine flumine[2] τῶν πολλῶν δακρύων ad me perscriptum esse de minis, quibus in aula illustriss. ducis *Maurici* quidam potentes mihi et aliis ministris minati essent, cum forsan sim a papistis aut malevolis delatus. Non dubito autem, quin V. R. D. et Cels. me excusabit, cum per omnia plane sim innocens, ut nuper R. D. et Cel. V.ae in literis, quas m *Matthias*[3] per d. *Michaelem Guth* in castra misit, perscripsi. Spero ergo illustriss. D. V hoc organum Dei futurum, per quod Deus pios concionatores his asperis et variis difficilibus temporibus misericorditer servabit a periculis. Quid tristius

---

19. Mai] musten doctor Justus Jonas (welchen die stadt Halle zu ihrem prediger beruften), darzu ihr getreuer syndicus doctor Chilian Goldstein weichen von wegen der grossen ungnade, welche herzog Moritz uff sie geworfen. Dan wo er diese bede in der stadt ereilet und ergriffen hette, so hette er an sie unuorschuldete gewalt legen und gebrauchen dorffen. Derwegen begab sich doctor Justus Jonas an den Hartz gen Mansfeldt und nochmals kegen Northausen in Andres Wenden behausunge, doctor Chilian Goldstein aber begab sich nach Braunschweig, an welchen ort her Philippus von Zerbst auch gezogen war, damit sie ein zeit lang den Spaniern aus den augen entwichen."

[1] Fehlt wohl ein Wort.
[2] Abschrift: fulmine.
[3] Wanckel.

mihi accideret omnino, durius aut luctuosius, quam quod alterum [1] scriptum deberet imputari aut attribui mihi [2] in damnum et magnum periculum meum, τῆς γυναικὸς, τῶν τέκνων μικρῶν, cum in hunc diem Dei beneficio, altissimi patris miserationum, habeam septem viventes liberos, quatuor filios, unum ineffabili Dei beneficio natum ante triduum, tres filias, unam inter has nubilem. E. f. g., wie ich zuuor vntertenig-lich gebeten, wolle hie trewlich armen .. ...[3] Dei helffen et clemens mittere responsum ad d. *Philippum Northusiam* tabellario proprio, cui ego solvam mercedem. Christus, filius Dei, R. D. et Cel. ecclesiae et reipublicae servet diu incolumem. Datae *Goslar*. 2a Pentecostes anno domini 1547. V. R. C. et D.

dedititiss. *Iustus Ionas* s. H. minister D. ill. V.

Abschrift in Bibl. des Franciscecum in Zerbst. Manuscr. 26 Bl. 234 b.

b. In Hildesheim [5] 1547/48.

844. Melanchthon an Jonas. Nordhausen 1547. Juni 19.

Wünscht ihm Glück dazu, dass er bisher unter den Kriegsstürmen bewahrt geblieben ist. Nachrichten über den Landgrafen und Heinrich v. Braunschweig. Er selbst wird nach Wittenberg zurückgerufen. Gestorben sind Widomann in Leipzig, Dr. Türk und „tuus adfinis Hofmannus" (in Nordhausen.) Von einem Traume, den er in letzter Nacht gehabt.

Corp. Ref. VI, 580. 581.

[1] So. Ob alienum?
[2] Diese Stelle empfängt Licht durch einen Brief Melanchthons an Fürst Georg vom 5. Juni, in welchem er über Jonas meldet: „Refutare falsam suspicionem Jonas conatur *de editis pagellis Amsdorfii, quas a Iona editas aula putat*. Se igitur vere excusat." Corp. Ref. VI, 557.
[3] Lücke.
[4] Ueber den damaligen Aufenthalt des Jonas in der Gegend am Harze vergl. Corp. Ref. VI, 548. 554. 557. 566. „Ionas collocavit familiam suam in oppido Nordhausen. Ipse secessit ad amicos quosdam in iugis Herciniis." (26. Mai.)
[5] Ueber die Berufung des Jonas nach Hildesheim vgl Melanchthons Brief an den Lorenz Moller, welcher Rector der St. Andreas-Schule daselbst war, vom 1. Juni 1547 Corp. Ref. VI, 554, in welchem er diese Berufung anbahnt. Schon am 11. Juni kann er melden: „Doctor Jonas vocatus ad ecclesiam Hildeshemensem eo profectus est, sed familiam reliquit Northusae, quia reditum in patriam optat." ebendas. 566. Er wurde dort Prediger an St. Andreas. Siehe Lauenstein, Hildesheimischer Kirchen- und Reformations-Historien Zweiter Theil. Hildesheim 1735, S. 126. — „Am 14. Juli kam seine Frau hier an und erregte grosses Aufsehen. Sie sass in einem „sperden" Wagen, hatte bei sich zwei Schwestern ihrer Mutter und Kinder, hatte sieben Vorreiter, und zwei Knechte gingen bei dem Wagen

IV. Die Jahre der Not.

845. Nicolaus Medler an Jonas.   Braunschweig 1547. Juni 28.

Freut sich, dass dem Jonas die Inspection der Hildesh. Kirchen übertragen ist. Hofft auf baldigen Frieden und Erhaltung des Evangeliums, auch gegen die Anschläge des jetzt wieder frei gewordenen Herzog Heinrich v. Braunschweig. Der Kaiser ist am 23. Juni mit seinen fürstlichen Gefangenen abgezogen. In Wittenberg ordnen sich die Verhältnisse wieder: Kathar. Luther ist zur Rückkehr (von Braunschweig) aufgefordert. Kurf. Moritz hat Melanchthon zur Neuordnung der Universität nach Wittenb. gerufen, Major ist von Herzog August zum Hofprediger ernannt. Brück hat vom gefangenen Kurfürsten Auftrag erhalten, als Kanzler in den Thüringischen Landen zu walten. Goldstein hat Braunschweig verlassen und ist nach der Mark gegangen. Das Unglück des sächs. Kurfürsten ist durch schändlichen Verrat herbeigeführt worden. Wie Gott seine Kirche schützt, lehrt das Beispiel Bremens. Gerüchte über kriegerische Bewegungen der Franzosen und Türken.

Orig. in Meiningen. Corp. Ref. VI, 585—587. Neue Mitteilungen III, 2 S. 120 bis 123. Im Text des Corp. Ref. ist folgendes zu berichtigen:
585. — tum quod tuam praestantiam — atque propter illam — 586 — reddere et ad confidentiam — qui nobis nescio quae minentur — tuta, eius bona — observandissimum — eius consiliarius — 587. — Admonet etiam nos Dei —

846. Corvinus an Jonas.   Münden 1547. Juli 25.

Beglückwünscht ihn zu seiner Berufung nach Hildesheim, wünscht festes Zusammenhalten der Bekenner des Evangeliums. Die irdischen Stützen der Kirche sind gebrochen: es kommt jetzt auf die Treue im Bekenntnis an. Bericht über eine in Münden gehaltene Synode der dortigen evangelischen Geistlichen.

Gratia tecum et pax per Christum. Nunciatum mihi est, *Iona* carissime, te ab *Hildesianis* in ministerium evangelii vocatum et iam istic hoc munere fungi coepisse: quo nuncio non parum, ita me deus amet, exhilaratus sum. Nacti enim homines egregie mihi cari pastorem fidelem sunt, et mihi vicinus in medio scorpionum versanti bonus obtigit. Gratulor igitur *Hildesianae* ecclesiae talem episcopum, tibi talem ecclesiam, mihi talem vicinum. Et profecto nihil aeque iam cupio, nihil aeque expeto, atque presentem te ac coram intueri et de communi religionis negotio tecum colloqui. Dabo etiam operam, quam primum rediero ad meos, ut alicubi conveniamus et ad satietatem usque confabulemur. Profecto enim opus est, ut in his rerum turbis, in hac rerum conversione inque hoc rerum statu ardentioribus atque unquam antehac animis coniuncti simus, quotquot hactenus evangelicam veritatem vere amplexi sumus. Omnia in deterius vergunt, servitus longe omnium duriss. cervicibus nostris imminet, amicitiae multorum dirimuntur, bona hominum pars victoris intuita felicitatem contabescit, Germania luget, ecclesia ingemiscit, et ut brevibus dicam: Ἔρρει τὰ καλά. Quis igitur

---

her und hielten ihn; in einem zweiten Wagen sassen Mägde, Weiber und Kinder, „is alse eine gravinne ingetogen." Luntzel, Annahme des evang. Glaubensbek. von seiten der Stadt Hildesheim. 1842 S. 99.

neget, iis qui ex nostris supersunt, insigni syncretismo et nunquam violando amore opus esse? Equidem adempta nobis sunt omnia humana praesidia, baculus videlicet Aegypti arundineus[1]. Et eo res nostrae peccatis nostris hoc ipsum merentibus, deciderunt, ut a nullo ecclesiae nutritio defensionem contra tam potentes victores nobis polliceri maximopere possimus. Sed interim illius defensione freti, cuius dulcissima haec vox est: Confidite, ego vici mundum[2], animos neutiquam despondebimus, sed potius tantisper officium nostrum docendo et confitendo faciemus, dum vel benignior pacis aura adfulgeat (est enim Mars quod nosti ἀλλοπρόσαλλος[3]) vel mortem nobis confessio acceleret, malorum scilicet finem omnium. Constanter enim hic, adiutore Christo, tibi ac tui similibus adhaerescere decrevi. Ago iam apud dominam meam illuss.[4] *Mundae* et liberaliter tractor. Et ante dimidiatum mensem synodum hic, in Satanae contemptum, bene magna concionatorum frequentia celebravi, non aliter atque si ubique pacata essent omnia. Cum ante examinationem et ecclesiasticarum caussarum discussionem coena celebraretur, participavit mensae domini nobiscum princeps piissima, et postea toti negotio comes ipse[5] et praefuit et interfuit, dignus profecto, quem cum ob pietatem, tum ob eruditionem certatim amemus omnes. Usque adeo fautor nostrarum est partium. Concionatores nullos prorsus fecerunt sumptus. In ipsa enim arce, ubi omnia transacta sunt, et pransi sunt et coenaverunt. Unum mihi valde gratum fuit. Cum articulos synodales conscripsissem et iam dimittendi concionatores essent, recitare hoc iussus sum praesentibus domina et comite, qui lectos statim peculiari oratione iisdem commendarunt, omnem gratiam ac defensionem possibilem, si dicto audientes sint, polliciti. Postea porrectis ordine unicuique manibus abeuntes clementissime consolati sunt. Haec omnia tibi quoque scio grata futura. Saepe mentio hic fit candidissima professorum *Vitembergensium*, quibus omnes ex animo consultum cupimus, praesertim comes ac domina. Quod si omnes Germaniae principes sic adfecti essent, melior forsan iam ubique esset rerum facies. Sed quo me rapit tui desyderium? Bene, mi *Iuste*, vale et uxorem mihi neque visam neque cognitam cum liberis omnibus amanter ex me saluta.

---

[1] Jes. 36, 6.
[2] Joh. 16, 33.
[3] Ilias 5, 831. 889.
[4] Die verwittw. Herzogin Elisabeth von Göttingen und Kalenberg, eine Tochter Joachims I. von Brandenburg.
[5] Der Sohn der Herzogin, Erich II., der sich bald wieder der römischen Kirche anschloss.

Item concionatores omnes, qui tecum vere Christum confitentur ac praedicant. Ex *Munda* die Iacobi etc. 47.

Anto. Corvinus B. S.

Doctrina et pietate excellenti praedito *Iusto Ionae* theologiae doctori et episcopo *Hildesiano*, amico et fratri carissimo suo.

Orig. in Meiningen. Förstemann, Neue Mitteilungen III, 1. S. 121. 122.

847. Medler an Jonas.   Braunschweig 1547. Sept. 13.

Ihm selbst geht es wohl, doch klagt er bitterlich über den Ruin, den die evang. Kirche durch den Krieg erlitten, schilt auf die kaiserliche Partei, welche noch immer behauptet, die Religion gar nicht angegriffen zu haben. Sendet einen Brief Melanchthons.

S. d. Licet nullum argumentum ad praestantiam tuam scribendi habeam, tamen cum tam commode hic nuncius se mihi obtulit, non potui intermittere, quin vel uno atque altero verbo tuam praestantiam salutarem eique mearum rerum statum significarem: quantum enim ad res meas privatas attinet, satis bene se habent, gratia sit Christo, publicae vero notiores sunt, quam quod de eis aliquid scribere opus sit. Tantam enim ruinam ecclesia Christi passa est, ut mihi impossibile videatur, eam unquam in integrum locum restitui posse. Abeant ergo adhuc et dicant se non religionem petivisse, qui harum rerum inceptores fuerunt! Haec res quantum me contristet, non possum scribere facit enim, ut me vitae taedeat. Mitto etiam brevem ad me domini *Philippi* epistolam, ex qua tua praestantia intelliget quoque *Witebergae* omnia incerta esse.[1] Deus misereatur suae ecclesiae afflictae et conservet sibi reliquias per suum filium Dominum nostrum Iesum Christum. Amen. Cui tuam praestantiam, clarissime domine doctor et patrone observande, diligenter etiam atque etiam commendo et oro, ut diu foelicem et incolumem suae ecclesiae eum conservet. Amen. Datum 13. Septembris anno 1547.

Tuae praestantiae deditus

Nicolaus Medler
doctor.

Oro etiam, ut tua praestantia mihi significet, quomodo valeat, utrum ei potus et aër bene in his regionibus conveniat.

Clarissimo et praestantissimo viro domino doctori *Iusto Ionae*, *Hildesiae* ecclesiae Christi fidelissimo inspectori, domino maiori et patrono suo semper observando.

Original in Meiningen. Förstem. N. Mitteil. III, 2. S. 123.

---

[1] Brief vom 2. Sept. 1547. Corp. Ref. VI, 668. „Etsi spe instaurationis academiae huc accessi, tamen eam multae magnae res impediunt."

848. A. Corvinus an Jonas. Münden 1547. Sept. 17.

Empfiehlt ihm einen Mann, der für die Aussteuer seiner einem evangelischen Geistlichen verlobten Tochter milde Gaben erbittet. Die Herzogin beabsichtigte an Jonas zu schreiben, will aber nun lieber Corvin persönlich zu ihm senden.

Gratia tecum et pax, mi *Iona*. Qui tibi hasce meas literas reddit, vir pauper est, pietatis amans, brevi filiolam verbi cuidam ministro aeque pauperi in uxorem elocaturus. Cum igitur passim apud fratres eleemosynam[1] hunc in usum quaerere cogatur, disposuit te quoque ac concionatores *Hildesianos* invisere, sperans aliquid subsidii me intercessore se apud vos propter Christum impetraturum. Si ergo Christum vere in suis membris amatis, ut vere vos facere scio, iam haud dubie ultro et non rogati a *Corvino* eleemosynam conferetis et has nuptias hac ipsa honorabitis, ab ipso Christo, ubi in maiestate sua venerit, praemium recepturi. Interim unum hoc rogo, ut meas literas ponderis nonnihil apud vos habuisse sentiat. Domina illuss.[2] scriptura ad te erat. Sed cum opinione citius cum *Erico* principe meo illuss. hinc proficisceretur *Schleussingam*, commisit mihi, ut viva apud te suo tempore essem epistola, id quod facturus sum ubi domum rediero[3]. Interim bene vale. Ex *Munda* sabbato post Exalt. Crucis 47.[4] Saluta ex me omnes fratres et nostros et meos et tuos etc. Imo et uxorem cum liberis ac familia tota. T. *A. Corvinus* B. S.

Doctissimo et humanissimo viro *Iusto Ionae* theologiae doctori, concionatori *Hildesiano*, amico et fratri carissimo suo.

Orig. in Meiningen. Gedruckt in Förstem. N. Mitt. III, 1. S. 122. 123.[5]

849. A. Corvinus an Jonas. Pattensen 1547. Oct. 2.

Verspricht ihm beständige treue Freundschaft. Hoffnung, dass die evang. Lehre im Kalenborger Lande unverändert erhalten bleiben wird. Trauer über das Schicksal des sächs Kurfürsten. Hofft Jonas nächstens besuchen zu können. Erzählt einen Traum, der ihm eine Gefahr zu verkündigen scheint, von der Melanchthon bedroht ist.

Gratia tecum et pax per Christum. Quod in literis meis ad *Laurentium*[6], communem amicum nostrum, scriptis, mi *Iona*, tam amanter te salutavi et tam honorificam tui mentionem feci, id vetus amicitia nostra merebatur. Et quicquid huius factum est, id absque omni fuco,

---

[1] Corvin schreibt elemosynam.
[2] Siehe oben S. 231 Anm. 4.
[3] id quod deo propitio brevi fiet — wieder ausgestrichen.
[4] Die Jahreszahl folgt im Orig. nach tuos etc.
[5] Ein Brief des Jonas aus diesen Tagen an Melanchthon wird erwähnt in einem Briefe Crucigers an Medler vom 26. Sept. Corp. Ref. VI, 690.
[6] Lor. Moller in Hildesheim. S. oben S. 229 Anm. 5.

teste Deo, factum est. Scio enim inter bonos amicitias esse debere immortales, ut taceam consensum eorum, qui de religione recte sentiunt, quo nihil in toto terrarum orbe esse potest vel indissolubilius vel arctius. Idem verae pietatis studium vere nos coniunxit. Eam coniunctionem animorum nostrorum, utcunque saeviat contra nos Satan, nulla persecutio, nulla tyrannis, nullus furor labefactabit: id quod sancte tibi polliceor. Et centies malo mori, quam vel receptum veritatis negotium deserere vel ullum fratrem abnegare pietatis professione antehac mihi iunctum. Ludibrio quidem iam orbi sumus et papistarum spectacula. Sed interim coram Deo, qui nos fecit βασιλεῖς καὶ ἱερεῖς [1], ii sumus, qui olim iudicabimus eos [2], qui nunc in exilia nos deturbant et omnis generis iniuriis in nos desaeviunt. Et haud dubie in hoc etiam saeculo pacatiora aliquando erunt nostra studia. Ego certe manifeste sensi hoc. Nam cum apud pios huius ducatus de meo reditu propemodum conclamatum esset et impii non parum hoc nomine et efferrentur et „Jo Paean" cantarent, ecce subsecuta est subita harum rerum mutatio, ita ut nunc nostri in spem retinendae religionis maximam erecti [3] sint, et adversarii spe sua frustrati veluti contabescant. Acceptum hoc μόνῳ σοφῷ θεῷ [4] referimus, in cuius manibus omnium piorum et verae ecclesiae liberatio sita est. Meam liberationem tua ac omnium bonorum subsequetur, et quod fallacia huius mundi praesidia efficere non potuerunt, id haud dubie dominus miris modis effecturus est. Praedicemus tantum veram resipiscentiae et invocationis rationem, et omnium animos in divini auxilii spem indesinenter erigamus. Moerorem animi tui, quo propter miserabilem electoris casum conficeris, facile agnosco et ex meis lachrymis, quas ipse hactenus fudi, tuas facile metior. Sed is, qui protector est omnium sperantium in se et omnis consolationis Deus, suo tempore luctum ecclesiae suae vertet in gaudium: qua de re nullus dubito. *Philippo* et *Pomerano* scripturus id faciam amantissime, quod te velle intelligo. *Stephanum* etiam ad me missum virum, quantum ex uno colloquio intelligere potui, doctum et bonum, videbo ut alicubi promoveam. Redeat intra bidnum confidenter. Colloqui praesens cum praesente ita cupio ut nihil supra. Sed harpyiae nostrae huc illuc circumvolantes et praedae inhiantes hoc ipsum nondum permittunt. Quare rogo, ut absentiam meam aliquamdiu boni consulas et ipse tui rationem habeas [ut consulas valetudini [5]], ne

---

[1] Offenb. 1, 6.
[2] 1. Cor. 6, 2.
[3] Vielleicht evecti.
[4] Röm. 16, 27.
[5] Von Jonas selbst zugeschrieben.

849. A. Corvinus an Jonas.

facile huc illuc proficiscaris. Scio cur hoc dicam et scribam. Ego interim non desinam occasionem captare, ut commode convenire et ad satictatem usque colloqui possimus. Sed heus, mi *Iona*, vidi hac nocte somnium, quod me valde perturbavit et mihi expergefacto multum negotii fecit. In templum quoddam ingredi visus sum, quid nescio meditans. Ibi in valde sublimi suggestu *Philippum* stantem video, concionantem audio, idque ea vocis claritate, ut ipse eam claritatem vehementer admirarer. Tacitus tamen Christi doctrinam crepantem audiebam. Interim te nominatim honoris caussa citavit, quid nescio de te locutus. Ibi cum huc illuc circumspicerem et te videre cuperem, loqui *Philippus* desiit et se demisso capite ac expansis manibus praecipitem e suggestu in templi medium dedit. Quod cum me vehementer perturbaret, et de vita ipsum periclitari timerem, adcurrere coepi et oculis, ecquid periculi esset, contueri volui, sed inter currendum expergefactus, tanto optimi viri desiderio teneri visus sum, ut aegre a lachrymis abstinuerim. De hoc somnio, quandoquidem neque physicum neque vanum est, rogo ut mihi tuam sententiam scribas, meam postea vicissim auditurus. Emoriar enim, si non revera omnia haec videre et audire visus sum. Interim tamen pro optimo viro diligenter oremus, ne ecclesiam suam Christus tam fideli ministro privari sustineat. Bene, mi *Iona*, vale. Ex *Pattensenio* dominica post Michaelis etc. 47. Brevi plura. Illustrissimo et clementiss. meo principi, ubi redierit, diligentissime te commendabo et aulicis piis omnibus; principi matri iam pridem fuisti commendatissimus, et iussit ut ad te veniens viva clementiae suae essem epistola, id quod suo tempore fiet, et citius etiam fortassis, quam ipse iam credere potes. Saluta tuam uxorculam mihi prorsus ignotam et omnes nostros. *Anto. Corvinus* B. S.
ex animo tuus.

Doctissimo et humanissimo viro *Iusto Ionae* theologiae doctori, fratri carissimo et amico incomparabili.

Orig. in Meiningen. Gedruckt in Förstem. N. Mitteil. III, 1. S. 123—125.

850. Medler an Jonas.   Braunschweig 1547. Oct. 17.

Klage nicht allein über die Macht und die feindlichen Absichten der Gegner, sondern besonders über die Zustände in den evang. Gemeinden, speciell über die Braunschweiger Verhältnisse unter Laien und Geistlichen. Uebersendet die Proposition des Augsburger Reichstages.

שָׁלוֹם וָחֵן a deo patre per Iesum Christum filium suum dilectissimum dominum et salvatorum nostrum. Praestantissime domine doctor et patrone observande, gratissima fuit tuae praestantiae per *Iacobum Puff* salutatio, et utinam vel horam nobis de praesentis ecclesiae statu colloqui daretur, ego enim non tam adversariorum potentiam et astuciam, quam nostrorum ingratitudinem et ignaviam timeo. Experior enim quottidie quae me paene enecant: בְּקְהִלָּה nostra magna est לְאֵל praesertim ipsius[1] נְעוּרִים, licentia, ipsorum autem כֹּהֲנִים πολυπραγμοσύνη, quorsum haec denique sint evasura timeo; ego meum faciam officium, cetera Deo committam. Transmitto praestantiae tuae propositionem in comitiis statibus imperii propositam[2]: hinc, si forte eam antea non legerit tua praestantia, facile intelliget, quid ex illa parte nobis sperandum sit. Hodie in praesentia senatus erit mihi cum cistariis[3] et כֹּהֲנִים nostris in publico praetorio actio de schola rectius hic instituenda et nonnullis aliis ecclesiasticis negotiis, sed πολυαρχία me plurimum in multis optimis rebus impedit. Ideo tua praestantia pro me et ecclesia mea oret, idem facturus sum pro tua praestantia ego vicissim, quam Christo domino diligenter commendo et opto ut bene valeat. 17. Octobris anno 1547.

Tuae prestantiae deditus   *Nicolaus Medler* d.

Praestantissimo et clarissimo viro domino doctori *Iusto Ionae*, ecclesiae *Hildesianae* vigilantissimo inspectori, domino maiori et patrono suo observandissimo.

Original in Meiningen.   Förstem. N. Mitteil. III, 2. S. 123. 124.

851. Corvinus an Jonas.   Kalenberg 1547. Oct. 20.

Fragt an, ob er über eine angeblich in Wittenberg geschaute bedeutungsvolle Luftspiegelung sichere Nachricht empfangen habe.

Bene agere per Christum. Mi suavissime *Iona*. Relatum mihi hic est *Calenbergae* de admirando signo, quod *Vitembergae* homines in aëre viderunt, videlicet de audito classico, viso exercitu, elato funere et viro albis vestibus induto, qui pannum tumbae impositum in duas partes disciderit et postea cum toto spectro evanuerit. Cum igitur d. *Iacobus Reinhartus* cancellarius huius ditionis, vir omnium optimus, et ego ingenti desiderio teneamur cognoscendi, verane haec sint an secus, rogo ut quicquid huius compertum habes, ad me perscribas. Tabellarium enim hunc huius rei gratia ad te ablegavimus, rati, si quid veri huic rumori inesset, tibi vel in primis significatum et compertum esse posse. Salutat te idem cancellarius amanter, doctorum virorum omnium patro-

---

[1] Manuscr. ipius.

[2] „De vorstenderc adder Schat Casten heren" werden sie in der Braunschweiger KO. von 1528 (Richter, Ev. KOO. I, 118) genannt.

[3] Am 1. Sept war der Reichstag in Augsburg eröffnet worden; die kaiserliche Proposition siehe bei Barth Sastrow II, 101 flg.

nus et Moecenas candidissimus. Vale et responde. Ex arce *Calenberga*,
20. Octobris etc. 47.   T. *Anto. Corvinus* B. S.

Doctissimo et humanissimo viro domino *Iusto Ionae* theologiae
doctori et concionatori *Hildesiano* primario, fratri et amico
carissimo suo.

Orig. in Meiningen. Förstem. N. Mitteil. III, 1. 125.

852. Jonas an Lang.   Hildesheim 1547. Oct. 26.

Die Lebensweise in Hildesheim, namentlich das Bier, bekommt ihm nicht.
Das von Luther vorherverkündigte Gericht hat beim sächs. Kurfürsten angefangen: wie wird es erst den Feinden der Wahrheit ergehen! Hofft auf
Besänftigung des Kurf. Moritz und auf seine baldige Rückkehr nach Halle;
fragt daher an, ob er wohl einstweilen in Erfurt sichere Unterkunft finden
könne.

Gratiam et pacem Dei per Christum filium Dei. Victus ratio tota
et potus mihi totis quindecim annis prima aetate in vestra paradiso
et Eden educato, deinde et *Vitenbergae* saepe in aula, saepe in lautis
rebus educato, hic in his horrendis sylvis (ubi tamen *Carolus* iam olim
multos fundavit episcopatus) profecto mihi non convenit, uti scribis.
Deinde, ut nosti τὴν Σαξονίαν assuetam cocto et coctili potui σίτου [1] non
admodum delectari vino, quod solum duco potum esse iuris divini et
secundum naturam seu φύσιν. Reliqua omnia sive ex hordeo [2], sive
melle, sive ex herbis preciosis coquantur, sunt humanae traditiones et
doctrinae τῶν ἀνθρώπων, non φύσει comparata ad alendum aut recrean-
dum hominem. Quod adtinet ad calamitates ἐν τῇ πολιτείᾳ [3] καὶ ἐκκλησίᾳ,
poenae sunt praedictae a viro Dei *Luthero*, tum cum (?) adhuc sub initia
in coenobio Augustini isthic disputatae cum *Natin* [4] vivo Satan, homine
durissimo, cum doctore *Isennacho* [5]: gravissimas poenas venturas propter
εἰδωλομανίαν et decretales papae. Sed iudicium Dei coepit a domo
domini, a pio revera et optimo principe electore, qui nunc est δέσμιος:
sed horribilius iudicium experientur οἱ ἐχθροὶ καὶ ἀντιλέγοντες τῷ εὐαγγελίῳ. Hoc videbunt pii et πνευματικοὶ oculis suis. Cum non satis
tuto mittantur, imo paulo ante missae sint literae, facile boni consulo
in te tali tantoque viro et amico intermissionem officii literarum, sed
rogo, amabo te, mi *Lange*, in posterum nullam omitte occasionem per
literas mecum colloquendi. Quod adtinet πρὸς τὴν ὀργὴν τοῦ ἄρχοντος

---

[1] Abschr. coctilo poto sito.
[2] Abschr. humido.
[3] Abschr. πολιτία.
[4] Vrgl. Kolde, Augustinercongregation S. 137 u. ö. Krause, Mutians Briefwechsel S. 341.
[5] Jodocus Trutfetter; vrgl. Plitt, Jod. Trutfetter. Erlangen 1876. Krause
S. 41 u. ö. Moser in Serapeum 1840 Nr. 24.

Mαυρικίου, intercesserunt et meae innocentiae patrocinati sunt ἐπίσκοποι καὶ ἄρχοντες καὶ εὐγενεῖς. Spero iam esse placatiorem. Expecto literas d. *Philippi*, qui spem mihi fecit meliorem. Mala conscientia nullum δυνατὸν βασιλέα placabo unquam. Sed si simpliciter recitando meam innocentiam possum declinare indignationem τοῦ κρατοῦντος, non pecco. De *Kitzingo* quod scribis, non miror, cum volunt eiuscemodi νομικοί, plurimum prodesse possunt, et nocere etiam, cum nolunt prodesse. Varia haberem tecum conferanda, mi *Lange*, de verbis reverendi d. *Lutheri* tribus hebdomadibus, deinde triduo ante mortem, prophetiis meris. Dein de ἀτάκτοις κανονικοῖς et eorum ἀταξίᾳ καὶ ἀκαθαρσίᾳ: etiamsi consules sunt apud vos παπισταί, tamen credo apud vos esse quosdam doctos et potentes ἐν ταύτῃ πόλει *Adelarii Hutteneri*[1] similes; rogo eum his conferas, an saltem ad sesquimensem possim ibi agere commode et tuto cum mea familia, et rescribe. Forsan dabitur ante redire domum. Sed hoc de meo reditu celare velis sancte ex gravibus causis. De canonibus ἀτάκτοις scripsi d. decano collegii Saxonum[2], quid sentiam et quid mihi molestum, qui dicet tibi. De comitiis nihil certi habemus. Christus filius Dei te reipubl. et ecclesiae conservet incolumem. Datae raptim quarta post Crispini Anno 1547.

Clarissimo viro d. *Ioanni Lango* theologiae doctori, ecclesiastae eccl. *Erphurd.*, amico veteri et charissimo suo.

Cod. Goth. A 399 fl. 219.

853. Medler an Jonas. Braunschweig 1547. Nov. 3.

Sendet ihm Most; neue Nachrichten vom Reichstage.

S. D. Antehac nescivi hic esse mustum, multo minus quale sit scio, vendunt autem uno tantum loco a *Stemarn* satis caro precio. Sextarius duobus grossis, quorum duos uxori dono mitto ad gustandum, est enim omnino vini mensura parva hic. Mitto etiam nova, quae recentiora ex comitiis accepi. Nostri legati nondum redierunt. Laboravi aliquot diebus febribus et iam capitis gravedine, ideo plura scribere nequeo. Bene valeat tua praestantia cum uxore et liberis in domino. *Brunschwigae* 3. Novembris anno 1547.

Tuae praestantiae deditus

Nicolaus Medler doctor.

Praestantissimo et clarissimo viro domino doctori *Iusto Ionae Hildesianae* ecclesiae inspectori, domino maiori suo observando.

Original in Meiningen. Förstemann, N. Mitteil. III, 2. S. 124.

---

[1] Bürgermeister von Erfurt. siehe oben S. 35. [2] Caspar Kanthengiesser, siehe oben S. 226.

854. Jonas an Georg v. Anhalt.   Hildesheim 1547. Nov. 19.

Bittet flehentlich, unter Hinweis auf seinen Gesundheitszustand und die Lage seiner Familie, ihm durch Vermittlung des Herzogs August freies Geleit zur Rückkehr nach Halle zu erwirken.

G. et p. Dei per Christum filium Dei. Reverendissime in Christo pater, illuss. princeps ac domine clementissime. V. R. D. haud dubie audivit ex d. *Philippo* me agere iam in Saxonia quasi in exilio. Promisi enim *Hildesianis* meam operam ad tempus, ita tamen quod *Hallensis* ecclesia (cui obligatus sum) primo die potuissent revocare. Ago, illuss. princeps, loco, ubi non potest diu durare mea valetudo, ubi bis periculose aegrotavit uxor et una ex filiabus propter valde incommodam rationem victus. Variae sunt difficultates et praeterea vicinia, in qua dux *Henricus* restituit (ut dicitur) cultum papisticum. Hic ego, cum aliter non datur, per epistolam venio, cum uxore exule, cum m. *Iona* filio (qui nunc est in gymnasio Galliae *Luteciae*) cum mea afflicta ecclesiola, sex aliis parvis exulibus liberis, inter quos lactens infantulus[1], qui non nisi cum magna difficultate in asperitate hyemalis coeli circumvectatur, et supplex non sine lachrymis provolvor pedibus V. R. D. et Cel. et R. P. vestram obtestor, εἴ τι παραμύθιον ἀγάπης Χριστοῦ, εἴ τινα σπλάγχνα καὶ οἰκτιρμοὶ[2], obsecro inquam per filium Dei Christum salvatorem nostrum ego Ἰωνᾶ νεκρῶν(?) propter memoriam R. patris d. *Lutheri*, qui R. Cels. et R. V. D.ionem amavit et me quoque paterna στοργῇ amplectabatur, ut V. R. D. miserta orbitatis nostrae et aerumnarum, quibus iam ἐν τοῖς θλίψεσι θεατριζόμενοι[3] exercemur, meo nomine intercedere apud illuss. principem et d. d. *Augustum* dignetur, ut impetrem publicam fidem, salvum conductum ut vocant (de quo scheda inserta mentionem facit). Si auditus fuero coram V. R. D. vel ipsis consiliariis τῶν ἀρχόντων, non dubito quin in multis (quibus absens valde praegravor) illuss. principes, illuss. elector d. d. *Mauricius* et illuss. d. d. *Augustus* me habebunt excusatum. R. V. D. et illuss. Cels. dignetur clementer rescribere. Cogor enim valetudinis causa redire domum. Christus filius Dei vicissim V. R. D. consolabitur ἐν τῇ ἡμέρᾳ ἐκείνῃ. V. R. D. et Cels. mea obsequia semper sunt deditissima. Datae *Hildesiae* die Elisabeth anni Domini 1547.

V. R. D. et C.   deditissimus
I. Ionas doctor
Superatt. *Hall.* ecclesiae.

Abschrift in Manuscr. 26 fol. 236 des herzogl. Francisc. in Zerbst.

---

[1] S. oben S. 229.
[2] Phil. 2, 1.
[3] Hebr. 10, 33.

855. Melanchthon an Jonas.   Wittenberg 1547. Nov. 29.

Fürst Georg sei geneigt, ihm zu helfen, habe aber auch in andern Angelegenheiten von den in Augsburg weilenden sächsischen Fürsten noch keinen Bescheid erhalten. Er selbst (Mel.) mag nicht direkt an die Fürsten schreiben, erbietet sich aber auch zu einem Briefe an Kurfürst Joachim, dessen Vermittlung man anrufen könne. Die Universität vermag nicht ihm Geld zu senden, da sie selber nichts hat.

Corp. Ref. VI, 738.

856. Ant. Corvinus an Jonas.   Pattensen 1547. Dec. 13.

Bittet um Uebersendung des Iudiciums Melanchthons für das Trid. Concil; hat sich an die Herzogin gewandt, um durch deren Vermittlung die Fürsprache Joachims II. für Jonas anzurufen. Hofft mit seinem Collegen bald Jonas besuchen zu können.

Gratia tecum et pax per Christum. Conveniam te, mi *Iona*, suo tempore, cuius occasionem captare non desino. Heri domum redii iamiam abiturus *Neostadium*[1] et intra quadriduum rediturus, alioquin pluribus tibi negotium fecissem. Caeterum rogo, ut per praesentium latorem mihi *Philippi* iudicium de concilio *Tridentino* per te versum[2] mittas. Et miror tantum thesaurum iam pridem mihi transmissum non esse. Neque enim latine mihi visum aut lectum est. Scripsi in caussa tua illuss. meae dominae et scio clementiae illius literas ad fratrem electorem[3] me brevi habiturum. Tu interim fac sis constanti animo. Isti cucullati aliquando sentient, quid meriti sint huiusmodi falsis criminationibus. Dominus nobiscum est, neque frustra Immanuel vocatur. M. *Iustus Walthausen*, quocum iam abiturus sum, amanter te salutat et aeque atque ego loqui tecum cupit: id quod tandem concedet utriqne nostrum Deus opt. maximus. Frumentum reliquum quam primum rediero, accipies. Sine eam rem mihi esse curae et bene vale. Ex *Pattensenio* 3 post Nicolai[4] etc. 47. properantissime, id quod ipse vides ex scriptionis neglectu. Saluta amanter uxorculam, filiolas et *Laurentium*[5] nostrum.   T. A. *Corvinus* B. S.

Doctissimo et humanissimo viro *Iusto Ionae*, doctori theologiae et concionatori *Hildesiano* primario, amico et fratri longe omnium carissimo suo.

Orig. in Meiningen. Förstem. N. Mitteil. III, 1. 125—6.

---

[1] Wohl Neustadt an der Leine am Rübenberg.

[2] „Vrsachen, warumb die Kirchen. welche reine, Christliche lehr bekennen u. s. w." Wittenberg 1546. S. oben S. 204.

[3] Joachim II.

[4] Nicolai (6. Dec.) fiel 1547 selbst auf einen Dienstag: der 13. Dec. ist der Tag Luciae; vielleicht ist also der 6. Dec. gemeint und nur ungenau bezeichnet.

[5] Moller.

857. Jonas an Joh. Lang. Hildesheim 1547. Dec. 13.

Die Stadt Halle bemüht sich beim Kaiser, seine und Goldsteins Rückkehr nach Halle zu erwirken. Vielleicht kann er zunächst nach Weimar reisen und hofft Lang dann sprechen zu können. Seine Erfurter Lectur ist noch unbesetzt, er wird deshalb an den Rat der Stadt schreiben. Möchte nach Weihnachten auf einige Zeit nach Erfurt übersiedeln.

Gratiam et pacem Dei per Christum. Inde a primo die, a 24. scilicet Aprilis, quo illustrissimus elector Saxoniae *Iohannes Fridericus* factus est δέσμιος in castris Caesaris, nulla hora, nullum momentum fuit, quo pii et boni non cogitarint de hoc flebili et tristi casu, qui plenus est lachrymis et luctu ac singultibus τῆς ἐκκλησίας. Varia, mi charissime in domine d. *Lange* καὶ ἀδελφὲ φίλτατε, tecum communicarem per literas, sed ne epistolis quidem satis tuta hoc tempore sunt itinera. Ago iam hic in Saxonia, ut haud dubie audisti, vocatus ad praedicandum aliquot mensibus hic verbum ab ecclesia *Hildesheimensi* et ab inclyto senatu[1]. Senili meae valetudini non satis convenit hic ratio victus, et tametsi senatus *Hallensis* ad me literas dedit sapienter, christiane et humanissime et cum prolixa pollicitatione amicissimi officii scriptas, et miserit etiam in doctoris *Chiliani* καὶ τῷ πράγματί μου viros pios legatos ad Caesarem, tamen cum nihil certi adhuc cognoverim, quo tempore reditus detur ad ecclesiam in *Salinas*, forsan posset se offerre occasio, ut irem *Vinariam* in Duringos, et tunc quoque expatiarer in urbem vestram *Erphurdensem* τὴν πατρίδα μου[2], ut conferrem tecum, quid spei habeas de instauranda schola *Erphurdensi* loco aptissimo ad fovenda studia et amoenissimo. De aliis coram tecum tanquam cum veteri et syncero amico colloquerer. De rebus tamen meis hoc tam vario et asperrimo tempore nihil constituere possum aut mihimetipsi promittere certi, cum addictus sim ecclesiae *Hallensi* ac senatui et ipsi mihi vicissim. Proximis meis literis, cum adhuc *Halae* essem, responderunt d. *Iohannes Kanthengiesser* decanus collegii Saxonum et magister *Brassicanus*, quod salarium lecturae, quae olim mea fuit, κανονικοί, imo ἀντικανονικοί nemini adhuc contulerint, sed quod partiantur reditus tanquam praedam, spolium ereptum haeretico, partiantur inter sese.[3] Hoc si verum est et nondum contulerunt hanc lecturam viro docto, sed ipsi ventres liguriunt et absumunt debita doctis et eruditis, rogo decanus collegii Saxonum et tu, mi d. doctor clarissime, τῶν φίλων φίλτατε, mihi rescribite hoc tabellario, et rescribam senatui, ut in vere

---

[1] Jonas erzählt dies wohl, weil er vermutet, dass frühere Briefe nicht angelangt sein möchten, oder ist das Datum des Briefes unrichtig?
[2] Abschr. τῆς πατρίδος μοῦ.
[3] Vrgl. oben S. 225. 226, woselbst der Decan *Caspar* Kanthengiesser genannt wird.

pios usus vertant et his reditibus iuvent doctos, ornent augeantque gymnasium. Quid helluarentur de proventibus his τοῦ Χριστοῦ ἐλεημοσύνης Baalitae ventri dediti, otiosi, ἀγράμματοι, ἄμουσοι! Etiamsi occasionem offerrent οἱ χρόνοι agendi rursus ἐν τῇ πατρίδι Ἐρφορδία, aut offerretur conditio honesta lecturae vel τοῦ κηρύγματος[1] τοῦ εὐαγγελίου, nihil commune vellem habere cum istis Ἐπικουρείοις et ventribus. Rogo, mi *Lange*, rescribere velis de statu vestrae ecclesiae, an saltem ut hospes post natalem Christi possem agere apud vos bimestri. Nam ex quibusdam causis vellem tunc concedere rursus proprius *Salmis*. Sed quae tibi ut amico scribo, rogo velis sancte celare. Nam incertus etiam sum de hoc itinere. Saluta amanter *Adalaricum Ihdtener*, *Aegidium*, *Milwitz* et amicos. Christus his periculosis et asperis temporibus animos piorum gubernet et consoletur suam ecclesiam. Datae *Hildesheim*, 13. Decembris Anno 1547.

I. *Ionas* doctor, s. *Hall.* ecclesiae.

Clarissimo viro d. *Ioanni Lango* theologiae doctori, praeconi Christi *Erphordiae*, domino ac amico veteri charissimoque suo.

Cod. Goth. A 399 fol. 219ᵇ flg.

858. Jonas an Fürst Georg v. Anhalt.   Hildesheim 1547. Dec. 14.

Dankt für gnädige Antwort; auch Melanchthon hat ihn der Fürsprache des Fürsten vergewissert. Da nun Moritz und August vom Reichstage heimgekehrt sein und in Leipzig weilen sollen, so bittet er, nun seine Sachen diesen ans Herz legen zu wollen.

G. et p. Dei per Christum filium Dei. Reverendissime in Christo pater, illuss. princeps ac domine clementissime. Ultra V. R. D. literas christiana ἀγάπῃ ad exulem pie et summa clementia scriptas, quibus V. R. D. nuper meae epistolae multis lachrymis respersae ac tinctae dignata est admodum clementer respondere, summus vir d. Φίλιππος *Mel.* scripsit in haec verba: „Illustrissimus princeps d. d. *Georgius* singulari voluntate, studio, fide ac diligentia egit, et agit in tuo negocio, et non dubitamus post reditum illuss. principum impetrari posse quod petimus."[2] Cum igitur, reverendiss. in Christo pater et illustriss. princeps, ex conventu dicatur *Lipsiam* rediisse illustriss. princeps d d. *Mauricius* elector et nunc esse *Lipsiae*, rogo V. R. D. et illuss. Cels. miserta *Ionae* τοῦ γέροντος, qui cum rev. patre *Luthero* in summa ἀγάπῃ et clariss. d. *Philippo*[3] vixit totis XXII

---

[1] Abschr. κύρηκος.
[2] Der betr. Brief fehlt; ähnlich schon Corp. Ref. VI, 738.
[3] Es folgen die offenbar auf einem Versehen beruhenden Worte: et d. Ioachimo Camerario.

annis *Witteberyae*, et cum clariss. d. *Ioachimo Camerario Erphordiae* ante XXXI annos, tunc semel rector[1] gymnasii *Erphordiae*, ter rector in gymnasio *Witeberg.*, miserta et tot μικρῶν τέκνων, dignetur una cum d. *Philippo* et d. *Ioachimo Camerario* summis viribus contendere, ut placatis principibus impetretur mihi gratia et placatus animus τῶν ἀρχόντων, cum nihil duriter dixerim quam tempore belli (ut tempora saepe nos incitant et fallunt), tempore inquam τοῦ πολέμου ex tristitia animi. De cetero modestiae christianae, prudentiae adhibendae in rebus magnis, concordiae, paci publicae, ornamentis et honori magistratuum, quantum possum et debeo, quantum bona conscientia coram Deo ullo modo facere possum, studebo, oratione atque invocatione cum ceteris piis contendam, ut aerumnas reipublicae et mala publica Deus vertat in bonum et puritatem doctrinae ac pacem conservet in ecclesiis. Et pro hoc officio ac beneficio vere regalis clementiae vestrae quoque celsitudini et inclytae ac clarissimae domui Anhaltinae singularem ac perpetuam praestabo gratitudinem, et haec σπλάγχνα τῶν οἰκτιρμῶν Christus, filius Dei, remunerabitur et illustriss. principibus et V. R. celsitudini ἐν τῇ ἡμέρᾳ ἐκείνῃ ὁ Χριστός. Idem V. Cels. et R D. conservet ecclesiae et reipublicae incolumem quam diutissime. Datum *Hildesiae* 4ta post Luciae anno dni MDXLVII.

V. R. D. et C.

addictissimus

I. Ionas d.

Super. *Hall.* eccl.

Orig. im Archiv zu Zerbst. Fehlerhafte Abschrift in Manuscr. 26 Bl. 236^b des Herzogl. Francisc. in Zerbst.

859. Corvin an Jonas.   Pattensen 1547. Dec. 18.

Dankt für die Bestätigung seiner Anfrage betreffs einer Himmelserscheinung in Wittenberg; verspricht ihm materielle Beihülfe aus seinen und andrer Geistlichen Mitteln. Hofft auf bessere Zeiten.

Gratia tecum et pax per Christum. Mi *Iona*, scriptum tuum fuit tam cancellario quam mihi gratissimum. Et si visio ista vera est[2], certe peculiare quiddam portendit: quemadmodum istarum, de quibus scribis, locustarum significatio vana esse ac inanis non potest. Quod si superstites diu erimus, puto nos in hac ultima mundi senecta multa inexspectata cum audituros tum visuros. Sed freti illius promissione, qui dixit: 'Vobiscum sum ad consummationem saeculi',[3] durabimus et nosmet rebus secundis servabimus. Nostrae sunt evangelicae promis-

---

[1] Siehe Bd. I. S. 35. Weissenborn, Acten der Univ. Erfurt II, 306 flg.
[2] Vgl. den Brief vom 20. Oct. oben S. 236.   [3] Matth. 28, 20.

siones, nostrum est regnum, nostra est beatitudo perpetua. Cur igitur desponderemus animum? *Ludorico Coco* a profectione in desolatam Saxoniam abhorrenti dedi literas alias ad amicos alios. Et spero me intercessore nidulum, ubi hac hieme conquiescat, inventurum. De siligine nullum verbum *Calenbergae* feci certas ob caussas, quas aliquando audies praesens a praesente. Interim tamen, ne parum officiosus in exulem meum *Ionam* videar, polliceor tibi de meo tres medimnos siliginis, quos tibi daturus sum ultro, et ut ad te devehantur curaturus. Brevi enim cerevisiam istinc a nostro *Laurentio* huc deferri curabo, per quem vectorem id quod polliceor, ad te deportabitur. Alloquar etiam ditiores aliquot fratres in hac caussa, de quibus scribendo iamdiu bene meritus es. Et quicquid impetravero (impetraturum autem aliquid me certo persuasus sum), id ipsum quoque sine tuis sumptibus ad te transmittetur. Non enim tibi sum in hoc tuo exilio, meis redditus propitio deo, ulla in re defuturus: qua de re dubitare non debes. Rogo tamen, ut in aurem tibi haec dicta esse patiaris, ne magis hoc officio gloriam venari, quam benefici in te esse velle videamur. Dominus nobiscum est, qui non sinet nos tribulari supra id quod possumus. Bene, mi *Iona*, vale et fac sis in his rerum turbis, una cum dulcissima uxore, quam amanter ex me salutabis, forti ac constanti animo. Mutationes regnorum nihil nos moveant, si verbi oppressionem, quod spero, videre non cogamur. Iterum vale ex *Pattensenio* dominica post Luciae etc. 47.

A. Corvinus. S. B.

Doctissimo et humanissimo *Justo Ionae* theologiae doctori et concionatori *Hildesiano* primario, domino amico, fratri longe omnium carissimo suo.

Orig. in Meiningen. Förstem. N. Mitteil. III, 1. S. 126. 127.

860. Ant. Corvinus an Jonas. Pattensen 1547. Dec. 20.

Der Herzog ist noch nicht von Augsburg zurückgekehrt, hat vielmehr seine Gattin dorthin gerufen. Corvin verspricht Getreide an Jonas demnächst senden zu lassen Begehrt Zusendung von Schriften über das Concil und schickt einen Pasquill gegen die kath Excommunication.

S. d. Mi *Iona*. Neque meus illuss. princeps ex comitiis rediit, neque alius quisquam, e quo quid istic agatur cognoscere potuerim. Sed hoc potius verum est, coniugem ducissam iuniorem *Augustam* vocatam et iam in itinere esse. Unde coniicio vix ante quadragesimae, ut vocant, tempus rediturum. Comitia ex comitiis seruntur, et sumptus fere intolerabiles istic fiunt. Quem vero finem hi sumptus habituri sint, Deus novit, et ego mundi finem instare spero. Scripturus hodie sum praefecto in *Escherde*, ut reliquum frumentum tibi tradi curet.

Neque enim est, cur hic tergiversetur, cum ego illi solutionem de meo numeraturus sim. Libellum *Philippi*[1] mitte obsecro. Valde enim cupio, ut indicium illius de concilio *Tridentino* audiam. Est et alius libellus ea de re excusus, ut plerique volunt, per *Bucerum*. Eum quoque videre cupio. Sed nescio, an tibi visus sit. Mitto tibi Pasquillum germanice et latine loquentem contra curtisanum quendam editum, qui papisticam excommunicationem in hoc ducatu *Hameliae* de novo introducere conatus est. Autorem facile agnosces, et videbis omnem libertatem nobis nondum ademptam esse. Bene vale ex *Putensenio* in vigilia Thomae etc. 47 properantissime. Saluta uxorem et liberos.

A. Corvinus B. S.

Doctissimo et humanissimo viro *Iusto Ionae* episcopo *Hildesiunae* ecclesiae primario, domino et fratri carissimo suo.

Orig. in Meiningen. Förstem. N. Mitteil. III, 1. S 127.

861. Ant. Corvin an Jonas. Pattensen 1547. Dec. 27.

Die Herzogin schreibt im Interesse des Jonas an Kurfürst Joachim II. Die versprochene Getreidelieferung. Hoffnung auf einen Besuch in Hildesheim.

Gratia tecum et pax per Christum. Egi caussam tuam, mi *Iona* apud clementiss. meam dominam. Et ut videas verum esse quod scribo, literas clementiae illius ad te mitto, unde haud dubie intelliges, simne pro meo *Iona* sollicitus an secus. Scribit germano fratri electori diligentissime[2] et clementer permittit, ut responsum illius quam primum allatum fuerit, resignes et legas. Cupit enim optima princeps consultum tuae caussae, imo omnium concionatorum et totius ecclesiae. Atque utinam is fervor promovendae religionis esset in omnibus Germaniae principibus! Fui in monasterio *Escherdae* die abhinc sexto, ubi mihi dixit praefectus, homo pius et bonus, reliquum frumentum tibi missum esse: quod nunc credo verum esse. Eram eo vocaturus ad me *Laurentium* nostrum *Mollerum*, et cum eo ad satietatem usque collocuturus. Sed cum sub vesperam venissem et altero die in meridie abirem, factum est, ut propter temporis penuriam vocare eum non potuerim. Et quanquam capitanei principis mei cum suis harpyis propter non solutum stipendium vehementer huic ditioni minantur: tamen captare occasionem invisendi vos non desino et spero tandem aliquid me effecturum. Salutabis ex me amanter tuam uxorculam cum

---

[1] Siehe oben S. 240.
[2] Vgl. den Brief Corvins vom 13. Dec. Daraus ergiebt sich auch, dass das Datum „die Ioannis" von Ioh. Evangelista und nicht von Ioh. Baptista zu verstehen ist.

liberis omnibus. Item *Laurentium* nostrum et illius uxorem. Vale et me ama. Properantissime. Ex *Pattensenio* die Ioannis etc. 47.

T. *Anto. Corvinus.* B. S.

Suo carissimo et amantissimo *Iusto Ionae* episcopo vero *Hildesianae* ecclesiae fratri et amico etc.

Orig. in Meiningen. Förstem. N. Mitteil. III, 1. S. 127. 128.

862. Ant. Corvinus an Jonas. Pattensen 1518. Jan. 4.

Dank für empfangenen Brief. Hofft, dass die Zeitläufte einen ganz andern Ausgang nehmen werden, als die Welt jetzt meint. Vom Reichstage fehlen Nachrichten.

Gratia Dei tecum. Iam ablegaveram ad te famulum meum scriptis ad *Laurentium* nostrum literis, cum ecce tuae mihi redduntur oppido quam suaves et mellitae utcunque festinanter scriptae. Φιλ. verba considerans et sollicitius perpendens subodorari visus sum aliud instare bellum: quod rogo ut deus opt. max. avertere dignetur. 'Nulla enim salus bello', ut verissime Virgilius inquit. Caeterum vicissim sic cogito: Quid si Deus veritatem huius versus: 'dissipa gentes, quae bella volunt etc.'[1] item: 'viri sanguinum non dimidiabunt dies suos etc.'[2] ostendere tandem velit et potentiam suam contra verbi hostes re ipsa exercere[3] et declarare? Sed de iis viderit ille, qui ad ecclesiam dixit: 'Scitote quoniam ego sum Deus. Exaltabor in gentibus et exaltabor in terra'[4]. Quod si is defendere gloriam hominis non quiverit, actum de nobis est in terris, licet interim aeterna beatitudo certo nos maneat. Quis autem tam demens sit, ut putet hunc tueri suam gloriam non posse? Et recte scribis has res longe alios eventus habituras, atque mundani homines cogitent. Dormire hactenus visus est fluctuantis naviculae suae moderator Christus dominus. Sed expergefactus ecclesiae suae precibus facile quicquid iam est ventorum, fluctuum et tempestatum sedabit. Nihil hac de re dubito. Ex comitiis nostri nihil prorsus novi scribunt. Alioquin si quid compertum haberem, libenter tibi communicarem frater fratri et amicissimus amicissimo. Magnum desiderium mihi iniicis tecum colloquendi, toties colloquium meum expetens. Et dabo operam, veluti antehac quoque sum pollicitus, ut aliquando praeter opinionem in aedes tuas irruam. Libet enim hoc militari tempore militari verbo uti. Bene, mi *Iona*, vale. Ex *Pattensenio* 4 a. post Circumcisionis domini etc. 48. *A. Corvinus.* B. S.

tuus ex animo.

Doctissimo et humanissimo viro *Iusto Ionae*, vero theologo et ecclesiastae *Hildesiano*, domino amico et fratri longe omnium carissimo.

Orig. in Meiningen. Förstem. Mitteil. III, 1. S. 128. 129.

[1] Ps. 68, 31. [2] Ps. 55, 24. [3] oder „exercere" (exserere)? [4] Ps. 46, 11.

863. Melanchthon an Jonas.   Torgau 6 (?). Januar 1548.

Berichtet ihm von seiner Audienz bei Kurfürst Moritz, der Amnestie zugesagt hat unter der Bedingung, dass Jonas gute Versprechungen für sein zukünftiges Verhalten gebe. Er möge also einen derartigen Brief schreiben. Ueber eine Einladung an Jonas und Melanchthon, nach Dänemark zu kommen. Melanchthon hält Vorlesung wider die Tridentiner Beschlüsse. Vom Reichstage augenblicklich nichts Neues. Beruhigt ihn im Gedanken an die Zukunft seines Sohnes.

Corp. Ref. VI, 773. 774, wo das Datum lautet: „Die 8. Ian" Das kann nicht richtig sein, wie der nächstfolgende Brief beweist; ausserdem vrgl. im Briefe selbst die Worte: „dimittetur autem a me primum d. 8. Ian.", nicht „hodie".

864. Melanchthon an Kurfürst Moritz.   Torgau 1548. Jan. 6.

Fürbitte für Jonas sowie für einige Gefangene.

Gottes gnad durch seinen eingebornen son Jesum Christum, unsern heiland und wahrhaftigen helfer zuvor. Durchleuchtester, hochgeborner, gnedigster churfurst und herr. E. chf. g. bitte ich in untertenikeit, dise meine untertenige suplicatio fur doctor *Jonas* und etliche arme gefangene gnediglich anzunemen. Denn wiewol ernst in den regimenten in thetlichen mißhandlungen nottig ist, so ist doch Gottes will, das man in solchen sachen, da man sich allein mit torichten reden vergriffen hat, und gegen personen, die sunst erlich zu gebrauchen, gnad und barmherzigkeit erzeige, wie unser heiland der sohn Gottes spricht: 'Selig sind die barmherzigen, denn inen wirt auch barmherzigkeit widerfaren.' Also David, da er widerumb in sein land kam, hat er williglich einen eid gethon, seiner widerwertigen zu verschonen. Darumb bitt ich untertenigklich und um Gottes willen, e. chf. g. wollen gnedichlich die ungnad wider den alten swachen mann doctor *Jonas* fallen lassen und ihm erleuben, in e. chf. g. furstenthumben zu wandlen.

Dergleichen bitt ich auch untertenighlich und umb Gottes willen, e. chf. g. wollen den armen leuten, so von wegen ungeburlicher und freveler reden in e chf. g. land gefangen liegen, gnad erzeigen und das Gott gefellig exempel Davidis an ihnen üben, wie auch viel andere lobliche regenten nach dem sieg der widerwertigen mit grosser tugent verschont haben und sonderlich eigner untertanen, als der keiser Augustus und viel andere.

Und so e. chf. g. gnediger in solchen sachen handelt, ist es Gott gefelliger, und wirt Gott des gewaldiger ob e. chf. g. halden, wie geschrieben stehet: 'Selig sind die sanftmütigen, denn sie werden das land besitzen.' E. chf. g. sehen doch offentlich, das Gott der herr ist, der die regiment wunderbarlich in seiner hand hat; derselbig allmechtige ewige Gott wolle e. chf. g. gnediclich alle zeit regieren und bewaren.

Datum *Torga* am tage der wunderbarlichen und gnedigen offenbarung Gottes in der tauf Christi. Anno 1548.
E. chf. g. unterteniger diener
Philippus Melanthon.[1]

v. Druffel. Melanchthon-Handschriften der Chigi-Bibliothek. In den Sitzungsberichten der Münchener Akademie, Sitzung vom 1. Juli 1876. Berichte S. 517.518.

865. Phil. Melanchthon an Fürst Georg v. Anhalt. Wittenberg 1548. Jan. 6.

Berichtet über dieselbe Angelegenheit wie im vorigen Briefe. Der Papst hat in die Rückverlegung des Concils nach Trient nicht gewilligt.

S. D. Illuss. et reverendiss. princeps. Scripsi d. doctori *Ionae*, quibus verbis illuss. dux Saxoniae elector mihi responderit petenti, ut esset ἀμνηστία offensionum et ut daret ei literas fidei publicae, videlicet si ostenderet d. *Ionas*, deinceps se omissurum esse maledicta adversus ipsum, posse nos iterum petere. Id responsum et ego et alii sic intellexerunt, ut rursus scribat d. *Ionas* ad ducem Saxoniae electorem et suam voluntatem reverenter ostendat. Eas literas Cels. V. exhiberi curabit, vel ego exhibebo. Haec scripsi ad doctorem *Ionam*, significo autem Cels. V., ut sciat, quousque res perducta sit. Etsi autem nondum obtinuimus, quod petimus, tamen aditus ad mitigationem negocii factus est. Et in praesentia magis pugnandum non erat, quia prodest prius habere doctoris *Ionae* literas. Illud oro, ut Cels. V. moneat, ne disputet de cognitione aliqua. Bene et feliciter valeat Cels. V. In Epiphaniis, in quibus memoria celebratur admirandae patefactionis Dei factae in baptismo filii Dei. Agamus autem gratias, quod et tunc et alias se illustribus testimoniis patefecit, et nos consolemur bonitate Dei, qui non frustra se ostendit ecclesiae, sed significat, se vere velle nos recipere et nos exaudire et servare, etiamsi iubet dubitare synodus *Tridentina*.[2] Audio cardinalem *Tridentinum*[3] a *Romano* pontifice reversum esse ac adferre responsum de libertate synodi, pontificem gubernaturum esse synodum usitato more. Ea de re et de aliis negociis plura scribam *Witebergae*, nunc enim scribere prolixius non poteram. Iterum bene et feliciter vale.

Concionem, quam nuper misi[4], scripsit sua manu doctor *Caspar*

---

[1] Vielleicht nur Entwurf geblieben, aufgesetzt für den Fall, dass er bei der Audienz in Torgau nicht Gelegenheit finden sollte, mündlich seine Fürsprache vorzutragen.   [2] Vrgl. Trid. sess. 6. cap. 9.   [3] Christof Madruzzo. Vgl. Sleidan III, 52. 57. 60.   [4] Vgl. Melanchthons Brief an den Fürsten Georg vom 20. Dec. 1547. Corp. Ref. VI. 751.

Cruciger, qui elegantissimas pingit literas et Cels. V. reverenter colit.
1548.   *Ph. Melanthon.*
Abschr. in Cod. Servest. 26 fl. 251.

866. Ant. Corvinus an Jonas.   Pattensen 1548. Jan. 8.

Berichtet über den Bescheid, den der Papst dem Kaiser gegeben. Wünscht zu erfahren, was Mel. geantwortet. Draconites in Braunschweig. Wünscht Mitteilung, wie sich die Hildesheimer Geistlichen zu Jonas stellen.

S. d. Scripsit mihi d. *Burcardus Mithobius*[1], adfinis meus cariss., episcopum *Tridentinum Roma* reversum et imperatori papae nomine renuntiasse, quod propter adversam valetudinem *Tridentum* venire non possit neque concilio praesidere velit, quod a solo pontifice *Romano* convocari, non a Caesare oporteat. Neque unquam se iuxta Caesaris voluntatem ac propositum ullum admissurum.[2] Hoc inquam, mi *Iona*, hodie mihi scriptum est. Ac quidem ego cuperem ita rem habere. Et fortassis vera haec sunt, cum fortunis suis papistae timeant et ipsorum iudicio quicquid hic agitur, πρὸς τ'ἄλφιτα[3] pertinere videatur. Scripsit praeterea rumorem huc illuc spargi, quod imperator vel Helvetiis vel Italiae hoc anno bellum illaturus sit. Christus adsit suae ecclesiae. Amen. Quid *Philippus* responderit tibi, vehementer scire desidero. Comperta enim is multa habet, quae nos hic fugiunt. *Draconites* noster *Brunsvigae* agit, ut nosti. Is iam tabellarium ad uxorem *Marpurgi* agentem misit, cui ego quoque literas aliquot concredidi *Mundam* deferendas, cum istac iter facturus sit. Quam primum is redierit, invisam te ac *Laurentium* nostrum: id quod ea tibi lege significo, ne ulli mortalium praeterquam *Laurentio* hoc ipsum significes. Sed heus, *Iona* carissime, quales se concionatores *Hildesiani* reliqui erga te gerunt in isto tuo exilio? Est cur scire hoc cupiam. Neque hac de re frustra sciscitor. Ferme enim fit, ut praesentia bona non prius agnoscamus, quam amissa sint. Utinam ego indies colloqui tecum et te amplecti possim. Nihil profecto unquam mihi obtingere posset vel incundius vel aeque expetendum. Sed de iis latius coram. Bene vale et me ama. Saluta tuam costam et liberos. Ex *Pattensenio* Dominica 1ª post Epiphaniae ferias etc. 48.

A. Corvinus B. S. ex animo tuus.

Doctissimo et humanissimo viro d. *Iusto Ionae Hildesiano* concionatori primario, amico et fratri longe omnium carissimo suo.

Origin. in Meiningen. Förstem. N. Mitteil. III, 1. S. 129.

---

[1] Arzt, längere Zeit Leibarzt des Landgrafen. Vgl. Corp. Ref X, 389. [2] Vgl. den vorigen Brief. [3] Zum Lebensunterhalt. Aristoph. Nub. 638.

867. Georg Major an Jonas.   Merseburg 1548. Jan. 10.

Bezeugt ihm seine Teilnahme an seinem Exil, schildert seine eigne Lage, die mit der des Jonas manche Aehnlichkeit habe. Es ist Hoffnung vorhanden, dass Kurf. Moritz die Rückkehr gestattet. Melchior Klings Verhandlungen mit dem Ratsherrn Liborius[1] in Halle wegen der Rückberufung des Jonas. Major hat seinen 15jährigen Sohn durch den Biss eines tollen Hundes verloren.

Orig. in Meiningen. Corp. Ref. VI, 777, wo folgendes zu berichtigen ist: observando ac cariss. — aestimare — cum isthic — ex aliorum literis d. Liborio — ad gubernationem ecclesiae — quorum nulla isthic iurisdictio — valde amabatur a d. Philippo. —

868. Jonas an Amsdorf.   Nordhausen 1548. Febr. 18.

Hat sich von Hildesheim aus Gesundheitsrücksichten nach Nordhausen begeben. Ueber Papst, Concil und Reichstag. Hofft auf baldige Genehmigung seiner Rückkehr nach Halle.

G et p. Dei per Christum filium Dei. Reverendissime in domino colende patrone ac domine. Dedi ad T. R. D. aliquot literas ex *Hildesia*, quibus et semper officiose et amicissime dignatus es respondere. Iam propter valetudinem et meam simul et uxoris ad tempus discessi ex ora Saxoniae, patet mihi tamen receptus, cum volo. Boni et pii et amantes τοῦ εὐαγγελίου invitissimi me dimiserunt.

Quod attinet ad acta conventus, papa (ut maneat et sit semper sempiternus ἐχθρός τοῦ Χριστοῦ) dicitur pertinaciter se opponere, ne concilium sic celebretur, paulo liberius forsan, ut petierunt ordines imperii et ut Caesar ad pontificem *Romanum* perscripsit. Exitum conventus quidam metuunt eiusmodi futurum, ut pariturus sit aspera nova edicta imperatoris. Deus misereatur ecclesiae suae καὶ ἐν πάσῃ δυνάμει δυναμούμενος omnes pios confortet in constanti confessione veritatis Dei.

Si quid habes ex conventu, T. R. D. dignetur amicis impartire. Saluta amanter clariss. dominum doctorem *Teitleben* affinem tuum, reliquos dominos et amicos. Iam ago *Northusiae* in patria[2]. Senatus *Hallensis* amice literis meis respondet, sed expecto, ut quidam pii amici

---

[1] Liborius von Delitzsch, Pfänner, ward 1527 Ratsherr, 1532 Ratsmeister in Halle, besass ein Vorwerk auf der Braunswarte, gest. 1553. Dreyhaupt, Genealogische Tabellen S. 29.

[2] Danach verliess Jonas schon im Febr. 1548 Hildesheim, nicht erst aus Anlass der dort am 12. Aug. erfolgten Proclamierung des Interim. Was Lüntzel, Annahme des ev. Glaubensbek. von seiten der Stadt Hildesheim S. 122 nach einer städtischen Chronik erzählt: „Jonas habe grade in der Kirche zum h. Kreuze das neue Testament erklärt; als aber sein Famulus ihm von der öffentlichen Verlesung des Buches Interim ins Ohr gesagt, habe er ausgerufen: Ihr Herrn, ich befehle euch Gott und der Kirche, und habe sofort Kanzel und Stadt verlassen": muss also Dichtung sein.

peragant negotium meum aspirante et adiuvante domino. Christus T. R. D. servet ecclesiae. 18 Febru. die, quo ante biennium nocte praecedenti hora 3. mane obiit reverendissimus dominus doctor *Martinus Luther.* Anno 1548. T. R. D. deditissimus

I. Ionas d. s. *Hall.* eccl.

Reverendissimo in domino d. *Nicolao Amhtorfio*, episcopo ecclesiae Dei vero, amico et domino charissimo et observandissimo suo.

Cod. chart. bibl. Dorpatensis Nr. 43 fol. 38. [Dieser wie der folgende Brief nach Copie des Herrn Prof. Dr. Otto Waltz.]

869. Nic. v. Amsdorf an Jonas (?). Weimar 1548. Febr. 20.

Ueber die Antwort, die der Papst dem Kaiser gegeben. Der Kaiser hat aber auch Unbilliges von jenem gefordert. Schwere Zeiten stehen bevor. Kaiserliche Gesandte in Erfurt und Wittenberg. Für die Evangelischen gilt jetzt die Wahl zwischen Widerruf und Tod.

S. Ex conventu *Augustano* hic nihil scimus. Extrahitur enim de mense in mensem. Nec est dubium, quin pariat monstrosum exitum simul ac impium. Sed dominus est, qui vivit et regnat ac adversariorum corda in manu sua habet: ille erit suae ecclesiae patronus, custos et conservator. Papam non velle habere concilium liberum et christianum valde credo, imo ante multos annos scripsi tale concilium prorsus esse impossibile. Ad haec a pontifice iniquissima petit Caesar, nempe ut eo vivente consentiat in novum pontificem[1] seu coadiutorem, hoc est in electionem novi pontificis Quid hoc sibi velit, intelligunt Itali, nolunt itaque consentire in hoc neque in illud. Videbimus ergo in brevi mirabilia et inaudita. Audimus enim iam nihil nisi praelia et rumores bellorum, sed nondum finis, sed persecutiones istae magnae sequentur, quales non fuerunt ab initio mundi, ut etiam electi in errorem seducerentur, si possibile esset. Haec tempora expecto, in quibus nemo salvaretur, nisi dies isti abbreviarentur.[2] Quae enim Matthaeus capite 24. scripsit, iamiam futura video. Deus misereatur nostri et nos sua virtute confortet ac confirmet in fide et confessione verbi sui. Amen.

De valetudine tua illud dico: Junge weiber machen schwache beine eim alden manne.

Caesar habet suos legatos iam *Erfordiae* et *Wittebergae;* quid illi illic agant, in brevi audiemus. „Et in summa vobis est revocandum aut moriendum," dixit *Granvella.* Tu ergo vide ut sis paratus, tu cum

---

[1] Nämlich, dass er sich den Kaiser selbst als obersten Lenker der Christenheit gefallen lassen soll.

[2] Matth. 24, 22. 24.

uxore suaviter vives et habebis in Germania summum et maximum sacerdotium. His bene vale. *Wimariae* 20. Februarii 1548.

T. *Nicolaus Amsdorfius.*

<small>Cod. chart. bibl. Dorpatensis Nr. 43. fol. 39. Dort freilich mit der Aufschrift "Domino Georgio Maiori doctori" versehen (vgl. Zeitschr. f. Kirch.-Gesch. II, 170 u 3), aber doch wohl Antwort auf vorausstehenden Brief des Jonas.</small>

870. Basilius Monner an Jonas.   Weimar 1548. Febr. 22.

<small>Uebersendet ihm einen Brief des Kanzlers Brück.</small>

S. Rediit hodie nuncius tuus *Iena*, clariss. d. doctor, et attulit mihi literas a d. doctore *Pontano* non tam ad me, quam ad d. doct. *Chilianum*, quas tibi mitto, sicut ad me eas dedit d. *Pontanus*. Non enim licuit describere per occupationes et angustiam temporis. Misi autem *Pontano* exemplum literarum tuarum ad me non quidem integrum, sed tantum ea, quae ad rem facere videbantur. Nam ea quae tu cupis celari propter certas causas, omisi. Certe feci quantum potui, et si quid amplius facere possem, quod tibi tuisque honori et emolumento futurum esset, non deessem officio. Bene vale, cariss. d. doctor. *Vinariae* 22. Febr. 1548.   T. *Basilius Monner.*

<small>Clariss. viro egregia pietate et doctrina praedito, d. *Iusto Ionae*, theologiae doctori, domino suo observandiss.</small>

Orig. in Meiningen.

871. Joh. Spangenberg an J. Jonas.   Eisleben 1548. Febr. 26.

<small>Erklärt sich bereit, in Sachen des Jonas nach Halle zu reisen.</small>

In Christo pacem et salutem. Vir ornatiss. Hic *Conradus Gross* civis *Northusanus* attulit tuae praestantiae literas et exemplaria, quae omnia fideliter accepi. Et huic tabellario in huius rei testimonium hoc meum scriptum exhibui. Ego, quod ad rem tuae praestantiae attinet, pro viribus implebo. Et quicquid extorsero[1], in triduo significabo. Interea in domino feliciter vale. Salutabis reverenter meo nomine d. *Mich.*[2] consulem et omnium studiosorum hospitem et patronum. Celeriter *Lysslebii* ad lucernam 1548. Dominica Reminiscere.

Tuae praest. totus

Ioan. Spangen.

<small>Praestantiss. et ornatiss. viro d. *Iusto Ionae* doct. et ecclesiae *Hallensis* superattendenti, d. et patrono suo sinceriter colendo.</small>

Orig. in Meiningen. Gedruckt in Förstem. N. Mitteil. II, 3/4, S. 541.

---

[1] Nämlich vom Rat der Stadt Halle; vgl. den nachfolgenden Brief.
[2] Meienburg, Bürgerm. zu Nordh. Jonas war also noch in Nordh.

872. Joh. Spangenberg an   Eisleben 1548. Febr. 28.
Justus Jonas.

Berichtet über seine Verhandlungen mit dem Rat der Stadt Halle betreffs der Rückkehr des Jonas

In Christo pacem et salutem. Postquam, vir ornatiss., a T. P., a d. *Michaele* patricio et ceteris amicis opt. discessimus, longum et prolixum iter per montes et colles emensi tandem *Sangerhusiam* applicuimus. Ibi convenientibus bonis civibus laetam noctem egimus. Sequenti die propter viam lutosam vix tandem a prandio *Eysslebiam* perveniemus[1]. Dominico die [26. Febr.] mox a sacris *Hallim* adnavigavimus. Ubi pervenimus, hospitem *Liborium*[2] domi non offendimus. Celebrabantur enim eo die sponsalia in aedibus d. doct. *Chiliani Goldstein*, qui forte desponsabat filiam filio *Sebastiani Molleri Mansfelden*[3]. Quibus aderant d. *Michael Celius* et alii ex *Mansfeldia* complures. Postera die primo sole surreximus et literas obsignatas atque exemplaria, ad quos scripta erant, obtulimus. Interim hospes *Liborius* surgens ad curiam senatoriam vocatus est. Nos vero ne occasionem tam bonam negligeremus, ad curiam e vestigio porreximus ibique ad horam fere expectavimus. Tandem egressi d. doct. *Chilianum* una cum d. *Liborio* et *Michaeli Milden* nos reverenter exceperunt, salutaverunt et causam nostri adventus intelligentes ad hibernaculum d. doct. *Chiliani* nos deduxerunt ac sedere insserunt. Ibi salutatis patriciis et doctore ac capta benevolentia causam T. P. quibus verbis potuimus, explicavimus. Allegantes tuae praestantiae in hac peregrinatione innumeras molestias et calamitates, praeterea iacturam valetudinis, bonorum et dissipatae supellectilis: breviter omnem movebamus lapidem, ut tuo exilio mederetur. Sed deliberatione facta tandem hoc responso nos dignabantur: sese tuae praestantie absentiam plurimum aegre ferre et nihil magis cupere, quam ut tuam praestantiam possint coram oculis aspicere et auribus audire, nec dubitare, quin id brevi futurum sit. Precari tamen, ut tua praestantia morulam aliquam non impatienter ferat, quemadmodum, ut aiebant, ante triduum tuae praestantiae literis significassent. Hoc simplex responsum ubi multis et variis argumentis oppugnaremus, petentes ut nudis verbis nos certiores redderent, an d. doct. *Iustus Ionas* ecclesiae *Hallensis* superattendens vocatus vel invocatus *Hallim* redire debeat,

---

[1] Hier schrieb Sp. am frühen Morgen des 26. dicht vor seiner Abreise nach Halle den Brief in voriger Nr.
[2] Liborius v. Deiitzsch. Siehe oben S. 250.
[3] Anna Goldstein verehelichte sich zuerst mit D. Georg Müller und darauf im J. 1561 mit dem Mansfeld. Kanzler Dr. Balth. Stisser zu Eisleben.

asserentes nihil esse periculi apud principem *Mauritium*, neque etiam apud Caesarem; praeterea si Deo permittente ingrueretur persecutio in pios concionatores, velit T. P. Deo opitulante pro gloria Christi et ecclesiae *Hallensis* salute cervicem persecutoribus exhibere, et quid multa? idem repetunt responsum rogantes, ut tuam P. patriciorum et ecclesiae *Hallensis* nomine resalutemus. Sic digressi in hospitium sumpsimus cibum. Inter prandendum aderat *Hintz Strauss* a senatu missus asserens hospiti, ne quid pecuniae a nobis expectet. Senatum *Hallensem* velle numerare omnia, quae istic consumpta a nobis fuerint. Actis gratiis accincti ad iter *Eysslebium* pervenimus salvi. Porro multi pii et sinceri cives, proinde et d. doct. *Melchior*[1] cuperent, ut tua P. mature *Hallim* advolaret: idque invocatus, antequam episcopus urbem intraverit. Tum nihil esse periculi. Sicut clarius m. *Andreas Kegelius*[2], qui cum doctore *Melchiore* loquutus est, suis literis significabit. Vale, vir ornatiss., una cum d. *Michaele* patricio, omnium studiosorum pio patrono, in domino foeliciter. Proinde precor T. P. salutare dignetur praecipuos amicos d. *Andr. Wenden*[3] et *Georgium Plesshe. Eysslebii* 1548 3. post dominicam Reminiscere.

Tuae praestantiae totus

Ioannes Spangbergius.

Magnae praestantiae, eruditionis et pietatis viro d. doct. *Iust Ionae* ecclesiae *Hallensis* superattendenti, duo et patrono ac confratri suo sinceriter observando.

Orig. in Meiningen. Gedruckt in Förstem. N. Mitt. II, 3/4, S. 541—543.

873. Kurfürst Moritz erteilt für Jonas freies Geleit in den sächsischen Landen.   Augsburg 1548. März 13.

Dreyhaupt I, 987[4]

---

[1] Kling.
[2] Först. Regelius. Kegel war Crucigers Schwiegersohn u. Schulmeister in Eisleben
[3] Andr. Wende war Bürgermeister zu Nordh.
[4] Diesen Geleitsbrief sendete Melanchthon am 25. März an Jonas nach Nordhausen „quibus acceptis deliberare de suo reditu ad Salinas poterit." Corp Ref. VI, 834. 835. Am Donnerstag nach Ostern (5. April) langte dieser d em auch wieder in Halle an; vgl. den nächsten Brief. Der Brief Melanchthons an Meienburg, in welchem er wünscht, dass Jonas nicht vor der Rückkunft des Kurfürsten Moritz vom Reichstage seine Uebersiedelung vornehmen möge, aber auch hinzufügt „moram impatienter fert", ist von Bretschneider auf c. 29. Apr. angesetzt. Corp Ref. VI, 885. Das ist augenscheinlich falsch; er ist zu datieren zwischen 25. März und 5. April.

c. Nochmals in Halle. 1548—1551.

874. Jonas an Fürst Georg v. Anhalt.   Halle 1548. April 7.

Berichtet über das empfangene freie Geleit und seine Rückkehr nach Halle. Bittet bei Moritz Sorge zu tragen, dass nicht wieder kath. Geistlichkeit sich in Halle festsetze. Bittet um Nachrichten über das Interim.

G. et p. Dei per Christum filium Dei. Reverendiss. in Christo pater, illustriss. princeps ac domine clementiss. Absolvetur intra quatuordecim dies anni integri periodus, quod circumerrans in exilio hactenus cum uxore et VII liberis circumtuli mortem et σταυρὸν Christi, ut et vita et consolatio in nobis manifestaretur. Et cum variae molestiae et damna luctantem in his aerumnis premerent, semper tamen animus mihi divinavit, fore ut Deus excitaret animum V. illuss. D., ut anniteremini, si qua posset *Ionae* γέροντι in his fluctibus difficillimi temporis et naufragio dignitatis, rerum, facultatum periclitanti ante extremum discrimen et interitum porrigi auxiliatrix manus. Nec fefellit me per Dei gratiam ἡ ἐλπίς μου hactenus solo Deo nixa. Illustriss. elector noster d. d. *Mauricius* misit d. *Philippo* literas publicae fidei et salvi conductus, quas ille suo tabellario mihi transmisit *Northusiam* in patriam et τῷ ἄρχοντι *Mauricio* [cum] olim addictissimam, et addit clementer in literis ad d. *Philippum*, me de cetero tutum fore et extra periculum, quam late patet ditio et omnes τοῦ ἄρχοντος regiones. Pro hoc beneficio aerumnosis et afflictis clementia vere basilica impenso, quod et acceptum ferendum est, in primis V. illustriss. celsitudini et reverendiss. D. ac d. *Philippo Mel.*, qui hoc in aula electorali impetrare estis dignati, ago et habeo V. C. gratias, quantas omnino humanus animus capere possit, maximas et V. Cels. ac illuss. domui Anhaltinae iam olim de me divinitus bene meritae perpetuam studebo praestare gratitudinem.

Proxima V. feria [5. April] vesperi hora VI. Christo duce huc redii in urbem *Hallam* et bonorum ac piorum non mediocri gaudio acceptus sum. Literae elector. conductus habent, me tutum fore cum uxore, liberis, bonis in omnibus terris totaque ditione elector., etiam si velim ibi sedem figere aut habitare. De hoc beneficio V. Cels. singulari diligentia [et] auxilio nobis parto et aliis quibusdam rebus ut colloqui possem (mox enim de negociis meis cum senatu intra octiduum vel X dies concluserim), si non molestum fuerit, veniam *Mersburgum* et in rebus ad ecclesiam pub. pertinentibus petam consilium. Interim rogo V. Cel. in commodum ecclesiae et ad tuendam salutem meam dignetur apud potentes in aula Caesaris mitigare et subaedificare quae potest et quocunque potest — id quod V. Cels per d. *Carlwitzium* [1] et d. doctorem *Fachsum* facillime efficit — ne nobis ἐν τῇ διδαχῇ ὑγιαινούσῃ, parum aeque novum aliquid per φυράτην [2] aliquem, veterem pastorem *Mattis Metinum* vel monachum aliquem, fermentent et misceant. Ich bitt e. f. g. wollen gnediglich darum wachen, cum saepe procul dubio scribatis in aulam Caesaris. Christus, filius Dei, V. Cels. et illuss. D. ecclesiae et reip. diu conservet incolumem. De deliberatione „Interim" si quid habet V. Cel., rogo dignetur impartiri. In vicinia hae me V. Cels. habebit ministrum deditissimum, subditissimum in munere evangelii et scholastico ac omni re pertinente ad gloriam Dei. Datae raptim *Hallae* sabbato in hebdomada Paschae, anno dni MDXLVIII.

V. R. D. et Cels.

addictissimus *Iustus Ionas* doctor

Superatt. *Hallen.* ecclesiae.

Reverendissimo in Christo patri ac d. d. *Georgio* principi *Anhaltino* etc.

Abschrift in Manuscr. 26. des Herzogl. Francisc. in Zerbst Bl. 261.

875. Jonas an Fürst Joachim. Halle 1548. April 9.

Meldet ihm seine den Bemühungen des Fürsten Georg zu verdankende Rückkehr nach Halle.

G. et pacem Dei per Christum. S. Paulus ad Philippenses 4 inquit: καλῶς ἐποιήσατε συγκοινωνήσαντες τῇ θλίψει τῶν ἁγίων [3]. Bene fecistis quod afflictionem meam et sanctorum vestram esse duxistis. Hanc insignem christianam virtutem καὶ συμπάθειαν [4], quam ibi apostolus laudat, profecto erga me et meos praestitit reverendiss. in Christo pater, illuss. p. ac d. d. *Georgius* etc. praepositus et coadiutor etc., V. illuss. Cel.[nis] frater, cuius opera, studio accurato et elementi diligentia impetratae mihi sunt literae conductus et publicae fidei ab illuss. principe electore d. d. *Mauricio*, quibus et iam ex longo exilio reductus sum ad portum et mediocrem rerum mearum statum, sicut V. Cel. narrabit dominus cancellarius. Pro vestra Cel. et tota illustri domo Anhaltina indesinenter cum ecclesiis nostris orabimus. V. illuss. Cel. rogo dignetur suam erga nos concionatores et ministros evangelii Christi suam conservare clementem voluntatem. — Datae *Hallae* 2a post Quasimodogeniti anno dni MDXLVIII.

V. Ill. Cel.   addictiss.   *I. Ionas* doctor

Archiv zu Zerbst.   Superatt. *Hallensis* eccl.

---

[1] Dass dieser an der Begnadigung des Jonas Anteil gehabt, erhellt aus Melanchthons Brief vom 28. April an ihn, Corp. Ref. VI, 879flg. [2] Abschrift: φυρατον. Vgl. Cic. Att. 7, 1. [3] Phil. 4, 14. [4] συμπαθίαν.

876. Melanchthon an Jonas. Wittenberg 1548. April 10.

Besorgnis über die Verwirrungen, die der Augsburger Reichstag der evangel. Kirche bringen wird; die Hauptschuld trägt nicht der Kaiser. Besser verbannt sein, als bei diesen heillosen Ratschlägen mitwirken.

Corp. Ref. VI, 850.

877. Jonas an Melanchthon. Halle 1548. April 18.

Empfehlung eines Studenten. Die Zeit ist schwer, die Welt hasst die Frommen.

G. et p. Hunc meum consanguineum, reverende et clarissime pater, tibi commendo. Parens ipsius, *Iohannes Herman*[1], petit, uti hunc suum filium rursus digneris recipere ad mensam tuam. Eius officii praestabit perpetuam gratitudinem Περὶ τῶν κινδύνων(?), ut nosti, proxime ad te scripsi. Christus, qui sedet ad dexteram patris et gubernat omnes partes membraque τῆς ἐκκλησίας, precor suggerat tibi (ut S. Paulo), quid sit faciendum. Si esses homo τοῦ κόσμου τούτου, ὁ κόσμος quod suum esset diligeret. Verum quia nostrum πολίτευμα hic iam nunc in ecclesia, in terris alienum est a sapientia et rebus mundi et initium coelestis aeternae ecclesiae, odit te et omnes pios mundus. Tuis, mi pater, sanctis orationibus totam ecclesiam Dei et maxime *Hallensem* commendo. Christus filius Dei te nobis servet quam diutissime. Datae raptim *Hallae* 4ta post Misericordias domini anno dni 1548.

Tuus ex animo.

Orig. in Landeshut cod. I, 1. fol. 198.

878. Jonas an Fürst Georg. Halle 1548. Mai 15.

Erklärt, warum er eine durch S. Pistoris vermittelte Berufung nach Dänemark nicht annehmen kann. Er ist Halle verpflichtet und der Gesundheitszustand seiner Frau fordert sein Bleiben an diesem Orte. Bittet um Unterstützung bei Kurf. Moritz, dass er auf Lebenszeit in Halle bleiben dürfe.

— Literas clariss. et praestantiss. viri d. doct. *S. Pistoris* accepi et legi ac apud me sancte celabo. Quod attinet ad conditionem honestissimam et amplissimam in terris ac regno sereuissimi regis Daniae, agnosco me summam reverentiam ac singularem gratitudinem his praestantibus viris debere, qui me senem ac valetudinarium in eventum, quo incideret mihi necessitas, adiutum cupiunt. Verum, illuss. p., iam olim, ante septem annos scil., omnia mea bona, omnes fortunulas transtuli *Halam* et literis obligatus sum ecclesiae ad tempus vitae meae. Quem statum rerum mearum et d. *Philippus Mel.* illuss. electori d. d. *Mauricio* tunc, cum peteret conductum, exposuit. Hic nisi fuisset, multae erant causae et honestae ac graves occasiones, quae me hortabantur ad manendum *Hildesheim*. CCC florenos daturi erant quotannis et offerebant se ad augendum salarium ad 400 flo. addito frumento et

[1] Siehe oben S. 76.

aliis πρὸς τα ἄλριτα καὶ βιοτικὰ pertinentibus. Sed uxor mea afflicta et valetudinaria ante annum, cum *Northusiae* pareret filium *Martinum Ionam*[1], incidit in morbum periculosum vertiginis (ut possum id ostendere per testimonium duorum doctorum medicinae et aliquot matronarum), ut tametsi nondum attigerit annum aetatis XXX., tamen nec spes nec ratio sit ulla vitae eius servandae extra patriam: cum et hic inter manus matris et sororum eius afflictissima et incerta valetudo vix utcunque sarciatur ac sustentetur, ut et d. *Phil.* hanc causam in suis literis (cum conductum et gratiam mihi impetraret, illuss. proposuit electori) principi d. d. *Mauricio* quo possum (?) profusit. Deinde et mea valetudo τοῦ γέροντος et valetudinarii non terre poterit, ut concedam aut habitem in locis algosis et maritimis vel ut tanto itinere commigrem in longinquum. Quamobrem rogo V. ill. Cel. gratias agat clariss. et praestantiss. viro d. *Simoni Pistoris* suaeque dignitati detque responsum meo nomine cum honoris ac gratiarum praefatione honorifice et reverenter, me eam conditionem non posse accipere, alias summa et maxima reverentia, qua decet, obsequentissimum futurum sereniss. regiae maiestati Daniae in omnibus, et rogo V. Cel scribat simul d. doct. *Pistoris* viro clarissimo atque ipsi me commendet, causam ut adiuvet meam, ut mihi pleno beneficio conductus illuss. electoris hic *Halae* in extrema senecta frui liceat. Nam etiamsi redeat illuss. marchio archiepiscopus d. d. *Io. Albertus*, tamen illuss. electoris Saxo. d. d. *Mauritii* intercessio vel coram vel per literas me afflictum et senem plurimum adiuvare poterit. — Datae *Hallae Saxonum* . . Maii anno dni MDXLVIII.

V. R. D. et Ill. Cel.
addictiss.

I. Ionas doctor.
S. Hall. eccl.

Archiv zu Zerbst

879. Jonas an Fürst Georg.   Halle 1548. Vor dem 20. Mai.[2]

Da Kurfürst Moritz zu Pfingsten heimkehren soll, so bittet er bei ihm dahin zu wirken, dass ihm die Ausübung des Predigtamtes in Halle gestattet wird. Bis jetzt enthält er sich der Sonntagspredigten, hält aber in der Woche lat. Lectionen. Da Andre ungehindert predigen, warum nicht auch er? Sendet Schriften über das Interim. Empfiehlt Luthers Neffen Fabian Kaufmann.

Reverendiss. in Christo pater, illuss. princeps ac domine clementiss. Hic fama est illuss. electorem *Mauritinum* ad pentecosten e conventu rediturum et venturum forsan *Mersburgum*. Rogo ergo V. R. D. et

---
[1] Vgl oben S. 229. 239.
[2] Vielleicht Beilage zu dem Briefe vom 15 Mai

illuss. Cel. dignetur apud eius Cel.^inem, sicut nuper *Hallae* suppliciter rogavi, esse nostri negocii memor, ut hic in *Salinis*, quo omnia mea bona et fortunulas ex *Vittenberga* transtuli, liceat clementi conductu ac pleno beneficio illuss. electoris frui. In quas enim insulas longinquas cum uxore valetudinaria ipse γέρων et affecta ac incerta valetudine commigrarem? Rogatu senatus adhuc sabbatizo a contionibus, bis tamen per hebdomada latine praelego et concionor satis frequenti coetu eruditorum. D. *Michael Cutt*, camerae scriba, cui in meum commodum V. Cel. clementer scripsit *Augustam*, bis huc scripsit senatui, bonum esse me servare σαββατισμόν a concionibus. Bonus vir bono animo scribit; tamen cum alii, *Brentius Hallae Suevine* (qui nuper hoc per nuncium mihi significavit) rursus concionetur et do. *Pomeranus Vitt.* nunquam desierit, doctor *Maior*, multi alii obeant munus suum, videtur bonus vir φίλος alias mihi καὶ ἀγαθός, plus habere metus quam opus sit. Dominus consul d. *Michael Milde*, qui iam abiit denuo *Augustam*, qui mihi dixit se habere gratiam et favorem apud episcopum *Harris*. et doct *Marquardum* et Io. *Baptistam* ἐν τῇ αὐλῇ Caesaris, iam absens pollicitus est mihi omnem suam operam. Cum mea causa non sit alia a causa eruditorum omnium *Vittenbergae*, et ego domum habens civis sim inscriptus *Vittenbergae*[1] et mei liberi post mortem quoque cives futuri sint, rogo V. Cel dignetur omni clementi diligentia et studio incumbere, ut causa mea tota undiquaque commendatissima reddatur illuss. electori d. d. *Mauricio*, ut undique muniar clementiss. patrocinio et praesidio electoris, ne vel confessores monachi vel alii quicquam in aula Caesaris incommodare possint. Et si V. Cel. consilium est, proprium tabellarium mittam *Augustam* vel obviam electori. Datum uts.

Reverendiss. in domino pater, illuss. princeps. Qui in aliqua necessitate, angustia aliqua aut curae aut magnae sollicitudinis exercentur, iis eo plus verborum suggerit ipsa urgens necessitas. Quaedam hic domo praetoris vel sculteti cum reverendiss. D. V. locutus sum, quaedam demandavi coram voce, exponenda et coram, huic *Fabiano Mercatori*[2], filio sororis reverendi d. doctoris *Martini* seu nepoti ex sorore. Rogo illuss. Cel. et R. D. V. eum clementer audiat Mitto quaedam scripta (de Interim), quae peto mihi remitti per *Fabianum*. Nam V. Cel. haud dubie habet compertiora. Hic nepos ἐκ τῆς ἀδελφῆς rev. doctoris *Martini*

---

[1] Vergl Wittenberger Retardatenbuch 1519: „Dr. Jonas ist vom 40 Jhar bis auff das 49. schoß vom Garten schuldigk verblieben, jdes Jhar zhen groschen, thut ij fl." Neue Mitteil. III, 119. Eber schreibt am 5. Juli 1547 an den Sohn des Jonas: „In aedibus patris nihil mutatum audio". ebendas. III, 3. 113.

[2] Kaufmann. Köstlin II², 494. 580. 683. Am 8 Juni 1533 in Wittenberg immatrikuliert.

Lutheri inquiret apud R. D. V. an posset nancisci in aula illuss. fratrum etc. vel alibi conditionem aulicam. In hoc suo negocio rogo sentiat V· Illuss. D.ⁱˢ clementem et propensam voluntatem et meam commendationem ac necessitudinem, qua coniunctus fuit rev. d *Luthero*. sibi plurimum profuisse.

Archiv zu Zerbst.

880. Phil. Melanchthon an Jonas. Wittenberg 1548. Mai 16.

Die Heimkehr der Kurfürsten und damit die Beratung über die Einführung des Interims steht bevor. Er ist entschlossen zwar milde, aber doch entschieden sich Veränderungen des bestehenden Gottesdienstes zu widersetzen.

S. D. Hactenus omnia mea consilia spectarunt ad hoc, ut quantum fieri posset, ecclesiis harum regionum lenirentur dolores et κατάστασις mediocris maneret. Eodem adhuc refero mea consilia. Sed non potest sibi sumere homo quidquam, nisi accedat (?)[1] filius Dei dux et gubernator. Redeunt iam electores ambo[2] et conventus indicent, in quibus proponant librum περὶ τῆς μεταξὺ καταστάσεως τῶν ἐκκλησιῶν. Quo pro lato deliberandum erit doctoribus, quid acturi sint. Si vivam et non includar carceri, dicam moderate, quod sentio, et res necessarias patefactas in ecclesiis nostris non sinam obrui praestigiis sophismatum. Bene vale die 16. Maii 1548 *Philippus Melanthon*.

Reverendo viro eruditione et virtute praestanti d. *Justo Jonae* doctori theologiae [superattendenti] ecclesiae Dei in *Salinis Saxonicis*, amico suo cariss.

Cod. Servest. 26. fl. 268.

881. Joh. Forster an Justus Jonas. Merseburg 1548. Mai 19.

Sendet ihm den Entwurf eines Schreibens zu, das er an Fürst Georg schicken soll, damit dieser es an den Hof zu Torgau befördere.

S. d. Cum exhiberentur principi illustrissimo literae tuae,[3] doctor praestantissime, et forte ego adessem, primo principi *Iohanni* tum astanti salutem tuo nomine ex scheda denunciavi, quam sane animo grato et serena facie accepit, atque iussit tibi suo nomine agere gratias. Deinde cum princeps *Georgius* tuas perlegisset literas, ei quoque meas legendas exhibui, atque iis perlectis abducto mihi in privatum locum totum negotii tui statum[4] ordine exposuit, exhibuitque etiam literas tuas ad se antea scriptas ternas. Atque post longam deliberationem

---

[1] Wohl annuat.
[2] Moritz und Joachim II., letzterer kehrte aber erst im Juli von Augsburg zurück.
[3] Vergl. Nr. 878. 879.
[4] Orig. status.

placuit ei, ne res latius spargeretur, ut ex duabus tuis epistolis unam
conflarem, ex altera exordium sumerem, ex altera vero narrationem,
atque ut a me erat factum et ostenderem ei revidendam, placuit, et
hoc mihi negotii dedit, ut hoc statim tibi nuncio remitterem describen-
dam et significarem, ut manu tua descriptam primo quoque tempore
sibi remitteres a se curatum iri, ut quam ocyssime una cum ipsius
literis *Toryam* perferretur, pollicens omnem operam. Quare si verba,
quae paululum a tuis variata sunt, tibi viderentur minus elegantia aut
latina, alia substituere velis, dummodo maneat sententia. Et meam
etiam diligentiam boni consulere velis, qui tuae excellentiae paratissi-
mus sum ad serviendum. Bene valeat tua praestantia et me sibi commendatum habeat. Quam et uxor mea *Margarita* cum *Charitate, Fide*
et *Spe* filiabus salvere iussit. *Mersburgi* in vigilia Pentechostes. 1548.

Praestantiae tuae   deditus
Johannes Forstherus.

Clarissimo viro d. *Justo Ionae* sacrae theologiae doctori et
professori constantissimo, superintendenti ecclesiae *Hallensis* vigilantissimo, domino et patrono summo.

Original in Meiningen. Förstem. N. Mitteil. III, 3. S. 114.

882. Antonius Otho an Jonas.   Nordhausen 1548. Mai 20.

Aeussert seinen Unwillen gegen Lutheraner, welche in dieser Zeit sich als nicht aufrichtig erweisen.

S D. Charissime pater *Iona*. Id quod dixi, quidam ex contentione
Christum annunciant, *non sincere*, et scientes et admoniti nondum desinunt pressuram suscitare, das ist zu viel, da kan kein recht *Luthers*
hertz vnter sein, das bin ich gewis. Satis diu tacui. Ich mus ein
breifflein lauffen lassen Qui tacet, consentire videtur. Wie sol ich im
thun? ich habe zuuor diese brende gelescht, da sie noch gemelich
rauchten, vnd solt nu stille sitzen, da sie lichter lohe vberaus brennen?
Peto tamen informari. Quid si spiritus S. Paulum non vellet loqui
verbum apud Mysios[1] et μῖσος, sed ut veniens nos adiuvaret in Mace-
donia? Scribam igitur *Erfordiam* in nomine domini יְהֹוָה אֲדֹנָי praesertim בְּמָרוֹם, ut habet psalmus 'Dominus regnavit'.[2] Cras Deo volente
cum nostro περὶ τοῦ ἀετοῦ[3] conductu colloquar, totum percunctabor
semel. Sententiam d. praeceptoris[4] ut saepe vestra paternitas ad nos
scribat valde precamur, et precamur etiam ut diu et fortes perseveretis

[1] Wohl Anspielung hier auf das Meissener Land. Apostelg. 16, 7 flg.
[2] Ps. 93, 4. (Vulg. Ps. 92.)
[3] Caspar Aquila?
[4] Melanchthon.

in domini opere. Amen Pueri Iesum orant et sciunt se esse exauditos.
Ex chariss. patria צדיק ינה, in die Pentecostes 48.
Bene valet V. pa.   V. pa.   *Anto: Otho*
                              deditissimus.

Clarissimo et praestantissimo viro d. *I. Ionae*, sacrae theologiae doctori excellentissimo et ecclesiae Dei in *Salinis Saxoniae* superattendenti, patrono suo et patri in Christo semper observandis.

Orig. in Meiningen.

883. Fürst Georg an Kanzler Fachs (?). Merseburg 1548. Mai 23.

Fürsprache für Jonas, dass er in Halle auf Lebzeiten im Amte bleiben dürfe.

Gnad durch Christum zuvor. Hochgelarter lieber her canzler, als ir mir jüngst d *Jone* halben geschrieben, hab ich ime muntlich die angezeigte ehrliche condition vleissig furgeschlagen und nach bewegunge aller umbstende hat er sich solchs muntlich und schriftlich, wie ir hierbei zu vornemen, hochlich bedankt, aber daneben seine leibsunvormoglicheit und allerlei beschwerde berichtet. dadurch ime solche weite reyse furzunemen und der örter zu sein ime ganz ungelegen und dadurch wenig frucht des orts schaffen komt, derhalben gebeten inen dieses entschuldiget zu wissen; sondern vermerkt, das sein herzlich begird genzlich dahin stehet, das er vollend sein leben im friede Christi zu *Halle*, wo es Gottes wille, beschlieszen mochte; und dieweil er verstehet, das mein herr der erzbischof in neulickeit wider in die stifte komen werde, darzu dan der Almechtige sein gnad verleihen wolle, so hat er mich auch mit hohem vleis angelanget, dieweil mein herr der churfurst zu Sachsen inen widerumb zu gnaden genomen, des er dan mit aller demut dankbar, das ich bei hochgedachtem meinem herrn dem churfursten inen ferner vorbitten wolle, wolle diese gnade gegen ime furder erscheinen lassen, das er bei hochgedachtem erzbischof, oder wo es notig und fruchtbar, weiter gnedigst mochte durch vorbitte und andere gnedige furwendung gefordert werden, das er also alsdar nunmehr gesichert und mit gnaden bleiben und auf sein alte tage in fernere beschwerliche veranderunge nicht dorfte geursacht werden, mit vleissiger entschuldigunge allerlei ufflagen, dadurch ehr villeicht in ungnad bracht, und erbietung sich in seinem ampt aller christlicher masz und gebür und sunst auch kegen der keiserl. Majestät, meinen herrn den erzbischof, auch den churfursten und menniglichen also zu verhalten, das ire Majestät und meine herrn daran allergnedigst gevallen tragen sollen, und solchs in seinem armen gebet unvergessen sein wolte etc. und daneben mich auch ganz vleissig gebeten seine

sache euch als seinem sondern patron, auch dem heuptman *Carlewitz*[1] zu commendiren, damit ir die allerseits bei meinem hern dem churfursten, zu deme er sich viel gutes vertrostet, fordern, auch deshalben bei dem erzbischofe und auch im kayserlichen hofe, do es von nöten, das beste wollet furwenden. Und wiewol ich einen scheuen trage meinen hern, desgleichen euch allerseits mit so manchfeltigen ansuchen zu bemuhen, so bewegt mich doch sein hohes anligen, alter und auch emsiges anligen, und das er mir sonsten zum offtern mal ganz dienstlich gewesen, damit ichs ime nicht habe abschlaen konnen. Und ist hierauf meine vleissige bitte, wollet dieses alles bei meinem hern zum besten wenden und euch dermaszen erzeigen, das ime seine sondere zuversicht, so er hierin tregt, auch mein fordernis fruchtbar sei; das wirt er mit dankbarkeit nimmer sampt den seinen vergessen. So wil ichs euch in allem gutem beschulden, zuvorderst aber unser lieber her Christus, der auch den geringsten becher kaltes wassers, damit seinem geringsten junger einem gelabet, unbelonet nicht lesset, wirt diese wolthat in der ewigen zeligkeit euch unerstattet nicht lassen. Dem wil ich euch auch alle hiemit treulich entpfolen haben. Der gebe euch schier eine selige widerkunft. Amen. Geben *Merssburgk* Mithwoch in den heyligen Pfingsten 1548.   *Georg F. z. Anhalt etc.*
Coadiutor in spiritualibus.

Wiewol ich nicht weys, ob mein herr und ihr aufm wege oder wo ihr anzutreffen, so habe ich doch diese schrift darumb diesem diener mitgeben, weil bei vielen dafür gehalten, ir seit noch zu *Augsburgk*. Ich habe d. *Jone* entschuldigung der condition halben dem h. doctor *Pistors*, der gleichergestalt derhalben an mich geschrieben[2], vermeldet, verhoffe auch, d. *Jone* bleiben zu *Halle*, so er deshalben vom churfursten verbeten, sol der kayserl. Majestät und m. h. dem erzbischof unbeschwerlich oder nachteilig sein.

Entwurf. Kanzleihandschrift im Archiv zu Zerbst.

884. J. Jonas an Veit Dietrich.   Halle 1548. Juni 26.

Erinnert an die gemeinsam mit Luther verlebten Jahre. Ueber seinen Gesundheitszustand Beabsichtigt den von V. Dietrich herausgegebenen Genesis-Comm. Luthers zu verdeutschen.

David propheta in psalmo inquit:

[3] הִנֵּה מַה־טּוֹב וּמַה־נָּעִים שֶׁבֶת אַחִים גַּם־יָחַד.

Suavitas ac dulcedo horum affectuum, mi charissime *Vite*, qui continentur in hoc psalmo, tunc viguit in animis nostris, cum, ut

---

[1] Vgl. Corp. Ref. VI, 879.   [2] Vgl. S. 257.   [3] Ps. 133, 1.

infirmitas est humana, ipsi ignoraremus, quantum bonum haberemus, cum opulenter benedicente nobis Deo tempore aureae pacis sub reverendo patre d. *Lutheri* in gymnasio eodem eandem audiremus τὴν ὑγιαίνουσαν διδαχὴν et in eadem mensa dulcissimo ac quotidiano tanti viri frueremur colloquio. Nunc autem dies nostri sicut umbra transierunt, nos sicut gramen et flos foeni exaruimus. Deus et pater domini nostri Iesu Christi, qui dedit nobis florem iuventutis, idem sit benedictus et laudatus in saecula, quod nos servavit usque in hanc senectam et senilem canitiem. Scribit ut nosti ...[1] Augusto periculosum fuisse, quem tamen evasit, 63. annum, climactericum scilicet.[2] Ego proximum iam huic ago climactericum annum aetatis meae LVI., sed scalae hae non metuendae nobis, modo custodiamur a furcis[3] et scalis, quas minantur οἱ ἐχθροὶ τοῦ εὐαγγελίου. Ex literis τῶν φίλων et etiam tuis testimonialibus, quas huic optimo viro *Valentino Geisler* civi *Norimb.* dedisti, intellexi te conflictari duriter variis morbis ac aegritudinibus. Atque in hoc quidem tuo nomine, ut debeo, tuam doleo vicem et perquam familiariter ac plane ἀδελφικῶς singulari afficior συμπαθείᾳ. Dignus eras, qui[4] ecclesiae Dei quam diutissime viveres, qui[5] eam colis et ornas tot piis eruditissimisque lucubrationibus. Est quidam opulentus nobilis in Saxonia, qui promittit se magnum munus daturum mihi, si germanice redderem, quae tu latine edidisti in Genesin d. *Lutheri*[6], adeo placet liber. Quod ad meam valetudinem attinet, Dei magno beneficio intra quinquennium δευτέρου γάμου nullum habui paroxysmum calculi, et expellitur nunc, qui ante in scrupos durabatur, per lotum in fluxili arena. Pro hoc una mecum ages gratias Deo. Utinam tua artetica[7] aut podagra talem[8] aliquando etiam[9] quaerat viam clam se proripiendi[10] et longissime abeundi abs te. Vidistis ni fallor librum seu τὴν βίβλον Interim, in quo cum ἀντιλέγοντες nihil non restituant βδελυγμάτων, tantum non denuo καππλεύοντες venias ni fallor et *Romanas* indulgentias. Quid posset accedere gravius, durius nobis[11], quam si abnegantes pii homines veritatem agnitam reciperent haec μαγγανεύματα denuo restitutis falsis dogmatibus et cultibus! Orandum ergo ardenter piis, ut Deus gubernet animum serenissimi Caesaris et reprimat τὰ νοήματα Pontificis καὶ τοῦ διαβόλου.

Per occasionem de statu ecclesiae vestrae rescribes.

---

[1] Unleserliches Wort, Suetonius? Bei Sinc. nur ..... [2] Sinc. situs. [3] Sinc. furtis. [4] Sinc. quod. [5] Sinc. quod. [6] Erl. Ausg. Opp. lat. I Bg. [7] Sinc. Artetica [8] Sinc. tandem. [9] fehlt bei Sinc. [10] Sinc. praeripiendae. [11] fehlt bei Sinc.

Datae 3. post Iohannis Baptistae anno domini MDXLVIII.
Valentinum Geisel virum optimum tibi   I. Ionas doctor II.[1]
cupio optime esse commendatum.   tuus totus.
Clarissimo viro d. Vito Theodoro Norimbergae, unico veteri
et charissimo suo.   Herrn Vito Theodoro.
Manuscr. Thomas. Gedruckt bei Th. Sincerus, Neue Sammlung S. 131. 132.

885. Anton. Otho an Jonas.   Nordhausen 1548. Ende Juli.

Noch darf unbehindert evang. Predigt in Nordh. gehalten werden; aber Kritik
des Interims wird übel vermerkt. Warnung vor M. Kling. Beilage über
die Publikation des Interims in der Stadt.

Gratia et pax a Deo patre per dominum nostrum Iesum Christum.
Reverendis. pater, gratias vobis agimus d. *Laurentius*[1] et ego pro sedula de nobis cura et orationibus vestris ad Deum pro nostra valetudine. Sed misertus est dominus nostrarum ecclesiarum et coepit nobis ostendere manum auxilii, quod suo tempore ad umbilicum reducet. Nos, Christo gratia, ἀκωλύτος[2] verbum adhuc sonamus in patria, nec dubium nobis, qui coepit in nobis ἔργον τὸ καλόν, perficiet etiam usque in diem domini nostri. Politicis nostris quibusdam sinimus sapere sapientiam, quomodo uno antro Christum et Belial Interim concludant, et grave apud eos peccatum est, leniter etiam cogitare de Interim spiritualiter, quam ipsi sibi de illa speciosa heteria somnia pulchra somniant pulchri. Audio praeceptorem t. p. admonuisse, ut a τῆς σοφωτάτης σοφίας τοῦ *Melchioris*[3] tibi caveas. Certum est d. *Spangenbergium* ipsi illi κατασροδαιδάλῳ[4] in faciem restitisse. Laus patri, qui semper nos triumphare facit per Christum dominum nostrum. Die weisen erhascht er in irer weisheit et praestat sapientiam parvulis. Den Gott sol man loben, der doctores zu narren vnd narren zu doctores machen kan. Das mag eine εὐδοκία τοῦ πατρὸς heissen Matth. XI. Transtuli aliquot paragraphos de libro conciliorum S. *Lutheri*, sed adeo confuse iacent mea studia et libri propter diutinam valetudinem, ut ipse nesciam quo quid loco sit deiectum et reiectum. Si per valetudinem potero, conquiram diligenter et adhuc t. pater. authore faciam et conabor omnia. M. *Andreas*[6] molitur discessum, nescio quas causas adducit. Sic iterum erit desolatio in nostra ecclesia. Bene valeat tua reverenda paternitas diu feliciterque incolumis. *Northusiae*.
  V. deditiss.   *Antonius Otho* totus v.
Original in Meiningen.

---

[1] Sinc. S.   [2] Süße.   [3] Act. 28 31. Orig. ἀκωλυτότες.   [4] Kling. Ueber ihn als einen „groben Interimisten" vergl. Bieck. das dreifache Interim S. 87. 88.
[5] Orig. κησαροδεδάλῳ.   [6] A. Poach.

[Beilage von der Hand A. *Otho's*]: Liber Imperatoris, quem Interim vocant, coram populo per scribam perlectus est 19. Iulii Postera die singuli ex civibus requisiti sunt, vellent ne an non assentiri Sed quid hic quisque responderit, nostrum percontari non luit. Nos scripto nostram sententiam declaravimus. Senatus autem nondum respondit definitive. Interea nobis permittitur docere sicut hactenus fecimus. Ad 28. Iulii Canonicis nostris iterum facta est potestas celebrandi missas idque ipsorum conscientia, et ut fertur, incipient proxima dominica. M. *Andreas* et ego nunquam docuimus, ubi pariter evangelium doceretur et missarum abominatio regnaret, quare petimus nobis fidele et paternum consilium dari et hoc per occasionem.

Original in Meiningen.

886. Erzbischof Johann Albrecht an den Stiftsadel.   Halle 1548. Aug. 1.

Kündigt seine Wiedereinsetzung als Erzbischof von Magdeburg an und ladet den Stiftsadel zum 26. Aug. nach Halle vor, um den kaiserlichen Willen zu vernehmen.

Johansalbrecht von Gots gnaden erwehlter vnd bestettigter ertzbischoff zu *Magdeburgk*, primas jn Germanien, bischoff zu *Halberstadt*, marggraue zu *Brandenburgk* etc.

. . . . .[1] ist vnuorborgen, welcher gestalt wir ohne alle vnser vorschulden vnd vrsachen durch den gewesenen churfürsten hertzog *Johansfriedrichen* mit gewaltiger that vnd heeres krafft von vnsern beyden ertz- vnd stieften *Magdeburgk* vnd *Halberstadt*, derselben landen vnd leuthen vorjagt vnd vortrieben, deren auch spolirt vnd entsatzt wurden. Vnd aber die Rö. key. Mat. vnser allergnedigster herr, vnsere vnschuldt vnd hohe treffentliche beschwerung allergnedigst befunden, haben jre Mat. vns zu erhaltung dieser vnser beyder ertz: vnd stiefte freyheit vnd gerechtickeit, wiederumb derselben integre vnd ad plenum allergnedigst restituirt vnd ergenzt[2], vns auch derselbigen vnserer restitution keyserliche schein, brieffe vnd siegel, allergnedigst zustellen lassen, des wir dan irer Mat. jn vnderthenickeit danckbar sein. Szo hat auch jre key. Mat. vns darauf befohlen vnd auferlegt, das wir vnsere lantschaft auf einen gemeinen landttagk beschreiben vnd erfördern, vnd denselbigen vnsern stieftstenden jrer Mat. gnedigsten willen, gemüthe vnd beuehl, auch vnser notturft gnediglich anzeigen solten.

---

[1] In diese wie in die folgenden Lücken wurde die resp. Titulatur des Empfängers dieser Verfügung eingeschrieben.
[2] Karl's Mandatum restitutorium d. d. Augsburg. 12. Juli 1548 bei Dreyhaupt I, 269 flg.

Demnach vnd aus derselbigen jrer Mat. gnedigsten beuehl, auch vor vns, vnser gnedigs gesinnen vnd beger, . . . wolle ane einige vorhinderung ader entschüldigung eigner person auf schirstkünftigen sontagk nach Bartholomej [26. August] kegen abendt zu *Halle* einkommen, des folgenden tags daselbst auf vnserm schlosse *Sanct Moritzburck* höchstgedachter Rö. key. Mat., auch vnser als des ertzbischofs zu *Magdeburgk* etc. gemüthe vnd meinung vndertheniglich von vns anhören, ... auch wie jre Mat vnd wyr vns zu . . . . . nicht anders vorsehen wollen, darauf vnderthenigst vnd gehorsamlich vorhalten vnd erzeigen. Darane thue . . . . . jrer Mat. vnd vnsere meinung jn gnaden zu bedenecken. Datum zu *Halle* auf vnserm schlosse *Sanct Moritzburck*, vnsers abwesens vnder tzweyer vnser thumhern zu *Magdeburck*, als ern *Johan von Walwitz* vnd ern *Arndten von Thresekaw* pitschaften, die aus sonderlichem vnserm beuehl hirzu gebraucht. Am ersten tage Augustj Anno etc. im achtvndvierzigsten.

Gedrucktes Proclama im Archiv zu Zerbst.

887. Jonas an Fürst Joachim.   Halle 1548. Aug. 4.

Meldet, dass die Ankunft des Erzbischofs zu Bartholomäi erwartet werde, und dass am 27 Aug. ein Landtag in Halle beginnen solle.

Gnad vnd fride Gottes durch Christum vnsern hern. Durchleuchtiger hochgeborner furst, e. f. g. sind meyn gantz vntertanige willige dinst zuuoran. Gnediger f. vnd her. Wie mir e f. g. befholen durch ein eygen bothen e. f. g. zu vormelden, ob der ertzbischoff m. g. h. ankhomen, geb ich e. f. g vnterthaniglich zu erkennen, das ich von glaubwirdigen vnd die darumb wissen, bericht entpfangen, das s. f. g. vff den tag Bartholomey gewiß alhier werden ankomen. Vnd ist etzlicher adel des stiffts albereit beschrieben, die s. f. g anher beleiten werden vnd wirdt der ausgeschriebne landtag montag nach Bartholomey seyn anfang haben, wie ich des e. f. g. hiebey furwarten druck vntertheniglich zuschicke[1], ist mir vortrawlich von etlichen zugestellet. Es sind allenthalb ferliche leuffte vnd zeiten, e. f. g. will ich in kortz weiter schreiben. E f. g. wollen mich vnd mein kinder, sunderlich meyn shon *Joachimum*, e. f. g. paten, wilcher nhun das neunde jar erreicht, in gnedigem bethel haben. Der her Christus, Gottes shon, erhalte vnd vormhere e. f. g. wolfart alletzeit. Datum *Halle* 4. Augusti anno dni 1548.

E. f. g. vntertenig. willig. diener   *Justus Jonas* doctor
                                                  S. *Hallens.* eccl.

Archiv zu Zerbst. Von „Datum" ab eigenhändig.

---

[1] Siehe vorige Nr.

888. Veit Dietrich an Jonas.   Nürnberg 1548. August 17.

Ueber die Wirren, die das Interim über Schwäbisch-Hall gebracht hat.

S. in Christo. Toties me amice salutasti, doctor charissime, ut necessitas mihi imposita videatur ad te scribere, ac spero te hoc officium boni consulturum. Apud nos hic Dei gratia tranquilla adhuc sunt omnia excepto Interim, quod nunc eo magis odisse et exsecrari incipio, quia video infinitis et horribilibus scandalis occasionem dare. Audi enim, quid acciderit. Nam res ita est, et mihi recitavit historiam civis *Hallensis Suevorum*, qui ipse vidit. Postquam *Brentius* fuga sibi consulere coactus est et reliqui pii ministri a senatu illiberaliter dimissi, et seu Hispani seu Italici sacrifici Interim ecclesiam *Hallensem* reformarunt et occuparunt, accidit, ut cuidam fabro lignario nasceretur puer; is cum baptisandus esset, sacrifici persuaserunt patri priores liberos non recte baptisatos. Patre igitur consentiente, liberis autem repugnantibus et lachrymis animum suum testantibus, vi abrepti sunt et cum infante deducti in templum, a sacrificis denuo hi duo adulti baptisati sunt, si modo baptismus dici potest. Haec initia blasphemiarum quid tandem paritura sunt? An non mori praestabat millies, quam in tantam caliginem et impietatem demergi? Prodest autem, ut ecclesiae hanc historiam omnes norint, ut tanto magis scelestum Interim odisse discant. Ac cupio, ut d. *Philippo* haec significes. In die Jacobi [25. Juli] Hispani in eadem ecclesia erexerunt imaginem Christi in cruce pendentis et arte quadam fecerunt, ut ex quinque vulneribus emanaret rubrum vinum, donec absolverentur sacra. Talibus rationibus putant vulgus et pueritiam invitandam ad idololatriam. Haec paucis libuit tuae dignitati significare. Tu pro tua humanitate boni consulas et mea officia omni omni tempore statuas tibi esse paratissima. Bene vale. Datae *Noribergae* 17. Augusti anno 1548.

Vitus tuus.

Domino doctori *Justo Jonae*.

Abschr. in Gotha Cod. Val. Bavari I, 1078 flg. Der gleiche Bericht in einem Briefe an Nic. Medler, ebendaselbst I. 1028. Fast wörtlich gleich auch der Brief an Thomas Matthias, den Pressel, Anecdota Brentiana S. 298 aus einer Strassburger Abschrift mitgeteilt, nur irrtümlich auf den 17. Aug. 1549 angesetzt hat.

889. J. Jonas an Veit Dietrich.   Halle 1548. Sept. 3.

Erinnert ihn an den Verkehr mit Luther, besonders an die inbrünstigen Gebete, die sie von ihm gehört, zum Trost gegen die Nöte des Interims. Bittet um Nachricht, wie der Nürnberger Rat sich zur Publikation desselben gestellt habe.

G. et p. Dici nequit, mi sincerissime in domino frater et charissime Vite γνήσιος *Theodore*, quam fuerint mihi proximae literae tuae, quibus ad meas tam amanter[1] respondisti, iucundae. Nihil me in his exaggeratis[2] et miserrimis aerumnis τῆς πατρίδος et reipublicae magis recreat atque eiusmodi[3] per literas cum veteribus et eruditis amicis colloquia. Iterum ergo nactus occasionem, tecum, cum tali inquam viro talique amico confabulabor et garriam liberius, et dum κύλικοι illi magni crepant classes et exercitus, ego tecum de deambulationibus illis colloquar et non Tusculanenses illos aut *Augustenses*, sed illos nostros *Wittenbergenses* dies revocabo tibi in memoriam, quam commemorationem, ut novi candorem tuum, scio tibi esse tam suavem et iucundam, ut aliquid etiam possit morbi tui podagrae tibi mitigare. Equidem te ex me et forsan non·stulte neque absurde metior[4]: prae immani et horribili ἀστοργία, ἀσπονδία et asperitate horum temporum omnia rev. p. *Lutheri* mihi aurea sunt. Ea etiam, quae[5] cum praesenti viro in mensa, in hortulo, in auditorio frui nobis dabatur, vix[6] videbantur lignea. Nondum[7] oblitus es credo (mirum nisi iam tibi moveo lachrymas) cum *Koburgi* per parietem aut certe ex proxima sedecula[8] tua audires coram Deo d. *Lutherum* orantem et illos gemitus cuiusvis Sennacheribi regalibus armis fortiores edentem. Similia ego vidi abditus in angulo cubiculi vel[9] per rimam observans viri clamores ad coelum stantis ad fenestram. Si hi[10] aut similes similique ardore gemitus orantium[11] et ad dominum clamantium essent multi adhuc in mundo, haec tempestas orta non esset, aut Deus eo facilius restitueret tranquillitatem. Utamur tamen recordatione hac ad consolationem, quod tamen nobis datum esset tantum virum vidisse et audisse, et hoc donum Dei tunc nobis datum pensemus cum praesentibus, quae nunc perferendae sunt propter peccata nostra et ingratitudinem[12] aerumnis. Περὶ τῆς[13] βίβλου Interim, mi *Vite*, vides graves et magnas esse deliberationes propter minas et pericula, quae ex aula τοῦ αὐτοκράτορος intentantur. Quod ad nos ministros attinet, nos quidem non dubitamus, τὴν[14] βίβλον esse impiam, differtam[15] falsis doctrinis et callidis, insidiosis sophismatibus; verum[16] cum ordinibus ditionis *Magdeburgensis* episcopatus iam sub conventum dies datus sit ad deliberandum VI. hebdomadae, rogo perceleriter per tabellarium una cum d. *Osiandro* rescribas d. doctori *Chiliano*[17] et mihi, an inclytus senatus vestrae reipubl. et quatenus receperit librum et quibus conditionibus ac quid responsum sit Caesari, quod quidem non sit μυστικώτερον et quod liceat communicare

---

[1] Sinc. amicabiles.   [2] Sinc. exulceratis.   [3] Sinc. eiuscemodi.   [4] Sinc. melior.
[5] Sinc. schiebt ein: cum praesenti virtute.   [6] Pressel non.   [7] Pr. Non.   [8] Sinc. schedula.   [9] Sinc. ut.   [10] Pr. Sisi.   [11] Pr. stantium   [12] Sinc ingratitudinis.
[13] τοῦ.   [14] τόν.   [15] Sinc dissertum.   [16] Handschr. utrum.   [17] Sinc Deliano.

non solum officii sed necessitatis et publicae utilitatis causa amicis. Nihil ergo gratius, mi *Vite* charissime, mihi imo nobis et ecclesiae nostrae facere¹ poteris quam ut, quatenus ullo modo licet, ea de re nobis diserte et candide ac paulo uberius, quam alias velles, rescribas. Christus filius Dei conservet te ecclesiae quam diutissime incolumem. Datum raptim *Hallae Saxonum* 3. Sept. anno domini ² 1548.

Saluta clariss. viros d. *Baumgartner* et d. *Ebnerum*, reliquos dominos et amicos.
I. Jonas d.
tuus ex animo.

Clarissimo viro d *Vito Theodoro Norimbergae*, evangelii praeconi praestantissimo, domino et amico veteri charissimoque s

Manuscr. Thomas. Bei Sincerus, Neue Sammlung S. 434—436: ein Stück daraus bei Pressel S. 137.

890. Melanchthon an Jonas.   Wittenberg 1548. Sept. 9.

Sein Rat in Sachen des Interims. Warnt vor der sophistischen Rechtfertigung desselben durch Melch Kling. Sendet ihm einen Brief Laskos (vergl. Corp. Ref. VII, 92 flg)

Corp. Ref. VII, 137. 138. Abschrift im Cod. Bavari 1, pg. 1030 in Gotha

891. Veit Dietrich an Jonas.   Nürnberg 1548. Sept. 30.

Antwortet auf die Anfrage des Jonas in Nr 889.

S. in domino. Occupatus eram, chariss *Iona*, cum nuncius se mihi ostendisset, itaque scribo brevius. Magistratus noster non vult amplecti quae sunt impia in libro Interim. Privatam absolutionem loco confessionis institui volunt. Certis diebus volunt macellum occludi et augent numerum festorum dierum. Quod ad coenam domini attinet, retinet usitatas caeremonias et tibi bene notas Quodsi hoc modo Caesar sibi patitur satisfieri, praeclare nobiscum agitur. Sed Sathan, qui haec consilia miscuit, profecto aliud nihil quam oppressionem doctrinae quaerit, sicut *Brentii* et *Ulmensium* doctorum exempla docent. Audio Caesarem requirere *Loraniensium* consilium de nostro captivo principe. Itaque sanctis precibus sanctum cor adiuvemus. Bene et feliciter vale una cum coniuge et liberis. Datae *Noribergae* postridie Michaelis, anno 1548.
Vitus tuus.

Abschr. Gotha, Cod. Bavari 1, 1030.

---

¹ Sinc. nunc facere.
² Sinc. fügt nostri bei.

892. Andreas Osiander an Jonas.   Nürnberg 1548. Oct. 1.
Berichtet gleichfalls über die Stellung Nürnbergs zum Interim.

Gratissimae mihi fuerunt tuae literae, doctissime *Iona*, hoc praecipue nomine, quod te incolumem superesse adhuc ex iis didicerim. Quo animo simus nos concionatores omnes hic puto te intellexisse. Idem enim sentimus omnes. De senatoribus autem difficile est iudicatu. Librum enim recepturos esse promiserunt idque ingenue confessi sunt coram trecentis[1], quos vocamus die benannten[2]; deinde coram nobis. An autem cum conditione, adhuc haesito: nam ipsi certae conditionis a principio non meminerunt. Postea vulgavit fama receptum librum ad literam, quod ego quidem quid sibi velit non intelligo. Nunc volunt credi cum conditione receptum, quae tamen non exprimitur liquido. Nihil adhuc mutatum est, sed decretum festa, ieiunia et privatam absolutionem restituenda. Et quidem festorum restituendorum primitias diem Michaelis [29. Sept.] feriandam proclamatum est in urbe, rusticis in pagis ignorantibus. Unde ridiculo factum est, ut tota urbe feriante nobisque concionantibus rustici plaustra lignorum ciborumque venalium urbi inveherent vidente populo atque ominante contemptum iri tandem hoc quicquid est moliminis, et senatores, qui sunt paulo apertiores tandem … (?) ab invitis recipiendum[3]. Nec desunt[4], quos vel[5] minime credas, qui excusent imo probent eum librum, unde, etsi fortis mihi videar eventumque sperem vel multum contemnam, mortem tamen aut exilium mihi imminere non possum non cogitare[6]. Bene vale et per occasionem saepius rescribe. Datae Calendis Octobris 1548.

T. *Andreas Osiander.*

Clarissimo doctissimoque viro d *Iusto Ionae* theologiae doctori suo in domino charissimo fratri.

Abschrift in Cod. Monac lat 941 fol. 326ᵇ tlg. (Abschrift von Herrn Prof. D. Kohle). Gedruckt in Hummel Epistolarum Centuria I. 38. Vgl. Möller, Osiander S. 300).

893. Melanchthon an Jonas.   Wittenberg 1548. Oct. 15.
Hat eine Erklärung der Hallenser Geistlichen über das Interim gelesen, die er billigt; er sendet ihnen dazu als Einlage ein von ihm selbst verfasstes Kapitel de oblatione. Verspricht Jonas nächstens zu besuchen Warum eilt man in Sachsen mit Veränderungen, da weder in Württemberg noch in Hessen

---

[1] Abschr. reverendis.
[2] Hommel genandten.
[3] Von et senatores an   recipiendum fehlt bei Hummel.
[4] Hummel: Non desunt tamen.
[5] vel fehlt bei Hummel.
[6] Der Satz von unde etsi — cogitare fehlt bei Hummel. Die mir vorliegende Abschr. bietet: mortem tamen aut auxilium mihi minime non possum non cogitare.

trotz Annahme des Interims solche bisher geschehen sind? Agricola ist nach Torgau eingeladen, um das Interim zu empfehlen. Lieber ins Exil, als mit den Kirchenverwirrern gemeinsame Sache machen.

Corp. Ref. VII, 170.

894. Jonas an Andreas Poach. Halle 1548. Dec. 29.

Von einem Gedicht, das er wider den Bischof Helding gemacht hat. Will dem Papsttum stets feindlich bleiben.

G. et p. in Christo Iesu domino nostro, vero capite ecclesiae contra papam, quem eques[1] *Maximilianus* heros clarissimus, odio inflatissimus scelerati tituli „Sanctissimus" non raro vocavit apud suos „Scheispfaffen." Ita appellemus totam sedem *Romanam*, cum ἀρχαιότεροι alias oletum et merdam, excrementa vocent „sedem" et „sedes." Ignosce ineptiis non adeo ineptis. Odio digni sunt papa et papistae, qui Satanica audacia audent sperare abolitionem d. *Lutheri*, restitutionem Satanici papatus. O scelera!

Scriptum τὸ ποίημά μου contra *Sidonium* est Germanicum[2], det dominus ut inveniat calcographon[3] vel in ipsa *Vittenberga*. Sed aegre: tamen alicubi tandem. De rebus Anglicis mittam tibi et m *Ant.* exempla literarum filii mei m. *Ionae*. Deo dante brevi. Iam apud amicos erant.

Ἀληθινὸς ἐχθρὸς papae et papatus volo esse et haberi et Deo dante hostis huius Satanici regni mori, ut accepimus a sancto electo Dei organo *Lutheri*. Palam nunc est, quid agant episcopi furentes. Furenter edunt edicta et audent superbire contra Christum, cruorem sorbere τῶν διακόνων αὐτοῦ. Saluta d. mgr. *Antonium Ottonem* ἐπίσκοπον πιστόν, πιστὸν δοῦλον τοῦ Χριστοῦ. Vestris sanctis piis orationibus et domesticae ecclesiae vestrae, τεκνῶν ὁμῶς, me ἀγωνίζοντα hic serio commendo.

Reverenter peto salutari clariss. ἀρχίατρον d. doct. *Matthium*. Ex reverendi *Lutheri* libris (quos lego quotidie) ἐν παῤῥησίᾳ detonet et ebuccinet veritatem veram Dei Es wird zen letzt ein dank seyn: dies domini abscondita revelabit et comprendet τοὺς ἐχθροὺς τοῦ εὐαγγελίου. Saluta amicissimum d. mgr. *Basilium*[4] ludi literarii rectorem, rectorem eius universitatis piae: et d. *Andream Wenden* meum consanguineum. Datum *Halle* die Thomae, anno domini MDXLIX.

I. I. יונה d. Sup.
tuus: vester ex animo.

Doctissimo viro, pietate et christiano candore praestanti m.
Andreae Helcargio pastori S. Blasii amico et fratri in domino
charissimo s.   pfarre   Blasii.

Orig. Zwickau, Ratsschulbibl. Q. Q. 34. Mitgeteilt von Herrn Lic. Dr. Buchwald.

---

[1] eques. [2] Wohl nie gedruckt worden. [3] calcograhon. [4] Basilius Faber Soranus.

895. **Melanchthon an Jonas.** Wittenberg 1549. Jan. 25.

Ueber die schwierige finanzielle Lage der Universität; dazu die Besorgnis neuer Zerrüttung, neuen Exils. Klage über die Not der Kirche Christi.
Corp. Ref. VII, 316. 317.[1]

896. **Jonas an Graf Wolfgang** Halle 1549. Febr. 19.
zu Stolberg.

Meldet dem Grafen die bevorstehende Verheiratung seiner Tochter Sophie und bittet um Wildbret zum Hochzeitsmahle.

Gnad vnd fried Gottes durch Christum. Eddeler wolgeborner graue, e. g. sind mein willige vnterthanige dinst zuuoran. Gnediger graue vnd herr, e. g. geb ich vnterthanig zu erkennen, das nach dem ich dem erbarn vnd wolgelerten m. *Casparo Wilhelmo* mein groste tochter *Sophia*[2] durch Gottes schickung mit rath meiner hern vnd freunde ehelich verlobt, soll das ehelich beylager vnd kirchgangk nach christlicher ordenung vff montagk nach Esto mihi [4. März] gehalten werden. Derhalben, gnediger graue vnd herr, ist an e. g. mein vnterthanig vnd vleysig bitt. e. g. wollen in anschung, das mein vater, der alde *Jonas* vnd elder an e. g. loblichen vorfarn alletzeit gnedige herren gehapt, wie dann e. g. sich auch jegen mir vnd allen gelerten mit sondern gnedigen willen alletzeit erbotten vnd ertzeiget, vnd wollen mich zu solcher hochzeitlichen ehren mit einem hirß ader nach e. g. gefallen auch sunst mit wilprett vorsehen, vnd vff mein kosten vff vngeferlichen sonnabent vor Esto mihi, nicht zuuor, anher schicken. Dann ich hoffe, mein gunstiger herr vnd freundt, er *Michell Meyenborgk*, ratsmeister zcu *Nordhausen*, hab auch meiner bei e. g. gedacht. Solchs jegen e. g. vnd alle mein gnedigen grauen vnd hern von *Stolbergk* mit vnterthanigem dinst zu uordienen, bin ich gantz gevlissen. Datum *Halle,* den 19. Februarij ao. dnj. xlviiij.

E. g. williger vntertaniger dyner

Justus Jonas doctor
superatt. *Hallens.* eccl.

Dem eddelen vnd wolgebornen grauen vnd hern hern *Wolffen,* grauen vnd hern zcu *Stolbergk* vnd *Wernigerode* etc.

Unterschrift eigenhändig. Gräfl. Archiv zu Wernigerode.

---

[1] Vgl. auch den Brief Majors an Wankel vom 11. Jan. Corp. Ref. VII, 297—299, in welchem dieser den Hallensern das Leipziger Interim als eine ganz harmlose Concession an die kaiserlichen Forderungen schildert.

[2] Vgl. oben II, 91, de Wette V, 109. 201, Corp. Ref. III, 521. In dem Aufgebotsbuche der Kirche zu U. l. Fr. zu Halle befindet sich bei Dom. Sexag. 1549 [24 Febr.] die Eintragung: „M. Caspar Wilhelm, Sophia Jonassen, des ern doctor Jonas tochter." Dieselben wurden Tags darauf „auf bevel des ern doctors superattendenten" zum 2., und Estomihi [3. März] zum 3. Male angeboten. Vergl. Franke S. 272.

597. Jonas an Max. Mörlin.[1] Halle 1549. Febr. 20.

Wünscht nähere Nachricht über ein Prodigium. Rühmt die Streitschrift der Städte Lübeck, Hamburg und Lüneburg wider das Interim und das tapfere Zeugnis seines Bruders Joach. Mörlin.

Gratiam et pacem Dei per Christum. Mi domine doctor, amicorum chariss., gratiam magnam habeo vobis pro amicissimis proximis literis de cruentatione piscinae prodigiosa, et si quid medio in tempore de eadem re intellexistis, rogo per hunc tabellarium significetis. Quod ad nova attinet, sub titulo et nomine trium superattendentium *Lubecae, Hamburgi* et *Luneburgi* ediderunt urbes Saxonicae librum eruditissimum[2], quo nihil hactenus vidi elaboratius aut eruditius, qui continet triginta unum quaterniones Eum librum adprobant passim multi eruditi, exemplar in brevi habebimus excusum *Hamburgi*. D. doct. *Moerlin*, frater tuus, his temporibus certaminum ecclesiasticorum summam laudem habet constantiae apud illustrissimam principissam in *Münden* et multos alios principes, deinde doctos et pios viros. Rogo per hunc tabellarium rescribere non graveris. Dominus noster Iesus Christus conservet te

---

[1] Maxim. Moerlin, Sohn des Mag. Jodocus Mörlin, Pfarrers zu Westhausen, (Superintendentur Heldburg) † 15. Sept. 1550. Max. M. war damals Hofprediger des Herzogs Johann Ernst und Superint. in Koburg. — Von dems. Tage (20 Febr. 1549) ein Brief Joachim Mörlins an seinen Bruder Maximilian, aus Göttingen, in Fortg. Samml. 1735, S. 409—416, der für die immer stärker anschwellende Erregung gegen die vermittelnde Haltung der Wittenberger charakteristisch ist. Er klagt darüber, dass Max. gemeldet habe, „orationes, quas contra inimicos publice habuimus, interdictas"; und „tecum esse actum, ut orationem pro Caesare rursus inseras Litaniis, id quod feceris, mutato tamen reciproco in demonstrativum." Der Herzog habe nämlich gesagt „quod orationes illae contra Caesarem esse Schmeeh-Gebeth; veretur, ne in periculum veniat cum omni suo ducatu." „Wenn mir nicht ein Fürstlein, sondern ein Engel vom Himmel orationes meas Schmeeh-Gebeth hieß, quas fundo pro regno Christi et gloria nominis sui. ergo contra regnum Anti-Christi et Satanae sui, ... ich wolt ihn, wo ich nicht mehr kundt, zum wenigsten die blasphemiam in os suum regeriren, dass er fülen müste, was er gethan." Er möge also nichts ändern. „Carolus et caeteri principes unum consilium habent adversus Dominum et adversus Christum eius." Aber soll man nicht seinem Fürsten in so geringer Sache gefällig sein? „Pereat Princeps tuus et omnes caeteri cum toto terrarum orbe et fiat Dei voluntas.... Noli curare hypocritas Wittebergenses.... Si non potes manere sed eiiceris, veni ad me; si hinc etiam expellimur, accipiemus senem Jacob et ibimus cum familiis nostris in Aegyptum. Domini est terra et plenitudo eius. Maritimae urbes in Saxonia novo foedere sese coniunxerunt contra novum et veterem conatum Sathanae. Magdeburgi parantur aedes filiis Electoris...."

[2] „Bekentnisse vnd Erkleringe vp das INTERIM, dorch der Erbarn Stede Lübeck. Hambörch, Lünenborch, etc. Superintendenten..... gestellet." (Hamburg 1548. von Aepinus Aug 1548 verfasst.)

reip. et ecclesiae suae incolumem. Datae *Halae* 20. die Februar. anno
D. 1549.
        Iustus Ionas doctor, superatt. *Hall.*
           eccl. tuus ex animo.

Clarissimo viro d. *Maximiliano Moerlin*, theologiae doctori
et superattendenti in *Coburg* apud illustriss. principem d. d.
Io. Ern̂^um̂, in domino amico et fratri charissimo.

Fortges. Sammlung 1722, S. 878.

898. Antonius Otho an Jonas.   Nordhausen 1549 1. April 20.

Hat sich gefreut, dass Jonas zu Ostern in Nordhausen predigen wollte; Klage über die Hallensor, welche unter heuchlerischen Vorwänden die Wirksamkeit des Jonas hindern. Die grosse Predigtlast hindert Otho an schriftstellerischen Arbeiten.

S. D. Reverendiss. d. doctor et pater in Christo. Peto mihi dari veniam, quod tam tarde et raro vest. excell. literis respondeo. Tantum non confecti sumus per hanc quadragesimam concionibus, posteaquam e vivis ad ipsissimos vivos discessit praestant. vir *Laurentius Susse* pastor ad S. Petrum. Iam exilieram, cum audirem, et per hoc pascha in patria futurum *Ionam* et evangelium magni Dei, domini nostri Iesu Christi saltem apud eos sonaturum, ubi ἐχιδνικός spiritus spiritui περιστερικῷ in *Iona* et aliis adhuc Christum loquenti ianuam clausit. Sed inquiet illa exedra(?)[2]: „μηδαμῶς σιωπᾷ ὁ ἐν τῷ 'Ιωνᾷ λαλῶν. Docent fratres, clamant synergi, evangelizant collegae, et ratio habetur canitiei *Ionae.*" Respondetur: „Sancte Crocodile, ora pro nobis." Proxima nocte somnium habui, me esse in *Salinis* vestris et capite meo impositum saccum mit einem stuck saltz μόγις πρήθων(?) gestare, qui[3] autem, simulatque urbem fueram egressus, in frondem vertebatur aridam foliisque pallentibus atque caducis, ideo eam saepi adfixi. Ita non cessant homines insalsissimi propter suos insalsissimos sales et salem onerare bonos et veros pastores, donec eos ventus a domino, id est spiritus et iuxta Hieronymi sententiam indignatio Dei, exsiccat et tanquam pulverem proiicit a facie terrae. Dicit enim impius in corde suo: אֵין אֱלֹהִים et „concionare nobis placentas, verterbet vns die osterkuchen nicht." Sed de mea .... ira iusta tantum: verto, compono, scribo, ut iussisti et ego promisi, sed ut dixi vix respiro et anhelitum traho prae undis concionum. Finitis tandem aut sane moderatis earum

---

[1] Lorenz Süsse starb, 80 Jahre alt, im Anfang des J. 1549; er liegt in der Peterskirche neben dem Altar begraben. [Mitteilung von Herrn Dr. Rackwitz in Nordhausen.] Kindervater. Nordh. illustris S. 96 giebt irrtümlich das Jahr 1547 an.
[2] Der Rat der Stadt Halle?
[3] Mscr. quem.

molibus faciam quantum in me fuerit. Bene valeat tua praestantia in nomine Christi diu incolumis. 20. Aprilis.
T. excell. deditiss.

Orig. in Meiningen.

Antonius Otho.

899. Hieronymus Weller an Jonas. Freiberg 1549. April 23.

<small>Wehmütige Erinnerung an den Verkehr einst mit Luther. Verspricht, den Kindern des Jonas stets seine Liebe zu bewahren Die trüben Zeiten machen alt und mahnen, der Ewigkeit zu gedenken. Ueber einen ihm von Jonas empfohlenen jungen Mann.</small>

G. et p. in Christo liberatore nostro. Clarissime d. doctor praeceptor observande. Non possum verbis exprimere, quam mihi tuae litterae fuerint iucundae et gratae, idque multis nominibus. Etenim cum tuae erga me summae benevolentiae, tum vero illius dulcissimae consuetudinis nostrae et conversationis in aedibus r. patris nostri d. *Lutheri* memoriam mihi renovarunt. Quoties enim illius suavissimae et sanctissimae ὁμιλίας recordor, paene lacrimo gaudio ac desiderio illius ac spe ciusdem rediturae in vita illa perpetua accendor atque me sustento in his tristissimis temporibus. Nulla igitur dies, nulla nox mihi abit, quin r. p. nostri felicis memoriae d. *Lutheri* et clarissimi ac humanissimi viri d. doctoris *Iusti Ionae* recordor, idque tum potissimum facere soleo, cum animum recolligere ac a maerore abducere studeo. Mihique istam felicitatem saepius ipse gratulatus sum, quod mihi beneficio Christi cum d. *L.* tecum et cum d. *Philippo* tam familiariter vivere tam diu licuerit In dies enim maiorem istius sanctissimi convictus fructum voluptatemque percipio.

De filio tuo, magistro *Iusto Iona* ac reliquis liberis, ut ipsos quoque benevolentia, amore tui complectar atque efficiam, ut ipsi intelligant, quanta inter nos amicitia fuerit, non est quod petas, ipse enim mea sponte omnia faciam, quae illos iuvandi et ornandi causa fieri a me posse intellexero. Quid enim tua causa non libens gaudensque fecero? Quod de ingravescente aetate tua addis, scilicet te iam titulum Ionae γέροντος agnoscere, nihil miror. Cui enim πάντα [tanta?] λύπη τῶν χαλεπῶν καιρῶν non praematuram senectam accersat, praesertim si quis serio amore et studio evangelicae doctrinae afficiatur? Nam et ipse in statione mea senesco. Quid mirum igitur, te aeternae illius synodi desiderio teneri, in qua nunquam senescentes nec λυποῦντες nec languentes, sed laeti, alacres, soluti omni metu malorum et morborum de Deo eiusque creaturis et operibus perpetuo φιλοσοφησόμεθα et cum sanctis patribus, prophetis, apostolis, omnibus piis, cum ipsis denique angelis colloquemur De qua quidem conversatione memini r. p. nostrum

Lutherum saepe multa praeclare, erudite et vere θεολογικῶς disserere in privatis illis colloquiis, cuius dulcissimae disputationis ipse tum praecipue occasionem prae aliis d. doctori dederas. Nemo enim melius te norat virum illum Dei languentem commoda ac suavi interpellatione excitare. Itaque tua consuetudine potissimum delectabatur et quoties tristiori aliqua cogitatione d. doctor vexabatur, honestissima eius uxor te accersi iubebat.

Haec eo verbosius aspersi non temeritate aut petulantia, sed abundantia quadam amoris et ut ostenderem me d. doctoris *Iusti Ionae* memoriam summa cum benevolentia conservare et in posteros quoque ipsius, si modo superstes fuero, propagare velle.

Adolescenti isti *Lucae Humero*, quantum potui, gratificatus sum, sed non potui ei stipendium a senatu nostro impetrare, eo quod et plures sunt, qui idem, quod *Lucas* petunt, et qui magis etiam essent idonei, ut in academiam mitterentur instructi stipendiis, hoc est qui *Lucam* eruditione superant. Miror, cur sic ille ad academiam properat, cum aeque possit in celebri aliqua schola privata, qualis est vestra vel nostra, proficere in litteris, ac si esset *Lypsiae* aut *Vittenbergae*, praesertim his turbulentis temporibus, cum tantae ἀκαταστασία et σχίσματα impendent ecclesiis et tantae distractiones academiarum. Paucos cognovi, quibus feliciter cessisset haec praepropera festinatio ad academiam. Sed finem scribendi faciam. Bene ac feliciter vale in Christo, qui te spiritu sancto suo consoletur et corroboret, ut praeclarissimis his donis ecclesiae ipsius diutius prodesse queas. Uxor mea, quae ante VIII menses mascula prole laetum me fecit parentem beneficio Christi, reverenter et amanter te tuamque honestissimam coniugem salutari iubet. Itidem et d. *Caspar Zeynerus* pastor noster, et d. *Thomas Rudolph*. Hi enim tui saepius honorificam mentionem facere solent. Denique et frater meus *Matthias Weller* musicus. Datae *Frybergae* 3 feria Paschatis MDXLIX. P. t. deditiss. *Hieronymus Wellerus*.

Clarissimo viro, eruditione, virtute ac sapientia praestanti d. *Iusto Ionae*.. theologiae doctori et professori excellentiss., domino ac praeceptori suo observandissimo.

Original in Meiningen.

900. Antonius Otho an Justus Jonas. Nordhausen 1549. Mai 17.

Hofft auf bessere Zeiten. Die kirchlichen Zustände Nordhausens. Joh. Gigas ist nach Nordh. gekommen. Empfehlung eines jungen Mannes.

S. d. quam dominus noster Iesus Christus discipulis suis optat, ubi dicit: θαρσεῖτε, ἐγὼ νενίκηκα τὸν κόσμον.[1] Amen.

---

[1] Joh 16, 33.

IV. Die Jahre der Not.

Reverendissime pater et charissime patrone in Christo. Finis erit aerumnarum ecclesiae, ergo etiam finis erit στεναγμοῦ τοῦ Ἰῶνα καὶ τῷ Ἰῶνᾳ καὶ εἰς τὸν Ἰῶναν. Turbabor, inquit noster, sed non perturbabor, quia bonum dominum habemus. Es heist ein wörtchen per: das sol dem Teuffel feilen. Amen. Scriptum est enim: „Ne glorietur accinctus aeque ut discinctus."[1] Ergo θαρσεῖτε, inquit יְהוָֹה אָבִי vici κόσμον. Suaderem et ego, ut vestra excellentia insulsos salsamentarios[2], scio quos intelligo, mitteret suas vias vadere, quia non volunt vadere, ut eos Christus vult vadere. Vadunt igitur sapienter, id est serpenter vel etiam, ut fit, ἐχιδνακῶς; soll ich mich irent halben alzu zugremen? Wie du wilt, sagt doctor *Luther*, liebe welt, thu ins badehemblein vnd henge es an den bals, so hast du auch ein gülden ketten. Si erit ecclesia in mundo, ut certo certius erit, certe etiam erit nidus pro Ἰῶνα τοῦ Χριστοῦ, imo pro *Othone* τοῦ Ἰῶνα.

Libellum comitis *Alberti* non vidi, sed ἀποφθέγματι S. *Lutheri* ex animo credo, quia quotidie videmus et experimur nostris cutibus, in principibus huius saeculi non tantum οὐδὲν φρόνιμον εἶναι, sed μηδὲν καὶ ἀνθρωπίνικον (so) relictum esse a vertigine, qua rotantur potentes, ut tanto potentius tormenta patiantur, quando illucescet laetissimus ille liberationis nostrae dies. De statu nostrae ecclesiae retulit fortasse tuae paternitati m. *Andreas*[3] collega meus charissimus. Ecclesia apud nos in monte Petri vacat adhuc; si quid vestrae paternitati allubescit, curabo diligenter et meam operam fore promitto promptissimam. Venit ad nos clarissimus vir m. *Iohannes Gigas*[4], quo homine nihil vidi iam multo tempore libentius. Dignus conterraneus τῷ Ἰῶνα; utinam multos tales gigantes haberet mundus, sed non est uno dignus ἄκοσμος κόσμος, quia nihil hodie de virtute talium Ἰώνων καὶ Γιγάντων est sollicitus, sed tantum sibi suam illam canit salivam Epicuri: πάντα κόνις καὶ πάντα γέλως καὶ πάντα τὸ μηδέν. At nos bonum dominum habemus. Avunculus praestantissimi viri d. *Michaelis*[5] consulis nostri *Claus Bierman* commendavit vestrae paternitati puerum quendam hoc signo, da ir im in seine bibel geschriben habt. Hic puer nunc ad vos venit et petit

---

[1] 1. Kön. 20, 11.
[2] Die Hallenser.
[3] *Poach.
[4] Joh. Hühne (?), geb. 1515 (1511?) zu Nordh., 1540 in Wittenb. immatric., Rector zu Joachimsthal, dann zu Marienburg in Meissen, 1545 Pastor und erster Rector der neuen Schule Pforte, Pastor zu Leutmannsdorf, dann über 20 Jahre in Freistadt (— 1571), zuletzt in Schweidnitz, gest. 12. Juli 1581. Vgl. Förstemann, Nordhusana S. 39. 40. Kindervater, Nordhusa illustris S. 73 flg. Vgl. oben S. 36. 43.
[5] Meienburg.

hospitium, ut audiat vestrae scholae lectiones. Vester *Iohannes* aut *Ionas* potest illi prodesse et hospitem impetrare. Est frater *Iohannis Cinglarii*[1] poëtae clarissimi, non inferioris venae atque frater in carmine, ubi olim accesserit usus et aetas. Verto, charissime pater, et saepe verto, sed tarde verto, quia saepe impedior et grammatica mea satis est lenta. Gut ding wil villeicht weil haben. Misit ad me libellum *Christophorus Nonhagen* (?) impendio rogans, ut papistae autori libelli[2] respondeam; postea redeam ad concilium. Ignoscat vestra excellentia huic garrulitati meae et bene in Christo diutissimeque precor ut valeat. *Northusii* 17. Maii 49.

τῷ Ἰονᾷ deditiss.

Antonius Otho.

Reverendiss. viro ac patri in Christo d. *Iusto Ionae* sacrae theologiae doctori, ecclesiae Dei quae est in *Salinis Saxonum* superattendenti, domino et patrono suo observando colendo.

Original im Besitz von C. Schneider in Schleswig. Erwähnt Pressel S. 100.

901. Jonas an Herzog Albrecht v. Preussen. — Wittenberg 1549. Mai 24.

Erzählt seine Drangsale während der Kriegszeiten, und dass er in Halle zwar Aufnahme, aber noch nicht Erlaubnis zum Predigen erhalten habe. Bittet um Unterstützung. Sendet das Autographon eines Briefes Luthers. Von seinen Uebersetzungen Lutherscher Schriften. Empfehlung des Joh. Luther.

G. et p. Dei per Christum. Praestans T. Cel.^{nis} pietas, summa humanitas erga omnes, singularis amor et candor erga eruditos, clementia tua plane heroica et regia, ill. princeps, domine clementissime, faciunt ut his tristibus et asperis temporibus, quae me non mediocribus aerumnis et necessitatibus involverunt[3], inter reliquos pios et mihi notos principes potissimum ad T. Cel.^{is} opem et auxilium confugiendum duxeri Memini ill. T. Cel.^{nem} ante bellum literas ad me dedisse tuapte manu admodum clementer scriptas, quas, ut decet et debeo, sanctissime celavi. Quae inter caetera eiuscemodi continebant vocem germanice: „*Iona, es sind itzund allerley antzeigung, das ein wetter am himel hange vber vns armen christen.*" Hanc quidem tempestatem, quam futuram esse brevi multis piis hominibus et sanctis Dei addivinabat animus, late pervagatam esse Germaniam, non mediocri quassatione reipublicae et ecclesiae, non exiguis damnis publicis et privatis experti sumus. Gravis profecto calamitas fuit, quae in omnibus ecclesiis agrum Christi duriter

---

[1] Vgl. Corp. Ref. VII, 447. 544. 636. 679. 803. [Cingularius.]

[2] Am Rande: „Es gilt kloster gelübt, arme junckfrawen, ut scitis, caro et sanguis"

[3] Hall. Progr. involverint.

afflixit et attrivit. Multi pii principes multati, multae urbes iugo durissimo subactae, θανατόφοραι μεταβολαὶ factae locis multis. Multi praestantes cives eiecti e senatu, non pauci viri docti et pii exacti in exilia misera cum uxoribus et liberis, in exilia inquam misera et difficillima: et quae difficultates hanc subitam mutationem status Germaniae non comitatae sunt? Non omnia, ill. princeps, satis tuto committuntur literis. Utinam coram daretur, de ecclesia *Hallensi*, de reverendissimo archiepiscopo, ill. principe fratre V. Cel., colloqui! Ecclesia *Hallensis* adhuc habet puram doctrinam et verum ac pium usum sacramentorum, et reverendiss. archiepiscopus, ἀδελφὸς μεγαπρεπ.[1] ὑμῶν, satis elementer se erga nos ministros hactenus exhibuit, verum suae papisticae ἀντεχόμενος religionis. Ego, quod ad privata mea attinet, inter motus illos et tumultuarias mutationes his coactus sum concedere[2] in longinquum exilium. Deinde cum capto seniori ill. electore ad *Molb[e]r]k* Caesar castra haberet pene ad moenia *Vitt[enber]gae* et brevi huc in *Salinas* venturus esset cum exercitu, potiores[3] de senatu *Hallae* censuerunt mihi ad declinandum aestum primae irae secedendum esse. Urgentibus ergo minis atrocibus et periculis, quae impendebant a petulantia, saevitia et militari audacia τῶν Ἱσπανῶν, non satis compositis sarcinulis neque disposita supellectile, coactus sum sub momentum unius horae imponere duobus curribus rusticanis uxorem praegnantem ac periculose valetudinariam, infantulos duos, tres filias, et quasi in fuga ac metu celeriter migrare una cum uxore et VII liberis. Propter periculi magnitudinem et varietatem opus quidem nobis fuisset deviatione aut etiam nocturnis itineribus et sylvarum latebris, sed noctem aut ambages per sylvas non ferebat imbellis sexus τῆς γυναικός καὶ τῶν. τέκνον. Ex *alinis* contuli me ad Hercynium nemus; magna humanitate et[4] φιλοξενίᾳ tractarunt me in illa fuga exulem generosi comites *Mansfeldenses*. Demosthenes cum in Calauria exularet, scribit se quotidie ad fastigium eius sacelli, ad quod confugerat, ascendere atque inde perpetuo ob tutum[5] eam regionem versus, quam Athenae sitae erant, anxio desiderio patriae oculis metiri et spectare solitum. Eius affectus vehementiam me in meo quoque exilio expertum esse fateri cogor. In patria *Northusia* (quo et tunc d. *Philippus* profugerat) non ausus propter pericula, quae me [usque] in sinum usque τῆς πατρίδος prosequebantur, progredi

---

[1] μεγαλοπρεπής Hall. Progr.
[2] Oder conte[u]dere.
[3] Folgt hie, das wieder ausgestrichen ist.
[4] Hall. Progr. in.
[5] Hall. Progr. obtutu: wohl richtig.

in publicum, delitui apud civem in quodam horto et abdito hypocaustulo ad mensem integrum. Deinde non longi temporis intervallo post, cum rumore esset perlatum in Saxoniam me exulantem ex mea *Hallensi* ecclesia delitescere in patria *Northusen.*, senatus urbis *Hildesiae* vocavit me per literas publicas ad praedicandum evangelium. In urbe ergo *Hildesia* multi pii humaniter me tractarunt. In Saxonia ergo commoratus sum ad 9 aut 10 menses, quibus abfui non sine ingenti desiderio auditorii frequentioris, ut Cel. V.ᵃ hic[1] *Halae* vidit, non sine desiderio bibliothecae meae. Ibi uxor extra patriam bis aut ter aegrotavit

Cum autem senatui et ecclesiae *Hallensi* obligassem me ad tempus vitae (sicut mutuae obligationes literis datae sunt[2]): cum totam bibliothecam et supellectilem reliquissem in *Salinis*, et quod maximum est, ecclesiae isthic sub illa prima pericula et certamina praefuissem ad totos annos septem, et me multi pii, multi synceri amici quotidianis literis hortarentur, ut ante reditum archiepiscopi conferrem me in urbem, ante annum redii *Halam*. Verum senatus duos praecipuos senatores et alterum ex consulibus legatos habuerat per totam pene aestatem *Augustae Vindelicorum* apud Caesarem. Ibi quidam potentes in aula Caesaris ita expostularant cum legatis propter me (odio enim in aula nomen meum onerarant monachi, ut *Hallenses* ex metu iusserint vel rogarint me, ut intermitterem contiones, ne haec urbs ferventi adhuc hac delatione maiorem incurreret indignationum τοῦ αὐτοκράτορος. Eiuscemodi est, ill. princeps, difficultas horum temporum, ut ubivis gentium ministri, quo fuerant in suo munere synceriores, eo exerceantur[2] durius. Equidem, qui ante septennium tempore cardinalis multa subivi pericula et inter difficillima certamina satis desudans semina prima sparsi τοῦ Εὐαγγελίου, hic in media mea ecclesia exul per totum huann m non sum concionatus. Incedo hic coram invido θεατριζόμενος et a papistis aliisque invidis exagitor senex. Damnum sum passus in prioribus duobus exiliis ad CCCC flor. et ultra, deinde et Husserni[3] quaedam mea vicina[4] *Vittenbergae* depraedati sunt. Nuper elocavi filiam;[5] coactus sum mutuo accipere ab amicis. Sub ingravescentem aetatem meam si iam incideret morbus aut contingeret excedere ex hac vita relictis μικραῖς τέκνοις, in magna difficultate luctarentur liberi mei. Cum ergo V. Cel.ⁱˢ singularis clementia erga eruditos mihi nota

---
[1] Hall. Progr. sunt mutuae obligationis literae datae sunt.
[2] Hall. Progr. execrantur.
[3] Abschr. Husserin. Vgl. Corp. Ref. VII. 1071 „prodition Harpiarum, sic nomino, quos usitate nuncupant Hussernos"
[4] Hall. Progr. vineam.
[5] Siehe oben S. 273.

sit, has aerumnas meas et necessitatem meam ipsa perpulit significare necessitas. Si per aetatem suppeterent vires, iam dudum contulissem me in ditionem V. Cel.^{is}. Literas et si quae V. Cel.^{do} ad me *Halam* mittere dignabitur, curari possunt per tabellarios, qui ex aula πρὸς τὸν ἄρχοντα ἀδελφὸν currunt, aut qui quotidie *Lipsiam* transeunt. Omnium quae V. Cel.^{is} nomine exposuit clariss. vir d. doctor *Sabinus* [1] rector etc. academiae *Konigsbergen.*, erimus memores diligenter καὶ τὴν ὑγιαίνουσαν διδαχὴν ac evangelium veritatis Dei contra librum *Augustanum* (Interim) confitebimur Deo dante usque ad ultimum halitum quovis periculo vitae.

In ecclesia *Hallensi* et ditione archiepiscopi doctrina pura, cultus Dei, omnia sunt ut ante. De adventu ill. electoris in *Salinas*[2] narrabit V. Cel.ⁿⁱ d. doctor *Sabinus*. In quemcunque eventum Deus custodiat nos a novis exiliis. Omnia (cum certi quid cognoro) accurate perscribam Cel.ⁿⁱ V.^{ae} et d. doctori *Sabino* de ecclesia nostra *Hallensi*.

Cum nactus essem fidedignum (cui hoc tuto concredi posset), summum intimum amicum meum *Ioannem Lutherum*, cum V. Cel^{do} praeviderit ex Deo tempestatem, mitto his inclusum Cel. V.^{ae} manum et αὐτόγραφον reverendi nostri patris *Lutheri*[3], in qua epistola triennio ante clare etiam prophetat de rebus, quae in bello anno domini 46. gestae sunt. Retinui mihi exemplum, ut V. Cel.ⁿⁱ donarem et reverenter transmitterem αὐτόγραφον viri Dei, prophetae τῆς Γερμανίας. V. Cel.^o dignetur hoc tempore celare et custodire, ut posteritas cognoscat, quamquam nosmetipsi quaedam edemus in gloriam τοῦ Εὐαγγελίου et purae doctrinae.

Editus iam est tertius tomus operum rev. d. *Lutheri*[4], in quo quaepam continetur translatio mea latina, Summa: psalmorum. Absolvam, spero, latine d. *M. L.* librum de conciliis, qui addetur his latinis operibus. Et in Genesim commentarium d. *Lutheri* reddam (Deo dante)

---

[1] Am 15. Mai schreibt Melanchthon: „Sabinus adest et multa negotia attulit." Corp. Ref. VII, 107; am 25. giebt er ihm einen Brief an Herzog Albrecht mit, ibidem 409 flg.

[2] Ueber die Zeile gesetzt.

[3] Luthers Brief vom 16. Dec. 1513. de Wette V, 610; vrgl. oben II, S. 111.

[4] Erschien mit Vorrede Melanchthons vom 1. Mai 1549 Darin befinden sich die zuerst 1534 von Jonas in Uebersetzung herausgegebenen „Argumenta psalmorum omnium a D. Mart. Luthero primum germanice edita, postea versa a D. Iusto Ionae" mit dem Schlussvermerk: „Ad lectorem I. Jonas. Summaria ita translata sunt, ut permittente D. Luthero quibusdam locis sententiae et res, de quibus autor sentit, pro piis lectoribus prolixius sint traditae." Ausgabe Viteb. 1553 Bl. 356—393. Vgl. Erl. Ausg. 37, 252. Corp. Ref. VII, 391.

germanice[1], si ferent vires seniles. Conor autem, ut erga V. Cel. testatam relinquam meam deditissimam voluntatem et operam. Sunt iam multi pii et docti exiliis καὶ πενίᾳ afflicti. Speramus quidem τὰ πολλὰ θεραπεύσει χρόνος. Speramus, ut post tantas procellas Deus mitiget nobis publicas et privatas calamitates, ut navis Pauli quassata et vexata fluctibus tandem perveniat ad portum, atque misericordi coelesti patre benedicente ecclesiis et scholis redeat tranquillitas mediocris. Afflictiones ecclesiae et certamina seminis cum serpente cessabunt nunquam. In medio aut[em] τῶν κινδύνων καὶ τῆς θλίψεως conandum est, ut cum auxilio Dei et subvenientibus piis principibus propagemus puram et sanam doctrinam Dei. Christus dominus noster, qui ἐν τῇ ἡμέρᾳ ἐκείνῃ remunerabitur V. Cel.[is] erga sanctos, erga ecclesiam Dei ἀγάπην, idem V. Cel.[em] et illuss. principissam, totam ducalem domum, conservet ad gloriam sui nominis diutissime incolumem. V. Cel[im] commendamus *Iohannem Lutherum* filium prophetae Dei, iam propter parentem commendatissimum. V.[ae] Cel.[ni] offert vidua rev. d. *Lutheri* matrona honestissima suas coram Deo preces. Et pro V.[a] Cel.[ne] orabimus cum tota ecclesia Dei, quam late pertonuit τὸ ἅγιον τοῦ θεοῦ Εὐαγγέλιον Datum *Vittenbergae*, ubi eram hoc octiduo invisens d. φίλους[1] et christianos. 24. Maii an. dom. MDXLIX.

    V. illuss. celsitudini
        deditissimus et obedientiss.
            Justus Jonas senior
            Doctor. S. *Hallens*. eccl. etc.

Illustriss.[o] principi ac domino dn. *Alberto* marchioni Brandenburgensi, duci Prussiae, Pomerani[ae] etc. burggravio *Norimbergensi*, principi et do[mino meo clemen]tissimo d.
[m. g. h. hertzogzu Preuss]hen [zu s. f. g. eigen] handen.[3]

Eigenhändig geschriebenes Original auf 2 Bogen fol. Im herzoglichen Archiv (Königl. Staatsarchiv zu Königsberg i. Pr.). Gedr. im Hall. Progr. 1841 S. 26 — 29. Bei Voigt, Briefwechsel S. 339 — 344 deutsches Excerpt.

902. Justus Jonas an König Christian III. Halle 1549. Juni 14.

    Ueber den Stand der evangelischen Kirchen dem Interim gegenüber. Man wartet noch auf die von Kurf. Moritz zu veröffentlichende neue Kirchenordnung. Der Kaiser ist mit der sächs. Mässigung des Interims nicht zufrieden. Die Hallischen Zustände. Das Zeugnis der Städte Lübeck etc. Vielleicht kommt es doch noch zur Verjagung der bekenntnistreuen Prediger; dann möge Dänemark Zuflucht bieten.

Gnad vnd fried Gottes in Christo. Großmechtigster konig, durchleuchtigster hochgeborner furst. Eure koniglichen maiestet sind mein

---

[1] Vgl. oben S. 264.   [2] Hall. Progr. d. φιλ ς. [bezieht die Worte auf Melanchthon.]
[3] Die Aufschrift ist beschädigt.

vnterthanigste, gehorsame, schuldige vnd gantz willige dinst zunoran. Gnedigster herr. An eur. ko mt. hab ich zwier oder dreymal nach dem nehist vorschinen krieg vnterthanigst schrift gethan, durch *Hildesheim* zugeschickt, aber biß anher noch nit antwort entpfangen.

Es tragen sich, gnedigster herr, in diesen geschwinden leuften vnd zeiten viel sachen zu, die e. k m. bequemer in gegenwertigkeit mundtlich, dau durch schriften konten vnterthanigst angezeigt werden. Derwegen wo es der almechtig Gott also gnediglich fügete, das[1] ich ehe vnd zuuor denn ich mit vnuormuglichem alder beladen, oder von dieser welt auch meinen abschied neme, e. k. mat. als den christlichen konigk vnd meinen insonder gnedigsten herren (nach dem e. k. mt. mundtlich da zumal zu *Brunschwig* vnd sider ofte in gnedigsten schriften vfs aller gnedigst sich jegen mihr erboten) mocht in Holstein oder im konigreich frolich sehen vnd vndtertänigst mundtlich ansprechen, wolt ich für ein sunder gab Gottes achten, vor ein trost vnd sunder hohe freude.

Gnedigster herr. was do belangt vnser kirchen zu *Hall*, hat der ertzbischof zu *Magdeburgk*, vnser gnedigster herr, mit mihr oder andern predigern noch nichts von der religion oder Interim reden lassen, sondern die kirche stehet mit reiner lere vnd reichung der heiligen sacramenten in irer ordnung, wie ich sie vor acht jaren nach forme der kirchen zu *Wittenbergk* mit viel arbeit angericht. Was kunftig hochgemelter furst vnd ertzbischof der religion halben werd mit vns handeln vnd reden lassen, konnen wir noch nicht wissen. Ich bin von einem e. rath zu *Hall* vortrostet, das ich in kurtz wider in mein predigampt soll gesetzt werden, wie mich denn vnser gnedigster her der churfurst zu Sachsen, hertzog *Moritz*, gnediglich vorschrieben, vnd auch sunst etlich fursten vorbitt vor mich gethan. Es gehet, gnedigster herr, ein gemeine rede, der ertzbischof v. g. h. vnd etliche mehr fursten vnd vmligende stedte warten dorauf, was mein gnedigster herr der churfurst zu Sachsen, hertzog *Moritz*, durch m. g. h. fürst *Georgen* zu Anhaldt, durch d. *Philippum Melanthonem* vnd die gelerten zu *Wittenbergk* werd lassen vor eine christliche kirchenordnung an tag geben, welche der heiligen schrift vnd apostolischer lere gemeß; der (als ich vermein) mochten viel fursten, stende vnd vmliegende stedte volgen.[2]

Aber do sagt man auch, das dieselbige ordnung werde aus vrsachen so baldt im druck nit offentlich ausgehen. Auch, gnedigster

---

[1] Schum. des.

[2] „Agenda wie es In des Churfürsten zu Sachsen Landen In den Kirchen gehalten wirdt." Von E. Friedberg, Halle 1869 veröffentlicht. Moritz verbot am 1. Mai 1549 aus „wichtigen Ursachen" die Drucklegung dieser KO. Zeitschr. f. hist. Theol. 1871, S. 36flg.

konig vnd herr, geb ich e. mt. in vnterthanigem vertrauen zu erkennen, das mihr der durchleuchtige hochgeborne furst vnd her, her *Wolfgang*. furst zu Anhaldt, angezeigt, wie das s. g. von glaubwirdigen (welche neulich bey einem keyserische boten die keyserlichem mandat gesehen) vorstanden, der keyser wolle nicht zufrieden sein mit einiger moderation oder messigung, sonder hab neulich an etlich stende geschrieben vnd ernstlich endtlich begeret, sie sollen das Interim nach dem buchstab, wie es lautet, annemen vnd dorauf klar antworten, was sie zu thun gesinnet oder nicht. In allen kirchen des chur- vnd furstentums zu Sachsen gehet die reine lere vnd recht brauch der sacrament noch rein.

Es hat auch bey vielen ein gros lob der loblich furst hertzog *Augustus*, das s. f. g. das euangelium gnediglich, vleissig vnd treulich fordern helffen. Dergleichen in der kirchen zu *Hall* gehet die lere vnd christliche ceremonien auch wie biß anher. Aber etlich Dominicaster vnd barfusser munche hat, auf vberschickte keyserliche mandat, der ertzbischof v. g. h. wider eingesetzt. Da konnen wir nicht mehr, dan das wir wider ire gotlose lere vnd wesen leren vnd predigen. Das der keyser, gnedigster herr, mit keiner moderation oder messigung zufrieden sein werde, ist wol vermutlich. Dann der bapst regt ohn vnterlaß ahn, vnd wan die session im concilio künftigk celebrirt, so wird er doch begeren, man sol den beschlussen vnd decreten des concilii volgen, den statum der romischen kirchen wider aufrichten.

Es ist aber ein gewiss gerucht, das die key. mt. jegen v. g h. dem churfürst zu Sachsen, hertzog *Moritz*, sich soll verschrieben haben, s. ch. g. vnd diese lender bey dem euangelio vnd waren religion, wie darinne gelert wirt vnd gehet, bleiben zu lassen. Wo aber das alles nit soll angesehen sein bey dem keyser, so wird der Almechtig gnad verleihen, das alle kirchen vnd ein itzlicher christ vor sich selb ein eintrechtig confession des euangelii vnd der reinen lere thun werden, wie die gelerten e. k. mt. zu *Hamburgk*, *Lübeck* vnd *Luneburg*, nach erster richtiger anleitung der confession vnd apologia *Augspurgk* ao. 30. ein gut anleitung durch ir gelert ausgangen schrift vnd buch gegeben haben.[1]

Solten wir prediger, gnedigster konig vnd herr, aus diesen landen weichen müssen, so wurden[2] wir bey e. k. mt. herberg vnd hospitium exulantis evangelii suchen. Der barmhertzig Gott vnd vnser herr Jesus Christus geb e. mt. wie S. Paulus sagt 1. Thessalo. 2,[3] das das heilige euangelium bey e. mt. vnd e. mt. vnterthanen reichlich sey, nit allein

---

[1] Siehe oben S. 274. [2] Schum. wurde. [3] 1. Thess. 1, 5 flg.

mit leren, predigen, sondern auch in grosser stercke vnd kraft des heiligen geists, vnd mitten in trübsal, freudigem bekenntnus vnd grosser gewißheit etc.

Gnedigster herr, Gott der herr weis, in was sorgen vnd noth wir armen prediger in diesen leuften seindt, samt vnsern armen weib vnd kindern. So bin ich selb vor ij jaren mit meinem weib vnd vij kindern in exilio gewesen, viel schaden vnd nachtheil erlidden, wie e. mt. diener *Andreas Eulenaw* vnd *Antonius Gallus* auß meinen[1] an sie gethanen schriften e. mt. wol berichtet haben.

Der almechtig Gott wolle allein durch e. mt. vnd gotfurchtiger potentaten vnd fursten christlich fodderung die reine christliche lehre, kirchen vnd schulen erhalten, so wird vns in alle dem andern wol wiederum auch gottlich trost vnd hulfe widerfaren. E. k. mt. wolle Gott der herr durch den herrn Christum, zu ehre vnd lob seines heiligen namens, ausbreitung seines heiligen gotlichen worts, langes leben vorleihen, alle selige wolfart in irer koniglichen regirung in dießen geschwinden zeiten, auch vnserm gnedigsten herrn dem gefangenen alten churfürsten reichen gotlichen trost geben vnd vorleihen, auch allen gotfurchtigen christlichen konigen vnd fursten bestendigkeit in bekentnis der wahrheit, kraft, sterke, friede, freude im heiligen geist geben. E. k. mt. samt der allerloblichsten konigin, samt dem durchleuchtigsten hochgebornen fursten vnd hern, hern hertzog *Augusto* vnd der koniglichen tochter, s. f. g. gemahl, vnserm gnedigsten freulein, samt e. mt. jungen herschaft, samt e. mt. konigreich vnd landen vnd leuten in vnserm teglichem gebeth jegen Gott zu haben, wollen wir sampt allen vnsern kirchen nit vergessen.

Der herr Christus (welchen wir predigen vnd vormittels seiner gnade vf vnsern letzten odem bekennen wollen) bewar vnd erhalt in wolfart leibs vnd seelen e. mt. altzeit. Amen Datum *Halle*[1], freitag in der heiligen Pfingstwochen. Anno dni MDXLIX.

    E. kon. mt.
       vnterteniger vnd gehorsamer dyner
        Justus Jonas, doctor,
        S. Hal. ecc.

Product *Roskilde*, den XX. Julii Ao. 49.

Schumacher a. a. O I. 342—347 und III, 396—401

---

[1] Schum. meinem.

[2] In Wirklichkeit befand sich Jonas in jenen Tagen in Dessau. Vrgl. den folgenden Brief.

903. Jonas an Kanzler Ludwig Rabe. Dessau 1549. Juni 14.

Uebersendet sein Schreiben an den König von Dänemark zur Beförderung an diesen; bittet ihn, die Angelegenheit seiner Forderungen an die Witt. Universität kräftig am sächs. Hofe zu unterstützen.

G. u. f. Gottes durch Christum unsern herrn. Erbar und achtbar, gunstiger er cantzler, besonder lieber vertrauter gonner und freund. So m. g. h. furst *Joachim* noch ein tag alhir zu *Dessau* mir hat befolen zu harren, und ich außgehalden, hab ich die schrift an kon. Mat. Dennemark gefertigett.[1] Derwegen bitt ich, wan der edelmann, so zu *Dessu* sub cura medici ligt, wider gesund wirdt (vermittels gottlicher hulfe), ir wollet meinen brief an die kon. Mat. in m. g. h. fürst *Wolfen* convolutum schliessen und uberschicken, das sie der ko. Mat. gewiß mugen zukomen.

Ich bitt uch, clariss. d. cancellarie, τῶν φίλων φίλτατε, amice inquam vetus inde a convictu reverendi d *Lutheri* charissime syncerissimeque, ir wollet in namen m. g. fursten und hern mein sache, mich, meine kinder belangend, mit trenem vleiß jegen hern *von Walwitz* werben mit anzeigung, das ich 28 jar den chur- und fursten zu Sachsen dinstverwant gewesen, one disses verschrieben geld im alder in anligende not geworfen werde etc.[2]

Deus Christus filius Dei V. H. reip. et ecclesiae diu conservet incolumem. Datae *Dessau* 6ta in hebdo. Pentecostes anno dni MDXLIX.

I. *Ionas* doctor, superatt. *Hallens*. eccl.

Vester totus.

Salutari peto d. pastorem d. *Io. Turbicidam [Schlaginhaufen]* et m. *Georgium Schnel* ministros Dei, amicos clarissimos.

Ornatissimo viro d. *Ludovico Rabe*, illuss. principis d. d. *Wolfg.* in Anhalt etc. cancellario, domino et amico venerando ac charissimo s. Dem hern cantzler *L. R.*

Orig. Archiv zu Zerbst.

---

[1] Siehe den vorstehenden Brief.
[2] Bezieht sich darauf, dass Jonas durch Vermittlung des Fürsten Wolfgang von Anhalt das rückständige Geld, welches er von der Universität Wittenberg erhalten sollte, einzufordern versuchte. Dieser wandte sich denn auch am 19. Juni 1549 an Herzog August mit einem Schreiben, in welchem es heisst: „Es ist auch Dr. Jonas allhier bei mir gewesen mit Anzeigung, nachdem ihm die Propstei zu Wittenb. sein Lebenlang eingethan, doch auf gnädigste Unterhandlung dieselbige auf eine Condition abgetreten, dieweil ihm dagegen jährlich 100 fl. zu erlegen zugesagt, als hat er mich gebeten, ihn gegen euch zu vorbitten, damit ihr ihm verschreiben wollt an Herrn Herzog Moritz, auf daß ihm solche 100 fl. jährlich möchten gereicht werden.... Dieweils denn ein guter alter Doctor ist, er auch viel Fleiß neben Doct. Martinus in Ausbreitung des göttlichen Worts gethan, als ist an euch.... mein Bitten, ihr

904. Antonius Otho an Jonas. 1549. Juni 30.

Bittere Anklagen gegen Melanchthon, den sächs. Hof und die Univ. Wittenberg.
Klage über die Fälschung, die man sich an Luthers Werken erlaubt hat.
Seine eigne Uebersetzerthätigkeit.

Gratiam et pacem per Christum dominum et salvatorem nostrum.
Clarissime d. doctor ac patrone cariss. Sedulo omnia *Johannes Sickel*
fecit, et magnam conceperam ex eius sermone spem, tuam reverentiam
brevi huc venturam una cum praeceptore *Philippo*, de cuius adventu
mihi saepe mira narrata sunt. Sed ego nondum satis rationem sub-
ducere possum, quid ita huc *Philippum* compellat, nisi forte ut cum
doctore *Matthaeo*[1] redeat in gratiam, inter quem et ipsum scio dissen-
sionem esse non levem et certe non sine culpa praeceptoris *Philippi*
et aliorum praeceptorum, quorum pudenda taciturnitas, intempestiva
lenitas, funestae conciliationes etc.[2] multos pios offendunt, et me, ut
ingenue dicam[3], gravissime perturbant, quanquam in specie hactenus
de quoquam ego adhuc nihil[4], quia nemo exegit a me sententiam, ideo
sino quemlibet in suo sensu abundare. Constitui tamen me a sententia
Lutheri, id est Christi, non discessurum, ac precor ut aeternus pater
me in hac diu semperque conservet sententia. Saepe mihi venit in
mentem vox tuae reverentiae, quam edebas in vaporario *Andreae Hegenrod*[5], cum de his mutationibus conferremus. Sic enim asseverabas: „De
Philippo praeceptore nolite dubitare etc." Haec cum dixisset tua
rever., altero sublato pede adiiciebat: „sic stat nunc *Philippus*, et hoc
nunc quod facit, extremum et summum est. Si non obedierint, clama-
bit *Philippus* (hic pede tundebat t. rev. terram): 'Vae vobis scribae et
pharisaei!' et sinet eos." Hac voce autoritatis tuae ego, ut debui, facile
eram contentus. Sed an etiam amplius contentus esse [possim][6], nescio,
cum quotidie literas, scripta, mandata, exempla etc. videam, qualia[7]
vivente *Luthero* nemo vidit, praesertim ex aula et schola nostra pro-
deuntia. Praeoccupantur pii interdum delicto aliquo, ut inquit apostolus

---

wollet ihn gegen euern Bruder.... vorschreiben, daß er solches erlangen mag."
Sächs. Kirchen- u. Schulbl. 1866, Sp. 141. Vrgl. oben Melanchthons Bescheid vom
25. Jan. S. 273. — Aber die Fürsprache blieb ohne Erfolg.

[1] Ratzeberger. Corp. Ref. Mettlero (!).
[2] C. R. etiam.
[3] C. R. etiam.
[4] Das Verbum fehlt.
[5] C. R. Hegenrodis.
[6] possim fehlt im Orig.
[7] C. R. quae.

sed illud non iustificant et graviora prioribus addunt. Sed de his brevi plura, ubi plus otii nactus fuero. Transtuli multas pagellas, quia autem corrumpi video hac tempestate libros *Lutheri* nefando modo[1], nolo ego autor esse, ut ne et in hoc *Lutheri* libello fortasse per meam imprudentiam quid perperam reddatur aut depravetur. Ideo hoc labore prorsus supersedi, et tuam rever. peto ac rogo, ne aegre ferat. Mittam tamen aliquando pagellas, ut diligentiam meam sentiat,[2] sed non ut edantur. Bene et feliciter valeat t. rev. in domini[3] cognitione. Amen. *Northusiae*, pridie Calendarum Iulii.

Reverendissimo in Christo patri ac domino[4] *Iusto Ionae* sacrae theologiae doctori et ecclesiae Christi in *Salinis Saxonum* superattendenti, maiori ac patrono suo perpetuo colendo.

Orig. in Meiningen. Corp. Ref. VIII, 460. 461 ins Jahr 1554 (!) gesetzt[5].

905. Jonas an Fürst Georg v. Anhalt. Halle 1549. August 6.

Dankt ihm für einen Trostbrief nach dem Tode seiner Frau. Amsdorfs Streit mit den Wittenbergern. Bittet um Unterstützung seiner Forderungen an die Universität Wittenberg.

— Quod hoc tempore, quo propter carnem meam, propter dulcissimam et fidissimam sociam vitae[6] caro mea fuit et hodie est in luctu

---

[1] Diese Klage gründet sich auf Amsdorfs Schrift: „Das die zu Witten- | berg im andern teil der bucher Doc- | toris Martini im buch das diese wort | Christi (Das ist mein Leib etc.) noch fest ste- | hen, mehr denn ein blat vier gantzer Pa- | ragraphos vorsetzlich aussgelas- | sen haben wie folget. |" 1549. 4⁰. — Man vrgl. zu diesem Briefe, der die in Nordhausen vorhandene Erregung gegen Melanchthon bezeugt, die Klage dieses im Briefe vom 29. Juni an Meienburg in Nordhausen: „Maledicta et calumnias, quibus me onerant aliqui vel ignari negotiorum vel servientes suis affectibus, refutabit tempus."

[2] C. R. sentias.

[3] C. R. Dei.

[4] Diese Worte fehlen im C. R.

[5] Dieser Brief wird hier noch einmal publiciert, nicht allein wegen der Berichtigung des Textes und der sachlichen Erläuterungen, deren er bedarf, sondern weil er an ganz falscher Stelle im Corp. Ref. in einer Anmerkung versteckt, die Beachtung nicht findet, die er verdient. Er verdient besonders wegen der vermittelnden Stellung beachtet zu werden, die Jonas bei dem immer mächtiger anschwellenden Kampf der Flacianer gegen die Wittenberger beobachtet. — Ueber die Parteiung, welche das Interim unter den Evangelischen Nordhausens hervorrief, vgl. die Schilderung Ratzebergers (herausg. v. Neudecker) S. 209 flg., besonders den Satz: „dan gedachter m. Antonius Otto ließ ihme des hern Philippi wanckelmutige consilia in diesen gefehrlichen mutationibus religionis keines weges gefallen, so hieng hirkegen der Meyenburger gantz und gar ex crepitu Philippi."

[6] Die zweite Frau des Jonas war am 8. Juli 1549 vorm. 10 Uhr ihren Leiden erlegen. Vrgl. unten S. 293.

et ingenti moerore, V. Ill. D. et R. P. tam clementer tanta varietate officiorum, tanta synceritate et philostorga suavitate christianae τῆς ἀγάπης mihi per hos moestos dies fuit consolationi, agnosco me V. C. debere perpetuam gratitudinem.

Apostolus quidem inquit: ἵνα μὴ λυπῆσθε καθὼς καὶ οἱ λοιποί. Sed spero ipse dulcissimus et φιλοστοργότατος κύριος ἡμῶν Ἰησοῦς Χριστός, θεός μου, qui in funere et ad sepulchrum Lazari familiariter et magna συμπαθείᾳ fudit lachrymas et ingemuit, et iam mihi nunc non tam mortem charissimae uxoris quam mea peccata plangenti misericorditer condonabit meos fletus meamque tristitiam et misericorditer concedet, ut sepulchrum aspiciens dilectae fidissimae coniugis et sociae, quae in septimum annum in castissima et sanctissima vita mihi conversata est, mutum tumulum παθητικῶς alloquar et ad dirigendum dolorem multo singultu circumreptem κοιμητήριον et multa vi respergam lachrymarum.

R. D. ill. princeps, dni *Georgii Winkelers* secretarii literas legi et gaudeo serenissimo regi Daniae indicatum ac clare ostensum esse, cuius modi sit status in εὐταξίᾳ in ecclesiis nostrarum regionum, et suam maiestatem praemonitam esse contra tralaticios sermones et rumores quorundam. Quod attinet ad *Ambstorfii* scriptum [1], d. *Philippus Mel.* dicitur ei privatim responsurus, quod tamen edetur tandem. D. doctor *Melchior* [2] heri fuit in meis aedibus et pollicitus est omnem suam operam mihi. Quod attinet ad clarissimi viri d. *Hieronymi Kiswetter* cancellarii humaniss. responsum in meo negocio, reverenter ago et habeo Ill. Cel. V. gratias de transmissis literis. Et cum d. cancellarius per uxorem d. doctori *Comerstadio* miserit literas illuss. principis d. d. *Wolfgangi* [3] et V. Cel inis, in bonam spem erigor, et rogo Cel. V. in fide oret coram Christo, ut in hoc negocio parvis meis liberis det benedictionem et mihi alias afflicto et viduo παράκλησιν. Sum iam in magna necessitate, ut coram Cel. V. paene cum lachrymis dixi: senes, orphanos et pupillos commendat Deus alias curae magnatum et principum. Gnediger furst vnd her, ich hab ye den chur- vnd fursten zu Sachsen 26. ader 27. jar in mein besten tagen gedinet. Ich bitt e. f. g. wollen durch doctor *Comerstad*, durch den hern oberheuptman etc. *Eras. v. Conritz*, durch den cantzeler etc. *Hieronymum Kyswetter* etc. die ander bern rethe gnedige fodderung thun mir vnd mein armen vij kinder,

---

[1] Vom 15. Juli 1549 datiert Amsdorfs: „Anntwurtt auff Doctor Pommers scheltwortt, so er auff der Cantzl ausgeschütt hatt am Sontag nach Vdalrici in dem 1549 Jar". handschriftlich in Cod. Goth. 399 Bl. 103 b — 110.

[2] Kling.

[3] Vgl. oben S. 287.

das will ich dy zeit meins lebens jegen e. f. g. vntertanigklich vordinen. Quis funera praevidere potuit? Wan ichs begert hette die zeit, man hette mirs clar am dorf *Eutzsch* vorschriben, wilchs ich vbergeben habe. G. furst vnd herr, e. f. g. wille helfen, das doch mein alder vnd meiner kinder nott angesehen werden. Dominus Christus V. Cel. ecclesiae et reip. quam diutissime conservet incolumem. Datae die Sixti anno dni M. D. XLIX.

V. Cel. addictiss. *I. Ionas* d.
Supperatt. eccl. *Hallens.*

Reverendiss. in Christo patri dd. *Georgio* illuss. principi Anhaltino, domino Bernborgk, comiti Ascaniae etc. ἐπισκόπῳ Mersborgk. praeposito Magd. et Meyson. principi et domino clementiss. suo.   M. g. f. *Georgen.*

Archiv zu Zerbst.

906. Jonas an Fürst Georg v. Anhalt.   Halle 1549. Aug. 28.

Dank für die Bemühungen des Fürsten in Sachen des Jonas. Empfehlung eines Schulmeisters. Vom Convent in Jüterbogk. Die Pest in Brandenburg und an anderen Orten.

— Quod R. D. V. in meo negocio dignata sit clementer admonere et incitare per se currentem d. Φιλ., agnosco me R. D. V. perpetuam debere gratitudinem. Huic *Michaeli*, genero d. *Sebastiani Litz*, musici eruditi et peritissimi (ut R. D. novit), facta est spes in *Lauchsted* de conditione scholastica. Cum ergo alias sit doctus iuvenis, qui exerceetur τῇ πενίᾳ etiam, ut vix habeat, unde sustentet se et honestissimam uxorem suam, rogo R. D. pro sua in eiuscemodi bonos et eruditos ἀγάπῃ, et singulari clementia ipsum quantum fieri potest adiuvare dignetur. R. domine, illuss. p., quod ad nova attinet, quidam hodie mihi narravit: Φ. dixit se audisse ex d. doctore *Melchiore*[1], spem esse bonam, ut actiones in conventu *Guterbokensi*[2] commodum finem habeant et felices eventus. Quibus gravibus et magnis deliberationibus precor adsit Christus filius Dei. Lues pestis adeo dicitur grassari *Brandeburgi* et in Marchia, ut una hebdomade elata sint CCL funera. Mortui sunt pastor ecclesiae, diaconi et ministri omnes, aliquot ipsorum liberi, quidam consul et aliquot primarii ac senatores. Deus et sua quadam messi colligit in horreum suum. Hic in *Salinis* nondum est aliqua venenata contagio. Mortua est puella nuper, magis metu et moerore quam apostemate aut morbo. Homines autem multi delectantur de eiusmodi rebus

---

[1] Kling.
[2] Corp. Ref VII, 455. 9 Sept 1549: „σύλλογος in vicina urbe Jutreboco deliberationes de bello distulit in venturum annum." Beck, Joh. Friedrich d. Mittlere I, 97.

propagare rumores et late spargere sermones vanissimos. — Datae *Hallae* 4ta post Bartholomei anno dni M. D. XLIX.
V. R. dignetur mei esse apud cancellarium illuss. ducis d. d. *Augusti* memor etc.
V. R. D. et ill. Cel. deditissimus *I. Ionas* doctor
S. Hall. eccl.[1]
Archiv zu Zerbst.

907. Christian III. an Jonas. Kopenhagen 1549. Sept. 8.

<small>Sendet ihm abermals eine Goldsumme als Beihülfe in gegenwärtiger Bedrängnis.</small>

Christian etc. Wir haben ewer schreiben freitagk im pfingsten zu *Halle* datirt empfangen und inhalts gnedig vornhommen, und bedancken uns ewers schreibens und der angetzeigten zeitung. Wir haben uns auch zu erinnern, das ir vorschinen kriege zu etzlichen malen an uns geschrieben. Wir haben euch auch daruff beantwortten lassen und euch einmhall funfftzigk taler geschickt, als ir gen *Magdeburg* gewichen. Sollten euch nhun solich schreiben und gelt nit zukommen sein, wer uns frembt, und haben ewer widderwertigkeit dermassen ungern vornhommen. Wir horen aber gern, das die kirch zu *Hall* mit reiner lehr und reichunge der sakramente noch in irer ordnung unuorandert stehet. Der almechtig Goth wolle ferner mit gnade vorleihen, das sein wort und kirch erhalten und alle beschwerange gnediglich abgewandt. Wir schicken euch auch hieneben viertzig goltgulden, die wollet zu gefallen haben. Und beuelen uns hiemit sampt den unsern in ewer christlich gebet. Seint euch auch mit gnaden geneigt. Datum ut supra.

Aarsberetninger 1, pg. 256.

908. Jonas an Christian III. Halle 1549. Sept. 19.

<small>Meldet den Tod seiner Frau. Auf seine früheren Schreiben hat er keine Antwort erhalten; möchte wissen, ob er etwa in Ungnade gefallen sei. Ueber das Interim. Veränderungen der Lehre haben weder in Halle noch in den sächs. Landen stattgefunden.</small>

Gnad und fried Gottes durch Christum, unsern lieben herrn. Durchlauchtigster könig. Ewer ko. mayt. sind mein gantz unterthanigste, schuldige gehorsam und gantz willige dienste zunoran. Gnedigster konig und herr. Ewr. konigl. mayt. als meynem insondern allergnedigsten herrn geb ich mitt bekummerten gemuth zu erkennen,

---

[1] Ueber den 6 Sept. 1519 bemerkt Siegfried Sack, Leychpredigten. Magdeb. 1592: „an welchem Tage Dr. Justus Jonas zu S. Niclas [in Nordh.] eine horrliche Predigt gethan, welche auch meines Erachtens die letzte gewesen, die er seinen geliebten Landsleuten gethan." Vrgl. Förstemann Nordhusana S 48.

das mir den 8. tag des monats *Juli* dis 49. jars, umb X uhr im mittage, mein liebstes weib und ehelich gesellyn *Magdalena*, mitt welcher mir Gott zwen sohne, *Martinum* und *Philippum* geben, mit der ich in das vij. jar in ehelicher liebe und trew aller einigkeit gelebt, durch den willen Gottes plötzlich an den tisch unter der maltzeit an der apoplexia verstorben, irs alters xxvij jar. Wilchs mir, gnedigster herr konig, uber vorige mein anligende nothe, vorenderung der haushaltung und allerley scheden bringett, wie ich *Andres Erdman* und *Anthonio*[1], meynen freunden, e. k. mayt dienern, weiter geschrieben, e. k. mayt. in meynen namen weiter antzutzeigen und zu berichten diß meyn betrübnis.

Nachdem ich in dissen geschwinden leuften und kriegszeitten, von anno xlvj an, von e. k. mayt. kein schrifft empfangen, hab ich syder etzlich mhall, und auch noch newlich, aus m. g. h. furst *Wolfen* zu Anhald cantzley[2], etliche unterthanigst schriften an e. k. mayt. gefertigett, ungeuerlich kortz nach den vorschinen heiligen Pfingsttagen, aber uff dieselbigen von e. k. mayt. auch kein antwortt bekommen, mittler zeit des durchlauchtigen, hochgebornen fursten und herrn, herrn *Augusti*, hertzogen tzu Sachsen, e. k. mayt. herrn sohn posten und botschaften erausgangen. Wilches, gnedigster konig und herr, mich vorursacht, dissen eygen bothen an e. k. mayt abzufertigen.

Dann nachdem am 8. des monats July mir durch gnedigen Gottes willen ein solch gros betrübnis zugestanden, sind die beschwerung meyner haushaltung, wilcher zuuor in kriegszeitten viell groß zuruttung und schaden erleidenn, dordurch nitt wenig vormherett, das ich, gnedigster herr konig, die zeit meines lebens in grossern nothen und anligenden nitt gewesen.

So ich dann nhun alt und schwach werde, mein alters lvj. jar erreicht, ob ich vor mein abscheiden nit dotzu kommen konth, mundtlich e. k. mayt. in untherthanigkeit antzureden, als ich willens bin gewesen und noch: so bitt ich e. k. mayt. als mein gnedigsten herrn konig, e. k. mayt. wolle mein vier sohne und iij tochter (wilche zu forcht und ehre Gottes getzogen sind) in gnedigstem befelich haben. Und wie e. k. mayt. als der lobliche und christliche konig mir mitt sonderlichen gnaden alletzeit gneigt gewesen, und als ich hoff noch sind, so wollen e. ko. mayt. nach meynem abschied meyner kinder und nachkomen gnedigster konig und herr sein, und bei dissem bothen wolle e. kö. mayt. mich allergnedigst beantworten, doraus ich zu vermerken, ob ich etwa bey e. k. mayt. vorunglumpfett, oder ob ich bey

---

[1] Anton. Gallus, siehe S. 286.   [2] Siehe oben S. 283 flg.

e. ko. mayt. noch im vorigem gnaden stehe, domit mir auch uff mein untherthanigst bitt, so *Andreas Ewlemne* und *Anthonio* in meinem namen an e. m. thun werden, solch gnad und gnedig antwortt erlangt werden muge.

Was do belangett, gnedigster konig und herr, die disputation von der religion sache und von dem buch Interim, wie woll mancherley rede, schrifte in die lender angebreitet werden, und sonderlichen in weitgelegen konigreiche und lande allerley wirdett ruchtbar gemacht, auch offte weitleuftig furbracht, so sieht man doch noch offentlichen Gottes gnedige werke, schutz und beystand, das hier tzu *Halle* (so doch die keys. mayt. hir gewesen) gehett noch gottlob die reine lere, der rechte, warhaftige brauch der sakrament, wie es vor viij jaren ordentlich reyn und christlich gangen, do ich erst bin anher komen, und ob woll etzliche monche eintzeln widder eingeschlichen, so gibtt ihnen niemandts almusen, haben keinen enthaltt: man helt dafür, werden in inen selb verdorren.

Auch gehett in des churfürsten tzu Sachsen herzog *Moritz* lande die lere des euangelii rein, zu *Wittenberg Leiptzig* ist nichts gendertt, oder widder die reyne lere, und wie mich m. g. h. furst *Georg* berichtett, wird die kirchen ordnung nitt anders ausghen, dann das sie der heyligen schrift gleichformig, und gemes sein werdett. E. ko. mayt. halde mir mein weitleuftig rede gnedigst zu gutt, wilche in unterthänigstem vertrawen ich bey e. mayt. brauche.

Der almechtige Gott vorleihe in der hochwichtigen sache der religion sein heyligen geist, und vorleihe widderumb sein segen und friede deutscher nation. Vor e. k. mayt. und die allerlöblichste kongyn, e. k. m. gemhall, e. ko. mayt. junge herrschaft unser christlich gebett vor Gott zu thun, wollen wir in unterthanigkeit nit unterlassen, und e. k. m. unterthanigste gehorsam willige dinste zu ertzeigen nach hochstem vormugen, bin ich in aller demutt allzeit willig und gevlissen.

Datum *Halle* 19. septembris anno dni MDXLIX.

E. k. m. williger untertanigester diener
Justus Jonas doctor S. H.

Product. *Coppenhagen*, den VIII october. Ao. 49.

Schumacher a. a. O. I, 348—352. Offenbar hatte Jonas den Brief des Königs Nro. 907 noch nicht empfangen.

909. Herzog Johann Ernst an Jonas. Koburg 1549. Dec. 7.

Teilt ihm mit, dass er entschlossen sei, das ihm zugestellte Interim zurückzuweisen, und dass er in diesem Sinne an den Kaiser geschrieben habe.

Von Gots gnaden *Johans Ernst*[1], hertzog zu Sachsen.

[1] Der Bruder Johann Friedrichs, seit 17. Jan 1541 in Besitz der Pflege Koburg.

Unsern gnedigen grus bevhor. Wirdiger und hochgelarter, lieber andechtiger, wir geben euch guter meynung zu erkennen, wie das wyr durch unsern lieben andechtigen doctor *Morlyn* bericht seynd worden, erstlichen das ir uns ewrn unterthanigen dinst hapt vormelden und antzeigen lassen, solchs thun wir uns widderumb jegen euch gantz gnediglichen bedancken. Zum andern hatt er uns auch angezeigt, wie das ir uns zum unterthenigsten bitten thutt, das wir uns ja nichtes wollen schrecken lassen der Interims halben, daraüff geben wir euch zu vorstehen, ob wohl gleich das Interim uns von dem bapst, auch von dem bischoff dreymhall zugeschickt ist worden, haben wir doch nitt darein wollen willigen, und haben derhalben key. mayt. unserm allergnedigsten keyser geschriben und gebeten, ir key. mayt. wollen uns bey der rechten warheit des euangelij bleiben lassen, aber uns ist kein antwortt widder worden. Wir sind aber durch vorleihung Gots guad entlichen entschlossen, bey der rechten warheitt zu vorharren, das helff uns Christus Jesus. Sulchs haben wir euch unangetzeigt nitt wollen lassen, dann womit wir euch gnedigen guten willen wissen zu ertzeigen, seind wir zu yder tzeitt geneigt. Datum in unser *Ehrnburgk* zu *Coburgk,* sonnabent nach Nikolai ihm 49. Jhar etc.

Unser eigen handschrifft m. pr.

Dem wirdigen und hochgelarten, unserm lieben andechtigen,
horn *Justo Jonn*, per heylig. schrifft doctori.

Schumacher I, 355. 356. Vrgl. Buchholtz, Gesch. Ferdinand des Ersten. VI. 330.

910. Jonas an Herzog Albrecht v. Preussen. Halle 1549. Dec. 15.

Bringt sein unbeantwortet gebliebenes Schreiben vom 24. Mai in Erinnerung. Klagt, dass ihm noch immer die Erlaubnis zum Predigen vorenthalten wird. Gutes Einvernehmen mit dem neuen Prediger in Halle, Mag. Boetius. Die kathol. Partei regt sich wieder in Synoden, Edicten und Lügenbüchern.

Gnad vnd frid Gottes durch Christum etc. Durchleuchtigster hochgeborner furst, ewern furstlichen gnaden sind meyn vnthertanige, gehorsame, gantz willige gevlissene dinst zuuoran bereit. Gnedigster furst vnd herr, als vorschinen sommers reverendi d. doctoris *Martini* sel.[1] Sohn, *Johann Luther*, sich mit dem heren doctor *Georgio Sabino* ins land zu e. f. g. begeben, hab ich ihme ein lateinisch schrift an e. f. g.[2] mitgeben, darinnen ich vnderthanig vormeldet, was ich in zweien exiliis vor schaden erliden. Wirdet solch schriften e. f. g. vntertħanig vberantwort haben. So itzund e. f. g. geschickten vnd secretarius *Balthasar Gans* eylend durchgereyset, hab ich dem heren *Balthasar*

---

[1] Im Hall. Progr. falsch aufgelöst: soliger.
[2] Siehe oben S. 279 flg.

secretarien befohlen, danon e. f. g. in geheim weiter mundtlich von meyner gelegenheit vormeldung zu thun.

Was vnser kirche *Halle* belanget, gnedigster herr, ist Gott lob in derselbigen in lere, kirchenemptern, ceremonien nichtes geendert, sondern dieselbigen stehen allenthalben (itzo nach kay. mayt. abtzog, welchs nun schier $2^1{}_2$ Jahr sind) wie sie zuuor, vor newn jarn, durch mich vnd meyn geholffen vormittels gotlicher gnad angericht, gestanden hat, allein das ich mit dem predigampt vfgehalten werde durch heimliche list der papisten vnd geschwindigkeit Satanae. Diese zeit durch, namlich ein gantz jar vnd dreyvirtel, haben etliche fursten vnd herren bitt vor mich gethan bey dem ertzbischoff, vnserm gnedigsten hern, aber s. f. g. haben die recht entliche antwort vfgeschoben[1] bis vf zukunft des churfursten zu Brandenborgk, vnsers gnedigsten hern etc., welcher vortzug, gnedigster herr, mir seer beschwerlich ist. Doch hat sich ein erbar rath erboten, sie wollen allen hochsten vleis anwenden bey hochgemelten churfursten zu Brandenborgk, vnserm gnedigsten herrn, das ich widder in mein predigampt mocht gesetzt werden.

Mit dem newen prediger[2], gnedigster herr, leben wir andern, die wir vf nehest Ostern in das zehende jar alhier gewest und wie ich sonderlich die erst ferligkeit, sorge vnd borden getragen, in guter christlicher eynigkeit. So ist derselb m. *Sebastianus* ein gelert, ehrlich jungman, welchs predigten e. f. g. rethe gehort. Gott gebe sein gnad, das die von Gott begnadet, woll geschickte, gotfurchtige jungen menner die reine lere nach vns bey den nachkomen ausbreiten mugen, stracks richtig, vnwanckelbar vnd feste dabey halten vnd bleyben, Amen.

Die bischoff *Mentz, Trier, Wirtzborg, Saltzborgk,* andere mer, halten synodos, lassen edict, bucher ausgehen vnd *Cocleus* hat ein lugenbuch lassen ausgehen von Actis d. *Lutheri* ab Anno 21. ad 49.[3] Aber, gnedigster herr, Gott wird [die][4] (wie der Psalm sagt) alle ir anschlege lachen vnd wird jnen entlich zeygen, das es schwer sey, widder den stachel zu lecken.

Ewer f. g. erhalt der herr Christus Ihesus gemeiner kirchen zu gut, vnd vorleyhe e. f. g. langes leben, selig regiment. E. f. g. zu

---

[1] Von J. J. corrigirt aus „vfgehalten."

[2] Mag. Sebastian Boetius aus Guben gebürtig. gest. 8. Juni 1573. Dreyhaupt I, 1023.

[3] „COMMENTARIA | IOANNIS COCHLAEI, DE ACTIS | ET SCRIPTIS MARTINI LVTHERI SAXONIS, | Chronographice, Ex ordine ab Anno Domini M. D. XVII. usqɜ ad Annum M. D. XLVI. Inclusinè | fideliter conscripta. | —." Mainz, Franz Behem. 1549. Fol.

[4] muss fehlen.

dienen vnterthenigst, bin ich willig vnd gevlissen. Dat. *Halle*, den 15. Decembris Anno Domini XLviiij.

      E. f. g. vntertaniger williger diener
            Justus Jonas doct.
             S. H. eccl. etc.

Original im Staatsarchiv zu Königsberg. Der Brief ist von einem Schreiber copiert, den Justus Jonas hie und da corrigiert hat. Nur die Unterzeichnung ist eigenhändig. Gedruckt im Hallenser Programm 1841, S. 30. 31. Excerpt bei Joh. Voigt a. a. O. S. 345. 346.

911. Justus Jonas an Christian III. Halle 1550. Januar 2.

Glückwunsch zum neuen Jahre. Ueber die Bemühungen der Bischöfe, die päpstliche Religion wieder aufzurichten. Dank für ein Geldgeschenk. Die Beständigkeit des Herzogs Johann Ernst dem Interim gegenüber.

 Gnad vnd frid Gottes durch Jhesum Christum, vnsern herrn vnd eynigen heyland. Durchleuchtigster grosmechtigster konig. Ewr. kon. mayt. sind meyn gantz vntertanige, gehorsame, willig vnd gevlissene dinst zuuoran. Gnedigster konig vnd herr, ewr koniglich mayt., auch der allerloblichsten konigin, e. kon. mayt. gemhall, sampt der jungen herschaft, alle ewr. kon. mayt. vnterthanen vnd vorwanten, wuntsche ich ein selig, new jar, reichen Gottes segen vnd alle wolfartt an leib, sehll, landen vnd lewten, durch Jhesum Christum vnsern lieben herrn. Amen.

 Gnedigster herr, es hatt ein gelerter artzt *Joannes Ruellius Parisiensis*[1] Anno Dni XXXVI dem konig zu Frankreich ein buch zugeschrieben von krewtern, wortzeln, gewechs der erden, nach Aristotele vnd Plinio[2], do er vnder andern lib. 2. cap. XII antzeigt, das ein krautt von art alandkraut vnd wortzell gleich, das nennen die alten gertner vnd bawren schlangenkrautt, vnd wann eyn schlang zurhackett oder an stück gehawen sey, wer alsdan die artt dysses krauts wisse, der konne die schlangen widder gantz machen etc. das sie vom kraut zusammen wechst etc. Also vorsuchen itzt viel bischoff die zurtilgett vnd zurhawen schlangen, den bapst, widder zu flicken vnd die zurissene stuck widder zusammen zu bringen, aber wir wollen zu Gott hoffen, sie sollen, wie vleisig sie suchen, das krautt nitt finden etc.

 Gnedigster herr ko.: e. k. mayt. halt mir zu gutt etc. E. k. mayt. gnedigstichest schrifft, wilches datum helt den xiiii octobris[3], hab ich neben den funftzig golt gulden durch meyn bothen empfangen, des-

---

[1] Joh. Ruel von Soissons, gest. 1537, schrieb de natura stirpium.
[2] Schum. Plinnio.
[3] Die Antwort auf Nr. 908.

gleichen auch die gnedigst schrift, darneben die viertzig golt florinen durch den Anhaldischen secretarium.[1] Vnd so ich itzund in anligen vnd noten bin in dyssen geschwinden zeiten vnd leufften so hart behafft gewesen, als dy zeit meins lebens, ist mir warlich solchs gnedigst stewr vnd hülff aus koniglich milde vnd christlichem mitleyden ertzeigt, gantz eben vnd seer wohll kommen; so mir auch Gott das leben vorleyhet, will ich mich bevleisigen, solchs jegen e. k. mayt. vnd jegen dem loblichsten fursten, hertzog *Augusto*, meinen g. herrn, mit einen schreyberdinst, mit eyner nutzlichen translation oder sonst buch, der kirchen nützlich, vnterthanigst vnd sunst alle zeit zu vordienen.

Gnedigster konig vnd herr, e. ko. mayt. schicke ich ein schrifften des durchleuchtigen hochgebornen fursten vnd herrn, herrn *Johans Ernsten* zu *Koburgk*.[2] Daraus e. kö. mayt. vornemen werden, das der vorige bapst *Paulus* 3. vnd die bischoff s. f. g. dreymhall das Interim zugeschieckt, aber Gott der herr hatt s. f. g. bestendigkeit vorlyben, das s. f. g. christlich prediger gnediglich schutzett vnd schirmet, wie von e. ko. mayt. herrn sohn, dem loblichen hertzogen *Augusto*, m. g. h. auch gesaget vnd gerümet wird.

Gott geb der waren christlichen kirchen durch from christlich potentaten vnd fursten trost. Vom concilio ist kein trost zu gewarten, dan die bischoffe vnd pfaffen lassen es nimmermher datzu kommen, das vff eynem rechten concilio die warheit an tag kommen. Das licht der warheit sticht sie albereitt altzusehr in dye augen, wie die fleddermeuss fladdern sie widder, do winckel, vordeckung vnd dunckel ist. Gott erhalte seine kirchen. E. k. mayt. vnterthanigst willige dinst zu ertzeigen, bin ich alletzeit willig vnd gevlissen etc.

Dat. *Halle* Va.[3] Circumcis. ao. dni. 1550.

E. k. m. vntertanig willigster diener   *Justus Jonas* doctor
                                                  S. H.

Ewr. kö. mayt. schicke ich hir bey vorwartt eyn gebunden buchlein vor die junge herrschafft.

Product: *Flensburg* den X. Aprilis. Ao. 50.

Schumacher I, 352—355.

912. Hieron. Weller an Jonas.   Freiberg 1550. April 15.

Empfiehlt ihm einen notleidenden Geistlichen und klagt über den weltlichen Sinn, der sich jetzt auch im geistlichen Stande so häufig finde.

Gratiam et pacem in Christo. Clarissime d. doctor, remitto ad R.

---

[1] Brief und Geldsendung vom 8. Sept., oben S. 292.   [2] Siehe Nro. 909.
[3] Schum. v. a., wohl aber als Va = quinta zu lesen, nicht als V. ante Circ.

T. D. *Ioannem Lindenerum*.[1] ut coram audias ex ipso, quo in statu sint res suae. Fecerunt ei spem alicuius conditionis ecclesiasticae nobiles illi d. *Wolfgangus*, d. *Ioannes*, d. *Mauritius a Schoenberg*[2], quibus ut illum per literas commendes te vehementer oro. Persuasus est enim, tuam commendationem plurimum momenti apud illos habituram esse, praesertim in negotio tam pio et honesto et pro persona, quae alioqui illis probe nota est. Nolo prolixius ad te id petere: novi enim tuam singularem erga pios egentes, praecipue vero erga doctos et sacrarum literarum studiosos benevolentiam; nec me fugit, qua humanitate d. *Ioannem* exceperis et abs te dimiseris. Nec ipse quenquam novit praeter Deum, ad quem potius in sua miseria atque exilio, quam ad R. T. confugiat. Pauci enim sunt his extremis temporibus, etiam in nostro ordine, qui studiosorum s. theologiae cura afficiantur ex animo et operam dent, ut posteritas pios et doctos pastores et doctores ecclesiae habeat. Video alios servire gloriae, alios rei familiari, alios ignavo otio et voluptatibus deditos esse et prorsus ἐπικουρίζειν. Atque ista non modo in politia et oeconomica, sed etiam in ecclesiastico ordine cumulari peccata. Itaque horrendum illud sacerdotis Eli exemplum saepissime cogito, qui et ignavia et nimia indulgentia erga liberos iram Dei concitaverat. Vereor, ne similes sacerdotis Eli plures iam sint, quam quisque nostrum arbitretur. Sed eiusmodi fere tempora in senecta mundi praedixit Paulus apostolus. Quocirca gaudeo, te tam paterno animo et φιλοστοργίᾳ complecti d. *Ioannem* omnesque vere studiosos sacrarum literarum. Cetera d. *Ioannes* coram. Bene et feliciter vale in Christo, qui te diu ecclesiae servet incolumem. Amen. *Freybergae* die Martis post Quasimodogeniti 1550.

T. R. obsequentissimus *Hieron, Wellerus* d.

In: B. F. Hummel, Epistolarum .. Semicenturia [prima] Halae 1778 pg. 67. 68.

913. Anthonius Otho an Jonas. Nordhausen 1550 (?).

Freut sich, dass eine Nachricht über schwere Erkrankung des Jonas übertrieben war. Aufforderung, eine Biographie Luthers zu verfassen, wie er (Otho) selbst Tischreden Luthers sammle. Empfiehlt ihm einen Famulus.

G. et pax. Reverendissime pater et S. *Lutheri* charis. frater in dno. Benedictus Deus, qui non tristitiam super tristitiam nobis addidit, sed vestrae

---

[1] Demselben stellte Weller am 13. Sept. 1550 ein Zeugnis aus [Hummel S. 69] laut welchem er in Freiberg und Leipzig seine Bildung empfangen und dann auf Wellers Empfehlung Kaplan in Odern (zw. Freiberg und Chemnitz) gewesen war.

[2] „Ab iisdem deinde pastoris manus obtinuit in ditione ipsorum in circulo Misnico sita et quidem Franckosteinii, id quod intellexi ex aliqua Iusti Ionae epistola ad hos nobiles de Schoenberg perscripta." Hummel.

paternitati propter nos diem commigrandi ad Christum prorogavit. Constans enim apud nos fama increbuerat, *Ionam* tantum non extremum in grabbato trahere spiritum. Agimus igitur Deo aeterno patri gratias per Christum et petimus rogantes et obsecrantes, ut ecclesiae suae et piorum ministrorum misereatur pro sui nominis gloria et omnium nostrorum salute. Amen. Dum igitur tempus habeo, per Christum obsecro et obtestor, ut aliquando S. patris *Lutheri* εὐαγγελικώτατος cursus *Ionae*, *Iona* inquam praecone orbi et praecipue ecclesiae Dei praecantetur. Scio et rectissime scio, iusta precor, necessaria posco, sacra flagito, ideo non desinam, non quiescam, quousque iudicium convertatur in misericordiam. Scriptum est enim: λέγω ἡμῖν, εἰ καὶ μὴ δώσει αὐτῷ ἀναστὰς διὰ τὸ εἶναι αὐτῷ φίλον, διά γε τὴν ἀναίδειαν αὐτοῦ ἐγερθεὶς δώσει αὐτῷ ὅσων χρῄζει [1]. Idem eciam faciam ipse ego ille περὶ τῶν τοῦ ἁγίου \ουθέρου ἀποφθεγμάτων, κλασμάτων [2], *Iona*, *Iona* inquam collectore. Quid? audivi, gustavi, exilii (?) memini, quiescat et abeat, qui petere vetat. Es molestus? nihil audio. Venis importuno tempore? utinam. Date igitur quae volo et abibo. Puero *Iacobo* nonnihil pecuniae impetravimus, unde tunicam emere possit. Si vestra paternitas opus habet puero, ut proxime scripsit, doctum et probum scio, tantum significate mihi [3]. Bene et diu peto et oro ut valeat V. Pat. in domino. *Northusiae*.

V. P. deditissimus
Antonius Otho.

Revorendissimo in Christo patri, domino *Iusto Ionae*, verae theologiae doctori excellentiss., fratri S. *Lutheri* et superattendenti in *Salinis Saxonum*, patrono suo et patri in Christo observande colendo.

Orig. in Meiningen.

914. Antonius Otho an Jonas.   Nordhausen 1550 (?). Juni 4.

In Erfurt denkt man an die Berufung des Jonas oder Major. Ueber einen Famulus für Jonas. Das Interim und seine lästerliche Lehre.

S. d. Clarissime d. doctor et pater in Christo observandissime. *Erfordiam* nondum scripsi et est ratio, quia quotidie fere audio, quanto studio ipsae ecclesiae *Erfordienses* laborant pro aut *Iona* aut *Majore* impetrando [4], clarissimis viris. *Christophorus* purpuratus iste vestrae

---

[1] Luc. 11. 7.
[2] Es erinnert dieser Ausdruck an das Motto, unter welchem Aurifaber 1566 seine Tischredensammlung ausgehen liess: „Samlet die vbrigen Brocken, Auff das nichts vmbkome."
[3] Diese Bemerknng veranlasst uns, den Brief dem nachfolgenden Othos vom 4. Juni voranzustellen.
[4] Bezieht sich wohl auf dieselbe Pfarrbesetzung, die dann in der Berufung Poachs von Nordhausen nach Erfurt ihre Erledigung fand. Vgl. unten Nro. 916. Daher unsre Datierung auf 1550.

praestantiae narrabit, quantum lignorum, quantum pecuniarum ad restauranda aedificia collegiorum certatim undique convehantur. Faxit Christus, ut Samaria tandem recipiat evangelium magni Dei. Amen. Puerum vestrae praestantiae ludimoderator brevi mittet, sed pro quo vestro praest. scribit, non amplius adest, vult tamen operam dare, ut alatum aliquem mittat. Bestia illa nocentissima, quem Interim vocant, mihi semel visa totum trementem et commotum reddidit. Christe Deus, quod os blasphemum habet, quam faciem omni meretrice impudentiorem palam iactat! Sed conficiet eum dominus telis suae potentiae et misericordiae et liberabit suos ex ore leonis. Amen. V. praestantia in dno diu felix et fortis valeat. *Northusiae* 4. Junii.

Vestrae praest. deditiss.

Antonius Otho.

Observandissimo in Christo patri *Iusto Ionae* sacrae theologiae doctori, superattendenti in *Salinis Saxoniae*, domino suo et patrono in Christo colendo.

Original in Meiningen.

Beilage: [vielleicht zu diesem Briefe.]

Fuerunt hic apud consulem nostrum quidam *Francfordenses*, ex familia *die Brum*, qui dixerunt, in Iunio fore comitia[1] et Caesarem causam allegasse, ut inobedientes puniat et qui falso ipsi fidem dederunt, wer die sind, weis man wol. Ideo ad dominum clamemus, ne totam iram suam accendat. Amen.

915. Jonas an Hieron. Weller.   Halle 1550. Juni 17.

Gedenkt nach Koburg zu reisen und verspricht einen Stelle suchenden Geistlichen dabei zu Weller zu bringen. Klagt über seine Absetzung vom Predigtamt in Halle, wünscht den Tod herbei, der jetzt Joh. Spangenberg erlöst habe.

Gratiam et pacem in Christo. Si profectus fuero, clarissime d. doctor, *Coburgum*, libenter ducam mecum m. *Georgium Beslerum*, si forsan coram στόματι πρὸς στόμα commodius poteris eum iuvare, ut nanciscatur conditionem. Intra mensem ergo existimo eum in *Salinas* ad nos rediturum. Equidem in media ecclesia mea adhuc exulo a suggestu. M. *Ioh. Spangenbergius*[2] obdormivit in domino 13. Iunii. Sic discedimus γέροντες e theatro huius vitae. Iuniores possunt vix expectare θάνατον ἡμῶν. Nobis vivis praeoccupant locumque gradumque nostrum

---

[1] Am 26. Juli wurde der Reichstag zu Augsburg eröffnet, unter dessen Propositionen sich auch eine de mulctandis rebellibus befindet. Sleidan III, 210.

[2] † 13. Juni 1550 als Superintendent der Grafschaft Mansfeld in Eisleben. Siehe das Kalendarium bei Sincerus, Neue Sammlung 1733 S. 102. Melanchthons Beileidsbrief an Cyriacus Spangenberg vom 16. August Corp. Ref. VII, 644.

nostrorumque. Bene agitur nobiscum ergo, cum migrare conceditur. Saluta amanter et officiose d. *Lindenerum*, amicum sincerum et charissimum, et omnes tuos. Dat. raptim tertia feria post Viti a. 1550.

J. Ionas d. et superattendens
Hallens. eccles.

In: Hummel, Semicenturia [prima] pg 30.

916. Antonius Otho an Jonas. Nordhausen 1550. (?) Juni (?).

Versuche, den Zwist der Wittenberger und Magdeburger beizulegen. Sendet die Schrift des Cochleus über Luther und bittet, sie zu widerlegen. Veränderungen in Nordhausen. Fordert ihn auf gegen Helding und Cochleus zu schreiben.

Gratia et pax Dei per Christum. Reverende pater, probo vestrum et d. *Schneppii* excel. consilium, qua ratione ex ecclesia tolli possit *Vitenbergensium* et *Magdeburgensium* dissidium.[1] Mihi videtur ante omnia ratio commodissima: ne spiritum extinguatis, que corruptelas doctrinae adhuc invadit et arguit; sed memineritis, quod est apud Paulum: „εἴτε γὰρ ἐξέστημεν, θεῷ ἐξέστημεν, ἡ γὰρ ἀγάπη τοῦ Χριστοῦ συνέχει ἡμᾶς" [2. Cor. 5, 13. 14.]. Sed haec vestrae sint authoritatis. Mitto ad v. excell. blasphemum scriptum *Cochleaei* (so), oro atque obsecro, ut impium os obstruatis, vestrum et sancti patris *Lutheri* nomen diris devotum redimentes. Gratulor vestrae excel. novam conditionem et sponsam. D. doctor *Matthaeus*[2] et m. *Andreas*[3] ex nostro oppido discesserunt, causas non dubito scitis. Dominus misereatur nostri, nam (ut ego rem intelligo) אַל גָּדֵל (?) Ego magnis cum difficultatibus luctor et quotidie tela iamdudum in me exacuata expecto. Rogo mihi mitti libros, quibus vestri ministri *Clingii* refutant blasphemias[4]. M. *Iacobus Siboldus Franckenhusanus* receptus est[5] in locum m. *Andreae*. Mirae

---

[1] Vrgl. hierzu den Brief Melanchthons an Camerarius vom 5. [nicht 13. Febr. „Nonis Febr."] 1550 Corp. Ref. VII, 541, der über einen Besuch des Jonas bei Fürst Georg berichtet: „Initium erat longa querela de dissidiis, reprehensio etiam nostrae timiditatis. Postea narrabat, quosdam praecipuae autoritatis viros suadere, ut nos peteremus a duobus vicinis electoribus, ut *synodum* indicerent, quo et Saxonicarum gentium et urbium doctores accerserent. Ita posse et praesentes discordias tolli et constitui perpetuam concordiam." Melanchthon war mit diesem Vorschlage sehr unzufrieden. Das Nachlassen der Korrespondenz zwischen Jonas und Melanchthon steht wohl hiermit in Zusammenhang.

[2] Ratzeberger. Vgl. Neudecker, die handschriftliche Geschichte Ratzebergers. Jena 1850 S. 17.

[3] Poach wurde 1550 Pfarrer der Augustinerkirche in Erfurt. Kindervater, Nordhusa illustris S. 213.

[4] Ueber Kling als „Interims-Advocaten" vrgl. Bieck, das dreyfache Interim S. 88.

[5] Um dieser Bemerkung willen über Sibold ordnen wir diesen Brief hier ein, vrgl. den nachfolgenden vom 30. Juni.

sunt technae, quae nunc ut ubique et nostram ecclesiam perturbare incipiunt. Dominus misereatur nostri. Amen. Habebitis prelum apud illuss. principem Saxoniae ducem *Iohannem Ernestum*. Rogo ut contra *Sidonium*[1] pergatis et *Rotzleffelii*[2] non obliviscamini. Bene et feliciter valete, R. P.   V. Ex. d.

Anthonius Otho.

Reverendiss. viro ac domino *Iusto Ionae* sacrae scripturae
doeto. excellentis. superattendenti ecclesiae in *Salinis*, patrono
et praeceptori suo in Christo semper observando.

917. Anton. Otho an Jonas.   Nordhausen 1550. Juni 30.

Klage über die unwürdige Behandlung, die Jonas in Halle erfährt; rät ihm, die undankbare Stadt zu verlassen.

S. d. Reverendiss. d. doctor, pater et praeceptor in domino. Si *Neander*[3] et ego ita ut debemus, etiam re possemus vest. rever. adesse, nihil aeque nobis iucundum foret. Sed facile apud vest. rever. excusabit nos nostra tenuitas cum prompta voluntate coniuncta. *Ionas* puer diligenter institit, verum si vestros salzjunckeros non movent, non urgent, non cogunt (nihil adulor nunc) summa doctoris *Ionae* autoritas, tot et tanta apud eos officia et pericula vitae, tam indefessa *Ionae* erga eorum ecclesias diligentia et labor, et nunc *Ionae* capitis et barbae cani, *Ionae* prompta voluntas, *Ionae* denique ah orbi et implumes *Ionati* ex ipsorum visceribus trahentes originem, linguulis et lachrymulis pro *Iona* suo parente ad thronum Dei intercedentibus ac ingemiscentibus, qui hunc inquam divinum exercitum pro *Iona* intimo d. *Martini Lutheri* fratre, doctore et theologo maximo, sene emeritissimo contemnunt et contemnere possunt, quid illi non pastorculum aut scholasticum contemnerent et conspuerent! Ego etiam pulverum, qui adhaesisset mihi de civitate ista, extergerem in eos, nedum ut talia pro talibus molirer totum triennium corda et aures obturantibus, ne audiant sapienter vocem incantantis *Ionae*.

Ad m. *Sebastianum* non scribam sine ves. rev. consensu. Es were sonst wol nott, ut aliquis aliquando tandem etc. *Michael Neander* conditionem suscepit in *Ilefeldiana* schola, doctus, pius et diligens adolescens. Status ecclesiae nostrae — Deo laus in saecula — adhuc idem

---

[1] Michael Helding.
[2] Cochleus. Vrgl. oben S. 296.
[3] Michael Neander, geb. 1525 zu Sorau, nach seinem Studium in Wittenberg 1547 auf Melanchthons Rat Schulcollega in Nordhausen; 1550 Rector der Klosterschule zu Ilfeld; starb hier nach gesegneter Arbeit am 26. Apr. 1595. Vgl. Raumer, Gesch. der Pädagogik ¹I 180 – 192. 349—351; besonders S. 182. 183 über die freundschaftlichen Beziehungen Neanders zu Jonas.

est. M. *Iacobus Siboldus Franckenhusanus* pastor est ad S. Blasium. Christiani ad Rhenum scribunt ad me, ut oremus, ut dominus abbreviet dies, oder wird da kein mensch selig werden. Idem fere scribit m. *Heinricus Ham...thusanus*[1] ex Marchia. Dominus acceleret suum diem ταχύ. Amen. Valeat ves. excell. una cum coniuge et *Ionatis* incolumis. Amen. Ultima Iunii 50.[2]

Ves. Reve. deditissimus
Antonius Otho.

Reverendissimo in Christo patri d. *Iusto Ionae* sacrae theologiae doctori excellentis. ecclesiae Christi in *Salinis* superintendenti, patrono ac praeceptori suo semper observandissimo.

Original in Meiningen.

918. Hieron. Weller an Jonas. Freiberg 1550. Juli 20.

Beklagt, dass Jonas noch immer nicht den Predigtstuhl in Halle besteigen darf; den Grund davon sieht er in dem treuen Luthertum desselben. Aber eben dadurch ist das Leiden des Jonas eine Glaubensstärkung aller Gottesfürchtigen. Die politische Haltung eines Teiles der Evangelischen wird verurteilt; die treuen und standhaften Lutheraner werden gelobt.

Gratiam et pacem in Christo domino et consolatori nostro, Amen. Eo nobiscum his postremis temporibus ventum est, ut fere pii doctores et auditores evangelii in nulla re alia iam possint acquiescere, quam in Christo, qui est via, veritas et vita, clariss. d. doctor et praeceptor observande. Non sine magno dolore ac indignatione legi in literis tuis te tantum φωστῆρα τῆς ἐκκλησίας Χριστοῦ exulare adhuc a suggestu, idque in media ecclesia. Nam si unquam alias, nunc maxime eruditissimas conciones *Iusti Ionae* γέροντος sonare in templis et conveniret et oporteret, neque id propter authoritatem tantam, qua ceteros doctores ecclesiarum praestat, sed etiam propter illa excellentia dona et spiritum illum vere Lutheranum, cuius iam tam exiguae reliquiae in aliis discipulis *Lutheri* scintillant. Sed hoc minime mirum mihi videtur. Novit enim Satan, ardens odio doctrinae Lutheranae, imo sanae, quantam perniciem doctor *Ionas* regno ipsius invecturus esset, si ibi a magistratu potestas conscendendi suggestum fieret. Et quamvis ille πολυτεχνότατος et acerrimus hostis nominis Christi palmarium se hoc pacto putet nactum esse, minime tamen intelligit, se interim negotium et cursum

---

[1] Mag. Heinrich Ham, Prediger in Königsberg in der Neumark; leider ist der Beiname, der seinen Geburtsort angiebt, nur noch im zweiten Teile zu lesen, ob Nordhusanus? Vgl. über ihn Kordes, Agricolas Schriften 1817, S. 304 flg. 340 flg. Voigt, Briefwechsel mit Herzog Albrecht S. 452.

[2] Von dieser Zahl ist nur noch die 5 lesbar; aber aus der Erwähnung Neanders geht sicher hervor, dass der Brief 1550 geschrieben ist.

doctiss. *Ionae* promovere, hoc est doctorem *Ionam* hoc suo silentio replere omnes pias ecclesias gemitibus inenarrabilibus, qui Deum tandem commovebunt, ut horribilibus poenis puniat omnes, qui istius silentii autores sunt. Quare fac magno et forti sis animo, maiorem enim nunc exulans a suggestu utilitatem adfers ecclesiae, quam aut ipse sentis, aut alii qui nondum satis pernorunt diabolum, existimant. Nosti illud, sanctos non modo publice docendo et bene operando sed etiam agonisando et patiendo copiosum fructum adferre in regno Christi. Confirmant enim infirmos in fide hac sua patientia et victoria diaboli et mortis parta per Christum, cum ceteri, qui non itidem istis horrendis pavoribus conflictantur, vident illos non modo non succumbere, sed etiam in media morte vivere, in tristitia laetari, et ita mirabiliter a Deo servari supra et extra omnem captum mentis humanae, iuxta illud psalmi: „Qui timent te, videbunt me et laetabantur, quia in verba tua speravi." [1] Nolo hic commemorare exempla, quae ipse animo tuo multa et illustria subiicere poteris, in quibus clare conspicitur diabolum hac ipsa arte, qua nos conatur opprimere et cursum vocationis nostrae remorari, quam maxime illum provehere et seipsum tandem confundere, ut recte illud poëtae in ipsum conveniat:

„Nec poena est iustior ulla
Quam necis artificem arte perire sua."

Quantum dolorem haec voluntatum ac opinionum distractio in ecclesiis tibi attulerit, facile ex meo existimare possum. Illud vero mihi vehementer dolet optime meritos doctores ecclesiarum ita nunc negligi, contemni, premi ac propemodum ludibrio haberi propter tam leves causas. Nec moveor isto argumento politico, satius esse unum atque alterum doctorem ecclesiae negligi ac premi, quam academiarum florentiss. vastitatem pertinacia quadam accersere. Intelligis, quid velim. Mihi magis probatur alterius partis sententia, qui negant mala facienda esse ut eveniant bona. Quid multa? Ego sentio cum rev. nostro patre d. *Luthero*, qui ne latum quidem unguem adversariis nostris in doctrina concedendum unquam esse dixit, dum perseverant nos persequi et agnitam veritatem impugnare. Perpaucos video constantes esse et, ut Paulinis verbis utas, $\dot{\alpha}\nu\tau\dot{\epsilon}\chi\epsilon\sigma\theta\alpha\iota$ τοῦ κατὰ τὴν διδαχὴν πιστοῦ λόγου,[2] qui non cum meditatione s. literarum lectionem scriptorum *Lutheri* coniunxerunt et qui plus operae sumunt in evolvendis raucidis illis patrum scriptis, quam in perlegendis ac relegendis viri Dei libris. Memini me hanc vocem saepe ex ipso audire, omnes qui meliora, quam ipse proposuit, ecclesiis conarentur tradere, die es wolten besser machen

---

[1] Ps. 119, 74. [2] Tit. 1. 9.

denn er, illos aut iam factos esse phanaticos aut brevi futuros esse. Quid alii de clarissimo viro ac instauratore purioris doctrinae sentiant, nihil moror. Equidem ipsius dicta et scripta ut prophetae cuiusdam magni facio et suspicio ac ingenue fateor, me iam coepisse intelligere, quantus vir fuerit *Lutherus* mihique scripta eius magis magisque dulcescere, nec patiar cuiusquam quamlibet eruditi ac praestantis theologi autoritatem plus apud me quam ipsum *Lutherum* valere. Haec ego abundantia quadam amoris mei erga te verbosius ad te scripsi, veniam igitur mihi dabis. Ceterum quae ad rerum mearum statum pertinent, magister *Casparus* exponet coram omnia. Bene ac feliciter in Christo vale cum tota familia. Is te nobis diu servet precor incolumem, clarissime et humanissime d. doctor. *Frybergae* XX Iulii MDL.

T. P. addictus
Hieronymus Wellerus.

Clarissimo viro pietate, eruditione ac fortitudine praestanti
d. *Iusto Ionae* s. theologiae doctori, domino ac praeceptori suo
observando.

Orig. in Meiningen.

919. Paul Eber an Jonas. Wittenberg 1550. Juli 27.

Erklärt, dass die Universität nicht Mittel habe, um das Verlangen des Jonas nach Auszahlung des ihm einst zugesagten Gehaltes befriedigen zu können; er möge sich direkt an den Kurfürsten wenden.

S. D. Reverende domine doctor, vir ornatissime, gratiam tibi habeo, quod aequo animo libellum nostrum accepisti. Quod autem petivisti, ut in negocio tuo laborarem, utinam possem cum tuo aliquo fructu meam erga te observantiam declarare. Certe voluntas mihi non deest. Remitto autem literas, quas nemini ostendi nisi domino *Philippo*, qui indicat mecum, frustra hoc tempore multa a te ad academiam de pecunia scribi, cum academiae simpliciter sit impossibile, si maneat professorum hic numerus et haec redituum paucitas, istam quam petis summam vel praeteritarum pensionum vel futurarum tibi solvere, id quod magno consensu aliquoties dici ab iis audivi, qui exactam cognitionem habent omnium rationum expensi et accepti huius academiae. Quare immediate istud ab illustrissimo principe electore petendum est, qui si volet, ut potest et non sine causa faciet, erga te munificus esse, modum inveniet, quo tuae egestati subveniatur, salvis reditibus academiae. Hos occupatissimus breviter ad te scripsi, ut quid spei ipse habeam intelligeres. quae, quod ad istud negotium attinet, solius electoris munificentia nititur. Hic enim in nostro aerario prorsus nihil audio reperiri posse, quo tibi satisfiat. Deus aeternus, pater domini nostri Iesu Christi, te tuis et ecclesiae diu incolumem conservet. Data *Vuitebergae* 27. die Iulii 1550.

Paulus Eberus.

Reverendo viro et ornatissimo, pietate, eruditione ac virtute praestanti domino *Iusto Ionae* s. theologiae doctori ac superintendenti ecclesiae Christi in *Salinis Saxonicis*, suo domino ut patri colendo.

Orig. in Meiningen. Förstem. N. Mitteil. III, 3 S. 114. 115. Nicht ganz vollständig in Corp. Ref. VII, 317.[1]

d. In Koburg, Regensburg und Eisfeld.
1551—1555.

920. Georg Major an Jonas.   Wittenberg 1551. Juli 14.

Empfiehlt ihm das Gesuch eines jungen Koburgers. Vom Wittenberger Theologenconvent[2] und der Repetitio Conf. Aug.

Corp. Ref. VII, 809. [In der Adresse: „ecclesiae Coburgensis superattendenti."]

921. Jonas an den Abt Friedrich von Aegidien.   Koburg 1551. Juli 16.

Empfiehlt seinen nach Nürnberg reisenden Sohn dem alten Freunde unter Erinnerung an die Tage, wo er selbst einst des Abtes Gastfreundschaft a. 1530 genossen hatte.

G. et p. Reverende pater in domino Christo, amice, domine ac patrone observande ac charissime. Cum hic filius meus m. *Ionas* in quibusdam suis et meis necessariis negotiis proficisceretur *Norimbergam*, iniunxi ei, ut captaret aditum ad vos et occasionem R. D. V. colloquendi.

---

[1] Es folgt nunmehr in dem Briefwechsel des Jonas eine Lücke von fast einem Jahre. Es ist bisher nicht geglückt, einen dieser Zeit angehörigen Brief aufzufinden, und die Frage, wann eigentlich Jonas Halle verlassen habe, bleibt daher dunkel. Dass er jedoch noch im Frühjahr 1551 in Halle war und sich nach einer anderweitigen Stellung sehnte, scheint aus Corp. Ref VII, 755 hervorzugehen, wo Melanchthon am 21 März 1551 an Lorenz Moller in Hildesheim schreibt: „Doct. Ionam fortassis attrahere possetis," nämlich als gubernator ecclesiae Hildesianae; doch setzt er auch sofort abratend hinzu: „Sed in hac senecta vix potest labores gubernationis sustinere." Die älteren Biographen bieten über diesen Abschnitt seines Lebens die vollständigste Verwirrung. So lässt Dreyhaupt ihn nach der Flucht aus Halle 1547 Prof. der Theologie in Jena werden; dann 1548 nach seiner Rückkehr nach Halle die Inspection der Hildesheimer Kirche übernehmen, von dort im Sommer 1548 nach Regensburg ziehen und nach einem Aufenthalt „an den sächsischen Höfen" 1551 Hofprediger zu Koburg und 1553 Superintendent in Eisfeld werden.

[2] 9. Juli 1551, Schmidt, Melanchthon S 540.

Praedicavi ei humanitatem et benevolentiam summam, qua ante xxi annos sub finem comitiorum *Augustae* r. d. *Philippo, Spalatino*, mihi et aliis illuss. electoris dd. *Iohannis* eruditis (tunc adhuc superstite gravissimo et sapientissimo viro d. *Hieronymo Ebnero* consule) in coenobio Aegidii conversati fueritis [1]. Opto necessitudinem et amicitiam tunc inter nos constitutam et hactenus omni genere officiorum cultam his tam variis ac asperis temporibus ecclesiae et reipublicae conservari et ad posteros nostros et in hunc filium m. *Ionam* transmitti. Si quid in negotio suo opera vestra vestrique nominis autoritate utendum sibi duxerit, rogo eum iuvare non gravemini. Vicissim D. V. R [2] habebit parentem et natum addictissimos et promptissimos Dominus Christus R. D. V. conservet ecclesiae diu salvam et incolumem. Dat. *Coburgi* XVI. [3] Iulii anno domini M . D . XXXXXI.

I. Ionas doctor S.

R. D. V. vetus [4] amicus deditissimus.

Salutari peto clarissimum virum d. syndicum, d. *Hieron. Baumgartnerum* consulem, d. *Erasmum Ebnerum*, d. *Michael Röting*,[5] dominos et amicos.

Reverendo in domino patri abbati S. Aegidii in inclyta *Norimberga*, domino patrono et amico veteri s. et charissimo in Christo.

Manuscr. Thomas. Gedruckt in Theoph Sinceri neue Sammlung 1733 S. 423. 424.

922. Jonas an Abt Friedrich.   Koburg 1551. Oct. 21.

Wünscht noch einmal Nürnberg und seinen mit wichtigem Amte betrauten Altersgenossen aufsuchen zu können. Berichtet vom Tode seiner 2. Frau und von dem 3. Ehebündnis, das er geschlossen.

Gratia et pax in Christo Iesu domino nostro. Reverende in domino pater, veterum amicorum charissime. Audio inclytum clarissimae reipublicae *Norinbergensis* senatum tibi commisisse in multis articulis gravibus inspectionem et curam ecclesiarum. Ut totius Germaniae, multorum sapientum et magnorum hominum testimonio lumen est *Norimberga*, ita optandum est, ut ecclesia isthic omnibus praestantibus dotibus et donis sanctissimis sit ornatissima viris insigniter piis et solide doctis, puritate doctrinae, pio magistratu, concordia inter ministros hoc tempore procelloso, constantia intrepidae confessionis. Atque utinam mihi, qui ad latus reverendi d. *Lutheri* in hac doctrina sancta

---

[1] Vrgl. I, 178.
[2] Sincerus löst falsch auf: dominationem vestram reverendam statt des Nominativ.
[3] Sincerus: XXI.
[4] Sincerus: vetus & amicus.
[5] Sincerus: Rottig.

evangelii tecum et similibus bonis viris consenui, liceat adhuc ante mortem intueri eam urbem, quae pro talis eruditionis et virtutis fama iam olim est illustris nominis et vere clarissima. Hac senili aetate nulla re magis delector, quam cum eiuscemodi eruditis, piis et veteribus amicis per literas colloqui. Ipse senex sum et canus, paucos habeo coaetaneos. Secunda uxor summa et incredibili pietate matrona quinquennio mecum vixit adeoque in sextum annum.[1] Ne nimium propitius mihi esset papa, post xxvii annos coniugii sacerdotalis coactus sum fieri τρίγαμος[2]. Cum audissem te reverendum patriarcham et vere abbatem pium adhuc in simili cani ic esse superstitem, serio et ex animo laetatus sum. Rogo nullam omittas occasionem ad me scribendi in memoriam illuss. electorum Saxoniae [et] dd. *Friderichi*, dd. *Iohannis*, dd. *Iohannis Friderichi* δεσμίου τοῦ Χριστοῦ. Non dubito T. R. P. esse adhuc memorem d. *Spalatini*. Saluta omnes dominos et amicos. Datum raptim *Cob.* 4ta post Galli anno domini nostri 1551.

I. Ionas[3] doct. s.

tuus ex animo.

Reverendo in domino et doctissimo viro ac humanissimo,
d. *Friderico* abbati S. Egidii, amico et fratri charissimo.   Herrn
zu S. Egidii zu eigen handen.

In: Th. Sincerus, Neue Sammlung S. 420. 421.

923. Gutachten des Jonas über Osiander.   Koburg Ende 1551 (?).

Was belanget d. *A. Osiandri* schrift, da er seinem buch „Confession oder Bekenntnusse" einen prächtigen titel gemacht „von dem ainigen mittler Jesu Christo und iustificatione fidei,"[4] ist hoch von nöthen, daß man die geister prüfe, ob sie aus Gott seien. Denn des heiligen geistes rede und lehre, beide in propheten, evangelien und aposteln, ist klar, gewiß, einfältig, rein, unverworren und deutlich, und sonderlich symbola, darin die apostel und väter nit einzelne subtile dunkle paradoxa, sondern das ganze corpus und summa christlicher lehr gefaßt haben mit so klaren hellen gewissen worten, daß, wann auch alle teufel mit allen ihren geschwinden satanischen listen ein wort wollten verdunkeln, verdrehen oder verwirren, doch wider die

---

[1] Siehe oben S. 293.

[2] Margarethe Farnröderin aus Naumburg, mit welcher er Cantate, 4. Mai 1550, in der Marienkirche zu Halle getraut worden war. Vgl. Franke S. 273. Sie überlebte ihn und heiratete hernach den Naumburger Bürger Jacob Polrose.

[3] Sincerus: Ihomas.

[4] „Von dem Einigen | Mittler | Jhesu Christo | Vnd | Rechtfertigung | des Glaubens. | Bekantnus Andreas Osiander. | — - " 4⁰. Deutsch datiert vom 8. Sept. in der lat. Ausgabe vom 24. Oct. 1551.

natürliche art das nit vermöchten.¹ Und wann das nit wäre, so hätte der Satan mit seiner subtilen schalkheit, tausendkünstlicher list und auch etliche harte, stolze *Carlstadianische* geister lang großen schaden gethan und uns abgeführt von der reinen gewissen wahrheit und einfalt, die da ist in Christo Jesu.

Gott weiß, daß wir *Andreae Osiandro* guts gunnen und wollten wohl wünschen, er hätte bei leben d. *Martini*, den er *den löwen* nennet, wie recht und billig ist, oft zu *Wittenberg* sein predigt und lection gehört; hätte er der apostel exempel nach mit *Philippo* und andern kirchen conferirt, ja hätte er[2] den rechten mann, den leonem[3], gehört, wie unser etliche 25 jahr, auch *Vitus Theodorus* viel jahr mit ihm umgangen, er würde der apostolischen gesunden reinen einfältigen lehr anhänger seyn und auf gewissen füßen gehen, nit also in sublimitate sermonum, wie es Paulus nennet[4], daher in wolken fliegen und daher fahren mit vollem segel, sicherheit und vertrauen auf sein vermugen, sondern wie der leu dr. *Lutherus* gethan, sich demüthig neben den öchsichen und eselein neben der krippe zu Betlehem niederlegen, dem vom stamm Juda die ehren thun, daß er, *Osiander*, alles brüllen wohl lassen würde. Gott ist unser zeug, wiewohl noch jetzund viel prediger und gelehrten zerstreuet sind und jetzund zu *Wittenberg* oder in andern universitäten nit bei einander sind: doch so viel ich nit allein etlicher fürnehmsten gelehrten, sondern auch gemeine fromme, christliche herzen gehört habe von *Osiandri* büchern oder lehr reden oder urtheilen, sagen ihr viel sehr christenliche leut, dieser mann rede und schreibe aus hochfahrendem, eigenem, aufgeblasenem gemüth und geist mit fleiß sophistisch aufs geschwindeste, daß eine verwirrte sophisterei an der andern hange und subtil auf andere weis mit andern worten dann die symbola, der aposteln geschrift lauten, und sei nit wohl möglich, einen einigen menschen aus seiner lehr zu trösten oder zu lehren; wie ein trefflicher mann gesagt, daß er mit adverbiis und participiis ihm allenthalben schlupflöcher machte; item es sei ein sophistisch zweifelsknote, eine verwirrung und verdrehets alle zeit mit bedacht an das ander geknüpft. Darin er auch mehr suchet, daß man sich solle seiner geschwindigkeit, kunst verwundern, dann daß er frommer pfarrkinder arme betrübte herzen und gewissen die edle guldene kunst lehre, wie sie in schweren anfechtungen, bangen und nöthen einen hellen, klaren, aus Gottes wort

---

[1] Vgl. Möller, Osiander S. 435, 181 flg.
[2] Pressel: er hätte.
[3] Pr. Leon.
[4] Col. 2, 4.

gewissen, lebendigen trost haben mögen. In summa, die obscuritas und sophistica perplexitas, obgleich andere leut auch hirn und kopf haben, *Osiandri* gespitzte lehr verstehen, tauge in der kirche nit. In dieser letzten zeit, kurz vor dem jüngsten tag, suchen die armen bekümmerten herzen nit einen lehrer, der mit hohen subtilitäten daher prange und pralle [prahle], sondern der dem löwen nach, dr. *Luthero*, die gröbliche, greifliche abgötter des pabsts vollends helf stürzen, der die gesunde lehr und reinheit und einfalt der symbole und des catechismi in der kirchen helf erhalten, und hie an diesem örtlein nehmen wir den spruch (Joh. 5) an, welchen *Osiander* auf seine confession hat drucken lassen: „Wie könntet ihr glauben, die ihr ehr unter einander sucht."[1] In summa, wenn tausend menschen bei einander wären, rechte christen, betrübte hertzen, und man würde sie fragen, wann sie in todesnöthen, oder letzte stund kämen, ob sie lieber dr. *Osiandri* lehr wollten hören und auf derselben trost bauen oder auf der einfältigen catechismus und symbole lehre, so würden sie alle sagen: „der prediger *Osiander* darf noch eines superpredigers darauf. Ach, saget uns nicht von der hohen, unbegreiflichen einwohnung des vaters, sohns und des heiligen geistes, saget mir, wie Paulus redet Rom. 8., wie der sohn uns geschenkt sei und wie mit und in dem sohne Christo paradies, himmelreich herniederbracht; ach sagt mir, wie durch das blut Christi und seinen gehorsam bis in tod des kreuzes Gott uns versühnet ist, ach saget mir, wie der leu dr. *Martinus* diese 30 jahr allezeit vor kindern, maiden, knechten, kindlein geprediget und gelehret hat in der hauspostillen, dass die herzen nit rein werden werden denn durch den glauben. Lieber Gott, was zeicht sich dann *Osiander*, so er diese ganze dreyßig jahr nit vierzehn tag mit dem dr. *Luthero* sich unterredet,[2] daß er wollt in die schulen und kirchen, zuwider der edlen confession und apologia, zuwider den locis communibus, nun ausstreichen eine lehre, die neue dogmata (als daß unterschied sei zwischen der erlösung und iustification) einführet, und wann einer, der ein christ wäre und Christo und der kirchen gutes gönnet, nit auf jüdisch[3] heimlich Christum und die apostel hasset, und bei sich spüret ein scharf ingenium, als Plato und Aristoteles gehabt, sollt er sich doch herunterlassen. Wann man die christlich lehr sollte mit deur neuen worten geben und die wort Christi also verdrehen, wann die wesentliche ein-

---

[1] Vgl. den deutschen und lateinischen Titel der Schrift Osianders „Von dem Einigen Mittler" bei Möller a. a. O. S. 549.
[2] 1529 in Marburg, 1537 in Schmalkalden
[3] Zu diesem Vorwurf vgl. Möller a. a. O. S. 2, 499 u. ö.

wohnung gegründet wäre, so hätte der apostel Paulus wohl noch eines Ananias bedurft, noch eines neuen Gamalielis und ein neu offenbarung in dritten himmel, ehe er *Osiandri* ungewöhnliche theologia gelernt hätte; und zu seiner zeit wollen wir wohl von der einwohnung weiter unsern verstand anzeigen, wie die vilen sprüch in Johanne 14. 17 zu verstehen, daß ich in euch sei und ihr in mir, item: „Wir wollen zu ihm kommen und wohnung bei ihm machen." St. Paulus sagt, ein bischof soll sein διδακτικός [1], nit allein subtilis, sublimis, retoricator oder listiger sophist. Er *Osiander* selbst weiß, was διδακτικὸς ist, geschickt zu lernen; der ist aber recht geschickt zu lernen, der gewiß und einfältig bleibet bei den worten der symbolorum, unwankelbar bleibet bei dem typo doctrinae, den die apostel brauchen, der nicht philosophische oder menschliche gedanken einführt, daß er nit unter der zahl sei deren, die viel schreiben, rufen und lehren und doch niemands gewissen trösten, wie der unterschied wohl zu sehen gewesen, als unter dem pabstum ward aus *Scoto*, *Thoma*, sententiis viel geschwätz und subtil disputation fürgebracht, es blieben aber die herzen und gewissen trostlos und ungelehrt. Da aber Gott erweckt einen mann, der potens war in biblicis scripturis, gewiß einherging nach der reinen gesunden apostellehr, da bekannten alle frommen herzen, nun wären sie der wahrheit erst recht berichtet, und klagten alle recht gelerte [2], was das für eine heillose theologia gewesen, da sophisten allein ihre scharfe hirn hätten beweisen wollen, und symbola noch die wort Christi nicht ausgelegt. Wann *Osiander* anstatt dr. *Martini* die nächsten 30 jahr mit seiner dunklen lehr wär auf der bahn gewesen und sonst niemands anders, es würde auch die lehr von der gnad Christi nit so weit von vielen tausend menschen erkannt seyn. Es steht *Osiander* nit wohl an und thut auch wider sein conscienz und gewissen, daß er fürwahr weiß, daß dr. *M. Luther* (welchen er billig den leonem und ducem doctrinae nennt) in dem letzten großen commentario der epistel zu den Galatern, in der großen dominicalpostillen, in der hauspostillen ein fein klar hell rein einfältig apostolische lehr wie ein rein quellbrunnen fürträgt, welche alle christliche hausväter, hausmütter verstehen können, aus welcher viele verwirrte betrübte herzen und gewissen sich aus den stricken des pabstums gearbeitet und zu der hellen einfältigen göttlichen wahrheit bekehret, daß er nichts desto weniger schreiet und mit sophistischer list sich rühmet, seine lehr sei derselben gleichförmig und

---

[1] 1. Tim. 3, 2.
[2] Pressel: Rechtgelehrte.

stimme mit derselben überein, so etliche brüder, gelehrte leut zu *Nürnberg*[1], auch in Borussia d. *Joachim Morlein*[2], sich genug gegen *Osiandro* in christlicher lieb erzeigt und ihm ganz deutlich angezeigt, daß nit so sei. Item es ist auch nicht nach christlicher liebe gehandelt, daß über dieß alles aus Joh. 13 u. 17 leo[3] *Lutherus* schreibt, daß Christus in glaubigen sei und wohne und wir in ihm, daß er da einzelne verstückte und abgekürzte locos aus *Lutheri* scriptis gezwacket und dahin benget, dehnet und strecket, wie es ihm zu seiner sache am dienstlichsten, hat gleichwohl gänzlich im sinn, die leut nit auf *Lutherum* oder *Philippum*, welche diese 30 Jahr mit ihrer seligen lehr die ganze christenheit getröstet, sondern auf sein neu ungewöhnlich typum doctrinae zu ziehen. Es kann *Osiander* vor Gott und mit gutem gewissen nit sagen, daß er selbst, da der leo dr. *Martin* noch lebet, große lust zu ihm gehabt oder sich beflissen, mit ihm gleichförmig zu lehren.[4] Ich kanns vor Gott reden, daß *Lutherus* oft von *Osiander* geklaget mit diesen Worten: „Der kopf muß immer ein eigenes und etwas neues haben." So scheint das wirklich an ihm selbst, daß er diese 30 jahr cursus *Lutheri* nie kein mal gen *Wittenberg* kommen, auch allzeit *Vito Dieterich*, *Michael Rotingo*[5] und vielen andern entgegen gewest und sie gehasset, die ihn freundlich ermahneten, er sollte conferiren mit etlichen piis eruditis zu *Wittenberg* und an andern kirchen und gymnasiis, und noch heutiges tags in dieser seiner confession klagt er, man rühme etliche leut, als wären sie vom himmel gefallen, und sagt spottlich: Ja wohl. vom himmel gefallen! Ob nun jemands, der zu der spinosen sophisterei lust hat, fraget, was ich von *Osiandri* confession von der hauptsach halte, so sage ich klar heraus, daß *Osiandri* lehr, so etlich fremde lehr und irrthum in sich begreift, als kein unterschied der erlösung und iustification, nit zu leiden, und daß sie doctoris *Martini* lehr nit gleichförmig ist, wie der gedruckte zettel *Rottingers*[6] auch zum theil anzeiget; und ob etliche artikel dahin gepoliert und gehobelt werden, daß sie sollten *Luthers* lehr ganz gleich seyn, so ist doch eine solche dunkliche lehr in der kirche schädlich, welche treue pfarrherrn wohl erfahren würden, die da confession und apologia würden liegen lassen und mit den neuen worten *Osiandri* lehr de iustificatione

---

[1] Michael Roting, Sommer 1551. Testimonium .. contra falsam Andr. Osiandri de iustificatione sententiam. Möller S. 453 553.
[2] Zunächst in den Epistolae quaedam Joach. Morlini D. Theol. ad Andr. Osiandrum. Regiom. 1551. Möller S. 428flg. 551.
[3] Es ist wohl zu ergänzen: *an welchen Orten* leo Lutherus u. s. w.
[4] Pressel: lernen.
[5] Pressel: Rotingo.
[6] Pressel: Rettingers. Vrgl. Anm. 1.

sollten fürtragen. Der Satan suchet, daß viel tausend herzen wieder in zweifel sollten geführt werden, nit wissen, wo ein oder aus, und wie sie daran wären, da sie Gott vor behüte.

Was den haupthandel belangt, mögen sie wohl alle pfarrer und fromme christen, auch die catechismuskinder fürtreten, *Osiandro* in das angesicht sagen: Lieber d. *Osiander*, woher bringet ihr die lehr, daß iustitia des menschen oder armen sünders soll seyn die gerechtigkeit, durch welche Gott der vater, sohn und heiliger geist asolute außer der menschwerdung Christi gerecht sind, so Paulus, Petrus und alle apostel uns weisen auf Christum, der um unsertwillen hat die gestalt eines knechts an sich genommen, auf seine striemen und wunden, auf das theure blut am holz für uns vergossen? Wer hat euch geheißen, daß ihr uns in abyssum divinitatis in himmel weisen solltet? So fahret hin zu *Osiander* und schwinget euch plötzlich über Cherubim und Seraphim über alle himmel, vergesset der armen krippen in Ephrata!

Item wie kommt *Osiander* mit der neuen unerhörten lehr her, daß Christus Gottes sohn durch sein leiden und sterben mit Gott seinem himmlischen vater gehandelt hat, welches vor 1500 jahren und länger geschehen, da wir noch nit geboren gewesen seyn, darum kann es eigentlich zu reden nicht unsere rechtfertigung gewesen seyn noch genannt werden, sondern nur unsere erlösung? Wann hie St. Paulus und reverendus *Lutherus* aus dem grab erweckt wider den wunderlichen geist *Osiander* würden, und beide mit lauter stimme schrieen, wie Paulus 1. Cor. 16 sagt: So jemand den herrn Christum nit lieb hat, der sei anathema! item Gal 1.: So jemand ein ander evangelium predigt, dann ihr gehört habt, und wenn es ein engel vom himmel wäre, der sei verflucht: so geschähe ihm nit unrecht. Denn daß man so groß grundlos meer der gnaden, die unforschlichen schätz der gnad Christi (Ephes. 3. Gal. 3) will mit quarten und nöslen messen, in 5 oder 15 jahren schließen, das stinket von pharisäischem sauerteig und will aus dem reich Christi, welches ein meer von gnaden ist, ein verdruckende eimern und aus den königlichen schätzen Christi einen bettelichen partegkhensack machen. Die papisten als *Eccius, Cochleus* etc. haben auch von der reichen gnaden Christi einen dürftigen, bettelischen gedanken gehabt, lehren und predigen, der herr Christus habe mit seinem leiden und blut allein genug gethan für die erbsünd, aber wir für unsere sünde müßten genug thun und bezahlen mit unserem verdienst und guten werken. So fern ist demnach *Osiander* mit seiner hohen seraphischen speculation, daß er gar nahend gleich worden dem gröbsten, greiflichsten irrthum der papisten. Er *Osiander* bekennet selbst, daß wir, auch die wir hernach geboren sind, erlöst seien von Gottes zorn und vermaledeiung, und sagt gleichwohl: wir sind nit gerecht. Also sollen die hochfliegenden geister anlaufen und von hohen klippen und felsen ihrer verträumeten gedanken den hals stürzen, aber ja mit ihren harten stolzen köpfen sich redlich stoßen. Ein kind von zehn jaren, das seinen katechismum wohl gefasset hat, könnte hie den seraphinum *Osiandrum* zur schul führen und lehren. Wer durchs blut Christi und praemio illo magno erlöst ist, ist der nit geheiliget, samt Christo auferweckt, versetzt in ein himmlisch wesen? wo erlösung ist vom ewigen fluch von Adam ererbt, ist da nit heiligkeit, gerechtigkeit, kindschaft Gottes? Aber das gleichniß von dem leibeigenen knecht, welches er wie eine fremde wurz und seltsam ägyptische zwiebel aus der Türkei villeicht mitbracht hat, gefället mir so wohl wie einem jungen bauernknecht die hahnenfeder auf dem hut. Wenn aber des leibeigenen knechts kinder frei sind und frei geboren werden, so sind sie auch nit mehr der verbrechung und sünd schuldig, darum ihre eltern in die straf der servitud kommen sind, sondern sind nun auch der sünden los und gerecht. Aber hie wollen wir *Osiandrum* zu den iurisconsultis weisen, die haben große disputatio de servis und würden dieses gleichniß in diesen großen sachen zu gebrauchen lachen. So die erlösung vor 1500 jahren geschehen nicht auch unsere gerechtigkeit ist, die wir hernach geboren sind, so müsset auch der segen Abrahä, davon Genes. 22., anders auf die heiden kommen und ein ander gestalt haben gegen den heiden, die zukünftig werden der verheißung glauben, dann gegen Abraham. So sagt aber der apostel zu den Galatern, wie auch die wort Gottes in der verheißung lauten, daß diejenigen, so des glaubens sind, werden gesegnet mit dem gläubigen Abraham gewiß und eigentlich mit einem einerlei segen und auf einerlei weis. Und hat die meinung gar nit, daß Abraham samt denen, die mit ihm lebten, vor sich sollte erlöset und gerecht durch den glauben der verheißung werden, und die nachkommen allein erlöst seyn, das *Osiander* allein seraphisch oder wohl affisch gedenkt; allein der unterschied ist zwischen uns heiden und Abraham, daß Abraham und die seinen durch einen gewissen festen glauben an die verheißung vom künftigen Christo und heiligen samen festen glaubet haben, wir aber denselbigen, der aus Abrahams und Davids samen allbereit vor 1500 jahren kommen ist.

Wir andern, die wir mit *Vito Theodoro* [1] den lenen *Lutherum* haben

---

[1] In Wittenberg immatriculiert am 18. März 1523 als Vitus Dietrich Nurnbergen Bambergen. dioc.

25 jahr her hören lesen, predigen offentlich und im hause[1] und sind 30 jahr mit ihm umgangen, gegenwärtig und durch schriften und episteln, der wir noch wohl ein hundert zu zeigen wissen[2], wollen so hoch nit fahren, sondern ein wenig niedriger fliegen, im catechismo bleiben und sagen: christliche gerechtigkeit, welche nit im verborgenen abysso divinitatis verborgen liegt, sondern die befohlen ist zu predigen, welche Gott hat offenbart durch das ministerium und apostelamt, ist die gerechtigkeit, die uns zugerechnet wird, wenn wir glauben, daß der sohn Gottes, wahrer Gott und mensch, für unsre sünd ist geopfert und lösegeld worden am holze und ist auferstanden um unserer gerechtigkeit willen. Und außerhalb dem Jesu Christo, welcher Davids samen, wahrer Gott und mensch ist, soll man oder kann nit allein kein gerechtigkeit, sondern auch kein Gott finden. Wenn *Osiander* in loco iustificationis so klar, deutlich, herzlich, tröstlich, so gar reichlich durch ganze postillen und groß lang homilien, auch wie der teu *Luther* von der humiliation filii redet und darnach etliche subtile schulacumina de idiomatibus oder von unzertrennlichem göttlichem wesen mit einführte, so möchte man es dafür achten, es wäre ihm ernst, mit den symbolis *Luthero* gleichförmig zu lehren. Aber er thut gleich als wär er der menschheit Christi entgegen und wollte gern, daß er Gottes sohn nit dürft einen menschen nennen.

Zum andern führt *Osiander* viel sprüch in der schrift ein und auch viel dicta *Lutheri*, daß Christus durch den glauben in uns wohne wesentlich. Wann *Osiander* allenthalben von der wohnung Gottes bei uns redet, wie die klaren wort der schrift lauten, und wie *Lutherus*, so kenneten die Schäflein des hirten stimm wohl. Wie kommts aber, daß Athanasius in symbolo nit auch dergl. wort gebraucht hat und Paulus zu den Römern? Wer aber lehren will, der rede doch wie andere, wie propheten und apostel; will er aber nit lehren, sondern drometen und etwas ungewisses drometen, so habe er seine lust für sich. Ich hab einmal einen ganzen tisch einen prediger hören von zehn personen rühmen: Ey der N. N. predigt trefflich hoch gewaltig ding; da ich fragte: Wovon redet er denn? antworteten sie mir: Unser keiner kont etwas vernehmen, aber die gelehrten werden es wohl vernommen haben! So könnte der pabst der prediger viel überkommen, die kann er wohl leiden, hätte sie auch in dr. *Luthers* red gern ge-

---

[1] 1532--34. Vrgl. Koestlin[2] II. 273.
[2] Aurifaber schrieb 1553, er getraue sich 2000 Briefe Luthers zusammen zu bringen. Spalatins Hausfrau habe in die 200 eigenhändige Briefe Luthers, D Jonas dritthalb hundert. Fortg. Sammlung 1726 S. 710 741.

litten, dann er hätt lieber gehabt solche ungelenke elephanten, denn einen solchen hartigen leuen, wie ihn *Osiander* selbst nennet.

Auf dieses mal wollen wir allein nach unserm einfältigen, doch christlichen verstand etliche fürnehmste stücke vorlegen, damit man sehe, dass sein *Osiandri* lehre nit rein sei. Die worte Joh. 14: „Wir wollen kommen und wollen eine wohnung bei ihm machen," verstehen andere leut auch, und etliche betrübte herzen haben sie vielleicht besser erfahren, dann viel hochfliegende geister. Wann *Osiander* gleich noch so viel sprüch und noch so viel dicta *Lutheri* anzöge von der wohnung, daß Gott wesentlich in uns wohnet: so ist er doch damit nit einstimmig und gleichförmig der lehr *Lutheri*. Die sprüche Joh. 17: „Auf daß sie eins seien, gleichwie wir es sind; ich in ihnen und du in mir"; item: „Auf daß die liebe, damit du mich liebest, sei in ihnen und sie in mir etc.": diese worte Christi haben alte und neue christliche lehrer also verstanden, nit von einwohnung des hohen, göttlichen geistes, sondern daß ich in ihnen sei und sie in mir, verstehen viel alte und wir also: daß du in ihnen kräftig seiest durch deinen göttlichen geist, stärkung, erleuchtung und wahrheit. Was da belanget den locum Joh. 14: „Wir wollen zu ihm kommen und wohnung bei ihm machen": aus diesem spruch kann ein jeglicher Christ in allen hohen schrecklichen anfechtungen des Satans diesen gewissen starken reichen trost fassen, daß Gott nit fern von uns, sondern ganz nahe bei uns sei und bei uns wohne. Wir christen dürfen nicht gedenken, wie wir wollen in himmel steigen, wir seien hie, dort, jenseits des meers, an welchem ort auf erden; doch wo wir sind, sind wir im himmelreich. Solchen großen schatz und reichthum himmlischer güter haben wir hie auf erden im wort und fühlens[1] durch den glauben im herzen und haben empfangen primitias, arrabonem[2] spiritus Christi, nondum plenitudinem; aber im künftigen leben wird endlich folgen vollkommlich, ewig licht, leben, vollkommliche gemeinschaft göttlicher schätze an leib und seel. Dann daß Gott bei uns wohne auf erden, heißt anders nicht, dann daß der anfang göttlicher weisheit, göttlicher stärk wider den Sathan, item anfang göttliches lichts und lebens in uns sei durchs wort und glauben, und daß alles, was wir thun, gehen, stehen, trinken, essen, arbeiten, jeder in seiner vocation, daß solches Gott gefalle. Das ist ja ein himmelreich und wohnung Gottes auf erden, wenn wir nur könnten hie den schatz als groß achten und so groß halten, als reichlich wir den durchs wort haben, welchen die gottlose welt, so das wort mit füßen tritt, nit hat. Darum aller Christen herzen sollen die herrlichen tempel

---

[1] Pressel: füllens.   [2] Pressel: arrabonum.

seyn und wohnung, da immer Gott will wirken und wohnen. Also reden von diesem spruch alle alte lehrer und brauchen das wort *wesentlich* nit. Dieses ist auch die rechte lehr und dieses giebt die erfahrung aller frommen christenherzen, und die apostel reden mit diesen worten, wie angezeigt, nit auf Osiandrisch, daß Gott hie auf erden mit seinem ganzen unzertrennlichen göttlichen wesen sollt in uns wohnen. Ein einfältiges gleichniß kann seyn: Die sonne wirket kräftiglich in unsern leibern; ist darum die sonne mit ihrem ganzen wesen nit in allen creaturen. Item, durch die luft haben wir athem und leben und ist in uns allen, bei und durch uns alle, darum ist aber der ganz luft und wind des himmels mit seinem ganzen wesen nit in uns.

Von *Osiandri* buch geht dieses wort gemein: Ich höre wohl Christum nennen, ich weiß nit, was es ist; wir mochten auch wohl hören, wozu es nutz sein soll und wozu es dienen soll in der kirchen oder trost der gewissen, daß *Osiander* lehret, daß Gott mit seinem göttlichen majestätischen wesen ganz in den gläubigen wohne.

In summa, hiemit zu beschließen: Nachdem *Osiander* gar und ganz vom typo doctrinae weichet und etwas eigenes und neues gedenkt einzuführen, darin doch viel fährliche, verdeckte, verwickelte sophisterei innen ist, und solche würde gereichen zu bestürzung, betrübung, verwirrung, auch verführung vieler tausend seelen und gewissen, so auch daraus folgen wollte zerrüttung der wohlgeführten reinen hellen nützlichen klaren lehr in der confession, apologia und in locis communibus vorgetragen: es ist ein große, schreckliche andacia, großer trutz und freche kühnheit, so *Osiander,* der[1] anno 30 zu *Augsburg* dabei selbst gewesen, dazumal nichts gesagt, nicht widersprochen, sondern mit seiner kirche sich unterschrieben, so er auch bei leben *Lutheri* und *Viti Theodori*[2] so geschwiegen, nun erst durfte hoffen, die edle reine lehr, welche nun 30 ganzer jahr in starkem lauf mit kraft gangen, bei welcher sich Gott oft hat sehen lassen, soll um seines neuen dunklen buchs willen im hohen artikel de iustificatione ganz umgekehrt, und so viel tausend kirchen verändert werden. Es ist aber fährlich gewagt. Ehe würde sich Gott mit einem öffentlichen starken werk sehen lassen, ehe so viel kirchen jämmerlich sollten betrübt und irre gemacht werden. Auf dieses mal wollen wir es dabei bleiben lassen, und wir für uns und unsere conscienz und gewissen wollen in unseren kirchen und schulen catechescos diese dunkle lehr aus oben angezeigten ursachen und daß dr. *Martinus Vito Theodoro* so viel von

---

[1] „Osiander anno" Pressel, welcher auch mit „so Osiander" einen neuen Satz beginnt. [2] Gestorben 24 März 1549.

Osiandro geklagt, nicht dulden noch leiden; so wir die Bibel so klar haben und reverendi doctoris, auch vieler anderer gelehrter leut schrift und bücher. Was etliche schuldisputationes belanget de idiomatibus etc., darüber *Osiander* meinet meister zu seyn und vielen vor den augen einen rauch zu machen gedenkt, wird auch zeit geben, daß ihm nothdürftiglich geantwortet werden soll. Wiewohl *Osiander* viel innige, gelehrte, gottfürchtige leut stolziglich und hochfährtig verachtet, nennet sie unzeitige doctores, selbgewachsene theologos und seiner harten bösen wort mildt ist(?), so wollen wir doch mit unsern kirchen viel gottfürchtige und wie es *Osiander* eindunket, viel albern jungen discipulos *Lutheri* geben, simplitianos, *Vitos Theodoros, M. Rotingos*, unter welchen eine solche kirche angerichtet werde wie zu *Lutheri* und *Viti Theodori* zeiten. Will der liebe Gott darüber Gabrieles und Raphaeles vom himmel schicken, die erst vom *Osiandro* studiren, wie Gott in weisheit und stärk wirke und wie die gottheit in allen Christen leibhaftig wohne, so doch Paulus von dem einigen Christo sagt, da er sagt, der schwache gekreuzigte Christus sei unser stärk und weisheit, da wollen wir dem lieben Gott kein maaß setzen. Wir halten aber dafür, daß Gott dieselbige lehr *Lutheri*, welche in großer schwachheit ein anfang gehabt, und den großen alpen und felsen des pabstums einen großen stoß gethan (da etliche hochfahrende dem pabst nicht ein wachslichtlein in seiner kirchen ungestoßen), werde bei seinem reinen wort fest halten und in dieser letzten zeit sanam doctrinam und das evangelium, welches ist das wort des heils und trosts, erhalten.

Gedruckt (modernisiert) bei Pressel S. 101—109 nach einer Münchner Handschrift.[1]

924. Melanchthon an Jonas. Nürnberg 1552. Jan. 26.

Erinnert an die alte Freundschaft[2]. Bedauert, dass sein Rat, die Osianderschen Streitigkeiten durch eine Theologenkonvention aus beiden sächsischen Landen zu beseitigen, von beiden Fürstenhöfen abgelehnt worden ist. Er hat sein Gutachten abgegeben. Er hat das des Jonas gelesen, an welchem er noch einige Modificationen wünscht. Hofft auf der Rückreise ihn persönlich aufsuchen zu können. Ueber den Stand ihrer Legation aus Concil: sie werden sofort umkehren, wenn nicht in eine Revision der früheren Beschlüsse gewilligt wird. Für die Geldforderungen des Jonas an die Wittenberger Universität hofft er noch einen guten Erfolg.

Corp. Ref. VII, 927. 928.

---

[1] Nach Pressel S. 101 unterschrieb Jonas auch das Hennebergische Gutachten über Osianders Lehre vom 5. Dec. 1551, sowie die „Censurae" der fürstlich sächsischen Theologen. Vrgl. Salig, Historie der Augsb. Conf II, 995. Schmidt, I. Menius II, 146. Möller, Osiander S. 496 497. 557. Beck, Joh. Friedr. der Mittlere. I, 94.

[2] Dieser Eingang lasst vermuten, dass die Correspondenz zwischen ihnen eine Zeit lang unterbrochen gewesen war, wie denn in der That Briefe aus den Jahren 49, 50 u. 51 vermisst werden. Der letzte uns bekannte Brief Melanchthons an J. ist der vom 25. Jan 1549. S. 273.

925. Jonas an Melanchthon.   Koburg 1552. Jan. 30.

> Dankt ihm für seinen liebevollen Brief, der ihm ganz besonders wohl gethan habe. Bittet um häufigere Nachrichten von Nürnberg aus. Klagt über seine Thorheit, dass er ohne vorherige Beratung mit Mel. und Fürst Georg die Berufung nach Koburg angenommen. Freut sich auf persönliche Ansprache (auch über die Lehre Osianders), wenn Mel. auf der Heimkehr durch Koburg kommen wird. Vom Tridentiner Concil.

Gedruckt bei Theophilus Sincerus, Neue Sammlung von lauter alten und raren Büchern und Schriften. V. Stück. Frankfurt und Leipzig 1734. S. 437—439. Pressel, Justus Jonas S. 138 und Bindseil, Philippi Melanchthonis Epistolae, Halae 1874, S. 327. 328. Im Manuscr. Thomasianum, aus welchem der Abdruck bei Pressel stammt, lautet die Aufschrift: Reverendo et clarissimo viro d. *Philippo Melanchtoni*, praeceptori charissimo, parenti in Christo aeternum venerando et colendo s. Dem herrn *Philippo* zu eigenen handen. Varianten: — ein alter Cesil.. — adiunctus epistolae, — charissime P. d. φιλ. — praedulcibus et suavissimis — anathema, anathema est, esto etc. — θαυμαστὰ — inprimis rev. d. Friderichum — anno domini M D XXXXXII. 1. Ionas tuus ex animo. Sincerus liest Steph. Kloten[1], im übrigen beruhen seine Lesarten auf Irrthümern, z. B. macht er aus Fürst Georg einen Grozius, aus Meileczk einen Meir letzle.

926. Jonas an Melanchthon.   Koburg 1552. März 4.

> Bittet, einen jungen Gelehrten zu bezeichnen, welcher würdig sei, ein Wallrodsches Familienstipendium zu empfangen.

G. et p. Dei in Christo domino nostro. Iniunxit mihi, reverende et charissime d. praeceptor, amice sincerissime et charissime, nobilis d. *Matthias a Walrod*, praefectus hic arcis, ut tibi scriberem sibi nunc ut seniori familiae *Walrod* ius esse ex reditibus certis distribuendi centum florenos quotannis. Hos libenter velit impendere in sumptus studiorum alicuius pauperis studiosi, aetate tamen florentis, nati annos XXX vel XXXI, qui habet uxorem et liberos, quique indigeret hac agape, atque ex numero ingeniorum eorum esset, qui tibi seu nobis, maxime autem tibi vero et magno artifici probaretur. Dicit se nulli condicturum, antequam tu respondeas. Rogo ergo, reverende et charissime mi parens in domino et praeceptor, celeriter et domino *a Walrod* et mihi rescribas. Beneficii ingentis loco aestimabit, quod eruditum aliquem tuae illius farinae et probioris[2] monetae honeste liberaliterque iuvare et ornare possit. Ipse enim *Walrodus* et hic totus coetus bonorum[3] multorum vere nobilium, vere generosorum mirifice tui nominis studiosi sunt et magno candore amant ac ut in domino parentem complectuntur[4]. Ὁ Χριστός te servet ecclesiae et reipublicae; qui[5] (pre-

---

[1] Derselbe, den Peucer doctor Clodius nennt Corp. Ref. VII, 936.
[2] Sinc.: pro tenoris.
[3] Sinc.: leonorum.
[4] Vrgl. Corp. Ref. VII, 831. 832.
[5] Sinc.: quod.

camur) gubernet nunc navim, ubi in tanta tempestate rerum vix sapientissimi vident, quo evadendum sit, ubi coelum [1] undique et undique pontus [2]. Datae Coburgi 6ta post Romani Pontificis cineres anno domini MDLII. *Iustus Ionas* tuus ex animo,
mi p. Φω. [3]

Reverendo et clarissimo viro d *Philippo Melanchtoni* parenti in Christo et praeceptori ex animo charissimo aeternum colendo suo. Dem hern *Philippo Mel.*

Manuscr. Thomas. Bei Sincerus, Neue Sammlung S. 436. 437.

927. Joh. Brenz an Jonas. Tübingen 1552. Nov. 7.

Setzt seine vermittelnde Haltung im Osianderschen Streit auseinander. Freude über die Befreiung des Kurfürsten Johann Friedrich.

S. in Christo. Binas ad te, reverende domine, literas dedi, quibus tuis copiose respondi. Sed nescio quo fato factum sit, quod priusquam [4] ad te pervenerint, mihi redditae fuerint. Et nuper cum do. *Christophorus Wuest:* quem doleo nobis morte creptum, *Tubingae* esset, recepi me daturum ei ad te meas literas, sed ille recesserat me inscio. Haec ideo praefari volui, ne existimes me officii mei oblitum et consilio magis quam casu non dedisse hactenus ad te literas. Incidit horribilis contentio inter *Osiandrum* et suos antagonistas. Nos cum princeps noster peteret a nobis nostram sententiam de ea re, maluimus instituere pacificationem quam alere contentionem. Ego enim, quod ad me attinet, nondum assequor *Osiandri* obscuritatem et spero cum non tam impie sentire, quam adversarii cum accusant. Hoc autem quidquid sit, certe ego divina clementia retineo eam doctrinam, quam a praeceptoribus nostris *Vitebergensibus* didici; si quis alius contentiosior fuerit, suo periculo faciat. Ego cupio ecclesiae in pace et tranquillitate servire, nisi quam turbam excitaverint nobis publici ecclesiae hostes, inter quos tamen nondum nec *Osiandrum* nec antagonistas eius deputo. Gaudeamus vobis, imo et nobis, vestrum veterem principem restitutum et speramus ei captivitatem optime cessuram, sicut non cadit capillus de capite sine voluntate patris. Bene et feliciter vale, reverende domine, et commendo nos et ecclesias nostras vestris precibus.

Die 7. Novembr. 1552. *Ioan. Brentius.*

Iusto Ionae docenti evangelium Christi *Coburgi.*

Handschriftlich, doch nur als Bruchstück (bei alere abbrechend) in Cod. Goth. B. 28 Bl. 120. Gedruckt, aber ohne die Adresse und ohne die Sätze von Binas — ad te literas in Hartmann und Jäger, Johann Brenz. Hamburg 1842. II, S. 523.

---

[1] Sinc.: certum. [2] Sinc.: portus. [3] Bei Sinc. noch folgende offenbar fehlerhaft wiedergegebene Nachschrift: Salutari peto reverenter amicissimie caudidissimeque *Spalatinae* diligentia i, στοργῇ, d. *Surcerum* et d. .... ministros Christi fidelissimo Cod: peius (?) ad. Oder pro eo, ut?

928. Jonas an Abt Friedrich. Regensburg 1553. Febr. 24.

Hofft ihn bald in Nürnberg besuchen zu können. Ueber seine im ganzen erfreuliche Stellung und Wirksamkeit in Regensburg.

G. et p. in Christo Iesu domino nostro Venerande senex et amice carissime. Etsi ratio officii mei et tua merita postulabant, ut saltem per literas crebrius tecum colloquerer, qua confabulatione senibus, praesertim in hac temporum moestitia et confusione, nihil potest esse dulcius: tamen varietate occupationum ita impedior, ut ne nunc quidem ad scribendum satis esset temporis. Hanc vero brevem epistolam tabellario dedi ad te perferendam, ut de mea erga te mente et voluntate fieres certior. Ius hospitii vetus veneror et amo, et quia plenum est honestatis et pietatis, religiose conservandum esse iudico. Ac nisi nobis reditum ad nostros intercludent hostiles exercitus, qui dicuntur colligi et esse collecti in Francia, Deo iuvante propediem una erimus. Ibi tum mora, quae hoc tempore non modo salutationem,[1] sed et consuetudinem iucundissimam interrupit, omnibus obsequiis pensabitur pro viribus. Nostri conatus in ecclesia *Ratisbonensi* Dei beneficio feliciter procedunt, et studia habemus plerorumque summorum et infimorum hominum mediocria, Deus porro det incrementum et benedicat electae et sanctae ecclesiae. De cetero quicquid erat novitatum, quod vos nescire arbitrabamur, commisi iis literis, quas ad *Hofmannum* scripsi; ex eo, si voluerit, tua humanitas requirat. A te nihil aliud nunc peto et postulo, quam ut honestissimam gravissimamque feminam uxorem tuam atque lepidissimas puellas ministras et consanguineas uxoris honoratissimae d. *Annae* tuae meo meorumque nomine plurimum salvere iubeas. Bene valeat tua paternitas. Datae *Ratisbonae* in vigilia beati Matthiae apostoli, anno 1553. Salutari peto d. *Hieronymum Besoldum* et d. *Michaelem Rotingum* religiosissimos doctos et pios amicos.

Iustus Ionas γέρων T. Pat. ex animo.

Reverendo in Christo patri d. *Friderieho* vero episcopo et abbati S. Egidii apud inclytam *Norimbergam*, amico veteri et charissimo s. Dem herrn zu S. Egidio.

In: Sincerus, Neue Sammlung S. 422. 423.

929. Jonas an Melanchthon. Regensburg 1553. April 2.

Bittere Klagen darüber, dass Jemand seinen Sohn wider ihn aufgestachelt hat. Er hat sich an Melanchthons Vorrede an Kurf Joh. Friedrich[2] erfreut, sowie an einem Gedichte desselben. Er möchte gern seinen Lebensabend in der Nähe der Heimat, in Wittenberg, verleben. Die Erzählungen seines Reisegefährten Joh. Fesclius über Melanchthons Vorlesungen haben diese

---

[1] solutionem [2] 29. Sept. 1552. Widmung des Tom. IV der Wittenberger Ausgabe der Opp. Lutheri. Corp. Ref. VII, 1078—1083.

Sehnsucht ganz besonders gemehrt. Mit Hülfe der ernestinischen Fürsten hofft er auf ein Unterkommen in Halle; andernfalls sind ihm in Regensburg ehrenvolle Anerbietungen gemacht. Michael Meienburg hat sehr freundschaftlich an ihn geschrieben. Nach dem Tode seines Fürsten Johann Ernst habe er nicht länger bei Hofe bleiben wollen. Er hat eine neue Ausgabe der Schrift „Ursachen, warumb die Kirchen"[1] besorgt; er hat ferner aus Melanchthons Loci theol. den locus de ecclesia übersetzt als Antwort auf die Predigten des kathol. Dompredigers in Regensburg. Bittet um seine Verwendung betreffs seiner Forderungen an die Wittenberger Universität. Sein Sohn soll mansfeldischer Rat geworden sein; er hat Schulden gemacht, die der Vater mit Beeinträchtigung der Töchter bezahlt hat; dabei hat er seit 6 Monaten den Vater ohne Brief gelassen. — Markgraf Albrecht soll Bamberg genommen haben.

Pressel S. 139. 140. Bindseil, pg. 349—351.

930. Jonas an die evang. Christen in Regensburg.   Regensburg 1553. Mai 3.

Vorrede zu seiner Uebersetzung des locus de Ecclesia aus Melanchthons Loci theologici.[2]

Der christlichen gemein vnd waren kirchen Christi, allen gottförchtigen jn des hey. rö. reichs freystad *Regenspurg*. *Justus Jonas* doct. Gnad vnd fried.

Nach dem kein höher weisheit, kein grösser schatz oder kleinot auff erden ist, dan Got den herrn (durchs wort) recht erkennen, wie sich Gott selbs offenbaret hat, nemlich was der rechte Gottes dienst sey, was sein wille sey, wie er gebet erhöret, vnd so auch vnter der sonnen nichts höhers ist, dann recht wissen vnd erkennen, warzu Gott der almechtige vns menschen als ein edele creatur nechst den hohen heiligen engeln geschaffen hat, vnd worauf eines menschen hertz entlich als am besten höchsten gutt zufriden sein kan oder mag, nach welchem die philosophi der heiden emsiglich geforschet, oder ausserhalb des worts (do durch sich Gott selber offenbaret) nie vnd gar gantz nicht haben finden können.

So auch dise rechte götliche weissheit nirgent ist zu finden, dan in der versamlung, welcher Gott vff erden sein wort offenbaret hat, namlich in der rechten heiligen kirchen Gottes, soll der christen vnd aller gottförchtigen gröste, einige vnd hochste sorge sein, dz sie funden werden in der rechten kirchen Gottes, dorinne Gott durch sein heilig wort krefftiklich wirket, die hertzen erleuchtet, sie zu sich leytet, wie Dauid sagt im lxxxiiij. psalm: Wie lieblich sind deine wonung, herr

---

[1] Vrgl. oben N. 813 u. 815. Lateinisch ist diese Schrift Melanchthons gedruckt bei Bindseil pg. 241—265.

[2] Vgl. den voranstehenden Brief.

Zebaoth. Mein leib vnd seel frewen sich hertzlich, das ich den lebendigen Gott kenne; ich wil lieber in Gottes hause der thwer hüetten, dan in der gottlosen hütten wonen, das ist in jren herlichen schlossern.

Widerumb dz sie sich huetten vor der versamlung vnd bössen rotten, do Gottes wort nicht rein gehet, abgötterei vmb ehr vnd pracht vnd zeitliches nutzes willen verteidiget wirdt. Dan dieselbige heilige, ware gemeinde vnd kirche Gottes vff erden, welcher kirchen (ob sie wol sichtbar ist, der vnsichtbar herr Christus Gottes son ein haupt ist, Ephes. 1. cap. 1. Petr. 1. cap.) ist der edel, heilig hauff, der vff erden gesamlet wird durchs euangelium, vnd welcher in dem ewigen kunftigen leben vnd weldt ewig mit Gott, allen engeln, in ewiger herligkeit leben vnd sich frewen soll, disse gliedmaß diser rechten kirchen Christi sind wie die lichtstaren mitten vnterm vnschlachtigen geschlecht, wie S. Paulus zum Philip. am 3. ca., wie die rosen vnter den dornen.

Die weil nun von der Gottes sache dis büchlyn redet, so richtig, clar vnd gewis, als in 800 jaren ie mag ein schrift von der kirchen geschen sein, vnd kein sophisterey ein menget, das man gar nahe aus disem claren bericht mit henden greiffen kan, welche die recht oder die falsche kirche sey, macht auch aus der kirchen nit ein solche versamlung, wie die weltlichen höfe, die politien vnd regimendt der weldt sindt, hab ich es aus dem latin darumb vordeudschet, so es so clar vnd richtig dargeben ist, dz es ein gottfürchtiger kan aussen lernen vnd allezeit eigentlich vnd gewis die ware kirchen kennen, sich vor der falschen kirchen, sonderlich der epicurischen synagog zu *Rom* vnd allen phariseischen rotten zu hutten. Vermane ich alle fromme christliche hertzen diser lieben gemein vnd kirchen zu *Regenspurg*, wollen disen bericht vleissig mercken, reine gold, fein sylber gegen vnsaubern schlacken, reinen hellen brun gegen faulen stinckenden pfützen kennen lernen.

Dan wo her fleust aller grosser schade, alle jrthumb, alle grewliche rotten, dann das der edle name (Gottes kirche) hatt schmucken mussen alle falsche lere, mißbrauch, abgötterey, grewel des Sathans etc.? Gott der herr geb sein segen, halde die seinen bey der götlichen warheit. Amen.

Datum *Ratis*. 3. May. Anno domini MDLIII.

In: „Welchs die Einig Recht, | Kirche Christi sey. | Wo sie gewiß zu finden, Welchs die falsch | Kirch sey. Auß latin Phi. Mel. verdeutschet durch | IVSTVM IONAM DOCT. | — — Gedruckt zu Regenspurg | durch Hansen Khol. MDLIII." 4°. 26 Bl. Wolfenb. 127 10. Th. Bl. Aij — Aiij[b].

931. Jonas an die Herzöge Johann Friedrich den Mittleren,[1] Johann Wilhelm[2] und Johann Friedrich den Jüngeren.[3]

Eisfeld 1554. c. Ostern.

Widmet den fürstlichen Brüdern eine von ihm in Regensburg gehaltene Predigt und tröstet sie wegen des Todes ihres Vaters, Joh. Friedrichs des Grossmütigen.

Gnad vnd fride Gottes in Christo vnserm herrn. Durchleuchtigen, hochgeborne fürsten, gnedige herren. E. f. g. seind mein gantz vnterthenige, willige, gehorsame dienst zuuor an. Gnedige fürsten vnd herren. Diesem ort oder loco in der heiligen schrifft (da der euangelist Lucas mit gantz kurtzen worten in zweyen oder dreyen[4] versen grosser, hoher, himlischer sachen gedenckt) ist geschehen wie der negelein blumen, welcher so gar viel autores nicht gedacht haben noch gedencken, also das sie auch jren namen nicht gewüst, welches doch die lieblichste, schönste blum von farb, gestalt vnd geruch, die treffelichste keiserin vnter allen blumen, gewechsen vnd der gleichen ist. Durch etliche fleissige ist sie newlich erst genandt vnd erkandt worden, nemlich betonicum altile, vnd derselbigen[5] farb, negelingeruch auffs höchst gelobt vnd gepreiset. Also ob wol dieser locus ein sonderlich edel blum ist in der gantzen heiligen schrifft (wie der herr Christus das ewige vnsterblich leben hiernieden auff erden angefangen) vnd derhalben wol werdt, das er fleissig ausgelegt vnd an tag geben were, so ist doch seiner bey wenig lerern gedacht. Bey vnsern zeiten aber haben d doctor *Martinus Luther* vnd d. *Philippus* in predigten vnd schrifften fleissig des gedacht, welchs mir vrsach geben, nechst verschinen osterfest, das ich, da ich in der löblichen reichsstadt *Regenspurg* gewesen, ein osterpredigt dauon gethan.[6]

Vnd nach dem diese gegenwertige zeitten jetzo bey vnserm leben so geschwinde, sörgliche leuffte vnd so mancherley vnruhe geben, das einen jetzlichen gottförchtigen wol in jhenes recht selig leben vnd besser herberg verlangen möcht, habe ich bey diesem schönen text die gottförchtigen erinnern wöllen, wie die lieben heiligen veter, propheten vnd aposteln so wenig auff dis vergengklich leben gebawt oder getrawt

---

[1] Geb. 8 Jan. 1529, gest. 9. Mai 1595.
[2] Geb. 11. März 1530, gest. 2. März 1573.
[3] Geb. 17. Jan. 1538, gest. 31. Oct. 1565.
[4] Dreyer. Gemeint ist die Stelle Apostg. 1, 1—3.
[5] Derselbige.
[6] zuthun.

haben, so doch die welt vnd viel römische bepstisch [7] Epicurer das ewige gantz in wind schlahen vnd alles auff das zeitlich setzen. Wie die veter vnd propheten so viel frölicher gedancken vom künfftigen leben gehabt, als Esaias vnd Daniel etc. wird weitter in disem sermon angezeigt. S. Paulus der hohe apostel an vielen orten füret ein sonderlich wort, damit er sich offt in trübsaln tröstet vnd auch der gantzen welt trotz beut, das er jhener zeit wartet, welche er nennet „*jhenen tag*" τὴν ἡμέραν ἐκείνην. Dann 2. ad Timoth. 1. sagt er: „das weist du, das sich von mir gewant haben etc. Der HErre gebe barmhertzigkeit dem haus Onesiphori, denn er hat mich offt erquicket vnd hat sich meiner bandt nicht geschemet. Der HERR gebe jhm, das er barmhertzigkeit finde bey dem HERREN an *jhenem Tage*". Item 2. ad Timoth. ultimo: „Die zeit meines abscheidens ist vorhanden[1]. Ich hab den lauft vollendet, ich hab glauben gehalten. Hinfürt ist mir beygelegt die kron der gerechtigkeit, welche mir der Herr, der gerecht richter, an *jhenem tag* geben wird."

Der heilig apostel gibt an vielen orten in seinen episteln 2. Thess. 1. item 1. Thess. 4 zu verstehen, das er offt in seinem hertzen durch wackern geist vnd glauben jhme *jhenen tag* vnd das künfftige leben als ein schön gemehl, herrlich freud vnd triumph habe für die augen gemalet vnd dagegen ernach die gantze welt angesehen als ein elend wasserblasen vnd schaum, wie er sagt 1. Corinth. 7: „Das wesen dieser welt vergehet."

So nun diese historia in actis apostol. 1 vnd predige von derselben allen gottförchtigen gar ein reichen seligen trost von dem ewigen künfftigen vnuergenglichen leben geben mag, hab ich in diesem meinem schwachen alter ietzo (so ich fast LXII jar vnd das grawe haupt erlanget) diese text von der künfftigen ewigen herberg vnd leben desto lieber für mich genommen. Vnd so wir newlich, nicht one hohe grosse schmertzen, mit gantz betrübtem gemüt erfaren, das nach seligem abschied aus dieser welt der durchleuchtigsten hochgebornen fürstin f. f. *Sybillen*, vnser gnedigsten f. ewer f. g. frawmutter, der durchleuchtigst hochgeborn fürst vnd herr, herr *Johans Friderich* der elter, geborn churfürst, nicht lang hernach, nemlich sonnabent nach Oculi den dritten Martij dis LIIII. jars[3], von diser elenden welt, von diesem elenden, jemmerlichen zeitlichen leben seliglichen abgeschieden, des wir nach dem fleisch, wol nicht one heisse trehnen, schmertzlich weinen, betrübnis gefasset, aber als christen vns auch billich trösten sollen, das hochgemelter löblichster churfürst nicht allein

---

[1] Beptisch.   [2] verhanden.   [3] Beck, Joh. Friedrich der Mittlere I, 135 giebt als Todestag den 4. März 1554 an. Die Kurfürstin war 10 Tage zuvor, am 21. Febr. gestorben.

bey seinem leben mit so gantz christlicher, vnbeweglicher, hochrhümlicher bestendigkeit bey allen nachkommen, posteritet vnd in höchster fehrlichkeit vnd fürstehenden creutz das heilig euangelion vnd die warheit Gottes bekant, sondern auch in freudigem bekentnis des euangelij vnd der waren religion Christi bis an sein letzten adem beharret vnd frölich, selig gestorben: hab ich gantz demütiger vntherthenigster christlicher meinung e. f. g. zu trost disen sermon (welcher erst kurtz gefast gewesen) vollend, ausgemacht vnd vnter e. f. g. hochlöblich namen in druck geben. Dann nach dem alle kirchen Christi in gantz Germanien, ja auch in allen andern nationen der trefflichen grossen bestendigkeit vnd sonst vil hoher fürstlicher tugent halben ein sonderlich vnterthenig gros vertrawen zu hochgemeltem churfürsten gehabt, sind on zweiffel vil tausent fromer christlicher hertzen, die sich sampt e. f. g. vnd vns in diesen gewis letzten elenden zeiten hertzlich frewen, das sie diesen tewren christen vnd disen hochlöblichen Onesiphorum, welcher bey der reinen lere Christi vnd der aposteln doch ja als ein tapffer trewer held, vnerschrocken ritter Christi aufs höchste fest gehalten, in der ewigen kirchen vnd in dem rechten Weissenberg[1] vnd Hierusalem werden frölich in ewiger herrligkeit wider sehen vnd dem exempel aller glaubigen hertzen nach, wie Paulus sagt 1. Tessal 4, das die kirche Christi von ihren[2] schlaffenden soll ein vngezweifelte starcke hoffnung haben des frölichen wider zusamens komens: wöllen e. f. g. auch jr hoch bekümmernis, hefftig klagen vnd weinen nu mehr Christo zu gehorsam vnd ehren lassen fallen vnd linder werden. Dann des trosts, damit Gott den tewren ritter Christi, h. herrn *Johan Friderich* nach so manchen schweren agone vnd kampff auch in diesem leben hat trösten wöllen, desselbigen wird Gott mit reichen segen e. f. g. gnedig, wunderbar noch zu seiner zeit theilhafftig machen. Wie dann das gebet, das emsiglich seufftzen weit vnd breit in der welt aller kirchen Christi bey e. f. g. nicht weniger sein wird, dann es bey hochgedachtem e. f. g. herr vater gewesen. E. f. g. wöllen disen geringen vntherthenigen dienst von mir alt vnermögenden mann gnedigst annemen vnd verstehen, vnd die kirchen Christi in vil landen (welche mit e. f. g. jetzo weinen, viel heis trehnen vergiessen vnd wider den Antichrist, den bapst, hertzlich alle stund beten,) in gnedigen befelh haben vnd wie Paulus sagt ad Timoth. mit dem euangelio sich leiden. Gott lebt vnd wirdt e. f. g. vnd die kirchen reichlich trösten. Amen.

E. f. g. vntertheniger diener   *Justus Jonas*, doctor.

---

[1] Wittenberg.   [2] ihrem.

Den durchleuchtigen hochgebornen fürsten vnd herrn, herrn *Johans Fridrichen* dem elder[1] vnd herrn herrn *Johans Wilhelmen* vnd herrn herrn *Johans Fridrichen* dem jüngsten, gebrüdern, hertzogen zu Sachsen, landgraffen in Düringen, marggraffen zu Meissen etc. meinen gnedigen herren.

In: „Eyn fast tröstliche | Predigt, vnd auslegung der Hi- | storien, von den wunderbaren | XL. tagen, In Actis Aposto: Cap. 1 (der gleichen | Tage nie auft Erden gewesen.) — — — — zu Regenspurg jnn Bayern Gepredigt, | Anno Dñi 1553. erstlich, Jetzund | Anno 1554. in Druck geben. | Durch Justum Jonam | den Eldern Northusanñ Doctor. | [Vignette, die Auferstehung]" 4° Bl. E 3: „Gedruckt zu | Erffurdt, | Durch Geruasium Stürmer. | Anno M. D. LIIII." — Bl. Aij — A 4b.

932. Jonas an König Christian III.   Eisfeld 1554. c. Ostern.

Entschuldigt sich, dass er die Uebersetzung der Schrift de conciliis noch nicht beendigt hat; sendet eine Regensburger Predigt [s. vorige Nr.], befiehlt seine Kinder der Huld des Fürsten.

Gnade vnd fride Gottes durch Christum vnsern lieben hern. Durchleuchtigester, grosmechtigester konigk. E. k. maiestatt sind mein hertzlich in warheitt ernstlich gebett, vntertanigste, gantz willige, gevlissene gehorsam dinste allzeit zuuoran. Gnedigester konig vnd herr, e. k. m. wollen mir gnedigst zu gut halden, das ich ietzo so eilends vnd kortz schreibe. Disser bott hatt herugeschcft halben geeilet, darumb ich inen auch nitt vfgehalden. Ich will aber e. k. m. nitt lange nach diesser zeit weiter vntertanigst schreiben, vnd weis Gott, das ich dissen boten mit sonderlich freuden gesehen, das ich durch inen vrsach gewonnen, e. k. m. noch vor meinem ende in vntertanigsten schrifften mein arme willigste demüttige dinste zu vormelden.

Gnedigster konig vnd her, ich hab LXij. jar meins alders erlanget: reverendus doctor *Martinus Lutherus* ist im lxiiij. seines alters zu vnserm hern Christo selig abgereiset, do ich bey seinem seligen allerchristlichstem ende gewesen. Gott vorleihe mir alden armen man dergleichen. Amen. Gnedigster konig vnd herr, ich weis, das ich e. k. m. schon lengstens vorheissen mein lateinisch translation des buchs d. *Martini Lutheri* de conciliis[2] im zu schicken, aber von anno Dni XLvij byn ich hin vnd wider getzogen, entlich auch von *Halle*, welche mir doch dinste vf mein leben vorschrieben etc. In dissen geschwinden leuften vnd zeiten sind vill gottlicher guter sachen vfgeschoben, gestawet vnd vorhindert.

---

[1] Damit ist hier natürlich nicht der sonst den Beinamen „der Aeltere" führende Kurfürst, sondern sein Sohn Joh. Friedrich II., der Mittlere, gemeint, der im Unterschiede von seinem jüngeren Bruder Joh. Friedrich III. hier als der Aeltere bezeichnet wird.

[2] Vgl. oben. S. 196 282.

931. Jonas an König Christian III.

Ich bin itzo in einem werck, vnd so ich lebe (welchs Gott vorleihe nach seinem willen), will ich auch des frölicher sterben, wann ich erst e. k. m. als einem sonderlich christlichen könig, welchen ich von rev. doctore *Martino* vor vilen hohen potentaten treflich hören preisen, mein gevlissene dinst demütigst vntertanigk ertzeigte.

Vnd wolt Gott, ich solt noch vor meinem ende e. k. m. in Holstein oder Meissen[1] sehen in eigener person. Vor e. k. m., e. k. m. koniglich allerlobliebst gemahel, die lobliebst christliche konigin, vnd vor e. k. m. allerlobliebst junge herrschaft Gott zu bitten bin ich (weis Gott) von grund meins hertzen vnd mit ernst allzeit vfs höchst gevlissen. Ich schicke e. k. m. ein gedruckten sermon, bitt vntertanigst, e. m. wollen den lesen, ist zu *Regenspurgk* von mir getan, ein stucke von meinem valete, so ich ald byn. E. k. m. wolle mein kinder, so ich nach mir lassen werde, vmb Christi wiln in gnedigsten befelh haben. Ich stehe mit allen Christen in grosser hofnung, Gott der herr werde noch e. m. gebrauchen als seines organi electi, ein seligen gemein fride in Deutschland helfen zu machen. Der her Christus wirck durch e k. m. vnd den loblichsten christlichen fürsten, herrn hern *Augusti* churfursten zu Sachsen, seinen gnedigen willen vnd wolfart, gemeinen nutz vnd[2] totius reipublicae.

Vom christlichen abschiede vnsers gnedigsten herrn hern *Joh. Friderich*, gebornen churfürsten, will ich e. k. m. weitter ander zeitt schreiben. Der her Christus sey bey e. k. m. allezeit. Datum bey *Coburgk* zu *Eissfeld*. Anno dni M.D.Liiij.

E. k. m.
vnterthenigster diener
Justus Jonas doctor m. pr.[3]

Product: *Coldingen*, den 27. May 1554.
Schumacher I, 359—362.

933. König Christian III. an Jonas.   Kolding 1554. 12. Juni.

„1554, 12. Juni, der König sendet aus Kolding an Justus Jonas, der ihm eine Predigt[4] übersendet hat, 30 Thaler."

„Vnd als ir euch des buechs halben de conciliis gegen vns erbietet, so haben wir solchen euern vleiß, domit der christlichen kirchen nutzlich gedienet wirt, gern vernhomen, wollen auch des buechs, wan es gefertigt, gewertig sein."

Aarsberetninger I pg. 268.

---

[1] Jonas denkt an einen Besuch Christians bei seinem Schwiegersohn Herzog August. [2] „vnd" ist wohl zu tilgen. [3] Schumacher: M. M. [4] Siehe oben Nr. 931.

934. Jonas an König Christian III.   Eisfeld 1554. Aug. 18.

Dankt für empfangenen Brief, meldet von der Trauer über den Tod des alten Kurfürsten, er ist mit der Uebersetzung von Luthers Schrift von Concilion beschäftigt. Dankt für ein Geldgeschenk.

Gnad vnd fride Gotts, durch Christum, den einigen mittler vnd heiland. Durchleuchtigster grossmechtigster konig, ewr koniglichen majestat sind mein teglich demütig emsig gebet jegen Gott, auch mein gantz vntertanigste, gehorsame schuldige, gantz willige gevlissene dienste zuuoran. Gnedigster konig vnd herr, ewr ko. mt. gnedigste schriften hab ich von *Valentyn Holen* mitt vnterthanigster gebürlicher reuerentz entpfangen vnd mitt grosen höchsten freuden den einhalt vorlesen; mag woll sagen, das sieder zeitt, do wir den todlich abgang des christlich löblichsten alden churfursten, vnsers auch gnedigsten herrn, selig hochlob. gedechtnis, wie vill ander gottforchtige, mitt betrübten bekummerten gemütt gehörett[1], ja syder des kein solch trost oder bottschaft ich bekommen, welche vns frolicher oder trostlicher gewesen, den das e. kon. m. vf mein vntertanigst schreiben so mitt gnedigster antwortung mich vorsehen, aus welcher vnd anderen daneben gangen schriften ich erfaren, das e. k. m. neulich auß sorglicher gantz ferlicher leibesschwachheitt (Gott lob) wider zu guter gesuntceit komen, vor welche allerreichst, gross gnade vnd gottlich woltatt wir alle offentlichen in kirchen vnd vorsamlungen vnd sonst in vnserm christlichen hitzigem gebett der ewigen allerhochsten göttlichen maiestat hertzlich zu danken schuldig synd.

Des buches halben de conciliis oder synodis generalibus will ich, gnedigst konig vnd herr, gevlissen sein (wie ich geschrieben)[2] solches ietzo bald in meinem alder zu fertigen vnd in druck zu bringen, damit ich in dem vnd künftig mehr dergleichen wegen e. k. m. vilfaltige gnedigste woltatt mich vntertanigst danckbar beweisen vnd etwas zu gedechtnis hinter mir lassen muge. Auch, gnedigster konig vnd herr, in vnserm teglichen gebett wollen wir den almechtigen Gott anruffen, das e. k. m. gemeinen friede im reich deutscher nation neben dem lobl. churfursten, hertzog *Augustus*, wie e. k. m. rümliche namen vnd gerlicht haben, trewlich foddern mugen. Die gnedigst vorehrung der XXX taler[3] hab ich von *Holen* empfangen, zu vnterthanigster dankbarkeit allzeit gevlissen. Vor e. k. m., auch vor die allerloblichst christlich konigin, e. k. m. gemhal, vor e. k. m. loblichste sone vnd koniglich erben vnd alle e. k. m. verwanten bei Gott vleissig zu bitten

---

[1] Schum gehárett.   [2] Nr. 932.   [3] Siehe vorige Nr.

vnd zu allen vntertanigsten dinsten byn ich altzeitt willig. Datum in Francken *Eisfeld* 18. August anno Dni. M. D. Liiij.
E. kon. m.
vntertanigst willigker diener
Justus Jonas doctor.
S. m. propria.

Schumacher I, S. 356—358.

935. Jonas an die Herzöge Johann Friedrich den Mittleren, Johann Wilhelm und Johann Friedrich den Jüngeren.   Eisfeld 1555. August 3.

Setzt ihnen die Ansprüche auseinander, die er von der Resignation auf die Wittenberger Propstei her auf jährlich 100 Gl. hat, die ihm seit 1547 nicht mehr gezahlt worden; bittet um ihre Fürsprache bei Kurfürst August behufs Zahlung des rückständigen Goldes und des jährlich fälligen Betrages.

Gnadt vnd friede Gottes durch Christum vnsern lieben herrn. Durchleuchtige hochgeborne fursten. E. f. g. sindt meine gantz vnterthenige gehorsame schuldig willige gevlißene dienste zeuoran. Gnedige fursten vnd herren. Nach deme ich der maß mitt leibs schwacheitt in meinen ohne das letztem alter, als in meinem drei vnd sechtzigsten jhar, jtzo beladen, namentlich mit asthmatico[1] morbo, das die ertzte alle sagen, es sei dieses meines alters vnd grawen haupts, so ich an siebentzig jhare hinan streiche, scher fherlich, bin ich verursacht, e. f. g. in meinen hohen notigen anliegenden sachen als meine gnedige landtsfürsten (so ich von dem hochberumpten hertzog *Friderich* an biß vff e. f. g. mein leben in diesen diensten hab zubracht, vnterthenigst antzwsuchen.

Gnedige fursten vnd herren. Als ich Anno dni ein vnd tzwentzig von dem allerloblichsten hertzog *Fridrichen* churfursten hochloblicher gedechtnuß von *Erffurdt* (do ich albereitt mit tzweihundert flor. sollt das mahl vorsehen) nach doctor *Henningi Goden*[2] totde probst gen *Wittebergck* erfoddert, do das stiefft noch stuntde vnd vngefherlich in die siebentzig tumherrn, capellanen vnd chorales hatte, ist dozwmahl durch den ehrwirdigen doctor *Martinum Luther* das gantz stiefft vnd thumkirche mit aller papisterei vnd durch vnser lere vnd predigte abgeschafft, alle meßer vnd mißbreuche abgethann vnd nidergelegt[3]. Endlich (das ich der kortze abbreche), do e. f. g. herr vatter *Johans Fridrich* seliger ins regiment khomen, sindt alle thumereien, auch mein

---
[1] Asmatico.
[2] Coden. † 21. Jan 1521. S. oben I, 48flg.
[3] Kapp, Kl. Nachlese II, 590flg.

probstei, zur lecturen gemacht, vnd gemeltte probstei *Wittenbergk,* mihr von hertzog *Fridrich* loblicher gedechtnuß anfenglichen geliehen, hab ich sampt dem dorff *Eutsch* vnd alle einkhomen in gewher vnd poßeßion gehabt tzwentzig jhare, ist auch bemelte probstej zuuor vnd hernach, do sie zu einer lectur gemacht, neben der präceptorej zu *Leichtenbergk* vor der hochsten geistlichen standte einen vff landtagen vnd sonsten alzeit gehaltten vnd geacht.

Vnd, gnedige fursten vnd herren, gemeldt tzwentzig jhare hab ich also zw *Wittebergck* wesenttlich gewohnet, biß vff anno dni ein vnd viertzig der rhatt, stadt vnd kirche zw *Halle* an hochgedachten vnsern gnedigsten herrn churfursten, e. f. g. herrn vatter loblicher gedechtnuß, vnd dan herrn doctorem *Martinum* seligen geschrieben vnd vntterthanig gebetten, das ich aus viel wichtigen vrsachen zw forderung vnd außbreitung des heiligen euangelij (dozumalh der cardinal *Albertus* noch gelebt) möcht hingeliehen werden, welchs dan hochgedachter vnser gnedigster herr churfürst e. f. g. herr vatter gnedigst erleubtt vnd gewilligtt.

Nachdeme aber der herr coadiutor margraff *Johans Albertus* do zw mahl vff der *Moritzborgck* hoff gehaltten, hatt mihr viel vnd allerlej großer ferligkheitten obgelegen leibs vnd lebens, wie her *Caspar Gottfortt*[1], itziger e. f. g. amptman zw *Helltpergck*[2] (der do zw malh zw *Hall* am hoff gewesen), gantz gutt wißen tregt.

Do ich, gnedige fursten vnd herrn, zw *Halle* nuhn in die vier jhare gepredigtt vnd in die funfftzehenhundertt oder tzwej tawsentt menschen (welche zuuor das sacramentt nach einsatzung Christi nicht enttpfangen) sich zw der reinen christlichen lehre bekertt, vnd durch die lehre viel guttes gschafft mit Gottes hulffe, wie diese stundt durch gantz *Hual* bewust vnd ruchtig, als haben rhatte, kirchen vnd gemein zw *Halle* an hochgemeltten meinen gnedigsten herrn supplicirtt, das jhre[3] churfurstliche gnaden mihr gar vnd gantz von *Wittebergyk* gen *Halle* erleuben wolltten, jhrer[4] kirchen superattendens zw werden.

Wiewol nuhn hochgedachter mein gnedigster herr seliger loblicher gedechtnuß, sampt dem lieben vatter herrn doctore *Martino* sich dortzw, namlich mich von *Wittebergck* dohin ewigck zuuorkhonnen, schwer gemacht, hatt doch vnser gnedigster herr sampt dem doctore *Martino* gnediglich dorein gewilligett, vnd do ich der kirchen *Halle* halben mitt meiner gantzen haushaldung aus *Wittenbergck* vorruckt vnd (wie der alte cantzler, der herr altte doctor *Bruck,* mein lieber patron vnd ge-

---

[1] Caspar von Gottfart. gest. 1582. Beck, Joh. Friedrich der Mittlere, II, 121.
[2] Heldburg. [3] Jhere. [4] Jherer.

uatter vmb die gantze sachen weiß) die probstej oder lectur samptt allem einkhomen, namlich dem dorff *Eütsch* samptt andern in die vierhundertt oder mehr zw gemeinen jharen vierttbalb hundertt gulden jehrlich einkhomens vbergeben: hatt hochgemeltter mein gnedigster herr seliger gedechtnuß aus gnaden motu proprio gewilligtt, das, so solch einkhomens der vniversithet dozw mal vbergeben vnd eingeleibtt, mihr als alttem vordintten, vorlebten lectori vnd diener von dem verwaltter der vniuersithet einhundertt gld. jherlich, allein so lang ich lebtt, soltten gegeben vnd gereicht[1] werden. Wie mihr auch hochgemeltter mein gnedigster herr doruber ein pergamentt churfurstlich vorschreibung mit dem großen einsigel vnd ihre ch: g: eigen hand daruber geben haben, vnd ich dan baldt wircklich in die poßeß vnd gewher der pension bin dazwmalh gesetzt, vnd mihr anno domini fünff vnd viertzig die hundert gld. vff mein quittantz guttlich betzaltt vnd gein *Halle* vberschickett.

Nechst auch, do vnser gnedigster herr seliger loblicher gedechtnuß frolich zw *Coburgck* ankhomen nach der behafftung[2], haben ihre churf. g. iegen mihr vnd andern gesagt, ihr churf. g. wißen sich zw erindern, das mihr solche einhundert gld vff mein leben vorschrieben. Dan ohne das hett ich die lectur vnd probstej vierhundertt gld iherlich nicht vbergeben.

Aber anno dni sechs vnd viertzig, do der krieg angangen, vnd anno sieben vnd viertzig, do die großen kriegs sachen sich noch beschwerlicher zwgetragen, do sindt mihr solich einhundertt gld iherlich zw der zeitt vffgehaltten, vnd also zehen jhar haben die verwantten der vniuersithet vrsach genohmen, mein einkhomen enttpfangen, vnd sindt also die zehen jhare neunhundertt oder tawsentt gulden vffgewachßen, außerhalb tzinnß, so mihr danon geburen.

Vnd wiewol mich ettliche fursten vorschrieben, auch nechst e. f. g. bei leben vnsers gnedigsten herrn vnd hertzog *Moritzen* durch stadliche lewtt vortrosten laßen, mihr solten die einhundertt gld, welche mihr vntter eigener handt vnseres gnedigsten herrn hertzog *Johans Fridrichen* churfursten seliger gedechtnuß vorschrieben, volgen, so ist es doch bißher zw großem nachtheil vnd schaden meiner sieben kinder vorblieben.

Enttschuldigung, gnedige fursten vnd herren, domitt biß anher die vniuersithet vffschieben vnd vertzugck gesucht, hatt garr nicht grundt, dan sie haben in tzeit meiner resignation jegen den hochachtbarn herrn, dem alttem doctor *Brucken*, die hundertt gulden klar bei ehir vnd trewen verwilligt, miher auch anno funff vnd viertzig auß ihrem

---

[1] gerecht. [2] 7. Sept. 1552.

wißentlichn beuelch rectoris vnd aller rahtsuerwantten ihrer der vniuersithet *Wittebergck* durch ihren einmaner guttlich betzaltt vnd vberschickt.

Gemeltte herrn auch der vniuersithet nemen alles, vorgenant dorff *Eutsch* vnd andere dorffer, welche zur probstej gehortt, welche ich tzwentzig jhare eingenobmen jherlich, vnd wenden es in ihren nutz, billich halttensie, was sie vff ihr ehr vnd glawben dem altten herrn doctori *Brucken* zw zeit meiner resignacion haben zugesagtt, dan ohne das hett ich mich von *Wittenbergck* nicht gben *Halle* gewantt, hett auch die lectur oder probstej gar in kheinen wege vbergeben.

Wan dieses auch soltt sein, so gedihe mihr mein groß gethan arbeitt vnd aussgestanden fhär zw *Halle* zw merklichem schaden, so doch, gnedige herrn, dieses alles mihr zw gnaden gewilligt, vnd ich hett mich in kheinem wege nihmer mehr vorsehen, das mihr armen grawen schwachen vnd altten mein verdintter lohn, der mihr doch vff mein leben vorschrieben, soltte gewegertt werden.

Darwegen, gnedige fursten vnd herrn, so ich vom hertzog *Friderich* an, volgende hertzog *Johansen* e. f. g. großuattern vnd herrn vettern, ittem e. f. g. herrn vatter *Johanss Friderichen* meinen gnedigsten herren hochloblicher seliger vnd christlicher gedechtnuß biß vff diese tzeitt, vnd also dem hochloblichen haus zw Sachsen dieses theils in die drei vnd dreißig jhare gedienett, bin zw den visitacionen der kirchen vnd andern hendeln gebraucht, also das viel jhar vnd ein lange tzeitt die hendel der visitacion, wie nachher bei ehr *Paulo Knott* vnd bei doctor *Benedicto Pauli*, nidergelebt: so ich auch in der vniuersithet *Wittebergck* tzwentzig jhare neben anderen gelesen, bin ich wahrlich ab anno sieben vnd viertzig in allerlei beschwerung vnd vnfhal darumb in vnuermogen khomen, wurden auch nach meinem todt meine kinder in beschwerlichen schulden vnd gefahrlichen nöthen laßen.

Vnd ist an e. f. g. mein demutig emsig vnd vmb Gottes vnd Christi willen vntherthanigste bietts, e. f. g. wollen meines verlebten schwachen altters erbarmung gnediglich tragen, vnd meinen vnbestadten sieben kindern zw gutt eine gnedige vorschrieft an den durchleuchtigsten hochgebornen fursten vnd herrn herrn *Augustum* churfursten mittheilen: das mihr gemeltt ein tawsendt gulden von tzehen jharen (in maßen wie das erst ein hundertt gld anno dominj funff vnd viertzig) samptt tzinsen, auch die tzeitt meins lebens die einhundertt gld mugen betzaltt werden. Diß ist mein vntertheig bietts: auff das ich in diesem meinem letzten altter meine tzwue manbare tochter mitt ehren moge austatden vnd die andern kleinen kinder zum studio vnd in gottesforcht vflertziehen, auch meiner hausfrawen christlich vnd geburlich ettwas dauon mocht mittheilen zw geburlicher enttrichtung der ehestiftung. Dan sonst vnd ohne das wurden sie nach meinem todte nötthe vnd jhammer, auch elend gewertig sein mußen, welches ihc zu erbarmen, das die kinder vnd die meinen vieler meiner vorigen so viel fursten vnd sonst trewer diensten nicht genießen soltten.

So auch, gnedige fürsten vnd herren, mein itzige kranckheitt (wie die ertzte sagen) des alters halben, sehr fherlig, sorglich vnd groß, wollen e. f. g. darinnen vetterliche sorge gnediglich vor vns armen tragen, das diese mein nöttige sachen nicht mocht lange in vortzugck gestellet werden, vnd ettwan noch meinem todte (der dan dieser mein getharlichen kranckheitt asthmatico morbo plotzlich furfallen mocht) großere nötte enttstehen. Hierinnen wollen e. f. g. gegen mihr armen altten vnd krancken man vmb Christi willen auß angetzeigten vnd vielen vrsachen mitt christlichen erbarmen vnd mitleiden gnediglich vnd trostlich sie hertzeigen. Das wird Gott der almechtige gewiß reichlich belohnen. So bin ich gegen e. f. g. sampt allen den meinen, als vntterthaniger altter diener, zu nordienen willig vnd gevlißen. Datum *Esfelt* sonnabents nach vincula Petri anno duj fünfftzehenhundertt funff vnd fünfftzig.

E. f. g.

vnterteniger gehorsamer diener
Justus Jonas doctor Superattendens *Il.*
Eisfeldt etc.

Den durchleuchtigen hochgebornen fursten vnd herrn, hern *Johans Friderichen*, herrn h. *Johans Wilhelmen* vnd hern h. *Johans Friderichen* den jungern etc. hertzog zeu Sachsen, landgrauen in Duringen, marggrauen zeu Meyssen etc. etc. meinen gnedigen f. vnd herren zu iren f. g. handen.

Dresden, Hauptstaatsarchiv Loc. 8418 fol. 44—49. Veröffentlicht von Seidemann im Sächs. Kirchen- und Schulblatt 1866 Sp. 141—146.

936. Johann Friedrich der Mittlere und Johann Friedrich der Jüngere an Kurfürst August.

Sonneberg 1555. Aug. 6.

Fürsprache für Jonas betreffs seiner Forderungen an die Wittenberger Universität.

Vnser freundtlich dienst vnd was wir liebs vnd guts vormuegen zuuor. Hochgeborner furst, freundtlicher lieber vetter vnd bruder. Welcher gestalt wir von dem erwirdigen vnd hochgelarten, vnserm lieben andechtigen ern *Justo Jona*, pfarrhern vnd supperattendenten zu *Eisfeldt*, vndertheniglich angelanget vnd vmb vorschrift an E. L. hochvleissigk gebetten seindt worden, solches finden E. L. beiligendt, nach der lenge zu vornehmen. Nun werden wir berichtet, das sichs seinem antzeigen nach heldet, als er vff vorgehende vocation vnd erlaubnus die probstey zu *Wittembergk* vorlassen vnd resigniert vnd sich gehen *Halle* vorfuget, das weilandt vnser gnediger lieber herr vnd vatter seliger vnd christlicher gedechtnus ime jerlichen ein hundert gulden dargegen die zeit seines lebens habend vnd gewertig zu sein angetzogener maß gnediglich vorschrieben, welliche ime aber sieder des sieben vnd viertzigsten jahrs vorschienen nicht gereichet, vnd also neunhundert oder eintaussent gulden vffgewachssen vnd hinderstellig worden sein sollen.

Weil dann gedachter doctor *Jonas* von anfang vnd bisher ein diener gottlichs worts vnd des heiligen euangelion gewest vnd noch ist, vnd sein lebenlang viel vnd grosse arbeit gethan, zu deme auch nuemehr mit zeitigem alter, schwacheit vnd vnuormuegen seins leibs beladen, so stellen wir in keinen zweivel, E. L. als ein christlicher furst werden souiel mehr fur billich erachten, das ime berurter ausstandt der neunhundert oder eintaussent gulden sambt denn darauff gelauffenen zinssen furderlich nicht allein, sondern auch kunfftigk die einhundert gulden jerlichen die zeit seins lebens vnweigerlich volgen vnd entricht werden muegen. Vnd wir dann genantem doctor *Jona* mit sondern gnaden auch in dem vnd andern gnediglich zu furdern geneigt: so haben wir ime diese vnsere vorschrifft an E. L. nicht weigern wollen. Vnd ist demnach vnser freundtlich bitt, E. L. wollen vns zu freundtlichem gevallen vnd gemeltem doctori *Jona* zu gnaden solliche vorschaffunge vnd vorfugunge hierauff thun, damit er berurter vnser vorschrifft, der er sich hochlich getrostet, zur billigkeit genossen empfinden muege; wie wir vns zu E. L. freundtlich vnd vetterlich vorsehen.

Daran beweissen E. L. sonder zweivel Gott dem allmechtigen ein angenehmes vnd wolgefelliges werck, vnd wir wollen es vmb E. L. in gleichem vnd mehrerm hinwider altzeit freundtlich vnd vetterlich vordienen. Datum *Sonneberg*, dinstags nach Vincula Petri, Anno dni etc. L. v.

Von Gots gnaden *Johanns Friderich* der mitler vnd *Johanns Friderich* der jungere, gebrudere, hertzogen zu Sachssen, landgrauen in Duringen vnd marggrauen zu Meissen.

Sächs. Kirchen- u. Schulblatt 1866, Sp. 149. 150.

937. Kurfürst August an Johann Friedrich den Mittleren u. Johann Friedrich den Jüngeren. Dresden 1555. Sept. 1.

Beantwortet die Fürsprache der Herzöge für Jonas abschläglich.

Freuntliche liebe vettern vnd bruder. Wir haben E. L. vorbitlich schreiben sampt eingeschlossener ern *Justi Jonae* pfarherns vnd superattendenten zu *Eisfelt* schrift horen vorlesen, vnd sollen es E. L. gewislichen dofur halten, do wir befunden, das er seiner forderung kegen vns befugt, das wir E. L. freundlicher vorschrift halben vnd sonst vns gegen ihne aller gebuhr zu erzeigen wissen wolten. Wir befinden aber, das es vmb gemelts d. *Jonas* forderunge dermassen gelegen, das wir vns mit dem wenigsten nicht schuldick erachten konnen, ime den hinderstandt der neunhundert oder eintausend fl. sampt den darauff gelauffenen zinsen furderlich nicht allein, sondern auch kunftick die ein hundert fl. jerlich die zeit seines lebens zu entrichten. Dan wir oder vnser fruntlicher lieber bruder seliger gedechtnus ime je nichts vorschryben. Vnd ob wol bey gemelts vnsers brudern seligen regirunge, wie wir bericht, dergleichen suchunge von dem gemelten doctor auch bescheen[1], so hat sich doch S. L. als wenick als wir schuldick erachtet, seiner bitt stadt zu geben. Zu deme so bekommen wir die ein hundert fl., dauon seine schrift meldet, nicht, sondern dieselbe seindt zu der vniuersitet *Wittenbergk* gewidembt, der sie auch bishero vnd noch genolgt, welche furder denen zugelegt, so iren fleiß mit lesen vnd andern in der schulen vnd sonst anwenden. Vnd wolte ja vngleich sein, das den jenigen die gebure entzogen, so darumb arbeiten musten vnd einem gegeben werden solte, so nichts dofur thete. Derwegen so stellen wir in keinen zweiffel, E. L. werde vns aus oberzelten vrsachen freuntlich entschuldigt haben, vnd bitten freuntlich, E. L. wolle inen d. *Jonassen* von dieser seiner bey vns gesuchten vnbefugten forderunge abwe̒sen. Das seindt wir vmb E. L. freundtlich zu verdinen willick vnd wir woltens E. L. hinwider zu freuntlicher anthwort nicht verhalten. Datum *Dresden* den 1. Septembris Anno etc. 55.

<small>An die hertzogen zu Sachssen, als h. *Johansfriderich* den mitlern vnd h. *Johansfriderich* den jungern.</small>

Sächs. Kirchen- u. Schulblatt 1866, Sp. 150.

938. Jonas an König Christian III. von Dänemark.   Eisfeld 1555.

<small>Widmet dem Könige seine Uebersetzung von Luthers Schrift de conciliis, indem er die Bedeutung und Berechtigung dieser Schrift hervorhebt und dem Könige für die kirchl. Reformation Dänemarks Dank sagt</small>

Serenissime et invictissime rex, domine et patrone clementissime. Iam per tot annos inde a primis temporibus cursus rev. d. d. *Lutheri* curia et ecclesia *Romana*, omni genere sceleris plena, pene ipsa sese accusat negatque sub sole tantam avariciam, tam exaggerata flagitia, tam vanam turpitudinem amplius posse tolerari. Semper in aulis regum et principum sermones sparsi sunt et maximae querelae fuerunt ad

---

[1] Siehe oben S. 287.

synodos cunctanter procedi, sine concilio generali rebus consuli non posse, remedia nulla alia his morbis inveniri posse: festinandum igitur, ut christiana, libera et erudita synodus congregaretur. Atque haec cogitatio et aureum somnium in hunc diem exercet multos, si synodus generalis indicta celebretur, tum omnia subito habitura melius, optima tempora futura, omnes ex ecclesia sordes repurgari posse etc. Sed de his rebus et conciliis indicendis longe aliter iudicavit rev. vir d. *M. Lutherus.* Sentit enim bona ex parte ibi cum viro doctissimo et veritatis amantissimo, Gregorio Nazianzeno, qui scribit, post conventus et synodos inter episcopos non sublatas, sed semper crevisse discordias, aemulationes et nocentissima dissidia: eo quod posthabita puritate et synceritate verbi Dei suam gloriam quadam ambitionis rabie quaesierunt: id quod de multis synodis magna frequentia episcoporum celebratis in hunc usque diem questi sunt docti et pii homines. Deinde rev. d. *Lutherus* in hoc suo libro eruditiss. de conciliis vehementer miratur, Caesarem, potentatus, principes et reges post tam variam tergiversationem pontificis Romani nondum videre, quam illae cogitationes de synodo christiana et libera a pontifice et cardinalibus impetranda prorsus sint vanae et inanes. Nam si papa et carnalissimi cardinales hactenus fideles oeconomi fuissent in ecclesia, id est, si puram doctrinam, ut Paulus vocat ὑγιαίνουσαν διδαχήν, summo studio iuxta Christi et apostolorum mandata conservare, tueri et defendere conati essent, forsan etiam christianam et liberam synodum, tam gravibus et acribus certaminibus de religione in tot regnorum ecclesiis incidentibus, non denegarent Caesari et regibus et minus ibi miscerent fraudum, doli et similis fermenti pharisaici. Cum autem oeconomi parum fideles inventi sint et conscii sibi trepident (ut Esaias inquit) se esse socios furum, et ut Christus ait, fures ac latrones ac iuxta S. Stephani querelam homicidas et proditores veritatis, qui semper furenter restiterunt manifestae et agnitae veritati et spiritui sancto: citius in medio foro *Romae* se discerpi patientur, quam ut ferant aut consentiant liberam et christianam synodum frequenti coetu eruditorum aut piorum unquam celebrari. Christi et apostolorum gravissima extant testimonia de revelatione verbi et aeternae veritatis Dei: lux venit in mundum, et dilexerunt homines plus tenebras quam lucem. Item qui male operatur, odit lucem. Haec sententia et vox Christi multis annis impleta est in pontifice, pseudoepiscopis et occaecata *Roma*. An igitur unquam credendum est, ut praesens haec corruptissima *Roma* (quae palam fatetur, in ea urbe nihil haberi pro peccato nisi non habere pecuniam) cum istis suis coeptis et factis per ullam synodum ferat censuram aut emendationem morum aut patiatur se pertrahi e suis tenebris ad lucem? Simulabunt quidem, ut sunt homines perditae et impudentissimae hypocrisis, se indicturos concilium, ut fucum faciant imperatori et regibus: sicut et ante aliquot annos per illam fatuam bullam, et nihil quam spumam et bullam, indictionem synodi suo quodam Romanensi consilio auspicabantur, voce illa exultabunda „Laetare Hierusalem", cum nihil minus in animo haberent, quam cum vera ecclesia aut Hierusalem laetante se coniungere.

Extat libellus d. *Philippi* valde eruditus et gemens utilissimam et mirificam doctrinam incognitam universo inde a prima origine sua Romano, imo barbarico papatui: cui titulus est „Causae, quare homines docti et pii in *Tridentinam* synodum aut eius decreta consentire non possint."[1] In illa pulcherrima disputatione, cui non similis est in rancidis commentariis canonistarum, monachorum aut papae, licet clare videre, quam plane certum sit pontificem Romanum non laturum ullum pium et liberum concilium indici, nisi primum cum suis carnalibus sciat, se ita accurate et circumspecte subaedificasse negocium hoc in tota ecclesia, ut omnes minimos maximos obstrictos habeat, nihil mutaturos de hac pulchella forma ecclesiae, quae nunc est *Romae* et in toto prophano Epicureo tractu misere seducti Latii: ac nisi in omnibus terris et regnis iuratos habeat non immutaturos impias idolomanias et ceremonias Romanae ecclesiae, sed potius aucturos et quam acerrima sua dimicatione conservaturos ad omnem longe posteritatem: nihil inquam mutaturos in ullo genere cultuum idolomanicorum. Et quid opus est rhetoricatione aut multis verbis? Hic ipse libellus rev. d. *Lutheri*, quem sub manibus habemus, satis aperte profitetur, quae in ecclesia ex spiritu sancto secundum biblicam veritatem sincera et libera concilia graviter et pie celebrata sint, quae non novos articulos fidei procudere, sed veteres illos tueri et conservare studuerunt. Aliae omnes synodi, quae post secutae sunt inde ab aetate et prima synodo apostolorum, tetros et intolerabiles errores habuerunt: pleraeque approbarunt articulum foedum missam esse sacrificium pro vivis et mortuis, item invocationem sanctorum, coelibatum sacerdotum et monachorum, et paucissima sunt concilia, quae non virginitatem in coelum laudarint, coniugium extreme contempserint et deformarint. Nostra aetate duo grandes tomi (operam ibi strenue navantibus monachis) excusi sunt typis *Coloniae*[2], in quibus reperiuntur plurima decreta stulta et tyrannica. Si secundum hos tomos con-

---

[1] Vgl. oben II, S. 205 u. ö.
[2] „Concilia omnia tam generalia quam particularia ab apostolorum temporibus celebrata etc. studio et labore Petri Crabbe. Colon. 1538. 2 Tom. fol." vgl. Erl. Ausg. 2. Aufl. 25, 278. 286.

IV. Die Jahre der Not.

ciliorum in gravibus articulis sententia ferenda esset, nihil esset ecclesia miserius. Rectissime igitur rev. d. *Lutherus* iudicat et pronunciat, in praecipuis articulis doctrinae Christi nihil opus esse conciliis, synodis pompaticis aut iudicio hominum. Nam doctrinam Christi solam puram, veram et sinceram in propheticis et apostolicis concionibus de iusticia fidei, gratuita remissione peccatorum, solidis firmisque testimoniis scripturae fundatam esse a Deo, ut Christus ipse filius Dei ecclesiae doctrinam et confessionem vocet invictam et portis inferi inexpugnabilem petram. Deinde in qualibet S Pauli epistola, etiam brevissima, ut ad Titum vel simili, comprehensum et integrum corpus doctrinae. Ad haec et praecipuae voces lex, peccatum, gratia, remissio peccatorum, iustificatio, in quibus tota vis sita est doctrinae christianae, pene numero possent comprehendi, adeo ut quilibet pius, qui serio inquirit veritatem κατὰ τὸ ῥητὸν καὶ διάνοιαν, facile assequi possit, quid S. Paulus velit. Quilibet ergo pius facile et prolixe fatebitur in prophetarum scriptis et apostolorum in actis et concionibus tam clare firmata esse testimonia de infallibili et incundissima veritate Dei, quid verum, quid falsum sit, ut decreta omnium vetustiorum conciliorum nihil amplius sint requisitura. Non ergo expectamus aut quaerimus synodum, sed precamur, ut ecclesia ardentius oret, ut diligenter legamus prophetica et apostolica scripta. Nullus enim alius est usus conciliorum, quam ut articulos fidei et decreta sapientissima spiritus sancti, iam ante omnes synodos condita, defendant et conservent. Legitur in historicis, quod inde a Chiliano primo episcopo *Herbipolensi* LXIIII fuerint episcopi *Herbipolenses* usque ad dd. *Melchiorem*, qui nunc praeest, inter ceteros virum senem et reverendum, qui trium Caesarum fuit cancellarius. Et quod ad Romanos papas attinet, inde a Phoca, qui corruptelas introduxit (ut historici testantur) ultra CLXX papae fuerunt plus minus. Si igitur in tam magno numero tres aut quatuor fuissent Apollones potentes in scripturis aut *Lutheri* similes, utilius longe fuisset ecslesiae, quam si sub singulis aliquot essent celebrata concilia. Vetus est et recepta consuetudo, uti papa, cardinales et episcopi initio synodorum celebrent missam de Spiritu sancto, atque ut auspicentur sua concilia non sine magna idolomania et varia missatione de Spiritu S. Ideo saepe a pueris derisi sunt. In concilio enim illo crudeli et sanguinario *Constantiensi*, in quo *Ioan. Hus* crematus est, in templo summo a quodam puero affixa est schedula sub nomine scholastici, ascriptis his verbis: inanes esse tot clamores et cantionem illam Veni S. Spiritus frustra ingeminari, nam Spiritui S. plane nunc non esse veniendi ocium: nunquam enim fuisse occupatiorem audiendis precibus afflictorum, cum iam *Ioan. Hus* lachrymas fundat in carcere. Qui paulo diligentius leget et expendet decreta conciliorum, inveniet, quam de levis momenti articulis adducto supercilio deliberent, non aliter ac pharisaei de abluendis ante cibum manibus. In concilio *Gangrensi* (ni fallor) et aliis, quae autoritatis magnae habentur, mota est quaestio, an calicibus ex stanno aut orychalco uti liceat. Verum de impio coelibatu, de idololatrica missa, de monasticis infinitis superstitionibus, de peregrinationibus ad S. Iacobum, de tam variis idolomaniacis cultibus Mariae, nulla in conciliis accurata agitur censura. Circumferuntur stultissimi libri monachorum, omnibus anilibus fabulis nugatiores de pueritia Christi, de conformitate vitae Christi et Francisci, de Cherubica et Seraphica revelatione, de stigmatibus S. Francisci: ex quibus non aliter atque ex sese araneus telam, infinita finxerunt mendacia de signis et miraculis, quibus rosarium B. Virginis confirmatum est Ad errores tot et tantos ex ecclesia extirpandos forsan mediocres synodi usui esse possent. Sed episcopi cauponantes verbum Dei nihil in illo conventu emendare studuerunt: existimantes turpissimam esse impietatem. Ac Romanus pontifex ne nunc quidem eo perduci potest, ut fateatur turpes esse nundinas suarum venalium indulgentiarum. Multi errores manifesti (qui maculae et labes sunt totius ecclesiae) defenduntur apud ecclesiam Romanam pertinacius quam apud ullos barbaros populos. Quid enim foedius esse potest, quam quod papa arrogat sibi titulum prodigiosum episcopi generalis totius ecclesiae? S. Paulus inquit rem arduam et difficillimam esse vel unius congregationis praeesse curae et solicitudini. Hic iam quaeritur (inquit), ut fidelis quis inveniatur. Contra eiuscemodi et similia impia decreta conciliorum audiri debebant illa horribilia fulmina: qui audet se nominare episcopum generalem multarum ecclesiarum aut totius ecclesiae, hic anathema esto.

Rectissime igitur et sapienter factum est a vestra regia maiestate, quod in terris inclyti regni Daniae pro aliquot pompaticis et impiis episcopis, tantum fluxas opes et gloriam captantibus, surrogari fecit vere doctos et pios homines, potentes in scripturis sanctis. Hactenus enim, ut testantur decreta conciliorum, papa superbissime sibi arrogavit supremam potestatem in synodis. Hinc suos monachos, similes satellites, devinctos ac iuratos habuit, ut salutaria decreta omnia vel eluderentur vel everterentur clamoribus his furiosis, papam esse supra concilium. Hinc carnales[1] Romanae ecclesiae profanissimi omnia ad hoc instructa habuerunt, ut autoritatem pontificis redderent firmissimam et omnipotentem, et ut per numerum suffragiorum callide occultaretur veritas, opprimeretur pura doctrina. Verum non in numero episcoporum

---

[1] Gemeint sind cardinales.

sua quarentium, non in verbosis decretis sita est autoritas conciliorum: sed ut sint consentanea propheticis et apostolicis scriptis. Eiuscemodi ergo synodi laudandae et pro christianis habendae sunt, quae per vere pios et doctos homines, eruditos in linguis graeca, hebraica, latina accuratissime investigant et quaerunt veritatem et aurificis libra veritatem ab imposturis, praestigiis et erroribus discernunt: non quae mendacibus et fucatis actionibus scientes et volentes obruunt ac sepeliunt veritatem: sicut in hac sua sancta lucubratione rev. d. *Lutherus* praecipua et sanctissima concilia depingit, non verbotenus, sed vere in spiritu sancto congregata. Hunc ergo librum de conciliis germanice initio scriptum ideo latine reddidi, ut reliquae nationes, quae germanice non intelligunt, nosse incipiant prophanissimam rationem, qua papa indicit synodos.

Quod opus cum alias utilis lectio eius futura sit pro ecclesiis omnibus recte institutis, ideo sub auspiciis V. R. M. edendum duximus in publicum, ut quo augustum et clarissimum nomen V. R. M. est celebrius, eo latius manet et innotescat, pontificem Romanum ore quidem et verbis etiam loqui de congregando concilio generali etc., sed revera noctuae more fugere lucem et a censura acriori purae veritatis toto animo abhorrere.

V. R. M. Christus ecclesiae et reip. conservet diutissime incolumem.

Serenissimae R. M. addictissimus   *Iustus Ionas* senior doctor.

<small>Sereniss. ac illuss. principi ac domino d. *Christiano*, Daniae Norvegiae, Sclavorum et Gottorum regi etc.

In: „De Concilijs | ET ECCLESIA, LIBER, | Germanice scriptus iam olim à Re- | uerendo patre D. D. MARTINO | LVTERO: nuper ucrò Latinè red | ditus, per D. IVSTVM IONAM | — — BASILEAE, PER IOAN- | nem Oporinum. | " 8⁰. pg. 11—26[1]. (Wolfenbüttel. 919. 12. Th.)

[1] In der Vorrede vom 1. Oct. 1556 berichtet Basilius Faber Soranus: „.... cum rev. vir d. d. I. Jonas brevi ante obitum suum hanc versionem latinam . . ad me mitteret, petens a me, ut quia properata esset redditio needum perfecta satis, manum ego supremam admoverem ut emendatus exiret. Scire enim se, regem sereniss. Daniae. in cuius gratiam vertisset, magna cum voluptate in hac lingua lecturum librum Luteri de conciliis.... haud scio, an pius et bonus senex, tristissimo conflictans morbo melancholico, ullam rem ardentius desiderarit quam hanc editionem, cum in hanc sententiam frequentissime ad me scriberet: quaeso te, mi Basili, mi affinis, matura editionem libri de ecclesia et conciliis. ac cura, ut quam scitissima pictura descriptus exeat. Item: Da operam, quam quidem potes celerrimam, ut liber de conciliis cum praefatione ad maiestatem regiam quam primum prodeat etc. Est enim mihi relatum ex aula illusstrissimi principis *Augusti* electoris. gratissimum futurum regi, si sub nomine suae maiestatis hic liber legetur latine etc. Eiusmodi et similia usque ad summum taedium in omnibus literis, quas ad me. cum quidem in dies aeger decumberet, permultas scripsit, mihi mandavit. Sed nescio qui fiat, ut quae saepe vehementius et cupidius desideramus et expectamus, serius interdum aut nunquam</small>

939. Melanchthon an Jonas. Koburg 1555. Oct. 9.[1]

Gedicht: über den Wert persönlicher Besprechungen, wie sie einst zwischen Melchisedek und Abraham stattgefunden; bedauert jedoch an einem Besuche bei ihm behindert zu sein.

Corp. Ref. X 630.

940. H. Weller an die Ratsherrn von Halle. Freiberg 1567. April 18.

Erinnert sie an die Wirksamkeit des Jonas, an seine Beziehungen zu Luther und an seine Mitarbeit an dem Reformationswerke.

Constat vos iam inde ab initio instauratae doctrinae evangelii vere et serio illam amplexos fuisse et clariss. virum doct. I. *Ionam* sanctae memoriae summa reverentia multos annos ut prophetam Domini fovisse et coluisse. Fuit autem d. *Ionas* fidelis ac sincerus παραστάτης d *Lutheri* in propaganda doctrina evangelii, et si quis alius ipse maxime familiaris *Luthero* et agonum ipsius spectator fuit unus omnium maxime assiduus, et ob eam causam *Lutherus* magis d. *Ionae* quam caeterorum suorum amicorum consuetudine delectatus est. Quoties d. *Lutherus* erat tristior, uxor ipsius, ut erat sapiens mulier, illico d. *Ionam* clam accersivit ad coenam, ut maritum eius dulcissimo suo colloquio exhilararet. Nemo enim illo melius poterat languentem animum *Lutheri* confabulando excitare. Quantis vero ipse donis praeditus fuerit, testantur praeclara illius monumenta. Insignis in eo fuit Latinae, Graecae et Germanicae linguae cognitio, mediocris Hebraeae. Eloquentia vero tanta, ut potuerit cum summis oratoribus conferri. Magnus enim est splendor et copia verborum in ipsius oratione: potuit quae voluit mirum in modum amplificare: profanos et securos comminationibus divinis perterrefacere, afflictos vero suavissimis consolationibus evangelii erigere et confirmare. Ad haec miranda in eo fuit felicitas in vertendis scriptis et Latinis et Germanicis d. *Lutheri,* eaque in re non habuit sui parem et egregiam ac utilem operam navavit ecclesiae, ac praeclare

etiam assequamur. Inter haec etiam desideria reverendus senex ex hac vita paulo post evocatur, in Septembri[2] anni 1555, sic ut eius conspectu, quod tanta cum solicitudine et efflictim urserat ac tantum non dormiens somniarat, frui non potuerit."

Nun habe er die Edition fertig stellen wollen, aber er habe sich überzeugt, dass das Manuscr. einer gründlichen Verbesserung bedürfe. „Sive enim rev. senior morbo gravi et lethali impeditus aliorum interdum usus erat in vertendo opera, sive qui descripserant, negligenter id fecerant: permulta certe offendi depravatissima." Daher die Verspätung der Ausgabe. — „Calend. Octobris anni Christi 1556.

R. T. Maiestati deditiss. et obsequentiss. Basilius Faber Soranus."

[1] Der Todestag des Jonas! [2] Ungenaue Angabe.

de omni posteritate meritus est. Fuit autem natura eius vere heroica. Nam ingenii eius vehementia singulari suavitate morum et humanitate condita erat. Contra adversarios erat fortis ut leo, erga pusillanimes et afflictos placidus ut ovis. Sicut mos est viris heroicis. Quantam vero utilitatem ecclesiae Christi attulerit, manifestum est. Nam tres celebres ecclesias plantavit et constituit, *Naumburgensem*, *Hallensem* et *Ratisbonensem*, ut iure annumerári possit summis illis doctoribus, qui per vallem lacrymarum transeuntes multos ibi fontes faciunt, multas et praeclaras victorias inde reportant Psal. 84 [v. 7]. Quantos autem labores, difficultates, certamina et pericula in hac sua militia sustinuerit, facile iudicari potest. Gestavit et ipse in corpore suo στίγματα Iesu Christi. Non enim solum saevis morbis conflictatus est, sed etiam ignitis telis Diaboli saepius cor eius sauciatum fuit et multas insomnes noctes duxit itidem ut *Lutherus*. Nam usitatum est Diabolo, omnes pios doctores, qui serio student gloriam Dei illustrare et Christum ἀγνῶς κηρύσσειν, colaphizare (ut Paulinis verbis utar), et quidem colaphi Satanici multo acerbiorem dolorem ipsis afferunt, quam ullae externae afflictiones. Memini *Lutherum* dicere, se malle a carnifice cruciari quam a Diabolo ignitis telis excarnificari: et haec verba subiicere, sanctos patres longe acerbiores dolores sustinuisse, quam ullos martyres. Iure igitur et d. *Ionas* illud Pauli usurpare potuit: ἐν θλίψεσι, ἐν ἀνάγκαις, ἐν στενοχωρίαις, ἐν κόποις, ἐν ἀγρυπνίαις etc. Haec enim sunt praeclara pii doctoris ornamenta, quibus discernitur a falsis doctoribus.

Haec de d. *Iona* eo commemoravi, ut hoc pacto meam erga ipsum etiam mortuum gratitudinem declarem, cum de me optime meritus sit meque doctoratus gradu ornaverit[1], vobis autem hanc felicitatem gratularer, quod tantum lumen ecclesiae civitati vestrae donaverit Dominus.— –

In: „Breuis Enarratio | DVARVM EPIST. | DIVI PETRI, | ET ALIQVOT PSALMORVM, | AVTORE | Hieronymo Vuellero. || LIPSIAE | IN OFFICINA VOEGELIANA. |“ 8° (1567) Bl. A 2—A 3^b. Wolfenb. 684. 42. Th. und wieder in H. Welleri Opera omnia 1702. Tom. I. lat. 841. 842.[2]

---

[1] Am 14. Sept. 1535 zusammen mit Nic. Medler. Vgl. Nobbe, D. Hieron. Weller von Molsdorff. Leipzig 1870. S. 6. 7.

[2] Vgl. auch das fast wörtlich gleichlautende Encomion, welches H. Weller seinem alten Freunde Opp. lat. III, 171 gegeben hat.

Nachträge und Berichtigungen.

Nr. 2. I, S. 2. Ueber Mistotheus vrgl. jetzt auch Weissenborn, Erf. Matrikel II 218. Krause, der Briefwechsel des Mutianus Rufus. Kassel 1885. S. 139. 171. 177. 198. 266. 469. 609.

Nr. 4. I, S. 4 vergl Krause S. 640. — Anm. 1, letzte Zeile lies 1514 st. 1515.

Nr. 5. I. S 4. 5. S. 5 Z. 7 lies sarcinulis. Anm. 1, letzte Zeile lies de Wette II. 420.

Nr. 6. I, S. 5. 6. jetzt auch gedruckt bei Krause S. 601 602.

Nr. 7. I. S. 6. 7. vergl. Krause S 641, welcher sich für Nov. 1515 entscheidet. Der Tilonius des Briefes wird auf Joh. Tile de Gotha, immatr. Erf. Ostern 1506 oder auf den in Wittenb. Mich. 1508 imm. Joh. Tylus de Eisenach bezogen. — S 7 Z. 2 lies forensi. — Zu Grebndörpher vrgl. I. 96, in Erf. 1512 imm.; Corp. Ref. I. 44.

Nr. 12. I, S. 10. 11. vrgl. Krause S. 646.

Nr. 13. I, S. 11. 12. jetzt auch bei Krause S. 603. 604, der ihn in die Zeit nach Juli 1515 ansetzt.

Nr. 15. I, S. 13 14. Die hier und öfter vorkommende Abkürzung sneb. ist in sneb. = Schneeberger zu verwandeln.

Nr. 16. I, S. 14. 15. Ueber den Juristen Jungermann vrgl. die bei Krause im Register unter Cerberus angeführten Stellen.

Nr. 18. I, S. 16. steht auch in Eobani Hessi Epp. fam. Marp. 1543 p. 256.

Nr. 20. I, S. 17. 18. Den verstümmelten Schluss des Briefes ergänzt Krause folgendermassen:

Iam vero ego *rigi*lo. Vigilans vigilanti, nisi et tu forte dormias, loquor, edico, *mum*do: cras ad horam X. in Regia adesto. Si non parueris *mandato*, aratro solum vertuto. Iovique caput hoc devotum esto, bona *publicantor*: adhuc friges? an calent aures ad tam acre edictum? *Scius* regnum nos. non tribunatum aut decemviratum aliquem *tenere et sine* provocatione hic est magistratus, quocirca noris *parendum tibi* esse, ne excuses frigide tibi fuisse Regis *incognitum* propositum. „Die Worte Ex Regia altera nata . . . . Caes. scheinen zu besagen: Aus der neuen wiedererstandenen Kaiserresidenz, womit Eoban seine Wohnung „die. königliche Hütte" zu bezeichnen liebte. Vielleicht ist Augusti ausgefallen." Kaum richtig; sollte nicht vor Caes. Vespasiani ausgefallen sein, der am 17. Nov. (vergl. Eberi Kalendarium) seinen Geburtstag hatte? Der Brief trägt das Datum des 18. Nov.

Nr. 21. S. 18. 19. Der dort gegebene Text ist den Epp. familiares entnommen. Der Urdruck im Hodoeporicon bietet folgende Varianten: — profectionis meae — τὸ ὁδοιπορικον — studio efflagitatum, doctissime Iona — indiciis iuxta doctorum — consolatur me interim — Erphurdiensibus dumtaxat meis — ac Musis — eeciderit, erit quod tuo imprimis ac aliorum amicorum consiliis acceptum referre possim — homini solitariae — Erasmici nominis — est calumniis — superavit invidiam. —

Nr. 23. I, S. 20. 21. jetzt auch bei Krause S. 623. 624, vom 29. Juni 1520.

No. 28. I, S. 28. 29. lies graecnlis und Erphurdiensi. Die Verse sind aus Verg. Aen. II, 325—327 und III, 11 entlehnt.
No. 30. 1, S. 30. 31. lies coniugaciones illae faciunt.
No. 32. I, S. 33. Novorum 359, nicht 459.
No. 34. I, S. 35—40. S. 36 Z. 2 lies quid possim. S. 39 S. 7 ultro citroque.
No. 40. 1, S. 45. Auch in Eur. Cordi Opp. poet. iam primum coll. s. l. et a. Bl. 140[b] und in den späteren Ausgaben; wahrscheinlich auch schon in Cordi Epigr. l III Erph. 1520 und Epigr. l. IX Marpurgi 1529. Zeile 6 und 7 lauten nach der letzten Redaktion des Dichters:

> Haec canet in populo buccina deinde meo.
> Illustranda per hunc verbi volo gratia crescat.

No. 41. 1, S. 45. 46. auch in Opus Epistolarum Erasmi, Basil. 1529 p. 455.
No. 45. I, S. 48. 49. Ueber Stehelin vergl. Bossert, Luther und Württemberg. Ludwigsburg 1883 S. 18 und die dort verzeichnete Litteratur.
No. 50. I, S. 54 61 auch in Op. Epp. Erasmi, Basil. 1529 p. 577—581.
No. 56 1, S. 64. 65. S. 65 Z. 4 lies und st. and.
No. 65. 1, S. 72—74. S. 72 Z. 11 lies beger. S. 73 Z. 22 lies angezeigt.
No. 69 1, S. 75—77. S. 76 — qui potissimum isthic literas — nunc iuncea et fracta — transmisisti, cum sic submoneres (?) — S. 77. epistolis. Numquam enim non erigor et respiro ad tuas literas. —
No. 71. I, S. 77—79. S. 78 Z. 2 quo modo. Z. 12 v. u. infinitae aliae praeclarae — Z. 9 v. u. apostolus. quod ubique flagitet hoc a pastoribus, ut eruditi sint, ut docere possint, quam etc.
No. 73 I, S. 79—82. S. 82 Z. 7 sugillabunt.
No. 74 I, S. 82—84. Episcopus Lochanus ist Franz Günther.
No. 76. I, S. 85. 86. These 5 beginnt mit Evangelium. Th. 7 Resurrectionis articulum. Th. 14 Humana tamen ratio. Th. 16 peccatum peccato punuri. [Mitteilung von Herrn Lic. Dr. Buchwald.]

76a. Joh. Cochleus an J. Jonas.   (Frankfurt a. M.) 1522.

Erinnert Jonas an ihre Begegnung in Worms beim Reichstage, wo Cochl. im Interesse des Friedens einzuwirken gesucht habe, man ihm aber mit Verleumdungen gelohnt habe.

Domino *Iusto Ionae*, praeposito *Vuittenbergensi, Io. Cochleus* bene agere. Quam fideliter ad pacem hortatus fuerim *Vuormatiae*[1] *Lutherum, Iona* humanissime, probe nosti, si vis fateri verum, cum audieris me, qui te facie nondum noveram, obnixe precari, ut si salutem contemneret suam, saltem *Philippi*[2], Ionae et id genus mirae indolis et ingenii iuvenum plurimorum quieti studiisque consuleret, quandoquidem non ignoraret, quaenam dicetura[3] et manu propria scriptura fuerit in ipsum

---
[1] Zur Sache vergl den Bericht, den Cochl. später über seine Wormser Verhandlungen mit Luther in besondrer Schrift Moguntiae 1540 und in seinen Comment. de script. et act. Luth. Mog 1549 p. 89 flg. veröffentlicht hat. Ferner Köstlin I[2], 459 flg. Kolde, M. Luther I, Gotha 1884 S. 343. 344. Janssen II, 166 flg
[2] Druck: Philippus.
[3] dicta.

Caesaris nostri sententia aliorumque[1] Imperii procerum mens et consensio. Cum vero *Stursii*[2] vestri impulsu in disceptationem descensum esset breviculam, meminisse adhuc te credo, quo tunc fuerim animo pro asserenda veritate catholica. Certe non alio fui deinceps neque cum animum mutabo unquam. Attamen improbitas vestrorum continuo mihi calumniam ex eo colloquio astruxit. Qua de cum te altero die, casu mihi obviam factum, interrogarem, scin *Iona*, quam callide dissimulaveris? Ego tamen minime ignorabam[3], tete illi, qui retulit mihi[4], dixisse, quod ex te interro[gaveram].

In: „DE BAP- | TISMO | PARVVLORVM | LIBER VNVS | Ioā. Cochlei Adversus assertio | nem Marti. | Lutheri. | [Blättchen] " 4⁰ Randl. Bl. LVII (= O5): Excusum Argentine impensis et opera .. Ioannis Grieninger Ciuis Argeñ. in die Sanctę Appolonię [9. Febr.] Anno Salutis. Millesimo Quingentesimo vicesimo tercio.

No. 77. I, S 86. 87. Ueber H. Ibach, der von Cronberg aus nach Frankfurt a. M. ging und dort die Reformation begann, von da nach Sonnenwalde kam. vergl auch Er. Alberus, Widder die verfluchte lere der Carlstadter. Newenbrandenburg 1556, Bl. oiij ᵇ.

77a. Thesen über die Sakramente. (Wittenberg 1523.)

Iona praeside *Culszamerus*[5] ad diem sabbathi sub horam 7. respondebit ad sequentes conclusiones.

1. Primi hominis inobedientia peccatum in omnes homines est propagatum.

2. Quod sine omnium operum nostrorum adminiculo sola fide in Dei verbum aboletur.

3. Cui quo humana imbecillitas fortius fideret, Deus optimus maximus singulis temporibus signa quaedam externa adiecit.

4. Hinc in veteri testamento Adam labores et aerumnas, Nohae itidem, Abraham et semen illius circumcisionem signa susceperunt.

5. Nobis vero baptismo et eucharistia signis in christianismo praecipuis Deus misericordiam suam testatam reliquit.

6. Sicut carnis Christi corporalis manducatio fidelibus plane libera est relicta:

7. Ita spiritualis omnibus credentibus maxime est necessaria.

---

[1] eliorumque.
[2] Wohl Hieron. Schurf.
[3] ignorapam
[4] Capito.
[5] Ioannes Kulsamer, mag. e Babenberga disputierte f. 6 p. Martini 1520 pro biblia. Montag nach Himmelfahrt 1521 pro sent., die Magdalenae 1521 wurde er baccal. form., endlich 1523 magister Theolog. (vgl. Liber Decanorum pg. 28). Näh. über ihn s. bei Kampschulte die Univers. Erfurt II, 144flg. Jonas wurde 1523 Dekan der theol. Fakultät.

8. Illa fidelibus et impiis ab huius sacramenti institutione communi existit:

9. Hac omnes et soli electi a mundi creatione ad finem usque conveniunt.

10. Confert corporalis sine spirituali nihil:

11. Spiritualis vero se sola vivificat.

12. Stulte igitur agunt, qui prorsus neglecta spiritali de corporali ritus et tempora anxie observant.

13. Ut rituum circa hoc sacramentum melior nullus quam carnem Christi manducare et sanguinem illius bibere:

14. Sic tempus quo id fiat satis commodum, cum a peccatis, morte et diabolo liberatos et regni filiis per Christi passionem adscriptos nos recordamur.

15. Non enim communicaturi tanta sollicitudine confessionem articularem, naturae ieiunium et alia huiusmodi observent, quanta ut flagrantis animi desiderio in divinam ferantur promissionem, qua haud dubie peccatorum remissio et salus aeterna credentibus est promissa.

Zwickau R. S. B. Abschrift in Steph. Roths Manuscr. 87. [Mitgeteilt von Prof. D. Kolde.]

Nr 96. I, S. 96. 97. doctor Torgaw ist Jacob Preussel (S. 97 Anm. 3 lies 4. Jan.)
Nr. 100. I, S. 102. 103. In der Inhaltsangabe lies „ins Lateinische."

101 b. Jonas an NN. Wittenberg 1527. Mai.
Ueber Zwingli. Fragment.

— *Zwinglius* misit huc confessionem suam: dicas simpliciter mente captum esse. De usu sacramentorum priores errores revocat. De ceremoniis scribit barbarissime etc.

Dieses Fragment mitgeteilt von E. Alberns, Widder die verfluchte lere der Carlstader. Neubrandenburg 1556, Bl u[b].

Nr. 103. I, S. 104—107. Eine gleichzeitige Copie von St. Roth in der Zwickauer R. S. B. gewährt (nach Mitteilung von Lic. Dr. Buchwald) einen besseren Text. S. 104 Z. 3 v. u. lies quem statt quam. S. 105 Dr. Augustinus ist Schurff. Z. 12 v. u. perderet me corporaliter.
Nr. 107. I, S. 109. 110. S. 109 Z. 14 v. u. Inter reliqua — 110, Z. 1 ut abominatio. Z. 7 für [Emserina] emis ruca vermutet Krause exultatio.
Nr. 118. I, S. 112—116. S. 115 Anm. 5 lies de W. III, 255.
Nr. 120. I, S. 116. 117 l. durissimamque cervicem.
Nr. 121. I, S. 117. 118. Inhaltsangabe: l. Epitaphium st. Buch. Ioachimus et Michael sind Camerar u. Mag. Roting.
Nr. 124. I, S. 119—121. S. 120 Z. 18: Ende *lzu* bleiben.
Nr. 126. I, S. 122. 15., nicht 16. Febr. Der Brief erhält in seinen Angaben über Luthers Befinden Bestätigung durch die kürzlich edierten „Ungedruckten Predigten Luthers" herausg. v. Buchwald I, 1 Leipz. 1884. S. 41. 45.

Nr. 158. I, S. 134. 135 findet sich auch im Corp. Ref. I. 1112 mit dem abweichenden Datum 7. Dec. 1529.
Nr. 159. I. S. 140 141. Anm. ¹ lies de Wette III, 517. 521. 525.
Nr. 191. I. S. 169. 170. Anm. ² lies Briefe Dietrichs *an* Mel.
Nr. 194. I, S. 171—173. Zu diesem Briefe teilt D. Enders nach einer andern Handschrift folgende Varianten mit: — conventus, aut quo — Ferdinandus, quocum assidebat episcopus — principes post — Hispanos proceres — utraque species et coniugium sacerdotibus liberum permitteretur — tendere aut conducere. —
Nr. 208. I, S. 180. 181. 181 Z. 1 1 qui huic rei.

213a. Bedenken Luthers, Melanchthons und Jonas. Wittenberg 1531. Aug.

de Wette IV, 281—286, handschriftlich in Wolfenbüttel Mscr. 19, 15. Bl. 67—77 unter der Aufschrift: „Die meynung vnd radtschlag doctoris Martini Luther, Philippi Melanthonis vnd Justi Jonae, als man zu Schmalkalden handeln solt von der bedingung des friedens mit den papisten, nemlich was man sich gegen ihn begeben mocht, im 1531. jabr."

Nr. 217. I. S. 184. handschriftlich auch in Wolfenb. Cod. Helmst. 76, fol. 51ᵇ mit folgenden Varianten: G. et p. in Christo — proxime ad me — Wendt — censenda est etc. — velis nostri etiam — anno M. —

230a. Luther, Bugenhagen, Jonas und Melanchthon an den Rat zu Bremen. Wittenberg 1533. Febr. 27.

Gutachten betreffs Restitution der Ceremonien im Dom zu Bremen.

Gades gnade dorch unsern hern Jhesum Christum. Erbarn, wisen, gunstigen hern. Wi fogen jw to weten, dat uns de dorchluchtige und hochgeborne forst und her, hertoch *Johans Frederick*, hertoch to Sassen, unser gnedigster her, uns bevalen hefft, jw ein antwort to schriwen van der restitution der ceremonien des domcapittels in jwer stadt; darup hebbe wy unse bedencken gestellet. Dewile averst de sacke seer wichtig is, hebben wi uth velen orsacken vor nodich bedacht, solche unse ratslage und wolmenunge tovorn unsem gnedigsten hern dem chorforsten to bescende und totoschickende, und wi twivelen nicht, s. chf. g. wert jw vorderlichs ir bedencken und radt dorch andere egene botschup tosenden[1], denn wi hebben dessen jwen baden nicht lenger upholden willen. Und ick *Ioannes Pomeranus* hebbe wider darvan geschreven jwen predicanten[2], de jw ane twivel gudt bericht doen werden, und wi sin jw to denen na unsem vormogen alle tidt willich.

[1] Geschah durch Schreiben des Kurfürsten, Weimar, 6. März 1533 an Herzog Ernst v. Braunschw.-Lüneburg, der dann am 15. März Gutachten u. kurfürstliches Begleitschreiben nach Bremen weiterbeförderte. Uebrigens war dem Kurfürsten dieses Gutachten zu zahm. Siehe Bremisches Jahrbuch II, 1. S. 137—140.

[2] Dieser Brief ist unbekannt.

Gott vorlene jw sine gnade und frede in Christo. Datum *Wittenburch*, des donnerdages na Cinerum, anno domini 1533.

Den erbaren und wisen borgermeisteren und ratmannen der stat *Bremen*, unsen gunstigen hern.

[Nu volget der theologen to *Wittenberge* ratslach und bedencken up de frage des rades aver de ceremonien in der domkercken to *Bremen*:]

Wowol dat idt gewiß is, dat de wontlicken misse und ceremonien in den stichten¹ geholden unrechte gadesdenste sin und nemant darinne bewilligen scholde, dennoch schall ein ider overicheit nicht wider gebeden, dann ohren underdanen. Dewile nu ein radt tho *Bremen* nen overicheit is aver dat domcapittel in der stadt *Bremen*, so kann de radt dem capittel nicht vorbeden ere ceremonien, weniger gebort der stadt, mit der daet und gewalt de ceremonien to weren an den orden, dar de radt nen gebott hefft. Dat averst dar entjegens mochte gesecht werden, ein radt bewilligt hirmede im unrechten gadesdenste, so de radt datsulvige nicht will vorbeden, darup is to antworden, dat [er] solchs nicht het bewilligt; denn ein radt kann nicht gebeden oder vorbeden an den orden, dar ein radt nen gebott hefft, gelick wi nicht bewillen, dat unse naburn in andern landen und herschuppen ohre unchristlicke ceremonien holden, und wi konnen ohne solchs doch nit vorbeden. Dewile averst gelickewol to besorgende is, dat solche restitution der ungotlicken ceremonien in jwer stadt upror under den borgern erregen muchte und orsacke geven des uprors, so mochte dennoch ein erbar radt an dat capittell sick vornhemen laten, dat se nicht gedechten unrechte gadesdenste in ohrer stadt tho hanthaven. Hirmede were dem capittel nichts vorbaden, se mochten sick dennoch up ohr vahr der restitution understaen.

Aus der Bremer Chronik, Ms. des Brem. Staatsarchivs S. 529 flg. In: Bremisches Jahrbuch. Zweite Serie 1. Bd. Bremen 1885 (Quellen zur Bremischen Reformationsgesch.) S. 135. 136. Verf. des Briefes, vielleicht auch des Gutachtens ist Bugenhagen.

Nr. 232. I, S. 192. 193. Der Brief ist nicht, wie dort mit Brieger vermutet wurde, von Jonas, sondern von Bugenhagen: gedruckt in Kolde, Analecta Lutherana S. 183. 184.

238 a. Der Nürnberger Rat an Luther, Nürnberg 1533. Sept. 27. Melanchthon, Jonas und Bugenhagen.

Betrifft den Streit der Nürnberger Prediger über die Absolution.

Kolde, Analecta S. 190—193.

Nr. 244. I, S. 199—201. S. 200 Z. 6 v. u. l. transmitti st. misttranti.

Nr. 245. I, S. 201. 202. Von diesem Widmungsbriefe des Jonas an Herzog Johann Ernst ist dort nur das von Riederer bekannt gemachte Stück mitgeteilt worden. Inzwischen ist durch Herrn D. Enders der vollständige Text mir zugänglich gemacht: Am Eingange ist hinzufügen G. et p. S. 202 Z. 6 l alias etiam gentes, Z. 18 v. u. saniores theológos. Nach degustarunt fahrt Jonas dann weiter fort:

---

¹ stichten, niederdeutsch für stifften.

Davidem enim unum ex summis viris fuisse veteris ac novi testamenti, non levibus argumentis constat, qui cum esset rex in populo Dei et ille electus servus Domini, ex cuius semine nominatim Christus promissus erat, per totam vitam, ut fit in maximis quibusque viris, gravissimis calamitatibus et tentationibus quassatus est.

Primum quam dura initia regni ipsius fuerunt! Quid enim non perpessus est malorum a Saule et aulicis impii regis? In quas aerumnas putas coniecit optimum illum et suorum atque etiam reipublicae amantissimum principem Achitophelis parricidiale consilium et tota illa acerbitas Absolonici temporis, quam graviter exercuerunt cum domestici illi atque uni uno nomine miserabiles et vere tragici casus?

Inter tot et tantas afflictiones, plane maiores quam humana mente concipi possit, in hac schola Dei eruditus, toties terroribus peccati, mortis, diaboli etc. colluctatus, plerisque psalmis ostendit luctam fidei, aegre se adversus moestitiam et terrifica spectra irae divinae verbo Dei erigentis, plerisque autem iam respirans e medio aestu tentationis, alacriter gratias agit, quod Deus se, expectantes non deserit. Plerisque exultans in spiritu sancto, regnum futurum Christi, futuram oeconomiam ac faciem ecclesiae ita subiicit oculis, quasi non futura prophetet, sed coram se gesta recitet.

Nunquid magno nobis emptum optaremus, si Davidem et alios magnos viros, qui psalmos et haec absolutissima carmina condiderunt, de suis tentationibus, econtra autem victoriis contra diabolum et mundum ac variis consolationibus, de cultis Dei, de sacrificio summo coram Deo, quod ipsi summum habuerint, de usu vero ceremoniarum etc. concionantes audire possemus?

Illud ipsum nusquam melius cerni cognoscive potest quam in psalmis, ubi corda sua et intimos motus animorum coram Deo aperiunt sancti, vera invocationis et adorationis summique ac gratissimi cultus Dei exempla in seipsis clarius tradunt quam usquam alibi. Excellentia et plane divina poemata sunt Homeri et Vergilii carmina, quibus depingunt, quomodo suis duris temporibus viri politici aut oeconomici affecti fuerint, quomodo e variis reipublicae malis et domesticis etiam adversitatibus ac aerumnis virtute freti emerserint ac sese explicarint.

Verum psalmi longe excellentiora carmina sunt, quibus describitur, quomodo viri spirituales et antagonistae principis mundi huius contra horribile robur et astum infinitum tanti hostis, diaboli scilicet religionem et politiam indesinenter oppugnantis, sese armaverint verbo Dei atque munierint, quomodo infracta et constanti fide omnem eius immanem et humanis viribus insuperabilem impetum retulerint atque confregerint.

Has tantas res his elegantibus et brevissimis carminibus contineri haud dubie magni viri in ecclesiis viderunt, ideo dixerunt cytharam Davidicam aureis personare fidibus, id est, hunc libellum plenum esse suavissima consolatione et gravissima doctrina de maximis rebus, quarum mundus et omnes sapientes mundi ignari sunt, et soli norunt spirituales.

In hos ergo Davidis psalmos haec summaria latine reddita ideo T. C. dedicare volui, ut cum clariss. elector Saxoniae divus *Iohannes Fridericus*, tuae Cel. frater, pro sua pietate et sapientia excellenti et ideo in hoc cursu studiorum, in quo versaris, retinere voluerit, quo ante omnia discas christianam doctrinam studiumque religionis, quod electorali familiae Saxoniae hereditarium est, transmittas ad posteros, haec quoque Davidica carmina legas a teneris, et ortus ex regibus hunc librum vere regium, imo hanc opulentam et regiam bibliothecam cito attingas et prima aetate in hoc optimo libro verseris.

Nam etiam si tua forsan aetas nondum talium rerum per omnia capax sit, tamen profuerit T. C. in posterum ista cito utcunque degustasse. Quemadmodum enim nulla longaevitas satis est ad pervidendas excellentium scriptorum aut ingeniorum virtutes, eoque omnia ipsorum aliquid immortale, divinum et aeternum habent (nemo enim adhuc Homerum tam cito attigit aut exacte perlegit, ut totum penitus perspexerit): ita summorum spirituum Davidis et similium scripta ne a summis quidem et exercitatissimis ita facile introspiciuntur neque ita ab adolescentibus perdisci possunt, ut non plurima restent, in quibus neophytos et discipulos se professuri sint senes.

His novissimis et vere difficilibus temporibus, quibus Satan mirabili fremitu et astu extrema tentat contra Christi nomen et verbum et infinita varietate scandalorum terret et contristat pios, vix habent quicquam pii animi, quo aeque recreari possint atque eiusmodi Davidicis scriptis et exemplis. Ut ergo hi summi libri universae scripturae, qui sub papatu quasi obsignati et vere clausi iacuerunt, in ecclesia servarentur, ut haec VERITAS DEI, firma et aeterna consolatio cordium afflictorum, non opprimatur prophanis doctrinis, tui clarissimi maiores quaevis pericula salutis et fortunarum adeunda duxerunt.

Ideo iam odiis acerbissimis oneratum est nomen clarissimum Saxonicum. Promittit iam papa, id anxie efflagitante optimo Caesare tot iam annis, concilium, et omnes gentes nunc erectae sunt expectatione synodi generalis. Quid aequius usquam postulare potest clariss. elector Saxoniae, quid ceteri evangelio faventes principes, quid omnes pii, quam ut causa religionis, quae nunc agitatur, cognoscatur in luce, non inter paucos cardinales? quam ne biblici libri, evangelistae, Paulus, illud ipsum Davidis psalterium extorqueatur nobis e manibus tyrannide eorum, qui si vellent praestare, quod audiunt, soli defendere debebant doctrinam sanam, soli mederi afflictis conscientiis? Nihil aliud iam petit a Rom. pontifice *Carolus* V. nihil cum optimo Caesare tota Germania. In synodo non opus est statuere, quo genere supplicii, quo novo Phalaridis tauro Lutherani perdendi sint, qui pontifici vias pecuniae et quaestus tam callide inventas, non modo in Germania, sed aliis etiam locis obstruxerunt et vastarunt, plerique iam optarent mori, tantum ut doctrina Christi libere doceretur in ecclesiis.

In synodo cognoscendum est, utra doctrina Dei sit, an illa, quae Christi beneficia extollit et iuxta apostolica scripta proponit conscientiis quae ex prophetis, psalterio, claris et puris verbis scripturae syncere erudit, armat, munit, erigit et recreat afflictas conscientias contra diabolum etc., an vero illa, quae Christi nomen et beneficia prorsus opprimit, Christum et gratiae nomen in omnium animis delet, locos scripturae in suis decretalibus ad stabiliendam antiquam tyrannidem blaspheme detorquet, infinitis traditionibus conscientias captivat et propter quaestum scandala ac blasphemias adeo nunc in immensum auxit in ecclesia, ut quamvis induratos nunc accusante conscientia sui similes esse in omnibus ipsos etiam pudeat adversarios.

Sed hos missos facio: tibi, clariss. princeps, commendo psalterium, cum nihil aliud possimus ibi, quam ut contra regnum diaboli et impietatem psalmis pugnemus et oremus. T. C. Christus Iesus diu nobis conservet incolumem. Datae 1. Decemb. Anno XXXIII.

T. C. deditiss. *Iustus Ionas.*

Clarissimo principi et d. d. *Ioanni Ernesto*, duci Saxoniae, landgravio Duringiao, marchioni Misniae etc domino suo clementissimo.

In: „SVM- | MARIA D. MAR. | LVTHERI IN | Psalmos, Dauidis e | germa. latine red- | dita per | IVSTVM IONAM || VITEBERGAE. | M.D.XXXIIII." Randl. 8⁰. 14 Bog. Bl. O7ᵇ: Impressum Viteberge per Ioannem | Weiss . DMXXXIIII. --

247a. Fürst Wolfgang an die Fürsten Johann, Georg u. Joachim von Anhalt. (Köthen 1534. Anfang.)

Legt seinen Vettern den Entwurf eines Erlasses an den letzten Abt von München-Nienburg vor, in welchem diesem die bereits verbotene Abhaltung von Winkelmessen nochmals unter Bezugnahme auf Luthers „itzund zu unserer zeit" erschienene Schrift [1] „verbotsweise" untersagt wird, nachdem die neue Lehre in Anhalt in Folge seiner eigenhändigen Unterzeichnung der Conf. Aug. angenommen sei.

Hochgeborne fürsten, freundliche liebe vettern. Nachdem ich nächst zu euern liebden doctorem *Ionam* p. *Wittenberg* in sachen die abschaffung

---

[1] Vgl. I, S. 201. 203. 204. Danach bestimmt sich ungefähr die Abfassungszeit dieses Schreibens.

der privat- und papistischen messe und anderer unchristlicher misbräuche im closter *Monnichen Neunburg* belangend gein *Rosslau* geschickt und eure liebden mir durch denselben doctoren lassen antwort geben, daß ich wolt in schriften fassen lassen, wasser gestalt, masz und weise mit dem abt zu *Monnichen Neunburg*[1] der messe und anderer unchristlicher misbräuche halber geredt und gehandelt, was ihme auch in eurer liebden und aus unser allenthalben befelh sollt furgehalten werden, so wollten eure liebden der sachen halben weiter sich mit uns vergleichen, damit man endlich zu reformirung solcher misbräuche kommen möchte: so will euern liebden ich freundlicher meinung nit bergen, daß ich doch auf eurer liebden weiter freundlich und christlich bedenken bei mir aus notdurft meines gewissens und conscienz erwogen, daß diese folgende meinung sollte von unser aller wegen verbotsweise dem abte werden vorgehalten:

„Herr von *Monnichen Naumburg*, ir wisst euch zu erinnern, wasser gestalt das stift *Monnichen Naumburg*, wilches in unserer lande oberkeit und furstenthum gelegen, uns den fursten und herren zu Anhalt als den landesfursten, unter deren schutz und schirm ir wohnet, allezeit zugethan und verwandt gewesen und noch ist. Nun ist euch unverborgen, daß wir izund ..... die reine christliche lehre ..... allenthalben in unserm furstenthum und lande predigen, ausbreiten und lehren lassen, daß wir uns auch der Confession und Apologia, so die churfursten, fursten und stände dem euangelio verwandt der römischen kaiserlichen majestät anno domini XXX. zu *Augsburg* haben uberantworten lassen, unterschrieben, auch daß wir vermuge derselben Confession ..... allenthalben in unsern landen und gebieten die privat- und winkelmesse, welche wie eine große sintflut in die ganze kirche eingerissen, haben als einen misbrauch .... abrogiren und abthun lassen ...."

Betreffs endlicher Einführung der christlichen Communion im Kloster wird dem Abt die Einholung des „Rathes der nächsten Prediger und Superattendenten unsrer Stadt"[2] empfohlen.[3]

Undatierter Entwurf im Herz. Archiv zu Zerbst.

249a. Luther und Jonas an den Rat zu Leisnig. Wittenberg 1534. März 26.

Ueber einen Streit zwischen dem Pfarrer W. Fues und seinem Diakonus Mag. Antonius Lauterbach.

de Wette IV, 527. Vrgl. oben Nr. 251. 1. S. 205 flg.

---

[1] Bernhard von Nienhausen.
[2] Mag. Joh. Schlaginhaufen in Köthen.
[3] Auf vollständigen Abdruck des umfänglichen Schriftstückes muss hier verzichtet werden.

255a. Fürst Georg v. Anhalt an Melanchthon.   1534. Nach dem 2. August.

Eigenhändiger aber unvollständiger Entwurf.[1]

'Georgius princeps Anhaltinus, praepositus ecclesiae *Magdeburgensis* S. D. Adversa valetudo tua, qua te praeter nostram opinionem correptum esse ex mgri *Francisci* literis ad *Justum Jonam*[2] praepositum datis heri vesperi intelleximus, non mediocri animi dolore me affecit'. Er sendet seinen Chirurgen *Hermann*[3], der von 'angina' früher schon glücklich seinen leiblichen Bruder Fürst *Joachim* und seinen Lehrer Magister *Georgius Forchemius* geheilt hat. Bitte um die 'Concordantiae Maiores, quas vocat d. doctor *Lutherus*', falls sie vollendet sind, damit sie dem Cardinal und Erzbischof von Magdeburg noch vor dem nächsten 'conventus principalis' behändigt werden könnten, so dass vielleicht die 'principes' über diese dinge desto bequemer und glücklicher zu conferiren und zu verhandeln vermöchten . . . .

Archiv zu Zerbst.

256a. G. Spalatin an Jonas.   Altenburg 1534. Vor dem 7. Aug.

Hier ist der Bd. II. S. 59. 60 mitgeteilte undatierte Brief Spalatins einzusetzen, der, wie aus 257a. (siehe unten) hervorgeht, identisch ist mit dem in Nr. 256 und 257 erwähnten. Die in diesem Briefe niedergelegten Forschungen zur Geschichte des Laienkelches hat Spal. später wieder aufgenommen in seiner Schrift:

Das man das Heylige | Hochwyrdig Sacrament, des waren | Leybs vnnd Bluts Chrsti [so], vnsers lieben | Herren vnnd Heylandts, ... vnter bayder | gestalt nemen soll, ... | Georgius Spalatinus. | [Bild.]   Gedruckt zu Nürnbergk durch | Christoff Gutknecht. | Ohne Randl. 4º. 12 Bl., letzte Seite leer. Widmungsbrief an Heinrich und Abraham v. Einsiedel Montag nach Trinit. 1543. Man vergleiche besonders folgende Stellen:

A 4$^\mathrm{b}$: ... Vber das so steet im vierten Buch Racionali Divinorum, das vnder einer eynige gestalt nicht das gantz Sacrament sey.

B: — so steen im decret, dem besten buch des bebstlichen rechtens in der andern distinction im Capitel 'Comperimus' diese runde wort: Wir sind in erfarung vnd kund kommen, das etzlich, nicht wissen wir auß wasser mißglauben, allein den leib Christi genissen, sein heyliges blut aber nicht nemen. Weil denn die zertrennung eines eynigen Sacrament ein groser Gottsraub vnd diebstal ist, als

---

[1] Am Schluss hiess es: 'Bene vale, mi optime Philippe', die Worte sind aber ausgestrichen, weil wol der Schluss da noch nicht gemacht werden sollte. Die Fortsetzung des Entwurfs über diese Worte hinaus unterblieb jedoch.

[2] Bd. I. S 210 flg.

[3] Der Bürger und Balbirer Herman Schering (auch Scherigk, Scheering) aus Zerbst. Das Herz. Archiv zu Zerbst besitzt sein Testament vom 26. Nov. 1537.

gebieten wir. das [man] hinfur entweder das gantz Sacrament nemen oder sich des gantzen sacrament enthalten sol. Das sindt wort des bapsts Gelasy rund, deutlich vnd clar gnug. nicht allein auff die priester. wie es die falsche rote glose vber diesem klaren text gern deutenn wolt, sondern anß alle Christen gemeynet. —

B^b: .. Ferner vor wenig jaren ist ein alt meßbuch zu *Augspurg* gewesen, darin im Latein gestanden ist Erstlich: hie reicht man den leib Christi dem volck. darnach: hie reycht man das blut Christi dem volck. Auch hab ich *Spalatinus* in einen alten lateinischen brieff im junckfraw closter *Neuendorff* bey *Alstedt* am Hartz von einem apt zu *Renissdorff* gegebenn diß datum jn latein gefunden: Gegeben am abent des leybs vnnd bluts Christi vnsers herrn im jar 1327.

B 4: Zum xx, so bewegt vns vnd alle christliche hertzen vnd gewissen bilich das tewre wort des tewrn weisen christlichen churfürsten hertzog *Friderichen* zu Sachssen hochlöblicher vnd seliger gedechtnuß. Denn do er einsten mit mir *Spalatino* von dem hochwirdigen sacrament redet. sagt er vnder andern diese wort: „Das sie beide gestalt anfechten, das ist ye zu viel, denn es steet zu klar vnd deutlich in den Euangelisten. Ja jr geistlichen sprechet, Christus hab beyde gestalt allein seinen aposteln vnd jüngern gegeben, die sind priester gewest: so hat Christus vnser lieber herr vns nach dieser meynung als leyen gar kein gestalt gegeben."

C^b: So bewegt vns auch billich das hochwirdig sacrament recht vnd gantz zu nemen, das noch teglich so vil treflicher hoher erlicher leuthe dasselb also nemen. die zuuor sehr hart darwider gewest sind, als zu *Dresden* die fraw *Birckyn* selige, *George von Karlewitz*. doctor *Pistoris*, jtem zu *Hall*. zu *Leyptzig* vnd an vil andern enden, vil andere mehr, das auch noch mehr ist, Got lob in ewigkeit, man schreybt vnd sagt ytzt, das auch die graffen von *Mansfelt* zu *Heldrungen* vnd die graffen von der *Hoya* das euangelium angenommen haben ....

257 a. Fürst Georg von Anhalt an Georg Forchheim.

Magdeburg 1534. Sept. 9.

Berichtet über seine wissenschaftlichen Studien und klagt über seine Confratres, die zufolge seiner Neigung die papistischen Mißbräuche abzuschaffen ihn aus seiner Magdeburger Präpositur zu verdrängen streben. Er hofft aber einige von ihnen wenigstens noch gewinnen zu können.

'Nam plures illorum non ita indurati ut primum, mihi apparent. Sed spero per Dei gratiam aliquos ipsos Christo lucrifacere. Ad hoc summopere proderit meo tenui indicio, si ea res, quae a me quidem non satis provide coepta est, felicius successerit: ut a d. praeposito *Iusto Iona* aliquot patrum sententiae atque veterum recentiorumque testimonia de usu communionis per totam ecclesiam observato ederentur, quibus illos non parum movendos suspicor, cum sciam ipsos penitus haec ignorare, et si tale eis obiectum fuerit, incipiunt admirari existimantes iam inde ab apostolis observatum illum perversum abusum suum. Et qui in hoc articulo convicti fuerint, in aliis facilius cedent. Quare velim, mi charissime *Georgi*, non graveris hoc opus promovere atque regere reportaturus inde non exiguum fructum. Ad quod non parum facient haec apertissima testimonia, quae hisce diebus nactus transscribi et tibi transmittenda his annexa duxi. Primum ex chronicis nostris *Magdeburgensibus* satis valens[1]. Reliqua ex quodam libro .... in quibus [für quo?] quoddam singulare notatu dignissimum, quod nusquam alibi reperi: nempe quod privatis quoque missis adhiberi soliti sint communicantes. Titulus libri est 'de consuetudinibus Cluniacensium'[2]. Ea poteris exhibere si placet d. *Iusto Ionae*, ut inde quod illi congruum videtur, excerpat exemplari mihi quam primum remittendo, cum nullum aliud habeam. Si placet, velim ut quoque dno doctori *Luthero* ea ostendas, quae sibi placitura non dubito. Nam ea quae ex monasterio *Wilkeridensi*[3] *Dessaviam* afferebantur, summa cum voluptate in mensa perlegebat. Mitto quoque excerpta quaedam ex literis dni *Spalatini*, quas scripsit ad *Iustum Ionam*[4], quae ipse petivit quaeque in nostris locis desiderari existimabam. Reliqua omnia transscribi non poterant. Ego pro tenuitate ingenioli mei adnotavi in inserta schedula aliquot veteres ritus ex praedicto libro Cluniacensium, qui ab his, qui ceremonias ignorant, non facile intelligentur, quorum sententiam aliis, si commodum videtur, poteris referre. Misi nuncium *Luneburgam* cum literis dni *Ionae* ad *Urbanum Regium*[5] pro eo loco cuius *Spalatinus* mentionem fecit.'

Es wäre wünschenswert zu erweisen, dass auch in den Pfarrkirchen 'in parochiis' der Kelch gebraucht ward, wie Fürst *Johann* kürzlich in der *Bernburger* Kirche einen viel weiteren Kelch ('multo capaciorem calicem') gefunden hat, als der Dessauer ist. Es folgen Mitteilungen aus einem Buch der Magdeburger Dombibliothek 'Tractatus *Iohannis Hofman* contra communionem laicorum sub utraque specie', geschrieben nicht lange nach dem *Basler* Concil.[6] ·

'Rogo autem, mi charissime *Georgi*, ut meis verbis plurimum salutis preceris d. doctori *Martino*, d. *Philippo*, dno *Ionae*, dno *Pomerano*, d. mgro *Francisco* meque ipsorum precibus commendes: potissimum studeas obtinere doctoris *Martini* pater noster apud Deum procul dubio

---

[1] Es scheint nicht das Excerpt über die Vergiftung Heinrichs VII von Lützelnburg 1313 gemeint zu sein ('veneno mirabiliter interiit calice salutis verso in vas mortis'), sondern das aus Erzbischof Gisilhars Leben 983 'omnes audita missa perceptione dominici corporis et sanguinis muniti plus quam cum lachrymis et contritione cordis corpus et animam deo commisere'.
[2] Liber consuetudinum Cluniacensium a Guilielmo Hirsaugiensi provisore Bernardi abbatis Masiliensis iussu conscriptarum.
[3] Walkenried im Harz.
[4] Vergl. II, S. 59 60 Nr. 622. I, S. 212 Nr. 256.
[5] Vergl. I, S. 213 Nr. 257.
[6] Vergl. den folgenden Brief von F. Georg an Georg Helt.

multum valiturum, cui poteris secreto credere quae mihi imminent'....
Datum *Magdeburgii* feria 4 post Nativitatis Mariae anno MDXXXIIII......

(Mag)istro *Georgio Hel*. (*Forchem*)io suo in Christo dilecto.
(Zu seinen ei)gnen handen und (von son)st niemand zu er-
offnen.

Eigenhändig. Archiv zu Zerbst.

257b. Fürst Georg von An- Magdeburg 1534. Nach dem 9. Sept.
halt an Georg Forchheim.

Wieder wie im Brief vom 9. September 1534 die Klagen über die Herren Confratres, die es ihm nicht vergeben, dass er gegen die Irrlehren von der Rechtfertigung und dem heiligen Sacrament der Eucharistie auftritt. Er sammelt überall Beweisstellen für seine Auffassung, neuerdings in dem der Dombibliothek entliehenen Tractat des Doctors *Johann Hofman*, 'cuius et antea memini', geschrieben 'in Soltwedel a. 1425' 'contra communionem laicorum sub utraque specie', in dem die Ansichten der Böhmen mit den Worten der Kirchenväter vollständig dargelegt und frostig nach der Weise *Mensings* oder des *Chocleolus*' (!) widerlegt werden. Unter andern Stellen ist eine von Papst *Leo* 'in sermone quadragesimali' angezogen, die beginnt 'Praedicaturus vobis' und zuletzt erklärt, 'quomodo suo tempore calix sit communicantibus oblatus' u. s. w...... 'Si placet poteris et hace duo *Ionae*[1] communicare ipsumque hortari, ut opus institutum absolvat, quod multis profuturum spero. Nam plerisque persuasum est (exceptis illis induratis) veteres doctores et ecclesiam a tempore apostolorum aliter sensisse meque scias uno *Cypriano*[2] aliquorum animos movisse. Et si duus *Ionas* meis sententiis carere vellet, ut quidem potest, eas reposcere et ad me transmittere velis. Maxime autem rogo, ne amittatur exemplar transmissum atque ex consuetudinibus Cluniacensium monachorum decerptum'... Die Stelle von Papst Leo fand sich nicht vor in einem Exemplar aus der Bibliothek der Predigermönche, wol aber in einem aus der Bibliothek des Prämonstratenserklosters[3], einem Exemplar, das dem gleich war, welches Held ihm geschenkt, er aber in Dessau gelassen hatte......

Eigenhändig, aber nur Fragment. Archiv zu Zerbst.

---

[1] Von Helts Hand auf dem Rande d. praeposito.'
[2] Fürst Georgs Collectaneen 'enthalten viele Stellen aus Cyprian.
[3] Kloster U. l. Frauen.

Nr. 262. I, 221. Der hier genannte Basilius ist wohl Blasius Stöckel.
Nr. 263. I, 221. 222. principes p. sind wohl nach dem Zusammenhange principes Pomeraniae. Episcopus Caminensis war Erasmus Manteufel.
Nr. 278. I, 229. Ueber Bernhardus Hebraeus vgl. jetzt auch Fr. Delitzsch in Allg. Luth. K. Z. 1881 Sp. 580.
Nr. 284. J, 230. 231. Ueber pictor Sebastianus vgl. de W. V, 433. Seidem. in Anzeiger für Kunde der deutschen Vorzeit. 1874, Sp. 179 flg.

296a. Moritz Golz[1] an Georg Forchheim. Wittenberg 1536. Febr. 2.

Bittet um Wildpret für eine Hochzeitsfeier, an welcher Luther und Jonas teilnehmen sollen.

Mein ganz willigen dinst allezeit zuvor, achtbarer wirdiger herre. Es hat ir meyne mum, burgerin und nachgelassene witwe zu *Torgau* ir christlichen vorgenommen, ire dochter nach gotlicher und christlicher ordenung in den standt der heyligen ehe zu begeben, uff welcher wirtschafft ich denn (welche denn wirt uff den nechsten zukunftigen montag) etzliche gute herren und frund werd haben, als nemlich d. *Martinum* und d. *Jonam* mit anderen etc. Denselben gutlichen zu thun ich denn hir nicht kan bekommen; ist derhalben meyn bit an e. w., sie woll mir ein gut stuck wiltprets, worvon das wer, verschaffen. Des hab ich dem boten 1 florin geben; wirt es aber mer kosten, woll e. w. vor mich darlegen; soll sie uffs erst widder entfangen. Solchs umb e. w. mit allem vermogen zu verdinen bin ich willig. Gott befolhen. Marie lichtmessen 1536.

E. w. williger *Moriz Golz.*

Dem achtbar und wirdigen herrn magistro *Georgio Forchemio*, der fursten von Anhalt praeceptori, seinem insonders gunstigen guten herren und freundo. *Dessau.*

Archiv zu Zerbst.[2]

Nr. 314. I, 242. 243. Vrgl. Corp. Ref. III, 36.

---

[1] Vgl. über diesen de Wette-Seidem. VI, 508. Zeitschr. f. histor. Theol. 1860 S. 507 und die dort gesammelte Litteratur; ferner Diestelmann, die letzte Unterredung Luthers mit Melanchthon S. 326 flg.

[2] Auf die Erfüllung seiner Bitte bedankt sich derselbe 1536 Sonntag nach purif. Mar (Febr. 6.) bei 'dem achtbaren wirdigen herrn Mgro *Georgio Forchemio* der fursten von Anhalt preceptori, seinem insonderen gunstigen hern und frunt':

Mein fruntlichen grusz mit ganz willigen dinst allezeit zuvor. Achtbarer wirdiger her, ich fuge euch zu wissen, dass ich das wiltpret, wie ir schreibt, sampt dem uberigen gelt entpfangen; bedank mich derhalben kegen euch uffs allerhöchst und demutigest, das sich e. w. meinthalben so seher bemuht hat, und solchs mit aller gebur und nach allem meynem vermögen umb e. w. zu nacht und zu tag mitsampt den meynen zu verdinen, bin ich allezeit mit

338a. Jonas und Melanchthon an den Rat zu Zwickau. Wittenberg 1537. März 20.

Berichten über den Ausgleich, den sie zwischen dem Zwickauer Pfarrer Beyer und dem Schulmeister Plateanus vorgenommen und übersenden die von allen Teilen acceptierte neue Schulordnung.

Gnad vnd friede Gottes in Christo. Erbare, achtbare vnd weise, besonder günstige herrn vnd freunde. Auf euer nehstgethanes schreiben haben wir den herrn magister *Leonhard Beyer* pfarrherr vnd *Petrum Plateanum* schulmeister der ihrrung vnd gebrechen, so sich der schulordnung vnd bestallung halben zwischen ihnen zugetragen, gegen einand verhört, vnd nachdem wir die gelegenheit dieses handels also finden, das gemelde parten vor ihre person kein sondern vnwillen gegen einander getragen, auch nichts mit sonderlicher verbitterung der fürgefallenen ihrrungen halben auf einander beweget, sich auch allhier auf vnser gütliche erinnerung mit glimpflichen, freundlichen bericht hören vnd vernehmen lassen, haben wir nach gehabter vnterredung vleiß fürgewendet, sie beiderseits der gebrechen halben, so sie vns angezeiget, auf mittel vnd wege, wie wir euch hiebey verwahret vberschicken, in der stille gütlich zu vertragen vnd zu vereinigen. So sie dann vnserer gütlichen weisung fölgig gewesen, vnd sie beide des verstandes vnd ertarung wol sein, das sie wissen, das nicht wenig dran gelegen, das sie in den beiden nötigen ämptern, als pfarrer oder predigtstul vnd fleißiger christlicher kindzucht oder schul, einander die hand reichen, treulich helffen vnd auch mit liebe guten friede, freundlicher vnd christlicher einigkeit vnter sich, beides der kirchen vnd jugent gute exempel geben, haben wir sie weiter vermanet zu beherzigen, das der Satan diesen hohen zweyen nötigen, allernützlichsten vnd göttlichsten emb- tern, dorinnen der allerhohste, heiligste gottsdienst stehet, von welchen der kirchen, landen vnd leutten viel guts erwachsen mag, feind vnd gehaß ist, allen fried, einigkeit, gut regiment vnd ordnung gerne stören vnd hindern wolt, vnd das sie forthin sich mit einand freundlich vnd christlich vertragen wollen, vnd sich vor solchen zwiespalt vnd ergernis hütten, in ansehung, das Gottes embter vnd werck allerley in dieser welt hinderung haben. So sie vns denn zugesaget, sich des allenthalben zu halten, hoffen wir, sie werden nun hintortan mit einander in fried vnd einigkeit leben. Wir zweifeln auch nicht, ein erbar rath

willen geflissen vnd geneyget. Hirmit Gott dem Almächtigen in seinen schuz und schirm befohlen. Datum Sontag nach purificacionis Mariae dieses 1536. jhars. E. A. W.
williger Moriz Golz.
Mit gleichem Wachssiegel.

338a. Jonas und Melanchthon an den Rat zu Zwickau.

wird dieselbigen vnter ihnen zu erhalten geneigt sein vnd fleis vorwenden. E w. als vnsern besondern lieben herrn vnd freunden seind wir freundlich zu dienen willig vnd gefließen. Datum *Wittembergk*, dinstag nach sonntag Judica. Anno dni 1537.

Justus Jonas d.
Philippus Melanthon.

Den erbarn, achtbaren vnd weisen, dem rath der stadt
Zwickau, vnsern besondern lieben herrn vnd freunden.

Beilage: Schulordnung, wie dieselbe zue Wittembergk auff bitt eines erbarn raths durch hierunden verzeichnete herrn vnd doctores in bei- vnd nebensein des herrn pastors magistri Leonhardi Beyers vnd magistri Petri Plateani, die zeit schuelmeisters, gestalt vnd dem rath alhier zugeschickt ist worden, anno Christi 1537.

Nachdem sich etliche ihrrung zugetragen zwischen den wirdigen vnd wolgelerten, den errn *Leonhard Beyer* pastor vnd errn *Petro Plateano* schulmeister zue *Zwickau*, haben wir *Justus Jonas* doctor vnd *Philippus Melanthon* auf beider bewilligung, wie folget, sie beide verglichen vnd vertragen.

Erstlich was ein erbar rath zue *Zwickau* für gerechtigkeit an der schulbestellung vnd ordnung hat, das lassen wir an seinem werd. Denn wir haben nicht weiter handeln können, denn zwischen den herrn pastor vnd den schuelmeister, welche vor ihre person an diesen vorgeschlagnen mitteln zufrieden sein. Wir hoffen auch, ein erbar rath werde doran nicht mißfallen haben, vnd dieweil der fürnembste articul gewesen von annehmung der gesellen, so in der schuele helffen sollen, ist dieses vnser bedencken, das forthin allezeit der schuelmeister sol bevehlig vnd macht haben, zue nominiren, damit er selbst nach tüchtigen gesellen vnd ihme zu leiden trachte. Er sol aber nicht macht haben, dieselben allein anzunehmen, sondern er sol sie einem erbarn rath vnd dem pastori sämptlich präsentiren, welche macht haben sollen, sie anzunehmen vnd zu verwerffen, vnd sol also die annehmung sembtlich geschehen durch ein erbarn rath, den pastor vnd schuelmeister. — Dergleichen soll es mit der dimission gehalten werden; so der schuelmeister an einen mangel haben würde, sol er solches einem erbarn rath vnd pastor anzeigen vnd neben ihnen macht haben, solchen zue dimittiren. —

Von der superattendentia beclaget sich der pastor, das doctor *Leonhardus Naterus*[1] zur superattendentia der schuelen verordnet, vnd

---

[1] M. Leonhard Natter oder Nather aus Lauingen folgte 1522 dem Zwickauer Rector Georg Agricola im Amte nach; er war Verf. der Zwickauer Schulordnung

er also verhindert vnd ausgeschlossen werde, so man etwas von der schuelbestellung rathschleget oder schaffet.

Dieweil dieser articell den schuelmeister nicht belanget, sondern ein erbarn rath, ist vnser bedencken, wiewol wir auch achten, das einem erbarn rath nicht zue wehren, das sie eine gute achtung auf ihre schuel haben, vnd nimand [1] besonders davon bevehl thun, doch sol des pastors bevehl vnd superattendentia damit vnverhindert sein, vnd sol die mass gehalten werden, das der pastor nicht ausgeschlossen werde von annehmung der personen vnd anderer bestellung, vnd soll der rath ohne den pastor keine neuigkeit der schulen vornehmen. Bitten derhalben, ein erbarer rath wolle hierinnen diese mase halten.

Von geburlicher reverentia vnd freundlichkeit ist dieses sehr nötigk. Bitten auch, das ein erbar rath mit ernst darob halten wolt, nemblich das der schuelmeister, ob er gleich etwas wider den herrn pastor haben würde, sol er doch in allewege vor den schuelern vnd sonst den pastor nicht verkleinern, auf ihn stechen oder sonst schmehen, sol auch solches bey der jugend mit ernst verhütten, vnd sie mit allem fleis vnd reverentia gegen der kirchen vnd kirchenpersonen gewehnen, denn man leider sichet, wie die jugend an allen orten wild vnd wüst aufwechst, in verachtung der religion. Nun lehret die erfahrung, das verachtung der kirchenpersonen mit sich bringe verachtung der religion. Dorumb sol der schulmeister Gott zue lobe vnd der jugend zue nutz hierinnen weißlich handeln, dann es ist viel vnd hoch dran gelegen. Bitten auch einen erbarn rath, wolle hierinnen ein gut aufsehen haben vnd diesen artickell nicht gering achten. Hat aber der schuelmeister etwas wider den herrn pastor, sol er solches an einen erbarn rath glimpflich, oder an den landsfürsten bringen. Dergleichen sol der pastor in seinen predigten vnd sonst auf den schulmeister vnd schuel auch nicht stechen oder schmehen, sondern so er etwas wider sie hat, dasselbe an einen erbarn rath oder landsfürsten gelangen lassen.

Vom catechismo lassen wir vns gefallen, das es mit den stunden, so zue solcher vbung in der schul geordnet gewesen, bleiben sol forthin wie bissanhero. Aber der schuelmeister soll den kindern einen gewiessen catechismum vorgeben, vnd nemlich *Lutheri* catechismum, den sie von wort zue worten aussen lehren, vnd soll dieselbe recitatio

---

von 1523, der ältesten evangelischen, die uns bekannt ist; 1529 gab er seine Stellung auf und begab sich, um Medicin zu studieren, nach Wittenberg, kehrte aber 1533 nach Zw. als Stadtphysicus zurück, wo er seit 1536 auch dem Rate angehörte und sich besonders des Schulwesens annahm Weller, Altes und Neues II, 678flg., Fabian. Petr. Plateanus S. 3 - 5.

[1] iemand?

338a. Jonas und Melanchthon an den Rat zu Zwickau.

von den kindern für vnd für fordern vnd hierinnen nicht lass oder nachlessig sein, er sol auch besonder die großen knaben zue den predigen, welche zu hören gewöhnlich, mit ernst treiben vnd ihnen nicht gestatten, dieselben zu verseümen oder doraus wegzugehn, fürnemlich auch sol verhüttet werden, das nicht die lahr in der schul wiederwertig sey der kirchenlahr, dorauf auch einem erbarn rath achtung zu geben von nöten sein wil.

Wiewohl wir auf dißmal vernohmen, das durch Gottes gnad keine vngleichheit der lahr sei, vnd ist der pastor des schuelmeisters halben zufrieden.

Wir haben auch mit dem schuelmeister geredt, das er diejenigen stück christlicher lahr, so der kindheit vornehmlich von nöten, treiben vnd der jugend einbilden wolle, dieweil ihme die pädagogia bevolen, vnd sol als ein vorstendig meiden solche materias oder figuras, daraus vneinigkeit zu befahren. Denn sol man den fried erhalten, so mus man schonen vnd nicht einer dem andern gefehrlich sein, zudem das auch sonst gut ist, das man was halte in streitigen materiis vnd nicht die jugendt zum gezenck gewelme. Diß alles hat also der schuelmeister zu halten gewilliget. Von der frembden lehrgelt oder didactris gedencken wir, das es freundlich vnd billig sei, das man dasselbe dem schulmeister folgen lasse, oder doch eine ordnung dorinne mache, das eine helffte dem schulmeister, die andere den gesellen zukomme. Denn der gemeine kasten in eurer stadt hat durch Gottes gnade ein stadlich einkommen, so machen diese didactra eine genüge summe, vnd sind die stipendia der schulmeister nicht gross, so doch gar viel an einen guten schulmeister gelegen, wie durch Gottes gnade dieser *Plateanus* ist. Denn wir itzund etlicher seiner schüler gehört, doran wir groß gefallen gehabt. Darzue ist die schuelarbeit groß vnd schwer, das einer sonst dobey nichts gewinnen kan vnd muß sich also abarbeiten vnd kan seinem weibe vnd kindern wenig eröbern. Darumb wehre freundlich vnd billig, das man dem schulmeister diesen geringen zugang nicht entzöge.

Von der gramattica haben wir mit dem schuelmeister geredet, das er eine besondere recitation halte vnd fordere allein praeceptionum durchaus, nicht allein in einer classe, sondern in beiden mittein classen, damit die jugent desto besser zum regeln gewehnet werde.

Von gemeinem kasten wissen wir nicht, warumb ein erbar rath geordnet; das man vor dem quartal den kirchen vnd schuldinern nichts auf ihre soldt gehen sol, dieweil aber solches ehrlichen personen schwer ist, bitten wir, ein erbar rath wolle damit nicht so hart sein, sondern es denjenigen, so es bedürffen, zue jeder zeit, auch vor den quartal nach gelegenheit etwas reichen. Der pastor zeigt auch an von dem legato, das vor arme schüler bescheiden, so itzund als praemia ausgetheilet wird. Nun hat ein erbar rath wol ein gut bedenken mit den praemiis, aber nachrede zu vermeiden halten wir auch vor nutzlicher, das dasselbe legatum auf etliche arme bürgerskinder, da besonders gute hofnung zu zu haben, vnd die sonst hülff bedürfen, gewandt würde. Doch stellen wir diß in eines erbarn raths bedencken vnd halten diesen artickell nicht so beschwerlich, das man sich hoch derhalben zancken soll.

Vf die vnsere vnterhandlung haben beide herren der pastor vnd der schulmeister, gewilliget vnd zugesaget, diesen vnsern schied zu halten vnd forthin in rechter freundschafft vnd einigkeit, Gott zue lob, der kirchen vnd stadt zue nutz sich gegen einand mit Gottes hülfi zu erzeigen, damit sie zugleich mit einander bawen vnd nicht zustören helffen.

Justus Jonas d.
Johannes Bugenhagen, Pommer.
Caspar Creutzinger. d.
Philippus Melanthon
Leonhardus Beyer
Petrus Plateanus

die sich alle sämptlich vnd sonderlich mit eigner handt vnterschrieben haben.

Gedruckt in: Fabian, M Petrus Plateanus, Zwickau 1878. S. 27. 28. Ebendaselbst S. 26 das Schreiben des Rates der Stadt Zwickau „Am die gelarthen zu Wittembergk" vom 15. März 1537, durch welches diese die Wittenb. Theologen bitten, den Streit zwischen dem Pfarrherrn und dem Schulmeister zu schlichten. Zur Sache vgl. ferner ebendaselbst S. 9flg.

Nr. 350. 1. S. 257. 258. Ueber den hier erzählten jähen Tod eines katholischen Geistlichen befindet sich auch ein Bericht in Luthers Tischreden, Ausg. Först. Binds. III. 283. 284 und ein ähnlicher, ausführlicher in E. Alber's Schrift „Widder die verfluchte lere der Carlstader" Newenbrandenburg 1556 Vorrede Bl. 2[b]. Das Dorf heisst hier übereinstimmend Künenwalde, nicht Hohenwaldt.

Nr. 354. 1, S. 260 lies consilia sana. Mit arx illa ist Schloss Lichtenberg gemeint.

Nr. 361. 1, S. 266 Z. 13 v. u. wird bedencken oder bednncken statt bedancken zu lesen sein.

Nr 379. 1. S. 288 Zu der Inhaltsangabe ist berichtigend zu bemerken, dass unter der im Briefe erwähnten „Anna" nach de Wette V, 126 wohl Anna Goldschmidt (Döring) zu verstehen sein wird.

386a. Jonas an Georg Forchheim. Zerbst 1538. Juni 1.

Schreibt noch einmal in derselben Angelegenheit, wie in Nr. 386.

G. et p. Dei in Christo. Hodie hora 4. dedi cuidam civi hic literas ad illuss^{os} principes, mi *Forchemi*, et ad te[1] et incertus sum, an adhuc hoc vesperi abierit versus *Dessam*. Et paene eadem hora accepi responsum illuss^{orum} principum de conventu in *Wörlitz*, simul et remissas epistolas d. *Lutheri* et tuas literas. Ideo mox aliis proficiscentibus *Dessam* dedi has literas ad te et rogo dicas illuss^{imis} principibus me (Deo dante) 4ta feria post Exaudi certo venturum *Wörlitz*, et spero etiam chariss. patrem nostrum d. *Martinum* non abfore. Illuss^{imis} principibus interim me commenda, et tuis orationibus me commendo totamque causam ecclesiarum. Vale in Christo. Raptim *Cerbesti* hora quinta sabbato eodem, quo priores literas misi et tuas accepi, anno dni 1538.

I. Ionas d. p. tuus totus.

Hodie absolvi latinam versionem libelli contra sabbatarios.[2] Est optimum scriptum patris nostri d. *Lutheri*, glorificans Christum et evangelium mirifice, pudefaciens Iudaeos ut fures noctu deprehensos etc. Brevissimi temporis[3] paulo liberalius ocium aliquod connitar.[4]

Excellenti pietate et doctrina viro d. *Georgio Forchemio* apud illuss^{os} principes Anhaltinos etc. amico et fratri in duo chariss^o s. Dem Herrn M. *Georgio Forchemio* zu Handen.

Archiv zu Zerbst, eigenhändig.

Nr. 396. I, S. 300. 301. Ein Brief Hier. Wellers an Bernhard von Doelen, der später Pastor in Dippoldiswalde wurde, datiert Sabb. p. Epiph. 1553 befindet sich in J. G. Olearii Scrinium antiquarium 2. Aufl. Ienae 1698 pg. 86—89 und dann wiederabgedruckt in dem latein. Teile der Opp. II. Welleri.

406a. Luther, Jonas, Bucer und Melanchthon. Weimar 1539. Januar 31.

Bedenken von der Gegenwehr.

de Wette-Seid. VI, 223. 224. Ebendaselbst S. 225 ein zweites, auch als von Jonas unterzeichnet aufgeführtes Bedenken von der Gegenwehr. Betreffs beider ist jedoch daran zu erinnern, dass nach Corp. Ref. III. 637, vrgl oben I, 309 Jonas ebenso wie Luther damals nicht in Weimar gewesen ist.

Nr. 422. I, S. 318 auch in Cod. Goth. B. 169 Bl. 105^b. Aufschrift: Clarissimo et optimo viro d. Iusto Ionae doctori theologiae, praeposito ecclesiae Witebergensis, amico suo charissimo. Die Lesarten stimmen meist mit denen von Cod. 190, teilweise auch mit Cod. Bavari.

[1] Bd. I. S. 291 flg. Nr. 385 u. 386. [2] "Wider die Sabbather An einen guten Freund." 1538. Erl. Ausg. 31,416 flg. "Justus Jonas hat diese Schrift 1539 [richtiger 1538] ins Lateinische übersetzt und einen Brief an den Fürsten Wolfgang von Anhalt vorausgeschickt." Die Uebersetzung des Jonas findet man in Viteb opp. lat. VII. 215 flg. [3] 'spacio' ausgestrichen. [4] 'mihi' ausgestrichen.

425a. Georg Forchheim an Fürst Georg von Anhalt. Leipzig 1539. Mai 25.

Berichtet über die evangelischen Gottesdienste, welche am Pfingstfest durch Luther, Jonas u. A. gehalten werden. Vrgl. in Bd. I. den Bericht in N. 429. In den Beilagen Bericht über den Aufenthalt der sächs. Fürsten in Leipzig, über Melch. Lotthers Fortgang nach Frankfurt a. O. und Georg Witzels Flucht.

Gratiam et pacem a Domino Deo nostro Iesu Christo, de quo gratias Domino Deo, Domino Patri nostro coelesti per Dominum nostrum Iesum Christum agamus. Prosperrimum iter mihi contigit *Lipsiam* versus, quam ingressus sum intra quintam et sextam horam. Peracta coena invisi d. d. *Martinum, Jonam, Crucigerum, Philippum* et reliquos dominos nostros diversantes in aedibus d. doctoris *Aurbachii*, ubi recepti sunt hospitio iussu principis electoris etc., ibique accepta redditaque salute requisitum est ex me de valetudine et statu illustrium principum Anhaltinorum et praecipue vestrae clementiae. Hodie d. d. *Aurbachius* solicite percunctabatur de vestra gratia et eiusdem convalescentia. Hodie ante prandii tempus insigniter piae contiones tres habitae sunt a d. d. *Iona* apud moniales, a magistro *Paulo* concionatore illustris principis *Henrici* ad S. Thomam, a *Iriderico Mecum* apud D. *Nicolaum*, in quibus omnibus frequentissima hominum multitudo affuit. A prandio d. d. *Martinus* ad D. *Thomam* suggestum conscensurus est. Gratia Dei adiuvabit et dignabitur adiuvare cursum verbi sui coeptum hic. Quod ut fiat maiestatem divinam fidelibus votis incessanter solicitemus. Est enim res adeo ardua, ut sine ope divina non possit neque inchoari neque inchoata consistere. Dominus *Jonas* officia salutationis ascribi iussit vestrae gratiae. Vestra gratia fortis sit in domino nostro Iesu Christo, cui portae inferorum non praevalebunt. Datae quam citissime *Lipsiae* ipso die pentecostes etc.

Vestrae gratiae illustris

G. H.[1]

Soweit eigenhändig von Held. Aufschrift von andrer Hand (der eines anhaltinischen Secretärs?[2]: Dem erlaucht. hochgebornen fürsten und hern hern *Georgen* fürsten zu Anhalt, graven zu Aschanien, herrn zu Berneborgk, meinem gnedigenn fürsten und herrn.

Beilage: Ein Brief des *Schreibers der Adresse* des vorigen Briefs auch an *F. Georg* vom gleichen Datum *Leipzig 1539, Mai 25.*

---

[1] Zum Inhalte vgl. Th. Kolde Analecta p. 339 flg. Seifert: Die Reformation in Leipzig p. 161 169. 171. Briefwechsel des Jonas 1, p. 325ff. Jonas selbst erwähnt am 3. Juni 1539 diesen Brief des Mag. Forchheim.

[2] Oder vielleicht des Leibarztes Mag. Wolfg. Furman.

Ich thue e. f. g. underthenniglich zu erkennen, das herzog *Heinrich* nebst Donnerstags alhie zu *Leipzig* ungeferlich mit hundert pferden ist einkomen und Freytags darnach die hulde mit eigner person aufm rathause von der stadt *Leipzig* entpfangen. Und denselben tag ist der churfurst vom ... alhie nachmittag eingekomen und alle hern, nemlich herzog *Heinrich*, herzog *Moriz*, herzog *Morizn* bruder[1] sampt dem churfürsten von Sachsen seint alle ufs schlos eingezogen und einer den andern ufs allerfreundlichs entpfangen und angenomen. Wie lang die fursten und doctores hie vorzihen werden, ist noch unbekant. Nebst Sonnabents hat doctor *Iustus Ionas* zu S. Thomas gepredigt, daselbs ein unzehlige menige volks hinkomen ist, daselbst auch doctor *Ochsenfurt* (wie ich bericht) gewesen sein soll. Und als heut dato Sontags hat gepredigt er *Friderich Mecum* zu Sant Niclaus, er *Paulus*, herzog *Heinrichs* prediger, zu S. Thomas, *Jonas* aber zu S. Jorgen im nunnencloster, in welchen allen ein mechtige mennig volks gewesen und fleisig zugehort. Auch wil ich e. g. nit bergen, das *Melchior Lotter* izunt hinaus gehn *Frankfurt* an der Oder ziehn will, denn sein sohn da wirtschaft[2] haben wird, nimt eines bürgers tochter dar, derhalben er mich nit hat kunnen herbergen, läst aber e. g. und e. g. bruder seinen unterdenigen dinst sagen. Damit bevehl ich mich e. g. underteniglich.

Beiliegender Zettel: Auch wil ich e. g. nit vorhalten, das der churfürst *Wicelium* alhie zu *Leipzig* arrestiret hat. Dorüber ist *Wicelius* bey nebel und nacht hinweg gezogen unangesehen des churfürsten kummer.

Archiv zu Zerbst.

Nr. 143. I, S. 336 Z. 3 v. u. lies zu vorhoffen.

Nr. 151. I, S. 349 Z. 3 v. o. lies gerne

467a. Kurfürst Joh. Friedrich an Luther, Bugenhagen, Jonas und Melanchthon.

Weimar 1539. Oct. 12.

Teilt die landgräfliche Correspondenz mit Bucer in der englischen Angelegenheit mit und erbittet sich Luther's Gutachten[3], fordert Melanchthon zu einem Schreiben nach England auf und gebietet die Vervielfältigung des Büchleins von den geistlichen Gütern.

Burkhardt S. 231—233.

---

[1] Herzog August.
[2] d. h. Hochzeit.
[3] Siehe Nr. 168 (wo de W. V. 213 [nicht 203] zu lesen ist.)

481a. Jonas an den Leser. Wittenberg. Anfang 1540.

Die Türkengefahr wird noch vergrössert durch die Feindschaft der Fürsten gegen die Evangelischen. Der falsche Prophet [Papst] und Gog und Magog [Türke] vereinigen sich zum Verderben der wahren Christen. Das sind Zeichen des bevorstehenden Endes der Welt. Es ist nicht wahr, was man den Evangelischen vorwirft, dass sie ihre Hülfe zum Kriege gegen den Türken verweigern. Sie fordern nur zuvor Sicherstellung ihres Glaubens. Aber die Gegner betreiben Rüstungen zum Türkenkrieg nur als Vorwand, um die Evangelischen überfallen zu können.

Diese klegliche schrifft von der Türcken graussamkeit ist alhie einem zugeschickt, welche ich derhalben in druck gegeben, meniglich zum gebet zu vermanen vnd anzureitzen. Denn die not ist viel grösser, denn man bedencket, vnd sihet mich fast an, es sey das ende vorhanden, so vns das elend mehr für die thür nahet, so wir sicherer werden, die leute leben on alle forcht, in hoffart, trotz, wollust, geitz etc. verachten nicht allein Gottes wort, sondern auch die gegenwertige straffe, das billich zu verwundern, wie solche hertigkeit in menschlichem hertzen sein könne.

Vnd damit die straffe grösser werde, helffen die grossen könig vnd fürsten mit allem vleis dazu, welche der welt last vnd elend lindern solten, so verwüsten sie die christenheit, wie ein wild thier einen schönen garten verwüstet, freueln offentlich wider Gottes wort, ermorden die gliedmas Christi, vergessen jr ampt, thuen nichts wider die Türcken, sondern trachten nur, wie sie krieg fürnemen, das euangelium zu vertilgen. Darumb ist nu kein radt, denn das wir ernst beten, das vnser herr Christus, der son Gottes, der seine kirche mit seinem blut erkaufft, das elende vbrige heufflin, das yn bekennet vnd anruffet, von des teuffels grimm als der trewe hirt erretten wolle. Denn wol zu achten ist, so die letzte zeit neher kompt, so der teuffel grimmiger wird, denn er fület die offenbarung seiner grausamen vntugend vnd der ewigen straffe. Darumb wütet er schrecklicher wider Christum vnd treibet auff einer seiten die Türckische macht, auff der andern den bapst vnd sein anhang wider die armen gliedmas Christi zu vertilgung des christlichen namens, das also der gantze Antichrist, Mahomet vnd bapst, alle krefften versuche vnd vbe wider Christum.

Vnd wiewol billich zu beklagen, das keiser vnd könige dem Türcken raum geben, thuen nichts wider jn, sondern wenden sich gegen vns, wollen kirche vnd vaterland selbs verderben, so ist doch solches nicht wunder, denn nach dem sie bisanher christliche lere verfolget vnd abgötterey stercken, haben sie diese gnade nicht, das sie löbliche, nütz-

---

[1] Die der Widmung nachfolgenden Dokumente tragen als spätestes Datum das des 31. Dec. 1539.

liche krieg, dazu sie von Gott beruffen, stürnemen köndten, haben jren falschen propheten, der sie leitet, nemlich den bapst, sind verblendet vnd wöllen nicht sehen, das sie dem teuffel dienen, so sie zu sterckung der bapstlichen jrthumb mord vnd blutuergiessen anrichten.

Do der tyrannische keiser Valens wider die Gotthen zoge, ruffet ein heiliger man Isaac auff der strassen vnd schrey den keiser an: Was wiltu kriegen, so Gott nicht bey dir ist? Denn du verfolgest jn vnd seine rechte diener. Du wirst dieses volck verfüren vnd selbs darnidder ligen. Dieses ist also geschehen, wie Jsaac gesagt, denn das volck ward erschlagen, vnd Valens war in einem dorffe, das ward angezündet, darin ist er vbereilet worden vnd also vmbkomen.

Wiewol nu diese jetzige zeit ein leid vnd leidenzeit ist der gliedmas Christi, so werden doch entlich die verblendeten könige auch jren lohn empfahen vnd werden das euangelium nicht gantz vertilgen können. Es mus ein klein heufflein bleiben, das bapst vnd der Türck, das sind der pseudoprophet vnd Gog vnd Magog, nicht gantz auffressen werden. Aber zu besorgen, das der Gog vnd Magog, das ist eigentlich der Türck, noch ein grossen durchzug thuen werde durch die vbrigen christlichen lender, wie im Ezechiel gemeldet. Doch wil Gott die straffe lindern, so wir vns bessern vnd jn anruffen, wie vnser herr Christus spricht von der letzten zeit: wir sollen beten, das wir den straffen, so vber die welt komen werden, entfliehen mögen. Darumb wollen alle Gottforchtigen jr leben bessern vnd mit ernst Gott in diesen hohen nöten anruffen vnd wider den teuffel vnd des teuffels werckzeug, Gog vnd Magog, das ist wider die Türcken vnd wider den pseudopropheten, das ist wider den bapst vnd seinen anhang, beten, das vns Gott erretten vnd schützen wölle. Es wisse sich auch ein jeder zu erinnern, das er sich nicht teilhafftig mache an der verfolgung, welche Türcken vnd der bapst mit seinem anhang vben.

Denn Christus spricht, die selbigen, so zu der verfolgung helffen, werden schuldig an allem blut der heiligen, das vergossen vom tode Abel an bis zum ende. Solche sünden wird Gott nicht vngestrafft lassen, ob gleich jetzund die tyrannen lachen vnd Gottes spotten, spielen vnter dem hütlin, geben für zum schein, sie wollen von friede vnd eintrechtigkeit der lere handlen, aber practicirn mittler zeit vnd machen geschwinde verpuntnus wider das arme euangelium vnd lassen die acht gehen; ob das der ander anfang sey zu dem friede vnd vergleichung, geben wir allen verstendigen zu erwegen. Gott erkennet aller menschen hertz, der helffe vns. Amen.

Es wird auch vnserm teil auffgelegt, als solten sie die hülffe wider die Türcken hindern, welches ein offentliche lüge ist. Denn die fürsten vnd stende dieses teils haben sich allezeit zur hülffe erboten, doch das jnen auch friede oder stillstand zugesagt würde, welches sie nun bey dreien jaren nicht erlangen mögen, vnd ist darüber die acht wider ettliche dieses teils ausgangen, daraus des gegenteils gemüt gnugsam erkleret. So weis ich, das ein grosser herr gesagt, man solte das volck im schein des Türckenzugs zusamen bringen vnd erstlich die Deutschen vberziehen, die der bepstlichen lere entgegen sind Darauff aber dem selbigen ein Vngerischer herr geantwort, das wenig glück zu hoffen, so man also an die Türcken ziehen würde, so man zuuor die hende mit der heiligen blut besprenget hette.

Dieses habe ich also zu erinnerung hie melden wollen, vnd bitt Gott von gantzem hertzen, er wolle die straffe lindern vnd sein euangelium nicht lassen vnterdrucken.

In: „Ein kleglich ansuch | en des ausschus der v. | Nider Osterreichischen | lande belangend die grosse jtzige | fahr des Türcken halben. ‖ Wittemberg. | Anno M. D. XL. 4°. Bl. Aij—A4. Bl. D 4: Gedruckt zu Wittenberg, | durch Joseph Klug. | 1540. Wolfenb. 375. 17. Th.

Nr. 490. I, S. 391 ist nach Burkhardt S. 352 genauer auf die Tage zwischen 21. und 27. März 1540 zu datieren. [S. 391 Z. 12 fehlt hinter libros die 2.]

Nr. 507. I, S. 399 Anm. 1 lies 8. oder 15. Sept. st. 28. Sept.

Nr. 509. I, S. 402 Anm. 2 lies 214 st. 314.

Nr. 524. I, S. 409. Der Brief befindet sich in Wolfenbüttel Cod. Helmst. 184. fl. 31ᵇ flg.

524a. Melanchthon an Jonas. Worms 1540. Dec. 17.

Entschuldigt sich, dass er nicht ausführlicher schreiben kann; verweist auf die Briefe von Camerarius[1] und Sturm, sowie auf die an Luther gesendeten Berichte. Die Gesandten des Kurfürsten von der Pfalz, des Markgrafen von Brandenburg und des Herzogs von Jülich scheiden sich von Eck und seiner Partei in den Debatten über Erbsünde und Rechtfertigung. Eine schlagfertige Antwort Sturms.

Bindseil, Mel. Epistolae pg. 529. 530.

530a. Jonas an Caspar von Teutleben.[2] Wittenberg 1541. Jan. 9.

Neujahrswünsche für den kurf. Hof wie für die Familie Teutlebens. Ueber Melanchthons Briefe aus Worms; sendet eine Abschrift des Schreibens der evang. Theologen an Granvella. Ueber das kaiserliche Edikt, das ihm V. Dietrich zugesendet hat. Die Frequenz der Wittenb. Univ. nimmt erfreulich zu. Vielleicht bekehrt Gott noch einmal das Herz des Kaisers und vernichtet die Anschläge des Herzogs Heinrich von Braunschweig.

G et p. Dei in Christo domino nostro. Illustrissimo heroi electori Saxoniae, domino nostro clementissimo, et omnibus in hac aula precamur novum annum per Christum invitis inferi portis foelicem, per omnia

---

[1] Vgl. Nr. 523. [2] Vgl. II, 250.

faustum et tranquillum. Atque hoc indesinenter haec tota ecclesia *Wittebergensis* orabit et omnes verae ecclesiae per totam Europam. Deinde et tibi, clarissime domine doctor, uxori tuae *Sophiae* honestissimae dominae, iuniori *Teuttlebio* vel *Teuttlebiis* innioribus et omnibus tuis. Cum *Wolfgangus ab Eisenberg* rediret *Torgam*, nolui eum inanem ad tuam humanitatem pervenire mearum literarum. Satis crebras ad dnm doctorem *Martinum Lutherum*, d. *Pomeranum* et ad me literas ex *Wormatia* dedit dns *Philippus*, sed tamen non dubito et ab ipsis et ab aliis omnia quae in colloquio geruntur, uberius et accuratius ad vos in aulam maxime ad illuss. electorem nostrum quam huc perscribi. Dedi tamen *Eisenbergio* exemplum epistolae, quam concionatores et eruditi communiter dederunt ad dnm *Granvelum* Caesareae Maiestatis oratorem. Edictum imperatoris plane ethnicum et Neronianum miserunt mihi dns *Vitus Theodorus*, unus ex istis summis et doctissimis isthic theologis, et alii eruditi viri, qui adhuc ibi sunt in *Norinberga*. In primo folio ad insignia *Caroli* videlicet adscripserunt haec verba etc. Quidam adhuc aliquid bonae spei habuerunt de *Carolo* imperatore. Sed buantum hoc tyrannicum edictum animos multorum repente alienaverit a Caesare, nemo quisquam facile cogitare aut eloqui potest. Iure hoc accidit hostibus evangelii et veritatis Dei, ut cum maxime velint sarcire, restaurare, stabilire et corroborare regnum papae et regnum diaboli, simul et suum regnum suamque existimationem maxime comminuant aut debilitent. Psalmus 36. hoc ita futurum esse semper, graviter canit et concionatur. Gladius inquit strictus ab eis intrabit corda eorum. Et arcus eorum confringetur.[1] Sanctissimus est magnus dominus et Deus et sentit ibi de magno gladio et armis magnorum et potentissimorum in mundo. Pergamus nos orare et invocare ex corde Deum. Filius hominis servator noster dominus Ihesus Christus sedet ad dexteram in throno verae et immensae maiestatis, cui cura est de nobis. Haec scola et ecclesia per minas Caesaris crescit et quotidie hic fit maior frequentia. Deus forsan convertet adhuc cor Caesaris mirabiliter et *Lupisacculum* piranitam [so][2] repente conteret. Infinitos tyrannos prostravit Christus, ut testantur historiae et recens exemplum ducis *Georgii*.

Datae raptim *Vilebergae* dominica Epiphaniae anno 1541.

Cod. Guelph. Helmst. 184 fl. 40.

Nr. 540. I. 126 lies 1511 st. 1540.
Nr. 548. I, 431. Fundort: Archiv zu Zerbst.

---

[1] Ps. 37, 15,
[2] Jonas wollte offenbar Luthers „Heinz Mordbrenner" ausdrücken.

**570a. König Christian III.   Kopenhagen 1541. Mai 15.
an Jonas.**

<small>Bedauert, dass Bugenhagen nicht ein bischöfliches Amt in Dänemark übernehmen will; bittet ihn, mit Luther u. a. dafür zu sorgen, dass hiefür, sowie für eine Hofpredigerstelle geeignete Persönlichkeiten gewonnen werden. Dankt für Uebersendung von Novitäten, ladet ihn zu einem Besuche in den Fürstentümern ein.</small>

Christian etc. Unsern gunstigen grues und gnedigen willen zuuorn. Wirdiger und hochgelahrter besonder lieber. Ewer widerschreiben, des datum heldt *Wittembergk* 3. feria post Judica [5. Apr.] haben wir empfangen und desselben inhalt nach aller nottorfft woll vorstanden. Thun uns erstlichen doctoris *Martini* und ewers furgewandten vleysses halben mitt doctor *Pommerano* gantz gnediglichen bedancken, wollens auch in allen gnaden hienwidder erkenen und hetten warlichen gerne gesehen, das sich *Pommeranus* als deme wir ihe und allwegen mit gnaden gewogen, dem auch unser und dießer unser reiche und gelegenhait zum teill wissentlich, zu solichem bischöflichem ampte hetten gebrauchen lassen. Dieweyll es ihme aber seynes alters halben und sunsten beschwerlichen, lassen wir es auch also gescheen. Wollen uns auch vorsehen, ir werdet neben doctor *Martino* und *Pommerano*, (wie ir euch dann in ewerm schreyben erbotten, und wir auhe das keynen zweyuel ltragen) allen muglichen vleysz ankeren, damitt ir uns eynen anderen feynen gelertten und geschickten man, so wir hierzu gebrauchen muchten, desgleichen auch einen hoffprediger, der uff ausern eigen leyb warttet, bekommen mochten etc. Zum andern haben wir das vberschickte buch, so doctor *Martinus* wider herzog *Heintzen* zu *Braunschweigk* hatt ausgehen lassen,[1] empfangen und thun uns desselben sampt den angetzaigten zeittungen vom colloquio zu *Wormbs* (daruon wir dan zum teyll von *Hermano Schelenn*[2] auch bericht empfangen), desgleichen wes d. *Philippus Melanchton* aus *Regenspurg* vom reichstage an euch thutt schreyben, gnediklichen bedancken and vorsehen uns, wes ferner von solichem reichstage an euch gelangen wirtt, ir werdett uns dasselbe unvorhalten bleyben lassen. Erkennen wir wiederumb mit gnaden gerne etc.

Als ir uns auch ferner antzeygunge thutt, das ir des entlichen gemutts und meynunge weren, so ir erfaren mocht, wann wir in unsere furstenthumbe (das doch mit gottlicher vorleyhung kurzlichen geschehen soll) ankhommen, eigener person an uns vorfugen wollten, dasselbe wir dann mit gnedigem gemut angehortt. Wollen uns derhalben vorsehen,

---

[1] Vgl. I. 128.
[2] Hermann Skeel, königl. Secretär. Vgl. Aarsberetninger I. 220. 222. 224. 225.

so baldt wir alldar ankhommen und euch schreyben werden, das ir euch uſs förderlichst, auch ewere sachen dermassen darnach gericht, das ir eyne zeyt lang bey uns vorharren muget, der orthe an uns vorfugen werdett etc.

Ewern diener *Andream* sampt dem andern gesellen *Anthonien* haben wir in unsere cantzley annehmen lassen. Wollen auch, wo sie sich der gebur (als wir dann keynen zweyffel tragen) halten werden, derselben gnedigster konnigt und herr sein.

Das wir euch uff ewer schreyben in antwortt gnediger meynung nicht bergen wollen, dann euch und den ewern sindt wir mit gnaden gnaigt, und wollet den allmechtigen Gott vor unß, unsere landt und leuthe treulichen zu bitten euch lassen befohlen sein. Datum *Coppenhagen* sonntags Cantate anno etc. xli*ten*.

An doctor *Jonam* zu *Wittemberg*.

Aarsberetninger etc. I, 218. 219.

581a. Jonas an Fürst Otto v. Braunschweig. Halle 1511. Juni 15.

Widmung seiner Uebersetzung von Melanchthons Schrift von rechter Vergleichung; über die Voraussetzungen und Bedingungen für eine wirkliche Vereinbarung unter den streitenden Religionsparteien.

Gnade vnd friede Gottes in Christo. Durchleuchtiger hochgeborner fürst, gnediger herr. Nachdem die sachen der religion viel rede vnd disputirens in der welt machen, ist vieler potentaten, vieler löblicher[1] fürsten vnd herren wundsch, das in den aller groswichtigsten sachen ein concordia vnd gute christliche vergleichunge gemacht werden. Das begern auch von hertzen viel ehrlich hohe leute vom adel, viel gelerte, viel gottfürchtige in allen stenden, auff das doch ein mal die vielen reichstage mochten Gottes reichen segen haben vnd alle vnkost vnd arbeit mit einer gabe vom himel, guter christlicher vergleichung, möchte durch Gottes gnade erstatet werden. Wie d. *Philippus Melanchthon* vnd andere frome gottselige hertzen seufftzen, vnd was sie jn jrem gebet vnd jr supplication jn der hochsten himelischen cantzley suchen, hat er gennugsam zu verstehen geben jn dieser schneloration in dem das[2] er treulich anzeigt mit guten bestendigen gründen, das wo ein rechte vergleichung in der religion sachen sol gemacht werden, das die warheit ernstlich on alle vermentelung aus der heiligen bibel solle vnd müsse gesucht werden.

Weil nu aber in diesen letzten vnd fehrlichen zeiten der bapst mit seinem hauffen sich belleissiget, den auffgedeckten grewel, abgötterey vnd jrthum noch heutiges tages, ja auffs wenigst, ob er noch etwas

---
[1] loblichher. [2] bas.

gelten mochte, zu uerkenffen vnd die römische stinkende heiligkeit zu
pletzen, flicken vnd zu erhalten, spart er sampt seinen geistlichen kein
gelt noch vnkosten, welches gleichwol ein grosse wunderliche verenderung ist. Denn vor kurtzer zeit muste jnen alle welt geben, sie aber
niemand ein heller wundscheten. Es geschieht aber alles der meinung,
das der rattenkönig zu *Rom* mit seinen grossen vnd kleinen meusen,
schreyer vnd speyer, die jm seine gotteslesterliche grewel vnd schewel
helffen flicken vnd pletzen.[1] Solcher findet er auch gnug. Als d. *Eck*,
der ein man were, wenn er ernstlich gleubte, das nach diesem leben
ein anders vnd bessers were; *Cochleus*, das böse, gifftige würmlin vnd
bluthundlin, den die papisten selbst, da erbarkeit innen ist, fur ein
kochleffel vnd geuchlin halten; *Witzel*, welchem, ob er wol ein Germanus ist, der welsche babst sold gibet, vnd andere dergleichen, welche
alle dazu bestelt, das sie concordien, friede vnd fridshandlung vnd
vertrege in der religion sollen machen, das ist, den alten lausigen
betlersmantel flicken vnd pletzen.

Wider diese schedliche, gifftige würme redet in dieser schmel-
oration d. *Philippus Melanth.* vnd gibet ein trewen rat, wes man sich
hierin halten soll. Wir hoffen, Gott werde sein gnad vnd segen gnediglich geben, nicht auff jener, der synagogen malignantium seiten,
denn Christus vnd Belial stimmen nimmermehr vber ein, es wolte denn
Gott ein sonderlich wunderzeichen thun. Sondern weil der allerloblichst
keyser, vnser gnedigster herr, *Carolus V.* von vielen gelobt wird, das
sein key. Mai. die warheit in der religion sachen mit ernst suchen vnd
meinen, auch glaubwirdig gesagt wird von dem löblichen herrn domino
de Granuilla vnd andern mehr, das sie trewlich die ehre Christi zu
fördern vnd zu suchen gesinnet sind, wollen wir hoffen vnd des besten
gewarten, doch gleichwol gewis gleuben, was hierin gutes geschicht,
das vnser lieber herr Christus gethan, der der hohen potentaten vnd
herrn hertz in seiner hand hat vnd sie lencket vnd wendet, wie er
wil. Denn er allein wil vnd mus sein kirchen erhalten, thuts aber
gleichwol durch mittel.

Diese schrifft d. *Philippi* durch mich verdeudscht[2] hab ich vntertheniger meinung e. f. g. wollen zuschreiben, wil fleissig Gott bitten,
das mein gnediger herr, e. f. g. son, so bey vns zu *Wittemberg* studirt,
müge zu seinen studijs reichen Gottes segen haben vnd künfftigk auch,
wie itzt das gantz fürstlich hochlöblich haus zu *Lüneburg*, helffen das

---

[1] Dem Satze fehlt der Schluss.
[2] verdeuscht.

euangelium ausbreiten. Datum zu *Halle* in Sachsen, am 15. Junij. Anno 1541. E. f. g.
willinger diener
Justus Jonas.

Dem durchleuchtigen hochgebornen fürsten vnd herrn, herrn Otto hertzogen zu Braunschwigk vnd Lüneburgk etc.

In: „Ein kurtze Schrifft [1] | d. Philip. Melan. | Von rechter Vergleichung vnd | friedshandlung, in der Re- | ligion sachen, Aus dem Latin ver- | deudscht. Durch D | Justum Jonam || Wittemberg. || M. D. XLI." 4°. Bl. Aij-Aiij. Bl. D^b: Getruckt zu Wittenberg durch Joseph Klug. Wolfenb. 231, 54. Th.

Nr. 586. II, S. 33. Die Nummer 486 ist in 586 zu verbessern, desgl. die drei nachsten Briefnummern.
Nr. 592. II, S. 37 flg. S. 38 Z. 1 lies laboranti atque animam. Z. 20 Nimrodos. Z. 8 v. u. fehlt nach Φιλιππος ein: S. 40 Z. 10 Braunswitzensem. Z. 3 v. u. addictiss. I. יוֹנָה

Nr. 597. II, S. 44 Z. 10 v. u. impiis technis. Z. 1 v. u. decernatur.
Nr. 599. II, S. 45 Z. 10 fehlt quodam hinter repagulo. Z. 19 lies quomodocumque. Z. 10 v. u. schlag wider gesetzt. Z. 5 v. u. redolentem. Z. 2 v. u. obedientiam politicam. S. 46 Z. 15 p. W. eccl. Hallensis. (ebenso S. 56.)
Nr. 615. II, S. 55 fehlt Z. 2 hinter „die" das Wort Lunae. Z. 4 hinter enim: me.
Nr. 618. II, S. 56. Z. 10. Me his — Z. 14. fratribus.

623a. Jonas an Georg Forcheim. Halle 1541?

Kurzes Billet mit Vertröstung auf einen bald nachfolgenden Brief.

G. et p. De *Hallensi* ecclesia, mi m. *Forch.*, intelligetis ex literis ad illuss principem. Tabellario curabitis dari mercedem. Reliqua copiose ad te, mi chariss. m. *Forch.*, proximis literis. Pro Christo et pro me indigno hic praeconc eius ora quaeso. Vale, mi chariss. *Forch.*, iam concionandum fuit.

I. Ionas
tuus ex animo.

Dem hern mgro G. *Forcheym* zu eigen handen. *Dessau.*

Archiv zu Zerbst [2].

---

[1] Schrifft.
[2] Nach einer Mitteilung von Herrn Pf. D. Krafft befindet sich in Life of Erasmus, London M. D. CCLX. 1°. Bd II. p. 751 folgendes Facsimile: „Magnifico et praestantissimo viro D Thomae Cromwello Sereniss. et Potentiss. REGIS angliae Consiliario, amico et patrono venerando etc. M . D . XXXXI.
Justus Ionas Doctor
p. Vittenbergs."
Wahrscheinlich wird M. D. XXXVI zu lesen sein, und der Brief wird zugleich mit Luthers Schreiben an Cromwel (Kolde, Analecta p. 213) auf den 9. April 1536 anzusetzen sein.

623b. König Christian III. an Jonas.   Gottorp 1542. Jan. 6.

„1542. samme 6. Januar skrew Kongen ligeledes [von demselben Datum ein Brief des Königs an Bugenhagen Aarsber. I. pg. 221—224 [1]] til Dr. Justus Jonas, Provst i Wittemberg. Kongen. der er kommen til Fyrstendömmerne[2] og vil blive der en Tid, opfodrer ham paany til at komme til sig. hvis hans Forretninger tillade det. „denn wir wol mit euch relligion vnd kirchen sachen halben zu reden, daran vns nit wenig gelegen.""

Aarsberetninger I, pg. 224.

Nr 628. II, S. 64, Z. 12 steht im Orig. richtig xxiiij. Z. 13 v. u. geruoht.

Nr. 658. II. S. 82. Das Original in Wolfenbüttel Extrav. 226,1 bietet folgende Lesarten: — mendatium — territos. Id — actas & & — Nam revera sic glorificavit — Ihesus — et omnibus meis et omnibus nostris — Matthei 1542. — The. doctori.

Nr. 668—672. Ueber den Tod seiner Frau hat Jonas handschriftliche Aufzeichnungen in das jetzt dem Wittenb. Predigerseminar gehörige Exemplar der „Confessio fidei, Witebergae Georg Rhau 1531" gemacht. Darin heisst es u. A.: „Paulo ante 1543, 1542 6te post Thomae mortua charissima uxor mea Variae praedictiones: inter caetera, lochelchen: „Vater. ich will predigen, i. e. volo prophetare. Primum canamus: Nun bitten wir den heiligen geist vmb den rechten glauben aller meist (vor dissem newen jare) wen wir heim faren auß dissem elend, Kirioleis [sic]," et percussit animum meum haec vox pueri lochelchens — Interrogandae matronae, quod mea γυνή, έφα: „den hern Christum will ich bekennen vf mein letzten odem."

694a. Fürst Georg v. Anhalt an J. Jonas   Warmsdorf 1543. Oct.

Antwort auf Nr. 693. Geht mit freundlichem Scherz auf Jonas' Bitte um Entsendung eines Bernburger Predigers nach Halle ein. Ueber die Pest in Halle und in Dessau   Verschiedene Nachrichten.

.... 'Qua ratione, reverende domine doctor, a nobis poscitis quod a vobis potius petendum sit?' Denn wenn bisher den Unsern Diener der Kirche fehlten, haben wir sie doch von euch erbeten und erhalten. Wie, wenn wir Euch antworteten, wie Artaxerxes den Coern, die den Vater der Aerzte *Hippocrates* haben wollten: 'Non mittimus?' 'Ita *Ambrosium Bernburgensem* concionatorem[3] non dimittendum non dimittemus?' Denn er ist zur frommen Lehre geschickt und unsträflichen

---

[1] Darin heisst es u. A: „Damit ir auch desto eher abkhommen mocht, so haben wir hieneben an den hochgebornen fursten vnsern freuntlichen lieben oheimen, den churfursten zu Sachßen etc. geschrieben vnd gepeten, das S. L. vns zu freuntlichem gefallen euch ein zeit lang an vns zu kommen vorleuben wolle. Verhoffen vns. S. L. werden inselben vnbeschwert sein. Im fall aber, das ir jo nicht abkommen kondtet, so wollet von vnsernt wegen mit doctor *Martino Luther*, *Philippo Melanchtoni* vnd doctori *Iusto Ione* somell handeln, das wir der eynen an ewre stadt bekhommen mochten." pg. 223.

[2] S. oben S. 372.

[3] Vrgl. II, 110.

Wandels, dass wir, da er über einige Nachteile in *Bernburg* klagt, ihn auf eine bessere Stelle unseres Gebiets versetzen wollten. 'Ceterum pro nostra propensa in *Hallensem* ecclesiam voluntate ac maxime pro temporis et necessitatis ratione id minime vestris petitionibus denegandum duximus, quod alioqui quidem aegre facturi essemus. Quare charissimus patruelis noster princeps *Wolfgangus* et dilectissimi fratres et ego vestris precibus flexi promittimus, ut d. *Ambrosius* ad ministerium ecclesiae vestrae sese conferat. Precamur a principe pastorum d nostro Iesu Christo, ut non poenitendum verbi sui ministrum exhibeat. Maxime cupimus, ut in invisendis aegrotis diligentiam adhibeat. Eam enim ob causam potissimum permovemur, ut vestrae petitioni morem geramus ea tamen condicione, ut si res poposcerit, simili in re nobis vicissim non deesse velitis.

Quod autem ad alias afflictiones, quibus dominus ecclesiam *Hallensem* exercet, pestifera lues accesserit, iam ante aliquot hebdomadas non sine animi dolore, nec absque τῆς συμπαθείας compatiendique affectu intelleximus.' Auch in unsrem Lande hat sich die Seuche auf die Dörfer verbreitet von *Dessau* und *Rosslau* aus, wo sie Fürst *Joachims* jungen Kämmerer, den einzigen Sohn einer Witwe, dahinraffte, dessen Vater der Amtshauptmann *Wolfgang von Metzdorf* in *Dessau* wenige Monate vorher gestorben war; nach dem Sohn starb die Mutter mit ihrem Töchterchen und mit der Magd. Und der Jüngling erkrankte in Fürst *Joachims* Gemach, ohne dass man sogleich die böse Seuche erkannte, die man nur für Fieber hielt! Nachher starb auch unser trefflicher Koch und das Söhnchen des euch bekannten *Wendelin*, so dass der auf des ehrwürdigen Doctors *Martin* Rat eben jetzt als Pastor der Kirche zu *Dessau* angenommene Herr Magister *Aegidius Faber* einen recht traurigen Anfang seines Amtes hat. Gott der Herr erbarme sich unser! . . . . . 'Bene valete. Datum *Warmstorf.*' Fürst *Joachim* ist allein bei mir im *Warmsdorfer* Schlosse, Fürst *Johann* ist auf Schloss *Lindau*. Mein Magister *Georg Helt* von *Forcheim* geniesz in *Wittenberg* des angenehmsten Umgangs unsrer Lehrer[1]. Neuigkeiten giebts hier nicht. 'Restat ut Deum patrem precibus solicitemus assiduis pro Caesarea maiestate, qui ea ad gloriam nominis sui utatur. In ipsius enim manu est cor regis omnesque fines terrae. Man spüret je in der tat, das ehr ein gutig hertz hat Got geb im gnad, das gemeiner christenheit zum besten zu gebrauchen wider aller boser willen. Amen.'

Eigenhändiger Entwurf im Archiv zu Zerbst. Im Excerpt mitgeteilt von Hrn. Archivrat Kindscher.

---

[1] Derselbe schreibt aus Wittenberg 7. Sept. 1543 an Furst Georg: „D. Ionas heri huc ex Hallis venit." [Zerbster Archiv K 63 vol. V f. 260ᵇ.]

Nr. 749. II, S. 153 Z. 16 lies sedis.

Nr. 756. II, S. 158—160. Dieses Schreiben Melanchthons an den Rat zu Halle ist soeben auch in Bd. VII, Heft III der Zeitschrift für Kirchengeschichte (1885) S. 454— 456 von Hartfelder aus Cod. Monac. Germ. 980 publiciert worden. Dieser Druck bietet, abgesehen von zahlreichen orthographischen Verschiedenheiten, folgende bedeutendere Varianten: 158 — bitt ich *erstlich* ganz vleissig — bevolhen. *Darumb* bitth ich — bezalung *ungewiser* und geringer — 159 — dass *wir* alte alle — durch sein *wort* geoffenbart — jugend *genugsam* versorgen — wöllen *yzt* ganz teutsch nation - Schlesien, *Marck*, Beyrn — Gottes gnad *ewer* jugend schul — können *zu* hohen *facultaten* nicht furth khommen — 160 — mit *wolye(e)rthen*, verstendigen — zu *gottes* erkantnuß und zu tugend - in nächster Zeile fehlt: „die schulen" und „so", 3 Zeilen später „selb" — E. W. *wolten* die *dienste* des evangelij — Wittenberg 6. Maij *anno* 1545. — Melanthon.

792a. Melanchthon an Jonas[1]. Wittenberg 1546. März 17.[2]

Fragment. Sendet ihm seinen Sohn zu, klagt über seine anhaltende Kränklichkeit; arbeitet an einer Schrift gegen das Tridentinische Concil.

— — Filium igitur ad te properantem facile dimisi, quem propter ingenii praestantiam et eruditionem voluptati tibi esse et fore[3] spero. Et ut tibi placere studeat et suavis esse, hortator ei esse soleo. De mea vita prorsus actum esse video. Haeret enim morbus, quo primum, cum *Mansfeldiae* essemus[4], laborare coepi, quem Graeci vocant τηγεσμόν. Ac Dei beneficio non valde recuso ex his tantis laboribus et aerumnis aliquanto ante discedere, quam corpus aetate etiam fiat languidius. Utinam nostri labores aliquid ecclesiae Dei profuerint. Nunc scribo recusationem synodi *Tridentinae*, nec tam multa de synodo dico quam de causis, cur doctrinam veram necesse sit homines amplecti, quod ad hoc nati[5] et renati simus, ut de Deo testes simus, ut in hesterna concione etiam filius Dei nos admonuit, inquiens ex ore infantium et lac-

---

[1] Dass Jonas Adressat ist, ergiebt sich mit hoher Wahrscheinlichkeit aus der Art, wie seines Sohnes gedacht wird; die Schrift, von deren Ausarbeitung Mel hier berichtet, ist die von Jonas ins Deutsche übertragene „Causae quare etc.", siehe oben S. 204.

[2] Das Jahr ergiebt sich aus Erwähnung der in Anm. 1 genannten Schrift, mit deren Abfassung Mel. seit dem 23. Jan. 1546 beschäftigt war Corp. Ref. VI, 20. Das Datum lässt sich feststellen aus der Erwähnung der „hesterna concio" über Matth. 21, 16. Dieser Text war laut den den Vulgata-Drucken beigefügten Perikopenverzeichnissen sowie nach dem Nürnberger Register von 1521 (Erl. Ausg. 63, 181) die Perikope des Dienstags nach Invocavit; der Brief ist also auf Mittwoch nach Invoc. zu setzen.

[3] Cod. et fore et spero.

[4] l. Oct. 1545. Seit diesem Aufenthalt in Mansfeld klagte Mel. über Steinbeschwerden. Corp. Ref. V, 868. de Wette V, 759.

[5] In der Handschrift durch einen Dintenfleck unleserlich gemacht.

tentium proficisci laudem. Quo in numero nos quoque et esse et semper fore speremus. Bene vale.

Φ. *Melanthon*.

Cod. Servest. 26 fol. 172ᵇ. Ohne Adresse. [Mitteilung von Herrn Prof Dr. Krause.]

814a. Leonhard Jacobi an Jonas und Spangenberg. Magdeburg 1546. August 19.

In der auf S. 152 aufgeführten Schrift „Von vneinig- | keit der Concilien, der Priester Ehe, vnd das hoch- | wirdige Sacrament des Leibs vnd | bluts Christi belangende...." Leipzig. Nic. Wolrabe 1546 (72. Bl. 8".) befindet sich zu Anfang ein Widmungsbrief an den Fürsten Georg v. Anhalt. sodann eine Vorrede an Ant. Musa und die andern Herren des Consistorii zu Merseburg; dann zum Schluss auf Bl. Gvᵇ.—17ᵇ „Beschlus rede" an „Ern Justus Jonas, der heiligen Schrifft doctor, Brobst zu Wittenberg, vnd Superintendens der Kirchen zu Halle. Vnd ern Johannes Spangenberg, Superintendens vber die gantze herrschafft Mansfeld, vnd Prediger zu Eisleben." Sie enthält zuerst eine Recapitulation und handelt dann „Vom Wort Gottes" und „Von Menschen Satzungen." Der Verf. nennt sich „Northusanum, Diener der Kirchen im Wort Gottes, zu S. Ulrich, in der Alten Stadt Magdeburg." Das angegebene Datum ist dem Widmungsbriefe beigeschrieben.[1]

825a. Justus Jonas an Fürst Georg von Anhalt. (Mansfeld?) 1546. December 2.

Er will über das Elend, von welchem Halle betroffen ist, nicht weiter reden, erinnert aber an seine Verdienste und das Reformationswerk wie früher in Wittenberg, so speciell in Halle. Er gedenkt der Aufmerksamkeit, die er dem Herzog Moritz in wiederholten Bücherdedicationen bewiesen. Bittet den Fürsten bei Gelegenheit des Convents der Stände in Halle sich der Nöte der Evangelischen daselbst anzunehmen.

Gratiam et pacem Dei per Christum Θεὸν τῆς ἀληθείας καὶ σωτηρίας.

Reverendissime in Christo pater, illustrissime princeps ac domine clementissime. Non ingeram iam illa παθητικά, lachrimas piorum, singultus et gemitus τῶν γυναικῶν καὶ τέκνων[2], sed de statu urbis et ecclesiae *Hallensis* audivit et cognovit reverendissima dominatio et illustrissima celsitudo.

Res non indiget oratione longa aut verbis, et quaedam sunt eiusmodi, ut commode epistolae committi non possint. Cum dominus per me indignum organum restaurasset puram doctrinam in urbe et ecclesia *Hallensi* per hos sex annos diligentissime et magna assiduitate, tradita est doctrina syncera ex propheticis et apostolicis fontibus et nihil in obiurgationibus ἀκαιρῶς εὐκαίρως factis, nihil in admonitionibus a me ipso aut aliis dictum est asperius contra papam, contra τὴν εἰδωλομανίαν episcoporum aut canonicorum et similium, contra μοναχῶν hypocrisin,

---

[1] Mitteilung von Herrn Pf. D. Knaake.
[2] Diese 4 griechischen Worte hat J. J. eigenhändig am Rande hinzugefügt.

quod non longe durius et asperius inveniatur in sanctissimis scriptis zelo gloriae Dei ardentium virorum reverendiss. d. *Lutheri* et d. *Philippi*.

Ab anno Christi 20 et XXI inde a *Friderico* fundatore scholae *Vittenbergensis* tribus electoribus inservivi per annos XXVI (una computato sexennio dierum *Hallensium*). *Erphordiae* (ubi coepi concionari anno XVI) et *Vittenbergae* per annos XXX[1] relicta professione iurisprudentiae (nam *Erphordiae* promotus sum in IV[2] vocant candidatum) docendo et concionando tradidi puram doctrinam contra εἰδωλομανίαν papisticam.

In clarissimo *Vittenbergensi* gymnasio praelegi publice per annos XX atque ibi summis et maximis viris, reverendo d. *Luthero* et *Philippo* conversatus sum plus quam domestice et quasi familiaritate interiori. Multas doctissimas et sanctissimas lucubrationes summorum virorum reverendi patris *Lutheri* et d. *Philippi* ad utilitatem ecclesiarum transtuli Germanice et Latine, Germanice apologiam et confessionem Augustanam principum, cui et in hunc diem adhaerere se profitetur illustrissimus dux *Mauritius*.

Nominatim eius Celsitudini dedicavi librum de scriptoribus ecclesiasticis et comitiis.[3] Deinde librum d. Lutheri contra Iudaeos nominatim etiam duci *Mauritio* dedicavimus[4], quo libro in mille annis de promisso Messia nihil editum eruditius. Sed non texam hic catalogum laborum nostrorum ac operarum. Deinde in ecclesia *Hallensi* (superstite tunc cardinale) non sine ingentibus et quotidianis periculis restauravi *Halae* puram doctrinam et veros cultus. Tempore pestis inter media quotidiana funera perduravimus concionando, docendo et consolando. In omnibus templis accurate et diligentissime docuimus catechismum et in domibus paedagogiam christianam hic restituimus, ut parentes et sibi gratulentur et liberis tantam lucem verae cognitionis Dei.[5] In adiuvanda et ornanda rep. et ecclesia *Hall.*[6] d. doctor *Chilianus* syndicus et ego impendimus omnem diligentiam fidelem et quasi paternam operam. Si propter ista facta plectimur, relegemur sane ad Garamantas aut ultimam Thylen. In conventu *Hallensi* proximo die Lunae statuum archiepiscopatus Magd

---

[1] Er rechnet also von 1516—1546.
[2] Iuris utriusque? dann fehlt aber noch ein quem.
[3] 1. März 1540, siehe oben Nr. 486.
[4] Siehe oben II. 97. 98. 116—118. Ein Exemplar dieser Schrift stand dem Herausgeber nicht zur Verfügung.
[5] Von tantam bis dei eigenhändig zugeschrieben von J. J.
[6] Hall. zugesetzt von J. J.

vestra Celsitudo potest patrocinari causae publicae ecclesiae *Hallensis*, quae nunc est varie contristata propter subitam abitionem nostram et mutationem concionum.

De re tanta iam non scribam plura, cetera quae sequi possunt (nisi det Deus mitigationem rerum harum subitarum), V. Celsitudo pro suo acumine et prudentia videt et pro sua synceerissima christiana ἀγάπῃ καὶ συμπαθείᾳ expendit. Vestrae Reverendiss. D. et Celsitudini et aliorum piorum christianae conscientiae res hae tantae sunt commissae. V. Reverendis. D. et Cels. Christus filius Dei reip. et ecclesiae diutissime conservet incolumem. Datum quinta post Andreae anno[1] domini MDXLVI[2].

V. Reverendiss. D. et Cels. addictissimus *I. Ionas* d.
superatt. *Hall.* eccl.

Reverendissimo in Christo patri ac d. d. *Georgio* principi Anhalt, comiti Ascaniae domino Bernb. etc. praeposito Achiepiscopalis ecclesiae Magd Coadiutori in spiritualibus Merseborgens. eccl. domino clementissimo salutem. Fursten *Georgen* zu eigen handen.

Herzogliches Haus- und Staatsarchiv in Zerbst GAR V. 212, 18.

904a. Justus Jonas an Magister Wolfgang Furman.   Halle 1549. Juli 20.

Bittet um seine Beihilfe, um schnell vom Fürsten Georg Antwort zu erhalten.
Ueber den Tod seiner (zweiten) Frau.

G. et p. Dei per Christum. Doctiss. vir et amicorum chariss., rogo, hunc meum ministrum *Ionam* iuves, ut ab illuss. principe eo facilius et celerius accipiat responsum. Reliqua (spero) coram tecum agam. Animus iam meus exercetur ingenti dolore et moesticia gravi ob mortem fidissimae et charissimae uxoris[3]. Det misericorditer dominus, ut ubi abundant τὰ παθήματα τοῦ Χριστοῦ, ibi abundent et consolationes. T. H. interim me commendo, quem κύριος ἡμῶν Χριστὸς reipublicae et ecclesiae conservet diutissime salvum et incolumem. Dat. sabb. post divisionis apostolorum anno domini M.D.XLIX. *I. Ionas* d.
Superatt. *Hall.* eccl.

Doctissimo viro eruditione et virtute praestanti d. magistro *Wolfgango Furman* apud illuss. principem d. d. *Georgium* etc. ἀρχιατρῷ, domino et amico charissimo salutem.

Eigenhändig mit Siegel im Hrzgl. Haus- und Staatsarchiv zu Zerbst GAR V, 212, 18.

---

[1] Von anno ab die Unterschrift eigenhändig wie die Aufschrift.
[2] Die I neben der V ist so klein, dass man geneigt sein könnte, sie nur für einen etwas gross geratenen Punkt zu halten. Aber der Inhalt beweist, dass nur 1546 gemeint sein kann.
[3] Dieselbe war am 8. Juli 1549 gestorben. Vrgl. S 289. 293.

**904 b. Justus Jonas an Mag. Wolf-   Halle 1549. August 5¹.
gang Furman.**

<small>Meldet die Heimkehr Melchior Klings, der über den Erfolg der von ihm in Gattersleben geführten Verhandlungen mit Abgesandten des Magdeburger Magistrats Günstiges meldet.</small>

G. et p. Dei per Christum. Mi domine magister, frater et amice in domino charissime. Illuss°. principi et d. d. *Georgio*, domino clementissimo, velitis ex his meis literis subitario scriptis indicare: D. doctor *Melchior* ² rediit. Colloquium ut audio fuit in *Gattersleben*. Ex urbe *Magd.* missi sunt secretarius intimus et quidam senator. Cum haec scriberem, d. *Melchior* fuit in arce apud archiepiscopum; non dabatur ipsi iam colloqui. Quidam fide dignus, qui audivit ipsum dominum doctorem *Melchiorem*, dixit mihi bonam spem ostendi compositionis negotiorum; congressum fuisse hilarem minime torvis vultibus. Dicam cras ipsi d. doctori *Melchiori*, ut capita et summam actionum ipse ³ perscribat ad illuss. principem. Saluta amanter d. *Iacobum* ministrum Christi ..... ⁴ cum redierit, d. capitaneum *Roeder*, m. *Iohannem* consistorialem ⁵ dominos et amicos. Dat. 2a feria eo die quo in *Salinas* redii, anno domini M. D. XLIX.

                                        I. Ionas doct.
                                        Superatt. *Hall.* eccles.

<small>Doctissimo viro domino magistro *Wolfgango Furman* apud illuss. principem d. d. *Georgium* etc. ἀρχιατρῷ fratri et amico charissimo salutem.</small>

<small>Eigenhändig mit Siegel im Herzogl. Haus- und Staatsarchiv zu Zerbst GAR V, 212, 18.</small>

**911a. Matthias Wanckel an Flacius   Halle 1550. Febr. 8.
Illyricus.**

<small>Berichtet aus einem Briefe, den Jonas von Weller empfangen hat.</small>

— Hodie legi epistolam clariss. viri d. doctoris *Welleri* ad d. *Iustum Ionam*, in qua dicit utrinque de adiaphoris fortia argumenta a partibus afferri, illorum tamen argumenta, qui nihil hoc tempore cedendum dicant, esse fortiora. Sic paulatim multorum oculi aperiuntur, qui hac-

---

<small>¹ Das Datum ergiebt sich aus dem „D. doctor Melchior heri fuit in meis aedibus etc." im Briefe vom 6. Aug. 1549, oben S. 290.
² Kling.
³ ipse ipse.
⁴ Ein unleserliches griechisches Wort.
⁵ Gegrüsst werden Fürst Georgs Hofprediger Jacob Steyrer, sein Hauptmann Oswalt Roder oder Röder aus dem Vogtlande, sein Kanzler Magister Johann von Berge.</small>

tenus ac si vere pie ac recte sentiant dubitarunt. Ergo tuus et aliorum labor in his disputationibus non fuit irritus. Perge ac robustus per Spiritum Sanctum confortatus esto. — E *Salinis* 6. Idus Febr. 1550.

Matthias Wanckell.

Wolfenbüttel, Helmst. 64. 1.

919a. Matthias Wanckel an Flacius Illyricus. Halle 1550. Sept. 5 1.

Macht Mitteilungen aus einem Briefe, den ihm Jonas von Koburg aus geschrieben hat

— Nova ex Comitiis *Augustanis* haec habeo. Reverendus d. doctor *Jonas* ex *Koburga* ad me scripsit se ex viro fide digno, qui *Augustae* ante quinque dies fuerat, audivisse dom. *Granvellam* feria quarta post Bartholomaei nescio quo morbo correptum extinctum esse[2]. Caesar dicitur mingere vel pro urina emittere sanguinem et laborare ficu, feigplatter. Caesar vult episcopum *Magdeburgensem* esse filium[3] electoris Brandenburgensis, sed ipsum ante Pascha futurum non venturum ad nos. Dux Brunsvicensis et senatus urbis *Brunsv.* citati sunt, ut compareant 1. Octobris coram Caesare et reliquis imperii ordinibus.[4] Spem esse idem dixerat, ordines imperii non gravari amplius interimistico libro. Tu forte haec melius me nosti etc. —

E *Salinis Saxon.* 5. Sept. 1550.

Matthias Wanckell.

Wolfenbüttel. Helmst. 64. 1.

---

[1] Dieser Brief ist wertvoll, weil er die oben S. 307 Anm. 1. beklagte Lücke einigermassen füllt, namentlich sicheren Nachweis liefert, dass Jonas bald nach dem Briefe vom 27. Juli Nr 919 Halle verlassen hat und nach Koburg übergesiedelt ist.

[2] Vrgl. Sleidan III, 211.

[3] Markgraf Friedrich, seit 1547 postulierter Coadjutor von Magdeburg. Erst am 3. Oct. 1552 wurde er Erzbischof.

[4] Vrgl Sleidan III, 211.

REGISTER.

1. Chronologisch geordnetes Verzeichnis der hier gedruckten Stücke, mit Ausschluss der nur in Regestenform mitgeteilten.

1509.
s. d. Jonas: Gedicht auf Eoban Hess. I 1.

1510.
s. d. Jonas: locus tumultuarius adversus Mistotheum I 2.

1514.
Aug. 17. Spalatin an Jonas. I 3.

1515.
s. d. Mutian an Jonas. I 4.
März 21. Jonas an Melch. v. Aachen I 4. 5.
Juli 22. Mutian an Jonas I 5. 6.
Nach Juli (?). Mutian an Jonas I 11. 12.
Nov. (?). Mutian an Jonas I 6. 7.

1516.
Juni 23. Jonas an Melch. v. Aachen I 8.

1517.
Febr. 13. Jonas an Melch. v. Aachen I 8.
Febr. 27. Jonas an Melch v. Aachen I 9.
April 4. Jonas an Melch. v. Aachen I 9. 10.
Juli 15. Mutian an Jonas. I 10. 11.
Oct. 9. Eob Hess an Jonas I 12. 13.

1518.
Juni 18. Jonas an Melch. v. Aachen I 13. 14.
Aug. 12. Jonas an Melch. v. Aachen I 14. 15.
Oct 5. Jonas an Melch. v Aachen I 15.
Oct. 17. Erasmus an Jonas I 16.
Nov. 9. Jonas an Melch. v. Aachen I 16. 17.
Nov. 18. Eob. Hess an Jonas I 17. 18. (II 345.)

1519.
Jan. 9. Eob. Hess an Jonas I 18. 19. (II 345.)
Febr. 4. Jonas an Melch. v. Aachen I 19. 20.
Juni 1. Erasmus an Jonas I 21 – 24.
Juli 24. Jonas an Melch v. Aachen I 24 25.
Juli 19 Jonas an Melch. v. Aachen I 26. 27.
Juli 19. Jonas an Joh. Lang I 27. 28.
c. Aug. 1. Jonas an Mosellan und Lang I 28. 29.
s. d. Jonas an Joh. Lang I 29. 30.
s. d Jonas an Joh. Lang I 30. 31.
s. d. Jonas an Draco I 31. 32.
1 cc 2. Jonas an Melch. v. Aachen I 33.

s. d. Eob. Hess Rede I 35 – 40.
s. d. Ionae praefatio in epist. ad Corinth. I 40 – 42.

1520.
Jan. 25? Jonas an Melchior v. Aachen I 33 – 35.
März 29. Jonas an Melchior v. Aachen I 42. 43.
Apr. 9. Erasmus an Jonas I 43. 44.
Juni 29. Mutian an Jonas I 20. 21.
Aug. 5. Mosellan an Jonas I 44 45.
s. d. Cordus de Iona ad lectorem I 45.
Nov. 11 Erasmus an Jonas I 45. 46.
s. d. Jonas an Draco I 46.
s. d. Jonas an Draco I 47.
? Spalatin an Jonas I 47. 48.

1521.
n. Jan. 21. Spalatin an Friedr. den Weisen I 48. 49.
? Eoban Hess an Jonas I 50.
Apr 17. Hutten an Jonas I 50. 51.
s. d. Eob Hessi ad Ionam Elegia I 51 – 53.
Mai 1. Jonas an Melch. v. Aachen I 53. 54.
Mai 10 Erasmus an Jonas I 54 – 61.
Juni 19. Jonas an Friedr. d. Weisen I 62. 63.
n. Juni 19. Was man der Univers. soll fürbaren I 63 – 65.
Juni 26. Friedr. d. Weise an Jonas I 65. 66.
c. Juli. Jonas an Friedr. d. Weisen I 66.
Juli 26. Jonas an Eoban Hess I 67.
Juli 31. Friedr. d. Weise an die Universität I 68.
c. Juli 31. Spalatin an Hans v. Dolzigk I 68. 69.
Juli 31. Spalatin an Jonas I 69.
s. d. Spalatin an Hans v. Dolzigk I 69. 70.
s. d. Handlung mit der Univers. I 70 – 72.
s. d. Jonas an die kurf. Räte I 72 – 74.
Oct. 2. Pletener u. Jonas an Friedr. d. Weisen I 74 75.
Nov. 8. Jonas an Joh. Lang I 75 – 77.
? Jonas an Joh. Lang I 77 – 79.

1522.
Jan. 1. Jonas an Capito I 79 – 82.

Jan. 8. Jonas an Joh. Lang   I 82—84.
s. d. Jonae disputatio   I 84. 85.
s. d. Thesen des Jonas über Röm. I 85. 86.
Dec. 25. Jonas an Spalatin   I 86. 87.
s. d. Cochleus an Jonas   II 346. 347.

1523.
Aug. 10. Jonas an Wilh. Reifen-
    stein   I 87. 88.
s. d. Iudicium Ionae de corrig. ceri-
    moniis   I 88. 89.
s. d. Thesen über d. Sacramente II 347. 348.
Nov. 3. Joh. Apel an Hieron. Baum-
    gärtner   I 89.

1524.
März 7. Nic. Gerbel an Jonas   I. 89. 90.
Aug. 18. Jonas an Melch. v. Aachen I 90. 91.
s. d. Jonas an Herz. Joh. Friedrich I 91. 92.
s. d. Jonas an Andreas Rem   I 92. 93.

1525.
s. d. Jonas an Hieron. Baumgärtner I 93.
Juni 14 Jonas an Spalatin   I 94.
c Sept. 23. Jonas an Spalatin   I 94. 95.
Nov. 11 (18?) Jonas an Albrecht
    v. Mansfeld   I 95.
Nov.? Jonas an Capito   I 95.
Dec 10 Jonas an Hans v. Dolzigk
    u. Hans v. Gräfendorf   I 96. 97.

1526.
Jan. 4. Jonas an Hans v. Dolzigk   I 97. 98.
Juni 5. Nic. Gerbel an Jonas   I 98. 99.
Juni 24. Jonas an M. Bucer   I 99 – 101.
Oct. 6 Jonas an Melch. v. Aachen I 101. 102.
Oct. 28. Jonas an Joh. Rüel   I 102. 103.

1527.
Mai 9. Spalatin an Jonas   I 104.
Mai. Jonas an NX.   II 348.
Juli 7. Aufzeichnung des Jonas über
    Luthers Erkrankung   I 104 - 107.
Juli 7. Jonas an Bugenhagen   I 107.
Sept. 16. Jonas an Agricola   I 108. 109.
Oct. 17. Jonas an Joh. Lang   I 109. 110.
Nov. 10 G. Rörer an Myconius   I 110. 111.
Nov. 25. Spalatin an Jonas   I 111.

1528.
Jan. 3. Jonas an Luther   I 112- 116.
Jan. 29 Jonas an Lang   I 116. 117.
? Jonas an Eob. Hess   I 117. 118.
Febr. 3 Jonas an Mich Meienburg   I 118.
Marz 20. Jonas an Fr. Myconius I 118. 119.
Nov. 18. Joh. Reinfelt an Fürstin
    Margarethe von Anhalt   I 119 -121.

1529.
Febr. 8. Hans v. Metzsch an Kurf.
    Johann   I 121. 122.

Febr. 15. Jonas an Joh Lang   I 122.
März 8 Bugenhagen an Luther,
    Jonas u. Mel.   I 122. 123.
März 13. Herzog Joh. Friedrich
    an Bastian v. Kötteritzsch   I 124.
April 7. Visitatoren an den Rat
    zu Leisnig   I 125.
Mai 17. Anordnung der Visitatoren
    betr. Leisnig   I 126.
Juli 16 Jonas u. Gen. an W. Fues I 127. 128.
Sept. 14. Jonas an W. Fues   I 128. 129.
Oct. 12. Jonas an Agricola   I 129. 130.
Oct. 25. Die Visitatoren an Kurf.
    Johann   I 130. 131.
Oct. 26. Jonas an Christ. Baier   I 131. 132.
Oct. 28 Jonas an Spalatin   I 132. 133.
Nov. 19. Die Visitatoren an W. Fues
    u. Aug. Himmel   I 133. 134.
Dec. 10(?) Mel. u. Jonas an Spalatin
                                   I 134 135.
Dec. 21. Jonas an W. Fues   I 136—138.
Dec. 28 Jonas an W. Fues   I 138. 139.
s. d. Jonas dem Leser   I 139. 140.
s. d. Jonas an Landgr. Philipp   I 140. 141.

1530.
Jan. Jonas an W. Fues   I 141. 142.
Febr. 21. Jonas an den Rat zu Colditz
                                   I 143.
März 17. Jonas u. Gen. an d. Rat zu Leisnig
                                   I 144.
Apr. 9. Jonas an Joh. Lang   I 145. 146.
Mai 4. Jonas an Luther   I 146 – 149.
Juni. Luther an Jonas   I 434—437.
Juni 12. Jonas an Luther   I 149—153.
Juni 13. Jonas an Luther   I 154—156.
Juni 14. Jonas an Fr. Myconius I 156 157.
Juni 18. Jonas an Luther   I 157—160.
Juni 25. Jonas an Luther (2 Briefe)
                                   I 160 --165.
Juni 28. Jonas, Rurer, Schnepf u. Bock an
    die evangel. Fürsten   I 165 - 167.
Juli 6. Jonas an den Bischof v. Strassburg
                                   I 437—443.
Juli 22 Jonas an Veit Dietrich I 169. 170.
Juli 22. Jonas an Friedr. Pistorius
                                   I 170. 171.
Juli 29. Jonas an Günther v. Bünau
                                   I 171—173.
Aug. 6. Jonas an Luther   I 173. 174.
Sept. 6. Jonas an Luther   I 175—177.
Sept.30. Jonas an Friedrich Pistorius I 178.

1531.
Febr. 1. Jonas u. Pauli an d. Rat z. Leisnig
                                   I 179. 180.
Febr. 5. Jonas an Joh. Lang   I 180. 181.
März 29. Jonas an Frosch u.Steph.Agricola
                                   I 181—183.
s. d. Jonas an Kaugsdorf   I 184.

1532.
Oct. 17. Die Visitatoren an Pfarrer u. Rat
  zu Leisnig   I 185. 186.
Nov. 29. Jonas an Fürst Georg   I 186. 187.
s. d. Luther an Jonas   I 187.

1533.
Anfang. Jonas dem Leser   I 188. 189.
Jan. 17. Jonas an Friedr. Pistorius
      I 189. 190.
Jan. 21. Jonas an Joh. Lang   I 190. 191
Febr. 27. Luther, Bug., Jonas u Mel. an den
  Rat zu Bremen   II 349. 350.
März. Eoban Hess an Jonas   I 191. 192.
März 10. Bugenhagen an Spalat. I 192. 193.
April. Eoban Hess an Jonas   I 193.
Mai 1. Jonas an Landgr. Philipp I 194—196.
Sept 27. Christian Baier an Jonas   I 197.
Oct. 5. Jonas an Graf Ludwig zu Öttingen
      I 198. 199.
Oct. 26. Jonas an Spalatin   I 199—201.
Dec. 1. Jonas an Herzog Johann Ernst
  I 201. 202 u. II 350—353.

1534.
Anfang. Fürst Wolfgang an die Fürsten Johann. Georg u. Joachim v. Anh. I 354. 355
März 19. Jonas an Heinr. v. Einsiedel
      I 203. 204.
April 9. Jonas an Fürst Georg I 204. 205.
Frühjahr. Cochleus an Jonas I 443—445.
Juni 6. Jonas an Wolfg. Fues   I 205—207.
Juli 27. Jonas an Fürst Joachim v. Anhalt
      I 207. 208.
Ende Juli. Fr. Burkhard a. Jonas I 445.446.
Juli 29. Franz Burkhard an Fürst Joachim
      I 446.
Aug. 1. Jonas an Melanchthon I 208 - 210.
Aug. 2. Franz Burkhard an Jonas
      I 210. 211.
u. Aug. 2. Fürst Georg an Melanchthon
      II 355.
vor Aug. 7. Spalatin an Jonas
    II 59. 60. (355. 356.)
Aug. 7. Jonas an Fürst Georg   I 212.
Aug. 13. Jonas an Fürst Georg I 213. 214.
Sept. 9. Fürst Georg an Georg Forchheim
      II 356—358.
u. Sept. 9. Fürst Georg an Georg Forchheim
      II 358.
Oct.? Jonas an den Leser   I 214—218.
Dec. 20. Jonas an Fürst Georg I 218—220.

1535.
Jan. 20. Jonas an Baumgärtner   I 221.
Febr. 19 Jonas an Fürst Georg I 221. 222.
Apr. 3. Jonas an Fürst Joachim v. Anhalt
      I 222.
Apr. 8. Jonas an Georg Forchheim
      I 222. 223.

Apr. 12. Jonas an Fürst Joachim
      I 223. 224.
Apr. 25. Jonas an Fürst Joachim   I 225.
Mai 6. Jonas an Fürst Georg I 225 226.
Mai 10. Jonas an Fürst Georg   I 226.
Juli 19. Jonas an die Augsb. Prediger
      I 227. 228.
Juli 28. Franz Burkhard an Jonas I 228.
Sept. 9. Jonas an Fürst Georg I 230. 231.
Sept. 14. Jonas an Georg Forchheim I 231.
Sept. 17. Jonas an Fürst Georg I 231—233.

1536.
Jan. 15. Jonas an Spalatin   I 234 - 236.
Febr. 2. Moritz Goltz an Georg Forchheim
      II 359
Juni 17. Jonas an Joh. Lang u. Gen.
      I 237. 238.
Juni 21. Hier. Weller an Jonas I 239. 240.
Juli 24. Corvinus an Jonas   I 240. 241.
s. d. Jonas an Kymeus   I 241. 242.
Aug. 13. Camerarius an Jonas I 242. 243.
n. Aug. 15.? Spalatin an Jonas   I 244.
Sept. 4. Jonas an Camerarius   I 245.
Oct. 19. Jonas an Fürst Georg I 24 6. 247.
Nov. 4. Jonas an Fürst Georg I 247. 248.
Nov. 16. Jonas an Fürst Georg   I 248.
Nov. 25. Jonas an Fürst Georg   I 249.
Dec. 16. Jonas an Fürst Georg   I 250.

1537.
März 20. Jonas u. Mel. an den Rat zu
  Zwickau   II 360. 361.
[Beilage: Zwickaner Schulordnung
      II 361—364.]
Apr. 4. Joachim Greff an Jonas I 251. 252.
Apr. 23. Jonas an Wolfg. Musculus   I 253.
Mai 8. Jonas an Fürst Joachim   I 254.
Mai 20. Medler an Jonas   I 254. 255.
Mai 30. Jonas an Fürst Georg I 255. 256.
Juni 2. Jonas an Fürst Georg I 256. 257.
Juli 27. Jonas an Fr. Myconius I 257. 258.
Aug. 1. Jonas dem Leser   I 258. 259.
Oct. 29. Jonas an Fürst Georg   I 260.
Oct. 29. Jonas an Fürst Georg I 261. 262.
Oct 29 Jonas an Paul v. Berge   I 262.
Nov 1. Jonas an Fürst Joachim I 262. 263.
Nov. 12. Jonas an Joh. Frederus I 263. 264.
Nov. 28. Jonas an Fürst Georg I 264. 265.
Dec. 9. Jonas an Fürst Georg I 266—268.

1538.
Jan. 1. Jonas an Hans Honold I 269 272.
Febr. 4. Jonas an Fürst Georg I 273. 274.
Febr. 8 (?). Jonas a. Fürst Georg
      I 274—276.
n. Febr. 12. Jonas an Fürst Georg
      I 276.—278.
März 11. Jonas an Kurf. Joh Friedrich
      I 278.

März 19. Jonas an Georg Forchheim
   I 279. 280.
April 23. Jonas an Bucer u. Capito
   I 280. 281.
April 29. Jonas an Fürst Georg I 281. 282.
Mai 3. Jonas an Fürst Georg I 282. 283.
Mai 10. Jonas an die Fürsten v. Anhalt
   I 283—288.
Mai 28. Jonas an die Fürsten Georg und Joachim I 289. 290.
Mai 28. Jonas an Georg Forchheim
   I 290. 291.
Juni 1. Jonas an Fürst Georg I 291. 292.
Juni 1. Jonas an Georg Forchheim
   I 292. 293.
Juni 1. Jonas an Georg Forchheim II 365.
Juni 5. Jonas an die Fürsten v. Anhalt
   I 293.
Juni 16. Jonas an Fürst Georg I 293. 294.
Juni 17. Jonas an Fürst Georg I 294. 295.
Sept. 2. Joh. Forster an Jonas I 295. 296.
Sept. 4. Jonas an die Fürsten v. Anhalt
   I 296. 297.
Sept. 13. Osiander an Jonas I 297. 298.
Sept. 25. Jonas an Fürst Georg I 298—300.
Nov. 4. Bernh. v. Dölen a Jonas I 300. 301.
Nov. 9. Jonas an die Fürsten v. Anhalt
   I 301. 302.
Nov. 13. Jonas an die Fürsten v. Anhalt
   I 302—304.
Nov. 19. Jonas an Fürst Johann I 304.
Nov. 20(?). Jonas an Capito I 305.
Dec. 17. Jonas an Fürst Georg I 306. 307.
Dec. 25. Jonas an Fürst Georg I 307. 308.

1539.

Jan. 5. Jonas an Fürst Georg I 308. 309.
März 18. Jonas an Fürst Georg I 309. 310.
März 18. Jonas an Georg Forchheim I 310.
März 19. Jonas an Georg Forchheim I 311.
März 20. Jonas an Georg Forchheim
   II 311—313.
März 20. Jonas an Fürst Georg I 313. 314.
März 29. Jonas an die Fürsten I 314. 315.
April 1. Jonas an Fürst Joachim I 315.
April 1. Jonas an Georg Forchheim
   I 315. 316.
April 3. Fürst Joachim an Jonas I 316. 317.
April 4. Jonas an Fürst Joachim I 317. 318.
Mai 7. Jonas an Wenz. Link I 318. 319.
Mai 9. Jonas an Wenz. Link I 319.
Mai 20. Jonas an Fürst Georg I 319. 320.
Mai 25. Georg Forchheim an Fürst Georg
   II 366. 367.
Mai. Luther u. Gen. Leipz. Reformation
   I 320. 321.

spät. Juni. Jonas an Fürst Wolfgang
   I 322—325. [vgl. II 365.][1]
Juni 3. Jonas an Fürst Georg I 325—327.
Juni 20. Kurf. Joh. Friedrich an Spalatin
   I 327. 328.
Juni 26. Jonas an Kurf. Joh. Friedrich
   I 328. 329.
Juli 17. Jonas an Fürst Joachim I 330. 331.
Juli 21. Die Visitatoren an Herz Heinrich
   I 332. 333.
Aug. 6. Jonas u. Gen. an Joh. Friedrich u. Johann Ernst I 334—339.
Aug. 7. Jonas an Kurf. Joh. Friedrich
   I 339—342.
Aug. 8. Kurf. Joh Friedrich an Jonas
   I 342—344.
Aug. 8. Kurf. Joh. F iedrich an die Visitat.
   I 344. 345.
Aug. 10. Kurf. Joh. Friedrich u. Herzog Joh. Ernst an die Visitatoren I 346.
Aug. 12. Dieselben an dieselben I 346. 347.
Aug. 13. Die Visitat ren an d. Kurfürsten Joh. Friedr. u. Herzog Joh. Ernst
   I 347. 348.
Aug. 20. Joh Pfeffinger an die Visitatoren
   I 348. 349.
Aug. 29. Die Visitatoren an Herzog Heinrich I 350—355.
Aug. 29. Jonas an Kurfürst Joh. Friedrich
   I 356—362.
Sept. 1 Jonas u. Spalatin an Kurfürst Joh. Friedr. u. Herz. Joh. Ernst I 362. 363.
Sept. 12. Jonas an Kurf. Joh Friedrich
   I 363—365.
s. d. Kurf. Joh. Frdr. an Herz. Heinr. I 366.
Sept. 19. Spalatin an Jonas I 366—368.
Sept. (?). Spalatin an Jonas I 368. 369.
Sept. (?). Spalatin an Jonas I 369.
Sept. 22. Jonas an den Rat zu Oschatz
   I 369 371.
Oct. 3. Jonas an den Rat zu Oschatz
   I 371. 372.
Oct. 5. Jonas an Franz Herzenberg I 372.
Oct. 12. Spalatin an Jonas I 373. 374.
Dec. 5. Jonas an Kurf Joachim II.
   I 375. 376.
Dec. 5. Jonas an Spalatin I 377. 378.
Dec. 26. Jonas an Herzogin Katharina von Sachsen I 378. 379.
Dec. 31. Jonas an Wenz. Link I 380.

1540.

Jan. 11. Jonas a. Fürst Joachim I 381. 382.
Jan. 24. Jonas an Fürst Georg I 382 384.
s. d. Jonas an den Leser II 368—370.
März 1. Jonas an Herz. Moritz I 384—386.

---

[1] Die Uebersetzung des Lutherschen Buches wider die Sabbather war zwar schon 1538 angefertigt worden, der Widmungsbrief aber wohl erst, als im Sommer 1539 die Uebersetzung gedruckt wurde. Vgl. Bd II 365.

März 10. Jonas an die Fürsten v Anhalt
  I 387 – 389.
März 15. Jonas an Fürst Georg I 389—391.
Mai 30. Corvinus an Jonas I 392.
Juni 9. Jonas an Fürst Georg I 392—394.
Juni 10. Jonas an Georg Forchheim
  I 394. 395.
Juni 13. Jonas an die Fürsten v. Anhalt
  I 395. 396.
Juni 13. Jonas an Georg Forchheim
  I 396. 397.
Juni 14. Jonas an Georg Forchheim I 397.
Juni 17. Jonas an Fürst Georg I 397. 398.
Aug. 5. Jonas an die Fürsten v. Anhalt
  I 398—400.
Aug. 5. Jonas a. d. Fürsten v. Anhalt I 400.
Aug. 17 Jonas an die Fürsten v Anhalt
  I 401—404.
Dec. 1. Jonas an Friedr. Myconius
  I 405. 406.
Dec. 2. Melanchthon an Jonas I 406. 407.
Dec. 9. Jonas an Fürst Georg I 407.
Dec. 10. Jonas an die Fürsten Johann und
  Joachim I 408.
Dec. 10. Jonas an Joh. Ripsch I 408. 409.

1541.

Jan. 1. Jonas an Joh. Frederus I 410. 411.
Jan. 3. Jonas an die Fürsten Johann und
  Joachim I 411. 412.
Jan. 3. Hieron. Weller an Jonas
  I 412—414
Jan. 6. Jonas an die Fürsten Johann und
  Joachim I 414.
Jan. 9. Jonas an die Fürsten Johann und
  Joachim I 414. 415.
Jan. 9. Jonas an Caspar v. Tentleben
  II 370. 371.
Jan. Jonas an Thom. Hebenstreit
  I 415. 416.
Jan. 12. Jonas an Fürst Johann v. Anh.
  I 416.
Jan. 18. Jonas an denselben I 417. 418.
Jan. 25. Jonas an denselben I 418. 419.
Jan. 29. Thomas Hebenstreit an Jonas
  I 419. 420.
Febr. 1. Jonas an die Fürsten von Anhalt
  I 420—422.
Febr. 5. Jonas an dieselben I 422 424.
Febr. 7. Jonas an Spalatin I 424 - 426.
Febr. 8. Jonas an Joh. Lang I 426.
Febr. 17. Jonas an die Fürsten von Anhalt
  I 426—428.
Febr. 19. Jonas an Georg Forchheim
  I 428. 429.
März 3. Jonas an Fürst Joachim I 429 430.
März 8. Medler an Jonas I 430. 431.
März 16. Jonas an Fürst Johann I 431.
März 25. Jonas an denselben I 432.

April 9. Jonas an Georg Forchheim
  I 432. 433.
April 9. Jonas an Fürst Georg I 433.
April 16. Jonas an Fürst Georg II 1. 2.
April 17. Jonas an Georg Forchheim
  II 2. 3.
April 23. Joh. Spangenberg an Jonas
  II 3. 4.
April 27. Mündliche Werbung an J. Jonas
  II 4—6.
April 29. Jonas an Matthias Metz II 6—10.
April 29. Jonas an Fürst Georg II 10. 11.
April 30. Jonas an Georg Forchheim
  II 11. 12.
Mai 4. Jonas an Georg Forchheim
  II 12. 13.
Mai 4. Jonas an Fürst Georg II 13. 14.
n. Mai 4. Jonas an Georg Forchheim II 14.
Mai 5. Jonas an Georg Forchheim II 14.15.
Mai 15. Christian III. an Jonas II 372 373.
Mai 17. Jonas an Fürst Georg II 15—18.
Mai 17. Jonas an Fr. Myconius II 18. 19.
Mai 17. Fr. Myconius an Jonas II 19. 20.
Mai 18. Nic. Medler an Jonas II 20. 21.
Mai 25. Nic. Medler an Jonas II 21. 22.
Mai 29. Jonas an Fürst Georg II 22. 23.
Mai 29. Jonas an Georg Forchheim
  II 23. 24.
Juni 3. Jonas an Fürst Georg II 24. 25.
Juni 9. Spalatin an Jonas II 25. 26.
Juni 9. Nic. Medler an Jonas II 27. 28.
Juni 11. Nic. Medler an Jonas II 27. 28.
Juni 15. Jonas an Fürst Otto v. Braunschw.
  II 373—375.
Juni 24. Jonas an Gregor Brück II 28. 29.
Juni 25. Jonas an Fürst Georg II 29.
Nach Juni 25. Jonas an Fürst Georg
  II 30. 31.
Juni 30 [Juli 19]. Albrecht von Mainz an
  Karl V. II 31 - 33.
Juli 15. Jonas an Franz Landstettner
  II 33 35.
Juli 19. Joh. Spangenberg an Jonas
  II 35. 36.
Juli 22. Jonas an Fürst Georg II 36. 37.
Juli 24. Jonas an Fürst Georg II 37—40.
Juli 24. Nic. Medler an Jonas II 41.
Juli 27. Kaiserliches Mandat II 41—43.
Juli 28. Joh. Spangenberg an Jonas II 43.
Aug. 5. Fürst Georg an Jonas II 44.
Aug. 8. Jonas an Fürst Georg II 45. 46.
Aug. 11. Jonas an Fürst Georg II 46.
Aug. 21. Joh. Spangenberg an Jonas
  II 47.
Aug. 22. Anonymer Drohbrief II 47. 48.
Aug. 24. Joh Spangenberg an Jonas II 48.
Sept. 3. NN. an NN. II 49. 50.
Sept. 9. Nic. Medler an Jonas II 50.
Sept. 13. Nic. Medler an Jonas II 51.

I. Chron. geordn. Verzeichnis etc.

Sept. 21. Georg Maior an Jonas II 51. 52.
Oct. 7. Ziegler an Jonas II 52. 53.
Oct 8 N. N. an M. Metz II 53.
Oct. 18. Nic Medler an Jonas II 54.
Oct. 19. Jonas an Fürst Georg II 54. 55.
Dec. 2 Jonas an Fürst Georg II 56.
Dec. 16 Jonas an Fürst Georg II 56. 57.
Dec. 31. Weller an Jonas II 58 59.
? Jonas an Georg Forchheim II 375.

1542.

Jan. 9. Jonas an Joh. Lang II 61. 62.
Jan 24 Jonas an Joh. Lang II 63.
Jan. 26. Jonas an Fürst Wolfg. v. Anhalt
  II 63—65.
Febr. 10. Spalatin an Jonas II 65.
Febr 11. Spalatin an Jonas II 66. 67.
Febr. 16 Jonas an Fürst Georg II 67—69.
März 17. Georg Maior an Jonas II 69. 70.
März 17. Jonas an Fürst Georg II 70. 71.
April 4. Fr. Myconius an Jonas II 71—73.
April 23. Jonas an Joh. Agricola II 73.
Juni 3. Spalatin an Jonas II 74—76.
Juni 10. Jonas an Fürst Georg II 76.
Juni 26. Jonas an Fürst Georg II 77.
Juli 3. Spalatin an Jonas II 77. 78.
Juli 3. Jonas an Fürst Georg II 78. 79.
Juli 7. Jonas an Joh. Lang II 79.
Juli 21. Erasmus Alberus a. Jonas II 79. 80.
Aug. 12. Jonas an Fürst Georg II 81.
Aug. 24. Nic. Medler an Jonas II 81. 82.
Oct. 24. Jonas an Joh. Lang II 82. 83.
Oct. 30. Jonas an Fürst Georg II 83. 84.
Dec. 5. Jonas an Joh. Lang II 84.
Dec. 11. Jonas an Joh. Lang II 85. 86.
Dec. 12. Erasmus Alberus an Jonas
  II 86. 87.
Dec. 16 Spalatin an Jonas II 87. 88.
Dec. 26. Erasm. Alberus an Jonas Vater u. Sohn
  II 89. 90.

1543.

Jan. 3. Jonas an Melanchthon II 91. 92.
Jan. 19. Spalatin an Jonas II 92. 93.
Febr. 7. Joh. Spangenberg an Jonas
  II 93. 94.
Febr. 13. Spalatin an Jonas II 94—97
März 22. Jonas an Fürst Georg II 97. 98.
März 31. Frederus an Jonas II 98—100.
April 25. Hier. Besold an V. Dietrich
  II 100—102.
Mai 18 Spalatin an Jonas II 103. 104.
Mai 21 Jonas an die Fürsten v. Anhalt
  II 104. 105.
Juni 6 Jonas an Fürst Georg II 106.
Juni 18. Spalatin an Jonas II 106. 107.
Juli 18. Jonas an V. Dietrich II 107. 108.
s. d. Jonas dem Leser II 108. 109.

Sept. 30. Jonas an Fürst Georg II 110. 111.
Oct. Fürst Georg an Jonas II 376. 377.

1544.

s. d. Jonas an die Christen zu Halle II 112.
Jan. 13. Spalatin an Jonas II 113. 114.
März 1. Jonas an Fürst Georg II 114 115.
April 1. Jonas an Fürst Georg II 116. 117.
Mai 23. Jonas an Fürst Georg II 117. 118.
Juni 5 Spalatin an Jonas II 119.
Juni 7. Jonas an Joh. Lang II 119. 120.
Juni 26. Jonas an Fürst Georg II 121.
Juli 13. Greg. Brück a. Kurf Joh Friedrich
  II 121—123.
Juli 15. Jonas an Kurf. Joh. Friedrich
  II 124. 125.
Juli 25. Fürst Georg an Jonas II 126.
Juli. Kurf. Joh. Friedrich an Jonas
  II 126. 127.
Aug. 11. Jonas an Kurf. Joh. Friedrich
  II 127. 128.
Aug. 28. Jonas an Fürst Georg II 128.
Sept. 7. Jonas an Fürst Georg II 129.
Sept 12. Jonas an Fürst Georg II 129. 130.
Sept. 12. Jonas an Fürst Georg II 130. 131.
Sept. 24. Jonas an Fürst Georg II 131. 132.
Oct. 22. Jonas an Fürst Georg II 132. 133.
Oct. 28. Jonas an Fürst Georg II 133.
Nov. 2. Anton. Musa an Jonas II 133. 134.
Nov. 5. Kilian Goldstein an Gregor Brück
  II 134.
Nov. 7. Greg. Brück an Kurf. Joh. Friedrich
  II 135. 136.
Nov. 12. Kurf. Joh Friedrich an Jonas
  II 136. 137.
Nov. 13. Kurf. Joh. Friedrich an Brück
  II 138. 139.
Nov. 14. Gregor Brück an Hans v. Ponigkau
  II 139. 140.
Nov. 22. Universität an Kurf. Joh. Friedrich
  II 140.
Dec. 5. Kurf. Joh. Friedrich an Universität
  II 140. 141.
Dec. 29. Franz Burkhard an Fr. Myconius
  II 141—143.

1545.

Jan. 17. Basil. Monner an Jonas II 143.
Jan. 30. Jonas an Fürst Georg II 144. 145.
Febr. 14. Jonas a. Fürst Georg II 145—147.
Febr. 16. Jonas an die Fürsten v. Anhalt
  II 148.
Febr. 16. Jonas an Fürst Johann II 148.
März 13. Jonas an Fürst Georg
  II 148 - 151.
März 14. Jonas an Fürst Georg II 151. 152.
März 14 Jonas an Leonhard Jacobi
  II 152.
März 20. Jonas an Fürst Georg II 152. 153.
Apr. 3. Jonas an Fürst Georg II 154. 155.

Apr. 13. Jonas an Fürst Georg II 155. 156.
Apr. 14. Jonas an Fürst Georg II 157.
Apr. 15. Jonas an Fürst Georg II 157. 158.
Mai 6. Melanchthon an den Rat zu Halle
II 158—160.
Mai 20. Jonas an Fürst Georg II 161.
Mai 31. Jonas an Fürst Georg II 162.
Juni 6. Jonas an Fürst Georg II 162. 163.
Juli 4. Jonas an Fürst Georg II 163. 164.
Juli 14. Jonas an Fürst Georg II 164.
Juli 16. Jonas an Fürst Georg II 165.
Oct. 28. Jonas an Fürst Georg II 166 167.
Nov. 4. Jonas an Fürst Georg II 167. 168
Nov. 19. Basil. Monner an Jonas II 168. 169.
Nov. 21. Jonas an Wenz. Link II 169. 170.
Dec. 9. Herz. Albr. v. Preussen an Jonas
II 170. 171.
Dec. 14. Veit Dietrich an Jonas II 171. 172.
Dec. 15. Jonas an Joh. Lang II 172—174.

1546.

Jan. 7. Jonas an Fürst Georg II 174. 175.
Jan. 10. Erasmus Alberus an Jonas
II 175 176.
Jan. 16. Jonas an Fürst Georg II 176.
Febr. 18. Jonas an Kurf. Joh Friedrich
II 177—180.
Febr. 18. Graf Hans Georg an Herz. Moritz
II 180 181.
Febr. 19. Jonas an Kurf. Joh. Friedrich
II 181. 182
Febr. 22. Hier. Besold an V. Dietrich
II 182—184.
März 5. Nic. v Amsdorf an Jonas II 184.
März 9. Joh. Luther an Jonas II 185.
März 9. Jonas an V. Dietrich II 185. 186.
März 17. Jonas an V. Dietrich II 187. 188.
März 17. Melanchthon an Jonas
II 378. 379.
März 24 Basil. Monner an Jonas
II 188 189.
März 31. Herzog Albrecht v Preussen an
Jonas II 189. 190.
April 8 Jonas an Melanchthon II 192. 193.
April. Gutachten der Wittenb. Theologen
II 193. 194.
April 15. Jonas an Christian III. -
II 195. 196.
Mai 29 Jonas an Fürst Georg II 197.
Mai 31. Jonas an Fürst Georg II 197. 198.
Juni 7 Christian III. an Jonas II 199 200.
Juni 13. Jonas, Schumann und Wanckel an
Melchior Reider II 200. 201.
Juni 16. Jonas an Fürst Georg II 201.
Juni 22. Melanchthon an Jonas II 202.
Juni 24 Joh. Spangenberg an Jonas
II 202. 203.
Juni 29. Jonas an Joh Spangenberg II 203.
Aug. 6. Joh. Spangenberg an Jonas
II 204. 205.

s. d. Jonas an den Rat der Stadt Halle
II 205. 206.
Oct 20. Jonas an Fürst Georg II 207.
Oct. 23. Jonas an Herz. Albr. v. Preussen
II 207 - 209.
Oct. 27. Jonas an Kurf. Joh. Friedrich
II 209—211.
Nov. 4. Jonas an Christian III. II 211. 212.
Nov 21. Max Mörlin an Jonas II 212. 213.
Nov. 22.—26. Zeitung wie es zu Halle ergangen II 213—218.
Dec. 2. Jonas an Fürst Georg II 379—381.
Dec. 11. Jonas an Andr. Poach II 219. 220.
Dec. 16 Ant. Musa an Jonas II 220.
Dec. 26. Nic. Medler an Jonas II 221.
Dec. 30. Christian III. an Jonas II 222.

1547.

Jan. 3. Neue Zeitung II 223.
Febr. 1. Nic. Medler an Jonas II 224.
März 8. Jonas an Joh. Lang II 224—226.
März 21. Jonas an Joh. Leng II 226. 227.
Mai 30. Jonas an Fürst Georg II 228. 229.
Juli 25. Ant. Corvinus an Jonas
II 230—232.
Sept. 13. Nic. Medler an Jonas II 232.
Sept. 17. Ant Corvinus an Jonas II 233.
Oct. 2. Ant. Corvinus a. Jonas II 233—235.
Oct 17. Nic. Medler an Jonas II 235. 236.
Oct. 20. Ant. Corvinus an Jonas II 236. 237.
Oct. 26. Jonas an Joh. Lang II 237. 238.
Nov. 3. Nic. Medler an Jonas II 238.
Nov. 19. Jonas an Fürst Georg II 239.
Dec. 13. Ant. Corvinus an Jonas II 240.
Dec. 13. Jonas an Joh. Lang II 241. 242.
Dec. 14. Jonas an Fürst Georg II 242. 243.
Dec. 18. Ant. Corvinus a. Jonas II 243. 244.
Dec. 20. Ant. Corvinus a Jonas II 244. 245.
Dec. 27. Ant. Corvinus a. Jonas II 245. 246.

1548.

Jan. 4. Ant. Corvinus an Jonas II 246.
Jan. 6. Melanchth. an Krf Moritz 247. 248.
Jan. 6. Melanchthon an Fürst Georg
II 248. 249.
Jan. 8. Ant. Corvinus an Jonas II 249.
Febr. 18. Jonas an Nic. v. Amsdorf
II 250. 251.
Febr. 20. Nic. v. Amsdorf an Jonas
II 251 252.
Febr. 22. Basil. Monner an Jonas II 252.
Febr. 26. Joh. Spangenberg an Jonas
II 252.
Febr. 28. Joh. Spangenberg an Jonas
II 253. 254.
April 7. Jonas an Fürst Georg II 255. 256.
April 9. Jonas an Fürst Joachim II 256.
April 18. Jonas an Melanchthon II 257.
Mai 15. Jonas an Fürst Georg II 257. 258.

I. Chron. geordn. Verzeichnis etc. 391

Mai 20. Jonas an Fürst Georg II 258—260.
Mai 16. Melanchthon an Jonas II 260.
Mai 19 Joh. Forster an Jonas II 260. 261.
Mai 20. Ant. Otho an Jonas II 261. 262.
Mai 23 Fürst Georg an Kanzler Fachs (?) II 262. 263.
Juni 26. Jonas an V. Dietrich II 263—265.
Ende Juli. Ant. Otho an Jonas II 265. 266.
Aug. 1. Erzbisch. Joh Albrecht an den Stiftsadel II 266. 267.
Aug. 4. Jonas an Fürst Joachim II 267.
Aug. 17. V. Dietrich an Jonas II 268.
Sept. 3. Jonas an V. Dietrich II 268—270.
Sept. 30. V. Dietrich an Jonas II 270.
Oct 1. A. Osiander an Jonas II 271.
Dec. 29. Jonas an Andr. Poach II 272.

1549.

Febr. 19. Jonas an Graf Wolfg. v Stolberg II 273.
Febr. 20. Jonas an Max Mörlin II 274 275.
April 20. Ant. Otho an Jonas II 275. 276.
April 23. H. Weller an Jonas II 276. 277.
Mai 17. Ant. Otho an Jonas II 277—279.
Mai 21. Jonas an Herzog Albrecht von Preussen II 279—283.
Juni 14. Jonas an Christian III. II 283—286.
Juni 14. Jonas an Kanzler Ludw Rabe II 287.
Juni 30. Ant. Otho an Jonas II 288. 289.
Juli 20. Jonas an Wolfg. Furmann II 381.
Aug. 5. Jonas an Wolfg. Furmann II 382.
Aug. 6 Jonas an Fürst Georg II 289—291.
Aug. 28. Jonas an Fürst Georg II 291. 292.
Sept. 8. Christian III. an Jonas II 292.
Sept. 19. Jonas an Christian III. II 292 294.
Dec 7. Herzog Johann Ernst an Jonas II 294 295.
Dec. 15. Jonas an Herzog Albrecht von Preussen II 295 - 297.

1550.

Jan. 2 Jonas an Christian III. II 297 298.
Febr. 8. Matth. Wanckel an Flacius II 382.

April 15. H. Weller an Jonas II 298. 299.
s. d Ant. Otho an Jonas II 299. 300.
Juni 4. (?) Ant. Otho an Jonas II 300. 301.
Juni 17. Jonas an H. Weller II 301. 302.
Juni (?). Ant. Otho an Jonas II 302. 303.
Juni 30. Ant. Otho an Jonas II 303. 304.
Juli 20. H. Weller an Jonas II 304—306.
Juli 27. Paul Eber an Jonas II 306. 307.
Sept. 5. Matthias Wanckel an Flacius II 383.

1551.

Juli 16. Jonas an Friedrich Pistorius II 307. 308.
Oct. 21. Jonas an Friedrich Pistorius II 308. 309.
s. d. Gutachten des Jonas über Osiander II 309—319.

1552.

März 4. Jonas an Melanchthon II 320. 321.
Nov 7. Joh. Brenz an Jonas II 321.

1553.

Febr. 24. Jonas an Friedrich Pistorius II 322.
Mai 3. Jonas an die evang. Christen in Regensburg II 323. 324.

1554.

Ostern. Jonas an sächs. Herzöge II 325—328.
Ostern. Jonas an Christian III II 328. 329.
Juni 12. Christian III. an Jonas II 329.
Aug 18. Jonas an Christian III. II 330. 331.

1555.

Aug. 3. Jonas an die sächs. Herzöge II 331 335.
Aug. 6. Die sächs. Herzöge an Kurf. August II 335. 336.
Sept. 1. Kurf. August an d. sächs. Herzöge II 336. 337.
s. d. Jonas an Christian III. II 337—342.

1557.

April 18. H. Weller an die Ratsherrn von Halle II 343. 344.

II. Verzeichnis der Briefe nach ihren Adressen.

[Die mit Cursivzahlen bezeichneten Briefe sind hier zum ersten Male gedruckt; die anderen schon früher an den bezeichneten Stellen; von den mit einem * versehenen Briefen sind nur Inhaltsangaben gegeben. Die Ziffern bezeichnen die Briefnummern.]

1. Briefe von Jonas an

Aachen, Melchior von: 5. 8. 9. 10. 11. 15. 16. 17. 19. 22. 25. 26. 32. 33. 36. 49. 85. 99.
Agricola: 105. 148. 641.
Amsdorf: 868.
Anhalt, Fürst Georg von: 226. 250. 256. 257. 261. 263. 268. 269. 284. 286. 322. 324. 325. 326. 328. 348. 349. 354. 355. 360. 361. 366. 368. 371. 375. 376. 385. 388. 389. 394. 403. 404. 406. 411. 415. 425. 429. 481. 489. 498. 503. 520. 534. 556. 557. 563. 567. 570. 576. 578. 583. 584. 590. 592. 599. 600. 615. 618. 619. 631. 637. 645. 647. 649. 653. 660. 678. 686. 693. 701. 704. 708. 714. 720. 722. 723. 724. 725. 727. 728. 742. 743. 746. 747. 749. 752. 753. 754. 755. 757. 758. 759. 761. 763. 765. 768. 769. 775. 777. 803. 804. 808. 819. 843. 854. 858. 874. 878. 879. 905. 906. 825a.
Fürst Joachim von: 252. 264. 266. 267. 346. 357. 417. 420. 439. 478. 546. 551. 875. 887.
Fürst Johann von: 400. 533. 536. 448. 745.
Fürsten Georg und Joachim von: 383.
Fürsten Johann und Joachim von: 521. 527. 529. 530.
Fürsten Georg, Joachim und Johann von: 377. 387. 392. 398. 399. 416. 488. 500. 507. 508. 509. 538. 589. 542 685. 744.
Fürst Wolfgang von: 427. 628.
Augsburg, Prediger zu: 272.

Baier, Kanzler Christian: 150.
Baumgärtner, Hieronymus: 89. 262.
Berge, Paul von: 356.
Brandenburg, Kurfürst Joachim II. von: 469.
Braunschweig, Fürst Otto von: 581a.
Bruck, Kanzler Gregor: 582.
Bucer, Martin: 98.
Bucer und Capito: 374.
Bugenhagen: 104. 504.*
Bunau, Günther von: 194.

Camerarius: 320.
Capito: 73. 94. 401.
Colditz, Rat zu: 162.
Cordatus: 342.*

Daenemark, König Christian III von: 801. 823. 902. 908. 911. 932. 934. 938
Dietrich, Veit: 191. 691. 789. 792. 889.

Dolzigk, Hans von: 96.
Dolzigk, Hans von, und Graefendorf, Hans von: 96
Draco: 31. 42.

Einsiedel, Heinrich von: 249.

Forchheym, Georg: 265. 285. 372. 381 386 412. 413. 414. 418. 499. 501 502 543 555. 558. 564. 566. 568. 569. 577. 386a. 623a.
Frederus, Johann: 359 526.
Friedrich, Abt v. Aegidien: siehe Pistorius.
Frosch und Stephan Agricola: 211.
Fues, Wolfgang: 143. 146. 156. 157. 160.251.
Furmann, Magister Wolfgang: 904a. 904b.

Graefendorf, Hans von: siehe Dolzigk.

Halle, Rat zu: 625.* 815.
Christen zu: 699
Hebenstreit, Abt Thomas: 532.
Hertzenberg, Franz: 466.
Hessen, Landgraf Philipp von: 159. 234.
Hessus, Eobanus: 59. 121.
Honold, Hans: 361.
Honstein, Graf Wilhelm von, Bischof von Strassburg: 183a.

Jacobi, Leonhard: 748.

Kaugsdorf: 217.
Kymeus, Johann: 312.

Landstetter, Franz: 586. *
Lang, Johannes: 27. 29. 30. 69. 71. 74. 107. 120. 170. 208. 230. 511. 624 627. 650. 659. 662. 663. 710. 774. 835. 838. 852 857.
Lang, Johannes, und die anderen Erfurter Geistlichen: 308.
Lang, Johannes, und Mosellanus: 28.
Link, Wenceslaus: 423. 424. 474. 771.
Luther, Katharina: 173.*
Martin: 118. 174 176. 177. 179. 180 181.* 196. 200

Mansfeld, Graf Albrecht von: 93.
Meienburg, Michael: 122.
Melanchthon, Philipp: 254. 672. 793.* 799. 877. 925.* 926. 929.*
Melchior von Aachen, siehe Aachen.
Metz, Matthias: 562.
Moerlin, Max: 897.
Mosellanus, siehe Lang.
Musculus, Wolfgang: 344
Myconius: 123. 178. 350. 517. 571.

II. Verzeichnis der Briefe etc.

Oettingen, Graf Ludwig zu: 240.
Oschatz, Rat zu: 463. 465.
Pistorius, Friedrich, Abt zu Aegidien: 192. 208. 229. 921. 922. 928.
Poach, Andreas: 826. 894.
Rem, Andreas: 87.
Preussen, Herzog Albrecht von: 820. 901. 910.
Rabe, Kanzler Ludwig: 903.
Rate, kurfürstliche: 65.
Regensburg, evangelische Christen zu: 930.
Reiffenstein, Wilhelm: 79. 147.*
Rem, Andreas: 87.
Ripsch, Johann: 522.
Roth, Stephan: 236 *
Rüel, Johann: 100.
Sachsen, Kurfürst Friedrich der Weise: 51. 58. 81.*
Kurfürst Johann Friedrich: 300 372. 431. 444. 455. 457. 716 719. 781. 783. 822.
Herzog Johann Friedrich: 86.
Herzog Johann Ernst: 245. cf. Nachträge.
Herzog Moritz: 486.
Katharina von S.: 472.
Herzog Johann Friedrich der Mittlere, Johann Wilhelm und Johann Friedrich der Jüngere: 931. 935.
Spalatin: 77. 90. 92. 151. 163.* 241. 296. 470. 540.
Stolberg, Graf Wolfgang zu: 896.
Teutleben, Caspar von: 530a.
Weller, Hieronymus: 915.
N. N.: 101b.

Jonas in Gemeinschaft mit

Luther an: Leisnig, Rat zu: 249a*.
Sachsen, Kurfürst Johann von: 154*. 215*.
— Kurfürst Johann Friedrich von: 270*. 428*. 482*. 510*.
Melanchthon an: Medler: 352*.
Spalatin: 153. 471*.
Zwickau, Rat zu: 338a.
Spalatin an: Johann Friedrich und Johann Ernst von Sachsen: 456.
Benedikt Pauli: 207.
Luther und Melanchthon an: Amberg, Rat zu: 402*.
Erfurt, Prediger zu: 239*.
Loeser, Hans: 211*.
Naumburg, Rat zu: 353a
Sachsen, Kurfürst Johann von: 201*.
— — Johann Friedrich von: 362*. 436*.
Luther u Bugenhagen an: Kurfürst Johann Friedrich von Sachsen: 179*. 535*.
Luther, Melanchthon, Bugenhagen an: Bremen, Rat zu: 230a
Einsiedel, Heinrich von: 248

Joachim II. von Brandenburg: 476*.
Kurfürstliche Räte: 495*.
Nürnberger Geistlichen: 483*.
Sachsen, Kurfürst Johann von: 91*.
— Kurf. Johann Friedr.: 298*. 468*. 177.
Wenden, Simon von: 397*
Luther und Spalatin an: Hans von Taubenheim: 358*.
Luther, Cruciger, Melanchthon an: Nürnberg, Rat zu: 827*.
Luther, Bugenhagen, Cruciger, Melanchthon an: Nürnberg, Rat zu: 241*.
Karlstadt u. a. an: Friedr. den Weisen: 68*.
Pletner, Tileman an: Friedr. d. Weisen: 67.
Luther, Bugenhagen, Benedikt Pauli an: Lemberg, Paul: 88*.
Bugenhagen, Amsdorf, Melanchthon an: Kurfürst Johann Friedrich von Sachsen: 492*.
Schumann, Benedikt u. Wauckel, Matthias, an: Halle, Rat zu: 796*.
Reider, Melchior: 807
Rurer, J., Schnepf, Erhardt, Bock, Heinrich, an: die evangelischen Fürsten: 182.
Luther, Bugenhagen, V. von Amerbach an: Kurfürst Johann Friedrich von Sachsen: 545*.
Visitatoren, s 3. Abteilung.
Jonas und Genossen: an den Rat zu Leisnig 167.
an Johann Friedr. u. Johann Ernst: 443.

Jonas dem Leser: 158. 228 258. 351. 602. 481 a.
Jonas: Thesen über Römer 1: 76
Jonae praepositi Vitebergensis disputatio: 75.
Über Luthers Erkrankung und Anfechtung 103.
Iudicium de corrigendis — cerimoniis 82.
Iudicium de pace facienda: 201.
Bedenken wegen künftiger Handlungen und Gespräche in der Religion: 197*.
und Genossen: Ordinationszeugnis für Georg von Anhalt: 766*.
Gutachten über Osiander: 923.
Jonas u. Melanchthon: Bedenken für einen von der Ritterschaft: 216*.
Jonas und Luther: Bedenken... Herzog Ordinationszeugnis: 395*. Herzog Johann
Jonas und Bugenhagen: Meissen, Dom-Kirchenguter halben: 48
gegen die Schwarmgeister Mittlere und Joh.
Jonas und anderer Theologen Fürst August von
von Abthuung der Winkelmesse
Jonas, Luther, Melancht hann Friedrich d. 213a
Jonas, Luther, Melancht jeren: 9..7.
denken: 206*. ans von: 61 63.
Weise: 45.

Jonas, Luther, Bugenhagen, Melanchthon: Ordinationszeugnis: 493*.
Jonas, Luther, Bugenhagen, Cruciger, Melanchthon: Gutachten: 221*. 330*.
Jonas, Luther, Amsdorf, Melanchthon: Bedenken: 224*.
Jonas, Luther, Bugenhagen: Bedenken: 235*.
Jonas, Bugenhagen, Cruciger: Antwort auf Agricolas Klage gegen Luther: 497*.
Jonas, Agricola, Melanchthon: Theologisches Bedenken: 185*.
Jonas, Luther, Bucer und Melanchthon: Bedenken von der Gegenwehr: 406a*.
Gedichte des Jonas: auf Eobanus Hessus: 1, auf Mistothens: 2.

2. Briefe an Jonas von

Alberus, Erasmus: 651. 664. 776. 669 (an Jonas und Sohn)
Amsdorf, Nicolaus von: 787. 869?
Anhalt, Georg, Fürst von: 597. 717. 691a.
Joachim, Fürst von: 419.

Baier, Christian: 238.
Brenz, Johannes: 702*. 927.
Bucer, Martin: 689*.
Burkhard, Franciscus: 255. 273. 253a.

Camerarius, Joachim: 311. 523*. 617*.
Capito: 369*. ?
Cochlens, Johannes: 76a. 259a.
Cordatus, Conrad: 329*. 341*. 313*.
Cervinus: 311. 496. 846. 848. 849. 851. 856. 859. 860. 861. 862. 866.
Cruciger: 505. 514. 516*. 518*. 524*. 589*. 683*. 707*.
Cruciger und Myconius: 464*.

Daenemark, König Christian III. von: 806. 830. 907. 933. 570a. 623b*.
Dietrich, Veit: 773. 884. 888. 891.
Doelen, Bernhard von: 396.

Eber, Paul: 919.
Erasmus von Rotterdam: 18. 21. 37. 41. 50. 53*.

Forster, Johannes: 391. 881.
Friedrich und Capit... Johann: 679.
Gerbel, Nicolau...   Tos: 84. 97.
                     s 339.
Greff, Joachim:
Hebenstreit, Abt Thomas: 537.
                  Lau*.
Hedio, Caspar: 6*   11. 20. 21. 46. 48. (Gedicht). 231. 23
Hessus Eobanus
Hutten, Ulrich vo   n: 17.
Jonas, Justus, der Sohn: 698. 713.
                  : 531*.
Link, Wenceslaus

Luther, Johannes: 788.
Martin: 38*. 52*. 78*. 108*. 109*. 110*. 113*. 114*. 116*. 117*. 119*. 134*. 135. 136*. 138*. 140*. 142*. 144*. 145*. 165*. 171*. 172*. 175*. 175a. 183*. 181*. 186*. 189*. 190*. 193*. 195*. 198*. 199*. 202*. 209*. 210*. 213*. 227. 247*. 259*. 260*. 278*. 279*. 280*. 281*. 283*. 290*. 291*. 293*. 306*. 316*. 318*. 321*. 331*. 334*. 335*. 340*. 367*. 370* 373*. 378*. 380*. 382*. 430*. 431*. 435*. 441*. 442*. 450*. 452*. 475*. 506*. 560*. 565*. 574*. 587*. 604*. 605*. 610*. 616*. 620*. 626*. 632*. 633*. 634*. 635*. 642*. 643*. 652*. 656*. 657* 658*. 661*. 667*. 668*. 671*. 674*. 677*. 682*. 687*. 694*. 696*. 706*. 741*. 764*. 767*.
Luther, Bugenhagen, Cruciger, Melanchthon: 654*.

Major, Georg: 609. 636. 790* 797*. 867*. 920*.
Medler, Nicolaus: 374*. 517. 573. 575. 580. 581. 593. 607. 608. 614. 655. 829. 834. 845*. 847. 850. 853.
Melanchthon, Philipp: 102*. 106*. 115. . 130*. 132*. 139*. 141*. 166*. 212*. 218. 219*. 220*. 237*. 242*. 243*. 216*. 253*. 275* 276*. 277*. 282*. 287*. 288*. 289*. 292*. 295*. 301*. 302*. 304*. 305*. 307*. 309*. 313*. 317*. 319*. 332*. 333*. 335*. 337*. 338*. 365*. 379*. 381*. 107*. 108*. 109*. 410*. 121*. 122*. 515*. 519*. 525*. 545*. 553*. 591*. 598*. 621*. 630*. 646*. 665*. 670*. 680*. 695*. 697*. 703*. 705*. 711*. 712*. 721*. 726*. 738*. 750. 751*. 760. 762*. 778*. 779*. 786*. 791*. 798*. 802*. 805*. 809. 812*. 813*. 816*. 817*. 818*. 821*. 828*. 832*. 833*. 836*. 837*. 839*. 842*. 844*. 855. 863*. 876*. 880*. 890*. 893*. 895*. 924*. 939*. 521a*. 792a.
Melanchthon und Bugenhagen: 131*.
Moerlin, Max: 824.
Monner, Basilius: 740. 794*. 844*. 870.
Mosellanus, Petrus: 39.
Musa, Anton: 729. 827.
Mutian: 4. 6. 7. 12. 13. 23. 66*.
Myconius, Friedrich: 572. 610.

Osiander, Andreas: 393. 552*. 892.
Otto, Antonius: 882. 885. 898. 900. 904. 913. 914. 916. 917.

Preussen, Herzog Albrecht von: 772. 795.
Sachsen, Kurfürst Friedrich der Weise: 57. Kurfürst Johann Friedrich: 445. 748. 732. Herzog Johann Ernst: 909.
Spalatin: 3. 44. 62. 70*. 72*. 404. 412. 256a. 623. 345. 460. 461. 462. 467. 579. 594*.

629. 630 644. 648. 666. 673. 676. 684.
688. 700. 709.
Spangenberg, Johannes: 559. 588. 596 601.
603. 675. 811 814. 871. 872.
Weller, Hieronymus: 310. 528. 622. 899.
912. 918.
Wittenberg, Universität zu: 784*. (Melanchthon).
Witzel, Georg: 222*.
Ziegler: 611. 613*.

An Jonas und
Luther von: Kurfürst Johann: 155*.
Kurfürst Johann Friedrich: 511*.
Spalatin: 459*.
Luther und Melanchthon von: Kurfürst
 Johann: 205*.
Kurfürst Johann Friedrich: 363*.
Bugenhagen: 127.
Luther, Melanchthon und Bugenhagen von:
 Kurfürst Johann: 164*. 169*.
Kurfürst Johann Friedrich: 297*. 299*.
 467 a*.
Landgraf Philipp von Hessen: 303*.
Kurfürstliche Räte: 491*.
Nürnberger Geistliche: 485*; Nürnberger
 Rat: 238a*.
Luther u. Bugenhagen von: Cruciger: 513
Melanchthon: 512*.
Luther, Bugenhagen und Cruciger von
 Melanchthon: 323*.
Luther, Bugenhagen, Melanchthon und
 Crucigervon: Kurfürst Johann Friedrich:
 271*. 173*.
Luther, Melanchthon und Cruciger von:
 Kurfürst Johann Friedrich: 133*.
Luther, Melanchthon und Pauli von: Kurfürst Johann: 223*.
Luther und Georg Roerer von: Melanchthon 274*.
Luther, Hans von Dolzigk und Hans von
 Graefendorf von: Kurfürst Johann: 95*.
Luther. Hans von Metzsch und Hans von
 Taubenhein von: Kurfürst Johann Friedrich: 128*.
Bugenhagen von: Cruciger: 550*. 551*.
Bugenhagen und Melanchthon von: Luther:
 184*.
Bugenhagen, Melanchthon u.Cruciger von:
 Luther: 190
Melanchthon, Spalatin und Agricola von:
 Luther: 187.
Goldstein von: Melanchthon: 810*.
Spangenberg von: Leonhard Jacobi: 811a*.

3 Briefe anderer.

Anhalt. Fürst Georg von, an:
Georg Forchheym: 257a. 257b.

Kanzler Fachs: 883.
Melanchthon: 255a.
— Fürst Wolfgang von: an die Fürsten Johann, Georg und Joachim von Anhalt:
 247a.
Apel, Johannes, an: Baumgartner, Hieronymus: 83.
Besold, Hieronymus, an: Dietrich, Veit:
 684. 785.
Brück, Kanzler Gregor an:
Ponigkau, Hans von: 731.
Sachsen, Kurfürst Johann Friedrich:
 715 731.
Bugenhagen an Spalatin: 232.
Burkhardt, Franciscus, an Myconius: 739.
Förchheim, Georg, an Fürst Georg von Anhalt: 425a.
Goldstein, Kilian, an Brück, Gregor: 730
Golz, Moritz, an Georg Forchheim: 296a.
Johann Albrecht, Erzbischof, an d. Stiftsadel: 886.
Luther an: Jonas, Katharina: 638*.
Wittenberg, Probst u. Stiftskirche zu: 800a.
Mainz, Erzbischof Albrecht von, an Kaiser
 Karl V.: 585.
Mansfeld, Hans Georg von, an Herzog Moritz
 von Sachsen: 782.
Melanchthon, Philipp, an:
Anhalt, Georg von: 865.
Halle, Rat zu: 756. (cf. S. 378 Bd. II.)
Sachsen, Kurfürst von: 861.
Spalatin: 51 a.
Metzsch, Hans von, an Kurfürst Johann: 125.
Pfeffinger, Johann, an: Visitatoren in
 Meissen: 151.
Reinfeldt, Johannes, an Fürstin Margarethe
 von Anhalt: 124.
Roerer, Georg, an Myconius: 111.
Sachsen, Kurfürst Friedrich der Weise, an:
 Universität zu Wittenberg: 60.
— Kurfürst Johann Friedrich, an:
Gregor Brück: 733.
Herzog Heinrich: 158.
Kötteritzsch, Sebastian von: 129.
Spalatin: 132.
Universität zu Wittenberg: 736.
Visitatoren: 416.
— Kurfürst Johann Friedrich und Herzog
 Johann Ernst an: Visitatoren: 417. 418.
— Kurf. Johann Friedrich, Herzog Johann
 Ernst und Heinrich, an: Meissen, Domkapitel zu: 138*.
— Johann Friedrich d. Mittlere und Joh.
 Fr. d. Jüngere an Kurfürst August von
 Sachsen: 936.
— Kurfürst August an Johann Friedrich d.
 Mittleren und den Jüngeren: 947.
Spalatin an: Doltzigk, Hans von: 61 63.
Kurfürst Friedrich der Weise: 45.

Visitatoren, die. an:
Fues, Wolfgang, u Himmel. Augustin: *152*.
Leisnig, Rat zu: *133*. *137*. *225*.
Sachsen. Kurfürst Johann von: 149 161°.
— Herzog Johann Friedrich und Johann Ernst: *449*.
— Herzog Heinrich: *440 453*.
Wanckel an Flacius: *911a*. *919a*.
Weller II., an Ratsherrn von Halle: 940.
Wittenberg. Universität zu, an Kurfürst Johann Friedrich: 735
N. N an d. Hallenser Franciscaner: *602*.
N. N. an Matthaeus Metz: *612*.
N. N. an N. N.: *606*.

4. Anderweitige Stücke.

Eobanus Hessus' Rede auf den Rectorat des Jonas: 34
Praefatio in Epistolas Divi Pauli Apostoli etc.: 35.

Euricius Cordus de Jona ad Lectorem: 40.
Was man der Universiteth der 1521 etc. 55. 56.
Handlung mit der Universitet des Probsts Lection halben: *64*
Bedenken der nach Torgau berufenen Wittenberger Theologen: 168*.
Instruction Herzog Heinrich's für die Visitatoren in Meissen: 437*.
Mündliche Werbung Georg Behr's und Wolfgang Kellner's an Jonas: *561*.
Kaiserliches Mandat: *595*.
Jonas Bestallung zum Superintendenten in Halle: 737*.
Gutachten d. Wittenberger Theologen: *800*.
Zeitung, wie es itzt zu Halle ergangen ist: 825. 839.
Geleitsbrief für Jonas von Kurfürst Moritz: 873*.

III. Personen-Register.

Aachen, Melchior v. (Melchiar, Melcior Aquensis), I 5. 6. 8. 9. 13—17. 19. 20. 24 —27. 33. 34 42 43. 49. 50 90. 91. 101. 102. 412. 414—416. 420—424. 426—430. 432. 446. 447. II 14. 18. 46. 55. 80. 97 —99. 104. 105. 147. 151. 153. 161. 256. 267 287. 355. 377.
Acotigius (?) II 20.
Aepinus, Johannes I 401.
Agathon, mag. Phil. II 162.
Agricola, Joh. (Eislebius, Grickel) I 103. 108. 109. 111—114. 116 129. 130. 151. 152 160. 168. 169. 391. 412. 425.
— II 35. 55. 58. 73. 75. 76 272, sein Sohn (Grickelmann) II 73.
— Rudolf I 36.
— Stephan I 152 178. 181—183. II 35
Alba, duc de, II 208.
Alberti, Joh. scholasticus I 14.
Alberus, Erasmus I 397. II 79. 80. 86. 87. 89. 90. 107. 175. 176. 364.
Albrecht, Hans, Stadtschreiber II 178.
Aleander I 45. 46. 52. 90.
Alesius, Alexander I 210. 406. 422. II 93.
Althammer, Andr. I 167.
Amedäus I 246
Amerbach, Vitus I 425. 429. II 174.
Amsdorf, Nicol. von, I 48. 69. 86. 143 185. 320. 321. 340. 358. 391. II 41. 63. 79. 153. 164. 184. 229. 250 251. 252. 289. 290.
Anabaptistae I 118. 220. 226. II 161.
Andreas auriga I 8
— Prediger I 237. 238.
— Förster I 395.
Ilmen. I 14.
—, II 373.
Anhalt
 Fürst Georg I 186. 187. 204. 205. 209 —214. 218—226 230—233. 245—250. 254—257. 260—268. 273—299. 301 —304. 306—310. 313. 314. 319. 320. 325—327. 331. 382 384. 387—404. 407. 411. 416—424. 426—428. 432. 433. II 1. 2. 6. 10—18. 22—25. 36—40. 44—46. 54—57. 67—71. 76—79. 81. 83. 84. 97—99. 104—106. 110. 111. 114 —118. 121. 126. 128—134. 144—158. 161—168. 174—176. 187. 197—199. 201. 202. 207. 225. 228. 229. 239. 240. 242. 243. 248. 249. 255—263. 284. 289 292. 294. 302. 320. 353—358. 365. 366. 376. 377. 379—382.
 Joachim I 186 207. 208. 212. 214. 218 —220. 222—224. 229 246. 247. 249. 254. 256. 257. 260. 262. 263. 274. 276. 278. 282—291. 294—297. 299. 301 —304. 310. 314. 315. 327. 330. 331. 381 —383. 390. 395—404. 408. 409. 411.
 Johann I 212. 214. 220. 222—226. 246. 247. 249. 254. 256. 257. 260. 263. 274. 276. 278. 282—288. 293—297. 299. 301—304. 314 315. 327. 331. 383. 390. 395—404. 407. 408. 411. 412. 414—416. 420—424. 426. 427. 432. II 14 18. 34. 46. 55. 70. 97—99. 104. 105. 147. 150. 151. 153. 260. 377.
 Margarethe, ihre Mutter I 119—121.
 Margarethe, die Gemahlin Fürst Johanns I 211.
 Wolfgang I 152. 163. 275. 278. 282. 283. 292. 294. 322—325. 419. 421. 424. II 63—65. 157. 178 285. 287 290. 293. 353. 354. 377.
Antinomi II 75.
Antonius, animanus II 100.
—, II 373.
Apel, Johann I 89. 94.
Aquila, Caspar II 261.
Ateusis I 43.
Aurifaber, Christian I 123.
— Johann II 300. 316.

Bach, Frau von, I 120.
Baden, Markgraf Ernst von, I 177.
Baiern, Herzöge von, I 150. 158. II 81. 147.
Baier, Christian, Kanzler I 131. 132. 197. 198. Sohn Ascanius I 197.
Backoffen, doct., II 123.
Balbachus I 26.
Balbinus secretarius II 76.
Balthasar, d. I 111.
— ? II 21
Bamberga (Bomberg), Daniel I 153.
Bamberger, Petrus I 237. 238.
Banisius doct. II 147.
Baptista, Joh., kaiserl. Rat II 259.
Barbarossa (Barbariskus) I 257. 277.
Barnes, Robert (Antonius) I 232. 233 413.
Bartholomaeus d. I 128. 136—138.
Barto... doct. II. 55. 76.
Basilius (Blasius Stöckel?) I 221.
Baumgärtner, Hier. I 89. 93. 181. 221. 245. II 102. 120. 172. 184. 186. 270 308.
Baumheckel (Baumhoccelius), Wolfgang, I 367—369. 373 374.
Becker, Facius II 151.
Behr (Beer), Georg II 4—6. 10. 16.
Beier (Beyer), Dominicus I 125.

Beier, Johannes II 25.
—, (Beyer), Leonhard II 360. 361. 364.
Beiern, Fritz von II 162.
Bendies senior I 20.
Berge, Paul von, I 262. 282. 293.
— Johann von, II 382.
Bernardts, Joh. II 3.
Bernardus (Hebraeus) I 229. II 359.
Berndt, Ambrosius I 405.
Bernhardi, Barthol. (Feldkirchen) II 109.
Beroaldus, Philipp I 36.
Besler, Georg II 301.
Besold, Hieron. II 100—102. 182. 184. 322.
Beunnelburg, doct. I 387.
Biermann, Claus II 278.
Birck, Frau II 356.
Blick, Simon I 357. 430.
Bock, Heinrich I 165—167.
Boëtius, Se'astian II 296. 303.
Brachiel I 277.
Brandenburg: Markgr. Albrecht I 274. II 226. 323.
  Elisabeth I 236. 260. 263. 327.
  Georg I 121. 158. 159. 163. 167. 422.
  Joachim I. I 152. 178. 236. II 231.
  Joachim II. I 220. 274. 282. 283. 308. 375 — 377. 406. II 11. 46. 54. 55. 73. 75. 76. 93. 240. 245. 260. 296.
  Johann, I 274.
Brandenstein, Ewald von, II 173.
Brassicanus, mag. II 241.
Braunschweig.
  Albertus I 274.
  Elisab. v. Göttingen u. Kalenberg II 231. 233. 245. 274.
  Erich II. II 231 — 233. 244. seine Gemahlin II 244.
  Ernst v. Braunschw.-Lüneb. I 152. 159. 163. 167. 213. 228. 274.
  Franz I 254. 317.
  Heinrich (Mezentius, Lycaon, Lupisaculus) I 155. 160. 311. 312. 378. 392. 408. 423. 426. 428. 432. 433. II 44. 45. 46. 56. 57. 77 — 79. 82. 111. 114. 115. 121. 117. 153. 166. 167. 170. 173 — 176. 187. 229. 230. 239. 371. 372.
  Otto II 373 — 375.
Breitenbach, doct. I. 326. 341.
Breitfuss, Andr. II 47.
Brenz, Joh. I 143. 196. 208. II 116. 174. 226. 259. 268. 270. 321.
Breuser (Preusser) I 311. 357. 361.
Brisger, Eberhard I 391. II 149.
Brotuf, Ernestus II 111. 132.
Brück, Gregor (Pontanus) I 98. 121. 151. 161. 211. 231. 258. 271. 278. 308. 310. 311. 340. 358. 360. 363. 396. 400. 408. 411. 421. 425. II 72. 82. 83. 95. 121. 123. 127. 134—141. 208. 230. 252. 332—334.

Brum, die, (Frankf. Familie) II 302.
Bruma I 373.
Bucer-Martin I 51. 99—101. 129. 169. 181 —183. 199. 218. 227. 237. 239. 276. 280. 281. 303. 305. 310. II 69. 106. 107. 245. 365. 367.
Bucherus (Buchner), Johannes I 366—368. 370. 371. 378.
Bugenhagen, Joh. (Pomeranus) I 85. 93. 94. 97. 104 — 107. 118. 122. 123. 125. 143. 145. 149. 183. 185. 192. 193. 197. 199. 202. 203. 210—213. 219. 221. 227. 229. 236. 247. 250. 280—282. 290. 301. 312. 374. 380—384. 387. 391. 392. 396. 398. 403 — 405. 414. 418. 420. 427. 429. 431. 432. 447. II 12. 23. 67. 81. 100. 101. 107. 129. 131. 146. 175. 180. 183. 192. 223. 234. 259. 290. 349. 350. 357. 361. 367. 371. 372. seine Tochter II 101. 124.
Bullinger I 276.
Bünau, Günther v., I 171. 172.
Burkhard. Franz I 207. 210. 211. 211. 228. 230. 445—447. II 87. 116. 141— 143. 357.
Busch, Hermann I 77.

Calixtus I 201.
Camerarius, Joach. I 76. (?) 103. 118. 184. 186 242. 243. 245. 303. 409. II 52. 54. 55. 92. 118. 242. 243. 302. 348. 370.
—, Vitus I 256.
Camers, Joh. I 7.
Camitianus I 357. 358. 361. 423.
Campegius, Cardinal I 158. 163. 164. 172. 175. 176. 407.
Capistrano, Johann II 60.
Capito, Wolfgang Fabricius I 75. 79 — 82. 95. 100. 237. 276. 280. 281. 305. 364. 407. II 1. 67.
Carion I 446.
Carlowitz I 334. II 256. 356.
Casa, La, Nuntius in Venedig II 145.
Caselius, Georg I 99.
Caspar mag. (Zeiner?) II 306.
Cellarius (Keller), Michael I 152. 183. 227. 228. 304.
— Johannes I 320. 360. 361. 370. 374.
Cervino, Cardinal II 147.
Chilianus chirurgus II 54. 55. 71. 77.
Chilian I 277.
Christina, Frau I 429.
Christmannus (?), Petrus mag. I 239.
Christophorus purpuratus II 300.
— NN. I 231.
Cingularius (Cinglarius), Ioh. poëta II 279.
Clapp, Jacob I 373.
Clemens VII. I 110.
Clodius (Klodt) Stephan. Kanzler II 320.
Cochleus, Joh. (Rotzleffelius) I 116. 156. 201. 219. 220. 253. 301. 432. 443—445. II 9.

III. Personen-Register.

16. 71. 171. 296. 302. 303. 314. 346. 347.
358. 374.
Cocus, Ludwig II 244.
Coelius, Michael I 236. II 177—180. 186.
253.
Colet, Joh I 62.
Comerstadius, Georg (v. Komerstadt) doct.
II 290.
Corbuchus II 16.
Cordatus, Conrad I 250. 252 253.
Cordus, Euricius I 6. 7. 45. 84. II 174. 346.
—, Valerius II 174.
Corvinus, Ant. I 225. 240. 241. 243. 293.
392 397. II 230— 237. 240. 243—246. 249.
Cranach, Lucas I 67. 94. 119 123. 256. 257.
Creitzen, Melch. v. I 328—330. 337. 346. 348.
Cromwell, Thomas II. 375.
Cronberg, Hartmut von, I 86.
—, Walter von, I 172. II 103.
Cronberger, Michael I 133.
Crotus Rubeanus I 51. 77. 187 188.
Cruciger, Caspar (Kreizing) I 185. 186. 199.
227. 247. 250. 252. 326—328 334. 340—
342. 349. 361. 364. 365. 371. 380. 383.
391. 392. 398. 400. 405. 406. 409. 411. 421
— 423. 431—433. II 23. 36 46. 67. 81.
107. 117. 146. 180. 233. 249. 254 364. 366.
Crusius, Joh. Mag. (Crausius) II 80 81.
Curio I 392.

Dänemark, Christian III. von, I 281. 282.
283. II 105. 195 196. 199. 200. 211. 212.
222. 223. 257 283 287. 292—294. 297.
298. 328—331. 337—343. 372. 373. 376.
Delitzsch, Liborius von, II 250. 253.
Demuth, Nicol. I 82. II 97.
Denstedt, Doct. I 70.
Deutschland resp. Haus Habsburg.
  Kaiser Maximilian I 7. 11. II 18. 96.
  272.
  Kaiser Karl V. I 21. 25. 46. 51. 53. 58.
  60. 90. 110. 145. 147. 150. 151. 154
  —165. 167. 168. 170 — 176. 178. 196.
  221. 230. 232. 235. 237. 238. 241. 254.
  256. 257. 262. 263. 269. 273. 277. 278.
  279. 289. 290. 308. 380. 383. II 5. 9.
  32. 35. 35. 37. 41. 42. 44. 45. 57—59.
  75 78. 85. 91. 103—105. 110. 115. 119.
  120. 126. 131. 142—147. 153. 154. 161
  — 165. 172. 175. 184. 186. 187. 203.
  208. 209. 210. 211— 216. 218. 220. 225.
  227. 230. 241. 249 251 254. 256 257.
  259. 262—264. 266. 267. 269. 274 280.
  281 285. 295. 301. 353. 371. 374.
  Kaiser Ferdinand (Antiochus) I 90. 122.
  150. 155. 158. 163. 164. 167. 171. 175
  177. 180 181. 220. 295. 296 298. 388.
  389. II 42. 52. 84. 85. 91. 97. 101. 103
  163. 171. 214. 227.

König Ludwig I 269.
Königin Maria I 173.
Triumphoferdinandus I 174.
Dietrich, Veit I 160. 169. 170. 174. 177. 189.
245. 276. 277. 407. 412. II 93. 100—102.
107. 108. 163. 170—172. 182—188. 263
—265 268 — 270. 310 313. 315. 318. 319.
371.
Ditzel, Conrad I 311.
Dölen, Bernhard v., I 300. 301. 303. II 59.
365.
Dolz, Joh. aus Feldkirchen (doct. Velt-
  kirchen) I 85.
Dolzigk, Hans von, I 68 — 70. 96—98. 412.
II 88. 93. 95 96. 145. 146.
Dominicus d. I 137.
Donat. Joh. I 135.
Dörfler, Ambrosius I 239.
Döring, (Goldschmidt) Anna I 288. II 364.
Dorpius, Martin I 40.
Drachsdorf. Hieron. von, II 162.
Draco. Johannes I 17. 18. 25. 28 30 — 32.
46. 47. 67. 76. 84 392. II 249.
Drandortius II 227.
Drastelius, Hieronymus II 167.

Eber, Paul II 1. 165. 166. 175 (?). 188. 306.
307.
Eberhausen doct. II 55. 76. 80 (?)
— junior II 162.
Ebner, Erasm. II 186. 270 308.
—, Hieronymus II 308.
Eck, Johann I 27—29. 44. 98. 99. 173. 297.
298. 405. 409. 415. 421. 423. 424. 432.
II 9. 69. 71. 100. 101. 174. 314 370. 374.
Ecmondensis I 43. 44.
Ehinger I 150.
Eichmann, Wolfgang II 157. 158.
Einsiedel, von, I 184. 203. 204.
Eisenberg, Wolfgang von, II 371.
Elbel, Erhard I 420.
Emblem, Laurin II 249.
Emser, Hieron. I 112. 116. (110. vgl. II 348.)
England:
  König Heinr. VIII. I 42. 211. 374 II 78.
  162. 375.
Erasmus von Rotterdam I 10 16— 19. 21
—24 27 — 29 31 — 33. 35—38. 40 42
— 47. 51— 62. 95. 109. 110. 253. II 8 68.
Ernesti (Ernst), Andr. Mag. II 3. 166
Ernst, Conrad, Syndicus II 36.
Esch (Eschhaus) I 115.
Eulenau, Andreas II 286. 293. 294.
Ezoldus I 143.

Faber, Basilius, Soranus II 272 342. 343.
—, Johannes I 87. 88 155. 173. 241. 242.
II 9.
—, Aegidius II 377.

Fabricius, Theodor. II 86.
Fachs, doct. I 341. 357. 361. II 162. 256. 262. 263.
Farnese, I 388. II 163.
Feilitzsch, Fabian von I 154.
Feldkirch, Bartholomaeus I 395.
Figenbutz, Dr. I 275.
Flacius, Matthias Illyricus II 382. 383.
Foccarius, (Fugger) II 59.
Foemelius, Joh. I 84.
Forchemius, Georg (Petz) I 67. 76. 79. 81.
—, —, (Helt) I 186. 204. 205. 213. 219—223. 226 230 — 232 242. 243. 247. 256. 260. 276. 278—280. 290—293. 299. 304. 306. 310—313 315. 316. 325. 326. 383 391. 393—397. 414. 427—429 432. 4 3. II 1 - 3. 11—15. 23. 24. 36. 97. 118 126. 148 —150. 174. 355—359. 365.366. 375. 377.
Forster, Joh. I 208. 295. 296. 304. II 260. 261.
Fotus (?), Sebastian II 133.
Franciscus, N. in Halle II 220.
Frank, Caspar I 374.
—, Sebastian I 391.
Frankreich, König Franz I. v. (Gallus) I 11. 151. 157 170 211. 226. 229. 233. 238 257. 262. 273. 277. 309. 388. 389. II 75. 77. 88. 115 — 117. 131. 154. 162. 187.
Freder, Johann I 237. 239. 263. 264. 401 —404. 410. 411. II 98—100. 105. 165 - 167.
Anna II 98. 100.
Froben, Joh. I 16.
Frosch, I 152. 178. 181 — 183.
Fröschel, Sebastian I 368. 374. II 12. 204.
Frunsberg, Georg von, I 271.
Fues, Wolfgang I 123. 125—131. 133. 134. 136—139. 141. 142. 144. 179. 185. 186. 205. 207. 377. 393. II 354.
Fulda, Abt von, I 396
Funck, Ulrich I 129.
Furman, Wolfgang II 366. 367. 381. 382.

Gallus, Antonius II 86. 293. 294.
Gans, Baltzer II 171. 190. 295. 296.
Gardiner, Bischof I 432.
Gartius, Joh. Mag. II 99.
Gaspar, d. I 8—10.
Geisel (Geisler), Valentin II 264. 265
Gengebach, Peter I 362.
Gerbelius, Nicol. I 89. 90. 98. 99.
Gierich (Gericke), Cyriacus I 299.
Gerick, Christoph II 197. 198.
Gigas, Johann II 36. 43. 278.
Glein, Hans I 184.
Glueuspiess, Philipp (Ignicuspidius) II 116.
Göde, Henning I 14 15. 26. 48. 49. 63 64 II 13. 331.
Goldschmidt, Anna — s Döring.

Goldstein, Chilian. I 421. 422. 425. II 35. 45. 69. 70. 103. 119. 134—136. 140. 144. 151. 165. 172. 177. 183. 193. 205. 214. 215. 223. 227. 228. 230. 241. 252. 253. 269. 380.
—, Anna II 253.
Gollere, Iustinus I 446.
Goltz, Moritz II 98. 103. 118. 359. 360.
Gossmann, Philipp II 1. 5 10. 17. 23.
Gottfartt, Caspar II 332
Gottsman. Kunz I 317.
Gräfendorf, Hans von, (Grebndörpher, nobilis I 7) I 96—98. II 345.
Granderin, Anna I 93.
Granvella I 390. 404—407. 409 415. 416. 420. 423. 426. 427. II 105. 251 370. 371 374. 383.
Greft, Joachim I 251. 252.
—, Paul I 251.
Greffenaw, Joh. I 17.
Gropper I 405. II 145.
Gross, Conrad II 252.
Grunholtz, Gregorius II 132.
Grymme II 16.
Grynaeus, Simon I 407. II 67.
Gualternzzi II 145.
Gunckel, Mag. I 87.
Günther, Franz (episc. Lochanus) I 83. II 346.
Gutt, Michael, Kammerschreiber II 10. 11. 81 106. 129. 132. 163. 164. 176 228. 259.
Güttel, Caspar I 108. 111. 251.
Gyssen II 202.

Haechus, Hermann I 134 135.
Halbroth, Johannes I 372.
Hau, Heinrich II 304.
Hamer, Lucas II 277.
Hase, Joh. I 129.
Haubitz, Asmus von, I 126.
Hausmann, Nicol I 207. 211. 219. 220. 231. 233. 254. 280. 291. 299 —303. 312. 446.
Haymo, Bischof II 55.
Hebenstreit, Thomas I 239. 415. 416 419. 420. 430. II 22.
Hedersleben, Bartholomaeus von, II 57.
Hedio, Caspar. I 100 129. 224. II 107. 144.
Heferlein, Simon I 373.
Hegenrod, Andreas II 288.
Heiden, Christoph von II 72.
Heimann, Andreas I 373.
Heintz, doct. I 334.
Held, Matthias II 147.
Heldendorf II 56.
Helding, Michael (Sidonius) II 165 172. 272. 303.
Helt, dr. I 388.
Henkel von Donnerstadt I 173.
Hermannus, d (s. Pfeyffer) I 8. 15. 26. 101.

III. Personen-Register. 401

Herman, Joh. II 76 257.
Hertwig, Christian I 184.
Hertzenberg, Franz I 372.
Hess, Eobanus I 1 7. 12. 13. 17—19. 25 28. 35—40. 46. 50—53. 67. 76. 77 83. 84. 117. 118. 189 193. 241. 258. 259. II 174. 188. 345.
Hessen:
Philipp, Landgraf I 140. 141. 148. 152. 159. 163. 167. 175. 194—196. 209. 220. 234. 237. 273 274—276. 279. 308. 309. 394. 396—398. II 75. 116. 147. 167. 170. 174. 176. 229. 249.
Elisabeth v. Hessen (in Rochlitz) II 71.
Hessus, Silvanus I 214—218.
Hetzler, Ambrosius II 110. 219. 376. 377.
Heusenstamm, Sebast. von, Erzbischof II 167. 173.
Hieronymus puer I 84.
—, syndicus I 258.
Hildesheim, (Bote) II 284.
Hildebrand, Bartholomaeus I 373.
Himmel, Augustin I 127—129. 133. 134. 137. 139.
Hippolitus, Severin I 373.
Hirsfeldii I 83.
Hirsfeldt, Bernhardt von I 144.
Hofer, Egidius I 179.
Hofmann, Johann II 357. 358.
Hofmannus, adfinis Ionae II 229. 332 (derselbe wie Joh. Hofmann?)
Hogendorf consul I 123.
Holen, Valentin II 330.
Holstenius II 101.
Holtegel notarius I 26. Abt von Walkenried II 36. 80. 81.
Honold, Hans I 178. 183. 269—272. 295.
Hornburg, doct. II 55.
Hoya, Grafen von II 356.
Huber, Caspar I 227.
Hügel, Andreas I 305. II 1. 7.
Hus, Johann I, 90. II 310.
Hütener (Huttener)Adolarius II 35. 238. 242.
Hutten, Ulrich von, I 50—52. 60. 72. 111. 8.
—, N. von, I 147.
Hutter, Joh. (Pilearius) I 20. 103.

Iacob, s. Steyrer.
Iacobi, Leonhard II 152. 154—156. 379.
Iacobus puer II 300.
Ibach, Hartmann I, 86. 87. II 317.
Iheisa, Gregor I 187.
Iohannes N. I 108.
Iohannes minister Ionae II 131. 133. 145. 150—153.
Iohannes diaconus Hallensis II 110.
Iohannes d I 190.
Ionas, Iustus passim.
sein Vater I 101. 443. II 273.

seine Schwester I 10. II 94. (?)
sein Bruder Berthold I 13. 14. 83. II 82 —85. 225.
seine 1. Frau Katharine I 109. 149. 374. 392. 404. 420. II 49. 71. 77. 80. 87—92. 94. 95. 97. 98. 107. 376.
2. Frau Magdalene II 102. 103. 106—109. 119. 196. 229—231. 239. 245. 258. 280. 281. 286. 289. 290. 293. 309.
3. Frau Margarethe II 308.
Söhne: Justus I 102. 109. 110. 148. 236. 315. 331. 382. II 71. 77. 80. 82. 89. 90. 92. 100. 103. 107. 111. 116. 117. 120. 182. 153. 187. 188. 192. 193 196. 197. 199. 200—202. 206. 209—212. 226. 239. 247. 249. 272. 276. 279. 308. 322 323.
Sohn † 1527. I 104. 109. 110.
Friedrich I. I 148.
Friedrich II. I 148. 149. 161. 436.
Zwillinge Martin I. und Katharina I 197. 201. 236. II 91.
Paul II 57.
Sophie I 236. II 91. 273.
Joachim I 331. II 91. 92. 376. 382.
Philipp II 293.
Iohannes II 279.
Martin II. II 229. 239. 258. 293.
Schwager II 120.
Schwiegereltern II 176.
Iovius, Paul I 269. 270. 272. 278.
Isenbergensis II 80. 87. 90.
Italus, Gregorius I 409.
Juden II 88.
Jüdischer Arzt II 71.
Iulianus (Medici) I 11.
Jülich, Herzog von II 88. 93.
Jungermann, Valentin von Zerbst I 14. II 345.
Iunius II 65.

Kanthengiesser, Caspar (Joh.?) II 226. 238. 241.
Karlstadt, Andreas I 48. 49. 69. 75. 81—83. 85. 97. 126. 129. 229. 141. II 65 69. 310.
Kaufmann, Fabian (Mercator) II 259.
—, Cyriacus I 173.
Kaugsdorf I 184.
Kegel, Andreas II 254.
Keisersberg, Geiler von I 438. 440.
Kelner, Wolfgang II 4—6. 10. 16. 169.
Ketscherus (Kitzscher), Joh. von, I 3. 129. 393.
Kirchhof, Valentin II 213.
Kiswetter, Hieron. Kanzler II 290.
Kitzingus, II 238.
Kling, Conrad Franziskaner I 110. 116. II 225 (?).
— Melchior I 415. 420. II 86. 250. 254. 265. 270. 290. 291. 302. 382.

Knobloch I 142.
Knot, Paul I 137. II 334.
Koch, Georg I 373.
Konritz, Erasm. von, (Conritz, Contius) II 224. 290.
Kosewelven, die I 135.
Kötteritzsch, Sebast. von I 121. 123. 124. 126. 143. 144.
Krafft, Adam I 21. 37. 79.
Kram, Ascha von I 98.
Krappin, die alte I 200.
Krause, doct. I 112.
Krautwald I 100.
Kres. Joh. I 137.
Krosigk, von II 55.
Krottenschmidt, Nicol. I 239.
Kulsamer, Joh. II 347. 348.
Kürbanch, Wenzel II 191.
Kymeus (Cymeus) I 224. 225. 240 - 242. 293.

Lambert, Franz I 85.
Lambsdorf, Ludwig II 157.
Lampadius, Author II 68.
Landstettner, Franz II 33—35.
Lang, Joh. I 18—20. 27—31. 75—79. 82—84. 109. 110. 116. 117. 122. 145. 146. 180. 181. 190. 191 237 238. 369. 426. II 61—63. 79. 82—86. 119. 120. 143. 172—174. 224 - 227. 237. 238. 241 242.
Langaeus, Joh. Bischof von Paris I 225. 232.
—, Wilhelm I 232.
Lapi, Thomas I 446.
Lasko, Joh. von II 270.
Lassky I 388.
Latomus I 43. 62.
Laurentius, Fuhrmann II 244.
—, Prediger auf St. Annaberg I 364.
Lanterbach, A. I 205—207. II 146. 354.
Lee, Edward (Lens) I 21. 43. 45.
Leisnig, Hugo, Burggraf von, I 203.
Lembergius, Petr. Gorlitzensis I 297. II 100.
Lemberg, Paul I 93.
Lemnius, Simon I 294.
Lendergut, Ludov. (Londergut, Mistotheus de Rayn) I 2 3. II 345.
Lening, Joh. (Henricus Neobulus) II 82. 83.
Lenscher, Blasius I 136. 138.
Leo X, I 10. 11. 58. 60.
Leodiensis episcopus I 164.
Lescher, Thomas I 373.
Liebe, Michael II 224.
Lindemann, Caspar I 223
Lindenau, nobilis de I 137.
—, Sigism. Bischof I 225. II 46. 71. 113
— — , Dekan II 165
—, Paul I 326.
Lindener II 205.
—, Joh. II 299. 302.
Link, Wencesl. I 83. 170. 171. 181. 190. 272.

298. 318. 319. 380. 407. 415. 422. II 108. 169. 170. 186.
Liptitz, Clemens I 141.
Litz, Sebastian musicus II 291.
Loaysa, Garcia de, Cardinal I 151.
Loner, Caspar I 361. 367—370.
Longicampianus I 125.
Lonicerus I 129. 240.
Loser (Löser), Hans I 101. 183.
Lotter, Melchior II 367.
Ludecus (Ludecke), mag. I 422.
Luderus, Hans II 48.
—, Matthias II 48.
Ludwig, dr. II 180.
Ludwiger, Balthasar II 119.
Lufft, Hans (Aërius) I 111.
Lüssel, I 341. 357. 361. II 162.
Luther, Mart. I 43—46. 48 51—55. 57—62. 73. 76. 79. 81. 83. 87. 90. 91. 93—107. 109—116. 118. 119. 121—137. 139—141. 143—165. 167—171. 173—177. 179. 181—185. 187. 188. 192. 193. 196—211. 214. 218—222. 226—230. 233—238. 240. 244—248. 250—253. 258. 260. 263—266. 268—274. 276. 278. 280. 282 287—298. 300—305. 307. 308. 310—330. 333. 334. 340. 348. 350. 359. 366—374. 376—378. 380—384. 391—396. 398. 401. 402. 404. 407—414. 418. 420. 425. 427—429. 431. 434—438. 440. 442—447. II 4. 7—9. 12. 14. 21. 34—39. 43. 48. 49. 52. 55. 57. 63. 67—69. 74. 77. 80—82. 84. 87—89. 91—93. 97—99. 101. 102. 105—108. 111. 116—118. 122—124. 126—128. 131. 132. 135. 137—139. 141. 144. 146. 147. 149—151. 153. 155. 156 160. 161. 163—170. 174. 176—189. 191—193. 195. 196. 198—200. 211. 223. 237—239. 242. 251. 259—261. 264. 265. 269. 272. 276—278. 282. 287—289. 295. 296. 299. 300. 302—306. 308. 310 - 319. 325 328. 331. 332. 337—340. 343. 344. 346—350. 353—355. 357. 359. 362. 365—367. 371. 372. 375. 376. 380.
Schriften: Comm. zu Genesis II 264. 282. Hosea II 163 Micha II 84. Bergpredigt I 196. Galat. II, 312. Summaria Psalmorum I 201. 202. II 282. 350—353. Ecclesiastes Salomonis I 194—196. Dass Jesus ein geborner Jude I 93. de servo arbitrio I 95. 98 Schrift an die Reutlinger I 102. an die Waldenser I 102, an Joh. v. Anhalt II 34, ad eccl. Erphord. I 76. Vermahnung an seine l. Deutschen II 210. an die Geistl. I 153. 154. II 67. Von Conciliën u. Kirchen II 196. 282. 337—343. Hallische Predigt II 225. Predigt von den 10 Aussätzigen I 76. Von der Winkelmesse I 201. 203.

204. Neues Testament I 367. Homiliae de baptismo II 99. 105. Hauspostille II 101. 312. Kirchenpost. II 312. Neue Zeitung vom Rein II 84. Wider Hans Worst I 418. 426. 428. Von den Juden und ihren Lügen II 97. 98. 116—118. Contra papatum Romanum II 153. 161. 168. Brunsvicensem non esse liberandum II 174. Opera Tom. III. II 282.
Luther, Katharina I 94 104—106. 110. 112. 115. 146. 156. 174. 882. 383. II 69. 77. 120. 177. 183—185. 196. 199. 200. 223. 230. 283.
—, Hans I 106. 110. 115. 148. 156. II 183. 185. 196. 282. 283. 295.
—, Martin II 177 183. 185. 196.
—, Paul II 177. 183. 185. 196.
Töchter: I 115. 116. 156. 218. II 82. 111. 185. 196.
Muhme Lene I 156.
Lycosthenes (Wolfhard), Bonifacius I 183. 227. 228.

Madruzzo, Christof II 142. 248. 249.
Magdeburg: Johann Albrecht, Coadjutor, hernach Erzbischof von. II 2. 4—6. 8. 10. 12—14. 16. 18. 19. 45. 55. 71. 104. 125. 141 (?) 158. 167. 170. 171. 173. 192. 209. 213—218. 258. 262. 263. 266. 267. 280 —282. 284. 285. 332.
Magenbuch, doct. II 108. 170. 186.
Mainz, Albrecht v., I 58. 79—82. 157. 160. 164. 174. 183. 184. 187. 205. 230. 245. 253. 254. 274. 276. 432. II 1—3. 5. 8. 10. 11. 16. 82. 83. 87—39. 41. 42. 48. 59. 64 82. 84. 86. 88. 91. 97. 104. 108. 115. 147. 165. 175. 192. 332. 355.
Maior, Georg I 425. II 51. 52 69. 70. 138. 139. 141. 177. 187. 192. 227. 230. 250. 259. 273. 300. 307.
Maltitz, Joh. v., Bischof v. Meissen II 76.
Malvenda II 177.
Mansfeld, Grafen von, II 165. 176. 180. 182. 183. 195 280. 356.
— Albrecht I 93. 95. 108. 160. 296. II 178 —181. 201. 202. 278.
seine Gemahlin II 179.
— Ernst II 87.
—, Johann Georg II 86. 87. 180. 181.
—, Philipp II 86. 87.
—, Hoyer I 201. 205.
Mantel, Johann, Capl. in Wittenberg II 12.
Manteufel, Erasmus, Bischof von Camin I 221. II 359.
Marckard, Engelhard I 373.
Marquardus dr. II 259. (Marquard v. Stein?)
Marthen, Gerlach v. d., I 4.
—, Herebord v. d., I 4. 14. II 83.
—, Martin v. d., I 14. 78 (?)

Matthias d. in Hoëkirchen I 10.
Matthias, Thomas II 268.
Mechler, Aegidius I 76. 110. 237. 238. 257. II 120. 148. 242.
Medler, Nicol. I 239. 254. 255. 259. 260. 263. 416. 417. 430. II 20—22. 41. 50. 51. 54. 81. 82. 221. 224. 230. 232. 233. 235. 236. 238. 268.
Meienburg (Meyenburg) Mich. I 115. 118. II 61. 62. 80. 223. 252—254. 273. 278. 289. 328
Meier, Moritz II 161.
—, Sebastian I 227. 228.
Melander, Dionysius I 276. 280. 396.
Melanchthon, Philipp I 60. 62. 69. 77. 81. 84. 85. 94. 97—99. 104. 108. 109. 112—114. 116—118. 121—125. 128—130. 134—137. 139—141. 143—147. 149. 152. 155—160. 162—165. 167. 168. 170—173. 179. 181. 183 - 185. 191. 197—200. 202. 203. 207 —214. 218. 222. 225. 227—234. 236. 237. 239. 242. 244 245. 247—252. 254. 256. 259. 260. 269. 270. 272. 273. 277. 281—283. 288. 291. 292 294 301. 303. 305 308—313. 318. 323. 330. 335. 340 371. 374. 377. 378. 380—384. 387. 391—394. 396. 398. 401. 404. 405. 409 411. 414. 416. 420—424. 426. 428. 429. 431 - 433. 446 447. II 1. 3. 22. 35. 37. 38. 44. 48. 58. 67. 70. 71. 77. 81. 86. 87. 89. 91. 92. 98. 100. 101. 103. 106. 108. 109. 111 116 - 128. 120. 122. 124. 125. 127—129. 132. 136. 138—142. 146. 147. 149. 151. 153. 154. 156. 158 - 160. 163—165. 170. 174—177. 180. 182—184. 186—189. 192. 193. 196. 198. 199. 201. 202 204 206. 208. 209. 212. 219. 220. 222. 223. 226—230. 232—234. 238—240. 212. 243. 245 — 250. 254—257. 260. 261. 268. 270—273. 276. 280. 282. 284. 288—291. 301—303. 306—308. 310. 313. 319—323. 325. 339 346. 349. 350. 357. 360—367. 370—375. 378—380. Melchior, Bischof v. Würzburg II 340. 343.
Melosingus I 46. 79. 146. 237. 238.
Menius, Justus I 109. 110. 328. 364. 365. 380. II 83. 143. 152.
Mensing I 178. II 358.
Mercurinus, Kanzler I 150. 151. 157. 159. 161.
Mergenthal, J. I 393.
Metz, Matthias II 6 - 10. 13. 14. 53. 193. 256. (Ionamastix? II 67. 71.)
Metzdorf, Wolfgang von II 377.
Metzsch, Hans von I 121—124.
Michael, doct. II 87. 90.
—, Abt in Nürnberg II 186.
—, Gregor II 219.
—, gener Seb. Litz II 291.
—, in Erfurt I 146. 190.

Micyllus I 236.
Mila, Bernhard v. I 420. II 166. 218.
Milde, Dr. Michael II 2. 8. 13. 21. 88 89. 66. 90. 92. 253. 259.
Milichius, Jacob I 209. 210. 245. 392. 446.
Milta (?) I 374
Milwitz, Georg I 191. II 34. 61. 62. 83—86. 242.
Minkwitz, Johann v. 186. 200. 214 II 76. 113.
—, Christof v. II 76.
Miritz, Cämmerschreiber II 86.
Mithobius, Burcard II 249.
Mocbyna. Margarethe I 115.
Moerlin, Max I 334. II 212. 213. 274. 275. 295.
—, Iodocus II 274.
—, Joachim II 274. 313.
Molitor, Michael II 173.
—, Jacob I 374.
Moller, Hans, auriga II 129. 130.
—, Lorenz II 229. 233. 240. 245. 246. 249. 307.
—, Sebastian und Georg, Mansfeldenses II 253.
Moninger, Martin I 198.
Monner, Basilius I 118. 119. 157 (?). II 143. 168. 169. 188. 189. 227. 252.
Morch, Aegidius I 341. 357. 361.
Mosellanus, Petrus I 28. 29. 44. 45.
Moshaim, Rupert von I 432.
Mount, Christof II 145.
Müller, Caspar I 108. 160.
—, Joachim I 373.
Münsterberg, Fürstin von I 408. 409.
—, Herzog Heinrich von II 56.
Münsterer, Sebaldus I 246. 249. 255. 260. 273.
Münzer, Thomas I 93. 255.
Musa, Anton I 234. II 126. 132—134. 151. 153. 156. 161. 165. 166. 168. 198. 220. 379.
Musculus, Wolfgang (Meislin) I 183. 227. 228. 253. 405.
Mutianus (Moetianus), Conrad I 4—7. 10 —12. 20. 21. 27. 32. 49. 74. 77. 117. II 72. 187.
Myconius, Friedrich I 110. 111. 118. 119. 127. 156. 157. 257. 258. 310. 326. 340. 344. 357. 361. 371. 405. 406. II 18—20. 71—73. 141—143. 152. 192. 366.
Mylius, Joh. I 242.

Nagel, Christoph II 167. 168.
Naogeorgius, Thomas (Kirchmaier) I 254. 255. II 199.
Nassau, Graf von I 147. 233.
Nathin II 287.
Natter, Leonhard II 361.
Naumann, Ambrosius I 185. 186.
Nausea II 1.

Naves, Vicekanzler II 175.
Neander. Michael II 303. 304.
Nesen, Wilhelm I 43.
Nonhagen (?), Christoph II 279.
Noviman II 16.
Novinianus II 71. (ob identisch?)
Nuberus, Veit I 371.

Obsopoeus, Vincentius I 197.
Ochsenfort I 358.
Ockel (Okel) II 1. 16.
Odasio, David, Mag. II 145.
Oecolampadius, Joh. I 93. 99. 100. 114. 129. 182. II 161.
Oethe, Jacob (Dr. Otto) I 5. 102. 110. II 155. 156.
Oettingen, Graf Ludwig zu I 198. 199.
Osiander, Andr. I 89. 190. 199. 297. 298. 407. 422. 432. II 102. 108. 170. 186. 269. 271. 309 —321.
Otto, d. I 26.
Otto, (Otho) Antonius I 300. II 261. 262. 265. 266. 272. 275—279. 288. 289. 299 — 304.

Paceus, mag. I 185. 186. II 162.
Pack, Otto von I 242.
—, Hans von I 335. 337—339. 340.
Pannonius, Christoph I 422.
Pappenheim, Joach. I 147.
Parys, Urban I 407.
Paul III. I 230. 232. 244. 252. 388— 390. 415. II 38. 46. 77. 78. 103. 115. 117. 142 —147. 153. 154. 172. 176. 203. 208—211. 248—251. 264. 295. 298.
Pauli, Benedict I 93. 121. 123. 126. 143. 144. 179. 180. 185. 201. 415. 425. II 334.
Pelargus, Dominikaner I 415.
Perrenot, Antoine, Bischof v. Arras. II 259.
Peschel, Gregor I 400. 401.
Peter, Balbier I 228. 229. 280. 402.
Petrejus I 7. 77. 84. 110.
Petrus (Isenburg.?) II 90.
Peucer II 320.
Peutinger, Conrad I 2.
Pfalz, Kurf. v. d. I 156. 237. 297. II 115.
—, Philipp, Bischof v. Freisingen I 417.
Pfeffinger, Joh. I 348. 349. 361. II 3. 92. 165.
Pfeyffer, Hermann I 54.
Pflug, Julius I 145. 253. 331. 334. 337. 338. 405. 420. 421. 431. II 56. 79. 174.
Pirkheimer, Bilib. I 58.
Pistorissa I 325. Lorenz, ihr Gemahl 325.
Pistorius, (Niddanus) II 171.
Pistorius, Friedrich, Abt zu Aegidien in Nürnberg I 170. 171. 178. 189. 190. II 307—309. 322.
Pistorius, Simon doct. I 151. II 71. 257. 258. 263. 356.

Planitz. Georg von I 387.
Plateanus, Petrus II 360. 361. 364.
Plesse, Georg (von Eimbeck) Abt zu Walkenried I 20.
Plesche, Georg II 254.
Pletener, Tilem. I 74. 75.
Poach, Andreas II 7. 219. 220. 265. 266. 272. 278. 300. 302.
Polerus (Polorus), Matthaeus I 373. 374.
Politianus, Angelus I 36.
Polrose, Jacob II 309.
Pommern, Herzöge v. I 172. 211. 221. 406.
Ponigkau, Hans von II 139. 140.
Pontanus, Joh. Jovianus I 48.
Portunus, II 143
Premsel, doct. Torgaw I 96. II 348.
Preus, Dietrich I 393.
Preussen, Herzog Albrecht von II 170. 171. 189. 190. 207 – 209. 279—283. 295—297.
Puff, Jacob II 335.
Pupler I 357.

Queiss, Heinrich I 404.
Querhammer (Q. Malleus, κεράμερος), Caspar II 1. 5. 16. 17. 73. 191. 193. 220.
—, Petrus II 73.

Rabe, Ludwig I 249. 260. II 287.
Rachwitz, Paul von. I 252.
Raida, Balthasar I 188. 189.
Raschi·z. secretarius II 76.
Ratzeberger, Matth. II 143. 169. 227. 272. 283. 289. 302.
Rauchhauptinna II 63—65.
Rauh typographus I 230.
— —, Ambrosius I 325.
Rauscher, Hieron. mag. II 102.
Rebeis, Franciscus II 3.
—, Hieronymus II 3.
—, Lorenz I 27. II 3.
Rechenberg, Rudolph von. I 330.
Reider, Melchior II 200. 201.
Reydysel (Riedesel) secretarius I 98.
Reifenstein, Wilhelm I 87. 88. 116. 129.
Reimann, Johannes I 373. 374.
—, Nicolaus I 374.
Reinfelt, Joh. I 119. 120.
Reinhard, Jacob, Kanzler II 236.
— —, Laurentius II 165.
—. Martin I 97
Reintzsch (Reinitsch. Reiniczsch. Renitsch, Renitzsch) II 129—131. 163.
Rem. Andreas I 92. 93. 183.
—, Lucas I 93.
—. Wolfgang I 93.
Reuchlin, Joh. (Capnio) I 12 13. 58.
Rhegius. Urban. 193. 152. 160. 213. 227. 282. 283. II 39. 59. 67 68. 99. 166 174. 188. 357.
Richardus, Joh. Prediger II 197.

Riebisch, Kanzler II 104. 151.
Riedel, Melchior I 358. 408. 109.
Rinck, Wilhelm I 296.
—, Johannes I 384.
Rinkestelt, Franz I 141. 142.
Rittberg, Graf v. n. Weisburg II 166.
Rockenhan II 60.
Roda, Paul von, II 174.
Rodericus, Diener des Fürsten Georg v. Anhalt I 226.
Röder, Oswald II 382.
Römer, Georg I 93.
Rörer, Georg I 110. 111. 228. 229. 105.
Roperti, Wendelin II 3.
Rorich. Georg I 373.
Rosa, Johannes I 368. 373.
Roschick, Gregor II 368 373.
Rosenecker, doct (Ronsenaecker) II 21.
Rosenains (?) I 47. 48.
Rosenburg, Johannes I 293—294.
Roth, Stephan I 197. 297. II 348.
—, Jacob I 374.
Roting (Röting), Michael, I 118. II 308. 313. 319. 322. 348.
Rotschicius, Wolfg. I 244.
Rotstock, Joh. I 264. 265.
Rudtfeld, Ambrosius (Luthers Diener) II 177—179.
Rudolph, Thomas I 235. II 277.
Ruelh (Rüel), Joh I 102. 103. 108.
Ruellins, Ioan. Parisiensis II 297.
Rurer, Joh. I 165 - 167.

Sabinus. Georg I 193. II 207. 209. 282 295.
Sacerus, Joachim II 96.
Sachsa, Jacob de. I 75. 76. 81.
Sachsen : August Kurfürst II 118. 134. 146. 155. 214. 230 239. 285. 287. 293. 298. 329. 330 334 –337. 342. 367.
 Friedrich. Kurfürst I 24. 42. 48. 49. 62 —66. 68. 70—72. 74. 75. 77. 85. 88. 92. 104. 132. 133. 234. II 60. 95. 96. 103. 122. 125. 309. 331. 332. 334. 356. 380.
 Georg. Herzog I 112. 114. 122. 144. 148. 151. 174. 203. 204. 211. 214. 230. 237. 253. 254. 274. 297. 303. 324. 326. 348. 353. 365. 423. 447. II 85. 371.
 Heinrich, Herzog I 48. 214. 254. 274. 325 —330. 332. 333. 335. 336. 339. 342. 345 —347. 350—352. 362 - 366. 368. 372. 379. 380. 393. 447. II 215. 366. 367.
 Johann, Kurfürst I 92. 94. 96. 97. 121. 122. 125. 126. 130—132 135 143. 144. 145. 147. 153. 159. 167. 175. 176 178 —181. 183 185. II 125 308 309. 334.
 Johann Ernst, Herzog I 201. 202. 334 —337. II 271. 275. 294 295. 298 303. 323. 346 348. 350—353 362 363
 Johann Friedrich, Kurfürst I 91. 92. 123.

124. 185. 196. 199. 200. 202. 209. 214.
220.226 - 230.232—238.250. 254. 263.
269. 273—275. 278. 280 281. 284.
308. 309. 327—330. 334—349. 356
—367. 374. 377. 380—382. 397. 404.
417. 418. 428. 429. 447. II 2. 10. 21.
65. 75. 82. 98. 120—128. 134—142.
146.170.173. 177—182. 186. 187. 192.
195. 209—211. 214. 215. 223—225.
227. 230. 234. 241 270 274. 309. 322.
325.327. 329—331.333. 334. 349. 352.
367.
Seine Söhne II 168. 169.
Joh. Friedrich der Mittlere II 325—328.
331 337.
Joh. Friedrich der Jüngere II 325—328.
331—337.
Joh. Wilhelm II 214 325 - 328. 331—335.
Katharina. Herzogin I 378. 579.
Moritz, Kurfürst I 274. 378. 384—387.
411. II 71. 75 136. 161. 167. 180.181.
207. 213—218.222.224. 227. 228. 230.
238. 242. 247.248.250. 254—260. 262.
284. 285. 287. 294. 306. 333. 380.
Sibylla, Kurfürstin II 168. 189. 227. 326.
Sack, Siegfried II 292.
Sala, Margarethe von, I 394.
Salm, Graf Nicol. von, I 151. 157.
Salzburg. Bischof v., I 162. 164.
Sarcerius II 54. 321.
Schad, Thomas I 373.
Schalbe, Caspar I 46.
Schaubius, pastor Bornensis II 77.
Schechtel I 183.
Scheckebachius II 83.
Scheidnig II 45.
Schenitz (Schönitz), Anton I 235. 236. 246
—250. 255—257. 260 262. 273. 276.
277.
—, Hans I 245—250. 256. II 20. 126.
Schenk, Jacob I 301. II 54.
Schepper (Schopper), Cornelius I 159. 162.
Schering, Hermann II 354.
Scheurl I 299.
Schirl, Heinrich I 361. 362.
Schlaginhaufen, (Ochlopectes, Turbicida)
II 157. 287. 354.
Schlesewigk, Hans, Stadtschreiber II 80.
Schmid, Andreas I 373.
Schneidewin, Heinr. I 259.
Schnel. Georg I 377. II 287.
Schnepf, Erhard, I 148. 152. 165—167. II
174. 302.
Schönberg, Joh., Moritz und Wolfgang von
II 299.
—, Caspar von I 330. 359.
—, Antonius von I 347 318. 362. 363. 380.
—, Ernst von I 360.
Schoner I 277.

Schörkel, Sigismund II 192.
Schreiner, Joh. past. Grimmensis II 75.
Schroter, Lorenz I 357.
Schulenburg, Busso von II 110.
Schuler, Thomas consul II 73.
Schultheis, (diversorium) I 104.
Schumann, Benedict II 20—22. 11. 50. 51.
54. 78. 81. 82. 87. 104. 191.200. 201. 220.
221.
Schurf, Hieron. I 71. 89. II 347 (Stursius.)
—, Augustin, I 105. 123 225. 302. 304.308.
II 18. 36. 174 348.
Schurstab, Leopold II 169. 170.
Schwartz, Peter II 49. 50.
Schwarzburg. Graf von II 179.
Schwarzenberg. Joh. von I 97. 98.
Schwebinger, Sebast. II 20—22.
Schwenkfeld, Caspar I 100. 391.
Sebastianus, pictor I 230. II 359.
Seiler, Gerion I 183. 227. 228. 253.
Seydel, N. (?) II 32. 33. 41.
Seteler, Georg II 166. 167.
Sfondrato, Franz II 143. 154.
Sibold, Jacob mag. II 302. 304.
Sickel, Joh II 288.
Sickingen, Franz von, I 52.
Sieberger, Wolf I 408.
Simon, NN. Prediger I 127.
Sindringer, Bleikard I 400.
Skeel, Hermann II 372.
Solinus I 367.
Solms, Reinhard, Graf von, II 197. 198.
Solymannus I 270. 279. II 146.
Spalatin, Georg I 3. 17—49. 62. 63. 66. 68
— 70 72. 77. 79. 86. 87. 91. 95. 104. 111.
119. 132—135. 137. 143. 157. 160—162.
168. 179. 187. 192. 193. 199—201. 206.
212. 213. 220 234—237. 244. 250. 263.
272. 275. 327—330. 337. 346 348. 362.
363. 366—371. 373. 374. 377. 378. 380.
424—426. II 37. 41 59. 60 65—67. 77.
78. 87. 88. 92—97. 101 103. 104.106.107.
113. 114 119. 149. 174.308. 316. 321.(?)
355—357.
Spangenberg, Johann II 3. 4. 35. 36. 43. 47.
48. 93. 94. 202—205. 223. 252—254.265.
301. 379.
—, Cyriacus II 301.
Speckwagen I 282.
Spengler, Lazarus I 190.
Spiegell, Jurist I 7.
Spiegel, Erasmus I 104. 199. 200. II 75.
Sprecher, Mag. I 302.
Sprencius, Georg I 26.
Stacius, Hans I 294.
Stackmannus I 123.
Staden, Jacob (Stratner?) I 377.
Stadiou, Christoph von, I 171. II 103.
Star, Severin I 101.

Starschedel, Theodor von, II 75.
Stauffen, Argula von, I 164.
Staupitz, Joh. von, I 42.
Stehelin, Wolfgang I 48. II 346.
Stein, Wolfgang II 165.
Steinrich, Heinrich II 190.
Stephanus, NN. II 234.
Steyrer, Jacob I 302. 311. 313—315. 382. 417—419. 421. 432. II 382.
Stiefel, Michael I 200.
Stigelius II 99. 100.
Stisser, Balthasar, II 253.
Stöckel, Blasius I 221. II 359.
Stolberg, Graf Wolfgang II 273.
Storm, J. heroldus I 174.
Strassburg, Bischof von, (Graf Wilhelm v. Honstein) I 437—443.
Stratner, Jacob(I 377?) II 86.
Strauss, Hintz II 254.
Streube, Margarete II 200. 201.
Strobel, Christoph I 372.
Stromer, Heinr. Aurbach, I 325. 341. 357. 361. II 71. 366.
—, Wolfgang I 162. 178 319.
Stumpf, Johannes I 373.
Sturm, Jacob I 155. 281.
—, Johann I 309. 424. II 370.
Suelms (?) 17.
Sultzer, Simon I 280—281.
Susse, Laurentius II 265. 275.
Sylvius, Emericus II 58.
Syrus I 108.

Tau, Eberhard de I 129.
Taubenheim, Hans von I 119. 121. 123. 124. 263. 399.
Teichgreber, Friedr. II 43. 47.
Teichmann, Johann I 414. 417.
Teitleben, doct. II 250. 370. 371.
Tetzel, Tetzlerus I 31.
Thojanus (?) I 76.
Thomas, Heinr., Bürgermeister I 26. 27. 101.
—, —, dessen Sohn I 27.
Threskaw, Arndt von II 267.
Thür, Joh. I 108.
Tilonius I 67. II 345.
Trient, Bischof von, I 164.
Trier, Kurfürst von, I 156.
Trutfetter, Jodocus (doct. Isennachus) II 237.
Tucher (Teucher, Tuecher) II 45. 55. 76.
Tumelyn (Tümmel) II 17.
Türk, Dr. I 274. 275. II 17. 56. 76 229.
Türken, die I 122 136 140. 141. 170. 181. 211. 226 254. 257. 262. 269—272. 277. 279. 288—290. 295. 298. 308. 309. 381.

383. 388. 426. 431. II 2. 48 52. 55. 57. 68—71. 73—77. 81. 83. 84. 91. 93. 98. 105. 108.111 115. 116.146.147.171.172. 204. 230. 368—370.

Ulscenius, I 75.
Unrey, Caspar II 117.
Unreyn, Johannes I 127.
Urbanus, Heinr. I 3. 28.
Urceus, Codrus I 36.
Usingen, I 28. 156.

Valdez, Alphons I 171. 172.
Valla, Laurentius I 72.
Vehe, Michael II 16. 46.[1]
Vergerius I 211. 234.
Vigilius, Stephan I 183.
Vogt, Beichtvater I 49.
—, Melchior, notarius II 43.
Voit, Gregor I 373.
Voltzke, Simon, (Volseus) I 6.
Volzius abbas, I 16.
Vorchopolita, I 53.

Wahl (Wahlen), Jacob II 123.
Waldeck, Graf von II 171.
Waldefels, Martin I 104.
Walduf, Christoph I 297.
Wallrod, Johann II 202. 203.
Walrod, Matthias von II 320.
Walthausen, Justus, mag. II 240.
Walwitz, Joh. von II 267. 287.
Wanckel, Matthias I 395. II 130. 131. 162. 164. 191. 199. 200. 207. 219. 220 223. 228. 273.
Warbeck, Veit I 94. 95.
Weber, Johann I 328.
Weeze, Joh. von, (Vesalius) Erzbischof von Lund. II 75.
Weidemannus doct. I 76.
Weinhart, Ambros. I 111.
Weinmar, Michael I 227. 228.
Weiss, Joh. (Albinus) II 121. 128. 130. 131. 133.
Weitzenburg II 202.
Weller, Hieronymus I 236. 239. 240 244. 278. 283 378. 379. 112—114. II 58. 59. 129. 276. 277. 299. 301. 302. 304—306. 343. 344. 365. 382.
Dessen Brüder I 239. II 129. 277.
Wende, Andreas II 228. 251. 272.
—, Vitus (Wendt) I 184.
Wenden, Simon v., I 301.
Wendelin, mag. I 312. II 61.
Werder (Werther) Lorenz I 53. 126.

---

[1] Wahrscheinlich ist an den angegebenen Stellen doch nicht von dem Theologen Mich. Vehe, sondern von dem doct. Wihe die Rede; über das Todesjahr jenes dürfen daher aus diesen Stellen Schlüsse nicht gezogen werden.

Wesener, Joh. II 74. 75.
Westerburg, Gerhard. I 130.
Widemann I 341. 357. 361. II 162. 229.
Wied, Hermann von, II 103. 106. 115. 147. 176. 186.
Wigand, Jacob I 373.
Wibe, doct. II 16 46. (vgl. Vehe.
Wilde, Simon, mag. II 180.
Wilhait(?) I 183.
Wilhelm, Caspar, mag. II 273.
Wimpina, Conrad I 156. 178.
Windisch, Chilian I 429.
Winkler, Georg II 20. 290
—, Thomas I 373.
Witzel, Georg (Agricola Phagus) I 185. 187 —189. 201. 205. 214—220. 255. 329. 341.
343. 345. 359. II 9. 71 367. 374.
Wolferinus, Simon II 204.
Wolfram. Simon II 227.
Wolrab I 341. 343. 345. 359.
Wuest: Christoph II 321.
Württemberg, Herzog Ulrich I 303. II 176.

Zele, Matth I 100.
Zeyner, Caspar I 361. 377. 393. II 59 277.
Ziegler, Zeigeler, Bernard I 159. 229. II 52—54. 92.
Zoch, Moritz (Zcochius) II 187. 195. 196. 199. 211. 212.
Zwingli (und Zwinglianer) I 97 100. 101 152. 155. 169. 176 II 318.

IV. Orts-Register.

Aachen I 180. II 88.
Adorf II 214.
Alstedt II 60. 356.
Altenburg I 3. 118. 119 133. 171. 199. 201.
  235. 236. 346. 373. 374. 391. 392. 425.
  430. II 65. 66. 77. 78. 87. 92—96. 113.
  114. 119. 138. 149. 355.
Amberg I 305.
Anderlecht I 62.
Annaberg I 211. 339. 356. 361.
Anspach (Onolsbacchium) I 94. 167. 198.
  422. II 65.
Antwerpen I 24. 383.
Arras (Atrebatensis. Harris) II 142. 175.
  259.
Arnstadt I 377.
Augsburg I 93. 143. 145—178. 183. 196. 213.
  227. 228. 233. 241. 242. 254. 269. 270. 272.
  279. 296. 299. 304. 347 443. II 9. 59. 67.
  96. 103. 122. 142 194. 236 240. 244. 251.
  257. 259. 263. 269. 281. 285. 301. 308.
  318. 354. 356.
  über Augustanus-Interim II 282.
Avignon I 85.

Baden (in der Schweiz) disputatio Badensis
  I 98.
Bamberg I 178. 213. II 109. 323. 347.
Basel II 65. 357.
Bautzen, Budissin I 257. 258. 368. II 198.
Belgern I 226. 348. 349. 361. 384.
Belgrad I 381.
Belzig I 135. 136. 139. 142. 143. 185. 281.
Berlin I 282. 283 II 58. 73. 76. 86
Bernburg I 299 400. II 110. 357. 376. 377.
Bitterfeld I 120. 121. 123—126. 135. 144.
  252. 368.
Bologna I 145. 253. 265.
Bonn II 107.
Borna II 77. 118.
Brandenburg II 79. 80. 86. 291.
Braunschweig I 273. 280—283. II 78. 221.
  224. 228. 230. 232. 235. 236. 238. 249. 284.
Bremen II 230. 349. 350.
Brena II 213.
Breslau I 230. 258.
Brixen II 142.
Bruck I 155.
Brüssel I 62. 383. 387 II 153.
Buch (Kloster) I 126. 132. 136.
Bucko (Buckau) I 184.
Buda I 278. II 70. 81.

Calbe a. S. II 46. 64. 152.

Cambray I 380. 388. 389.
Camin I 221. II 359.
Chemnitz I 331. 339. 356. 357 362. 374.
  II 299.
Colberg I 3.
Colditz I 123. 124. 127—132. 134. 137. 138.
  143. 186 313. 328—330. 337. 346. 318.
Compostella I 59.
Constantinopel I 269. 271. 277. 279. 424.
Constanz I 87. 155. II 340.
Coswig I 288 289.
Crespy II 131.
Cronberg II 347.
Cypern I 277—279

Delitzsch I 393. II 213.
Delnitz, Delenitz bei Halle II 129.
Demnitz I 261.
Dessau I 187. 204. 207—210. 213. 219. 222
  —225. 230. 231. 247—249. 252. 265. 276.
  278. 282. 283. 289. 291—298. 299. 304.
  312. 388. 393. 401. 403. 417. 428. 429.
  433. II 6. 44. 77. 97. 98. 104. 117. 121.
  126. 128. 130 146. 151—153. 161. 286.
  287. 357. 365. 377.
Dieben I 340.
Diescka II 130.
Dippoldiswalde II 59. 365.
Döbeln I 356. 368. 369. 373
Donauwörth (Tonnewerde) II 208.
Dresden I 327—329. 331—333. 335. 339.
  343. 355. 356. 358. 362—364. 366. 369.
  370. 374. 377. II 71. 85. 136. 161 336. 337.
  356.

Ebernburg I 51.
Edinburg I 210.
Eger I 187. II 227.
Eiche I 373.
Eilenburg I 135. 138. 143. 144. 183. 184.
  235. II 197. 220.
Heburgius s. Poach.
Eimbeck I 399. 400. 132.
Eisenach I 53. 129. 258 270. 328. 380. 396.
  398—400. II 345.
  Dr. Isennachus s. Trutfetter.
Eisfeld I 70 II 307 325—342.
Eisleben I 91. 103. 108. 109. 201 251. II 177
  —182. 185. 195. 202—205. 223. 252—254.
  301.
Islebius s. Agricola.
Elsterberg I 173.
Erfurt I 5. 7— 9 .13. 15. 17—21. 24. 25. 27
  —29. 32. 42. 44—47. 49—51. 53. 63. 66.

67. 74—78. 86. 108. 109. 114. 116. 122.
167. 180. 185. 189—191. 198. 199. 232.
234. 237. 238. 257. 281 354. 369 493.
446. II 5 9. 34. 35. 62. 63 86. 81 120.
125. 172—174. 193. 225—227 237. 238.
241—243. 251. 261. 300. 302. 331. 346.
380.
Escherde II 244. 245.
Eutzsch II 121. 122 137—139. 141. 291. 332
—334.

Feltre I 407.
Forchheim I 58 (?) 186.
Frankenhausen II 156. 302. 304.
Frankenstein II 299.
Frankfurt a. M. I 24. 129. 234. 238 239. 309
—314. 318. 319. 320. II 98. 170. 176.
194. 301. 346 347.
Frankfurt a. O. II 93. 116. 118. 367.
Freiberg i. S. I 300. 301. 326. 339. 356. 361.
378. 379. 414. II 58. 59. 129. 207. 276.
277. 298. 299. 304 - 306. 343. 344.
Freiburg I 125.
Freisingen I 417. 418.
Freistadt II 278.
Fromeswalde I 373.
Fulda I 77. 188. 396. II 136.

Gangra II 341.
Gattersleben II 382.
Gent I 381. 387. 388. 390.
Genua I 254. II 105.
Gera I 373
Gerstorf I 136.
Giebichenstein (Gebichsteyn, Bibickstein)
II 14. 45. 46. 76. 110. 214.
Giengen II 110. 212. 213.
Glashütte I 339. 356.
Goslar I 33. 320. 404. II 44. 78. 228. 229.
Gotha I 118. 270. 377. 406. II 19. 20. 71—
73. 143. 345.
Göttingen II 274.
Gottorp II 376.
Gräfenhainichen (Hainichen, Henichen) II
136. 218.
Grentsch I 368. 373.
Grimma I 137—139. 142. 180. 186. 250. 363.
II 75.
Grünhayn I 201.
Grunensis parochia I 373.
Guben II 296.

Hagenau I 396—400. 427.
Halberstadt II 1. 6 11. 33. 42. 55. 68. 152.
173. 266
Halle (Salinae) I 112. 183. 187. 245. 250.
256. 267. 269. II 1- 5. 8—19. 21—25.
34— 59. 61 —69. 73. 74. 76—79. 81 — 88.
97. 98. 101. 104 — 125. 127 — 137. 140.
141. 144—170. 172 —176. 181. 183—189.
191—203. 205—224. 226 -229. 237—239.
241. 242. 250. 252—275. 280—286. 289
—298. 300 —304. 307. 309. 323. 328. 332.
336. 343. 344. 356. 375 377. 379—383.
Hall (Schwäbisch) I 147. II 116. 259. 268.
Hamburg I 122. 123. 263—265. 401—404.
II 98—100. 141. 167. 196. 274. 285.
Hameln I 167. II 245.
Hammelburg I 395—397.
Harzgerode I 296.
Hayn (Grossenhayn) I 356. 362. 367—369.
373. II 161.
Heinsberg II 88.
Heldburg (Heltpergck) II 332.
Heldrungen II 356.
Hildesheim II 221. 229—250. 257. 281 307.
Himmelgarten I 20. 102.
Hirsfeld I 188.
Hoëkirchen I 10.
Hohenwalde I 257.
Hornburg II 103.
Hummelshain II 82.

Ilfeld II 303.
Ingolstadt I 29. 277. 297. II 100.
Insbruck I 147. 150. 296.

Jena I 49. 97. 104. 109. 117. 228. 233. 234.
II 252. 307. 344.
Jerusalem I 59. 194.
Jesnitz I 120.
Jessen I 302.
Joachimsthal I 374. II 35. 278.
Jülich II 87. 88. 93. 98. 104. 105. 108. 159.
Jüterbogk II 291. [Güterbokensis conventus.]

Kahla I 254.
Kairo (Alkayr) I 272. II 57.
Kaissheim (Kesum) II 208.
Kalenberg II 236. 237. 241.
Kassel I 218.
Kemberg I 395. II 109. 181.
Kitzingen II 166.
Koburg I 143. 145 149. 150. 161. 162. II
213. 269. 274. 275. 294. 295. 298. 301. 307
—321. 329. 333. 343. 383.
Kolding II 196. 199. 200. 222. 329.
Köln (Agrippina Ubiorum) I 46. 115. 130.
170. 180. 358. II 67. 103. 106. 115. 116.
147. 159. 176. 186. 339.
Königsberg i. Pr. II 189. 190. 227. 282.
Könnern II 197.
Kopenhagen II 292. 372. 373.
Köthen I 311. II 157. 353. 354.
Kuffstein I 296.

Lauchau II 166.
Lauchstedt II 166. 167. 291.

IV. Orts-Register.

Lauingen II 361.
Lauseck (Lausitz?) I 378.
Leipzig I 45. 58.137.186.237.254.320.321.
325. 326. 331. 333—337. 340—349. 354.
356—362. 367. 369. 393 411. 431. II 3.
16. 17 23 52—55. 79. 85. 100. 133. 144.
146. 165.229.242.277.282.291.299.356.
366. 367.
Leisnig I 125—128. 130.131. 134 138.139.
142. 144. 179. 180. 185—186 203 205.
207. 328. 337. 346. 348. 429. II 354.
Leitmeritz II 60.
Leuchtenberg (Leichtenbergk) II 170. 332.
Leutmannsdorf II 278.
Libenau II 132.
Lichtenberg I 260 327.
Liebenwerda II 197. 198.
Liegnitz II 53.
Lindau, Schloss II 377.
Löbejün (Lobicheun, Lobichain) II 157.158.
Lochau I 68. 69. 83. 133. 419. II 126. 127.
136. 137. 346.
Lomitzsch I 356.
Löven I 16 46. 61. 62. II 161. 187. 270.
Lübeck I 211. II 274. 285.
Luchau II 132. 152. 154. 155.
Lund II 75.
Lüneburg I 213. II 274. 285. 357.
Lüttich I 46. II 142.
Lützen (Lutzel) I 311. II 133.

Magdeburg I 187. 213. 220. 320. 328. 346.
358. 394. 411. 420. II 4—6. 8. 10. 11. 25.
33. 37. 39. 42. 44.45 70.98 157. 167.171.
173. 192. 209. 218. 219. 223. 266. 267.
269. 274. 284. 292. 302. 355 - 358. 379.
382. 383.
Mailand I 270. 389.
Mainz (Menntz) I 58. 80. 157. 160. 174. 266.
268. 297. 309 123. II 4—6. 33. 42. 43.
87. 104. 115. 147. 159. 167. 173. 296.
Mansfeld (Stadt u. Thal) I 91. 93. 108. 296.
II 146. 176. 177. 180.219 - 221 228. 253.
378. 379.
Mantua I 253. 254. 257.
Marburg I 128—130 240 270. 392. 397. II
103. 110. 249. 311.
Marienburg (in Meissen) II 278.
Meissen I 326. 328. 330. 331. 334—339. 342.
359. 361—364. 382. 393. 413. II 59. 76.
136. 215. 227. 346.
Melsungen II 83.
Morseburg (ιπποπεργόν) I 171. 225. 326.331.
421. II 46. 71. 76. 113—115 117. 118.
121. 126. 128 - 131. 133. 134. 144. 158.
161. 162. 165.174. 198. 220.250.255.258.
260. 261. 263. 264. 379.
Mühlberg (Molberk) I 348. 349. 356. 359.
362. II 280.

Mühlhausen i. Th. I 33. II 83.
München I 150.
München-Nienburg II 354. 355.
Munden II 230—233. 249. 274.
Münster I 220. 226.
Münsterberg I 108. 409. II 56
Munningen I 198.
Mutina I 407.

Nabitz I 378.
Naumburg I 236. 239. 242. 244 — 246. 250.
253. 255.259. 260. 262. 263. 309.366.398.
416—421. 428. 430. 431. II 20—22. 41.
50. 51. 54. 55. 63. 81. 82. 153. 164. 184.
192. 309. 344.
Neuendorf II 356.
Neustadt (a. d. Orla) I 127. 328.
— (a. d. Leine II 240.
Neuss (Novesium) II 103.
Nimptschen (Kloster) I 127.
Nopperitz I 138.
Nordhausen I 5 12. 25—28. 33. 35. 37. 42.
43. 49. 51. 64. 78. 90. 91 101. 102. 104.
108. 109. 110. 114—118. 208 289. 393.
II 3--5 35. 36. 43. 47. 48. 57. 61. 93. 94.
151. 152.202. 203. 223. 228. 229. 250. 252.
254. 255. 258. 261. 262. 265. 266. 273. 275.
277—281. 289. 292. 299—304.
Nordheim II 193.
Nürnberg I 33. 89 90. 145. 148. 162. 163.
171. 178.184.190 192.193. 199.205.221.
233. 239.243. 250.257.277.279.298.312.
318. 329.384. 407.412.417. 122.426.428.
432. II 16 75 87. 100. 101. 103. 105. 119.
120. 160. 163 170. 186. 187. 264. 265. 268
—271.307.308.313 319.320.322 350 371.

Odern I 356. II 299.
Ofen I 269.
Oelsnitz I 128.
Oettingen I 198. 367.
Olmütz II 60.
Ortrand I 356.
Oschatz I 356. 359. 367—374.

Paris (Lutecia) I 225. 232. 358. 388. II 239.
297.
Paschleben II 157.
Patteusen II 233—235. 240. 243— 246. 249.
Pegau (Bega) I 331. 339. 356. 357. 362. 430.
431.
Penig I 339. 356. 371.
Pforta II 36. 278
Pirna I 333. 339. 356. II 136.
Plauen II 214.
Plötzke I 382
Polentz I 137.
Pretzin I 382.
Pretzsch I 183.

Quedlinburg II 3.
Querfurt II 162.

Radeberg I 356. 374.
Rain II 208.
Ranstedt II 164.
Regensburg I 297. 417—419. 421. 422. 426.
 428. 430—433. II 2. 3. 13. 14. 18. 21—23.
 33 — 38 41—43. 46 64. 171. 172. 175. 177.
 184. 187. 192. 201. 202 307. 322—325.
 344.
Reinsdorf (Renissdorf) II 60. 356.
Remsensis parochia (?) I 374.
Repgo (Reppi. han) II 157.
Repsensis parochia I 373.
Reupzig I 311.
Reutlingen I 97. 163.
Reval I 167. 391.
Rhodus I 269 271. 278.
Riesa I 356 359. 362.
Roda I 344—347.
Rom I 7.9.10. 28. 44. 52. 80. 81 233. 254. 271.
 277. 318. 353. 412 424. 428. II 38—40. 46.
 109. 142. 143. 154 172 173. 210. 211. 249.
 272. 324. 337—339.
Roskilde II 286.
Rosslau I 309. II 165. 377.
Rotterdam I 35.
Russwein I 373.

Saalfeld I 129. 318.
Sagan I 93. 372.
Salzburg I 162. 164. II 100. 296.
Saltze II 6. 11.
Salza in Thüringen I 369
Sangerhausen II 253.
Schkeuditz I 311. 312.
Schlieben I 144 231.
Schmalkalden I 250. 251. 253. 256. 380 382.
 384 387. 389—391. II 122. 311. 349.
Schleusingen II 233.
Schmiedeberg (Schmidburgum) I 83.
Schmöllen I 373.
Schneeberg I 399.
Schweidnitz II 278.
Senftenberg I 356.
Senselitz I 356. 359. 362. 371.
Sitzenrode I 135.
Soissons II 297.
Sonneberg II 335. 336.
Sonnenwalde I 200. II 347.
Sorau II 303.
Sornitz I 356. 359. 362.
Speier I 122 124. 125. 127. 302. 400. II 70.
 71. 111. 114—121. 142.
Stassfurt II 6. 11.
Steinlaussig I 120.
Stemarn II 238.
Stettin II 174.

Stolberg I 259. II 273.
Strassburg I 89. 90. 97. 100 101. 155. 221.
 232. 236. 245. 281. 303. 309. 318. 364. 437.
 438. 440. 443. II 186. 220.

Torgau I 94. 109 111. 128. 130 132. 133. 143
 —145. 161. 209. 214. 235. 246. 273. 278.
 308. 313. 332. 370—371 393. 417 419.
 428. 447 II 22. 123 135—140. 143. 168.
 169. 174. 188 189 247—249. 261. 272.
doct. Torgau, s Premsel.
Treptow, I. 221.
Trient. I 145. 147. 164. 273. II 142. 153.
 162—165. 172. 175—177. 186. 187. 197.
 198. 212. 226. 240. 245. 247. 248. 320.
 339 378.
Trier, II 159. 175. 296.
Tübingen, I 71. 303. 304. II 321.
Turm II 88.

Ulm, I 93. II 270.
Ulzen, II 214.

Venedig, I 153. 277. 278. 279. 295. 298.
 II 101. 103. 145 164.
Vicenza, I 273.

Waldheim, I 380.
Walkenried, I 20. 210. II 80. 357.
Warmsdorf. II 376. 377.
Wartburg. I 62.
Wegeria, II 57.
Weimar. I 9. 124. 146. 197. 207. 282. 245.
 309. 317. 344. 362. 366. 398. II 72. 123.
 173. 241. 251. 252. 365. 367.
Weissenfels, I 237. II 79. 165.
Werdau. I 373. 374.
Wernigerode, II 273.
Westhausen, II 274.
Wien, I 155 231. 270. 381. II 9. 68. 108.
 115. 147.
Wittenberg (Lencorium, Leucoris ora) I 44.
 48. 49. 62—69 72—75. 77. 82—85. 88.
 89. 93—100. 102—105. 110—112. 114.
 115. 120—122. 124. 127. 129—134 136
 —138. 142—145. 147—149. 152. 159.
 181—192 196. 199—201. 207. 208 212.
 220—222. 224—228. 231. 234. 235. 240
 —242. 244—249. 253. 254. 257—263
 265. 280—282. 296—300 302—305. 308
 — 310. 315. 318—320. 324. 328 329 336.
 365. 368 373. 376. 379. 380. 383. 387.
 389. 394—400. 404. 406 407 409. 415.
 416 420 426. 429. 430. 433. 446. II 6
 8. 14. 18. 34—36. 43. 47—49 51—55. 57.
 58. 61. 63. 69—71. 74. 76. 77. 80. 82. 84.
 86—92 97—103. 106. 107. 110. 111. 113
 —115. 117. 118 120—130. 132. 133. 135
 —141. 144—146. 148. 149. 153. 154. 158

IV. Orts-Register.

—161. 163. 164. 166. 170. 171. 174—177. 181—185 187. 191—195. 197. 199. 204. 206. 208. 209 218. 222 226. 227. 229 —232. 236 237. 240. 243. 248. 251. 257. 259. 260. 269—274. 277. 279—284. 289. 294. 302. 306. 307 310. 313. 321. 322. 331 332. 334. 336. 337. 346—350. 359 —361. 368—373. 376—378. 380.
Witzenhausen I 241.
Wolfenbüttel I 408. 428. II 115.
Wolgast I 211.
Wörlitz I 222. 247. 288. 289. 292. 293. 395. 417. II 365.
Worms I 46. 50. 51. 53. 54. 97. 174 269. 297. 404. 405. 407. 409. 411. 412—416. 420 —424. 426—428 443. II 9. 141 — 143. 153. 163. 164. 346 370. 371.
Würzburg I 397 II 109. 296. 340.
Wurzen (Wortzen) I 327. 356. II 74—76 136.

Zeitz I 373 391. 392. 417. 418. 421. II 56. 227.
Zelle (Alt-) I 331. 356. 357. 362.
Zerbst I 224 240 241. 255. 256 273. 274. 279—282 288—294. 299. 324. 399—401. 406. II 86. 201. 220. 223. 226. 228 365.
Zigenheim II 174.
Zürich I 98. 100. II 132.
Zwickau I 180. 185. 251. 370. 431. II 359 —364.

Druckfehlerberichtigung.

II S. 2 Z. 7 v. o. tilge man das Komma hinter complicantibus.
S. 3 Z. 9 v. u. lies Acten statt Arten.
S. 80 Z. 9 v. u. lies 652 st. 650.